Bäume in der Stadt

Bäume in der Stadt

Herausgegeben von
Prof. Dr. FRANZ HERMANN MEYER, Hannover
unter Mitarbeit von
Ltd. Stadtbaudirektor GREGOR BLAUERMEL, Krefeld
Prof. Dr. DIETER HENNEBO, Hannover
WERNER KOCH, Stuttgart
Prof. Dr. MICHAEL MIESS, Karlsruhe
Prof. Dr. ULRICH RUGE, Hamburg

2., überarbeitete und ergänzte Auflage
130 Abbildungen
und 48 Tabellen

Verlag Eugen Ulmer Stuttgart

Fachgebiet: Landschafts- und Grünplanung
Fachredaktion: Dr. Thomas Steib, München

CIP-Kurztitelaufnahme der Deutschen Bibliothek

Bäume in der Stadt / hrsg. von Franz Hermann Meyer.
Unter Mitarb. von Gregor Blauermel... – 2., überarb.
u. erg. Aufl. – Stuttgart: Ulmer 1982.
(Ulmer Fachbuch: Fachgebiet Landschafts- und Grünplanung)
ISBN 3-8001-5039-5

NE: Meyer, Franz H. [Hrsg.] ; Blauermel, Gregor [Mitverf.].

Wollgrasweg 41, 7000 Stuttgart 70 (Hohenheim)
Printed in Germany
Umschlagentwurf: A. Krugmann, Stuttgart
mit einem Foto von Gregor Blauermel, Krefeld
Satz und Druck: Sulzberg-Druck GmbH, Sulzberg

Vorwort

Die Städte erlangen eine immer größere Bedeutung als Wohn- und Arbeitsumwelt des Menschen, da sie ihm oft bessere Verdienstmöglichkeiten und viele kulturelle Vorteile bieten können. Im Jahre 2000 sollen etwa 80% der Weltbevölkerung in Orten mit mehr als 20 000 Einwohnern leben. Ist die Massierung von Bauwerken in den baumarmen Innenstädten aber die dem Menschen zusagende Umwelt? Viele Menschen nehmen eine längere Anfahrtszeit zur Arbeitsstätte in Kauf, um am Stadtrand oder in Satellitensiedlungen in einer baumreicheren Umgebung zu wohnen.

Bäume tragen also sehr wesentlich zur Steigerung der Lebensqualität in den Städten bei. Sie beeinflussen den Menschen äußerst positiv in psychischer und physischer Hinsicht. Sie vermitteln ein Gefühl der Geborgenheit und können Verständnis für die Naturgesetze erwecken, denen auch der Mensch unterworfen ist. Sie tragen zur Minderung des Lärms bei, sie filtern Staub und reinigen somit die Luft, sie spenden Schatten und wirken an heißen Sommertagen durch ihre Transpiration kühlend. Die zeitweilig auftretende „Backofenhitze" kann durch Bäume wesentlich gemildert werden.

Da Bäume das Wohlbefinden der Menschen erhöhen, können wir in den Städten keineswegs auf sie verzichten. Aber gerade in den Städten ist die Vitalität der Bäume relativ gering und die Sterberate besonders hoch. Das vorliegende Buch „Bäume in der Stadt" will nun nicht nur Verständnis für die Notwendigkeit von Bäumen in der Stadt wecken, sondern darüber hinaus dazu beitragen, daß den Bäumen in der Stadt bessere Lebensbedingungen geboten werden. Fachleute erörtern die geschichtliche Entwicklung der Baumpflanzungen im Stadtbereich, die Ansprüche der Bäume an ihre Umwelt, die Gefahren, die den Bäumen in der Stadt drohen, und Maßnahmen zur Verbesserung ihrer Standorte.

Für die vorliegende zweite Auflage erfuhren alle Kapitel eine Überarbeitung, wobei besonders die Lebensbedingungen der Bäume eingehender dargestellt wurden. Ihre genauere Kenntnis ist eine Grundlage für richtige Auswahl und Vorbereitung der Pflanzorte sowie für die Pflege der Bäume und hilft Erkrankungen zu vermeiden bzw. Schäden zu minimieren. Vorbeugen ist besser als heilen. Nur gesunde Bäume können die in sie gesetzten Erwartungen erfüllen.

Völlig neu bearbeitet wurde das Kapitel über die Wertermittlung der Bäume. Wer nicht aus ästhetischen, ökologischen, ethischen oder religiösen Motiven Respekt vor Bäumen empfinden kann, der wird vielleicht nachdenklich, wenn er erfährt, daß der finanzielle Wert eines voll herangewachsenen und gesunden Straßenbaumes in der Innenstadt dem eines Autos durchaus gleichrangig ist.

Das Buch wendet sich in erster Linie an alle für das Stadtgrün verantwortlichen Institutionen und Personen; aber auch Gartenliebhaber, die kümmernden Gartengehölzen ein besseres Fortkommen ermöglichen wollen, werden Nutzen aus diesem Buch ziehen.

Möge auch die zweite Auflage eine so gute Aufnahme finden wie die erste und möge sie dazu beitragen, daß sich unsere Städte nicht allmählich zu menschen- und lebensfeindlichen, tristen Beton- und Steinwüsten entwickeln, sondern daß Bäume auch weiterhin den ihnen gebührenden Platz in den Städten behalten und den Stadtbewohnern Gesundheit spenden und Freude bereiten.

Hannover, Januar 1982 F. H. MEYER

Bei den in diesem Buch aufgeführten Pflanzennamen wurde auf die Angabe von Autoren verzichtet. Die Nomenklatur basiert vorwiegend auf folgenden Werken:

- BEAN, W. J.: Trees and Shrubs hardy in the British Isles. Eighth Ed., Vol. 1–4, Murray, London 1970, 1973, 1976, 1980.
- FITSCHEN, J.: Gehölzflora. 6. Aufl., Quelle und Meyer, Heidelberg 1977.
- ZANDER, R.: Handwörterbuch der Pflanzennamen. 12. Aufl., Ulmer, Stuttgart 1980.

Inhaltsverzeichnis

A Städtische Baumpflanzungen in früherer Zeit

DIETER HENNEBO

Zum gesamten „Baumbestand" einer Stadtsiedlung gehören auch die in ihrem Weichbild erhaltenen Wälder (wie z. B. die Eilenriede in Hannover oder der Berliner Grunewald), gehören die Haine, Baumgruppen und Einzelbäume in Parks und Grünzügen, an den Ufern innerstädtischer Gewässer, auf Friedhöfen, im Bereich von Sportanlagen oder in den Privatgärten. Natürlich bilden sie den weitaus größeren Teil eines solchen Gesamtbestandes – trotzdem denkt man bei der Beschäftigung mit dem Thema „Bäume in der Stadt" zuerst und vor allem an diejenigen Bäume, die außerhalb von Gärten und wirklichen Grünanlagen im „extrem städtischen Milieu" mit seinen typischen Standortbedingungen stehen, an Bäume in den Stadtstraßen und auf kleineren, dicht umbauten Plätzen.

Da eine kurze historische Einleitung zu einem aktuellen, dabei vorwiegend ökologischen, grünplanerischen und technischen Problemen gewidmeten Buch über Bäume in der Stadt nur einige „Fäden" dieses Themenkomplexes aufnehmen kann, lag es nahe, sich im wesentlichen auf dieses besonders „stadtspezifische", gleichwohl in den Beiträgen zur Geschichte des Stadtgrüns bisher relativ selten behandelte Element der städtischen Pflanzungen zu beschränken und dabei vor allem die städtebaulich-gartenkünstlerischen Aspekte zu betrachten.

Einzelne selbständige Baumpflanzungen im öffentlichen Bereich städtischer Siedlungen hat es offenbar zu allen Zeiten, wenn auch nicht überall, gegeben. Eine wirkliche Rolle als städtebauliches (oder stadtbaukünstlerisches) und grünplanerisches Element spielen sie erst seit dem 19. Jahrhundert, insbesondere seit der in seiner zweiten Hälfte rasch voranschreitenden Verstädterung mit ihren bekannten Folgen. Seither gilt ihnen das besondere Augenmerk vieler Stadtbürger, die Sorge der „Stadtgärtner" und der nach und nach eingerichteten Gartenverwaltungen, zuweilen auch ein auffälliges Interesse von Stadtplanern, Architekten und Verkehrs- bzw. Tiefbaufachleuten. Gerade in der frühen deutschen Städtebau-Literatur ist die Verwendung von Bäumen auf Straßen und Plätzen im eigentlichen urbanen Bereich häufig behandelt und recht unterschiedlich beurteilt worden. „Von der höchsten Begeisterung, alle nur möglichen Arten und alle nur möglichen dendrologischen Kostbarkeiten in den Städtebau einzubeziehen, bis zu der Auffassung, sie ganz daraus zu verdammen, sind die verschiedensten Anschauungen zum Ausdruck gekommen" (KAMMEYER 1954).

So begrüßte REICHARDT in seiner „Begründung einer Allgemeinen Bauordnung . . ." von 1863 recht überschwenglich die „in neuester Zeit" zunehmende Einsicht, „daß überall, wo nur hinreichende Grundräumlichkeit und sonstige Bedingungen des Gedeihens vorhanden sind, Baumreihen in den Straßen und Baumgruppen, Gebüsche, Blumenbeete auf den freien Plätzen, sanitarisch wie ästhetisch . . . wohltätig einwirken können . . ., daß man in unseren Städten selbst da wieder Bäume anzupflanzen beginnt, wo man sie nur wenige Decennien früher noch für polizeiwidrig erklärte."

Wenig später (1876) lehnte z. B. BAUMEISTER in seiner Schrift über Stadterweiterungen die Verwendung alleeartiger Straßenbepflanzungen „für das Innere der dicht bebauten Stadtteile" rundweg ab und forderte statt dessen die Errichtung „geschlossener Anlagen auf freien Plätzen, sog. Squares ...", denn: „Hier kann die Vegetation besser gedeihen, weil sie dem großen Verkehr entzogen, die Bodenfläche größtenteils bepflanzt . . . ist."

Anders wiederum STÜBBEN, der sich in seinem 1890 erstmals aufgelegten Städtebau-Handbuch sehr eingehend mit den ästhetischen, technischen und botanischen Fragen der Straßen- und Platzbepflanzung beschäftigte und der sich dabei bereits auf zahlreiche, z. T. langjährige Erfahrungen und neuere Erkenntnisse stützen konnte. Er schreibt 1877: „Zwar ist es richtig, daß bloße Baumreihen einen eigentlich künstlerischen Eindruck überhaupt nicht darzubieten vermögen, um so weniger, wenn die Bäume kränkeln, wenn die Lücken nicht nachgepflanzt und überhaupt Nachlässigkeiten und Fehler in der Pflanzung und Unterhaltung begangen werden; auch muß zugestanden werden, daß die bestgepflegten Baumreihen im Stande sind, den Verkehr zu stören und schöne Gebäudeansichten zu verdecken. Andererseits aber sind Baumreihen in sehr vielen Fällen das beste Mittel, städtische Straßen zu verschönern, die öde Fläche zu beleben, schattenspendend und staubmildernd zu wirken, Anklänge der Natur in die Steinmassen der Stadt zu bringen. Nicht das Verdrängen der Baumreihen, sondern deren maßvolles, sachgemäßes Anbringen und ihre aufmerksame Pflege ist deshalb Aufgabe des Städtebaues" (STÜBBEN 1877).

1 Antike und mittelalterliche Städte

STÜBBENS noch heute akzeptable Aussage ist bezeichnend für die differenzierte, insgesamt positivere Einschätzung des Stadtgrüns am Ausgang des 19. Jahrhunderts, bezeichnend für moderne städtebauliche Auffassungen, die sich am Ende des hier abgesteckten Betrachtungsbereiches entfalteten. An seinem Beginn steht die Frage nach den ersten Baumpflanzungen in antiken Städten und nach ihren möglichen Antrieben.

Man wird dabei nicht zuletzt an kultische Zusammenhänge denken müssen, denn der Baum gehört zu den Archetypen, zu den uralten Sinnbildern der Menschheit, und Bäume haben in den religiösen Vorstellungen und Mythen, bei kultischen Handlungen oder im sozialen Leben fast aller Völker eine bedeutende Rolle gespielt. Heilige Bäume beschirmten die Gräber von Priestern und Herrschern und heilige Haine, Vorläufer der Tempel, die Altäre. „Wahrscheinlich wurde der Tempel erst zur Götterwohnung, als man begann, die Kultstätten aus der freien Natur in die Siedlungen zu verlegen. Altar, Tempel und Hain wurden jedoch weiterhin als zusammengehörig angesehen. Deshalb legte man nun Haine künstlich an, soweit es das umgebende Gelände zuließ" (JÖRN 1970).

In Ägypten lagen zwar die Grabstätten und die mit ihnen verbundenen Tempel (und Pflanzungen) außerhalb der überwiegend dicht bebauten Städte, doch gab es auch in ihrem Inneren große, von Teichen und Bäumen umgebene Palast- und Tempelanlagen, gab es Prozessionsstraßen, deren Rang und Funktion als kultische

„Leitlinien“ durch Skulpturenreihen, zuweilen aber auch (z. B. in Bubastis) durch alleeartige Baumpflanzungen betont wurden.

Daß man schon im frühen Altertum durchaus in der Lage war, Bäume an extrem schwierigen Standorten mindestens eine gewisse Zeit zu erhalten, zeigen u. a. die Pflanzungen an dem in einem trockenen Felsental zu Dair Al Bahri gelegenen Grabtempel der ägyptischen Königin HATSCHEPSUT (1490–1468 v. Chr.) oder an dem „Festhaus“, das der assyrische König SANHERIB (705–681 v. Chr.) bei seiner Hauptstadt für den Gott Assur erbaute. Auf einer Fläche von etwa 16000 m^2 fand man dort im Hof und in der unmittelbaren Umgebung des Tempels die in regelmäßiger Reihung in den Felsen gehauenen, durch ein System von Bewässerungsrinnen miteinander verbundenen Baumgruben.

Im 3. vorchristlichen Jahrhundert gab es auch in Athen mehrere Kultstätten, deren Pflanzungen künstlich bewässert wurden, so z. B. den Lorbeer- und Olivenhain des „Zwölfgötteraltars“ im Nordteil der Agora und den Hain, der das auf dem Markthügel gelegene Hephaisteion oder Theseion umgab. Die hier entdeckten Pflanzgruben, in denen man noch die Scherben der Tontöpfe fand, worin die Gehölze herangezogen und hergebracht worden waren, lassen erkennen, daß die in Reihen angeordneten Bäume genau auf die Säulenachsen des Tempels ausgerichtet waren.

Baumpflanzungen, die ausschließlich der Verschönerung städtischer Straßen und Plätze oder dem Wohlbefinden der hier wandelnden Bürger dienten, waren im Altertum offenbar selten. Die meisten Viertel der im Mediterrangebiet entstandenen Städte waren dicht bebaut, ihre Straßen – schon aus klimatischen Gründen – eng. Größere Gärten und Baumreihen an Straßen oder Kanälen gab es nur bei den Palästen der Herrscher oder bei den zumeist außerhalb der Mauer liegenden Villen der Wohlhabenden. Eine Ausnahme bildete vielleicht die relativ weitläufige (und wohl unbefestigte) Residenz Achet-Aton, die AMENOPHIS IV./ECHNATON (um 1350 v. Chr.) im 4. Jahr seiner Regierung am Ufer des Nil bei Al Amarna in Oberägypten erbaute. Hier entdeckte man, neben den (wie üblich) dicht bebauten, durch ein Raster enger Straßen gegliederten Arbeiterquartieren, ein Palast- und Villenviertel mit breiten, von Vorgärten und alleeartigen Baumpflanzungen gesäumten Prachtstraßen. Diese Verschönerung und „Aufwertung“ bestimmter Stadtstraßen mag neben sozialen Gründen gerade hier auch kultische Ursachen gehabt haben. Es gibt dafür noch andere Beispiele, so den in einem alten indischen Architektur-Traktat überlieferten Entwurf einer durch kultische Forderungen geprägten Idealstadt, deren Hauptstraßen „durch ihre Ausmaße und eine Bepflanzung mit schattenspendenden Bäumen ausgezeichnet“ sind (MÜLLER 1961).

Die von PLUTARCH erwähnte und KIMON (um 510–450 v. Chr.) zugeschriebene Bepflanzung der Athener Agora bestand – das haben Grabungen ergeben – aus zwei Platanenalleen und mehreren Einzelbäumen. Einer davon diente offenbar als Anschlag für Bekanntmachungen; unter einem anderen, einer Weißpappel, pflegten sich die Steuerpächter zu versammeln. Einzelne griechische Gemeinden scheinen diesem Beispiel gefolgt zu sein: So bepflanzten die Bürger des nahe Theben gelegenen Anthedon ihre von einer doppelten Säulenhalle eingefaßte Agora ebenfalls mit Bäumen, und in Sparta gab es einen von Kanälen umgebenen Platz, der nach den hier stehenden Platanen den Namen „Platanistas“ erhielt. In den meisten griechischen Städten, auch in den nach dem „Hippodamischen

System" angelegten ionischen Neugründungen mit ihren z. T. recht großzügigen Hauptstraßen und -plätzen, begnügte man sich mit schattenspendenden Säulengängen.

Das war in römischen (ohnehin häufig griechisch-hellenistischen Vorbildern verpflichteten) Stadtsiedlungen nicht anders. Auch im antiken Rom gab es m. W. keine bepflanzten Straßen, wohl aber mit Baumreihen ausgestattete öffentliche Erholungseinrichtungen und Promenaden. Ohne sie wäre das Leben in dieser gewaltigen Stadt mit ihren Mietskasernen und Elendsquartieren wohl auch kaum zu ertragen gewesen, und deshalb forderte der Architekturtheoretiker VITRUV schon im 1. Jahrhundert v. Chr. die Bereitstellung öffentlicher Gartenanlagen, „weil Spaziergänge unter freiem Himmel die Gesundheit sehr festigen."

Zu den ersten, von vornherein innerstädtischer Erholung gewidmeten Plätzen in Rom gehörte die um 55 v. Chr. von POMPEJUS errichtete Porticus, ein von Säulengängen umschlossenes Rechteck, dessen 180 x 135 m großer Binnenraum mit Platanenreihen, Lorbeerbosketts, Wasserspielen und Sitzplätzen ausgestattet war. Vorbilder für diese wie für die später entstandenen Porticus-Anlagen, aber auch für die Promenaden und Gärten der großen Thermen der Kaiserzeit waren die bepflanzten Peristyle griechischer Gymnasien und Paläste (GRIMAL 1969).

Die Mauern mittelalterlicher Städte umschlossen zwar häufiger, vor allem nach den manchmal überraschend großzügigen Erweiterungen des 14. Jahrhunderts, große Haus- und Klostergärten, zuweilen sogar Weinberge oder Felder, aber – sieht man von bepflanzten Kirchhöfen einmal ab – kein öffentliches Grün. In den engen Gassen war für Baumpflanzungen kaum genügend Platz und wohl auch kein Bedarf. Nur selten findet man deshalb auf alten Stadtbildern Bäume an Straßenerweiterungen oder -kreuzungen, und es bleibt ungewiß, ob es sich dabei um Überbleibsel einstiger Gärten oder Begräbnisplätze oder um eigens gepflanzte Exemplare handelt.

Etwas anders war das offenbar bei den Stadtplätzen: Auf Märkten, an Rathäusern und Kirchen pflanzte oder erhielt man doch wohl öfter einzelne Bäume oder Baumgruppen, Zeichen einer relikthaft fortdauernden (z. T. im Sinne der christlichen Heilslehre umgedeuteten) Baumverehrung und damit zusammenhängender Bräuche. „Den Nachbarschaften auf dem flachen Lande, die sich unter einer Ulme bei ihrer Kirche versammelten, um dort Recht zu sprechen, Verträge abzuschließen, Streitigkeiten zu schlichten, entsprechen aufs Genaueste die populi in der Stadt, d. h. die Kirchengemeinden .... Auch sie traten unter Ulmen bei ihren Kirchen zusammen ..., um nach dem ius terrae ihre Angelegenheiten zu ordnen. Die Stadt fügte sich also, selbst hier in Italien, dem Schema der ländlichen Ordnung" (MÜLLER 1961).

Das war bei den Gemeinwesen nördlich der Alpen nicht anders; auch hier hat „das Beispiel des dörflichen Baumplans" und durch ihn die Tradition alter, baumbestandener Kult- und Versammlungsstätten im urbanen Bereich weitergewirkt. Neben Ulme oder Esche, die gelegentlich als Dorfbäume vorkommen, war es hier vor allem die Linde, die als „Wahrbaum" auf Gerichts- und Ratsplätzen oder Märkten gepflanzt wurde und die sich auch später (vielleicht, neben anderen Qualitäten, auch wegen ihres Ranges in Legende und Dichtung) bei städtischen Anlagen einer besonderen Beliebtheit erfreute. Schon 1517 wunderte sich einer der italienischen Begleiter des damals durch Mitteleuropa reisenden Kardinallegaten DE BEATIS über diese ihm unbekannten Bäume, „welche in Deutschland und

Flandern überall an öffentlichen Plätzen stehen, damit man unter denselben Schatten genieße ...", (Zit. bei LIEBE 1912).

Daß man auch im Inneren mittelalterlicher Städte immer wieder einzelne Rats-, Markt- und Gerichtsbäume pflanzte (letztere wohl öfter auf Kirchplätzen oder Kirchhöfen) bzw. über Jahrhunderte erhielt, belegen verschiedene Quellen und auch einige der von G. BRAUN (ab 1572) oder M. MERIAN (ab 1642) publizierten, insgesamt recht zuverlässigen Stadtansichten.

Baumgruppen oder geschlossene Pflanzungen auf Stadtplätzen und anderen innerstädtischen Freiflächen waren gewiß noch seltener. Bescheidene Beispiele boten der Frankfurter Roßmarkt mit der Lindengruppe am „Roßborn" neben der Pferdeschwemme (MERIAN 1628) oder der Neumarkt und der Gereonsdriesch in Köln (BRAUN-HOGENBERG 1572, MERIAN 1646). Weit großzügigere Fest-, Spiel- und Promenadenplätze gab es in Zürich und Basel. Der „Lindenhof" in Zürich war am Beginn des 15. Jahrhunderts anstelle eines ehemaligen, lange Zeit als Steinbruch genutzten Römerkastells entstanden. Auf dem Rasen unter den zahlreichen großen Linden gab es Spieleinrichtungen und Armbrustständе, fanden im Sommer allerlei Wettkämpfe, Feste und Spiele statt.

Der St.-Peters-Platz in Basel war schon 1271 von den Stiftsherren von St. Peter zum ersten Male bepflanzt worden. AENEUS SILVIUS PICCOLOMINI, der 1434 und 1438 anläßlich des Konzils in Basel weilte, erwähnt seine mit Eichen, Ulmen und Linden bepflanzten Wandelgänge, die noch die Ansicht bei MERIAN (Top, Helvetiae, 1642) zeigen. Auch dieser Platz diente „dem Spiel, dem Tanz und den Waffenübungen und wird 1581 in einem Lobgedicht über die Stadt Basel vortrefflich geschildert ..." (HEYER 1980).

2 Allee, Boulevard und bepflanzter Platz im Zeitalter des Barock

Die Möglichkeiten der Verwendung homogener, regelmäßig angeordneter Baumpflanzungen zur Gestaltung „architektonischer" Freiräume und zur Betonung flächengliedernder Wegeachsen sind in der neueren Gartenkunst erprobt worden. Hier entstand ein „Instrumentarium", das man später auch bei der Bepflanzung städtischer Straßen und Plätze immer wieder benutzte. Sein wichtigstes Element war die Allee.

Erste Beispiele ihrer Verwendung bietet die italienische Gartenkunst des 15. und 16. Jahrhunderts (vgl. FINK 1955); zum vollen Einsatz kam sie aber erst im 17. Jahrhundert, insbesondere im klassischen französischen Garten mit seinem dynamisch differenzierten Wege- und Achsensystem. Die strukturelle und funktionale Rangordnung seiner Glieder wurde durch ihre unterschiedliche Breite („Die breitesten Alleen sind die vornehmsten", MOLLET 1614) und Bepflanzung markiert: Zu der bisher üblichen zweireihigen „Allée simple" kamen als höherwertige Glieder die vierreihige „Allée double" („am meisten geschätzt an den wichtigsten Stellen des Gartens" D'ARGENVILLE 1715) und die „Advenue (avenue) à double ou triple rang" als repräsentativ-herrschaftliche Zuführung zu einem Residenzschloß oder einer feudalen „Maison de plaisance". Für alle „Allées superieurs" empfiehlt die „Théorie et Pratique du Jardinage" von D'ARGENVILLE hochwachsende, repräsentative Baumarten, für die schmaleren Nebenalleen niedrigere, bescheidenere.

Abb. 1. St. Peters-Platz in Basel. (Nach M. MERIAN, „Topographia Helvetiae", 1642, S. 46.)

Und noch etwas ist wichtig: Die fürstlichen Auftraggeber verlangten natürlich, daß gerade das raumgliedernde Strukturgerüst ihrer neuen Garten- und Parkanlagen von vornherein einen einigermaßen majestätischen Anblick bot, daß man also möglichst große Bäume dafür verwendete. Damit begann die Entwicklung neuer, besserer Verpflanzungstechniken und entsprechender Geräte. Sie wurde dann in England fortgesetzt, wo die Technik rasche Fortschritte machte und die Ausbreitung des „landschaftlichen" Gartenstils eine Woge umfangreicher Baumverpflanzungen auslöste. So empfiehlt der FÜRST HERMANN VON PÜCKLER-MUSKAU in seinen „Andeutungen über Landschaftsgärtnerei" von 1834 allen Interessierten „The planters guide . . ." des SIR HENRY STEWART und berichtete, daß man in England nach den darin beschriebenen Methoden und „vermöge ungeheurer Maschinen Eichen, die mehr als ein Jahrhundert zählen", versetzt habe. „Für gewöhnliche Fälle" schien ihm allerdings „die Verpflanzung von Bäumen, die 4 Fuß Umfang im Stamm und 50–70 Fuß Höhe haben, das Aeusserste (zu) sein, was man . . . anrathen kann." Bäume dieser schon recht beachtlichen Dimension (ein Fuß = 30–35 cm) sind von PÜCKLER mit Erfolg verpflanzt worden.

Schon 1810 hatte übrigens ein gewisser PETER RIEFFELSEN in Hamburg eine Schrift herausgebracht, die den vielversprechenden Titel trägt: „Beschreibung und Abbildung der von ihm erfundenen großen Kraft- und Hebemaschinen, mittels welcher in wenig Zeit Bäume von ansehnlicher Größe sammt ihren Wurzeln aus der Erde gehoben . . . werden können." Sie war mir leider nicht zugänglich.

Eine bis dahin ungeahnte Bedeutung erhielten diese technischen Probleme durch die gewaltige Zunahme der Straßenbepflanzung in der 2. Hälfte des 19. Jahrhunderts, zum ersten Male – und in besonderem Maße – bei der Anlage der neuen Pariser Boulevards unter Napoleon III. Die in Paris entwickelten, offenbar recht erfolgreichen Verpflanztechniken und das dabei eingesetzte Hebe- und Transportgerät galten als vorbildlich. Sie sind in der einschlägigen Literatur (u. a. von E. ANDRÉ 1879 und L. BEISSNER 1887) öfter beschrieben und allenthalben nachgeahmt worden.

Bei der Auswahl der in den Barockgärten verwendeten Bäume spielten neben der Standorteignung und (eventuell) einer gewissen Schnittverträglichkeit ästhetische Gesichtspunkte die wesentliche Rolle. Bevorzugt wurden Baumarten mit schönem (aufrechtem) und gleichmäßigem Wuchs, mit dichter, lange ausdauernder Belaubung (Schatten) und schöner Rinde. D'ARGENVILLE (1715) zählt zu den am Beginn des 18. Jahrhunderts beliebtesten Alleebäumen u.a. die Eiche („der König der Bäume"), verschiedene Linden (insbesondere die holländische, „ihres üppigen Blattwerkes wegen", und Ulmen, darunter eine für die Prachtalleen sehr gefragte, die man „l'Ypreau" nannte und die in Deutschland „Yper" hieß, „weil sie ursprünglich aus der Umgebung von Ypern in Flandern stammt", ferner Ahorn, die Edel- und die Roßkastanie (châtaignier) und die wohl erst um 1630 in Frankreich eingeführte Platane. Vergleicht man diese Aufzählung mit viel später publizierten Listen der in französischen Städten und vor allem in Paris bevorzugten Straßenbäume, so findet man die gleichen Namen. In Deutschland war das kaum anders; z.B. gehörten Linden und Roßkastanien (neben Walnuß- und anderen Obstbäumen) zum Bestand zahlreicher Hamburger Gärten im 18. Jahrhundert, und die Wälle der Stadt waren damals mit „Ypern" (Ulmen) bepflanzt.

Gartenkunst und Städtebau sind in der Zeit des Barock von übereinstimmenden Ordnungs- und Raumvorstellungen geprägt worden, in beiden floß „die gleiche

Quelle architektonischen Empfindens". Dabei ist es für uns unerheblich, ob es sich um parallele Entwicklungen handelte oder ob die Gartenkunst damals zur Lehrmeisterin der Stadtbaukunst wurde. Wichtig ist, daß man diese Übereinstimmung kannte und befürwortete. So vergleicht D'ARGENVILLE z. B. die Alleen in den Gärten mit den Stadtstraßen, weil beide der Ordnung und Kommunikation dienen, und LAUGIER oder andere Architekturtheoretiker der Zeit forderten ausdrücklich, daß ein Stadtbaumeister die Grundzüge der Gartenkunst studieren müsse, damit er in seinen Plan „... Geschmack und sinnreiche Einfälle hineinbringe, daß man...darinnen Ordnung, Übereinstimmung und Veränderung (Abwechslung) antreffe..."(LAUGIER 1756).

Die Verwendung vegetabilischer bzw. gartenkünstlerischer Elemente ist dabei noch nicht in Betracht gezogen, doch ohne Zweifel vorbereitet worden. Erste Ansätze gab es bereits: sie beschränkten sich aber im wesentlichen auf das Vorfeld und die Randbereiche der Stadtsiedlungen und hingen häufig mit der Errichtung von Jagdschlössern bzw. Sommerresidenzen in der näheren oder weiteren Umgebung der Haupt- und Residenzstädte zusammen. Kaum ein Landesherr, der nicht geplant oder versucht hätte, diese „Ableger" des höfischen Lebens durch Alleen und Sichtachsen miteinander bzw. mit seiner Residenzstadt zu verbinden und ihnen dadurch auch weite Teile der Landschaft zuzuordnen. Versailles, Vorbild aller europäischen Fürstenhöfe in der Blütezeit des Absolutismus, lag im Zentrum eines weitgespannten Allee-Netzes, das die Residenz des „Roi soleil" mit anderen königlichen Schlössern und mit der Hauptstadt des Landes verband.

Es entwickelten sich also neue typische Anwendungsbereiche für repräsentative, verschönernde und auch der Erholung dienende Baumpflanzungen. Noch 1878 schreibt EDUARD PETZOLD in einer Abhandlung über Alleen u. a.: „Am meisten sind sie an ihrem Platze als Avenuen zu bedeutenden Palästen, auf Promenaden und in Volksgärten, auch als Verbindung einer Residenz mit ihren Vorstädten oder zur Bepflanzung von Landstraßen, wo diese in eine Stadt münden."

Ein frühes Beispiel für den zuletzt genannten Fall lieferte der sächsische Kurfürst AUGUST I. (1526-86), als er alle nach Dresden führenden Straßen mit (Obst-)Bäumen bepflanzen ließ, vielleicht auf Anregung seines Hofgärtners JHAN KLODT, den er sich aus den Niederlanden geholt hatte.

Dort entstand im Gefolge landeskultureller Maßnahmen frühzeitig ein System landgliedernder Kanäle, Baumreihen und Alleen, das dem barocken Landschaftsideal weitgehend entsprach und deshalb auch manchem, vorwiegend feudaler „Landesverschönerung" gewidmetem Vorhaben zum Vorbild diente. Dazu gehörten die Anlagen, die der brandenburgische Statthalter JOHANN MORITZ VON NASSAU-SIEGEN seit 1647 in der Umgebung seiner Residenzstadt Kleve schuf und bei denen m.W. zum ersten Male eine Stadt zum Mittelpunkt einer durch Kanäle und Lindenalleen mit ihr und der weiteren Umgebung verbundenen „Parklandschaft" wurde.

Im gleichen Jahr, als JOHANN MORITZ VON NASSAU mit den Pflanzungen bei Kleve begann, beauftragte (vielleicht durch ihn angeregt) sein Landesherr, der brandenburgische Kurfürst FRIEDRICH WILHELM, seinen aus Holland stammenden Hofgärtner MICHAEL HANFF mit der Errichtung einer sechsreihigen „Plantage" von Linden und Walnußbäumen, die dem Weg, der die (spätere) Schloßbrücke mit dem damals noch weit vor seiner Residenzstadt Berlin liegenden fürstlichen „Tiergarten" verband, ein repräsentatives Aussehen verleihen und den Bürgern als

Abb. 2. Teilstück der ersten, im 17. Jahrhundert angelegten Pariser Boulevards. (Ausschnitt aus dem „Plan de Paris“ von LOUIS BRETEZ, sog. Turgot-Plan, Paris 1740.)

Auslauf dienen sollte. Zwar fiel diese erste Baum-„Gallerie“ dem vorübergehenden Ausbau der Befestigungen zum Opfer (1658), doch wurde später (um 1680) eine neue, diesmal vierreihige, Lindenallee gepflanzt. Inzwischen war aber auf dem nördlich angrenzenden Gelände eine Vorstadt, die sog. Dorotheenstadt, gegründet worden, und als im 18. Jahrhundert im Süden „der Linden“ die Friedrichstadt entstand und damit die Bebauung von beiden Seiten an sie heranrückte, erhielten sie den Rang einer repräsentativen innerstädtischen Magistrale und – als beliebteste Promenade der Bürger – eines gesellschaftlichen Zentrums.

Lindenalleen säumten auch andere Ausfallstraßen der Stadt, z. B. jene in Richtung Friedrichsfelde, deren Ausbau und Bepflanzung, wie THEODOR FONTANE berichtet, dem Berliner „Schlächtergewerk“ als eine „Pön“ (Poena = Buße, Strafe) auferlegt worden sein soll.

In einer Verordnung, die der Fürstbischof DAMIAN HUGO VON SCHÖNBORN 1720 für seine Residenz Bruchsal und das Hochstift Speyer erließ, machte er den Ämtern seines Landes zur Pflicht, an allen Landstraßen Bäume zu pflanzen und dafür „einen verständigen Landgärtner“ zu verpflichten.

Noch bevor die Berliner Linden zum zweiten Male gepflanzt wurden, hatten in der französischen Hauptstadt weit umfangreichere Verschönerungsmaßnahmen begonnen. Die politische und militärische Stellung seines Landes erlaubte es LUDWIG XIV., Paris zur offenen Stadt zu erklären. Er ließ die Wälle und Bastionen schleifen und an ihrer Stelle breite, mit Baumreihen besetzte Promenaden errichten. 1670 eröffnete er selbst das erste Teilstück dieser Anlagen, die man Boulevards nannte, eine Bezeichnung, die sich von dem deutschen Wort Bollwerk und damit von ihrem Standort herleitete.

Die Neigung, Teile bastionärer Befestigungen in Friedenszeiten für Gärten oder Spaziergänge zu nutzen, war nicht zu unterdrücken gewesen, obgleich sich die Militärs mit guten Gründen dagegen aussprachen und z. B. DANIEL SPECKLE in seiner „Architectura Von Vestungen . . .“ von 1608 ausdrücklich forderte: „Auff Wählen/Bollwercken/ und was die Vestung innwendig in demselbigen begreifft/ soll kein Burger oder Kriegsmann einig Gartenwerck oder Baum hinpflantzen . . .“. Die Bäume oder Baumreihen, die allenthalben auf den Stadtwällen standen, waren also gewissermaßen Vorläufer des großartigen Alleegürtels, der sich nun nach und nach um Paris zog, zunächst um die nördlich der Seine liegenden Viertel, später auch um einen Teil der im Süden gelegenen. Mit ihm erhielt die Kernstadt einen einheitlichen, repräsentativen Rahmen, der sie gegen die damals noch spärlich bebauten „Faubourgs“ abgrenzte und der nicht zuletzt den in der Nähe wohnenden Bürgern als Treffpunkt und Promenade dienen konnte. Zum ersten Mal erhielt eine Stadt eine Art öffentliches „äußeres Grünsystem“, denn dieser Grüngürtel sollte durch Alleen an den Hauptausfallstraßen ergänzt werden, vor allem nach Osten, als Verbindung zum Schloß und Park Vincennes, und im Westen zum Bois de Boulogne und darüber hinaus nach St.Cloud und Versailles. An diesen Hauptstraßen waren schon zu Beginn des 17. Jahrhunderts Bäume gepflanzt worden. Im Osten war unter HEINRICH IV. eine (allerdings erst jenseits der schon dichter bebauten Vorstadt St. Antoine beginnende) 84 m breite Ulmenallee entstanden, und im Westen hatte MARIA DE MEDICI die am Seineufer ausgelegte Trasse des Cours de la Reine 1616 mit 1600 Ulmen bepflanzen lassen. Hier schuf ANDRÉ LE NÔTRE ab 1670, vielleicht im Auftrage COLBERTS, die gewaltige, den Zug der (damals noch am westlichen Stadtrande gelegenen) Tuileriengärten weit in die

Landschaft fortsetzende Grünachse um die Avenue des Tuileries, die heutigen Champs-Elysées. Später entstanden südlich der Seine umfangreiche Anlagen am Invalidenhaus bzw. um die École Militaire – auch sie, wie die Champs-Elysées, ein Stück „stilisierter Landschaft" im Vorfelde der Großstadt. Für ihre Bepflanzung, wie für die anderer stadtnaher Straßen, wurden auf Befehl COLBERTS wiederum vorwiegend Ulmen verwendet.

An eine andere, ebenfalls dem Programm feudaler Gärten entstammende, in dieser Zeit für urbane Zwecke übernommene Einrichtung erinnert noch heute die Bezeichnung von Straßen in einigen europäischen Städten, z. B. in Hamburg-Altona, Utrecht oder London: Hier gab es früher „Mailbahnen" (Palmaille, malle), für das auch bei den Bürgern zeitweise beliebte, krocketähnliche Paille-Maille-Spiel (Pall-Mall), alleeartige Spielplätze, die nebenher gern als Promenaden benutzt wurden. Sie lagen meist außerhalb der eigentlichen Bebauung, doch nutzte man auch geeignete Standorte innerhalb von Städten; so wurde in Paris um 1610 eine solche 400 m lange Mailbahn zwischem dem Grand Arsenal und dem Nordufer der Seine angelegt.

Auch anderen öffentlichen Zwecken gewidmete, umfangreichere Baumpflanzungen gab es gelegentlich, jedoch – bis zur Mitte des 19. Jahrhunderts – insgesamt relativ selten. Zu den frühesten Beispielen gehörte offenbar der Hamburger Jungfernstieg, dessen mit Linden bepflanzte „Lustgänge" schon im 17. Jahrhundert als beliebter Treffpunkt für die „vornehmsten Cavaliers und Dames der

Abb. 3. Der neue Jungfernstieg in Hamburg, von der Ecke der Esplanade gesehen. Erste Hälfte des 19. Jahrhunderts. (Foto: Staatl. Landesbildstelle Hamburg.)

Stadt" dienten, doch bot sich das Alsterufer für eine solche Nutzung ebenso an wie die Grachten in den holländischen Städten oder manche Stadtgräben. Auch in Hannover standen schon um 1720 an den Hauptstraßen etliche Linden, freilich noch nicht in geschlossenen Reihen, wie sie zur gleichen Zeit die Wallkrone im Bereich der Neustadt schmückten. Im Grunde waren das aber Ausnahmen; denn selbst da, wo genügend Raum zur Verfügung stand, z. B. an den breiten, geraden Straßen oder auf den monumentalen Plätzen, die LUDWIG XIV. in Paris anlegen ließ, verzichtete man auf die Verwendung von Bäumen. Das galt auch, sieht man von einigen kleinen Residenzstädten (z. B. Oranienbaum bei Dessau) einmal ab, für die meisten Stadterweiterungen oder Neugründungen dieser Zeit. Selbst in Versailles gehören die großen, die Stadt gliedernden (und dem Schloß unterordnenden), aber eben vor ihrer Entstehung angelegten Avenuen zum Alleesystem des königlichen Parkes.

Frühe Vorschläge für umfangreichere „autonome" Baumpflanzungen in Städten bieten einzelne Idealstadtkonzepte. So zeigt J.-F. PERRET in seinem 1594 verfassten, Heinrich IV. gewidmeten Traktat „Des Fortifications et Artifices, Architectures et Perspective" den Entwurf einer Radialstadt mit vier öffentlichen Baumgärten im Zentrum „pour avoir bon air et grande recreation". Ein anderes Beispiel ist die 1603 in den Habsburgischen Niederlanden gegründete Wallfahrtstadt Scherpenheuvel, deren Zentralkirche von einem regelmäßig mit Bäumen bepflanzten „Caemiterium maius" umgeben war (ENNEN 1977).

Die neuere Geschichte des bepflanzten Stadtplatzes beginnt zwar mit der 1612 vollendeten Place Royale (heute Place des Vosges) in Paris, doch begnügte man sich hier, wie bei den frühen Londoner Squares, zunächst mit schlichten, durch einige Wege gegliederten Rasenflächen. Erst im Laufe des 18. Jahrhunderts wurden solche der Repräsentation und/oder der Erholung dienenden Plätze auch mit Bäumen bepflanzt, zuweilen um sie zu rahmen, zu gliedern bzw. auf ein wichtiges Bauwerk auszurichten (z. B. die Place de la Carrière, Nancy, nach 1750) oder um ihre räumlichen Proportionen zu verbessern (Place de la Maire, Rennes, ab 1721 oder Place Bellecour, Lyon, ab 1728). Merkwürdigerweise ist diese dem Barock eigentlich besonders naheliegende Möglichkeit einer im engeren Sinne „stadtbaukünstlerischen" Verwendung von Bäumen kaum genutzt worden. Sie hat dann später eine erhebliche Rolle gespielt, und nicht zufällig betont z. B. EDUARD PETZOLD in seinem (1862 erstmals aufgelegten) Lehrbuch, „Die Landschaftsgärtnerei", nachdrücklich, „wie trefflich sich auch geradlinige Baumreihen zur Vermittlung unsymmetrischer Plätze in großen Städten eignen" . . .

Die „normalen", d. h. für Marktzwecke oder zur Ausbildung des Militärs bestimmten Stadtplätze wurden offenbar selten bepflanzt. Wo das geschah, wie z. B. in Berlin, mußte man sich schon wegen dieser Nutzungen mit wenigen, den Rand der eigentlichen Platzfläche beschattenden und diese gegen die angrenzenden Fahrdämme abgrenzenden Baumreihen begnügen.

In Holland war die Gewohnheit, die das Land durchziehenden Kanäle und Wege mit Bäumen bzw. Alleen zu bepflanzen, frühzeitig auf die Ortschaften ausgedehnt worden. Entsprechende Belege finden sich in verschiedenen Stichwerken des frühen 18. Jahrhunderts. Der italienische Architekturtheoretiker FRANCESCO MILIZIA kritisierte in seinem 1785 zuerst erschienenden Werk über „Grundsätze der bürgerlichen Baukunst" gerade diese Gewohnheit der Holländer, indem er schrieb: „Wer eine Stadt gesehen hat, der hat sie alle gesehen; und wer eine Gasse gesehen,

Abb. 4. Blick vom Justizgebäude in Amsterdam auf die Straße nach Leyden. (Nach ABRAHAM RADEMAKER, „Spiegel van Amsterdam", um 1725.)

hat die ganze Stadt gesehen. Jede Gasse ist nach der Schnur gezogen, mit einem Kanal in der Mitte und Bäumen zu beiden Seiten". Mit Bäumen bepflanzte Grachten und Plätze sind auch in der zwischen 1760 und 1767 von JAN WAGENAAR herausgegebenen Beschreibung von Amsterdam abgebildet. Interessant ist dabei, daß die Stämme zahlreicher Bäume von Schutzgeflechten umhüllt zu sein scheinen.

3 Zweite Hälfte des 18. Jahrhunderts und Zeit des klassizistischen Städtebaues

Seit der Mitte des 18. Jahrhunderts erhielt die Entwicklung des Stadtgrüns insgesamt neue Impulse, zuerst in England, wo der Wandel der Lebensformen und des Naturverhältnisses nicht nur zu einem völligen Umbruch der gartenkünstlerischen Gestaltungsprinzipien führte, sondern zugleich auch zu den ersten Bestrebungen, „Stadt und Garten" oder „Stadt und Natur" miteinander zu verbinden. Das geschah entweder, wie z. B. in Bath, durch eine partielle Öffnung einzelner Baugruppen zur umgebenden Landschaft, oder, wie in London oder Edinburgh, indem man „Natur" durch Gartenplätze (Squares) oder größere Parkanlagen (Regent's Park) in die neuen Wohnviertel der gehobenen Schichten einfügte.

Auch auf dem Kontinent und nicht zuletzt in Deutschland entfaltete sich vor allem in den Kreisen des gebildeten und wohlhabenden Bürgertums ein lebhaftes Interesse an der Natur, der neuen landschaftlichen Gartenkunst und an öffentlichen Erholungseinrichtungen.

In den noch immer fest umgrenzten, von Mauern oder bastionären Befestigungen eingeschnürten Städten führte das Bevölkerungswachstum im Laufe des 18. Jahrhunderts oft zu einer erheblichen Verschlechterung der Wohnverhältnisse: Die Bebauung wurde immer dichter, und die meisten innerstädtischen Gärten verschwanden. Dadurch und infolge der zunehmenden Sehnsucht nach Befreiung von städtischer Enge und nach „Naturgenuß" erhielten die stadtnahen, allen Bewohnern zugänglichen Erholungsstätten wachsende Bedeutung. „Aufgeklärte" Fürsten öffneten „dem Publikum" ihre stadtnahen Garten- und Parkanlagen, und 1789 entstand bei München der Englische Garten, einer der ersten Parks in Europa, die von vornherein der Öffentlichkeit zugedacht waren.

Schon in der ersten Hälfte des 18. Jahrhunderts waren die Wälle und Bastionen zahlreicher deutscher Städte mit „ordentlichen" Baumpflanzungen ausgestattet bzw. ein Teil der bisher hier stehenden Obstgehölze durch schmückende und schattenspendende Laubbäume ersetzt worden, so z.B. in Frankfurt a.M. (ab 1705) oder in Bremen, wo man 1721 „zur Verschönerung der Wälle" eine Doppelreihe Buchen pflanzte und gleichzeitig gestattete, „daß ehrbare Bürgersleute auf den Wällen spazieren mögen" (zit. bei KELLER 1958). Auch in Lübeck trugen die Befestigungen damals bereits Alleen, deren Schönheit öfter gerühmt worden ist, und für deren Erhaltung, „zu desto angenehmeren Aufenthalt der hieselbst sich befindenden Fremden und zum Mitgenuß hiesiger Bürger und zur Zierde dieser Stadt", eine 1766 erlassene Baumschutzverordnung - eine der ersten in Deutschland - sorgte (BLAUERMEL 1975).

Nach dem Ende des Siebenjährigen Krieges setzte in Deutschland eine Welle von Entfestigungen ein. Oft zwang die Raumnot dazu, und dann wurde das gewonnene Gelände zur Bebauung freigegeben; nicht selten nutzte man es aber nach dem Vorbilde der Pariser Boulevards zur Anlage von Promenaden und Esplanaden. Das geschah z. B. in Hannover (ab 1767), in Leipzig (ab 1763 bzw. 1772) und München (ab 1796). Hier wählte man für einen Teil der neuen Esplanade als schnell wachsenden Alleebaum die „italienische Pappel"", und für einen anderen Abschnitt wurde bestimmt, „daß . . . die Pappelbäume abgewechselt und inzwischen allzeit ein Eschenbaum gesetzt werden soll" (zit. bei WANETSCHEK 1971). Relativ spät, nämlich ab 1803 bzw. 1815, entstand auf dem ehemaligen Festungsgelände von Braunschweig noch einmal diese für das 18. Jahrhundert typische Form der „Wallpromenade" mit Alleezügen, Esplanaden, „Bosketten" und offenen Rasenplätzen. Inzwischen hatte, ausgelöst durch die napoleonischen Kriege, eine zweite Entfestigungsphase begonnen. Sie führte in Bremen, Hamburg, Lübeck und anderen Städten zur Einrichtung parkartiger Wallanlagen, für deren Gestaltung die Gräben und Wälle der ehemaligen Festungswerke genutzt werden konnten.

Auch im Vorfelde von Stadtsiedlungen wurden Pflanzungen angelegt oder vorhandene erweitert. 1753 erhielt z.B. Heilbronn einen mit Linden und Kastanien besetzten Spaziergang außerhalb des Stadtgrabens, und in Elberfeld, wo man 1773 beklagte, daß „keine einzige Baumallee . . . (vorhanden sei) . . . um einem einheimischen oder fremden Herrn Anleitung zu einer Promenade zu geben", wurde ein stadtnaher Platz mit „wilden Kastanien" und wenig später der Neumarkt mit einer „englischen Anlage" ausgestattet. Von dem 1771 auf Befehl der Kaiserin MARIA THERESIA planierten und mit Rasen versehenen, unter ihrem Nachfolger mit Roßkastanien, Pappeln und „Akazien" bepflanzten Wiener Glacis meldet die „Neueste Beschreibung der K.K. Haupt- und Residenzstadt Wien" von 1808: „Die Glacis ist ebenfalls in der schönen Jahreszeit ein angenehmer Spaziergang, in welchem sich viele Alleen und Ruhebänke befinden, von denen man die schönsten Aussichten genießt."

Welche Bedeutung man der Promenade als Element urbanen Lebens am Ausgang des 18. Jahrhunderts beimaß, wird deutlich, wenn HIRSCHFELD, sonst wahrlich kein Freund der „symmetrischen Gartenmanier", in einer Bemerkung über öffentliche Spaziergänge u. a. schreibt: „Nur jetzt begnügen wir uns zu bemerken, daß solche Spaziergänge, die dem gemeinen Gebrauch offenstehen, nicht weniger eine symmetrische Einrichtung zulassen. Man hat nicht eben die Absicht, die angenehmen Schauspiele der Natur zu genießen, man versammelt sich, dem Körper Bewegung zu geben und auf bequemen Spaziergängen das Vergnügen der Gesellschaft und der Unterredung zu suchen. Man will sich sehen und sich finden; ebene, offene, gerade und breite Gänge und Alleen befördern diese Absicht, und noch eine andere, die Verhütung aller Unordnung unter der vermischten Menge."

Freilich blieben alle diese Anlagen nach wie vor zumeist auf Randbereiche der Bebauung beschränkt, und wenn z. B. HEILIGENTHAL (1921) meint, daß Anpflanzungen innerhalb von Städten im 18. Jahrhundert „üblich geworden" seien und auf Beispiele wie Mannheim oder Rheinsberg verweist, wo in der Tat einzelne Straßen und Plätze mit Baumreihen versehen wurden, so nennt er damit im Grunde doch wiederum Ausnahmefälle. Zu ihnen gehörten auch einzelne Straßen in neuen Stadtvierteln, wie z. B. die Hauptstraße der Dresdener Neustadt, über die JOHANN CHRISTIAN HASCHE in seiner „Umständlichen Beschreibung Dresdens" von 1781-83 u. a. berichtet, sie sei eine „sehr beliebte Promenade", die „bey heiteren Abenden fleißig besucht wird . . . Die Allee ist nur für Fußgänger, auf beiden Seiten mit hölzernem Geländer umfaßt, was steinerne Säulen tragen. Hier und da sind steinerne Ruhebänke angebracht . . ." Ganz ähnlich war das bei der Promenade in Mannheim oder bei den Berliner Linden. Alleen bzw. Promenaden als wirklich zentrale Elemente, weil Hauptstätten des geselligen Treibens, gab es seit dem 18. Jahrhundert freilich in vielen Bade- und Kurorten. An diesen „Kuralleen", die zuweilen von Kolonnaden begleitet waren, lagen die wichtigsten „öffentlichen" Bauten: der Trinkbrunnen, das Theater, die Kaffeehäuser und Lesekabinette. Daß man nun aber auch anderswo mehr innerstädtische Pflanzungen oder Grünanlagen wünschte oder für notwendig erachtete, belegen entsprechende Forderungen in der Garten- bzw. Architekturtheorie des späten 18. Jahrhunderts. In dem den neuen „Volksgärten" gewidmeten Abschnitt des fünften Bandes seiner „Theorie der Gartenkunst" (1785) verlangt HIRSCHFELD z. B., daß „ansehnliche Städte" nicht nur bepflanzte Zugänge, sondern „in ihrem Umfang" einen oder mehrere Plätze haben sollten, die, mit Rasen bedeckt und „von Baumpflanzungen und den schönern Gebäuden umkränzt", der Bevölkerung zur Erholung und dem Gemeinwesen zur Zierde dienen könnten. Welcher Standort mit der Umschreibung „in ihrem Umfang" gemeint ist, bleibt offen, doch deutet der Hinweis auf die Verbindung mit „schönern Gebäuden" auf jene Gebiete im Weichbild zahlreicher

Städte, wo sich damals allmählich eine neue, vorwiegend lockere (Landhaus-)Bebauung auszubreiten begann. Weiter heißt es dann: „Allein außer diesen Plätzen kann eine weise Polizey bald in dem Bezirk der Stadt, bald nahe vor ihren Thoren besondere Oerter für den Spaziergang des Volkes . . .“, also „Volksgärten“, einrichten. Auch dabei wird nicht klar, ob mit dem „Bezirk der Stadt“ das ihr zugehörige Territorium oder ihr eigentliches Baugebiet gemeint ist.

Etwas genauer sind die Vorstellungen, die der Kgl. Dänische Justizrat und einstmalige Polizeidirektor von Altona, JOHANN PETER WILLEBRAND, in seinem 1775 erschienenen „Grundriß einer schönen Stadt“ unterbreitet hat. Auch er unterscheidet locker bebaute „Vorstädte“ von der eigentlichen „Hauptstadt“ (Kernstadt), meint aber, daß „eine Vorstadt so regelmäßig eingetheilet“ sein müsse, „daß sie erforderlichen Falls ohne viel Umstände ein Theil der Hauptstadt ausmachen kann . . .“ –, also die Möglichkeit für planmäßige Stadterweiterungen bieten müsse. Die Zufahrten zu den Vorstädten sollen „mit schattigen Bäumen” besetzt und ihr Inneres „mit Spatziergängen ... gezieret seyn ..., die jederzeit wohl beebnet, gestampft, beschüttet, und tüchtig unterhalten, auch dergestalt befriedigt werden müssen, daß sie den Menschen und Schweinen nicht zugleich zum Spatziergang und Laufbahn dienen“. In der Tat dürfte die auch damals noch häufige Tierhaltung in mancher Stadt die Errichtung bzw. Erhaltung öffentlicher Baumpflanzungen und ihre Nutzung als Promenaden nicht unerheblich beeinträchtigt haben. 1690 wurden z. B. die Bewohner der Berliner Dorotheenstadt aufgefordert, ihre Schweine abzuschaffen, weil diese immer wieder die Baumreihen der „Linden“ unterwühlten. „Diese Spatziergänge . . .“ schreibt WILLEBRAND weiter, „müssen . . . durch nach der Schnur in doppelten Reihen gepflanzte Linden- und Kastanien- oder Ypern- (nicht Weiden- und Pappel-)Bäume schattigt gemacht, und durch nebenhergehende Gräben trocken erhalten werden“.

Das Innere der Hauptstadt soll nach dem Beispiel von Neu-Hanau, Potsdam, Mannheim oder der „französischen Neustadt in Cassel“ durch „schnur-gerade“ Haupt- und Nebenstraßen, aber auch, wie in „einem durchgehauenen Thiergarten“, durch große Sternplätze übersichtlich gegliedert sein, also durch ein Straßen- und Platzsystem, das sich parallel zur Gartenkunst im Spätbarock oder nach ihrem Vorbild herausgebildet hatte und das im Prinzip auch im 19. Jahrhundert verwendet wurde. Wichtig ist aber vor allem, daß WILLEBRAND (1775) auch hier Baumpflanzungen für wünschenswert hält: „. . . wenn zur Abwechslung in einer Stadt eine breite Gasse in einer gewissen Entfernung von Häusern nach der Schnur Linden, Castanien, auch wol gar Fichten- und Tannenbäume gesetzt werden, so macht dies kein übles Ansehen, nur müssen die Bäume von den Häusern allezeit so weit entfernt bleiben, daß sie den Dieben und Verliebten nicht zu Erfindungen Anlaß geben, auch die Feuchtigkeit der Regen-Monate den Gebäuden nicht schädlich werden. Ja in Städten, die auf Morästen angelegt werden, dergleichen die mehresten in den Niederlanden sind, befördern gewisse Bäume die Verbesserung der Luft, und aus eben dieser Ursache werden die Gottesäcker so häufig mit Linden bepflanzt . . .“.

Entsprechend den verschiedenen Funktionen sollen in einer „schönen Stadt“ verschiedene Plätze (Märkte, Alarm- und Paradeplätze, Prachtplätze) vorgesehen und z.T. auch bepflanzt werden: „Ich glaube, daß wenn um einen großen runden oder viereckten Markt-Platz eine solch gedoppelte Reihe von Lindenbäumen gepflanzet würde, wie man in Hamburg auf dem Fischmarkte siehet, hier zum Theil der Markt gezieret, aber auch gegen üblen Geruch manche Lebensmittel bewahret würden." Natürlich sollen die Wälle „zur Ergötzlichkeit der Einwohner mit Alleen," gelegentlich auch mit „Ruhebänken unter einem Zirkel von Castanien-Bäumen, oder von Linden, die wie eine Kuppel zusammengeleitet und beschnitten sind ", ausgestattet sein. Schließlich forderte WILLEBRAND (lange vor HIRSCHFELD), daß „auf gemeine Kosten, entweder in oder nahe um die Stadt, ein Garten angelegt würde, darinnen jedermann sich zu ergötzen erlaubet . . .". Im „Grundriß einer schönen Stadt" findet man also alle damals bekannten bzw. geforderten Grünelemente, doch noch keinen Hinweis auf ihre Verbindung zu einer Art „Grünsystem", wie es (in Ansätzen) in manchen Stadterweiterungsplänen des frühen 19. Jahrhunderts auftaucht. Sie mögen von anderen Vorbildern angeregt worden sein, z. B. von einigen Kur- oder Residenzstädten (wie Bath, Pyrmont, Rheinsberg oder Ludwigslust in Mecklenburg mit seinen die Hauptstraßen markierenden und verbindenden Lindenalleen und den die allzu niedrige und schlichte Randbebauung der Platzfolge zwischen Schloß und Kirche kaschierenden Baumwänden) oder von dem bekannten Idealstadtprojekt Chaux, das CLAUDE-NICOLAS LEDOUX um 1770 konzipiert und begonnen – und 1804 publiziert hatte. Das Grundgerüst dieser Industrie- und Handwerkersiedlung sollte durch ein jederzeit zu erweiterndes System konzentrischer und radialer Alleen vorgegeben werden. Baumwände sollten die den zentralen Platz umgebenden Raumzellen mit ihrer pavillonartigen Bebauung markieren und gegeneinander abgrenzen, Baumreihen die nach außen hin zunehmende Isolierung der Baukörper aufheben oder mildern: Stadtplanung und Grünplanung waren hier im Grunde identisch.

1808, vier Jahre nach dem Erscheinen von LEDOUX Werk, wurde in München ein Wettbewerb zu einem „Generalplan für die Stadterweiterung am Maxtor" ausgeschrieben. Mit ihm begann eine Phase vorsorglicher Planungen, die „dem Wachstum der Stadt bis in die Mitte des Jahrhunderts Gestalt und Ordnung" gewährleisten sollten, Planungen, an denen mit FRIEDRICH LUDWIG VON SCKELL ein Gartenkünstler maßgeblich beteiligt war. Alle Entwürfe des Wettbewerbs stimmten überein in der Tendenz den neuen Siedlungsbereich „mit Freiraum zu durchweben", aber bei ihm geschah das am konsequentesten: in der Maxvorstadt durch die Erweiterung der die Altstadt umgebenden Wallpromenade im Bereich des Maximiliansplatzes und durch die Anlage des Botanischen Gartens, in dem 1811 genehmigten zweiten Planungsabschnitt für die Ludwigvorstadt durch bepflanzte Plätze und radiale, von dem auch hier die Altstadt begrenzenden Baumgürtel ausgehende Alleezüge, die die Hauptstraßen betonen und die schon vorhandene lockere Bebauung in eine durchgehende Ordnung einbinden sollten. „Wie der Architekt FISCHER sich in der städtebaulichen Konzeption dem Gartenplaner nähert, indem er das Gepflanzte dem Gebauten . . . zuordnet . . . , so führt der Gartenkünstler SCKELL mit der Allee die Natur in geradezu architektonischer Diziplin in die Stadtplanung ein . . . Mit kompakten Alleepflanzungen wird im Vorland grüne Stadtarchitektur geschaffen . . .". Auch hier werden also Straßen und Plätze „nicht erst durch Bebauung hervorgebracht, einem baulichen Funktionsbereich entsprechend, sondern werden durch ihre Bepflanzung gegenüber der Umbauung eigenständig . . ." (WANETSCHEK 1971).

Pflanzungen sollten nun aber auch die "Durchlüftung" der dicht bebauten Altstadt verbessern und „dem Vergnügen des Publikums" dienen, deshalb schlug SCKELL vor, das „Platzforum" in der Pfandhausgasse, das bislang vorwiegend als

Exerzierplatz gedient hatte, in eine baumbestandene Promenade umzuwandeln und das unregelmäßige Geviert des Salvatorplatzes durch schattenspendende Baumreihen zu begradigen.

Die Ausführung der Bepflanzungspläne für die neuen Stadtteile zog sich lange hin, und als ihre Fertigstellung endlich in Sicht war, da wurden sie bereits heftig kritisiert. Bezeichnend für diesen Meinungsumschwung ist ein Artikel, der 1823, bald nach dem Tode SCKELLS in der Zeitschrift „Eos" („eine Zeitschrift aus Baiern zur Erheiterung und Belehrung") erschien: er nahm die „so schädlich als lästigen Pappelbäume", die auf einigen Straßen und Plätzen Münchens gepflanzt waren, zum Anlaß, um die Entfernung sämtlicher öffentlichen Baumpflanzungen in allen „jenen Teilen der Vorstädte, welche bereits mit sehr schönen Häusern besetzt erscheinen" zu fordern: „Eine baldige Abhilfe dürfte nun zu erwarten um so mehr berechtigt sein, als überhaupt keine geregelte Stadt bekannt ist, in deren Vorstädten Alleen befindlich . . ."(Zit. bei WANETSCHEK 1971).

Das stimmte nicht: Gerade damals tauchte das in den Münchener Planungen frühzeitig aufgenommene Prinzip, das Hauptgliederungs- bzw. Haupterschließungssystem von Stadterweiterungsgebieten durch Alleen und bepflanzte Plätze hervorzuheben oder (vor Beginn der Parzellierung) „vorzugeben" und ihre beabsichtigte Begrenzung durch Alleegürtel zu markieren, auch in anderen Stadtplanungen auf, so z. B. in den Erweiterungsprojekten, die GEORG LUDWIG FRIEDRICH LAVES für Hannover konzipierte, vor allem in den (in diesem Umfang und in dieser Form nicht ausgeführten) von 1820 bzw. 1825/26 (HOELTJE 1964). Danach sollte die Wallpromenade der Altstadt als begradigter Alleezug um das im Steintorfeld geplante Neubaugebiet weitergeführt werden, um dieses mit der vorhandenen Bebauung zu verbinden und es andererseits gegen die landschaftliche Umgebung abzugrenzen. Von diesem Alleegürtel ausgehende Baumpflanzungen sollten die künftigen Hauptstraßen des neuen Stadtteils auszeichnen.

Im Jahre 1819, als man in München endlich die Fertigstellung der von SCKELL geplanten Pflanzungen vorantrieb und LAVES den Auftrag zu seinem Gutachten über die „zweckmäßigste Stadterweiterung" für Hannover erhielt, betraute die preußische Regierung den Gartenkünstler MAXIMILIAN FRIEDRICH WEYHE mit der Ausarbeitung eines „Generalplanes" für die seit 1815 zu Preußen gehörende Stadt Düsseldorf. Schon seit 1808 hatte er den am Nordrande der Altstadt gelegenen Hofgarten zu einem öffentlichen Park umgestaltet und nach und nach bis zum Ufer des Rhein erweitert. Nun verband er dieses große Grünareal durch die Verlängerung der (1809 begonnenen) Königsallee und des sie begleitenden Kanals mit den im Süden der Bebauung gelegenen Anlagen um den sog. Schwanenspiegel und schuf damit einen großzügigen Grün- und Wassergürtel, den er auch hier bis zum Rheinufer weiterführte.

Ein zweiter, ebenfalls im Hofgartenbereich ansetzender Grünzug, die heutige Heinrich-Heine-Allee, zog sich am Rande der Altstadt entlang bis in die Neustadt. Er endete hier zwar in einer blockartigen Pflanzung, fand aber weiter südlich eine punktuelle Fortsetzung durch von Baumreihen gerahmte Marktplätze. „Als Vorbild städtischer Pflanzungen, welche hier in Form größerer, frei behandelter Parks und kleinerer, geometrisch gefaßter Grünplätze sowie wirkungsvoll angelegter Alleen erscheinen, ist diese Erweiterung von Düsseldorf geradezu klassisch." (HEILIGENTHAL 1921).

Abb. 5. München: Siegestor und Ludwigstraße. Stahlstich aus der ersten Hälfte des 19. Jahrhunderts. (Foto G. DÄUMEL.)

Der nach den Befreiungskriegen einsetzende Wirtschaftswandel und die mit ihm zusammenhängende Bevölkerungsbewegung führten in Berlin früher als in anderen deutschen Städten zu einer raschen, fast sprunghaften Zunahme der Einwohnerzahl und damit zu der Notwendigkeit, das Bauvolumen der Stadt zu vergrößern. Seit 1825 beschäftigte sich die „Oberbaudeputation" mit dieser Aufgabe, aber erst um 1840 entstanden „ausführungsreife" Bebauungspläne für große Teile des innerhalb der Zollmauer gelegenen, also zum Weichbild der Stadt gehörenden Geländes.

Auch hier übernahm ein Gartenkünstler, der königliche Gartendirektor PETER JOSEF LENNÉ, vorübergehend die Führung. Sein am 24. April 1840 eingereichter Plan der „Schmuck- und Grenzzüge der Residenz Berlin" markierte das für die Zukunft gedachte Baugebiet Berlins durch einen die Kernstadt in weitem Bogen umfassenden Alleegürtel, der sich im Norden vom Bereich des Tiergartens über einen für die Arbeiterviertel im Nordosten gedachten Park, den 1846 begonnenen Friedrichshain, bis zur Oberspree ziehen und im Süden als „Boulevard" den Lauf des Landwehrkanals begleiten sollte. Innerhalb dieses „Grenzzuges" erkennt man die durch „Schmuckzüge" vorgegebenen Hauptlinien des Erschließungssystems der neuen Stadtteile: im Westen, oberhalb des Tiergartens (und über den Spreebogen hinweg durch breite Avenuen mit ihm verbunden) auf dem ehemaligen Pulvermühlengelände bei Moabit und im Südosten auf dem Köpenicker Feld. In LENNÉS Erläuterungsbericht heißt es u. a.: „Die Pflanzung der Alleen dürfte um so mehr zur ersten Anlage gehören, als der Wuchs der dazu zu wählenden Baumarten von einem längeren Zeitraum bedingt ist, und das fröhliche Gedeihen der Alleen für den Baulustigen eine Aufforderung sein wird, sich längs dieser Straßen-Alignements anzusiedeln. Mit Rücksicht auf das, was . . . über die vom Standpunkt der öffentlichen Gesundheitspflege notwendig werdende Anlage von Spaziergängen gesagt wird, dürfen die in Antrag gebrachten Alleen nicht als Luxus, sondern sie müssen als eine wesentliche Hauptbedingung betrachtet werden, die von dem ganzen Projekt ebenso unzertrennlich sind, als der Schiffahrtskanal. Dazu gesellen sich die ästhetischen Grundsätze der Gartenbaukunst, welche, so weit es der beschränkte Raum (des öffentlichen Grundes – Verf.) gestattet hat, in dem Projekt Anwendung gefunden haben" (Zit. bei HINZ 1937). Dieser Schiffahrtskanal mit seinen Hafenbassins, Plätzen und flankierenden Alleen bildete den Hauptzug der geplanten Luisenstadt, das Rückgrat eines weitmaschigen, orthogonalen Straßen- und Platzgefüges, dessen Hauptlinien und -punkte wiederum durch Baumpflanzungen hervorgehoben werden sollten. Ein ganz ähnliches axial-geometrisches Straßen-Platz-System zeigt auch LENNÉS Bebauungs- bzw. Erschließungsvorschlag für die Schöneberger Feldmark von 1844. Diese „Abfolge " entspricht im Prinzip dem wenig später in Paris verwendeten Boulevard-Square-System und diente – neben diesem - als Vorbild für die Haupterschließungszüge des Berliner Bebauungsplanes von 1862. Auf seine Übereinstimmung mit dem Struktursystem der großen feudalen Gärten des 17. Jahrhunderts, z. B. mit der Hauptachse des Versailler Parkes, kann hier nur hingewiesen werden.

Bei den Bemühungen, Stadtviertel durch eingestreute Grünplätze aufzulockern bzw. „hygienisch und ästhetisch zu verbessern", dürfte das Beispiel der Londoner Squares eine wichtige Rolle gespielt haben. Man konnte ihm um so eher folgen, als ein Teil der innerstädtischen Plätze infolge der zunehmenden Verlagerung des Marktgeschehens in Hallen und Läden bzw. infolge der Errichtung von Kasernen und Exerzierplätzen ihre einstigen Funktionen verlor, aber andererseits noch nicht für Verkehrszwecke benötigt wurde. Zu den ersten „modernen" Schmuckplätzen in Deutschland dürfte der um 1824 nach Vorschlägen SCHINKELS und LENNÉS mit Rasen und malerischen (hier freilich symmetrisch angeordneten) Baum- und Strauchgruppen bepflanzte Leipziger Platz in Berlin gehört haben. In den nachfolgenden Jahrzehnten wurden weitere Plätze der Stadt umgestaltet. 1853 entstand mit dem Mariannenplatz in der Luisenstadt eine der ersten von vornherein der Repräsentation und Erholung gewidmeten Platzanlagen, und bald gehörten gärtnerisch dekorierte, immer öfter mit Wasserspielen, Denkmälern und anderen Skulpturen ausgestattete „Schmuckplätze" allenthalben zum garten- und stadtbaukünstlerischen Repertoire.

4 Stadterweiterungen des späteren 19. Jahrhunderts

Im Vergleich zu den zahlreichen öffentlichen Baumpflanzungen in Stadterweiterungen der zweiten Hälfte des 19. Jahrhunderts erscheinen jene der früheren, bisher genannten Bebauungspläne einigermaßen spärlich, denn sie waren auf die Hauptplätze und einige besonders wichtige Straßen der meist recht weitmaschigen, d. h. große Baublöcke aussparenden Erschließungsraster beschränkt. Diese Zurückhaltung wird verständlich, wenn man bedenkt, daß bei den neuen Stadtteilen zunächst überwiegend an eine lockere Vorstadtbebauung mit zahlreichen zwischen und hinter den Häusern gelegenen Gärten gedacht war. Überdies gehörten die hier vorgesehenen Alleen und Grünplätze mindestens in einigen Fällen (z. B. bei der LENNÉschen Planung für Berlin) zu umfassenderen, die Stadt und ihre Neubaugebiete verbindenden „Grünsystemen". Die Entwicklung verlief jedoch ganz anders. Die geplanten „Schmuck- und Grenzzüge" wurden nur zum Teil angelegt, und die rasch zunehmende Ansiedlung und Erweiterung industrieller Produktionsstätten bzw. der dadurch ausgelöste Wohnraumbedarf führten allenthalben dazu, daß die (für solche Nutzung überdimensionierten) Baublöcke gänzlich, d. h. unter Verzicht auf zusätzliche Wohnwege, Plätze oder irgendwelche Freiflächen, mit hohen, enge Höfe umschließenden Mietshäusern, Werkstätten oder Lagerhallen überbaut wurden. Und da man, um dem Fiskus oder den Gemeinden möglichst wenig Kosten aufzubürden und den privaten Bau- und Renditewünschen einen möglichst großen Spielraum zu geben, auch bei späteren Stadterweiterungen dieses – ursprünglich eben für ganz andere Nutzungsformen gedachte – weitmaschige Straßennetz und auch die alten Bauordnungen übernahm, breitete sich die dichte und hohe Mietskasernen-Bebauung bald im Umland der meisten größeren Städte aus. Einzelne Freiflächen wurden allenfalls an den Rändern der Siedlungsgebiete ausgewiesen, häufig fehlten sie zunächst ganz. Damit erhielten aber die Bäume auf den Straßen und Plätzen im Stadtinnern zunehmende Bedeutung. In zahlreichen Stadtteilen waren sie das einzige, oft recht kümmerliche Grün, das die Monotonie der grauen Straßenschluchten unterbrach, der einzige Ersatz für fehlende Gärten oder öffentliche Parks, für die von dem unaufhaltsam wuchernden Häusermeer immer weiter verdrängte, vielen Städtern nur noch an Sonn- und Feiertagen erreichbare Natur.

In den besseren, schon eher mit Grünanlagen und Gärten ausgestatteten Vierteln dienten die z. T. recht üppigen Baumpflanzungen an breiten Haupt– oder Prachtstraßen und auf Schmuckplätzen zur Steigerung der Wohnqualität und zur

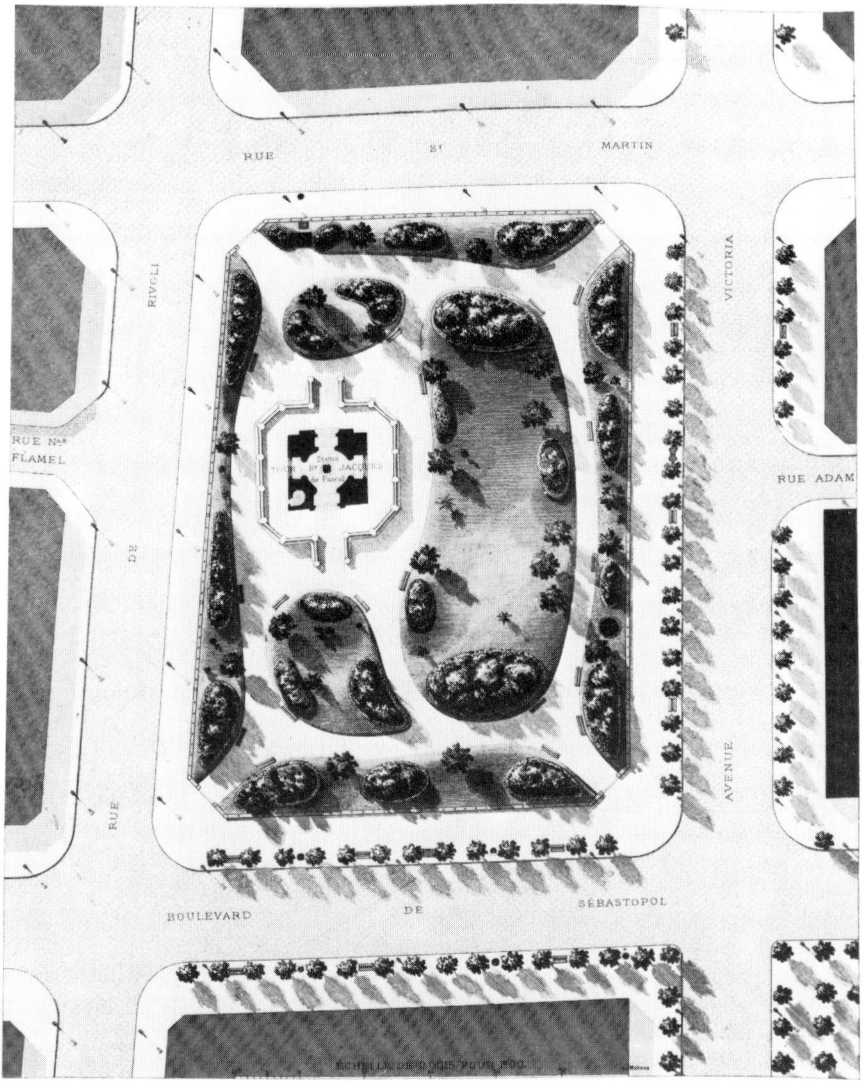

Abb. 6. Boulevard de Sébastopol und Square de Tour St. Jaques (J. CH. A. ALPHAND. „Les promenades de Paris", Paris 1867–73.)

Darstellung des öffentlichen und sozialen Ranges der betreffenden Gegend oder Straße.

Die erste Stadt des Kontinents, die versuchte, sich den Erfordernissen des industriellen Zeitalters anzupassen, war Paris. Das Programm der „Transformation", mit dessen Durchführung NAPOLEON III. 1853 den Präfekten HAUSSMANN beauftragte, sah nicht nur umfangreiche sanitäre Einrichtungen und die Schaffung eines modernen Verkehrsnetzes mit breiten Boulevardringen und radialen Straßendurchbrüchen vor, sondern auch ein das gesamte Stadtgebiet umfassendes „Grünsystem". HAUSSMANN scheint diesem Bereich seiner gewaltigen, mit ungeheurer Energie und kaum vorstellbarem Tempo vorangetriebenen Pläne und Maßnahmen besondere Bedeutung beigemessen zu haben. Jedenfalls betraute er damit den fähigsten seiner Mitarbeiter, den Ingenieur JEAN CH. A. ALPHAND. Nach seiner Planung (die im Prinzip mit dem LENNÉschen Projekt der Berliner „Schmuck- und Grenzzüge" von 1840 übereinstimmt) sollten die an der Peripherie des damaligen Stadtgebietes liegenden bzw. neu geschaffenen öffentlichen Parks (d. h. der Bois de Boulogne und der Parc Monceau als Refugien der vornehmen westlichen Stadtteile, die Buttes Chaumont und der Bois de Vincennes als Erholungsgebiete für die Arbeiterviertel im Osten und Nordosten und der Parc Montsouris im Süden) durch einen etwa 250 m breiten, auf ehemaligem Festungsrayon verlaufenden Grüngürtel verbunden werden. ALPHAND wollte damit die Tradition stadtrandender Boulevards in zeitgemäßen Dimensionen fortsetzen, doch scheiterte dieses 1859 vom Kaiser genehmigte Projekt am Widerstand der wegen seiner Kosten besorgten Bürger. Erfolgreicher war ALPHAND bei der Durchgrünung der Innenstadt. Zwischen 1853 und 1870 entstanden in Paris, auch in den sanierten Teilen der Altstadt, zahlreiche Schmuck- und Erholungsplätze, die man zwar „Squares" nannte, die aber, anders als ihre englischen Vorbilder, öffentlicher Nutzung gewidmet und häufig „aus der Straße entwickelt, vom Verkehr umflutet und durchpulst" waren (WANETSCHEK 1971). EDOUARD ANDRÉ unterscheidet übrigens in seinem 1879 veröffentlichten Handbuch „L'Art des Jardins" bei den Pariser Grünplätzen, je nach Art und Umfang der Bepflanzung, die „Squares", als im Sinne der landschaftlichen Gartenkunst gestaltete Gartenplätze, von den schlichter ausgestatteten „Places", bei denen man sich mit einer Rasen- oder Kiesfläche und mit einigen, meist „en quinconce" (im Verband) gesetzten Baumreihen begnügte.

Noch größeres Aufsehen als diese über das Stadtgebiet verstreuten Platzanlagen erregte das Netz der Avenuen und Boulevards, das mit seinen weiten, geraden Achsen und gewaltigen Sternplätzen (wie die Place de l'Étoile oder die Place de la Nation) ebenfalls barocke Überlieferungen aufnahm, freilich wiederum in zeitgemäßer Dimension und Ausstattung. Spätestens seit der Pariser Weltausstellung von 1855 verfolgten Fachleute und interessierte Laien in aller Welt fasziniert, mit welcher Geschwindigkeit und Großzügigkeit dieses Straßennetz angelegt wurde. Gewissermaßen über Nacht entstanden in allen Teilen der Stadt neue Ring- und Durchgangsstraßen, gesäumt mit 10–12 m hohen Bäumen, die zu einem erheblichen Teil in eigens für diesen Zweck eingerichteten Baumschulen angezogen und mit Hilfe der erwähnten Hebe- und Transportgeräte verpflanzt worden waren. WILLIAM ROBINSON, der nachmalige Gründer der „Surrey School of Gardening", der 1867 als Korrespondent der „Times" die zweite Pariser Weltausstellung besucht hatte, schrieb in seinem 1869 veröffentlichten Buch, „The Parks, Promenades and Gardens of Paris", voller Bewunderung: „Wenn Paris nicht bereits die glänzendste, luftigste und schönste aller Städte ist, so ist sie dabei, es zu werden; und der Hauptteil ihrer Schönheit stammt von ihren Gärten und ihren Bäumen. Was wären die neuen Boulevards aus weißem Stein ohne die beruhigende und erfrischende Hilfe der langen Alleen sorgfältig gepflegter Bäume? In Paris hat

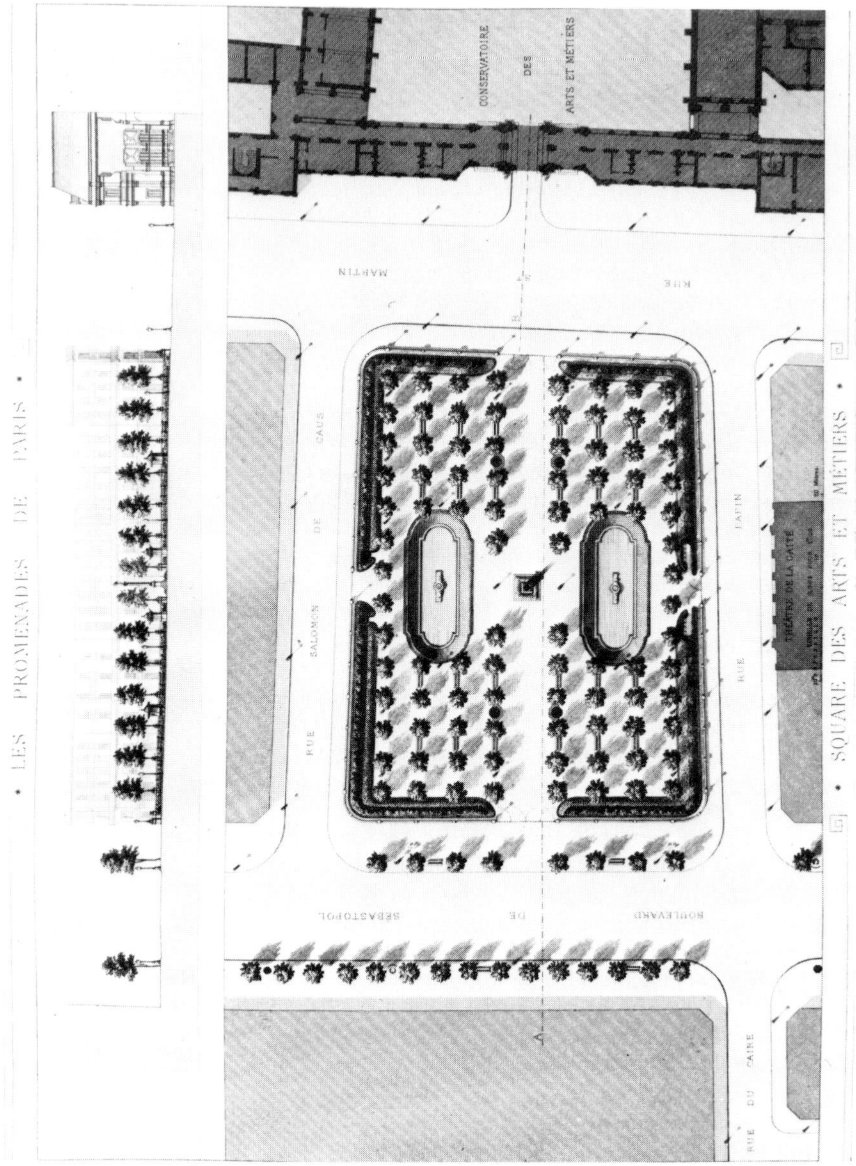

Abb. 7. Square des Arts et Métiers. (J. CH. A. ALPHAND. „Les promenades de Paris“, Paris 1867–73.)

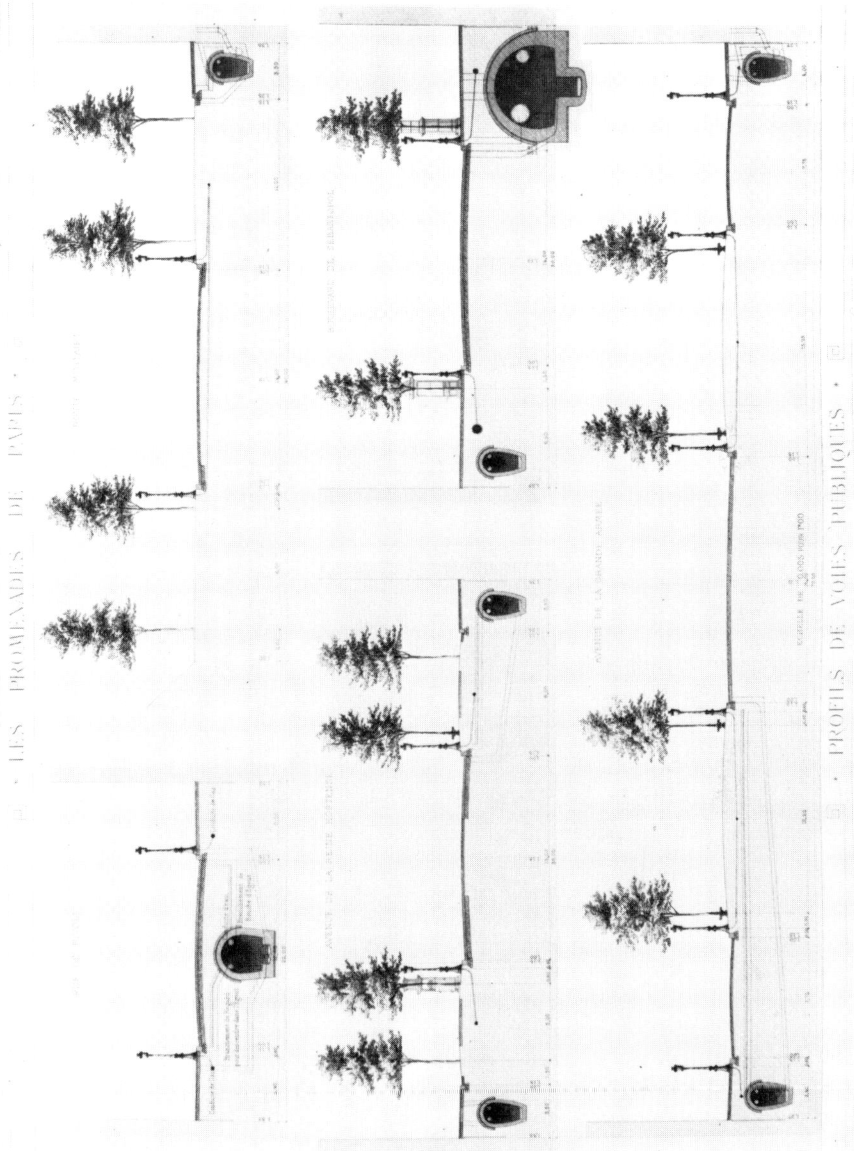

Abb. 8. Pariser Straßenprofile der zweiten Hälfte des 19. Jahrhunderts. (Nach J. CH. A. ALPHAND. „Les promenades de Paris“, 1867–73.)

die öffentliche Gartenanlage eine Bedeutung, die sie bei uns nicht hat . . . Sie folgt dem Straßenbau mit Bäumen, verwandelt kleine Plätze in Gärten . . . und bietet dem Auge des ärmsten Arbeiters jeden Reiz der Vegetation . . ."(GIEDION 1965).

Am Ende der langjährigen Tätigkeit ALPHANDS standen in Paris etwa 82000 Straßenbäume, doppelt so viel wie an ihrem Beginn. Kein Wunder also, daß die Pariser Boulevards zum Inbegriff repräsentativer Stadtstraßen wurden, daß man ihrem Vorbilde allenthalben nacheiferte und sich vor allem auch die bei ihrer Bepflanzung gewonnenen Erfahrungen zunutze machte. Dabei halfen einige damals weit verbreitete Publikationen, an erster Stelle ALPHANDS eigenes dreibändiges Prachtwerk, „Les Promenades de Paris", das zwischen 1867 und 1872 erschien und das neben vielen Plänen, Ansichten und Beschreibungen einzelner Parks, Squares und Boulevards auch genaue Angaben über die Pflanztechnik und die verwendeten Baumarten enthält.

Straßenbäume spielten bei der Verschönerung und Begrünung von Paris eine so große Rolle, daß man für ihre Pflege und Erneuerung bzw. für weitere Pflanzungen eine besondere Abteilung der Stadtverwaltung einrichtete. „Chef de service des plantations d'alignement de la ville de Paris" war in den achtziger Jahren JULES NANOT, ein bekannter Fachmann, dessen um 1885 erschienes Buch, „Guide de l'ingenieur pour l'établissement et l'entretien des plantations d'alignement", von dem herzoglich-braunschweigischen Garteninspektor L. BEISSNER übersetzt und bearbeitet und 1884 unter dem Titel „Der Straßengärtner" veröffentlicht wurde. NANOT nennt, wie vor ihm ANDRÉ, als in Paris bevorzugte Straßenbäume u. a. (etwa in der Reihenfolge ihrer Häufigkeit): Platane, Roßkastanie, Ulme, Ahorn *(Acer platanoides* und *A. pseudo-platanus)* und Linden (vor allem *Tilia × euchlora, T. tomentosa* und *T. × vulgaris),* aber auch *Ailanthus, Sophora, Paulownia u. a.* besonders schöne, repräsentative oder interssante Gehölze, die sich jedoch nur zum Teil bewährten.

Die Form der Bepflanzung richtete sich vorwiegend (d. h. außer bei etlichen aus militärischen Gründen angelegten Straßendurchbrüchen) nach der Breite und damit nach der städtebaulichen Bedeutung der Straße. Die Mehrzahl der HAUSSMANNschen Durchbruchstraßen erhielt eine Breite von etwa 30 m und war mit je einer Baumreihe an den Bürgersteigkanten (Beispiele: Avenue de l'Opéra bzw. A. de Rome), weit seltener mit einer Allee bzw. Promenade in der Mitte (z. B. Avenue de Trocadéro) ausgestattet. Einige Avenuen besonderen Ranges und die inneren Boulevards wurden etwa 40–46 m breit angelegt und mit je zwei Seitenalleen (Avenue Wagram) bzw. einer vierreihigen Mittelallee (Avenue de Clichy) oder aber asymmetrisch mit einer seitlichen Baumreihe und einer Doppelreihe in der Mitte (Boulevard de la Madeleine) bepflanzt. Gewaltige Abmessungen von 70–120 m und eine weit reichere Bepflanzung mit sieben, acht oder neun Baumreihen, die mehrere Fahr- und Reitwege bzw. Promenaden säumten, erhielten die Boulevards des äußeren Ringes (z. B. B. d'Italie) und einige Ausfallstraßen, wie die Avenue du Bois de Boulogne, die den Grünzug der Champs-Elysées nach Westen fortsetzt.

Unterschiedliche Bepflanzungsformen in Verbindung mit einem häufigeren Wechsel der dabei verwendeten Baumarten ergaben zusätzliche, in Paris zum ersten Male systematisch genutzte Möglichkeiten, das Bild der Stadt abwechslungsreich zu gestalten und die städtische bzw. soziale Rangordnung der verschiedenen

Straßen (die sich natürlich schon in ihrer Breite und der Qualität bzw. Fassadengestaltung ihrer Bebauung ausprägte) noch deutlicher zu machen.

Auch in Deutschland zwang der nach der Jahrhundertmitte rascher und auf breiterer Bahn voranschreitende Industrialisierungs- und Verstädterungsprozeß etliche Städte zu Anpassungsmaßnahmen und Erweiterungsplanungen, führten die zunehmende Entwicklung und Konzentration des Verkehrs und die Ballung großer Menschenmassen auf relativ engem Raum zu einer Verlagerung der städtebaulichen Schwerpunkte und Kompetenzen: „Sanitarische, Verkehrs- und Sicherheitsrücksichten“ traten mehr und mehr in den Vordergrund. Anders als in Paris, dessen Vorbild man gleichwohl in mancher Beziehung nacheiferte, verlor in Deutschland die „Grünplanung“ ihren bisherigen Rang und beschränkte sich künftig auf die Planung und Realisierung einzelner Anlagen bzw. auf die Pflege des öffentlichen Grüns. Dieser Rangverlust spiegelte sich u. a. in dem Wandel der verwaltungsmäßigen Zuordnung und Stellung. SCKELL und LENNÉ waren auf der Ebene der obersten (staatlichen) Baubehörden tätig gewesen, und diese hatten auch die Verantwortung für die öffentlichen (damals überwiegend noch nicht kommunalen, sondern staatlichen) Grünanlagen gehabt. Als diese Kompetenzen an die Gemeinden übergingen, übertrug man sie „nachgeordneten“, d. h. an stadtplanerischen Aufgaben kaum oder nicht mehr beteiligten Institutionen, d. h. „Stadtgärtnereien“ (München 1841) oder kommunalen Gartenverwaltungen (Berlin 1870). Ihre planerischen Möglichkeiten waren ähnlich beschränkt wie jene der städtischen Hochbauämter, denen die Bauplätze für die von ihnen zu errichtenden Gebäude „fertig zugewiesen“ wurden, wie sie „der Geometer parzelliert und das Tiefbauamt ausgebaut hatte.“ (HEILIGENTHAL 1921). Bezeichnend für diese Entwicklung ist die Tatsache, daß der preußische Polizeipräsident die Aufstellung des umfassenden, für das künftige Schicksal der Stadt so bedeutungsvollen Bebauungsplanes für „Berlin mit nächster Umgebung“ dem vorwiegend mit Fragen der Wasserversorgung und des Kanalisationswesens beschäftigten Regierungsbaurat JAMES HOBRECHT und anderen Mitarbeitern des Polizeipräsidiums übertrug, ohne den inzwischen zum Generaldirektor aller königlichen Gärten ernannten LENNÉ zu Rate zu ziehen. Erst 1863, ein Jahr nach der Veröffentlichung des sog. HOBRECHT-Planes, wurde er aufgefordert, sich über die mögliche Bepflanzung der im Plan festgelegten Straßen und Plätze zu äußern. Stadtplanung war in der zweiten Hälfte des 19. Jahrhunderts eben weitgehend identisch mit Straßen- und Tiefbauplanung, und folgerichtig lag auch die Zuständigkeit für die Baumpflanzungen auf Straßen und Plätzen – in denen man nunmehr ein zwar wünschenswertes oder sogar wichtiges, aber eben doch „sekundäres“ Ausstattungselement sah – häufig bei den Tiefbauabteilungen (z. B. in Hannover bis 1890) oder Straßenbaudeputationen (z. B. in Bremen bis 1903). Wie nachhaltig sich dieser Kompetenzverlust aber auch auf die gestalterischen Qualitäten auswirkte, belegt eine Stelle in dem Städtebaubuch von J. STÜBBEN. 1890, also zu einer Zeit und in einer Schrift, in der sich ein neuerlicher Wandel in der städtebaulichen Bewertung des öffentlichen Grüns ankündigte, heißt es u. a.: „Es wäre ein Fehler, wollte man die Straßen- und Platzgrenzen zwar bei Aufstellung des Bebauungsplanes entwerfen, die Sorge für Pflanzungen und Gartenanlagen aber dem Gärtner überlassen. So unentbehrlich die Tätigkeit des letzteren in der endgültigen Bearbeitung und in der technischen Ausführung ist, ebenso wichtig ist es, die

Gesamtform der Pflanzungen, Schmuckplätze und öffentlichen Gärten nach Größe, Gestalt und Anordnung beim Entwurf des Stadtbauplanes, wenn tunlich unter Zuziehung eines Gärtners, vorzusehen."

Der Berliner Bebauungsplan von 1862 und andere, z. T. seinem Beispiel folgende Erweiterungsprojekte deutscher Städte berücksichtigten (im Gegensatz zur Pariser Planung) keine größeren Freiflächen, sondern begnügten sich mit der Festlegung der Fluchtlinien bzw. des zuweilen recht großzügigen Straßen- und Platzsystems und überließen Parzellierung und bauliche Nutzung der Blockflächen privaten, von der gültigen Bauordnung nur unzureichend gesteuerten Intentionen bzw. die Errichtung öffentlicher Parkanlagen der künftigen Entwicklung. Die Folge war, daß dafür im Inneren der Stadterweiterungsgebiete kaum Platz zur Verfügung stand und sich die Begrünungsmaßnahmen hier eben im wesentlichen auf breitere Straßen und die vom Verkehr nicht oder noch nicht beanspruchten Platzflächen beschränkten. Diese Möglichkeiten wurden nun öfter genutzt, und im letzten Drittel des 19. Jahrhunderts nahm die Zahl der „selbständigen" Baumpflanzungen in den deutschen Städten sprunghaft zu. Erste Anzeichen dafür gab es schon in den sechziger Jahren. Das Pariser Vorbild wirkte sich nicht nur in den Großstädten aus; auch in kleineren Kommunen begannen Stadtverordnete, Promenadendeputationen oder die allenthalben sich bildenden Verschönerungsvereine entsprechende Forderungen anzumelden. So heißt es z. B. in einem Bericht der Bochumer Stadtverwaltung von 1864: „Bei ihrer fortschreitenden Vergrößerung darf aber auch die Verschönerung der Stadt nicht länger verabsäumt werden, und es dürfte daher wohl an der Zeit sein, mit der Bepflanzung einiger unserer öffentlichen Plätze und mit der Anlegung von Promenaden den Anfang zu machen." 1866 erfolgte dann die Lieferung und Pflanzung der ersten Ulmen, und seither wurde Jahr für Jahr eine bestimmte Summe des städtischen Etats für Baumpflanzungen ausgegeben.

Eine geradezu rasante Zunahme der Bäume in allen größeren und mittleren Städten brachten die umfangreicheren Stadterweiterungen in den „Gründerjahren" nach 1870 bzw. in der industriellen Expansionsphase zwischen 1890 und 1914. In Charlottenburg und Westend gab es z. B. 1880 bereits annähernd 10000 Straßenbäume, und Ende des Jahrhunderts hatte sich ihre Zahl fast verdoppelt. In Hannover wurden zwischen 1890 und 1900 insgesamt 55 Straßen mit mehr als 7000 Bäumen bepflanzt; bei Ausbruch des ersten Weltkrieges gab es hier über 16000 Bäume an 141 Straßen. Noch rascher verlief die Entwicklung in der Reichshauptstadt. Die seit 1885 in der „Gartenflora" veröffentlichten Berliner Magistratsberichte nennen jährlich eine erhebliche Zahl neu bepflanzter Straßen; 1905 waren es etwa 300 mit einer Gesamtlänge von rd. 70 km.

Eine erste Gesamtübersicht bringt A. Hoffmann in seinem anläßlich der Internationalen Kunst- und Gartenbauausstellung 1904 in Düsseldorf herausgegebenen Bericht über die „Hygienische und soziale Betätigung deutscher Städte auf den Gebieten des Gartenbaus". Am Schluß des die Straßenbäume betreffenden Abschnittes schreibt er u. a.: „Aus dem Vorstehenden geht nun hervor, daß alle größeren Städte dazu übergegangen sind, Baumpflanzungen in den Straßen anzulegen, und zwar sind fast überall ganz erhebliche Strecken des Straßennetzes mit solchen Pflanzungen versehen. Während Promenaden überall nur einen kleinen Bruchteil der bepflanzten Straßen bilden, hat sich zumeist die Bepflanzung mit zwei

Baumreihen als die beliebteste erwiesen; nur in Stuttgart und Augsburg überwiegt die Länge der mit einer Baumreihe bepflanzten Straßen".

Das Wachstum der Städte förderte nicht nur die Bereitschaft zu einer stärkeren Begrünung der Straßen und Plätze – es erschwerte zugleich die Möglichkeiten dafür. Durch die dichte und hohe Bebauung, die Zunahme der Luftverunreinigung, das Anschwellen des Verkehrs und die immer stärkere Inanspruchnahme des unterirdischen Straßenraumes durch Kanalisation und die Leitungsbahnen der Versorgungssysteme verschlechterten sich die Wachstumsbedingungen in zahlreichen Stadtteilen erheblich.

Besondere Probleme brachte die Einführung der Gasbeleuchtung. Seit den sechziger Jahren findet man in der einschlägigen Literatur zahllose Hinweise und Berichte über Gasschäden an Straßenbäumen. CARL HAMPEL widmet ihnen in seinem 1893 erschienen Buch über „Stadtbäume" ein ganzes Kapitel und verweist darin auf „Untersuchungen über die Einwirkungen des Leuchtgases auf das Gedeihen der Bäume", die 1872, auf Veranlassung des damaligen Berliner Gartendirektors GUSTAV MEYER, durchgeführt worden waren.

Schon 1877 konnte der Breslauer Forst- und Oekonomierat Dr. L. FINTELMANN in seinen Vorträgen über Baumpflanzungen in den Städten langjährige Beobachtungen über die unterschiedliche Gasempfindlichkeit einzelner Baumarten auswerten. Gegen Ausgang des Jahrhunderts nahmen diese Schäden (wie die durch Luftverunreinigung verursachten) offenbar einen solchen Umfang an, daß man in Köln eine „Generalrevision des gesamten Baumbestandes" (1886) und in Paris systematische Bodenuntersuchungen im gesamten Stadtgebiet (1895) verlangte. Einen erheblichen Einfluß hatte natürlich die rasch zunehmende Befestigung der Straßenoberflächen bzw. die dadurch behinderte Durchlüftung des Wurzelraumes. Dem Mangel an Bodenfeuchtigkeit versuchte man öfter durch die Anlage unterirdischer Bewässerungseinrichtungen entgegenzuwirken. Relativ früh und häufig hört man von mutwilligen oder unbedachten Beschädigungen der Straßenbäume; L. FINTELMANN (1877) schreibt sogar: „Geradezu entmuthigend für die Ausführung von Baumpflanzungen ist aber der oft gänzlich in vielen Schichten der Bevölkerung mangelnde Sinn dafür . . . Den einen Tag gepflanzte Bäume hat man schon am nächsten Morgen umgebrochen und ihrer stützenden Pfähle beraubt gefunden, viele werden roh nieder- oder angefahren, von den Pferden angenagt . . . und nun gar . . . die Diebstähle, die an 5–6 Zoll starken Wegebäumen verübt worden sind und die auch durch ausgesetzte hohe Prämien nicht entdeckt werden konnten".

FINTELMANN malte hier hinsichtlich der allgemeinen Einstellung der Bevölkerung ein allzu düsteres Bild. Ohne Zweifel gab es genügend Unverständnis, gab es zahlreiche Widerstände gegen dichte, alleeartige Baumpflanzungen, insbesondere bei den Hausbesitzern, die eine allzu starke Beschattung, eine ungenügende Belüftung oder erhebliche Verschmutzungen und damit Wertminderungen oder Mieteinbußen fürchteten. Auch mancher Architekt wehrte sich gegen Bäume, weil er darin eine Beeinträchtigung der Wirkung seiner Bauten bzw. Fassadengestaltungen sah. Es gab gelegentlich sogar Widerstände bei den für die Bäume zuständigen Verwaltungsinstitutionen, aber wenn die Berliner Park- und Gartendeputation 1893 ein Gesuch des Bezirksvereins Moabit um Bepflanzung mehrerer Straßen abschlägig beschied, um eventuelle Beschädigungen der Kanalisation oder der

Bordschwellen zu vermeiden, so war das gewiß ein relativ seltener Fall (vgl. Gartenflora 1893, S. 631).

Überwiegend erfreuten sich die Stadtbäume großer Beliebtheit, neigten Bürgervertretungen und Verschönerungsvereine, aber auch manche Gartenkünstler oder Gartenverwaltungen, zunächst einmal dazu, möglichst viele Straßen und Plätze zu bepflanzen, zuweilen auch solche, die dafür kaum geeignet waren. Gründe dafür gab es genug. Hatten „Bedürfnisse der Gesundheitspflege" bei früheren städtebaulichen Maßnahmen eher eine beiläufige Rolle gespielt, so erkannte man nun, welcher Rang ihnen wirklich zukam. Damit erhielten aber auch die städtischen Baumpflanzungen im Hinblick auf ihre hygienischen bzw. klimaverbessernden Wirkungen zunehmende Bedeutung – und sei es gelegentlich als Ersatz oder Alibi für unterlassene Verbesserungsmaßnahmen aller Art. Der Wunsch nach Schatten und Erhöhung der Luftfeuchtigkeit, nach Staub- und Lärmschutz gipfelte zuweilen in der Forderung, alle oder wenigstens alle auch nur einigermaßen geeigneten Standorte in den Städten mit Bäumen zu besetzen, eine Forderung, die schon wegen des finanziellen Aufwandes irreal war und vor deren Befolgung immer wieder gewarnt wurde.

Noch größeres Gewicht hatten aber die ästhetischen Argumente. Schon C. F. REICHARDT verurteilte 1863 die Monotonie der neuen Stadtteile, und in den folgenden Jahrzehnten nahmen diese Klagen ständig zu. Die unermüdliche Wiederholung bestimmter durch ihre absolute Regelmäßigkeit als eintönig empfundener Bebauungsschemata mußte zu einer erheblichen Aufwertung aller belebenden, diese Einförmigkeit unterbrechenden Elemente führen. „Unter diesen Umständen sind es die Werke der Gartenkunst, bestehend in öffentlichen Gartenanlagen, Schmuckplätzen und Baumpflanzungen, welche die Mittel an die Hand geben, die neuen Stadtteile zu verschönern ... Vom ästhetischen Standpunkt aus haben also die Baumpflanzungen die Aufgabe zu erfüllen, die Langweiligkeit und Eintönigkeit der Häuserfronten in den breiten Straßen zu verbergen und dadurch die Straßen selbst zu verschönern, die kahlen, oft nur aus einem unverbaut gebliebenen Baublock bestehenden Stadtplätze mit schattenspendendem, das Auge erfreuendem Grün zu füllen und endlich die vorhandenen Monumentalbauten ... als wirksame Staffage zu heben ..." (HEICKE 1896).

Dieses Streben nach städtischer Verschönerung ging Hand in Hand mit gewissen sozialen bzw. ökonomischen Intentionen: Je mehr sich herausstellte, daß Baumpflanzungen aus finanziellen oder ökologischen Gründen auf den schmaleren „Standard-Straßen" der für die unteren und mittleren Bevölkerungsschichten gedachten Viertel nicht möglich waren, dort also auf die breiteren Hauptstraßen beschränkt blieben, um so größere Bedeutung erhielten sie für die Darstellung struktureller und sozialer Rangunterschiede. „Durch ihre betonende Wirkung wurden Baumreihen und mit ihnen die Straßen, in denen sie standen, zu einem der wichtigsten Differenzierungselemente des städtischen Bebauungsplanes bis weit in das 20. Jahrhundert hinein." (RÖNNEBECK 1971). Bäume markierten also im Dienste kommunaler Repräsentation die Haupt- und Prachtstraßen des Erschließungssystems, aber ebenso (durch ihre Häufung auf den hier breiter angelegten Straßen) auch in Deutschland die unterschiedlichen Wohnqualitäten der Stadt, bzw. die Nobilität bestimmter Viertel, zunächst innerhalb des eigentlichen Baugebietes, später vor allem in den vornehmeren Vororten: „ ... Baumanpflanzungen verleihen den Villenorten ein vornehmes Ansehen und zeugen zugleich von großem Wohlstand; auch dienen sie dazu, das Bild wohlthuend zu vereinigen und zu einem Ganzen zu gestalten." (HAMPEL 1893). Die Disproportionalität zwischen den hygienischen Forderungen und der tatsächlichen Verteilung der Bäume im Stadtgebiet bzw. die zahlreichen Mißerfolge bei den Versuchen, eine möglichst gleichmäßige und vollständige Durchgrünung zu erreichen, aber auch architektonische oder tiefbauliche bzw. verkehrstechnische Erwägungen förderten die Kritik an diesen Maßnahmen, und in den siebziger Jahren lehnten einzelne Städtebauer, wie R. BAUMEISTER (1876) oder J. STÜBBEN (1877), Baumreihen „in großstädtischen Straßen mit beiderseitiger Bebauung" als ungeeignet ab, weil sie entweder dahinvegetieren oder – bei ungehindertem Wachstum – „den hart am Fußweg stehenden Häusern bald Licht und Luft ungebührlich" entziehen und „also Gesundheit und Annehmlichkeit" vermindern, „ferner die architektonische Würdigung der Gebäude" entwerten würden. Statt dessen empfahlen sie die möglichst gleichmäßige Durchstreuung der Städte mit „grünen Ruheplätzen".

Es ist bezeichnend für die allmähliche Klärung der Auffassungen über die Werte und Möglichkeiten städtischer Baumpflanzungen, daß STÜBBEN später (1890) ihre Verwendung durchaus befürwortete und BAUMEISTER (1902) schrieb: „Mit Recht sind auf neuen Straßen Baumreihen beliebt". Während zugleich Gartenfachleute davor warnten, sie „um jeden Preis überall anzubringen, ohne vorher zu erwägen, ob das die Boden-, Luft- und Verkehrsverhältnisse und viele andere Umstände auch zulässig machen"(FINTELMANN 1877). Die Standpunkte hinsichtlich der Notwendigkeit von Straßen- und Platzbepflanzungen in den Städten, und dabei natürlich im wesentlichen in ihren Erweiterungsgebieten, näherten sich zwar, doch ging die Diskussion über die Voraussetzungen für eine sinnvolle Verwendung von Stadtbäumen, über die möglichen Formen ihrer Anordnung und über die dafür geeigneten Baumarten natürlich weiter. Formales „Leitbild" blieb zunächst die Baumreihe bzw. die alleeartige Pflanzung. Da man sie infolge vielfältiger Wiederholung aber auch bald als zu eintönig empfand, bemühte man sich, durch unterschiedliche Stellung im Straßenraum (symmetrisch/unsymmetrisch), durch mehrfachen Wechsel der Baumarten, vor allem aber durch eine grundsätzliche Erweiterung des pflanzlichen Repertoires, mehr Abwechslung zu schaffen. Als Kriterien dienten „Art" und Länge der jeweiligen Straßen: „In kurzen Straßen wählen wir möglichst für jede Straße eine andere Baumart, in langen Straßenzügen, welche aber nicht so breit sind, daß sie in ihrer ganzen Länge oder auf größere Strecken übersehen werden können, wechseln wir mit den Baumarten und lassen verschiedene nach und nach folgen, wobei die kreuzenden Straßen die Begründung zu einem Wechsel in der Baumart geben mögen ... In sehr breiten Straßen, wie auf Promenaden, in welche tief hineingesehen werden kann, kann ein und dieselbe Baumart auch die ganze Straße beherrschen; der Effekt ... wird ein großartiger sein. Auf Promenaden mit mehr als 2 Reihen Bäume sollte außer der Besetzung sämtlicher Reihen mit ein- und derselben Baumart auch mit verschiedenen Baumarten so gepflanzt werden, daß stets zwei korrespondierende Reihen eine gemeinschaftliche Baumart haben ..." (HAMPEL 1893).

Der für die Gartenkunst des späten 19. Jahrhunderts bezeichnende Wunsch nach vegetabilischer Vielfalt übertrug sich auch auf diesen Bereich: „weitgehendste Mannigfaltigkeit" bei der Gehölzwahl forderte noch der Verein Deutscher Gartenkünstler in seinen 1901 herausgegebenen „Allgemeinen Regeln für die Anpflanzung und Unterhaltung von Bäumen in Städten." Entsprechend umfangreich sind manche in der einschlägigen Literatur veröffentlichten Verzeichnisse der für Straßenpflanzungen empfohlenen Baumarten. Widerspruch regte sich auf der Seite jener, die die „Ausländersucht" in der zeitgenössischen Gartenkunst ablehnten oder die, aufgeschreckt durch zahlreiche Mißerfolge (und so aufsehenerregende Fehlschläge wie die erste Bepflanzung der Wiener Ringstraße) eine pragmatischere Einstellung forderten. Zu ihnen gehörte J. STÜBBEN, der 1890 schrieb: „Die Frage, welche Baumsorten für Straßenalleen zu wählen seien, wird oft mehr vom Standpunkt individueller Liebhaberei als von demjenigen fachlicher Nützlichkeit behandelt . . ." Geeignet sei jede „Baumsorte", die sich als widerstandsfähig gegen die negativen Einflüsse des für die meisten Städte typischen Milieus erwiesen habe, und „obwohl hiernach die Auswahl nicht groß ist", so sei doch ein Wechsel der verwendeten Baumarten möglich und auch erforderlich. Es gab natürlich Städte, wo man mit selteneren Bäumen Erfolg hatte, doch war das wohl insgesamt nicht allzu häufig. Nur so ist es m. E. zu erklären, daß das Beispiel Dresdens, wo einige Straßen gegen Ende des 19. Jahrhunderts mit „Caraganen, Sophoren, Tulpenbäumen . . ." oder mit „Ginkgo . . . Korkbäumen, Geweihbäumen und Gleditschien" bepflanzt worden waren, jahrzehntelang durch die Fachpresse geisterte und noch in der 1926 erschienenen 4. Auflage von Pareys illustriertem Gartenbaulexikon als „berühmt" bezeichnet wird. Vergleicht man den zuweilen erhobenen Anspruch, die Beschränkung „auf die seit Menschenaltern immer wieder verwendeten Arten" überwunden zu haben, mit den Angaben der 34 deutschen Städte, die A. HOFFMANN für seinen Bericht von 1904 auswertete, so zeigt sich, daß er nicht zu verallgemeinern war. Die Eignung etlicher Baumarten wurde – je nach Gegebenheiten und Erfahrungen – sehr unterschiedlich beurteilt, und das Sortiment der hauptsächlich verwendeten war, entsprechend den begrenzenden Einflüssen der üblichen Standortbedingungen, nach wie vor relativ klein. Allerdings bemühte man sich – das zeigen die speziellen Veröffentlichungen seit etwa 1890 – durch kontinuierliche Beobachtungen und Erfahrungsaustausch bzw. durch verbesserte Pflanz-, Pflege- und Schutzmaßnahmen Mißerfolge zu vermeiden oder das Angebot zu erweitern.

Der verständlichen Neigung, möglichst viele Straßen und Plätze mit Baumreihen zu versehen, standen aber nicht nur ökologische, sondern eben auch funktionale und ästhetische Ansprüche entgegen. „Alle Stadtpflanzungen", forderte H. JÄGER bereits 1859, „sind so einzurichten, daß sie in hinreichender Entfernung von den Gebäuden bleiben, daß sie die schönen Ansichten nach Gebäuden nicht verbergen, den öffentlichen Verkehr nicht hemmen und die Wege und Plätze nicht . . . feucht und dumpfig machen, dabei aber alle unschönen Stadtteile verbergen. Bei Entwerfung der Anlage muß der Bauplan der Stadt, der unabänderlich festgestellt sein muß, zu Rathe gezogen werden, und es ist wünschenswerth, daß dieser mit Rücksicht auf die öffentlichen Pflanzungen entworfen wird." In seinem Gutachten von 1863 hatte LENNÉ vor der Bepflanzung aller Straßen von weniger als 6–7 Ruten (also etwa 22–25 m) Breite gewarnt, Mittelalleen bzw. Promenaden nur bei mindestens 15 Ruten (etwa 46 m) Straßenbreite angeraten und als geeignetste Stadtbäume Linde und Platane genannt. Ähnliche Empfehlungen findet man danach immer wieder, wobei allerdings infolge der Berücksichtigung anderer Standortfaktoren (Bürgersteigbreite, Himmelsrichtung der betreffenden Straße) und einer größeren Zahl von Baumarten unterschiedlicher Größe und Kronenausbildung die Anwendungsgrenzen mehr oder weniger differieren.

In der 1924 erschienenen 3. Auflage des STÜBBENschen Städtebauwerkes heißt es dazu u. a.: „. . . bei 21 m Straßenbreite (beginnt) die Möglichkeit der Pflanzung zweier Baumreihen an den Bürgersteigkanten. Sicherer für den Baumwuchs ist in Straßen bis zu 25 m Breite die Pflanzung einer einzigen Baumreihe auf der Sonnenseite oder in der ungefähren Mittellinie, was zu ... unsymmetrischen Querprofilen führt . . . Die Straßenbreite von 26 m läßt . . . die Anpflanzung zweier Baumreihen in symmetrischer, nach Bedürfnis auch asymmetrischer Anordnung zu . . . Als normaler Mittelabstand der Bäume voneinander und von den Gebäuden kann das Maß von 7 m betrachtet werden . . . Für die Anordnung einer zweireihigen Allee auf jeder Seite der Straße bedarf es schon einer Straßenbreite von 40 m, für eine dreireihige Mittelallee (zwischen zwei Fahrdämmen) kann eine Straßenbreite von 44 m, für zwei zweireihige Mittelalleen (zwischen drei Fahrdämmen) eine solche von 50 m als normal angenommen werden."

Schon L. FINTELMANN hatte 1877 darauf aufmerksam gemacht, daß die Straßenbreite nicht als absoluter Maßstab gelten könne, sondern immer im Zusammenhang mit dem Standort der jeweiligen Straße gesehen werden müsse, „weil z. B. in der Mitte einer großen, verkehrsreichen Stadt eine Straße von 25 bis 30 Metern Breite mit ihren 4- und 5stöckigen Häusern zu schmal ist, um ungefährdet darauf Baumpflanzungen ausführen zu können, wohingegen dieselbe, vom verkehrsreichen Mittelpunkt entfernt gelegen, eine stille und breite Straße genannt zu werden verdient und darin eine Baumpflanzung zu beiden Seiten mit dem besten Erfolge hergestellt werden kann."

Ein weiteres Kriterium für die Beurteilung der Verwendbarkeit von Baumpflanzungen brachte die zunehmende funktionale Differenzierung des städtischen Straßennetzes. Während man „Hauptstraßen" schon wegen der dadurch erreichten „Leitwirkung" (und natürlich auch, weil ihre Breite das meist zuließ) fast immer bepflanzte – freilich immer häufiger unter Berücksichtigung der Verkehrserfordernisse –, sollten reine „Geschäftsstraßen" von umfangreichen Baumpflanzungen freigehalten werden. In den besseren Wohnvierteln und in den Villenvororten gehörten Straßenbäume fast immer zur Grundausstattung, ja hier wurden noch öfter Straßen und Plätze schon vor der Parzellierung bepflanzt, um den Wohnwert der Anlage und damit eben auch die Grundstückspreise zu steigern. Bei den „Wohnstraßen" der Mietskasernenviertel boten sich – das wurde schon angedeutet – wirkliche Bepflanzungschancen relativ selten. Für einen erheblichen Teil der hier ausgewiesenen „Standardstraßen" galten Mindestbreiten von 10–17 m, am häufigsten etwa 15 m. Zwar forderte man immer dringlicher „nicht nur die vornehmen Prachtstraßen mit Baumreihen auszustatten, sondern ganz vornehmlich auch die Arbeiterviertel, um sie durch freundliches Grün erquicklicher zu gestalten . . .", und meinte, daß das „auch bei sehr mäßiger Straßenbreite möglich" sei (SCHMIDT 1905). Zahlreiche Versuche zur Erfüllung dieser Forderungen scheiterten aber an den genannten wachstumshemmenden Faktoren, an den finanziellen Möglichkeiten, zuweilen eben wohl auch am Einspruch von Hausbesitzern, Anwohnern oder Tiefbaubehörden (s. oben).

Die Diskussion über das „Wo" und „Wie" innerstädtischer Pflanzungen flammte erneut auf, als mit der nach 1890 zunehmenden Architektur- und Städtebaukritik auch die bis dahin vorherrschenden gartenkünstlerischen und grünplanerischen Vorstellungen in Frage gestellt wurden. Einmal mehr wurde dabei der Vorwurf erhoben, man habe in den vergangenen Jahrzehnten allzu wahllos versucht, „jeden

Platz zu einem Garten und jede Straße zu einer Allee zu machen", weil die Vermehrung der Bäume in den Städten „fast zu einer Glaubenssatzung" geworden sei. Man müsse sich bemühen, diese Maßnahmen, deren ästhetische und hygienische Bedeutung grundsätzlich anerkannt wurden, „auf das richtige Maß" zu beschränken, d. h. von Fall zu Fall ihre Vor- und Nachteile abzuwägen (HENRICI 1897). Vor allem aber ging es nun um das „Wie", um die möglichen Formen des Straßengrüns. Vor seiner „Schematisierung" war schon früher gewarnt worden: Man hatte die Befürchtung ausgesprochen, daß anstelle der so oft beklagten „gebauten Monotonie", die man ja gerade durch das Einbringen von Bäumen mildern wollte, eine „gepflanzte" Eintönigkeit treten könnte, daß die unerwünschte „Korridor-Wirkung" enger Straßen durch alleeartige Pflanzungen noch verstärkt würde. Schon J. STÜBBEN hatte deshalb auch die Verwendung einreihiger Pflanzungen bzw. einen möglichst häufigen Wechsel der Reihenstellung innerhalb der Straßenräume gefordert, denn: „Es ist ersichtlich, welch große Mannigfaltigkeit symmetrischer und unsymmetrischer Straßenquerschnitte durch die verschiedene Anordnung und Zahl der Baumreihen ... erzeugt werden kann. Die symmetrische Anordnung ist keineswegs überall erforderlich ... Beim Entwurf und bei der Anlage von Stadtvierteln wird man es ... vermeiden, sich grundsätzlich für die eine oder andere Art der Reihenpflanzung zu entscheiden, da ... Einförmigkeit vermieden werden muß." Das meinte auch F. GENZMER mit seiner 1897 erhobenen Forderung, man müsse „die einzelnen Straßen individualisieren, nicht schematisieren". Die Befürworter eines „malerischen" Städtebaues, allen voran C. SITTE, gingen noch einen Schritt weiter. Sie sahen in den alleeartigen Pflanzungen allenfalls einen Notbehelf: „Jede Allee ist langweilig, aber keine Großstadt kann sie gänzlich entbehren, denn ihr Häusermeer braucht alle nur denkbaren Formen zur Unterbrechung des ewigen Einerleis, zur Gliederung des großen Ganzen, zur Orientierung" (SITTE 1909). SITTE, dem es um eine möglichst große Mannigfaltigkeit der innerstädtischen Wohn- und Erlebnisbereiche und deshalb um das malerische Ensemble, „das Zusammenkomponieren" von Bäumen „mit der architektonischen Nachbarschaft" ging, meinte an anderer Stelle sogar, daß „... von diesem Standpunkt aus ... die gegenwärtig übliche Alleeform entschieden zu verwerfen ..." und als Straßen- und Platzbepflanzung der Einzelbaum oder die Baumgruppe zu bevorzugen seien. Er deutete damit eine Gegenposition zu der bislang vorherrschenden Vorstellung an, freilich zunächst wiederum allzu strikt. Ohne Zweifel waren viele Chancen zur Erhaltung oder Pflanzung signifikanter Einzelbäume vertan worden, hatte man die künstlerischen Aspekte des „Zusammenkomponierens" von Bäumen und Bauten, Bäumen und Raumformen vernachlässigt bzw. einem gewissen Hang zum Schematismus untergeordnet, doch waren das natürlich keine Argumente, um nun die Verwendung von Alleen oder gleichförmigen Baumreihen prinzipiell abzulehnen, was ja denn auch - das zeigen die nach der Jahrhundertwende bepflanzten Straßen und Plätze unserer Städte - keineswegs geschah. Man war sich bald einig, daß es darum ging, alle formalen Möglichkeiten und alle geeigneten Standorte zu nutzen. W. LANGE deutete diese „Synthese" stadtbaukünstlerischer Aspekte an, als er 1913 schrieb: „Grundsätzlich ist für Straßenpflanzungen entscheidend, ob die Baumwirkung in Beziehung zu den Gebäuden stehen soll, oder ob die Baumpflanzung im wesentlichen eine weitere Betonung der Straßenreihe ist."

Die hier angedeuteten, mit großem Engagement geführten Auseinandersetzungen haben also zu einer Klärung ästhetischer Positionen und Aspekte beigetragen. Sie haben - das belegt die Fachliteratur dieser Jahre hinreichend - wesentliche Erfahrungen und Erkenntnisse verbreiten helfen und dadurch auf der einen Seite das Verständnis für Wirkungen und Chancen von Bäumen im extrem städtischen Milieu, auf der anderen Seite eine kritischere Einschätzung der dafür gegebenen Möglichkeiten bzw. der notwendigen Voraussetzungen und der eventuellen Vor- und Nachteile gefördert. Die schon mehrfach genannte Schrift des späteren Frankfurter Gartendirektors C. HEICKE (1896) markiert neben anderen Veröffentlichungen diesen Entwicklungsschritt. In ihrer abschließenden Zusammenfassung heißt es u. a.: „Es ist daher auch nur der Zweck der vorstehenden Ausführungen ... das Umsichgreifen einer gedankenlosen und schablonenhaften Durchführung der Pflanzungen zu verhüten und eine eingehende und reifliche Erwägung aller in Betracht zu ziehenden Umstände in jedem einzelnen Falle zu veranlassen. Es ist eben nicht damit abgethan, daß man bei Straßenbepflanzungen allein nach gärtnerischen Grundsätzen verfährt, welche in erster Linie und oft ausschließlich die möglichst vollkommene Entwicklung des einzelnen Baumes in Betracht ziehen ... Es muß in vielen Fällen dem künstlerischen Feingefühl des Betreffenden überlassen bleiben, wie er die Lösung der ihm gerade vorliegenden speziellen Aufgabe bewerkstelligt.“

Wir sind damit wieder zu dem Punkt der Entwicklung gelangt, von dem unsere retrospektive Betrachtung ausgegangen war: an der Wende vom 19. zum 20. Jahrhundert. Unser zwangsläufig unvollständiger Rückblick kann hier enden, weil die damals gewonnenen Erkenntnisse und Grundsätze später zwar immer wieder ergänzt, diskutiert und gewiß auch variiert, im Grunde jedoch nicht mehr ernsthaft in Frage gestellt worden sind.

B Umweltökologische Aspekte städtischer Siedlungsräume

MICHAEL MIESS

1 Problemstellung

Die bauliche Überformung von Teilräumen in der Bundesrepublik hatte nach dem Raumordnungsbericht 1974 einen Anteil von 9,1% der Gesamtfläche des Bundesgebiets erreicht: etwa 4,5% wurden durch Gebäude, Hof- und Industrieflächen genutzt; 4,6% wurden durch Straßen, Wege und Eisenbahnen eingenommen, und 1,4% wurden für Flugplätze, Sportplätze, Friedhöfe und Parkanlagen beansprucht. Einen graphischen Überblick über die gegenwärtige Flächennutzung im Bundesgebiet vermittelt Abb. 9.

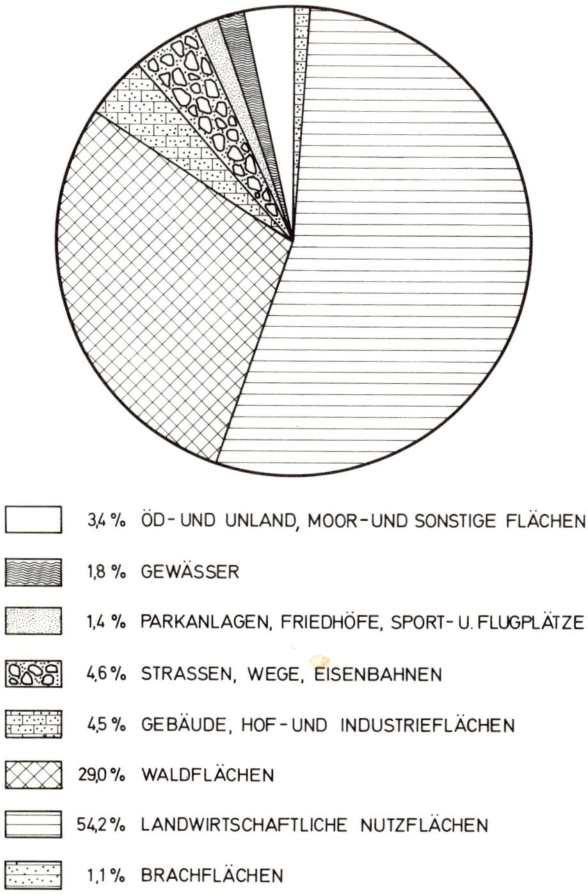

Abb. 9. Flächennutzung im Bundesgebiet 1973.

Der seit Beginn der Industrialisierung beschleunigte Prozeß der Urbanisierung erscheint trotz zu verschiedenen Zeiten massiv vorgetragener Stadtkritik unaufhaltsam. Dabei ist das Phänomen zunehmenden Stadtwachstums weltweit zu beobachten, wie ein entsprechender Vergleich der Zunahme der Weltbevölkerung und der Bevölkerung in Städten mit mehr als 100 000 Einwohnern zeigt (Abb. 10, nach HAMMEL 1972).

Eindrucksvoll läßt sich die Erscheinung fortschreitenden Stadtwachstums (Regionalstadt) auch an deutschen Großstädten beobachten; es erhält seine Impulse aus der vorgegebenen Konzentration von Produktionsmitteln, Fühlungsvorteilen und wachsenden Wohnraumansprüchen der Bevölkerung in städtischen Siedlungsräumen (Abb. 11, nach HERLYN 1972).

In seinen Anfängen war das Stadtwachstum begrenzt durch dem Fußgänger zumutbare Weglängen. Historische Stadtgrundrisse von 1500 m Länge und 500-600 m Breite sind besonders im Mittelalter häufig, ebenso die daraus resultierenden überbauten Stadträume von 60-200 ha (TAMMS und WORTMANN 1973). Das rasche Flächenwachstum der Städte erhielt entscheidende Anstöße durch die umwälzenden Veränderungen im Verkehrswesen. Ab etwa 1850 waren zunächst die Eisenbahnlinien die bevorzugten Achsen der Stadtentwicklung. Das darauf folgende, auffüllende Flächenwachstum der Städte wurde eingeleitet und verstärkt durch die rasche Verbreitung des Automobils, dessen Bandproduktion 1914 in den USA aufgenommen wurde. Bereits 1928 war in den USA ein Motorisierungsgrad von 1:6 erreicht (ein Fahrzeug auf sechs Einwohner), 1960 betrug er 1:2,8. In der Bundesrepublik herrschte 1980 eine Kraftfahrzeugdichte von einem Pkw auf 3,8 Personen.

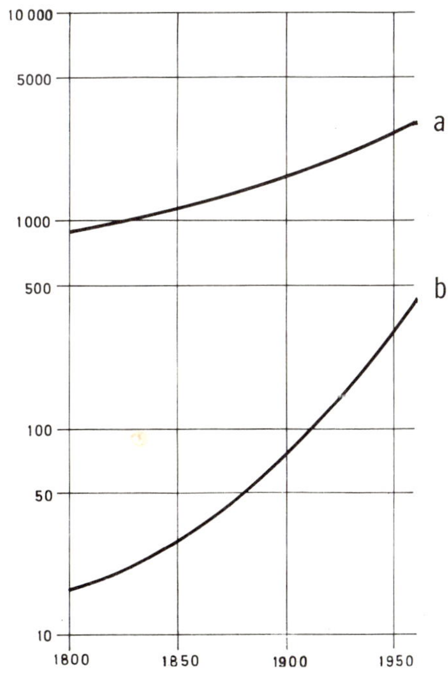

Abb. 10. Zunahme der Weltbevölkerung (a) und der Bevölkerung der Städte mit mehr als 100 000 Einwohnern (b).

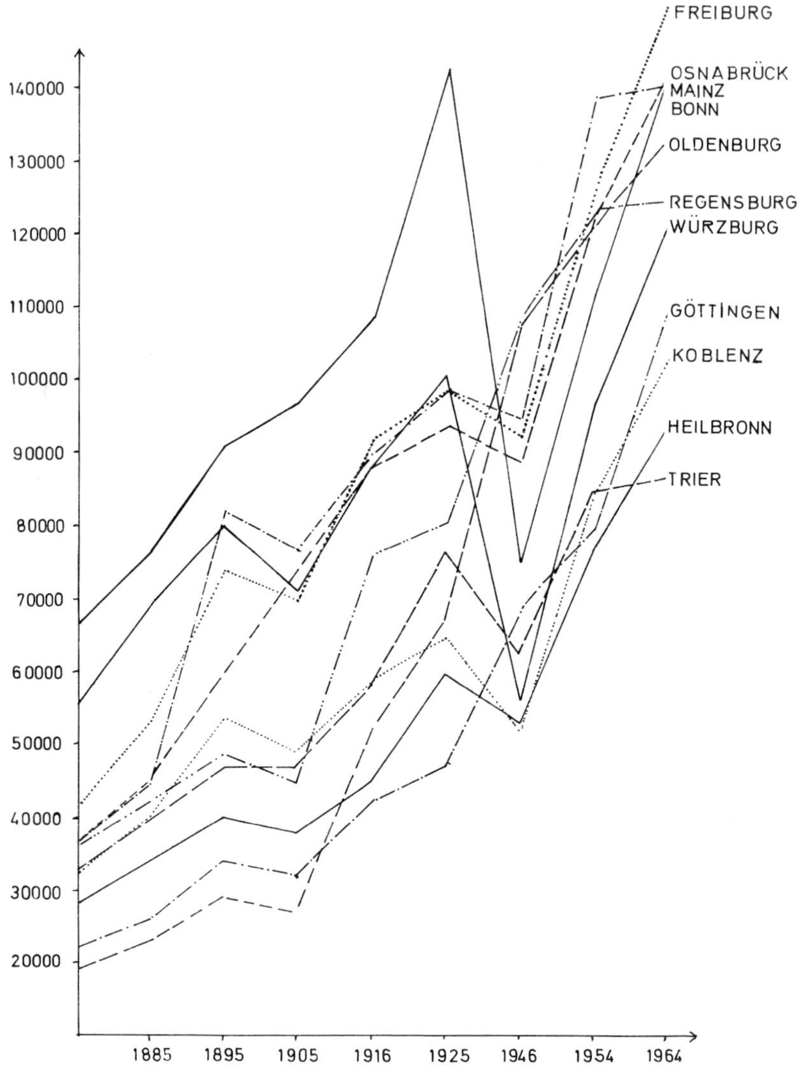

Abb. 11. Bevölkerungsentwicklung von 1885–1964 in ausgewählten Städten über 80 000 Einwohner (1964).

Es gibt verkehrstechnische, stadtplanerische und nicht zuletzt umweltökologische Anzeichen dafür, daß sich der Motorisierungsgrad in den Städten einer Sättigungsgrenze nähert, die von verschiedenen Experten bei einem Pkw/Personenverhältnis von etwa 1:3 gesehen wird. Während der Anteil der Straßenfläche (Autobahnen, Bundesstraßen, Landstraßen 1. und 2. Ordnung) einschließlich aller erforderlichen Nebenanlagen (Bankette, Böschungen, Straßengräben) an der

Gesamtfläche der Bundesrepublik von ROTSCHUH (1968) mit 2,28% angegeben wird, ermittelte HOFMANN (zit. nach ROTSCHUH 1968) die Flächenbeanspruchung durch Wegeland mit 4% der Gesamtfläche der Bundesrepublik. Eine Ausweitung des Raumbedarfs für klassifizierte Straßen um künftig etwa 50% des Bestandes wird als notwendig angesehen; damit erhöht sich der Flächenanteil von 2,28% auf 3,42%. Bezogen auf die Gesamtfläche der Bundesrepublik ist der Flächenanspruch durch Straßenbauwerke relativ gering. Wesentlich höhere Anteile hat er jedoch innerhalb städtischer Siedlungsräume, wo vom verkehrsplanerischen Standpunkt die Grenzwerte bei 40-60% der insgesamt verfügbaren Siedlungsfläche gesehen werden (ROTSCHUH 1968).

Die folgende tabellarische Übersicht vermittelt einen Eindruck vom Anteil der Straßenflächen am bebauten Areal der Siedlungsräume zeitlich unterschiedlicher Bauepochen für ausgewählte Teilgebiete der Stadt Hamburg.

Tab. 1. Straßenfläche (in %) und Wohndichte (E/ha) für verschiedene Ortsteile in Hamburg (nach ROTSCHUH 1968)

Wohnbezirke	Fläche ha	Straßenfläche in %	Wohndichte E/ha
Altona, älterer Teil 19. Jh.	36,70	21,7	585
St. Pauli, Süd Ende 19. bis Anfang 20. Jh.	61,50	29,6	214
Brunsbüttel 1890-1905	24,22	29,2	725
Dulsberg um 1900	42,35	28,3	259
Jarresstadt vor 1930	35,70	26,4	420
Eilbach nach 1945	53,30	19,1	285
Lohbrügge Nord 1962-1965	127,75	12,3	180
Othmarschen vor 1914	39,23	15,2	54
Harvestehude 1890-1910	29,58	20,1	169
Wandsbek-Gartenstadt um 1912-1928	37,83	18,7	108

Bis zu einem Drittel der Stadtfläche der untersuchten Ortsteile wird von Straßen eingenommen. Da fußläufige Erschließungswege in dieser Untersuchung nicht mit erfaßt wurden, dürfte sich die von Straßen- und Wegedecken belegte Fläche in städtischen Quartieren um weitere 5-10% erhöhen. Der Anteil von etwa einem Drittel durch Straßen- und Wegebauten versiegelter, harter Oberflächen in Städten ist als plausibler Schätzwert anzusehen. Von etwa gleicher Größenordnung dürfte die von Bauten eingenommene Fläche sein, so daß sich für Stadtgebiete der Anteil harter, von Baumaterialien verschiedener Art bedeckter Oberflächen überschlägig auf ungefähr 60-70% beläuft. Nur die Restfläche von rund einem Drittel wäre demnach im Hinblick auf Oberflächenrauhigkeit für die Luftströmung, Durchlässigkeit für die Wasserzirkulation und den Wasserdampfumsatz durch Evapotranspiration als „quasi natürlich" zu bezeichnen.

Das durch bauliche Konzentration fortschreitende Flächenwachstum der Städte hat in großen zusammenhängenden Räumen zur Entstehung von Konurbationen geführt. Der traditionelle Stadtbegriff mit der Vorstellung einer räumlich deutlich abgrenzbaren städtischen Einheit wird daher treffender durch die Städtebezeichnung „Megalopolis", das „Städteband", bzw. durch den Begriff der „Ökomenopolis", das Kontinente umspannende „Städtenetz", zu ersetzen sein.

In den Konturen schon klar erkennbare Beispiele städtischer Megastrukturen sind beispielsweise der urbane Verdichtungsraum um die großen nordamerikanischen Seen, die Agglomeration längs der Nordostküste der Vereinigten Staaten oder die Städteachse von Tokio bis Osaka. Räumlich näher liegende Zonen intensiver Verstädterung sind der von London ausgehende, über Rotterdam bis ins Ruhrgebiet reichende städtisch überformte Agglomerationsraum.

In welchem Umfang sich der Prozeß zunehmender Verstädterung in einem mittleren Planungszeitraum bis etwa 1985 in der Bundesrepublik vollziehen wird, läßt sich wenigstens ungefähr entsprechenden Berechnungen des Instituts für Städtebau, Siedlungswesen und Kulturtechnik der Universität Bonn (KRAUSE et al. 1972) entnehmen. Danach wird der Flächenbedarf für die Siedlungsentwicklung in der BRD beispielsweise bei einer angenommenen mittleren Geschoßflächenzahl (GFZ) von 0,3 bis 1980 etwa 80000 ha und bis 1985 weitere 88000 ha betragen. Selbst bei angestrebter höherer Verdichtung bleibt der Flächenbedarf für Brutto-Wohnbauland vergleichsweise hoch, da sich Erschließungs- bzw. Abstandsflächen nur in engen Grenzen reduzieren lassen.

Tab. 2. Bedarf an Brutto-Wohnbauland in der BRD bei alternativen Geschoßflächenzahlen (GFZ)

Geschoßflächenzahl	Brutto-Wohnbauland Istzustand (in 1000 ha) 1968/70	Bedarf (in 1000 ha) 1980	1985
0,2		+ 117	+134
0,3	900	+ 81	+ 88
0,5		+ 55	+ 63
0,6		+ 48	+ 56
0,8		+ 43	+ 49

Für Verkehrsflächen wird zusätzlich mit einem Bedarf von 210000 ha, für Industrie- und Dienstleistungsbetriebe von etwa 35000-40000 ha, für militärische Verteidigung von 24000 ha bis 1985 gerechnet. Zusammen ergibt dies einen geschätzten Flächenbedarf von rund 550000 ha (Bundesministerium für Raumordnung, Bauwesen und Städtebau 1972).

2 Stadtwachstum und klimatologische Veränderungen

Klimatologisch kann das fortschreitende Flächenwachstum der städtischen Siedlungsräume, das von einem jährlich um etwa 4% ansteigenden Energiebedarf begleitet wird, in größeren Zeiträumen gesehen, nicht ohne Folgen bleiben. Lokal betrachtet, gerät die Emission künstlicher Energie aus häuslichen und industriellen Verbrennungsprozessen in die Nähe der Energieraten, die aus natürlichen Strahlungsprozessen resultieren. Die folgende Aufstellung (nach FLOHN 1970) soll dies verdeutlichen:

Tab. 3. Vergleich natürlicher und künstlicher Energieraten (cal. $\times$ cm^2 $\times$ d^{-1})

Globales Mittel der Strahlungsbilanz	200
Globales Mittel der künstlichen Energiezufuhr	0,03
Mittel künstlicher Energiezufuhr auf die Kontinente bezogen	0,11
Mittel der Strahlungsbilanz für Norddeutschland	100
Mittel künstlicher Energiezufuhr Nordrhein-Westfalen (33700 km^2)	8,6
Mittel künstlicher Energiezufuhr Gebiet Westberlin (480 km^2)	21,4
Mittel künstlicher Energiezufuhr bebaute Fläche Westberlin (234 km^2)	43,8
Zentren amerikanischer Großstädte (New York, Montreal)	100-400
Mittel künstlicher Energiezufuhr auf dem Gebiet von Westeuropa in etwa 50 Jahren: ca. 25% der Strahlungsbilanz	
Mittel künstlicher Energiezufuhr auf dem Gebiet von Westeuropa in etwa 200 Jahren: ca. 100% der Strahlungsbilanz	

Diese Zahlenwerte zeigen deutlich, daß bereits in absehbaren Zeiträumen durch Prozesse der Energieumwandlung Größenordnungen erreicht sind, die nicht nur im Mikro- und Mesoklimabereich wirksam werden, sondern auch Regional- und sogar Makroklimate in den Einflußbereich menschlicher Tätigkeit geraten lassen. Dies wird vor allem deutlich, wenn man sich bei Fortbestehen wahrscheinlicher Wachstumsraten die künstliche Energie-Emission in größeren Zeiträumen vergegenwärtigt. Danach wäre auf dem Gebiet von Westeuropa schon in etwa 200 Jahren mit einer Verdoppelung der für meteorologische Prozesse verfügbaren Wärmeenergie im bodennahen Luftraum zu rechnen. Dies muß zwangsläufig zu einer Klimadrift mit heute noch kaum vorstellbaren Auswirkungen führen. Modellhaft Städte angedeutet. Die verstärkte Nutzung von Solarenergie und Wärmepumpen könnte das Problem der Überwärmung entschärfen.

2.1 Energetische Begründung der Klimagegensätze zwischen Stadt und Land

Die großräumige Siedlungsentwicklung als Stadtneugründung oder Stadterweiterung erweist sich vom meteorologisch-klimatologischen Standpunkt als gravierendste Veränderung der natürlichen oder naturnahen Bodenoberfläche.

Für den Umsatz der von der Sonne stammenden Strahlungsenergie haben die andersgearteten Materialien, die vielfältige vertikale Gliederung und wechselnde horizontale Organisation der Hochbauten große Bedeutung. Noch offensichtlicher ist der Einfluß der baulichen Überformung auf die Windströmung in der bodennahen Atmosphäre: Neben einer Abschwächung des allgemeinen Windfeldes sind lokale Beschleunigungen der Strömung, Richtungsänderungen und erhöhter Turbulenzgrad die auffälligsten stadtbedingten Veränderungen des Windfeldes. Zu den verändernden Einflüssen der Stadt auf das Klimaregime zählen insbesondere Einflüsse der Bebauung auf das thermische Geschehen und auf Höhe und zeitlichen Verlauf der relativen Feuchte und des Wasserdampfgehalts. Darüber hinaus werden durch erhöhte Fremdstoffbeimengungen die Trübung vergrößert und die natürlichen Sichtweiten entsprechend verringert. Von großem Einfluß auf den Wasserhaushalt und dadurch auch auf die klimatische Situation ist die stadtbedingte Veränderung der Abflußverhältnisse. Die großflächige Überdeckung durch Siedlungs-, Industrie- und Gewerbebauten sowie durch Verkehrsstraßen und die damit verbundene großflächige Anordnung harter Beläge behindern die Wasserversickerung und beschleunigen den oberirdischen Abfluß der Niederschläge. Zugleich wird der Rückstrom von gespeichertem Bodenwasser und Grundwasser zur Bodenoberfläche durch die Oberflächenversiegelung unterbrochen und die für den Energieumsatz entscheidende Verdunstung stark gebremst.

Am deutlichsten werden die Zusammenhänge zwischen Oberflächenstrukturen der Stadt und den dadurch bedingten Klimaabwandlungen durch die Betrachtung der Energiebilanz eines Ausschnitts der Bodenoberfläche.

Insgesamt existieren für ein Stadtgebiet fünf bedeutsame Energieströme, die in Gleichungsform folgendermaßen zusammengestellt werden können:

$$Q + B + V + L + F = 0$$

Q Nettostrahlung bzw. Strahlungsbilanz der absorbierenden Oberflächen
B Energieumsätze im Boden bzw. an Gebäuden und Belägen
V Energieumsätze bei der Verdunstung von Wasser bzw. bei der Kondensation von Wasserdampf
L Energieumsätze bei vertikalem Luftmassentransport
F Energiezufuhr aus Verbrennungsprozessen (anthropogen bedingter Energieumsatz)

Die Gleichung besagt zunächst, daß der Energieumsatz an den diversen Oberflächen so verläuft, daß die Bilanz der Energieströme Q bis F unter Berücksichtigung der jeweiligen Vorzeichen den Betrag Null ergibt. Dies beruht einfach auf dem physikalischen Grundsatz, daß Energie nicht verlorengehen kann, sondern nur entsprechend der insgesamt verfügbaren Menge in unterschiedliche Formen umgewandelt wird. Auf das anstehende Problem der Stadtklimatologie bezogen, bedeutet dies: Es wird derjenige Betrag an Energie (Q + F) für die Erwärmung des Bodens, der Gebäude, Beläge (B), das Aufheizen der Luft über dem Stadtgebiet (L) und, soweit Wasser an der Oberfläche verfügbar ist, für die Verdampfung von Wasser (V) umgesetzt, der aus der Sonnenstrahlung (Q) und durch künstliche Energiezufuhr (F) für die erwähnten Prozesse zur Verfügung gestellt wird.

Für das kausale Verständnis des Sonderklimas städtischer Siedlungsräume wäre eine quantitative Bestimmung der einzelnen aufgeführten Energieglieder erforderlich, die bis jetzt allerdings noch aussteht.

Dagegen wurden für verschiedene unbesiedelte Teillandschaften eingehende Energieumsatz-Analysen durchgeführt und dadurch ursächliche Zusammenhänge für die Entstehung bestimmter Mikroklimate aufgedeckt. Durch Analogieschlüsse lassen sich die dabei gewonnenen Sachverhalte und Erfahrungen auch auf stadtklimatische Erscheinungen übertragen. Dies gilt insbesondere für die tageszeitlich wechselnden Richtungen und das quantitative Ausmaß der einzelnen Energieströme. Dabei läßt sich die Richtung der Energieströme durch entsprechende Wahl der Vorzeichen dadurch angeben, daß alle der Oberfläche Energie zuführenden Ströme mit einem positiven Vorzeichen versehen werden, alle von der Oberfläche weg gerichteten Energiezuflüsse dagegen ein negatives Vorzeichen erhalten. Für den häufigsten Fall stellen sich im Tag-Nacht-Gegensatz folgende Richtungen für den Energiefluß über dem Stadtgebiet ein:

Tab. 4. Richtungsverhalten der Energieströme über einer Stadt

Energieglied	Q	B	V	L	F
tags	+	–	–	–	+
nachts	–	+	+	–	+

Das heißt, die Stadt erhält tagsüber Energie zugeführt aus Strahlungsprozessen der Sonne (Q) und aus anthropogen bedingten Verbrennungsprozessen (F). Energieabgabe erfolgt über Speicherung im Boden, in Belägen, Wandflächen und Dachaufbauten (Abb. 12).

Die Verdampfung von Wasser (V) transformiert, soweit es an der Oberfläche verfügbar ist, einen beachtlichen Teil der Strahlungsenergie in latente Wärme. Ungehindert verläuft dieser Prozeß der Umwandlung von Strahlungsenergie, der indirekt als Kühlungsprozeß wirksam wird (für die Verdampfung von 1 g Wasser

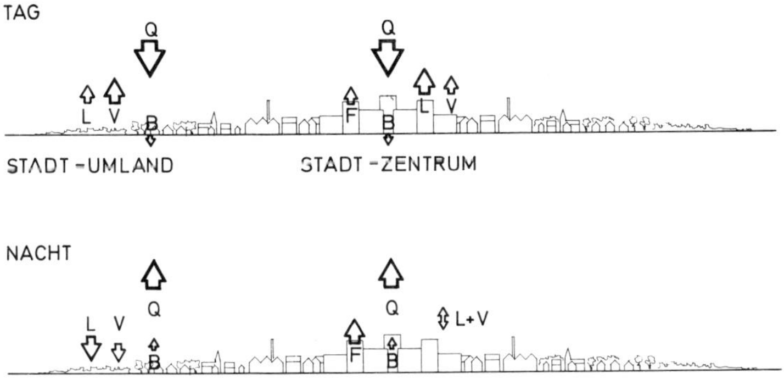

Abb. 12. Schematische Darstellung der Wärmebilanz Stadt-Land. Erläuterung im Text.

werden 600 cal benötigt), lediglich über offenen Wasserflächen bzw. vegetationsbedeckten Freiräumen der Stadt. Ungefähr 75-80% der in Grünräumen auftreffenden Energie werden durch den Wasserdampfumsatz „schadlos" an die Atmosphäre abgeführt.

Als letztes, tagsüber energiezehrendes Glied verbleibt der Wärmeübergang von den verschiedenen Oberflächen an die vorbeistreichenden Luftkörper der bodennahen Atmosphäre (L), die durch die einsetzende Thermik vertikal versetzt werden und so zum Abtransport von Wärme beitragen. Während dieser Prozeß über den normal verdunstenden Wasser-/Landoberflächen gegenüber der Verdunstung stark zurücktritt (vgl. Abb. 13, Seite 56), beherrscht er in den dicht bebauten Innenstadtbereichen aus Mangel an verfügbarem Wasser an den überwiegend harten Oberflächen den Energieumsatz. Die im Vergleich zur Wärmekapazität der anstehenden Baustoffe um etwa den Faktor Tausend kleinere Wärmekapazität der Luft und gewisse Wärmeübergangswiderstände zwischen Baustoffen und Luft machen den Vorgang der Wärmeübertragung über Luftpartikel an die Atmosphäre vergleichsweise weniger wirksam als den des Wasserdampfumsatzes.

2.2 Das Strahlungsfeld in der Stadt

Die Sonnenstrahlung erfährt beim Durchgang durch die Atmosphäre quantitative und qualitative Abänderungen. Streuung und Absorption an Luftmolekülen und suspendierten Fremdstoffen sind die wesentlichen Vorgänge beim Durchgang der Sonnenstrahlung durch die Atmosphäre. Der in der Regel höhere Gehalt an Fremdstoffbeimengungen (Aerosole) innerhalb der die Stadt überlagernden Atmosphäre ("Dunsthaube") behindert insbesondere das Durchdringen kurzwelliger Strahlung im UV-Bereich ($<0{,}36\mu$).
Dieser biologisch hochwirksame Spektralbereich (direkte Pigmentierung, Vitamin-D-bildende Wirkung zum Schutz vor Rachitis, normalisierende Wirkung bei vegetativer Dystonie), wird durch die "Dunsthaube" der Städte im Mittel um etwa 10% gemindert. Da die UV-Strahlung auf 1000 m NN um ca. 15% zunimmt, entspricht die stadtbedingte UV-Abnahme einem fiktiven Höhenverlust von rund 650 m.

Spektroskopisch schließt sich das sichtbare Licht an die Ultraviolettstrahlung an. Beim Durchgang durch die Atmosphäre erleidet dieser Spektralbereich eine nur geringe Schwächung. Durch den Aerosolanteil erfolgt eine Verschiebung im Verhältnis von diffuser zu direkter Strahlung zugunsten eines höheren Anteils diffuser Strahlung. Dies zeigt sich an den Quotienten diffuse Strahlung/direkte Sonnenstrahlung für einige Trübungsfaktoren bei verschiedener Sonnenhöhe (Tabelle 5, S. 55).

Bei hoher Trübung (Großstadt) und niedrigem Sonnenstand ist die diffuse Strahlung praktisch gleich der direkten Strahlung; sie überwiegt die direkte Strahlung bei Trübungsfaktoren um 5 und Sonnenhöhen <30. Die Schlußfolgerungen aus dieser qualitativen Verschiebung der Strahlungsanteile diffuser und direkter Strahlung sind nicht einfach zu ziehen.

Von einiger Bedeutung mag zum Beispiel der Umstand sein, daß mit zunehmendem Anteil an diffuser Strahlung die Ausbildung klar konturierter Schatten durch Bäume, Bauten und Bauteile weniger deutlich ausgeprägt ist, da der diffuse

Tab. 5. Quotient diffuse Strahlung/direkte Sonnenstrahlung in Abhängigkeit von der Trübung (nach SCHULZE 1970, ergänzt)

Trübungsfaktor	1,9	2,75	3,75	5,0
	Hochgebirge	flaches Land	Großstadt	Industriegebiet
Sonnenhöhe				
10°	0,34	0,59	0,98	1,67
30°	0,12	0,20	0,31	0,46
60°	0,06	0,10	0,16	0,23

Strahlungsanteil aus allen Richtungen auftrifft und die wesentlich aus der direkten Sonnenstrahlung resultierenden Schattenformen verwischt. Darüber hinaus dürfte der hohe „Streulichtanteil" überhaupt für „Stimmungen" im städtischen Bereich wesentlich sein, zumal auch alle in Wirklichkeit scharf begrenzten Gegenstände sich weniger deutlich konturiert abzeichnen.

Da die bezeichnende Eigenheit der diffusen Sonnenstrahlung darin besteht, aus allen Richtungen auf feste Gegenstände aufzutreffen, werden auch Pflanzen und Pflanzenteile verstärkt aus dem unteren Halbraum angestrahlt.

2.2.1 Strahlungsbilanz

Die Strahlungsbilanz (Q) bezeichnet den für energetische Prozesse (Erwärmung der Luft, Wasserverdunstung, Bodenerwärmung, Wärmespeicherung in Gebäuden) insgesamt verfügbaren Energiebetrag. Sie setzt sich zusammen aus der aus dem oberen Halbraum einfallenden kurzwelligen direkten Sonnenstrahlung (I) und der diffusen Streustrahlung (H). Hinzu kommt aus dem oberen Halbraum die langwellige Gegenstrahlung der Atmosphäre (G). Als entgegengesetzter Strahlungsstrom aus dem unteren Halbraum tritt auf der Ausgabeseite hinzu die langwellige Ausstrahlung des Untergrundes (A) von Böden, Belägen, Wand- und Dachflächen sowie die kurzwellige (r_k) und langwellige (r_l) Reflexion.

In Gleichungsform zusammengefaßt, ergibt sich für die siedlungsklimatisch besonders wichtige Meßgröße der folgende Ansatz:

$$Q = I + H\,(1 - r_k) + (G - A) \cdot (1 - r_l)$$

Der jeweilige Betrag der Strahlungsbilanz kann direkt gemessen werden. Er beträgt im Jahresmittel im mitteleuropäischen Raum rund 100 cal $\times$ cm^{-2} $\times$ d^{-1}. Während der überwiegenden Zeit des Jahres ist die Strahlungsbilanz positiv, d.h., die Energieeinnahme durch Zustrahlung aus dem oberen Halbraum überwiegt die Energieausgabe aus dem unteren Halbraum. Monate mit überwiegender Energieausgabe sind in der Regel der Januar und Dezember, d.h., die kurzfristige Energieeinnahme während der Tagesmitte reicht nicht aus, um die langwellige Ausstrahlung während der übrigen Tagesstunden zu kompensieren. Ein genaueres Bild über die während einzelner Monate – abhängig von der Tageszeit – zu erwartenden Energieraten vermitteln die Summenkurven der Strahlungsbilanz in Abb. 13. Die durchschnittlichen Tagessummen der Strahlungsbilanz schwanken zwischen 300 cal $\times$ cm^{-2} $\times$ d^{-1} im Juni und Juli und $-$ 25 cal $\times$ cm^{-2} $\times$ d^{-1} im Dezember. Die Strahlungsbilanz, die für die Erwärmung der diversen Oberflächen zur Verfügung steht, folgt damit streng dem jahres- und tageszeitlichen Gang der

Sonnenhöhe. Zu diesen Energiebeträgen kommt im Siedlungsbereich noch Abwärme aus dem Produktionsprozeß, aus Hausbrand und Verkehr hinzu. Die Abwärmeemissionen in dicht besiedelten Gebieten können Beträge erreichen, die der Energiezufuhr aus Strahlungsprozessen der Sonne gleichkommen bzw. diese sogar beträchtlich übersteigen (GARNETT und BACH 1965, FLOHN 1970).

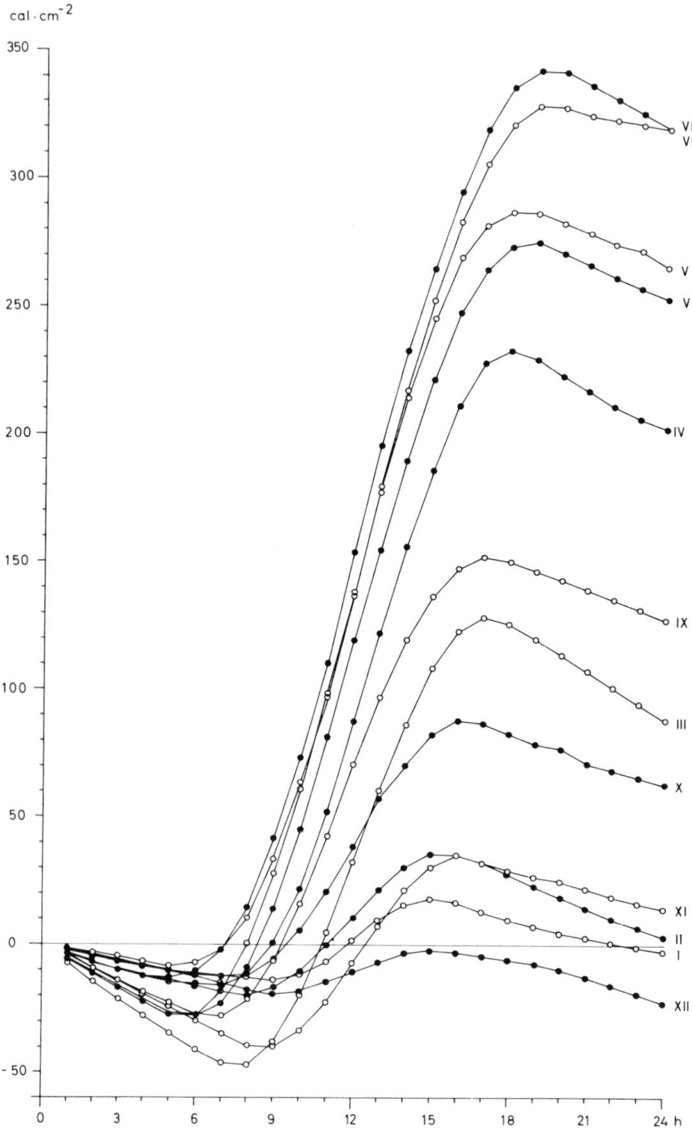

Abb. 13. Strahlungsbilanz - Tagessummen.

2.2.2 Räumliche Verteilung der Strahlungsströme

Eine wesentliche Rolle für die Strahlungsverteilung in besiedelten Räumen spielen die horizontale Anordnung und die vertikale Gliederung des Stadtraumes.

Je nach Höhenentwicklung und Dichte der Bebauung gerät ein unterschiedlich großer Anteil der Strahlung in den unteren Bewegungsbereich des Menschen. Bei Straßen mit hochreichender Bebauung sind die Dachflächen Hauptumsatzebene der Strahlung. In die Gehbereiche und in den unteren Wohnbereich gelangen lediglich an Dach- und Wandflächen reflektierte Anteile der Strahlung.

Die Abhängigkeit der Strahlungsströme von der Vertikalerstreckung der Bauten wird durch Abb. 14 (nach LUDWIG 1970) anschaulich verdeutlicht.

Für die Temperaturverteilung ergibt sich aus der vom Untergrund abgehobenen Hauptumsatzebene auch eine Verlagerung des Temperaturmaximums. Die Temperaturen im Straßenraum sind ausgeglichener und erreichen nur kurzzeitig, bei Nord-Süd verlaufenden Straßen in den Mittagsstunden, Höchstwerte.

An breiteren Straßen mit niedriger Bebauung, auf Plätzen, in Grünanlagen und auf Pkw-Abstellplätzen läßt sich sehr wirksam eine Abschirmung übermäßiger Strahlung durch entsprechende Anordnung von Bäumen erreichen (Abb. 15, nach BRAHE 1975). Laubabwerfende Bäume haben zudem noch den Vorteil, daß sie in der strahlungsarmen Jahreszeit unbelaubt sind und die Sonnenstrahlung größtenteils bis zum Boden durchdringen lassen.

Abb. 15 zeigt deutlich den strahlungsabschirmenden Einfluß der Bäume. Während die Tagessumme der Strahlungsbilanz am 15. 6. 1973 unter einem baumbestandenen Platz 81,2 cal $\times$ cm^{-2} $\times$ d^{-1} betrug, erhielt zur gleichen Zeit ein Meßpunkt in vergleichbarer Lage ohne Baumpflanzung eine Zustrahlung von

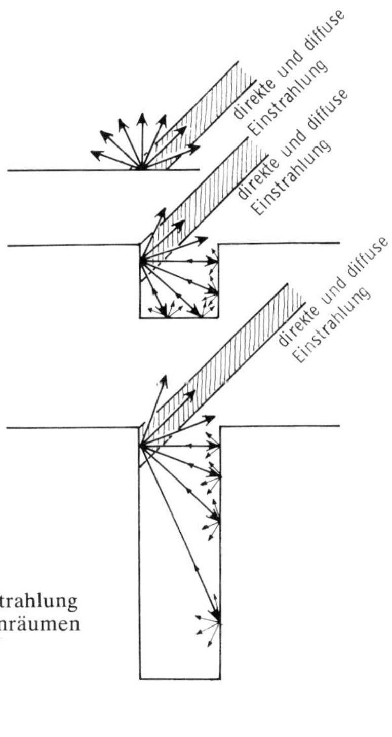

Abb. 14. Verteilung der direkten und diffusen Einstrahlung in der Ebene und unterschiedlich tiefen Straßenräumen (schematisch).

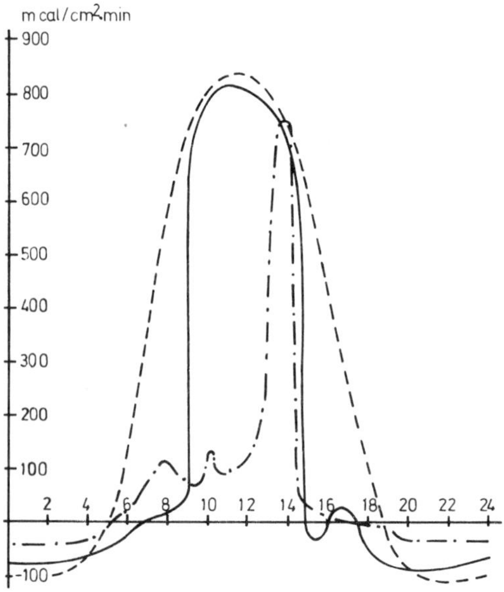

Abb. 15. Tagesgänge der Strahlungsbilanz (15. 6. 1973). Kurve gestrichelt = maximal mögliche Bilanz, ausgezogen = besonnte Lage, strichpunktiert = unter Bäumen.

208,0 cal $\times$ cm^{-2} $\times$ d^{-1} und damit einen um 256% höheren Energiebetrag. Diese von BRAHE (1975) in Aachen erzielten Meßergebnisse belegen, wie effektiv Bäume übermäßigen Strahlungszufluß abhalten können. Auf einen weiteren klimatisierenden Effekt, der durch Transpiration des Laubdaches erzielt werden kann, soll im folgenden Abschnitt näher eingegangen werden.

2.3 Das Temperaturfeld in der Stadt

2.3.1 Physikalische Ursachen für das Sonderklima der Stadt

Folgende Einflußgrößen bestimmen das thermische Geschehen in städtischen Siedlungsräumen:

a) die reduzierte Verdunstung infolge erhöhten und beschleunigten Oberflächenabflusses bei meist zusätzlich abgesenktem Grundwasserstand,
b) die höhere Wärmeleitfähigkeit und größere Wärmekapazität der häufigsten Baumaterialien gegenüber Böden in natürlicher Lagerung,
c) die veränderte Luftströmung über der baulich veränderten Oberfläche und die Tageszeitcharakteristik des Vertikalaustauschs,
d) die Zufuhr künstlicher Energie zusätzlich zu den aus der Sonnenstrahlung resultierenden Energieeinnahmen,
e) der gegenüber der freien Landschaft größere Anteil an Fremdbestandteilen in der Atmosphäre über Städten, die im Zusammenhang mit langwelligen Strahlungsvorgängen nicht nur hygienisch, sondern auch klimatologisch von Bedeutung sind.

Es ist einleuchtend, daß die fortschreitende Überbauung offener Landschaftsräume durch Siedlung, Industrie, Verkehr, durch Oberflächenversiegelung und

Entwässerungseinrichtungen zu einem beschleunigten Abfluß der Niederschläge und großflächiger Absenkung des Grundwassers führt, so daß für den energetisch bedeutsamen Verdunstungsprozeß im Stadtgebiet wesentlich reduzierte Wassermengen zur Verfügung stehen.

Während in einem unbebauten Gebiet in der Regel höchstens 10-15% der Niederschläge oberirdisch abfließen (Abflußbeiwert 0,1-0,15), haben überbaute Flächen Abflußbeiwerte, die – abhängig von der Dichte der Überbauung –zwischen 0,2 und 0,9 schwanken (20-90% oberirdischer Abfluß).

Die Tab. 6 enthält mittlere Abflußbeiwerte für einige Baudichten (nach MÜLLER 1974):

Tab. 6. Mittlere Abflußbeiwerte für einige charakteristische Baudichten

Bebauungsart	Abflußbeiwert
sehr dicht	0,7-0,9
geschlossen	0,5-0,7
offen	0,3-0,5
gartenreiche Außenviertel	0,2-0,3
Sportanlagen	0,1-0,2
Parkanlagen	0,0-0,1

Die hohen Abflußbeiwerte entziehen im Stadtgebiet dem energiezehrenden Verdunstungsprozeß das sonst mehr oder weniger an der Oberfläche kontinuierlich vorhandene Wasser in beträchtlichem Umfang. Ein Wassernachschub aus dem meist ebenfalls durch die Bebauung künstlich abgesenkten Grundwasserbereich ist nur in beschränktem Umfang möglich – zum einen, weil die Überbauung und die harten Beläge dies verhindern, andererseits aber auch, weil der Wassernachschub aus dem Grundwasser stark von der Mächtigkeit der überlagernden Bodenschicht abhängig ist.

Neben dem für die thermische und hygienische Situation in der Stadt sehr wesentlichen Verdunstungsprozeß beeinflussen auch physikalische Besonderheiten der angehäuften Baumaterialien die Ausbildung des Temperaturfeldes über geschlossenen Siedlungsgebieten. Die gegenüber natürlichen Böden meist wesentlich größere Wärmeleitfähigkeit der häufigsten Baumaterialien fördert den Prozeß der Wärmespeicherung tagsüber bzw. die Abgabe der Speicherwärme aus natürlichen und anthropogen bedingten Energieströmen.

Die gleichzeitig höhere Wärmekapazität (Tab. 7) üblicherweise verwendeter Baustoffe ergibt zusammen mit der hohen Wärmeleitfähigkeit einen sehr wirksamen Energiespeicher.

Tab. 7. Wärmeleitfähigkeit und Wärmekapazität verschiedener Materialien (nach GEIGER 1962, MIESS 1968)

Physikalische Eigenschaften	Beton	Sandböden	Humusboden
Wärmeleitfähigkeit ($cal \times cm^{-1} \times sec^{-1} \times °C^{-1}$)	0,011	0,002	0,001
Wärmekapazität ($cal \times cm^{-3} \times °C^{-1}$)	0,5	0,4	0,1

Das während der nächtlichen Ausstrahlungsperiode entstehende Temperaturgefälle zwischen Baukörpern und der Umgebung führt zu einem Rückfluß von Wärme an die umgebende Atmosphäre und bedingt im wesentlichen die Ausbildungen der besonders während der Nachtstunden ausgeprägten Temperaturdifferenzen Stadt-Land. Die Stadt ist während solcher Witterungsabschnitte von einer „Hitzekalotte" eingehüllt, die bei häufig damit gekoppelt auftretender geringer Luftbewegung zu thermischen Belastungen führt. Der häufig als „Schwüle" empfundene Wärmestreß resultiert aus dem Umstand, daß der menschliche Körper im Energieaustausch steht sowohl mit den üblichen, im langwelligen Bereich strahlenden Oberflächen der Gebäude und Straßenbeläge als auch mit der fühlbaren Wärme der umgebenden Atmosphäre. Das heißt, die tatsächlich empfundene Temperatur (T_E) setzt sich zusammen aus dem Temperaturmittel der Luft (T_L) und aus der mittleren Oberflächentemperatur der strahlenden Wände (T_W).

Das Summenmittel $T_E = \dfrac{T_L + T_W}{2}$

verursacht das tatsächliche thermische Milieu in umbauten Freiräumen. Es ist während sommerlicher Strahlungswetterlagen in der Regel durch Überwärmung gekennzeichnet, die meist als Belastung empfunden wird. Einbezogen in das umgebende „Hitzefeld" umbauter Freiräume während strahlungsreicher sommerlicher Witterungsabschnitte ist auch freistehende, punktuell verteilte Vegetation, insbesondere Bäume im Straßenraum.

2.3.2 Zeitliche und räumliche Verteilung des Temperaturfeldes in der Stadt

Die besonderen physikalischen Eigenarten unterschiedlicher, der Strahlung ausgesetzter Oberflächen bewirken ein sehr konträres Temperaturverhalten. Dies kann eindrucksvoll am Beispiel der Abb. 16. (nach Zahlenwerten von KESSLER 1971) demonstriert werden.

Thermisch am ausgeglichensten reagiert auf ein gleich großes Energieangebot eine praktisch unbehindert verdunstende Wasserfläche. Sie ist das besonders gut geeignete Medium für die Erzeugung eines ausgeglichenen Klimamilieus in ihrem Einflußbereich. Die Einflußgröße hängt vorwiegend von der Flächenausdehnung, daneben aber auch von dem Volumen der Wasserkörper ab. Die Ausdehnung künstlich geschaffener Wasserflächen im Siedlungsbereich dürfte immerhin dazu ausreichen, umschlossene Gartenräume, Dachgärten und Teilbereiche von größeren Parkanlagen klimatisch günstig zu beeinflussen (vgl. WILMERS 1972). Einen im Prinzip gleichen, klimatisch ausgleichenden Effekt weisen Rasenflächen bzw. allgemein vegetationsbedeckte Oberflächen auf. Zwar ist hier die Erwärmung während der Einstrahlungsperiode tagsüber größer als über der offenen Wasserfläche, aber auch der nächtliche Temperaturabfall während der Ausstrahlungsperiode ist entsprechend groß, so daß die abkühlende Gesamtwirkung einer vegetationsbedeckten Oberfläche im Stadtbereich beachtlich sein kann. Dagegen sind an Strahlungstagen deutlich überwärmt alle aus „harten" Materialien (Beton, Asphalt) bestehenden Oberflächen. Ihre nächtliche Abkühlung bleibt hinter der „weicher" Oberflächen (Wasser, Vegetation) zurück.

Da im Regelfall in städtischen Siedlungsräumen der Anteil „harter" Oberflächen überwiegt, kommt es – besonders ausgeprägt während strahlungsreicher Witterungsperioden – zu lokaler Überwärmung in baulich bestimmten geschlossenen Siedlungsräumen, die im Kernbereich größerer Städte im Mittel 4 - 6° C, im Extrem bis zu 10° C betragen kann.

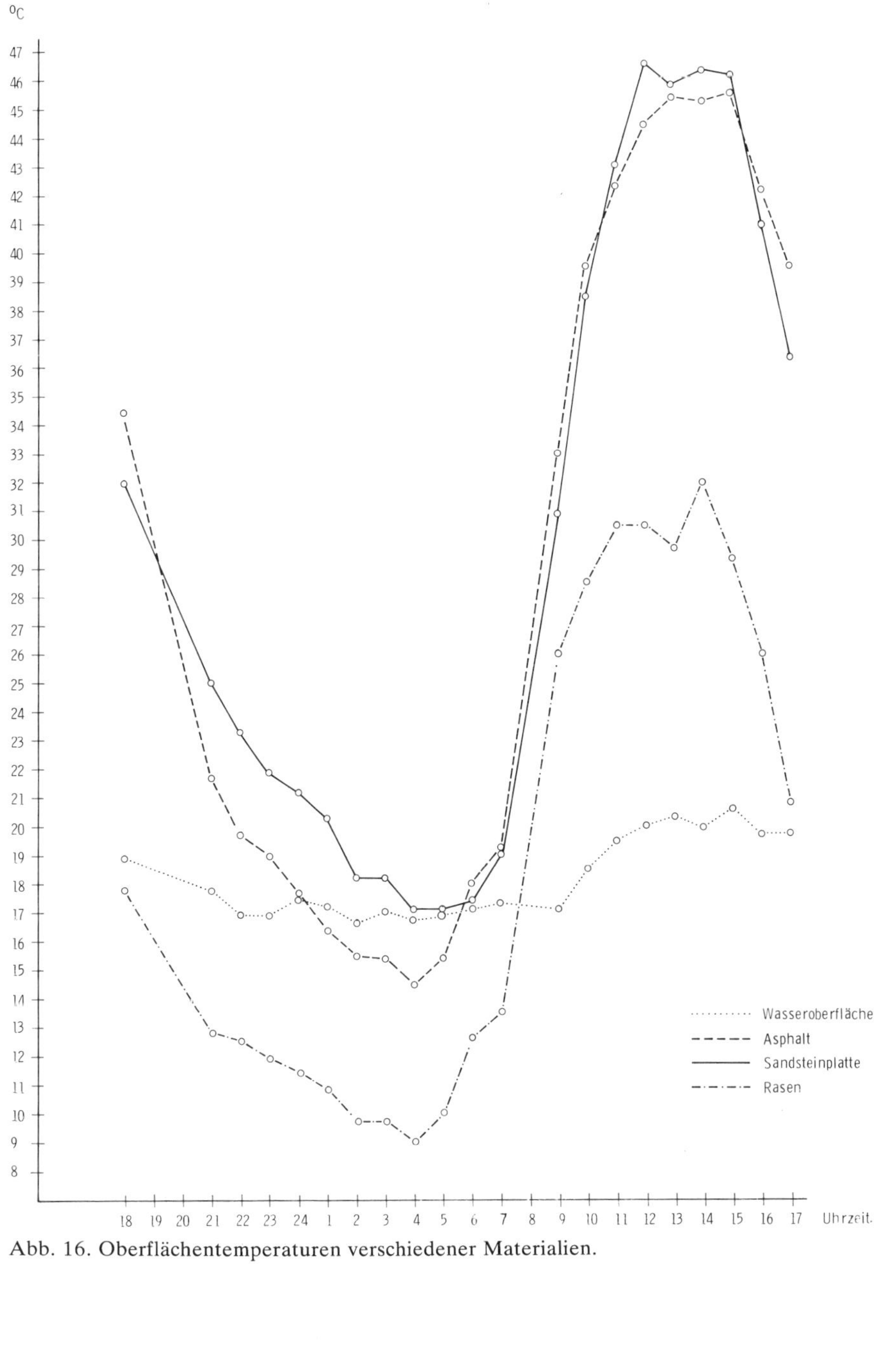

Abb. 16. Oberflächentemperaturen verschiedener Materialien.

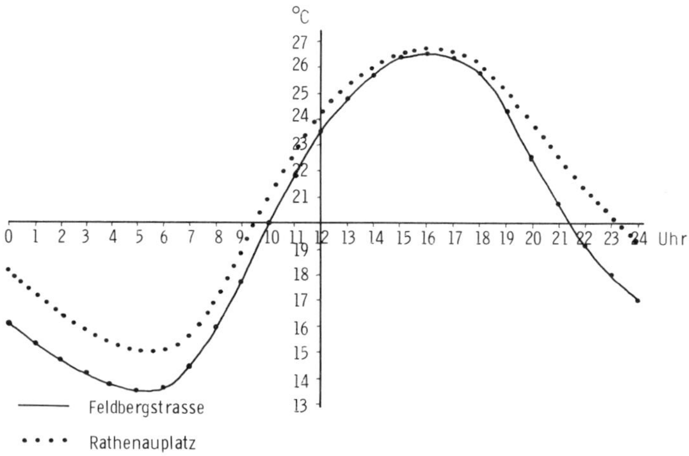

Abb. 17. Tagesgang der Temperatur in Frankfurt/M.

Allgemein zu erwartende Temperaturdifferenzen zwischen baulich verdichteten Kernbereichen und durchgrünten Randbereichen können am Beispiel von Messungen aus Frankfurt verdeutlicht werden (Abb. 17).

Überraschend ist zunächst, daß im tageszeitlichen Verlauf die größten Differenzen zwischen baulich bestimmten Räumen (Rathenauplatz) und ehemals überwiegend durchgrünten Stadtbereichen (Feldbergstraße/Westend) nicht zur Zeit der höchsten Sonnenstände in der mittleren Tageshälfte auftreten, sondern sich während der nächtlichen Ausstrahlungsperiode einstellen.

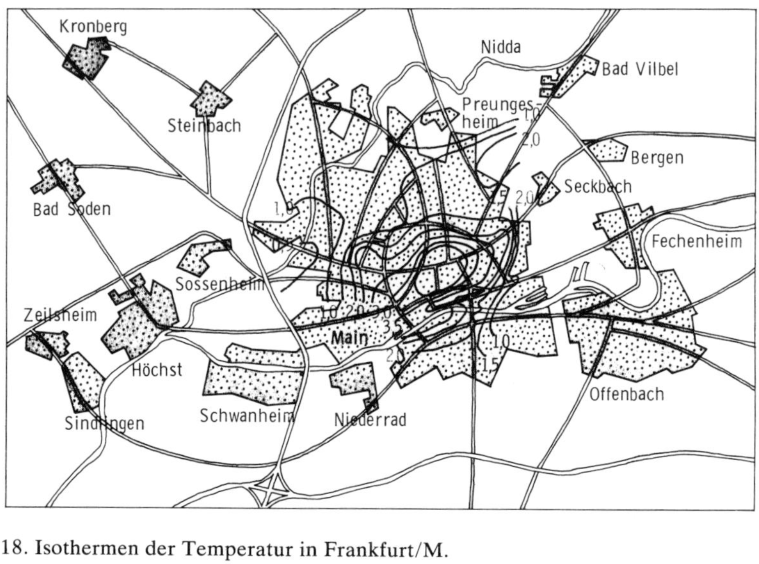

Abb. 18. Isothermen der Temperatur in Frankfurt/M.

Diese Erscheinung ist nicht durch eine Ursache allein zu erklären. Zum einen wird, wie bereits erwähnt, ein Teil der absorbierten Strahlung in Aufbauten und Belägen tagsüber gespeichert, so daß sie vorübergehend dem Prozeß der Lufterwärmung entzogen ist. Andererseits ist der Ausstrahlungsprozeß in Freiräumen und im Stadtumland weniger durch seitliche Abschirmung behindert als zwischen den Gebäudekörpern dicht bebauter innerstädtischer Räume. Wenig behinderte Wärmeabgabe durch langwellige Ausstrahlung sowie verstärkter Wärmeübergang an die Atmosphäre infolge meist höherer Windgeschwindigkeiten bei gleichzeitig geringem Vorrat an Speicherwärme in der oberen Bodenzone lassen die nächtlichen Temperaturwerte im Umland der Siedlungsbereiche auf tiefere Werte absinken als im Kernbereich von Siedlungen. Hier bewirken der nächtliche Rückfluß von Speicherwärme, die Abgabe von aus Heizung und technischen Prozessen resultierender Abwärme und die erschwerte langwellige Ausstrahlung in den Straßenschluchten die Ausbildung einer sog. „Hitzeinsel", die das dicht bebaute Stadtgebiet deutlich gegenüber seiner Umgebung absetzt (Abb. 18).

Zur Erläuterung des als Hitzeinsel bezeichneten Temperaturfeldes über geschlossenen Siedlungsräumen ist bisher ein besonders wesentliches Phänomen nicht herangezogen worden, nämlich die meteorologisch bedingte Tageszeitencharakteristik vertikaler Austauschkoeffizienten. Während am Tage die Austauschwerte in der Schicht 0,5–10,0 m z.B. 8 $g/cm^{-1} \times sec^{-1}$ betragen, verkleinert sich diese vertikale Transportgröße in dem gleichen bodennahen Luftpaket während der Nacht auf Werte, die in der Regel wesentlich kleiner als 1,0 $g/cm^{-1} \times sec^{-1}$ sind (Miess 1968). Es ist naheliegend, diesen nachts gehemmten vertikalen Transportmechanismus für die Erklärung der gegensätzlichen Wärmeklimate Stadt–Stadtumland heranzuziehen: Unterschiedliche Ausstrahlungsbedingungen und Rückflußquoten an Speicherwärme leiten die Ausbildung der Sonderklimate im Siedlungsbereich und der umgebenden Landschaft bzw. den im Siedlungsgebiet zwischengeschalteten größeren Freiräumen ein (Abb. 19).

Der nachts träge Austauschmechanismus bewirkt die Persistenz der klimatischen Gegensätze Stadt – Stadtumland während der Nachtstunden bis zum Erwachen des tagsüber wieder lebhaften Vertikalaustauschs, der die temperaturbedingten Gegensätze nahezu zu beseitigen vermag. Einige aus langjährigen Beobachtungen ermittelte Zahlenwerte des Temperaturunterschiedes Stadt – Land mögen den tageszeiten-abhängigen Gegensatz der benachbarten Sonderklimate verdeutlichen:

Tab. 8. Täglicher Gang des Temperaturunterschiedes Stadt – Land in °C (nach KRATZER 1956)

Tageszeit	7 h	14 h	21 h
Berlin (Mittel 1891-1900)			
Jahresdurchschnitt	0,7	0,2	1,5
Winter	0,9	0,3	1,0
Sommer	0,5	0,1	2,0
München (Mittel 1923-1926)			
Jahresdurchschnitt	0,7	0,1	1,5
Winter	1,2	0,2	1,3
Sommer	0,1	0,0	1,6

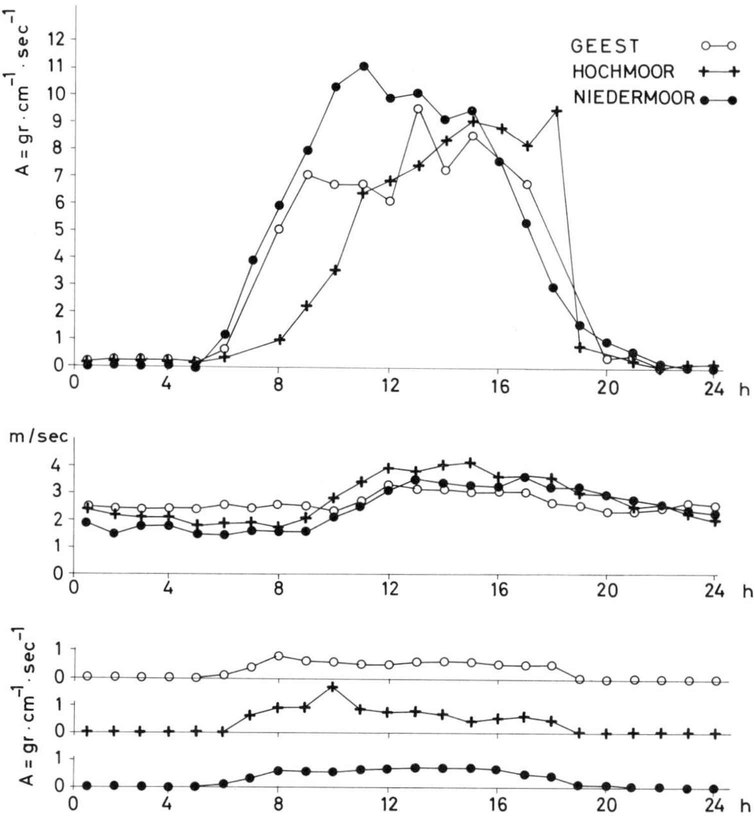

Abb. 19. Vertikale Austauschkoeffizienten, oben in der Schicht 0,5–10,0 m, unten in der Schicht 0,05–2,0 m, Mitte = Windgeschwindigkeit in 10,0 m Höhe.

Die Zahlenwerte der Tab. 8 zeigen die größten Temperaturdifferenzen während der Nachtstunden (Morgen- und Abendstunden); sie stehen damit in Übereinstimmung mit den Frankfurter Messungen (Abb. 17 und 18).

2.4 Das Windfeld in der Stadt

2.4.1 Das horizontale Windfeld

An sommerlichen Strahlungstagen kommt es im Bereich durch geringen Druckgegensatz charakterisierter Antizyklonen zur Ausbildung eines stadteigenen Zirkulationssystems, das durch eine auf das Stadtzentrum gerichtete Windkonvergenz gekennzeichnet ist. Induziert wird diese Strömungskonvergenz durch die verstärkte Erwärmung der Luftmassen im Stadtzentrum, die damit gekoppelte Dichteverringerung und den Vertikalaufstieg der spezifisch leichteren Luftmassen im Bereich der Hitzeinsel. Der Vertikalversatz von Luftmassen über dem Stadtzentrum führt

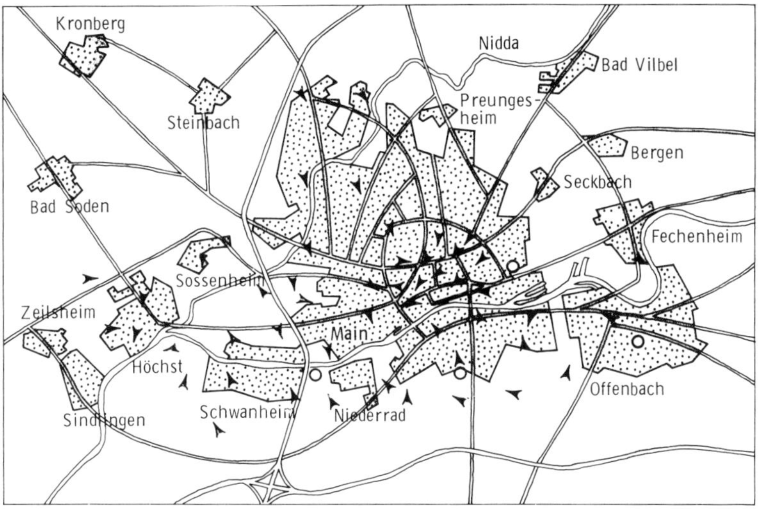

Abb. 20. Windkonvergenz über dem Stadtgebiet Frankfurt/M.

zu lokalem Druckabfall am Boden und damit zu seitlichem Nachströmen von Luft zum Zentrum des Druckminimums, das sich räumlich mit dem Bereich höchster positiver Temperaturabweichungen deckt (Abb. 20).

Das angedeutete Zirkulationsschema, mit Vertikalversatz über dem Stadtzentrum und seitlichem Nachströmen von Luft am Boden, fordert entgegengesetzt gerichtete, kompensierende Strömungskomponenten in der Höhe über dem Stadtgebiet und Abwindfelder am Stadtrand, so daß sich das gesamte Windsystem der Stadt als eine Art ringförmig um die Stadt fassender Rotor darstellt, der unter bestimmten Voraussetzungen Frischluft aus der die Stadt umgebenden Feldflur (Flurwinde) in das Stadtinnere zu transportieren vermag und somit eine partielle Klimamelioration einleitet (Abb. 21). Voraussetzung für die erwünschte Lufterneuerung durch ein stadteigenes Zirkulationssystem ist, daß Industrie- und Gewerbegebiete mit Fremdstoffemissionen sowie stark befahrene Ringstraßen, Tangenten und Umfahrungen außerhalb der konvergenten Strömungsfelder liegen. Hochhausbauten sollten nicht im peripheren Bereich der Städte errichtet werden, da sie besonders wirksame Strömungshindernisse darstellen und die Rauhigkeit des Untergrundes zusätzlich vergrößern.

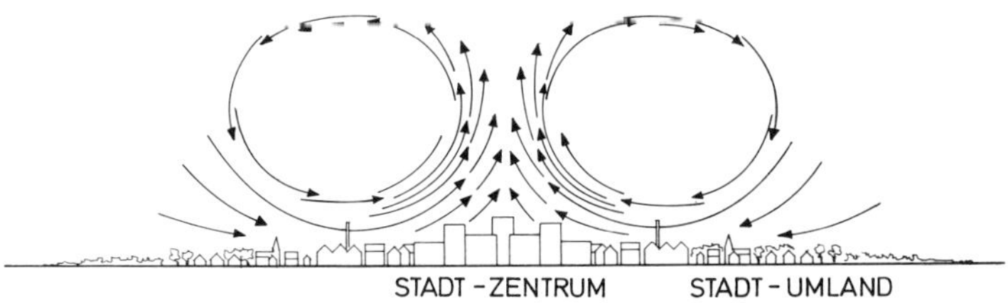

Abb. 21. Luftströmung bei sommerlicher Hochdruckwetterlage und Windgeschwindigkeiten von 2,5–3,0 m/s.

Ein strahlenförmiges Straßensystem erfüllt vom klimatologischen Standpunkt aus bei Hochdruckwetterlagen am besten die Voraussetzungen für eine partielle Durchlüftung auch der innerstädtischen Bereiche.

Die aufgestellten Forderungen lassen sich bei bestehenden Stadtanlagen und häufig auch in der Planungspraxis kaum verwirklichen. Hinzu kommt, daß die baulich bestimmte Stadtlandschaft naturgemäß aufgrund der großen Rauhigkeit ein beachtliches Strömungshindernis darstellt und den auf das Stadtzentrum gerichteten Frischluftströmen ein sehr wirksames Hindernis entgegenstellt. Es ergibt sich daraus die Aufgabe, auf andere Weise steuernd auf die Klimagestaltung der Stadt, insbesondere der zentralen Stadtbereiche einzuwirken, die von evtl. Ausgleichströmungen kaum oder wesentlich schwächer erreicht werden. Möglichkeiten einerKlimasanierung durch grünplanerische Mittel lassen sich am einleuchtendsten auf der Grundlage der allgemeinen Energiebilanzgleichung diskutieren. Danach wäre zur Minderung der lokalen Überhitzung und Feuchtedepression in der bodennahen städtischen Atmosphäre ein möglichst hoher Anteil der Strahlungsenergie während strahlungsreicher sommerlicher Wetterlagen in den Evapotranspirationsprozeß zu investieren. Nur verbleibende Restbeträge könnten dann vorübergehend gespeichert bzw. in fühlbare Wärme umgewandelt werden. Da die Verdunstungsrate – abgesehen von offenen Wasserflächen – bei vegetationsbestandenen Oberflächen am größten ist, haben durchgrünte Freiräume im bodennahen Bereich, d. h. im Geh- und Wohnbereich, auch eine direkte klimasteuernde Wirkung. Von ihrem Anteil am Gesamtstadtgebiet hängt also, abgesehen vom Einfluß unveränderbarer geographischer und topographischer Gegebenheiten, auch der Klimacharakter der jeweiligen Stadt ab. Vegetationsbestimmte Freiräume haben mithin nicht nur stadtgestalterische Funktionen zu erfüllen und Einrichtungen für die unterschiedlichsten Freizeitaktivitäten aufzunehmen, sie dienen zugleich dem klimaökologischen Ausgleich im Siedlungsbereich.

Eine Klimasanierung durch stadteigene Elemente (Freiflächen, Baumreihungen und -gruppierungen) erscheint im Licht energetischer Betrachtungen nicht nur wirkungsvoll, sondern besonders in innerstädtischen Freiräumen, die aufgrund der hohen Reibungswiderstände vom „Flurwindsystem" kaum erreicht werden, dringend notwendig. Energetisch gesehen, geht es dabei um ein Mischsystem der konträren Energiebilanzen vegetationsbedeckter Oberflächen und baulich bestimmter Oberflächen (Abb. 22).

Über den aus klimatologischer Sicht erforderlichen Anteil an vegetationsbedeckten Grünflächen und über deren optimale räumliche Verteilung im Stadtgebiet lassen sich z. Z. keine quantitativen Angaben machen. Mit den aus allgemein stadtplanerischen Gründen zu fordernden 15–20 m^2 Grünfläche je Einwohner, ergänzt durch einzelstehende, gereihte und gruppierte Bäume, dürfte auch der klimatologisch erwünschte Effekt des Strahlungs- und thermischen Ausgleichs weitgehend erreichbar sein. Im Planungsprozeß oft einfacher regelbar als der optimale Flächenanspruch ist das Verteilungsmuster vorgesehener Freiflächen im künftigen Stadtgebiet. Obwohl z. Z. noch kein allgemein akzeptiertes oder begründetes Modell über ein sowohl klimatologisch als auch städtebaulich gültiges Verteilungsmuster von Grünflächen in der Stadt existiert, kann als Arbeitshypothese angenommen werden, daß außer einigen großflächigen, das Stadtgebiet gliedernden Grünräumen eine Vielzahl kleiner vegetationsbestimmter Freiräume in engmaschiger Verteilung vom klimatologischen Standpunkt günstigere Auswir-

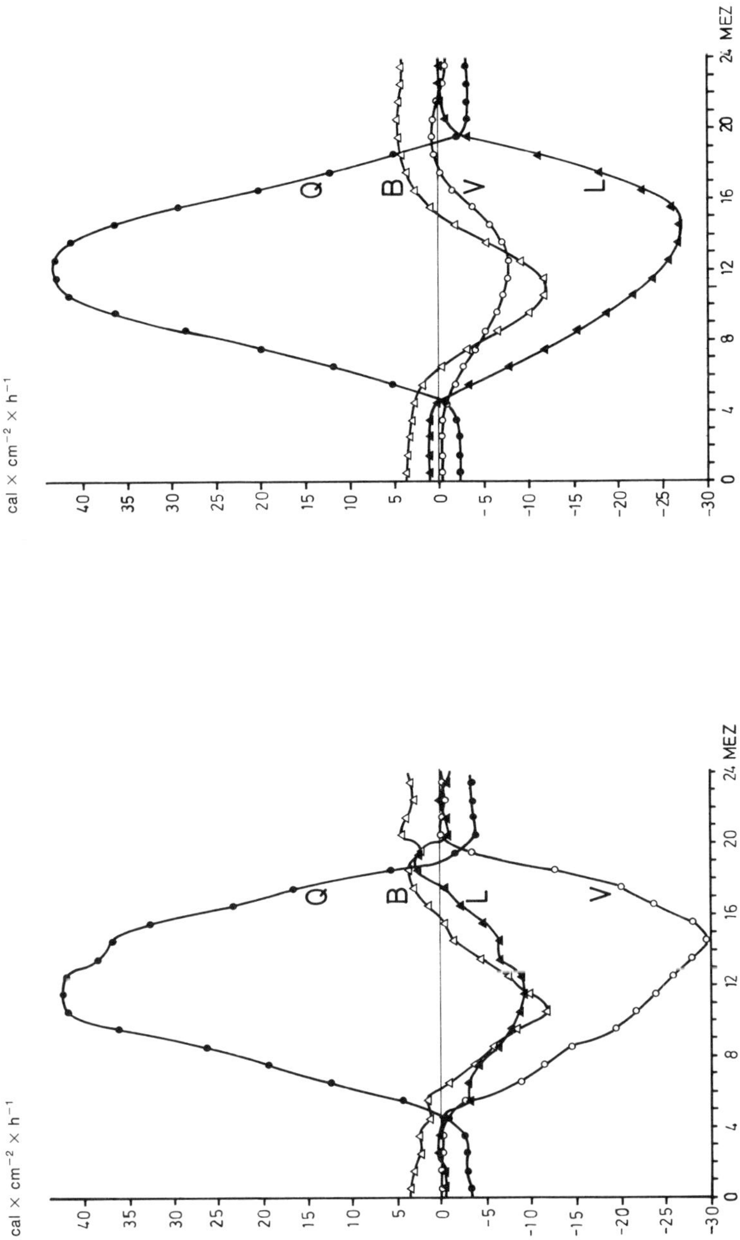

Abb. 22. Komponenten der Energiebilanz über einer Wiese (links) und über dem Stadtgebiet (rechts).

kungen auf einen ausgeglichenen Klimahaushalt ausüben als ein grobmaschiges Grünsystem. Dies kann vorläufig damit begründet werden, daß bei kleinflächiger Verteilung für den horizontalen Austausch unterschiedlich temperierter Luftquanten günstigere Weg/Zeit-Bedingungen bestehen und der Ausgleich sich folglich rascher und weniger behindert vollziehen kann.

Die Bedingungen einer kleinräumigen, punktuellen Verteilung im Siedlungsraum werden am besten von Bäumen erfüllt; sie ergeben auf relativ kleinem Raum, oft ohne bedeutenden zusätzlichen Flächenbedarf, ein vergleichsweise großes Grünvolumen mit einer großen verdunstenden Oberfläche. Ihre Anordnung im Seitenraum von Fahrstraßen, auf Flächen für den ruhenden Verkehr, in Fußgängerzonen und auf Plätzen sollte selbstverständlicher Bestandteil schon der planerischen Überlegungen beim Entwurf städtischer Verkehrswege sein.

2.4.2 Die Windströmung an hochreichenden Gebäuden

Über der Stadt erfolgt ein besonders rascher Abbau der außerhalb des Stadtgebietes und in der freien Atmosphäre herrschenden Windgeschwindigkeit. Maßgebend dafür ist die größere Rauhigkeit der durch Gebäude gebildeten Oberfläche. Die rasche Abnahme der Windgeschwindigkeit über der rauheren Oberfläche zeigt deutlich Abb. 23 (nach DAVENPORT 1963).

Gegenüber einer offenen Wasserfläche ist die Windgeschwindigkeit in Bodennähe in der Stadt um mehr als die Hälfte, am Stadtrand um ein Drittel verringert. Diese abnehmende mittlere Strömungsgeschwindigkeit über der Stadt kann allerdings in Straßenzügen, die in Hauptwindrichtung liegen, bzw. auch mit kleineren Winkeln schräg zu dieser versetzt sind, wieder eine Beschleunigung erfahren. In diesen Fällen ist die alleeartige Anordnung von Straßenbäumen ein besonders wirksames Mittel zur Dämpfung unangenehmer Windgeschwindigkeiten.

Unangenehme örtliche Windbeschleunigung wird in der Regel im Bereich freistehender hochreichender Gebäude hervorgerufen, ebenso in Passagen und an Straßenkreuzungen. Die Windbeschleunigung an hohen Gebäuden, die bis in Bodennähe durchgreift, ist auf zwei aerodynamische Vorgänge zurückzuführen (Abb. 24 nach PLATE 1972):

Einmal entsteht durch die Geschwindigkeitszunahme mit der Höhe auf der Anströmseite des Gebäudes ein Druckgradient mit maximalem Druck im oberen Drittel des Bauwerks (Staupunkt). Von hier werden „Fallwinde“ entlang der

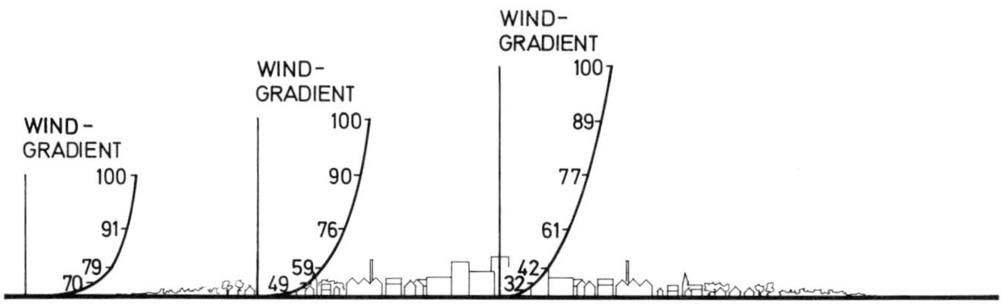

Abb. 23. Typische Windprofile über dem freien Meer, über dem Stadtrandgebiet und über der Innenstadt.

Fassade nach unten geführt, wo sie sich als unangenehme Wirbel bemerkbar machen. Auf der dem Wind abgewandten Gebäudeseite, also im Lee, wird eine Zone mit konstant niedrigem Druck ausgebildet, die zwar eine geringere Windgeschwindigkeit aufweist, durch Verwirbelung an den Kanten des Gebäudes aber sehr böig ist. Durch den Druckgradienten zwischen Luv- und Leeseite des Bauwerks wird der Wind besonders in Passagen erheblich beschleunigt. Das Windfeld der Stadt wird also stark durch örtliche Besonderheiten mitbestimmt. In vielen Fällen läßt sich – außer durch die entsprechende Standortwahl und Höhenerstreckung der Gebäude – das Windfeld durch sinnvolle Pflanzmaßnahmen günstig beeinflussen.

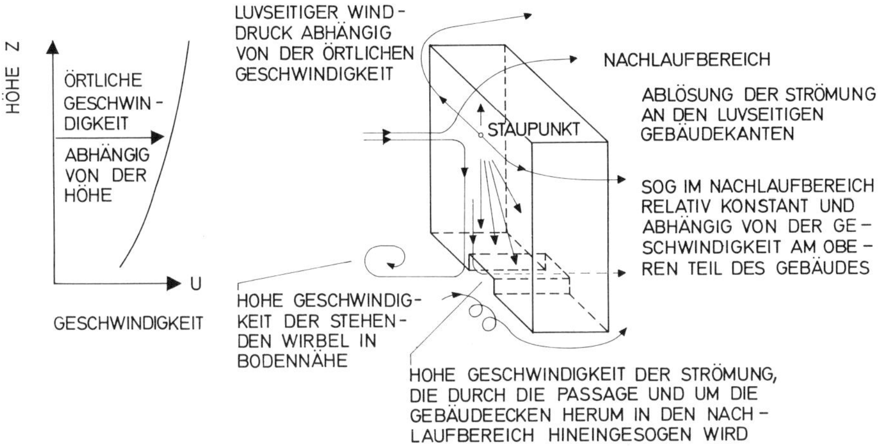

Abb. 24. Wirkung eines Bauwerks auf die Geschwindigkeits- und Druckverteilung des Windes.

2.5 Die Niederschläge in der Stadt

Die bisherigen Ausführungen über das Temperatur- und Windfeld im besiedelten Bereich dürften deutlich gemacht haben, daß die Stadt in der bodennahen Atmosphäre Veränderungen bewirkt, die nicht ohne Einfluß auf die Niederschlagsverteilung und Niederschlagshöhe sein können. Zwar werden die großräumigen Vorgänge an Fronten innerhalb der Tiefdruckgebiete (Frontalregen) von städtischen Siedlungsräumen nicht entscheidend beeinflußt, dagegen läßt sich allein schon aus der Beobachtung der größeren Gewitterhäufigkeit (13 63% mehr Gewittertage im Jahr über Städten, nach CHANGNON 1970) auf eine Niederschlagserhöhung durch Konvektionsregen schließen, die durch Überwärmung der bodennahen Luft über dem Stadtgebiet ausgelöst werden. Für amerikanische Großstädte hat CHANGNON (1970) die Niederschlagserhöhung mit 5–31% angegeben. Geographische Lage, topographische Verhältnisse, Stadtgröße und Baustruktur sind für die Variationsbreite entscheidende Größen und erschweren allgemeingültige Angaben über den Einfluß der Stadt auf die Niederschlagsverhältnisse.

Konkrete Daten über Differenzen des Niederschlages zwischen Stadtgebiet und Außenbereich werden auszugsweise in Tab. 9 (S. 70) wiedergegeben.

Tab. 9. Vergleich der mittleren Niederschlagshöhen in der Stadt und im Stadtumland (aus KRATZER 1956)

Ort	Zeitraum	Stadtgebiet	Stadtumland	Differenz
Köln	1912–1931	732 mm	580 mm	+152 mm
Budapest	1911–1914	653 mm	586 mm	+ 67 mm
Moskau	1901–1910	668 mm	572 mm	+ 97 mm
Chicago	1920–1924	827 mm	787 mm	+ 40 mm
St. Louis	1920–1929	962 mm	947 mm	+ 15 mm

Die niederschlagserhöhende Wirkung städtischer Siedlungsräume wird auch durch neuere Beobachtungen mit Radargeräten gestützt, die von MALKOWSKI (1965) in Berlin durchgeführt wurden. Allerdings dürfte diese zusätzliche Zufuhr von Wasser bei den hohen oberirdischen Abflußraten nur unwesentlich zur Verbesserung des Wasserhaushalts der Vegetation, insbesondere der Bäume im Straßenraum, beitragen, zumal die Niederschlagserhöhung im wesentlichen auf „Starkregen“ zurückzuführen ist.

3 Stadt und Luftverschmutzung

Nach Ausmaß und Auswirkungen noch gravierender für meteorologische Faktoren als die Stadteinflüsse ist die Akkumulation von Fremdstoffen in der Atmosphäre über großen Städten (Tab. 10).

Tab. 10. Aerosole und Staubgehalt der Atmosphäre (nach ULRICH 1973)

	Teilchenzahl je cm^3 Luft	Staubniederschlag (kg/ha) Jahr
Meer, Hochgebirge	0,2	0,4
ländliche Gegend	10	4
städtischer Vorort	10–50	4–8
städtischer Innenbereich	50–100	8–10
Industriestadt	100	28

Zu dieser Ansammlung von gasförmigen, flüssigen und festen Fremdbestandteilen führt nicht nur die große Dichte industriell-gewerblicher, privater und verkehrsbedingter Quellen, sondern auch die historisch bedingte Lage der städtischen Ballungsgebiete in den Talräumen großer Flußgebiete oder in größeren ebenen Beckenlandschaften. Für die Verteilung und Verdünnung der in die Atmosphäre emittierten Schmutzstoffe spielt dieser Umstand eine große Rolle, und dies nicht nur, weil in quer zur Hauptwindrichtung gelegenen Talzügen die Windströmung den Talgrund teilweise überströmt – noch entscheidender ist die besondere meteorologische Situation, die sich in größeren Geländevertiefungen häufiger einstellt als in Ebenen oder auf Kuppen, nämlich der Effekt der in größere Höhen reichenden invers verlaufenden Temperatur. Bei den entsprechenden Wetterlagen sind im Falle einer Inversion die einzelnen Luftquanten entsprechend ihrer Dichte angeordnet, d. h. Luftquanten größerer Dichte lagern am Grunde der Atmosphäre, und es bedarf entsprechender äußerer Anlässe, um eine Durchmischung der Inversionsschicht zu bewirken und um damit eine Verfrachtung von Schmutzstoffen aus der stabil geschichteten Atmosphäre zu erreichen.

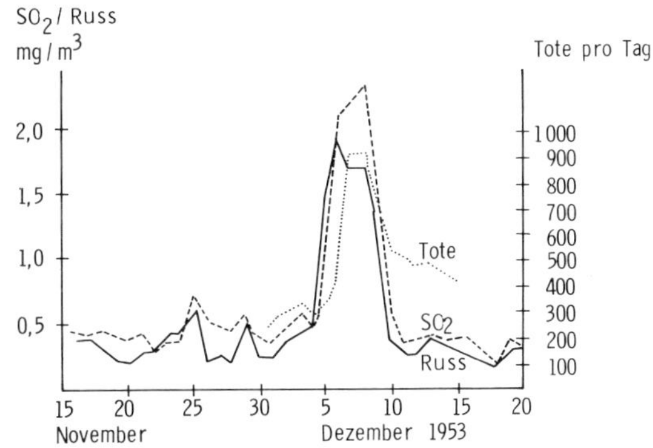

Abb. 25. Smogkatastrophe in London 1952.

Es gibt mehrere Gründe, weswegen Täler und Becken inversionsanfälliger sind: oft ist, besonders in engen Tälern, der Strahlungsgenuß tagsüber durch die umgebenden Randhöhen vermindert. Dies wirkt sich besonders stark im Winterhalbjahr mit niedrigem Sonnenstand aus. Die langwellige Ausstrahlung dagegen ist im Vergleich zur Ebene wenig eingeschränkt, so daß sich insgesamt eine ungünstigere Strahlungsbilanz ergibt. Bei mehrtägiger Andauer einer windruhigen Wetterlage kann sich so bevorzugt in Tälern und Mulden eine Inversion mit stabiler Schichtung der Atmosphäre von mehreren 100 m Mächtigkeit aufbauen, in der der vertikale Austausch stark behindert ist. Die horizontale Strömung gleitet über den so entstandenen „Kaltluftsee", ähnlich wie über ein orographisches Hindernis, hinweg und vermag ihrerseits nur wenig zur Lufterneuerung im bodennahen Bereich beizutragen. Die Erhaltungsneigung der verursachenden Witterungssituation über viele Tage kann bei entsprechender Anzahl von Emittenten zu einer gefährlichen „Smog-Lage" führen, wie sie z. B. 1952 in London eingetreten ist (Abb. 25), (SCHWEGLER 1963).

3.1 Die „reine" und die „verschmutzte" Atmosphäre

Zwar besorgt die im Regelfall leichte Durchmischbarkeit der unteren Atmosphäre bei labiler Schichtung die Verteilung von Emissionen, behindert aber andererseits die lokale Begrenzung von Immissionen auf bestimmte Entstehungsgebiete. Der Begriff „reine Luft" ist daher ein relativer, theoretischer Meßwert, der in zivilisationsfernen Räumen oder in größeren Höhen als Vergleichswert zur verschmutzten Atmosphäre über Ballungsgebieten ermittelt werden kann. Einen solchen Vergleich ermöglicht Tab. 11 (S. 72), die für die häufigsten Schmutzstoffe veröffentlicht wurde.

Tab. 11 zeigt, daß einige Substanzen über Siedlungsgebieten um mehr als das Hundertfache angereichert sein können (Schwefeldioxid, Kohlenmonoxid).

Einen Vergleich der gasförmigen Fremdstoffkonzentrationen über dem Stadtgebiet von Frankfurt/M. und in siedlungsfernen Räumen ermöglicht Abb. 26.

Tab. 11. Konzentration von Schmutzstoffen in einer „reinen" und einer „verschmutzten" Atmosphäre (GEORGII 1972)

Bestandteile	reine Atmosphäre	verschmutzte Atmosphäre	Faktor
Staubteilchen	0,01–0,02 mg/m^3	0,07–0,7 mg/m^3	10– 15
Schwefeldioxid	0,001–0,01 ppm	0,02–2 ppm	20–200
Kohlendioxid	310–330 ppm	350–700 ppm	1– 2
Kohlenmonoxid	unter 1 ppm	5–200 ppm	5–200
Nitrosegase	0,001–0,01 ppm	0,01–0,1 ppm	10
Kohlenwasserstoffe	unter 1 ppm	1–20 ppm	2– 20

Die Konzentrationen der Fremdstoffbeimengungen in Frankfurt werden gleich 1 gesetzt; als Vergleich wird der Bruchteil von 1 eingetragen. In den Säulen sind außerdem die absoluten Werte eingetragen. Die Graphik zeigt deutlich die hohe Fremdstoffbelastung städtischer Siedlungsräume.

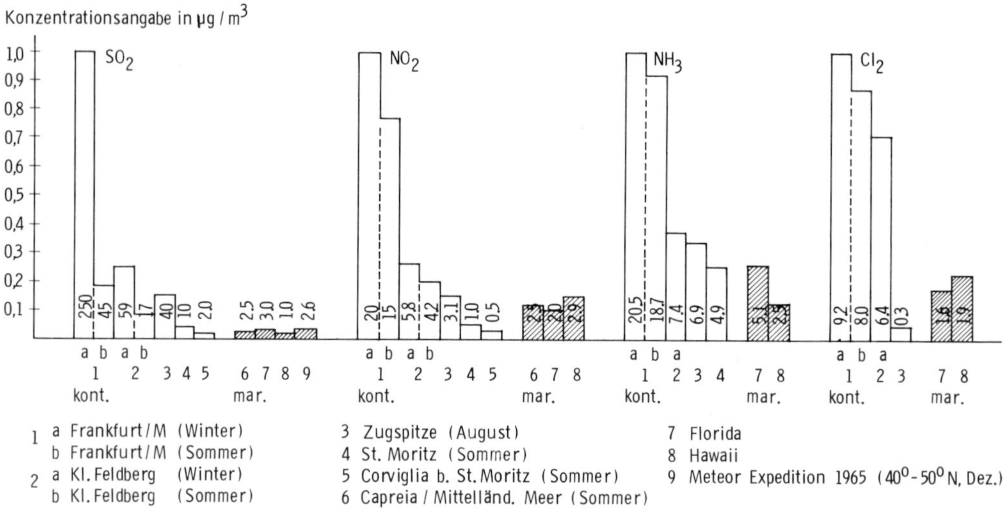

Abb. 26. Konzentration atmosphärischer Spurengase über verschiedenen Gebieten.

3.2 Transport von Schmutzstoffen in der Atmosphäre und Verteilung am Boden

Der Transport und die Dispersion von Fremdstoffen in der Atmosphäre gehorchen bestimmten Gesetzmäßigkeiten, die vorwiegend von den meteorologischen Bedingungen wie Temperaturschichtung, Windrichtung und Windgeschwindigkeit abhängen. Bei neutraler bis leicht stabiler Schichtung erfolgt die Verfrachtung derart, daß das Konzentrationsmaximum am Boden in etwa zwanzigfacher Entfernung der Quellhöhe, in Windrichtung gemessen, auftritt (Abb. 27).

Die Konzentrationsverteilung senkrecht zur Rauchfahnenachse gehorcht einer Normalverteilung, deren Streuungswerte außer von meteorologischen auch von orographischen Faktoren abhängen. Bei stabiler Schichtung z. B. erfolgt die

Ausbreitung über eine wesentlich größere Fläche, da beim Transportvorgang die horizontale Komponente überwiegt.

Bei labiler Schichtung dagegen sorgen die großen vertikalen Wirbel, die durch thermische Turbulenz erzeugt werden, für eine Verteilung auf kürzerer Distanz, mit dem Konzentrationsmaximum in geringerer Quellpunktdistanz.

Allgemein treten folgende witterungsmäßige Voraussetzungen gleichzeitig auf, wenn es zu extremen Fremdstoffanreicherungen in der Atmosphäre kommt (MANIER 1969):

a) Der Betrag der Netto-Strahlung an der Oberfläche ist klein; es kommt zu keiner entscheidenden Erwärmung der Atmosphäre;
b) die Windströmung ist schwach und bleibt unterhalb 3 m/sec;
c) es liegt eine Inversion in den unteren Schichten der Atmosphäre vor;
d) es fallen keine nennenswerten Niederschläge, die Schmutzstoffe aus der Atmosphäre auswaschen könnten;
e) die Voraussetzungen a) bis d) dauern über mehrere Tage hinweg an.

Erfüllt sind diese Voraussetzungen häufig während winterlicher Hochdruckwetterlagen, in deren Bereich sich durch Ausstrahlung Kaltluft bildet, die eine inversionelle Schichtung der Atmosphäre einleitet. Durch Warmluftzufuhr in der Höhe kann diese Inversion verstärkt werden und der Typ einer austauscharmen Wetterlage ausgebildet werden.

Im Zusammenhang mit den bisherigen Erörterungen der meteorologischen Einflüsse auf die Ausbreitung von Luftbeimengungen soll die Frage aufgeworfen werden, ob die städtebauliche Schulregel, luftverschmutzende Industrie im Osten, d. h., auf der von der Hauptwindrichtung abgewandten Stadtseite, anzuordnen, generell fortgelten kann. Austauscharme Wetterlagen der beschriebenen Form, mit in östlicher Richtung anwachsender Mächtigkeit und Intensität der stabilen Schichtung erfüllen nicht nur die Voraussetzungen zur Anhäufung von Emissionen; sie sind im zentraleuropäischen Raum auch gekoppelt mit anhaltenden östlichen Winden (sog. Ostlagen), welche die in der Inversionsschicht angehäuften Fremdstoffe in Richtung der Hauptwohngebiete verfrachten.

Wenn es um die Vermeidung der höchsten und lästigsten Konzentration in

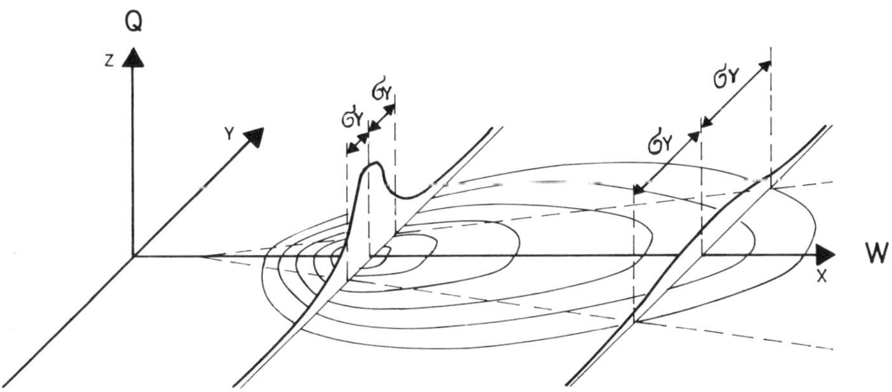

Abb. 27. Fremdstoffverteilung in Windrichtung bei hochgelegenen Quellen.

Wohngebieten geht, dann kann für die Industriebebauung die „Ostregel" nicht mehr aufrechterhalten werden. Wenn überhaupt durch eine Standortregel die Belastung durch Immissionen vermindert werden kann, dann evtl. dadurch, daß Emittenten im Norden oder Süden dichtester Wohnbebauung angeordnet werden, so daß die Hauptdrift der Luftverunreinigung bei östlichen Winden und hohen Konzentrationen und bei westlichen Winden mit größerer Häufigkeit jeweils tangential zu den zu schützenden Hauptwohnbereichen erfolgt. Eine Komplizierung des Verteilungsmechanismus für Fremdstoffe ergibt sich für Quellpunkte im Luv- oder Leebereich von Erhebungen in sonst ebenem Gelände und im Bereich von Gebäuden. Bei der Um- oder Überströmung dieser Hindernisse werden die mehr oder weniger parallel zu denkenden Strömungslinien verformt. Im Lee der Hindernisse kann es zur Ausbildung von Wirbeln kommen, in welche Immissionen eingeschlossen werden, bis sie im Wirbelbereich am Boden deponiert werden. Die solcherart entstehenden starken Belästigungen sind aus Schadenskartierungen an Vegetationsbeständen und aus Messungen im Wirbelbereich von Gebäuden bekannt.

Die CO-Belastung durch Kraftfahrzeugabgase innerhalb des von hohen Gebäuden umschlossenen Straßenraumes ist durch eine neuere Untersuchung in Frankfurt/M. deutlich geworden (GEORGII 1967). Im Luv entsteht bei quer angeströmten Verkehrsstraßen und schwach windiger Witterung ein CO-Vorhang, der über mehrere Stockwerke greift und zu gefährlicher Anhäufung hoher Konzentrationen führen kann (Abb. 28). Abhilfe schaffen in Gefahrensituationen (Smog-Lagen) nur drastische Verkehrsbeschränkungen bzw. bei Neuplanungen Straßenführung, Bebauungsform und zulässige Verkehrsdichte.

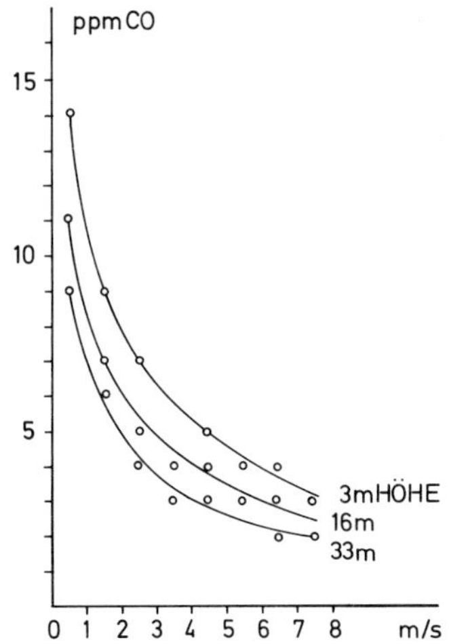

Abb. 28. Kohlenmonoxidverteilung in einer verkehrsreichen Straße in Frankfurt/M.

3.3 Filterwirkung von Pflanzen sowie technische und planerische Maßnahmen zur Schadstoffbegrenzung

Gehölzpflanzungen als Mittel zur Luftreinhaltung haben sich im allgemeinen bei der Rückhaltung von Stäuben bewährt. Besonders entlang von Verkehrswegen, wo technische Mittel zur Begrenzung der Staubausbreitung kaum verfügbar sind, können Pflanzungen zur Festlegung von Stäuben und Reifenabrieb eingesetzt werden. Gegenüber gasförmigen Emissionen ist dagegen mit einer relativ geringen Wirkung sog. Schutzpflanzungen zu rechnen. In der Regel werden Vegetationsbestände schon durch relativ geringe Konzentrationen gasförmiger Immissionen geschädigt. Dies gilt insbesondere für immergrüne Nadelgehölze, die infolge ihrer „Dauerbelaubung" als „Filter" für Fremdstoffbeimengungen besonders wirkungsvoll sein könnten. Zwar hat ULRICH (1972) im Kronenraum geschlossener Nadelholzbestände eine beachtliche SO_2-Anlagerung mit folgendem „Wash-Out-Effekt" festgestellt; in städtischen Siedlungsräumen mit punktueller Verteilung von Gehölzen ist der Filtereffekt jedoch wesentlich niedriger anzusetzen. Es sei noch erwähnt, daß FLEMMING (1967) im Gegensatz zu ULRICH (1972) keine bedeutende Absorption von SO_2-Gasen durch geschlossene Waldbestände feststellen konnte. Zur wirksamen Begrenzung von Schadstoffen in der Atmosphäre sind daher technologische und planerische Maßnahmen unumgänglich.

Der entscheidende Beitrag zur Luftreinhaltung muß künftig an der Emissionsseite geleistet werden. Entstaubungsanlagen mit ausreichend hohem Wirkungsgrad sind seit geraumer Zeit entwickelt und können ökonomisch eingesetzt werden.

Reinigungsanlagen für Schadgase durch Nachverbrennung oder Naßwäsche werden derzeit zwar mit geringerem Erfolg als bei Großstäuben betrieben. Immerhin werden auch hier Entwicklungen eingeleitet, die eine Reduzierung der künftigen Emissionen erwarten lassen, was durch folgende tabellarische Übersicht (Tab. 12) verdeutlicht werden kann.

Tab. 12. Entwicklung von Schwefelsäure, Salpetersäureproduktion und der zugehörigen Emissionskomponenten in der BRD (BARTHOLOMÉ 1973)

	Produktion berechnet als $SO_3 x 10^6 t$/Jahr	SO_2-Emission x $10^3 t$/Jahr	Produktion berechnet als $N x 10^6 t$/Jahr	NO_x-Emission berechnet als $NO x 10^3 t$/Jahr
1960	2,6	41	0,49	31
1969	3,7	28	0,72	23
1980	5,0	20	1,26	19

Für die Schadgasgruppe SO_2 und NO_x wird demnach trotz steigender Produktionsraten durch den Einsatz geeigneter technischer Reinigungsverfahren die Schadgasemission reduziert werden können. Nicht gleich günstige Prognosen können für Emissionen angenommen werden, die durch den zunehmenden Kraftfahrzeugverkehr verursacht sind, wie die nachfolgenden Zahlenwerte zeigen.

Tab. 13. Entwicklung des Kraftstoffverbrauchs und der Emissionen durch den Kraftverkehr in der BRD (BARTHOLOMÉ 1972)

	Kraftstoffverbrauch x $10^6 t$/Jahr	Emission CO, NO_x, CH, $SO_2 x 10^6 t$/Jahr
1959	7,4	3,6
1969	19,7	5,6
Faktor 59/69	2,7	1,3

Tab. 14. Kohlenstoffmonoxidkonzentration in Tokio, Marseille und Wien, vor und nach der Sperrung des Individualverkehrs (ORSKI 1973)

Stadtteil	vorher	nachher	Reduktion (%)
Tokio			
Ginza			
A	14,2 ppm	2,9 ppm	79
B	5,5 ppm	2,4 ppm	56
C	5,4 ppm	2,3 ppm	56
Shinzuku			
A	2,2 ppm	1,2 ppm	50
B	9,8 ppm	2,3 ppm	76
C	11,3 ppm	2,3 ppm	79
Ikebukum			
A	9,6 ppm	3,5 ppm	63
B	6,7 ppm	3,0 ppm	55
C	5,7 ppm	4,2 ppm	26
Marseille			
Banque Italienne	19,3 ppm	3,9 ppm	79
Dames de France	19,4 ppm	2,8 ppm	85
Magasin Général	17,5 ppm	3,8 ppm	78
Belle Jardinière	18,9 ppm	4,0 ppm	78
Mittelwert	18,8 ppm	3,6 ppm	80
Wien			
Zentrum			
9 - 19 Uhr	10,0 ppm	4,0 ppm	60
2 - 6.30 Uhr	10,8 ppm	3,8 ppm	65
24-Stunden-Mittel	7,4 ppm	4,1 ppm	45

Verkehrslenkende bzw. auch verkehrsbeschränkende Maßnahmen, besonders in innerstädtischen Räumen, sind künftig unvermeidlich.

Stadtplanerisch und umweltökologisch als besonders vorteilhaft hat sich die Einrichtung von sog. Fußgängerbereichen in den Innenstädten erwiesen. Nach bisher für einige Orte vorliegenden Messungen der CO-Emission ging die Belastung mit diesem Schadgas in der Regel um mehr als die Hälfte zurück (Tab. 14).

Die Meßergebnisse zeigen deutlich den merklichen Rückgang der Fremdstoffbelastungen in den verkehrsfreien Zonen. Nicht nur die Gefährdungen für den Fußgänger werden dadurch wirksam reduziert – diese Bereiche sind bei entsprechender Planung auch hervorragende Standorte für Baum- und Strauchpflanzungen in der Innenstadt, die neben den wichtigen gestalterischen Funktionen günstige klimatische Folgewirkungen ausüben und gegenüber Feststoffen und absorbierten Flüssigkeiten und Gasen in gewissem Umfang auch effektive Aerosolfilter darstellen.

4 Stadt und Lärmbelästigung

4.1 Einfluß der Verkehrsfrequenz auf den Schallpegel

Die Lärmbelastung in den Großstädten, aber auch innerhalb kleinerer Siedlungen entlang vielbefahrener klassifizierter Fahrstraßen hat durch die rapide Zunahme des Kraftfahrzeugverkehrs Größenordnungen erreicht, die von großen Teilen der betroffenen Bevölkerung nicht mehr klaglos toleriert werden. Bei einer Umfrage des Emnid-Instituts im Jahre 1956 gaben 41% der Befragten an, durch Verkehrslärm täglich oder häufig gestört zu werden (zit. nach APEL 1973). 1972 beurteilten etwa 60% der Befragten den Verkehrslärm als zu laut (HANSEN 1973). Umfangreiche Untersuchungen über die Lärmsituation in Köln haben ergeben, daß sich in den verkehrsreichen Straßen Kölns etwa 64% der Bevölkerung gestört fühlen. Die Verminderung der Lärmbelastung ist damit ein zentrales Problem bei der Erhaltung von Wohn- und Erlebniswerten im Siedlungsbereich. Das Ausmaß der Verlärmung der Städte kann nachdrücklich an den umfassenden Lärmmessungen in 1005 Straßen der Stadt Köln demonstriert werden (GUTHOF und GABLESKE 1967). Danach kann lediglich 1% der Straßen mit einem Lärmpegel <60 dB(A) als frei von bedenklicher Lärmbelastung angesehen werden. In 54% der Straßen lag der

Tab. 15. Häufigkeitsverteilung des Tages- und des Nachtlärmpegels der erfaßten Straßen in Köln (nach GUTHOF und GABLESKE 1967)

	Anzahl der Straßen	Lärmbelastung
Tageswirkpegel dB (A)		
55,0 -59,9	8	1% keine Belästigung
60,0 - 64,9	52	54% mittlere Belästigung
65,0 - 69,0	178	
80,0 - 74,9	314	
75,0 - 79,9	268	81% starke Belästigung
80,0 - 84,9	180	
85,0 - 87,4	5	
Straßen gesamt	1005	
Nachtwirkpegel dB (A)		
07,5 - 49,9	1	2% mäßige Belästigung
45,0 - 54,9	6	
55,0 - 59,9	41	45% starke Belästigung
60,0 - 64,9	94	
65,0 - 69,9	79	
70,0 - 74,9	91	17% außergewöhnlich starke Lärmbelästigung
75,0 - 79,9	60	
80,0 - 82,4	3	
Straßen gesamt	375	

Tageswirkpegel zwischen 60-75 dB(A), was von den Autoren der Studie als mäßige Lärmbelastung deklariert wurde. Starke Lärmbelästigungen ergeben sich für 45% der Straßen mit Wirkpegeln zwischen 75 dB(A) und 87 dB(A).

Das Ausmaß der Störwirkung während der Nachtstunden ist noch größer. Legt man die einschlägigen DIN-Vorschriften zugrunde, so muß die Nachtruhe in mehr als 95% der Straßen der Stadt Köln als gestört gelten.

Es gibt keine Anhaltspunkte, daß die Kölner Meßergebnisse im Prinzip nicht auf Städte ähnlicher Größenordnung übertragbar wären. Es muß sogar angenommen werden, daß auch die kleineren Siedlungseinheiten durch Lärmemissionen aus dem Kraftverkehr beträchtlich in ihrem Wohnwert gemindert sind.

Im einzelnen gibt Tab. 15 Aufschluß über die Lärmsituation während der Tages- und Nachtstunden in Großstadtstraßen.

Die bisherigen Untersuchungen zur Lärmemission durch den Kraftverkehr lassen zuverlässige Abschätzungen der zu erwartenden Lärmbelastung in Abhängigkeit von der Verkehrsfrequenz zu (SCHREIBER 1967). Die Auswertung von Schallpegelaufzeichnungen ergab für 25 m Abstand von der Mittelachse einer ebenen Asphaltfahrbahn bei ungehinderter Schallausbreitung, Stadtverkehrsgeschwindigkeit und ca. 10% LKW-Anteil in Abhängigkeit von einer gezählten Verkehrsbelastung N (N = Fahrzeuge/Std.) mit ausreichender Genauigkeit den energieäquivalenten Dauerschallpegel $L_{äq}$:

$$L_{äq}/25\ \text{m} = 32 + 10 \log N \ldots \text{dB (A)}$$

Für städtische Straßen kann man in der Regel vor den Fenstern der Anlieger vereinfachend mit einem äquivalenten Dauerschallpegel rechnen, der etwa 5 dB (A) über dem nach vorstehender Gleichung ermittelten Wert liegt. Für abweichende Verkehrszusammensetzungen oder Straßenbedingungen lassen sich zu der generellen Formel Zuschläge nach DIN 18005 ermitteln, so daß die rechnerische Abschätzung auch für Sonderfälle vorgenommen werden kann.

Eine Vorstellung über den zeitlichen Verlauf und die absolute Höhe der Schallpegel in drei in der Verkehrsfrequenz verschiedenen Straßentypen der Stadt Köln vermittelt Abb. 29.

In den Hauptverkehrsstraßen erreichte der Verkehrslärm zwischen 6.30 Uhr und 8.00 Uhr das Maximum mit über 80 dB(A). Von geringfügigen Schwankungen abgesehen, bleibt der Wirkpegel auf gleicher Höhe und sinkt ab etwa 18.30 Uhr allmählich, wenn auch unerheblich ab. In Straßen mit mittlerer Fahrfrequenz bilden sich auf niedrigerem Geräuschniveau neben vormittäglichen Lärmspitzen ausgeprägte Nachmittagsgipfel aus. Der nächtliche Abfall auf Werte um 40 - 45 dB(A) ist lediglich in Straßen mit mäßiger Verkehrsfrequenz kurzfristig gegeben.

4.2 Maßnahmen zur Abwehr störender Lärmpegel

Sieht man von den Maßnahmen ab, welche die Fahrzeuge, die Straßenführung, die Fahrgeschwindigkeit usw. betreffen, so verbleiben noch die im folgenden besprochenen Einflußmöglichkeiten zur Minderung von Verkehrsgeräuschen.

4.2.1 Einfluß der Entfernung auf die Schallausbreitung

Rechnerisch ergibt sich die Schallpegelabnahme ΔL_r für linienförmige Schallquellen (Fahrzeugkolonnen, dichte Zugfolgen) aus der Gleichung

$$\Delta L_r = \pm\ 10 \log \frac{r}{r_o}\ (dB(A))$$

ΔL Schallpegeldifferenz
r Entfernung Schallquelle-Empfangspunkt in m
r_o Ausgangsentfernung = 25 m

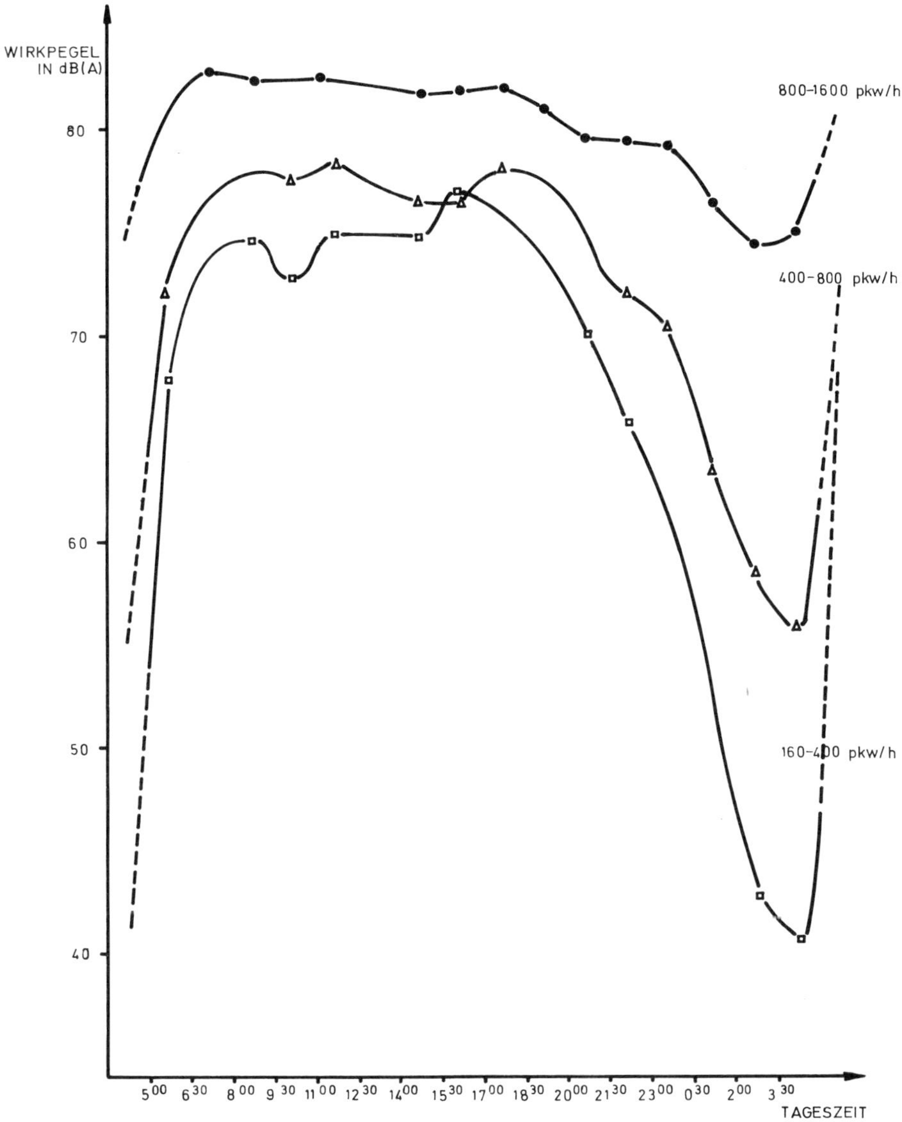

Abb. 29. Wirkpegel des Verkehrslärms im Tagesgang in Abhängigkeit von der Verkehrsfrequenz.

Die Schallpegelabnahme beträgt danach je Entfernungsverdoppelung lediglich 3 dB. Eine Verzehnfachung der Ausgangsentfernung (z. B. von 25 auf 250 m) hätte eine Schallpegelminderung von 10 dB zur Folge, was einer Halbierung des Lärmempfindens entspricht.
Geht man von einem Schallpegel von 60-63 dB in Autobahnnähe (50 m) aus und strebt einen nachts tolerierbaren Schallpegel von 40 dB an, so müßte der Abstand einer Wohnbebauung etwa 5000 m betragen. Diese Forderung ist aber nicht immer zu erfüllen, und es sind daher weitere schallschützende Maßnahmen erforderlich, um die Störwirkung von Verkehrsgeräuschen zu reduzieren.

4.2.2 Einfluß von Pflanzungen auf die Schallausbreitung

Dem Erscheinungsbild nach am sympathischsten unter den Lärmschutzeinrichtungen und mit ökologisch erwünschten Nebeneffekten verbunden sind Pflanzungen.

Der Lärmschutzeffekt muß aber richtig eingeschätzt werden. Nach bisherigen Ergebnissen kann mit Lärmminderungseffekten von 0,1-0,2 dB(A)/m Pflanzstreifenbreite zusätzlich zu der Entfernung gerechnet werden. Dabei ist eine stufig aufgebaute, mit immergrünen Gehölzen durchsetzte, dichte Pflanzung Voraussetzung für den angegebenen Schutzeffekt.

Die Abhängigkeit der Schalldämmung von der Frequenz (größere Wirksamkeit bei hochfrequenten Geräuschen) und den verwendeten Pflanzen kann der Tab. 16 entnommen werden.

4.2.3 Einfluß fester Hindernisse auf die Schallausbreitung

Wird die freie Schallausbreitung durch feste Hindernisse (Dämme, Mauern, Häuserzeilen) unterbrochen, so können sehr wirkungsvolle Schallpegelminderungen erzielt werden. Dabei ist die schalldämmende Wirkung abhängig von dem Schallbeugungswinkel, der durch das Hindernis zwischen Schallquelle und zu schützendem Objekt erzeugt wird. Sobald die Sichtbeziehung zwischen Quelle und Schutzobjekt gerade unterbrochen ist, beträgt die Pegelsenkung etwa 6 dB(A). Vergrößert man die Hindernishöhe, so können Pegelsenkungen bis 10 dB(A) und darüber erzielt werden. Kriterium einer einsetzenden Schutzwirkung ist stets die Unterbrechung der Sichtbeziehung durch feste Hindernisse. Es ist einleuchtend, daß straßennah gelegene mehrgeschossige Wohnbauten in den oberen Geschossen auf der der Lärmquelle zugewandten Seite nicht mehr wirksam gegen Lärm geschützt werden können. Dagegen ist der Schallbeugungswinkel und damit die Lärmminderung hinter einem mehrgeschossigen Gebäude besonders groß. Sie beträgt nach bisherigen Erfahrungen mindestens 15 dB(A)(Schupp 1973). Die Abwendung der Wohn- und Schlafräume von der Schallquelle durch entsprechende Grundrißentwicklung ist daher eine wirksame Lärmschutzmaßnahme innerhalb der Wohnung. Allerdings erreicht man auch damit bei den häufig beobachteten Schallpegeln von tagsüber 75 dB(A) in engen Stadtstraßen lediglich eine Reduktion des äquivalenten Dauerschallpegels auf den äußerstenfalls zumutbaren Wert von 60 dB(A). Da der äquivalente Dauerschallpegel im oben gekennzeichneten Straßentyp während der Nachtstunden bei etwa 65 dB(A) liegt, ist auch in diesem Falle mit 50 dB(A) vor der Fensterfront lediglich eine äußerstenfalls zumutbare Lärmschwelle erreicht. Sowohl am Tage als auch nachts können befriedigende

Tab. 16. Schallpegelminderung (dB(A)/m-Pflanzstreifenbreite durch unterschiedliche Vegetation (SCHREIBER 1971)

Oktave	200–400	400–800	800–1600	1600–3200	3200–6400	Pegelabnahme über alle Frequenzen
Pflanzenart						
Kiefernkronen	0,08–0,11	0,13–0,15	0,14–0,15	0,16	0,19–0,2	0,15
Kiefernschonung	0,1–0,11	0,11	0,1–0,15	0,16	0,14–0,2	0,15
Fichtenkronen	0,1–0,12	0,14–0,17	0,18	0,14–0,17	0,23–0,3	0,18
dichter Laubwald (Stangenholz)	0,05	0,05–0,07	0,08–0,10	0,11–0,15	0,17–0,2	0,12–0,17
dichte Hecken	0,13–0,15	0,17–0,25	0,18–0,35	0,2–0,4	0,3–0,5	0,25–0,35

Verhältnisse (50 dB(A) tags, 40 dB(A) nachts) lediglich über eine weitere Reduktion um 10 dB(A) erreicht werden.

Dieser Effekt ist wenigstens teilweise über die Anordnung von Balkonen oder Loggien als Fassadenelemente erreichbar. Allerdings sind diese für den zeitweisen Aufenthalt im Freien vorgesehenen Ausbauten durch die Beschallung entwertet. Realistischer und auch wesentlich wirksamer sind Schallpegelminderungen durch entsprechend schalldämmende Fenster. Während durch gut schließende Normalfenster Schallpegelabnahmen um 10-15 dB(A) zu erreichen sind, ergeben gut schalldämmende Fenster Störpegelreduktionen bis zu 30 dB(A). Durch den Einbau schalldämmender Fenster könnte mithin eine Pegelminderung erreicht werden, die innerhalb geschlossener Räume befriedigende Verhältnisse ergibt. Ungeschützt bleiben durch die Maßnahmen die wohnungsnahen Freiräume. Diese können wirksam nur durch entsprechende Erdbauten mit ergänzender Bepflanzung bzw. durch Mauerbauten geschützt werden. Die Schutzwirkung verschiedener Mauerhöhen in Abhängigkeit vom Winkel des Schallschattens kann nach der als Abb. 30 wiedergegebenen Graphik abgeschätzt werden (FINSINGER 1972).

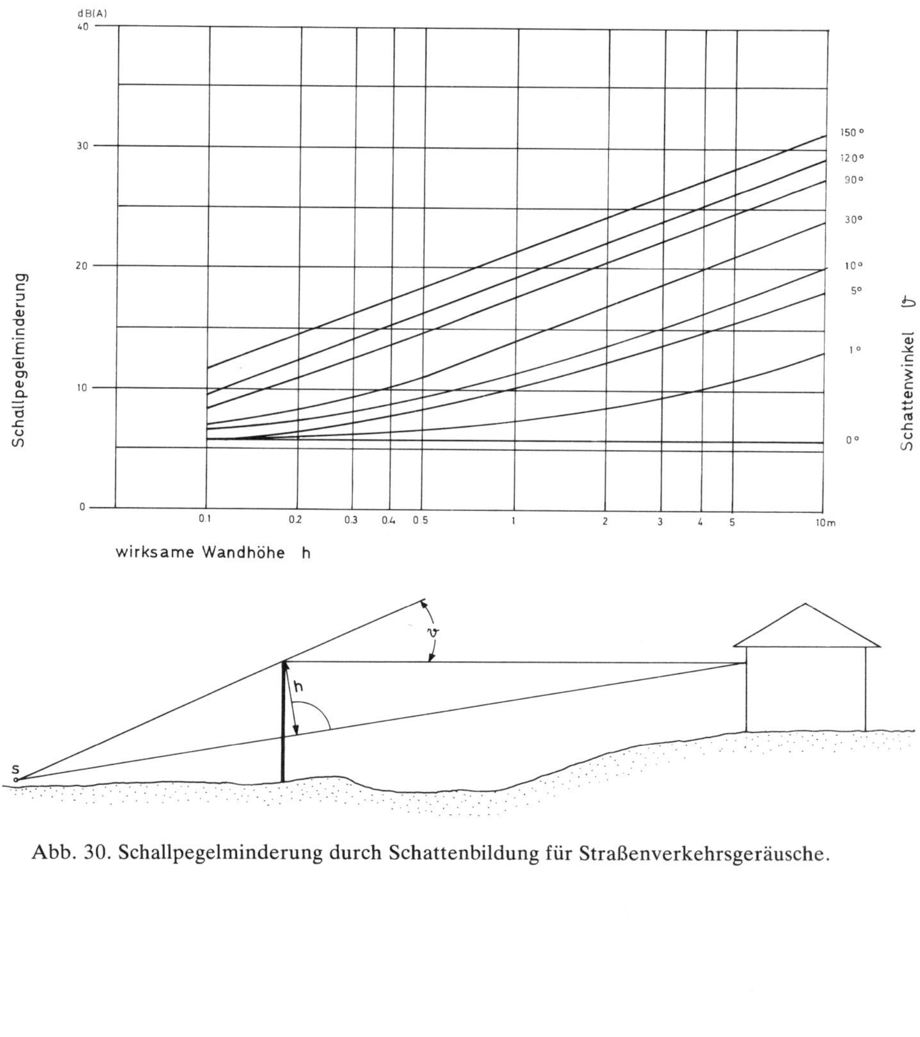

Abb. 30. Schallpegelminderung durch Schattenbildung für Straßenverkehrsgeräusche.

Die gleiche Graphik kann auch benutzt werden, um die Abschirmwirkung von Straßeneinschnitten und Erdwällen abzuschätzen. Als „wirksame Wandhöhe" sind Einschnittiefe bzw. Wallhöhe einzusetzen. Besonders bemerkenswert ist, daß bei gleichbleibender Wandhöhe die Schutzwirkung durch Annäherung des Hindernisses an die Schallquelle wächst (Vergrößerung des Schattenwinkels v). Da die Errichtung hoher Hindernisse (Dämme, Einschnitte, Mauern) durch deren Kosten begrenzt ist, sollte man stets die Möglichkeit der nahen Anordnung des Schallschirms an die Schallquelle ausschöpfen.

Die Wirkung der verschiedenen Abschirmungsmaßnahmen zeigt Tab. 17.

Tab. 17. Einfluß verschiedener Schallschutzmaßnahmen auf die Lärmpegelminderung

Schutzmaßnahme	Schallpegelminderung
Entfernungsvergrößerung	
Verdoppelung	ca. 3 dB(A)
Vervierfachung	ca. 6 dB(A)
Verzehnfachung	ca. 10 dB(A)
Schallschirme	
10 m	ca. 1,5 dB(A)
50 m	ca. 7,5 dB(A)
100 m	ca. 15,0 dB(A)
Orientierung der Räume	
Abwendung von der Straße	ca. 10-15 dB(A)
Schalldämmende Fenster	ca. 30 dB(A)
Einkapselung (Tunnelführung)	ca. 75-80 dB(A)

Da neben dem erzielbaren Schutzeffekt die Kosten der Maßnahmen über die Wahl der anzuwendenden Schutzvorkehrung entscheiden, seien abschließend einige Orientierungswerte angeführt. In den angeführten Kosten sind nicht enthalten evtl. notwendige Mittel für den Grunderwerb. Der Flächenbedarf kann erheblich sein, insbesondere bei Pflanzungen, aber auch für hohe Dammschüttungen bzw. Straßenführung im Einschnitt.

Tab. 18. Kostenschätzung verschiedener Schallschutzmaßnahmen

Schutzmaßnahme	DM je lfd. m bzw. %Baukosten
Wall 3 m hoch (Schutz nur einseitig)	400,--
Einschnitt 3 m tief (Schutz beidseitig)	400,--
Pflanzung 10 m breit (Sträucher und Heister)	200,--
Lärmschutzwand 3 m hoch	350,--
Untertunnelung (Straße zweispurig)	30 000,--
Lärmdämmende Fenster (kein Schutz der Freiräume)	4% der Baukosten

C Lebensbedingungen der Straßenbäume

FRANZ H. MEYER

1 Bäume am natürlichen Standort

Der Mensch kultiviert Bäume auch außerhalb des Waldes in Gärten, Parkanlagen und an Straßen. Ihr ursprüngliches Vorkommen haben die Bäume aber im Wald, und ihre dortigen Lebensbedingungen müssen wir kennenlernen, damit wir die Besonderheiten der für Straßenbäume vorgesehenen Standorte richtig einschätzen und die Auswirkungen der neuen Umwelt auf das Dasein der Straßenbäume voraussagen können.

1.1 Voraussetzungen für das Auftreten von Wäldern

Wälder sind nicht nur durch ihr Aussehen von anderen Pflanzenformationen (Strauchformationen, alpine Rasen, Steppen, Wüsten u.a.) deutlich unterschieden, sondern auch durch ihre Standortansprüche. Wälder benötigen für ihr Dasein ein Mindestmaß an Feuchtigkeit. Ist dieses nicht gegeben, so müssen sie anderen Pflanzenformationen wie Steppe, Dornbusch oder Wüste Platz machen. Weiter ist Waldwuchs nur möglich bei einer zusammenhängenden Vegetationsperiode von mindestens 60 Tagen im Jahr, wobei als Vegetationsperiode der Zeitraum gilt, in dem die mittlere Tagestemperatur mindestens 10 °C erreicht. In kälteren Gebieten herrschen z.B. alpine Rasen oder die Tundrenvegetation. Neben den natürlichen Faktoren Wasser und Wärme kann auch der Mensch die Verbreitung der Wälder einschränken, indem er an ihre Stelle Ackerkulturen oder Wiesen und Weiden treten läßt. Aus Tab. 19 ist die Aufteilung der Festlandfläche der Erde in Wälder, Kulturflächen und andere nicht bewaldete Gebiete ersichtlich. Hervorzuheben ist, daß 44% der Festlandfläche wegen Wassermangels waldfrei bleiben.

Tab. 19. Untergliederung der Festlandfläche der Erde (nach BONNER und GALSTON 1952)

	in Mio. km^2	in %
Wälder	44	30
Kulturflächen	27	18
Steppen	31	21
Wüsten	34	23
Polargebiete	13	8
Gesamt	149	100

Dort, wo die klimatischen und sonstigen Voraussetzungen für Waldwuchs gegeben sind, vermag der Wald sich gegenüber anderen Pflanzenformationen auf die Dauer durchzusetzen. Die Bäume mit ihren in der Regel mindestens einige Meter hohen verholzenden Stämmen und ihrem höheren Lebensalter tragen dazu bei, daß der Wald alle anderen Pflanzenformationen aus weniger hohen und weniger alt werdenden Pflanzen verdrängen kann. Wo ein Baum wächst, vermögen in der Regel auch andere zu gedeihen. Daher machen die Wälder an der Grenze zu den von Natur aus baumfreien Standorten meistens in geschlossener Front halt. Dies gilt in erster Linie für Arten des Schlußwaldes wie Buche und Fichte. Zwar werden Baumhöhe und Zuwachs zur Waldgrenze hin geringer, ein allmähliches Auflösen des Waldes ist jedoch meistens vom Menschen verursacht (SCHIECHTL 1967). Nur dort, wo die Standortbedingungen im Bereich der Waldgrenze kleinflächig wechseln (z.B. nackter Fels neben tieferen Bodenschichten), spiegelt sich dies auch im Waldkleid wider. „Vorposten" des Waldes in Form einzelstehender Bäume oberhalb der Waldgrenze sind daher als Relikte aufzufassen, die sich nach der teilweisen Zerstörung des Waldes durch den Menschen (Almwirtschaft) noch behaupten konnten. Gerade dort, wo der Wald als Pflanzenformation an der Grenze seiner Existenz steht (zu kurze Vegetationsperiode oder zu große Trockenheit), besitzt er eine nur geringe Widerstandskraft gegenüber menschlichen Eingriffen durch Axt und Säge, Feuer oder Beweidung durch Haustiere. Mit der geringeren Widerstandskraft geht eine verminderte Regenerationsfähigkeit einher. Davon zeugt heute z.B. die nur geringe Walddeckung in den vom Menschen schon lange besiedelten sommertrockenen Gebieten am Mittelmeer und in Kleinasien. Auf die Folge großflächiger Waldverwüstungen für den Landschaftshaushalt (Bodenabtrag durch Wasser und Wind, unregelmäßige Wasserführung der Bäche und Flüsse u.a.) sei nur am Rande hingewiesen.

Mitteleuropa liegt aber in einem Gebiet, das dem Waldwuchs größtenteils günstige Bedingungen bietet, so daß sich hier, würde der Mensch nicht mehr einwirken, eine fast zusammenhängende Walddecke entwickeln würde. Lediglich die über die klimatische Waldgrenze hinausragenden Erhebungen der Gebirge, die meisten Hochmoore, ein schmaler Küstensaum entlang der Meere, wo Salzboden den Baumwuchs ausschließt, windbewegte Dünen, einige Felsschroffen und Lawinenbahnen würden waldfrei bleiben. Heute sind jedoch nur etwa 29% der Fläche der Bundesrepublik bewaldet. Eine Wiederbewaldung der durch menschliche Eingriffe geschaffenen waldfreien Flächen, wie Äcker, Wiesen, Weiden und Heiden, würde sich in mehreren Schritten vollziehen und je nach Standortgüte teils rasch, teils sehr langsam vor sich gehen. An den einzelnen Schritten der Wiederbewaldung sind unterschiedliche Gehölzarten beteiligt in Abhängigkeit von den jeweils herrschenden Standortbedingungen. Die einzelnen Stadien der Wiederbewaldung ermöglichen daher auch eine Beurteilung der Standortansprüche der daran beteiligten Gehölze. Sie sollen im folgenden Abschnitt etwas näher erörtert werden.

1.2 Entwicklungsstadien der Wälder

Als Beispiel für die Wiederbewaldung einer waldfreien Fläche möge ein aufgelassener Acker dienen. In verschiedenen Bereichen der Bundesrepublik wurden in den letzten Jahren vereinzelt unrentabel gewordene Ackerflächen auf Grenzertragsböden aufgegeben, und dort hat dann eine Besiedlung mit verschiedenen Pflanzen eingesetzt, die allmählich zu einem Walde führen kann. Während der Ackernutzung herrschten bestimmte Unkrautgesellschaften. Diese Unkrautgesellschaften spiegeln alle auf sie einwirkenden Unweltbedingungen, zu denen auch die menschlichen Maßnahmen gehören, wider. Bearbeitet der Mensch den Acker nicht mehr, so wird dies eine Änderung der Artenzusammensetzung zur Folge haben. Verschiedene einjährige Arten und ausdauernde Stauden ergreifen allmählich Besitz von der Fläche. Die ausdauernden Stauden vermögen die Einjährigen schließlich mehr und mehr zurückzudrängen. Unter dem Einfluß der Erstbesiedler wandelt sich der Standort allmählich um: Der Boden wird beschattet, und die sich zersetzenden Pflanzenreste tragen zur Humusbildung bei. Je nach Boden und Klimabedingungen kann das in erster Linie durch Stauden gekennzeichnete Stadium mehr oder weniger lange andauern, bis sich schließlich Gehölze einfinden. Erstansiedler unter den Gehölzen sind insbesondere Sträucher wie Besenginster (*Cytisus scoparius*), Hasel (*Corylus avellana*), Holunder (*Sambucus* spec.), Schlehe (*Prunus spinosa*) und kurzlebige Bäume wie die Eberesche (*Sorbus aucuparia*), die Warzenbirke (*Betula pendula*), die Salweide (*Salix caprea*) und die Espe (*Populus tremula*).

Die sich zuerst einfindenden Holzgewächse werden Pioniergehölze genannt, weil sie als Wegbereiter für die später aufkommenden Waldgesellschaften fungieren. Die Pioniergehölze vermögen die besonderen Unweltbedingungen der Freifläche, die von den Standortverhältnissen des Waldes stark abweichen, gut zu ertragen. Sie sind z.B. widerstandsfähig gegenüber starker Windexposition und intensiver Sonneneinstrahlung; sie sind dem schroffen Temperaturwechsel der Freiflächen angepaßt; sie sind gefeit gegenüber Spätfrösten und nehmen mit einem humusarmen Mineralboden vorlieb. Sie ertragen nicht nur die starke Sonnenexponierung, sondern sie benötigen diese sogar zu ihrer optimalen Entfaltung. Sie werden daher auch als Lichtbaumarten bezeichnet. Im Schatten eines dichten Waldes würden sie verkümmern. Die Pionier- oder Lichtbaumarten zeichnen sich ferner dadurch aus, daß sie im allgemeinen eine sehr rasche Jugendentwicklung durchlaufen und verhältnismäßig früh absterben. Die Birke erreicht z.B. nur ein Alter von maximal 120 Jahren.

Die Pionierbaumarten verändern den Standort in einer für die nachfolgenden Baumarten günstigen Weise. Sie reichern den Boden mit Humus an und tragen zur Lockerung der oberen Bodenschichten bei. Das Kronendach der Pioniere mildert die Gegensätze der Freifläche und setzt die Spätfrostgefährdung herab; es läßt aber noch genügend Licht zum Boden gelangen, so daß sich Folgebaumarten gut entwickeln können. Diese beginnen ihre Entwicklung unter dem lockeren Schirm des Vorwaldes. Nachdem sie das schutzbedürftige Jugendstadium überwunden haben, entfalten sie allmählich eine immer mächtigere Krone, die schließlich stärker schattet als die der Pionierbaumarten. Diese werden von der nachfolgenden Baumgeneration immer mehr bedrängt und gehen schließlich an Lichtmangel zugrunde. In der Sukzession von Baumarten mit unterschiedlichen Standortansprüchen stellt sich schließlich eine sehr stark schattende ein, die ein dichtes Kronendach bildet und bei der am Waldboden Lichtarmut herrscht. In Westeuropa ist es vornehmlich die Buche. Arten, die sich wie die Buche verhalten, werden Schattbäume genannt. Die Schattbäume bilden also eine sehr dichte, stark schattende Krone, und der Jungwuchs der Schattbaumarten vermag sich bei Lichtmangel unter diesem dichten Kronendach zu entwickeln. Überall dort, wo die Bedingungen für den Pflanzenwuchs optimal sind, werden die Schattbaumarten im Konkurrenzkampf Sieger bleiben, und ein Wald aus Schattbaumarten wird das Schlußstadium in der Waldsukzession bilden. Sind aber die Bedingungen für die

Schattbaumarten weniger optimal, ist etwa der Boden zu flachgründig, zu trocken oder zu nährstoffarm, so können die Schattbaumarten ihre Vorgänger nicht ganz verdrängen, und diese stehen dann in Mischung mit ihnen. So stocken z.B. die Eichen-Buchen-Mischwälder auf Buntsandstein in der Pfalz oder im Spessart auf einem weniger optimalen Standort, wo die Buche die Eichen noch neben sich dulden muß. Sagt der Standort der Buche noch weniger zu, etwa bei trockenen Sandböden, so überläßt sie Halbschattbaumarten oder gar Lichtbaumarten völlig das Feld. Es können sich dann z.B. Eichen-Birken-Wälder oder Kiefernwälder einstellen.

Die Schattbaumarten können ihre gegenüber den Halbschatt- und Lichtbaumarten stärkere Konkurrenzkraft also nur dort entfalten, wo ihre größeren Ansprüche an die Nährstoffversorgung erfüllt sind und wo die ihnen gemäße Feuchtigkeit herrscht.

Welche Baumarten sich in der submontanen Stufe Mitteleuropas als Folge des Konkurrenzkampfes auf unterschiedlichen Standorten durchsetzen können und welche Stellung sie dort einnehmen, geht aus Abb. 31 hervor.

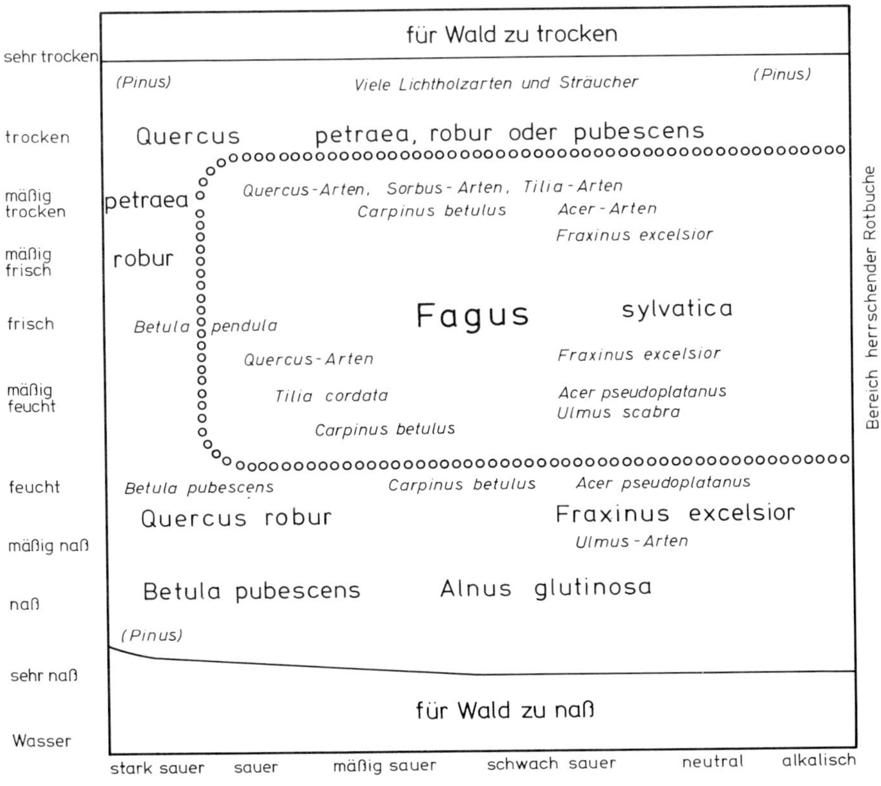

Abb. 31. Die in der submontanen Stufe unserer Heimat bei unterschiedlichen Standortbedingungen zur Herrschaft gelangenden Baumarten. Die Größe der Schrift drückt den ungefähren Anteil in der Baumschicht aus. (Nach ELLENBERG 1963.)

Die für Straßenbäume vorgesehenen Standorte ähneln, wie im Abschnitt 2 noch näher erörtert wird, in vielerlei Hinsicht (z.B. Lichtfaktor und Bodenbeschaffenheit) mehr einer Freifläche als einem Waldstandort. Daher dürften die lichtbedürftigen und anspruchsloseren Pioniergehölze besser als Straßenbäume geeignet sein als die Baumarten des Schlußwaldes auf besten Standorten. In Tab. 20 wird versucht, mittels einer fünfteiligen Skala die Rolle einheimischer Baumarten als Sukzessionsglieder zu kennzeichnen. Da für die Eignung als Straßenbaum noch zahlreiche weitere Faktoren entscheidend sind (vgl. Kapitel E), stellt die Aufschlüsselung der Baumarten in Tab. 20 nur eine Vororientierung hinsichtlich ihrer Eignung als Straßenbaum dar, die später noch verfeinert werden muß. Weiter ist zu bedenken, daß gerade bei Straßenbäumen zahlreiche Rassen und Klone herangezüchtet bzw. selektiert werden, die von dem typischen Verhalten der Art mehr oder weniger deutlich abweichen.

Tab. 20. Verhalten einheimischer Baumarten in der Sukzession[1)]

Abies alba	5	*Pinus sylvestris*	2
Acer campestre	2	*Populus tremula*	1
Acer platanoides	3	*Quercus petraea*	3
Acer pseudoplatanus	4	*Quercus robur*	3
Alnus glutinosa	2	*Salix* div. spec.	1
Alnus incana	2	*Sorbus aria*	2
Betula pendula	1	*Sorbus aucuparia*	1
Betula pubescens	1	*Sorbus torminalis*	2
Carpinus betulus	4	*Taxus baccata*	4
Fagus sylvatica	5	*Tilia cordata*	3
Fraxinus excelsior	4	*Tilia platyphyllos*	4
Larix decidua	2	*Ulmus carpinifolia (= U. minor)*	3
Malus sylvestris	3	*Ulmus glabra*	3
Picea abies	4		

[1)] Bedeutung der Ziffern
1 Pioniergehölze
2 Noch Eigenschaften von Pioniergehölzen, aber auch im Zwischenwald auftretend; auf ungünstigen Standorten als Glieder des Schlußwaldes
3 Zwischenwaldarten bzw. auf Standorten mittlerer Güte Bestandteil des Schlußwaldes
4 Schlußwaldarten auf Standorten mittlerer bis guter Bonität, gelegentlich auf besten Standorten auch als Glieder des Zwischenwaldes
5 Schlußwaldarten auf besten Standorten.

Für nordamerikanische Baumarten geben KRAMER und KOZLOWSKI (1960) eine Übersicht der Schattenverträglichkeit. Arten, die sehr viel Schatten ertragen, bezeichnen sie als sehr tolerant. Die Arten dieser Gruppe entsprechen etwa der Gruppe 5 in Tab. 20. Die weiteren von KRAMER und KOZLOWSKI aufgestellten Gruppen lauten: tolerant (etwa entsprechend Gruppe 4 in Tab. 20), intermediär (entsprechend Gruppe 3), intolerant (entsprechend Gruppe 2) und sehr intolerant (entsprechend Gruppe 1); (s. Seite 89, Tab. 21).

1.3 Symbiose zwischen Baumwurzeln und Pilzen

Während die Pionierbaumarten mit einem humusarmen, mineralischen Substrat vorliebnehmen (Birken können sich sogar noch in Mauerrissen entfalten), sind im

Tab. 21. Schattenverträglichkeit einiger nordamerikanischer Baumarten nach KRAMER und KOZLOWSKI (1960). Erklärung im Text.

1. Sehr intolerant gegenüber Beschattung	
Populus tremuloides	*Robinia pseudoacacia*
Populus deltoides	*Salix*-Arten
Populus heterophylla	*Larix laricina*
Betula populifolia	*Pinus banksiana*
2. Intolerant	
Betula papyrifera	*Liriodendron tulipifera*
Prunus serotina	*Liquidambar styraciflua*
Juglans nigra	*Pinus ponderosa*
Carya-Arten	
3. Intermediär	
Ulmus americana	*Betula lutea*
Fraxinus americana	*Pinus strobus*
Quercus velutina	*Sequoiadendron giganteum*
Quercus rubra	*Pseudotsuga menziesii*
Quercus alba	
4. Tolerant	
Acer macrophyllum	*Acer rubrum*
Aesculus-Arten	*Picea sitchensis*
Tilia-Arten	*Picea glauca*
Acer saccharinum	*Abies concolor*
5. Sehr tolerant	
Ostrya virginiana	*Fagus grandifolia*
Ilex opaca	*Tsuga heterophylla*
Cornus florida	*Abies balsamea*
Acer saccharum	

Bestand von Schatthölzern in der Regel die oberen Bodenschichten angereichert mit Humus. Der jährliche Laubfall unterliegt einer Aufarbeitung durch Bodentiere, streuzersetzende Pilze und Bakterien, und es resultiert unter günstigen Voraussetzungen ein Humus, der der Komposterde ähnlich ist, also eine lockere Krümelstruktur aufweist und viele Nährstoffe enthält. Die lockere Krümelstruktur ist insofern von Bedeutung, weil sie eine tiefreichende Durchlüftung des Bodens ermöglicht und die Lebenstätigkeit der Wurzeln damit fördert. Im Waldhumus findet nun eine Fülle von Pilzen zusagende Lebensbedingungen. Diese sind teils an der Streuzersetzung beteiligt, teils gehen sie eine Symbiose mit Waldbäumen ein.

Das Organ, in dem sich die Symbiose vollzieht, wird als Pilzwurzel oder mit dem griechischen Ausdruck als Mykorrhiza bezeichnet (mykos = Pilz, rhiza = Wurzel). Die symbiotischen Pilze dringen entweder in die Rindenzellen der Wurzeln ein und leben intrazellulär, oder sie bleiben außerhalb der Rindenzellen, wobei sie interzellulär in der Wurzelrinde leben und außerdem die Wurzel mit einem Geflecht umgeben (Abb. 32).

Im ersten Fall bezeichnet man das Symbioseorgan als Endomykorrhiza, im zweiten Fall als Ektomykorrhiza (endon = innen, ektos = außen). Bei der Endomykorrhiza steht die Wurzeloberfläche direkt in Kontakt mit dem Boden; bei der Ektomykorrhiza liegt zwischen Wurzeloberfläche und Boden der Pilzmantel, so daß die Nährsalz- und Wasseraufnahme über das Pilzgeflecht erfolgen muß.

Für die anspruchsvollen Baumarten des Schlußwaldes und für eine Reihe von Arten des Zwischenwaldes ist die Ektomykorrhiza eine obligatorische Symbiose, d. h. die Bäume sind zu ihrer normalen Entwicklung unter natürlichen Bedingungen auf die Symbiose angewiesen. Das gleiche gilt für die symbiotischen Pilze (z. B. Röhrlinge, Täublinge, Milchlinge), die ihre Fruchtkörper nur in Verbindung mit den Bäumen anlegen können. Die Ektomykorrhizen zeichnen sich im Vergleich zu pilzfreien Wurzeln durch eine hohe Atmungsintensität aus (SCHWEERS und MEYER 1970). Dort, wo der Luftaustausch erschwert ist, wie in wassergesättigten oder verdichteten Böden, kümmern sie oder sterben gar ab. In den oberen, lockeren humosen Schichten des Waldbodens finden die Mykorrhizen ihre besten Entwicklungsbedingungen . Mit größerer Bodentiefe geht ihr Anteil rasch zurück (Abb. 33). Eichen, die zum Windschutz in lockere Steppenböden gepflanzt wurden,

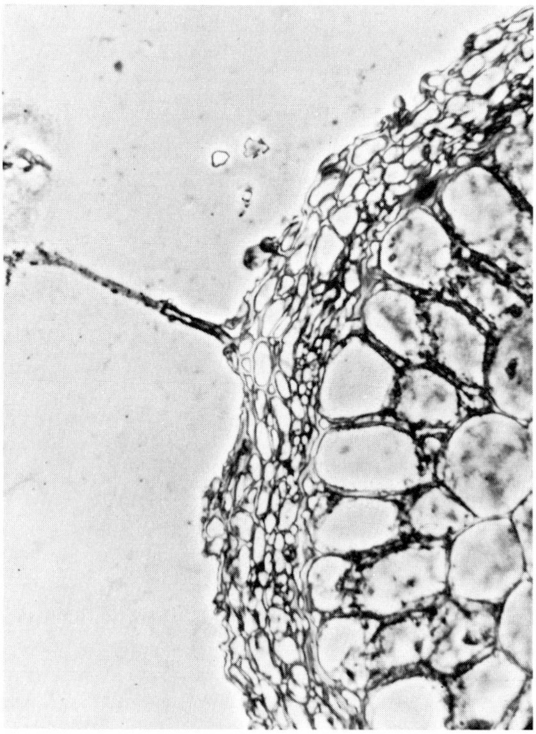

Abb. 32. Teil eines Querschnittes einer Ektomykorrhiza. Vergrößerung 320.
A Pilzfaden in den Boden ausstrahlend
B Pilzgeflecht, das wie ein Mantel die Wurzeloberfläche völlig umhüllt, so daß der Nährsalz- und Wassertransport vom Boden in die Wurzel durch den Pilzmantel erfolgen muß
C Pilzgeflecht zwischen den äußeren Rindenzellen (interzellulär)
D normale unverpilzte Zellen im inneren Teil der Wurzelrinde.

zeigten noch in 3 m Tiefe Ektomykorrhizen (LOBANOW 1960). Der Rückgang der Mykorrhiza mit zunehmender Bodentiefe steht nicht im Zusammenhang mit dem abnehmenden Humusgehalt, sondern dürfte bedingt sein durch den erschwerten Gasaustausch zwischen der Bodenluft in tieferen Schichten und der freien Atmosphäre. In tieferen Bodenschichten ist eine deutliche Abnahme des Sauerstoffgehaltes und ein erheblicher Anstieg des CO_2-Gehaltes feststellbar. Ob nun der Sauerstoffmangel direkt oder der erhöhte CO_2-Gehalt die Mykorrhiza schädigt, ist noch nicht eindeutig entschieden.

Schlecht durchlüftete Wurzelsubstrate hemmen also besonders die Entwicklung von Gehölzen mit obligater Ektomykorrhiza. Gehölze mit einer fakultativen Ektomykorrhiza oder mit einer Endomykorrhiza können dagegen derart ungünstige Standortbedingungen besser ertragen, da bei ihnen die Nährsalz- und Wasseraufnahme auch bei Abwesenheit der auf gute Durchlüftung angewiesenen Pilzpartner erfolgen kann. Hier ist die Bindung zu den Pilzen also weniger eng. Zu den Gehölzen mit einer fakultativen Ektomykorrhiza oder einer Endomykorrhiza zählen insbesondere die Pioniergehölze und eine Reihe von Arten des Zwischenwaldes. Die Pioniergehölze sind für die Sukzession auch insofern von Bedeutung, weil sie sich auf Flächen ohne aktive Pilzpartner einfinden können, den Pilzen der Ektomykorrhiza dann aber die Möglichkeit bieten, sich allmählich in ihrem Wurzelbereich anzusiedeln. Damit schaffen sie die Voraussetzungen für das Aufkommen der Bäume mit obligater Ektomykorrhiza (MEYER 1973). In Tab. 22 sind die Symbioseverhältnisse für einige Gehölzgattungen der gemäßigten Zone aufgeführt. Innerhalb einer Gattung verhalten sich die Arten hinsichtlich der Pilzsymbiose oft gleichartig.

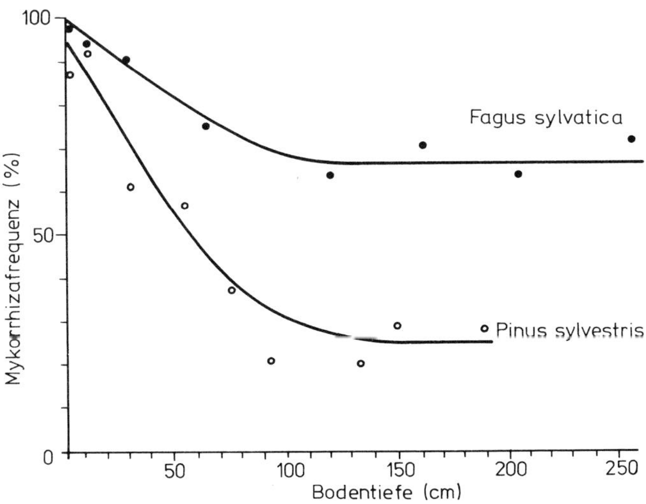

Abb. 33. Der Rückgang der Mykorrhizafrequenz mit zunehmender Bodentiefe. (Nach LYR 1963.)

Tab. 22. Pilzsymbiosen bei einigen Gehölzgattungen[1)]

Abies	4	*Morus*	1
Acer	2	*Ostrya*	3
Alnus	2	*Picea*	4
Betula	3	*Pinus*	4
Carpinus	4	*Platanus*	1
Carya	3	*Populus*	2
Castanea	3	*Prunus*	2
Cedrus	4	*Pseudotsuga*	4
Celtis	1	*Pyrus*	2
Corylus	2	*Quercus*	4
Crataegus	2	*Robinia*	1
Cupressus	2	*Salix*	2
Fagus	4	*Sophora*	1
Fraxinus	1	*Sorbus*	2
Gleditsia	1	*Taxus*	1
Juglans	3	*Thuja*	1
Juniperus	2	*Tilia*	2
Larix	4	*Tsuga*	4
Malus	2	*Ulmus*	2

[1)] Bedeutung der Ziffern

1 mit Endomykorrhiza oder frei von Mykorrhiza
2 vorwiegend mit Endomykorrhiza, auch mit fakultativer Ektomykorrhiza
3 mit fakultativer Ektomykorrhiza
4 mit obligater Ektomykorrhiza.

1.4 Mineralstoffkreislauf im Wald

Die Gesteinsunterlage kann bei den Waldböden recht unterschiedlich sein: Kalkgestein, Dolomit, Gneis, Buntsandstein und viele andere mehr. Bodeneigenschaften, wie Nährsalzführung, pH-Wert u. a., stehen meistens in enger Relation zum Ausgangsgestein. Eine große Variabilität liegt auch hinsichtlich der Bodentiefe vor: vom flachgründigen A/C-Profil der Rendzina bis zum mächtig entwickelten A/B/C-Profil etwa der Braunerden. Der Mannigfaltigkeit der Bodenbedingungen steht eine entsprechende Vielfalt der Waldgesellschaften gegenüber.

Allen Waldböden gemeinsam ist aber die auffällige Streuschicht. Alljährlich gelangt mit dem Laub- oder Nadelfall in der Größenordnung von 2–6 t Trockensubstanz je Hektar organisches Material auf den Boden, das dann durch Mikroorganismen und Bodentiere aufgearbeitet und teilweise mit dem Mineralboden vermengt wird. Durch diese biologische Aktivität entsteht ein lockerer und meistens gut durchlüfteter Humus, der ein hervorragendes Wurzelsubstrat für die Bäume darstellt. Mit dem Laub und den Nadeln werden dem Waldboden Pflanzennährstoffe in beträchtlicher Menge zurückgegeben. Bei der Streuzersetzung (Mineralisierung) wird ein Teil dieser Nährstoffe pflanzenverfügbar und kann dann entweder direkt durch die Baumwurzeln oder auf dem Wege über die Mykorrhiza vom Baum aufgenommen werden. Die Streuzersetzung wird gefördert durch Feuchtigkeit und Wärme, also durch Faktoren, die auch das Wachstum der Bäume begünstigen. Die Nährstoffquelle „Waldhumus" fließt also nicht gleichmäßig, sondern verstärkt zu Zeiten des höheren Bedarfs der Bäume.

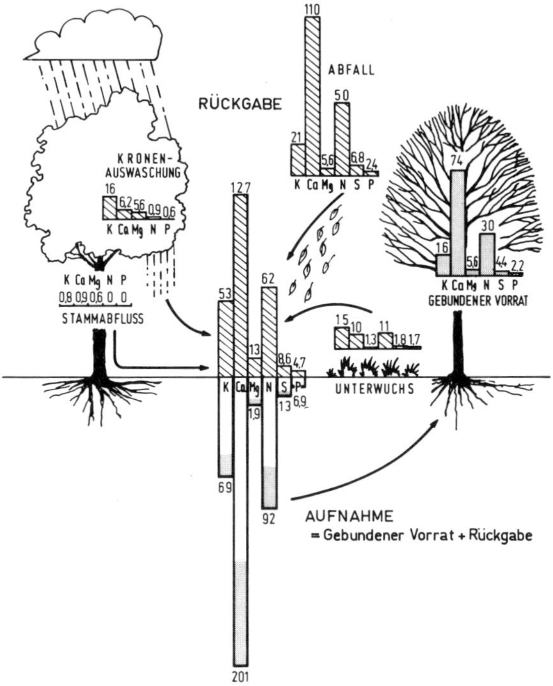

Abb. 34. Mineralstoffkreislauf in einem Eichen-Hainbuchen-Buchenmischwald (Mengenangaben in kg pro Hektar und Jahr). (Aus LARCHER 1973 nach DUVIGNEAUD und DENAEYER-DE SMET.) Erläuterung im Text.

Im Wald vollzieht sich ein ständiger Nährstoffkreislauf: die eigenen „Exkremente" (= Streu) der Bäume tragen also sehr wesentlich zu ihrer Mineralstoffernährung bei. Je tiefer die Bäume wurzeln, desto eher ist es ihnen möglich, die durch Niederschlagswasser in größere Bodentiefen versickerten Nährsalze wieder in den Kreislauf einzufügen. Gute Bodendurchlüftung gilt als eine der Voraussetzungen für ein tiefreichendes Wurzelsystem. Bei Flachwurzeligkeit gehen die in größere Bodentiefe ausgewaschenen Nährsalze verloren.

In Abb. 34 ist der Mineralstoffkreislauf in einem Eichen-Hainbuchen-Buchen-Mischwald dargestellt. Die Nährsalzrückgabe an den Boden in kg je Hektar und Jahr (schraffierte Kästchen) erfolgt durch: Laubabfall, Kronenauswaschung und Stammabfluß sowie Absterben der Bodenvegetation. Von den aufgenommenen Mineralstoffen wird ein Teil in dem gebildeten Holz der Bäume zurückgehalten (punktierte Kästchen), und ein höherer Anteil gelangt später über Laubfall u. a. wieder in den Kreislauf zurück. Aus dieser Abbildung geht hervor, daß ein beträchtlicher Teil der jährlich aufgenommenen Mineralstoffe aus den sich zersetzenden Blatt- und Nadelresten stammt.

Der Bestandesabfall stellt ein wichtiges Glied im Kreislauf der Nährsalze des Waldes dar. Seine Entfernung aus dem Walde zur Einstreu in Viehställe unterbricht diesen Kreislauf. Mit der früher häufig geübten Streunutzung wurden dem Wald beträchtliche Mengen an Nährstoffen entzogen. Dies hatte einen deutlichen Rückgang des Zuwachses zur Folge (s. Tab. 23).

Tab. 23. Auswirkung fortgesetzter Streunutzung (Vergleich gleichaltriger, benachbarter Kiefernbestände auf gleichem Sandboden), aus SCHWERDTFEGER (1970)

	Holzmasse des Bestandes (nicht streugenutzt = 100%)	Höhe (m)
Nicht streugenutzt	100	14,4
Streugenutzt	49,9	9,5

Mit der Abfuhr der Streu geht nicht nur ein Entzug an Nährstoffen einher, sondern auch eine Verminderung des Humusgehaltes und eine Verschlechterung der Humusqualität. Die lockernde Tätigkeit der Bodentiere und Mikroorganismen läßt nach, und aufprallender Regen kann die jetzt wenig geschützten oberen Bodenschichten verdichten. Der verdichtete Boden vermag weniger Wasser zu speichern und ist schlechter durchlüftet.

1.5 Wasserhaushalt der Waldbäume

Das Wasser spielt für alle lebenden Zellen des Baumes insofern eine wichtige Rolle, als die Lebensvorgänge nur bei einem bestimmten Wassergehalt der Zellen normal ablaufen können. Die Blätter der Bäume sind von einem Durchlüftungssystem (dem Interzellularsystem) durchzogen, das über die Spaltöffnungen (Stomata) mit der Außenluft in Verbindung steht. Da die Außenluft meistens nicht mit Wasserdampf gesättigt ist, entweicht bei geöffneten Stomata Wasserdampf aus dem Interzellularsystem. Die an das Interzellularsystem grenzenden Zellen ersetzen das transpirierte Wasser. Diese stomatäre Transpiration ist die Hauptursache für den Wasserverlust der Blätter. Daneben entweicht in einem allerdings geringen Maße auch über die Außenhaut des Blattes (Epidermis mit Kutikula) Wasserdampf in die Außenluft (kutikuläre Transpiration). Die Pflanze ist befähigt, bei einem zu hohen Wasserverlust die Wasserdampfabgabe durch Schließen der Spaltöffnungen weitgehend zu drosseln und damit eine für die normalen Lebensfunktionen schädliche Entquellung des Plasmas zu vermeiden. Längeres Schließen der Stomata bedeutet für die Pflanze allerdings auch eine Minderung der Stoffproduktion, denn das für die Photosynthese erforderliche Kohlendioxid diffundiert über die Stomata und das Interzellularsystem aus der Außenluft zu den assimilierenden Zellen. Wasserdampf und Kohlendioxid haben also gleiche Wege zwischen dem Inneren des Blattes und der Außenluft, und daher wird der Assimilationshaushalt durch Störungen des Wasserhaushaltes mit beeinflußt. Wegen der engen Wechselbeziehungen zwischen Wasserhaushalt und Stoffproduktion muß die Pflanze oft „zwischen Dursten und Hungern lavieren".

Die Intensität der Transpiration hängt ab von dem Dampfdruckgefälle zwischen der Luft und den verdunstenden Oberflächen der Pflanze. Je steiler das Dampfdruckgefälle ist (vgl. Tab. 26), desto mehr Wasserdampf kann entweichen. Je trockener also die Luft und je intensiver die Luftbewegung, desto mehr steigt die Transpiration.

Im Gegensatz zum Gehalt an Wasserdampf ist der CO_2-Gehalt der Luft fast konstant. Daher wird bei einer bestimmten Menge an aufgenommenem CO_2 die Menge an gleichzeitig abgegebenem Wasserdampf stark variieren. Der Zusammenhang zwischen transpirierter Wassermenge (in l) und der Stoffproduktion (in kg) wird dargestellt durch den Transpirationskoeffizienten (TK = l/kg). Je Kilogramm erzeugter Trockensubstanz verbrauchen die Pflanzen in feuchter Luft wesentlich weniger Wasser als in trockener Luft. Diese Beziehungen zwischen Transpirationskoeffizienten und mittlerem Sättigungsdefizit der Luft zeigt Abb. 35.

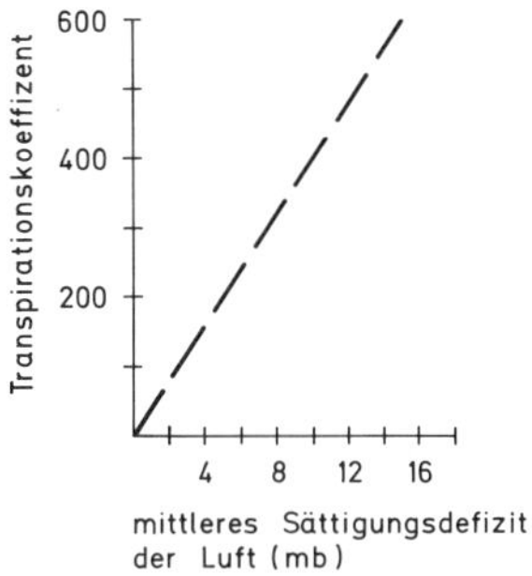

Abb. 35. Schema des Zusammenhanges zwischen Transpirationskoeffizient und mittlerem Sättigungsdefizit der Luft an Wasserdampf bei Weizen. (Nach BIERHUIZEN und SLATYER aus RENGER und STREBEL 1979)

Bei starker Sonneneinstrahlung kann die Temperatur der verdunstenden Flächen des Blattes (sämtliche an die Interzellularen grenzenden Zellflächen und die Epidermisaußenwände) über der Lufttemperatur liegen, und damit erhöhen sich Dampfdruckgefälle und Transpiration. An den transpirierenden Flächen des Blattes wird für die Überführung von Wasser aus der flüssigen in die dampfförmige Phase Energie benötigt (bei 10°C beträgt die Verdampfungswärme 2478,6 J = 592 cal je Gramm Wasser). Somit wird durch die Transpiration dem Blatt die Energiemenge entzogen, die für die Verdampfung des Wassers erforderlich war. Dieser mit der Transpiration einhergehende Energieentzug ist für den Wärmehaushalt des Blattes wichtig (vgl. Abb. 38). Von der auf ein Blatt einfallenden sichtbaren Strahlung werden etwa 70% absorbiert, der Rest wird reflektiert oder durchstrahlt das Blatt. Nur ein sehr geringer Anteil der absorbierten Energie (ca. 2%) dient der Photosynthese. Der überwiegende Anteil der aufgenommenen Strahlungsenergie wird im Blatt in Wärme umgewandelt. Die Energieabfuhr erfolgt nun hauptsächlich durch Transpiration und durch Konvektion (Wärmeaustausch durch Luftbewegung in der Umgebung des Blattes, z.B. Aufsteigen einer erwärmten Luftschicht von der Oberfläche des Blattes). Dort, wo der im Zuge der Transpiration abgegebene Wasserdampf kondensiert, etwa in größeren Höhen bei Wolkenbildung, wird Wärmeenergie wieder frei.

Die von den Bäumen transpirierte Wassermenge ist mit Hilfe verschiedener Methoden meßbar. Lichtbaumarten wie Kiefer und Birke transpirieren bei guter Wasserversorgung stärker als Schattbaumarten wie Tanne und Buche. Andererseits sind viele Lichtbaumarten aber befähigt, bei erschwerter Wasserversorgung ihre Wasserdampfabgabe stärker einzuschränken als Schattbaumarten, die Wassermangel in der Regel weniger gut ertragen können. Lichtbaumarten sind bei reichlichem Wasserangebot also Verschwender und bei Wassermangel Sparer, während bei Schattbaumarten die Unterschiede in der Transpiration bei guter und schlechter Wasserversorgung geringer sind.

Einzelstehende Bäume transpirieren wegen fehlender Wurzelkonkurrenz und stärkerer Besonnung und Bewindung erheblich mehr als Bäume im Bestand. Eine einzelstehende Birke gibt im Sommer bis zu 400 l Wasser je Tag ab und kann somit dem Boden in ihrem Wurzelbereich beträchtliche Wassermengen entziehen. Ein Waldbestand transpiriert jährlich im Durchschnitt zwischen 300 l und 450 l Wasser je m^2 Bodenfläche (LYR et al. 1967), was einer Niederschlagsmenge zwischen 300 mm und 450 mm entspricht. Pro Tag und Quadratmeter werden während des Sommers durchschnittlich zwischen 2 mm und 4 mm Wasser transpiriert. Aus diesen Werten ergibt sich, daß der Wald während der Vegetationsperiode gleich viel oder gar mehr Wasser transpiriert, als an Niederschlägen fällt. Der Wald verbraucht im Jahresdurchschnitt zwar weniger Wasser als die jährliche Regenmenge und kann somit zur Auffüllung des Grundwassers und zur Speicherung der Quellen beitragen, im Sommer jedoch wird Wasser oft zu einem Minimumfaktor. Das Wasserdefizit des Sommers kann, sofern kein erreichbares Grundwasser ansteht, nur dadurch gedeckt werden, daß der Waldboden sich während des Winters mit Wasser anreichert. Je mehr Wasser der Boden im Winterhalbjahr zu speichern vermag und je tiefer der Boden durchwurzelbar ist, desto höher ist oft die Stoffproduktion der Wälder. In diesem Zusammenhang wird auch die Bedeutung eines lockeren Humus mit Schwammstruktur als Wasserspeicher deutlich.

Wie Tabelle 25 zeigt, speichert ein Sandboden weniger Wasser als die übrigen Bodenarten. Den Bäumen auf Sand steht daher während der Vegetationsperiode weniger gespeichertes Wasser zur Verfügung, was neben der Nährstoffarmut zu schlechteren Wuchsleistungen führt. Andererseits fließt im Sandboden während des Winterhalbjahres dem Grundwasser mehr Wasser zu.

Mit der Transpiration geht, wie oben dargestellt, ein Energieverbrauch einher. Legen wir eine Transpirationsrate von 375 l je Jahr und m^2 zugrunde, so werden hierfür 375 000 × 2478,6 J (= 592 cal) = 929 470 kJ (222 000 kcal bzw. 258,2 kWh) benötigt. Die für die Transpiration verbrauchte Wärmeenergie trägt mit dazu bei, daß während heißer Strahlungstage im Sommer die Wälder merklich kühler sind als ihre Umgebung. Um eine Vorstellung zu erhalten von der Rolle der Transpiration im Wärmehaushalt einer Landschaft, soll der mit ihr einhergehende Energieverbrauch verglichen werden mit der Strahlungsbilanz (s. Kapitel B, 2.2.1). Für Schleswig-Holstein gibt SCHULZE (1970) eine Strahlungsbilanz von 432 kWh/m^2 × Jahr an (entsprechend 371 434 $kcal/m^2$ × Jahr). Setzt man die Strahlungsbilanz gleich 100%, so benötigt die Transpiration des Waldes rund 60% der Strahlungsbilanz (258,2/432). Nur der Teil der Strahlungsbilanz, der nicht der Transpiration und Evaporation dient, trägt zur Erwärmung des Bodens und der Luft bei. Im Gegensatz zum Wald wird bei einem trockenen Sandboden mit spärlicher Vegetation bei Einstrahlung nur relativ wenig Wärmeenergie für die Transpiration verbraucht. Der Sandboden wird sich daher an seiner Oberfläche aufheizen und ebenso die angrenzenden bodennahen Luftschichten. Die erwärmten Luftmassen steigen als Luftpakete empor. Dieser thermische Aufwind wird vom Segelflieger gerne genutzt, während er sich über Wald in der Regel weniger lange halten kann.

Zusammenfassend ergibt sich, daß der Wald relativ große Wassermengen transpiriert und dadurch den Wärmehaushalt einer Landschaft erheblich beeinflußt. Bäume reagieren empfindlich auf Wassermangel. Das Fehlen von Wäldern auf 44% der Festlandfläche als Folge von Wassermangel wird verständlich (vgl. 1.1).

1.6 Wurzelentwicklung

Die Entwicklung der Baumwurzeln wird einerseits durch Erbanlagen gesteuert und andererseits durch die Umwelt, so daß innerhalb gewisser Grenzen die Ausprägung des Wurzelwerkes mit den Unterschieden der Standorte variiert. Gute Nährsalz-, insbesondere Stickstoffversorgung, sowie optimale Wasserzufuhr bedingen ein relativ schwach entwickeltes Wurzelwerk, während bei Wasser- und Nährsalzmangel ein ausgedehntes Wurzelwerk angelegt wird. In Abb. 36 ist die Wurzelintensität der Buche in verschiedenen Bodentypen und -tiefen dargestellt.

Als Maß für die Wurzelintensität dient in Abb. 36 die Zahl der Wurzelspitzen je 100 ml Boden. In der eutrophen Braunerde, die sich durch eine gleichmäßige Wasserzufuhr und günstigen Nährstoffvorrat auszeichnet, sind nur relativ wenige Wurzelspitzen zur Deckung des erforderlichen Bedarfs an Nährsalzen und Wasser nötig. Die Nährsalzmengen des Bodens nehmen über podsolige Braunerde, saure Braunerde, Pseudogley-Podsol zum Eisenhumus-Podsol hin ab, und in gleicher Richtung steigt die Zahl der Wurzelspitzen in den oberen Bodenschichten. Je geringer also der Nährstoffgehalt des Substrates, desto mehr Wurzelspitzen sind zu seiner Ausnutzung erforderlich. Da in den nährstoffarmen Bodentypen der Unterboden wenig Nährstoffe enthält und lediglich bei der Streuzersetzung relativ viele Mineralstoffe pflanzenverfügbar werden (vgl. 1.4), sind hier die Wurzelspitzen in den oberen Bodenschichten konzentriert. Die tieferen Schichten aller Bodentypen weisen eine nur geringe Wurzelspitzendichte auf, u.a. weil Sauerstoffmangel hier zu einem einschränkenden Faktor für die Lebenstätigkeit wird. In den verdichteten Böden der sauren Braunerde und des Pseudogley-Podsols ist dieser Rückgang besonders ausgeprägt.

Je unfruchtbarer der Boden, einen desto größeren Anteil ihrer Assimilate müssen die Bäume für die Ausbildung ihres Wurzelwerkes verwenden. Das Verhältnis von Sproßmasse zu Wurzelmasse verschiebt sich mit abnehmender Bodengüte also zugunsten der Wurzelmasse. Dies ist eine der Ursachen dafür, daß Bäume auf schlechteren Standorten eine relativ schwächere Krone ausbilden und einen geringeren Ertrag an Stammholz aufweisen.

Bei Apfelbäumen unterschiedlicher Größe betrug das Gewichtsverhältnis von Stamm zu Wurzel im Lehmboden 2:1, im nährstoffarmen Sand dagegen 1:1 (ROGERS und HEAD 1969).

Auch bei Jungpflanzen ist dieser Zusammenhang bereits deutlich erkennbar. Bei Buchen, die in Blumentöpfen in jeweils dem humosen Oberboden und dem mineralischen Unterboden von eutropher Braunerde, podsoliger Braunerde und Eisenhumus-Podsol herangezogen wurden, ergaben sich die in Tab. 24 aufgeführten Wurzellängen je cm^2 Blattfläche.

Das den jeweils herrschenden Milieubedingungen angepaßte Sproß-Wurzel-Verhältnis ist eine wichtige Voraussetzung für das normale Gedeihen eines Baumes. Plötzliche Störungen dieses Verhältnisses durch Eingriffe des Menschen wirken sich nachteilig auf die Vitalität des Baumes aus (vgl. 2.4). In welchem Maße

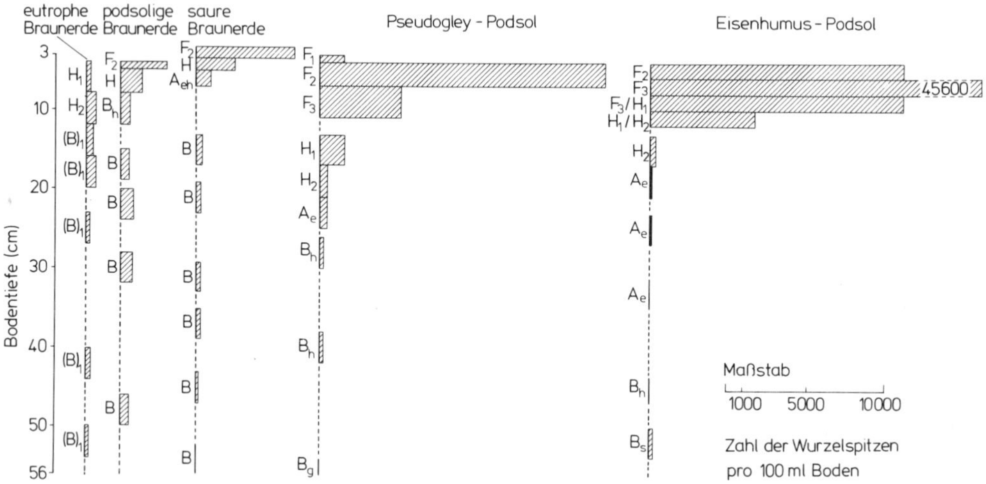

Abb. 36. Zahl der Wurzelspitzen bei der Buche pro 100 ml Boden in verschiedenen Bodentypen und Tiefen. Die Bodenfruchtbarkeit sinkt kontinuierlich von der eutrophen Braunerde zum Eisenhumus-Podsol. (Nach MEYER und GÖTTSCHE 1971)

Tab. 24. Relative Wurzellängen einjähriger Buchen (nach MEYER 1961)

Bodentyp	Schicht	Wurzellänge (in cm) je cm^2 Blattfläche
eutrophe Braunerde	humoser Oberboden	6,3
	mineralischer Unterboden	14,9
podsolige Braunerde	humoser Oberboden	7,8
	mineralischer Unterboden	15,1
Eisenhumus-Podsol	humoser Oberboden	15,9
	mineralischer Unterboden	20,7

der Baum bestrebt ist, die arteigene und standortgemäße Sproß-Wurzel-Relation aufrechtzuerhalten, wird deutlich an den besonders großen Blättern und dem kräftigen Austrieb nach einem Stutzen der Krone bzw. an den kleineren Blättern und der schütteren Belaubung nach einem Wurzelschaden.

Nicht nur die standortbedingte Relation zwischen Sproß- und Wurzelmasse ist von Bedeutung, sondern auch die vertikale Erstreckung der Wurzeln (vgl. dazu Abschnitt C 2.3.3 und E 2.4.1) sowie ihre horizontale Ausbreitung. Sehr oft übertrifft der Durchmesser des durchwurzelten Bodenraumes den der Krone (vgl. Abb. 37), und zwar auf nährsalzarmen Sandböden um das Dreifache und mehr.

Abb. 37. Wurzelsystem eines 16jährigen, im Lehmboden gewachsenen Apfelbaumes. (Aus ROGERS und HEAD 1969).

Nur in fruchtbaren und gut mit Wasser versorgten Böden entspricht der Kronendurchmesser etwa dem Durchmesser des Wurzelwerkes. Welch eine enorme Einschränkung des naturbedingten Lebensraumes erfährt im Vergleich zu obigen Werten der Baum im Stadtbereich durch Einbetonierung bzw. Einpflasterung der Baumscheibe oder durch Versorgungsleitungen und Fundamente! Die in Kapitel F genannten Ausmaße der Baumscheiben sind daher als Minimum und als äußerstes Zugeständnis an die sonstigen Nutzungen des Bodenraumes zu verstehen.

An dieser Stelle muß schon darauf hingewiesen werden, daß eine zu wenig beachtete Ursache für das Kümmern der Bäume in der Stadt bzw. für ihre mangelnde Widerstandskraft gegenüber anderen in den folgenden Kapiteln genannten belastenden Faktoren die Nichterfüllung ihrer elementaren Raumansprüche im

Wurzelbereich darstellt. So wie etwa in Planungsprozeß und Bauausführung eines Hauses die Mindestwerte für die Tragfähigkeit einzelner Bauelemente nicht unterschritten werden können, so darf auch der erforderliche Wurzelraum eines Baumes nicht beliebig eingeengt werden. Sollen Bäume in der Stadt ihre für den Menschen wichtigen Wohlfahrtswirkungen entfalten, so ist eine der Mindestvoraussetzungen, daß ihnen der nötige Wurzelraum erhalten bleibt.

2 Bäume in der Stadt

Die Bäume in der Stadt leben unter Bedingungen, die sich in vielerlei Hinsicht von denen am natürlichen Standort unterscheiden und die sich nachteilig auf ihr Gedeihen auswirken können. So weicht der Wasserhaushalt der Stadtbäume in Abhängigkeit vom Stadtklima oft erheblich von dem im Walde ab. Im Wurzelbereich herrschen meistens völlig veränderte Verhältnisse, bedingt durch Vermischung der Bodenschichten bei Bauarbeiten, durch Bodenabtrag bzw. -auftrag, durch Ablagerung von Schutt und durch zahlreiche weitere menschliche Eingriffe.

2.1 Boden

2.1.1 pH-Wert

Im Bereich älterer Städte ist das Wurzelsubstrat der Bäume oft gekennzeichnet durch Beimengungen von Bauschutt und Mörtel. Der hohe Kalkgehalt dieses Materials bedingt einen im Vergleich zu den meisten Waldböden höheren pH-Wert. Im Stadtbereich von Hamburg, Hannover und Kopenhagen wurden neutrale bis schwach basische Böden festgestellt (HEDVARD 1972, MÖRDER 1972, RUGE und STACH 1968). Derartig hohe pH-Werte wirken sich u. a. auf die Zusammensetzung der Mykorrhizapilzflora aus. Da die meisten Mykorrhizapilze ihr optimales Fortkommen in einem leicht sauren Milieu finden und nur relativ wenige Spezialisten auch im schwach alkalischen Bereich gut gedeihen, wird die Vielfalt der möglichen Pilzpartner in solchen Böden von vornherein eingeschränkt. Insbesondere bei Bäumen mit obligater Ektomykorrhiza (vgl. Tab. 22) kann sich dieses ungünstig auf ihre Vitalität auswirken.

Weiter kann der hohe pH-Wert zu einer erschwerten Versorgung der Bäume mit solchen Elementen führen, welche bei höheren pH-Werten schwerer löslich sind (vor allem Bor, Mangan und andere Schwermetalle). Eine pH-Senkung durch Zufuhr von Schwefel oder durch physiologisch saure Düngemittel könnte hier Abhilfe schaffen. Mykorrhizapilze vermögen zwar durch Säureausscheidung schwerer lösliche Verbindungen aufzuschließen und dem Baum zugänglich zu machen; ihre Entwicklung in Straßenböden ist aber wegen des hohen pH-Wertes sowie Mangel an Sauerstoff und Humus eingeschränkt.

2.1.2 Mineralstoffkreislauf

Es wurde darauf hingewiesen (1.4), daß im Walde der jährliche Streufall und die Streuzersetzung eine wesentliche Bedeutung für den Nährstoffkreislauf haben. Bei der Streuzersetzung werden die in der Streu enthaltenen Nährstoffe wieder pflanzenverfügbar. Entfernung der Streu führt zu schweren Zuwachsverlusten.

An den Straßen muß das Fallaub nun alljährlich entfernt werden, und damit entfällt eine wichtige Quelle für die Nährstoffnachlieferung. Der für den natürlichen Standort der Gehölze typische Nährstoffkreislauf besteht in der Stadt nicht. Die fehlende oder nur schwach entwickelte Humusschicht sagt den Pioniergehölzen mehr zu als den Bäumen des Zwischen- und des Schlußwaldes. Eine teilweise Annäherung an den Nährstoffkreislauf im Walde läßt sich dadurch erreichen, daß die Straßenbäume in Bankbeete gepflanzt werden, die mit solchen Bodendeckern besetzt sind, die das Fallaub festhalten und vor dem Verwehen schützen (z. B. *Pachysandra terminalis, Cotoneaster dammeri* 'Skogholm', *Rosa rugosa* 'Dagmar Hastrup' und *Symphoricarpos* × *chenaultii* 'Hancock'). Auf einem solchen Bankbeet kann sich im Laufe der Zeit eine ähnliche Humusschicht wie im Waldboden einstellen. Diese trägt dann auch, sofern das Bankbeet nicht betreten wird, zu einer besseren Durchlüftung der oberen Bodenschichten bei. Weiter verhindert sie stärkere Temperaturschwankungen in den oberen Bodenschichten, so daß die Temperaturkurve sich mehr der des Waldbodens nähern wird.

Der durch das Fortwehen und Entfernen des Fallaubes eintretende Nährstoffentzug wird teilweise durch andere zusätzliche Nährstoffquellen wie Bauschutt, Straßenkehricht, Staub und manches andere mehr kompensiert. Allerdings ist im Stadtbereich wegen der Vielzahl möglicher Beeinflussungen mit einer größeren Variabilität der Nährstoffgehalte auf kleinstem Raum und auch mit einer größeren Amplitude als im Waldboden zu rechnen, und so ist es verständlich, daß in der Literatur die verschiedensten Angaben zwischen ausreichender Versorgung und Mangel vorliegen. Dort, wo das Wurzelsubstrat Bauschutt enthält, besteht in der Regel an Kalzium kein Mangel, für Kalium und Phosphor wurden jedoch wiederholt suboptimale Werte festgestellt. In verdichteten Straßenböden geht mit der verminderten Durchlüftung die Gefahr erhöhter Denitrifikation einher. Stickstoffverluste durch Denitrifikation treten in verdichteten Böden besonders dann auf, wenn nach längeren Regenperioden oder nach Starkregen, die gerade im Stadtbereich häufiger auftreten, der Boden mit Wasser gesättigt und damit das Luftvolumen reduziert ist. NOSSAG (1971) konnte zeigen, daß im Rasen wachsende Bäume trotz der Wurzelkonkurrenz durch die Gräser besser mit Stickstoff versorgt waren als die an der Straße stehenden, weil im Rasen die Stickstoffverluste durch Denitrifikation wegen des weniger stark verdichteten Bodens geringer bleiben. Künstliche Düngung vermag bei Nährsalzmangel die Widerstandsfähigkeit der Straßenbäume zu stärken (vgl. Kapitel F, 6.3.2). Nicht nur Mangel an bestimmten Nährsalzen, sondern auch schwerere Verfügbarkeit einzelner Nährsalze infolge hohen pH-Wertes kann die Entwicklung von Straßenbäumen behindern.

Der nach Auftausalzanwendung einseitig erhöhte Natriumgehalt der Böden kann die Aufnahme von Nährsalzen wie Stickstoff, Phosphor und Kalium ungünstig beeinflussen (LEH 1973).

2.1.3 Durchlüftung

Im Walde bildet sich im Zuge der Zersetzung der Laubstreu unter dem Einfluß von Bodentieren und vor allem von Bodenmikroorganismen oft ein lockerer Humus mit stabiler Krümelstruktur, der den Luftaustausch zu den tieferen Bodenschichten wesentlich begünstigt. Im Stadtbereich entfällt diese positive Wirkung infolge des Fortkehrens oder Verwehens von Blättern. Der geringe Anfall organischer Substanz und die damit verminderte Aktivität der Bodenlebewelt bedingen einen weniger lockeren Oberboden. Von Nachteil für die Bodendurchlüftung ist ferner, daß die Wurzelsubstrate der Straßenbäume dem Auto- und Fußgängerverkehr ausgesetzt sind und infolge der Verkehrslast Sackungsverdichtungen auftreten. NOSSAG (1971) stellte fest, daß bei Straßenböden besonders die oberen Schichten im Vergleich zu einem mit Rasen bedeckten Boden stark verdichtet sind.

Das Gesamtvolumen eines Bodens setzt sich zusammen aus dem Volumen der festen Bodensubstanz und dem Volumen der mit Luft und Wasser gefüllten Poren. Die Bodenporen besitzen unterschiedliche Größen und werden nach SCHEFFER und SCHACHTSCHABEL (1976) unterteilt in:

a) Grobporen mit einem Äquivalentdurchmesser von mehr als 10 μm. Die Grobporen sind für die Durchlüftung der Böden und damit für die Sauerstoffversorgung von Bodenorganismen und Wurzeln außerordentlich wichtig. Für die Wasserspeicherung des Bodens sind sie von untergeordneter Bedeutung, denn unter dem Einfluß der Schwerkraft sickert das Wasser aus ihnen mehr oder weniger rasch heraus.
b) Mittelporen mit einem Äquivalentdurchmesser von 10-0,2 μm. Wegen ihres geringen Durchmessers halten sie das Wasser kapillar fest und sind für die Speicherung pflanzenverfügbaren Wassers wichtig.
c) Feinporen mit einem Äquivalentdurchmesser von weniger als 0,2 μm. In ihnen ist das Wasser so fest gebunden, daß die Pflanzenwurzeln es nicht auszunutzen vermögen.

Bodenverdichtung durch Überfahren macht sich nach LIESECKE (1970) sehr auffällig im Bereich der Grobporen bemerkbar. Diese für den Gasaustausch zwischen der freien Atmosphäre und dem Boden wichtigen Poren erfahren einen starken Rückgang, wodurch die Geschwindigkeit des Gasaustausches vermindert wird, was sich auch auf die biologische Tätigkeit im Boden auswirken kann.

LUTZ (1945) ermittelte an oft benutzten Picknickplätzen in öffentlichen Parkanlagen eine beträchtliche Reduzierung des Porenvolumens. Bei intensiver Benutzung durch das Publikum ging die Permeabilität des Bodens auf ein Zwanzigstel des Wertes nichtbetretener Flächen zurück.

Wurzeln und Bodenorganismen gewinnen durch Veratmung organischer Substanzen die zur Aufrechterhaltung ihrer Lebensfunktionen erforderliche Energie. So wie bei einem Ofen oder einem Motor die Verbrennung der organischen Substanz bei unzureichender Sauerstoffzufuhr unvollständig und dementsprechend die Energielieferung herabgesetzt ist, so wirkt sich auch bei der Wurzel erschwerte Sauerstoffzufuhr nachteilig auf die Freisetzung von Energie aus.

Behinderte Sauerstoffversorgung der Wurzeln verursacht also über einen Abfall der Wurzelatmung eine Hemmung von Wurzelwachstum, Wasser- und Nährsalzaufnahme sowie des Ionentransportes ins Wurzelinnere.

Auch die Mykorrhizapilze, die die Baumwurzeln in ihrer Nährsalzaufnahme unterstützen, sind außerordentlich sauerstoffbedürftig. Bei ihnen liegt die Atmungsintensität sogar beträchtlich höher als bei den unverpilzten Wurzeln, und sie reagieren daher empfindlicher auf Sauerstoffmangel als diese. Bäume ohne Ektomykorrhiza (s. Tab. 22) sind daher besser für verdichtete Stadtböden geeignet. Die Durchlüftung verdichteter Straßenböden ist bei Starkregen noch mehr erschwert. Denn infolge des verminderten Porenvolumens sind sie rasch mit Wasser gesättigt und können in diesem Zustand den Sauerstoffbedarf der Wurzeln weniger gut befriedigen.

Die Anwendung von Auftausalzen (vgl. Kapitel D) bewirkt bei tonreichen Böden eine Verschlechterung ihrer Struktur, denn die von den Tonteilchen absorbierten Na-Ionen bringen wegen ihrer großen Hydratationshülle den Boden zum Verquellen. Verschlämmung und eine erhöhte Neigung zum Wasserstau und damit eine verminderte Durchlüftung sind die Folgen. Durch die Lebenstätigkeit von Mikroorganismen und Wurzeln reichert sich die Luft in einem verdichteten Boden mit CO_2 an und verarmt an Sauerstoff. Ein Sauerstoffgehalt der Bodenluft unter 12% und eine CO_2-Konzentration über 6% erschweren die biologische Aktivität erheblich. Die an der Oberfläche von Wurzeln und Mikroorganismen wirksame Sauerstoffkonzentration dürfte niedriger und die Kohlensäurekonzentration höher liegen als in der Bodenluft (GEISLER 1968). Dies ist einerseits auf die größere Löslichkeit von Kohlendioxid im Bodenwasser, das die Wurzeln umgibt, zurückzuführen und andererseits auf den im Wasser geringeren Diffusionskoeffizienten von Sauerstoff. Der Diffusionskoeffizient für Sauerstoff liegt in Wasser etwa 10000 mal niedriger als in Luft (HARTGE 1978).

Bei dem in Organismen bei der Energiegewinnung durch Oxidation organischer Substanzen ablaufenden Zitronensäurezyklus besteht ein Prinzip darin, daß neben Abspaltung von CO_2 wiederholt Wasser an die organischen Verbindungen angelagert wird und anschließend eine Dehydrierung erfolgt. Dabei wird der Wasserstoff von einem Enzymsystem übernommen und schließlich mit Sauerstoff zur Reaktion gebracht. Fehlt Sauerstoff als Wasserstoffakzeptor, so wird zwar weiterhin CO_2 abgespalten; die organischen Substanzen werden aber nicht vollständig zu H_2O und CO_2 oxidiert, sondern es verbleiben energiereiche Verbindungen wie Alkohole und organische Säuren (Milchsäure, Buttersäure, Apfelsäure u. a.). Diese wirken z. T. schädlich (z. B. die Alkohole) und vergiften das Gewebe, wenn der Sauerstoffmangel zu lange anhält und sie sich anreichern. Der penetrante Geruch nach Buttersäure und anderen organischen Säuren in den Wurzeln und im Holz von Bäumen, die nach einem Erdgasleck abstarben, dürfte hiermit im Zusammenhang stehen (vgl. Kapitel D).

Zwischen einzelnen Baumarten und Rassen einer Art bestehen nach den Untersuchungen von CRAWFORD (1972) hinsichtlich der Überflutungstoleranz und damit der Fähigkeit, Sauerstoffmangel im Wurzelbereich zu ertragen, Unterschiede. Solche Bäume, die bei Sauerstoffmangel ungiftige Endprodukte beim Abbau organischer Substanzen bildeten (z. B. Apfelsäure), wurden weniger beeinträchtigt als solche, die giftige Endprodukte synthetisierten (z. B. Äthanol). Birken, die im nassen Substrat wuchsen, wiesen einen deutlich höheren Apfelsäuregehalt im Blutungssaft auf als solche im trockenen. Nach CRAWFORD (1972) erscheint es möglich, daß kurzfristiger Sauerstoffmangel im Wurzelbereich teilweise kompensiert wird durch Bildung und Aufwärtstransport von Apfelsäure im Xylem. In einem Substrat, das permanent unter mangelhafter Durchlüftung leidet (bedingt durch Dichtlagerung des Bodens oder durch hoch anstehendes Grundwasser), können sich Baumwurzeln meistens auf die Dauer nicht behaupten. Ein dicht gelagerter Boden verhindert wegen des erschwerten Luftaustausches mit den tieferen Bodenschichten also das Vordringen der Wurzeln in die unteren Bodenschichten. Ein Baum, der normal tief wurzelt, wird so gezwungen, seine Wurzeln nur in den oberen, noch einigermaßen mit O_2 versorgten Bodenschichten anzulegen. Die Ausnutzung der Wasser- und Nährstoffvorräte tieferer Bodenschichten ist damit nicht möglich und die Sturmfestigkeit ist herabgesetzt.

Nicht nur der Stoffwechsel der Pflanzenwurzeln wird durch Sauerstoffdefizit beeinträchtigt, sondern auch die Tätigkeit vieler Bodenmikroorganismen in eine für die höheren Pflanzen ungünstige Richtung gelenkt. So vermögen bei Sauerstoffmangel eine Reihe von fakultativ anaeroben Mikroorganismen den Nitratsauerstoff an Stelle von elementarem Sauerstoff als Wasserstoffakzeptor zu benützen. Das Nitrat im Boden wird so bei Sauerstoffmangel in der Regel bis zum elementaren Stickstoff reduziert (Denitrifikation), was einen Verlust von pflanzenverfügbarem Stickstoff bedeutet. Anaerobe Bedingungen führen zur Reduktion der Sulfate bis zum Schwefelwasserstoff (Desulfurikation).

2.2 Temperatur

Wie bereits in Kapitel B dargestellt, zeichnet sich das Stadtklima durch folgende Unterschiede gegenüber dem Umland aus:

a) Vorhandensein einer Dunstglocke, die die Gesamteinstrahlung bis zu 30% mindert und die Ausstrahlung herabsetzt (KRATZER 1956);
b) im Jahresdurchschnitt um 0,5 - 2 °C höhere Lufttemperaturen,
c) weniger Eis- und Frosttage, aber mehr Sommertage, Verkürzung der Schneedeckendauer,
d) längere Vegetationsperiode,
e) oft höhere Tag- und Nachttemperaturen,
f) Verringerung der relativen Luftfeuchte.

Für die Berliner Innenstadt geben SUKOPP et al. (1974) eine mittlere frostfreie Periode (Zeitraum 1891–1930) von 206 Tagen an, für Außenbezirke von nur 168 (Blankenburg) bzw. 169 Tagen (Spandau). Die längere frostfreie Periode in den Städten wirkt sich auch auf die Phänologie der Bäume aus. Besonders im Frühjahr weisen sie gegenüber Gehölzen im Umland einen Vorsprung in der Entwicklung von mehreren Tagen auf; sie treiben früher und blühen früher. SPERBER und KAUSCH (1975) konnten an Roßkastanien in Bonn nachweisen, daß der Entwicklungsvorsprung in der City gegenüber der Stadtrandlage in erster Linie für das Treiben der Knospen gilt, während bei der Blüte die Unterschiede geringer werden.

Im Herbst setzt allerdings der Laubfall in der Regel nicht später ein, sondern sehr oft früher als im Umland. Eine Reihe widriger Umweltbedingungen, wie Luftverunreinigungen, Auftausalzeinwirkung, Bodenverdichtung und Wassermangel, bedingen diesen vorzeitigen Laubfall. Die beiden wesentlichen Außenfaktoren, die in unseren Breiten den herbstlichen Laubfall hervorrufen, sind sinkende Temperaturen und abnehmende Tageslänge, wobei das Licht nach ESCHRICH (1972) einen besonders großen Einfluß ausüben dürfte. Straßenbäume, die durch die obengenannten ungünstigen Umweltfaktoren nicht geschädigt sind und von einer Straßenlaterne beschienen werden, werfen im Herbst ihre Blätter oft später ab.

Ein weiteres Merkmal des Stadtklimas sind die an strahlungsreichen Sommertagen nachts auftretenden höheren Temperaturen. Hierfür sind u. a. folgende Ursachen maßgebend (vgl. auch Kapitel B, Seite 63):

a) Die Ableitung eines Teiles des Niederschlagswassers in die Kanalisation und die geringere Vegetationsbedeckung setzen Evaporation und Transpiration gegenüber dem Umland herab, und entsprechend vermindert sich die mit der Verdunstung einhergehende Kühlwirkung (vgl. Abschnitt C 1.5)

b) Die Steinmassen des Häusermeeres speichern tagsüber größere Wärmemengen, die nachts an die Umgebung wieder abgegeben werden, so daß die nächtliche Abkühlung während des Hochsommers später eintritt als auf dem Lande.

Die nächtlichen Übertemperaturen wirken sich ungünstig auf die Stoffproduktion der Pflanzen aus. Denn gemäß der van't-HOFFschen Regel steigt die Atmung bei einer Temperaturerhöhung um 10 °C im Temperaturbereich zwischen 5° und 25 °C auf etwa das Doppelte. Mit der gesteigerten nächtlichen Atmung der Gehölze in der Stadt geht ein höherer Stoffverlust einher.

Auch tagsüber können die Temperaturen im Bereich der Straßenbäume höher ansteigen als im Umland der Stadt. Dies gilt insbesondere für solche Straßenbäume, die südlich von hellen Wänden wachsen und durch die Reflexion von diesen Wänden einer zusätzlichen Strahlung ausgesetzt sind. Darüber hinaus können sich dunkle Oberflächen mit geringer Wärmeleitfähigkeit (z. B. Schwarzdecken) bei Sonneneinstrahlung stark erwärmen und die angrenzenden Luftschichten aufheizen. Die über den dunklen Flächen dann aufsteigenden warmen Luftpakete können auch auf die Baumkronen einwirken. Besonders an windstillen, strahlungsreichen und heißen Tagen sind manche Straßenbäume somit einer besonderen Wärmebelastung ausgesetzt. Zwar ermöglicht die flächenhafte Ausdehnung der Blätter einen wirkungsvollen Ausgleich mit der Temperatur der umgebenden Luft, und durch Aufsteigen der erwärmten Luftschicht über dem Blatt sowie durch Wind (Konvektion) kann viel Energie abgeführt werden. Auch die Transpiration entzieht einen Großteil der eingestrahlten Energie (s. Abb. 38), und kräftig transpirierende Blätter können sogar kühler werden als die umgebende Luft. Extreme Hitzeperioden wirken sich aber gerade in der Stadt verstärkt aus durch Reflexion von Hauswänden, Aufsteigen erwärmter Luft von dunklen Bodenbelägen und Hitzestau durch Gebäude, so daß die Hitzebelastung von Bäumen in der Stadt größer ist als im Umland.

In welchem Maße in dicht überbauten Innenstädten die Temperaturen ansteigen können, geht aus den Berechnungen von GERTIS und WOLFSEHER (1976) hervor (vgl. Abb. 39). Danach nehmen die Temperaturmaxima an strahlungsreichen Sommertagen bei einer Bebauungsdichte ab 60% rasch zu, während eine aufgelockerte Bebauung sogar eine geringe Temperaturerniedrigung bewirkt, hervorgerufen in erster Linie durch turbulenteren Austausch.

Für den Wärmehaushalt der Pflanzen erwies sich auch der Straßenstaub als sehr bedeutungsvoll. Gerade in der Nachbarschaft vielbefahrener Straßen lagern sich beträchtliche Staubmengen auf den Blättern ab. Diese für den Menschen an sich günstige Staubfilterwirkung der Vegetation beeinflußt die Vitalität der Pflanzen aber negativ. Der Staubbelag führt nämlich zu einer Erhöhung der Absorptionsrate der Wärmestrahlung der Sonne. Die Blätter absorbieren von der kurzwelligen Infrarotstrahlung (0,75–1,35 μm) normalerweise weniger als 10% (s. Abb. 49 (S. 127). In den Versuchen von ELLER (1974) absorbierten verstaubte Blätter an Verkehrsstraßen die kurzwellige Infrarotstrahlung jedoch mehr als dreimal so stark wie saubere Blätter. Diese erhöhte Aufnahme an Energie bewirkt eine zusätzliche Wärmebelastung der verstaubten Straßenbäume.

Reflexion der Sonnenstrahlung von Hauswänden, Aufsteigen erhitzter Luft über dem Straßenpflaster sowie erhöhte Absorption der kurzwelligen Infrarotstrahlung

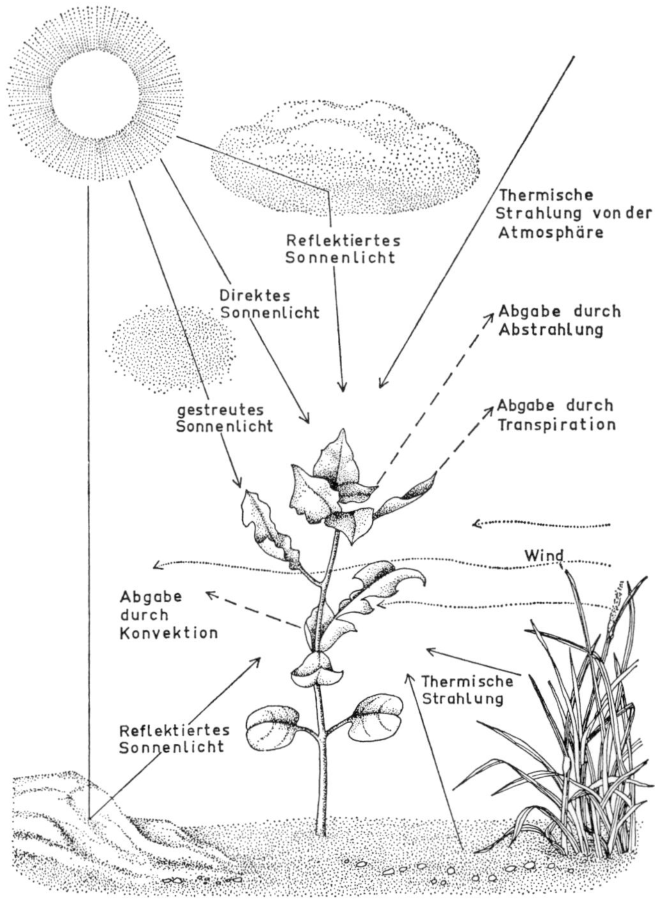

Abb. 38. Modell für den Energieaustausch einer Pflanze. (Aus MOHR 1969 nach GATES.)

durch verstaubte Blätter können eine beträchtliche Wärmebelastung der Straßenbäume verursachen, insbesondere dann, wenn bei Wassermangel die Transpirationskühlung entfällt und bei Windstille die Energieabfuhr vom Blatt gedrosselt ist. Zu irreversiblen Hitzeschäden führende Temperaturen dürften in unseren Breiten bei Blättern von Straßenbäumen nur unter extremen Bedingungen bei länger anhaltenden Hitzeperioden auftreten. Temperaturen zwischen 45° und 55 °C schädigen das Protoplasma vieler Pflanzen derart, daß der Hitzetod eintritt. Aber bereits unterhalb der Schwelle irreversibler Schädigung werden einzelne Enzyme inaktiviert und der Stoffwechsel gestört (LEVITT 1972). Die unterschiedliche Wärmeempfindlichkeit einzelner Enzyme führt dazu, daß etwa oberhalb 20 °C die Atmung deutlich stärker ansteigt als die CO_2-Assimilation. Daher nimmt bei höheren Temperaturen die für die Stoffproduktion der Bäume wichtige Nettoas-

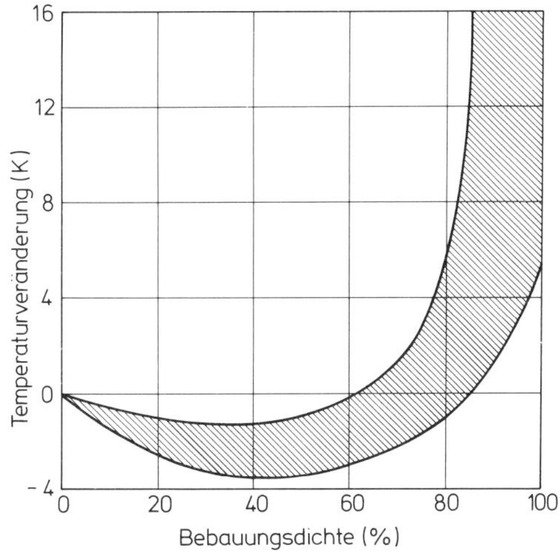

Abb. 39. Veränderung der Temperaturmaxima durch Bebauung im Vergleich zu einer unbebauten Landschaft (Grünfläche). „Der schraffierte Bereich umfaßt die Streuungen durch übliche bauliche Einflußgrößen (Speicherfähigkeit und Strahlungsreflektionsvermögen der Gebäude, Stockwerkszahl etc.)". (Nach GERTIS und WOLFSEHER 1976.)

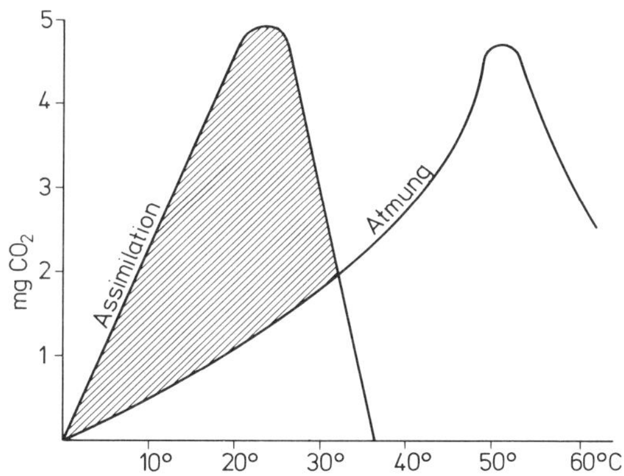

Abb. 40. Schematische Darstellung der Beziehungen zwischen Temperatur und Intensität von Bruttoassimilation und Atmung. (Aus TROLL 1973 nach LUNDE-GARDH.) Aus der Differenz zwischen Bruttoassimilation und Atmung ergibt sich die Höhe der Nettoassimilation (schraffiertes Feld).

similation (Differenz aus Bruttoassimilation und Atmung) kontinuierlich ab, geht schließlich auf Null zurück, und bei noch höheren Temperaturen überwiegt die Atmung, so daß Stoffverluste entstehen (s. Abb. 40).

Das Temperaturoptimum für die Nettoassimilation (Stoffgewinn) steht in Relation zum Wärmehaushalt am natürlichen Standort der jeweiligen Pflanzenart und variiert zwischen 10 und 35° C. Unter diesem Aspekt sind Baumarten aus wärmeren Gebieten, sofern sie die Winterkälte ertragen, für das Stadtmilieu besser geeignet als Herkünfte aus kühleren Klimaten (vgl. Abschnitt E 2.3). Für die Lage des Temperaturoptimums der Nettophotosynthese ist auch die Wasserversorgung und die Luftfeuchtigkeit von großer Bedeutung. KRIEDEMANN (1968) demonstrierte dieses an *Citrus*-Pflanzen (vgl. Abb. 41). In trockener Luft lag das Temperaturoptimum bei einer Blattemperatur von etwa 15° C und in feuchter Luft bei etwa 25° C.

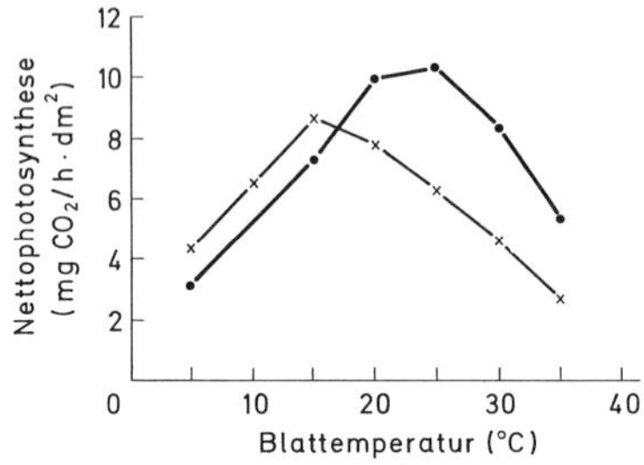

Abb. 41. Temperaturoptimum der Photosynthese von *Citrus spec.* in feuchter (●) und trokkener (×) Luft. (Nach KRIEDEMANN 1968).

KARTUSCH (1980) verglich die Temperaturempfindlichkeit der Blätter von *Platanus × acerifolia* und *Acer platanoides*. Werden die Blätter des Ahorns länger als eine Stunde Temperaturen von über 42°C ausgesetzt, so übertrifft die CO_2-Freisetzung durch Atmung die CO_2-Fixierung. Bei der Platane wurden noch bis 46°C positive Bilanzen im CO_2-Haushalt registriert. Damit erwies sich die Platane als resistenter gegenüber hohen Temperaturen. Lediglich direkt nach der Laubentfaltung waren ihre Blätter empfindlicher als die des Ahorns. Auch die Anfälligkeit der Platanenblätter gegenüber dem Pilz *Gloeosporium nervisequum* (dunkelbraune Nekrosen entlang der Mittelrippe) bei feuchtwarmer Maiwitterung ist in diesem Zusammenhang bemerkenswert.

Die Pflanzen sind imstande, zu hohe Temperaturen in ihrem Blattgewebe durch verschiedene Reaktionen bzw. morphologisch-anatomische Einrichtungen zu vermeiden bzw. zu mindern.
Es sind dies:

a) Strahlungsreflexion
In den Strahlungsbereichen, in denen das Blatt eine größere Durchlässigkeit aufweist, erfolgt auch eine stärkere Reflexion. Dies gilt im sichtbaren Teil des Spektrums für das grüne Licht und ganz besonders für die infrarote Strahlung, die zu über 40% reflektiert wird (s. Abb. 49). Oberflächenbeschaffenheit, Haare und offenbar auch die Dicke der Kutikula beeinflussen die Strahlungsreflexion. Ein dichtes Haarkleid kann die Reflexion auf das Zwei- bis Dreifache erhöhen. Bei manchen Blättern und Früchten werden an der Oberfläche Wachse und andere Substanzen ausgeschieden, die dem Organ einen auffallenden Glanz verleihen und nicht nur die kutikuläre Transpiration herabsetzen, sondern auch die Strahlungsreflexion erhöhen können. Glänzende Blätter (z.B. *Ginkgo* und einige Eichenarten) gelten als „strahlungsfest“ (vgl. auch Kapitel E).

b) Transpirationskühlung
Bei höheren Lufttemperaturen bietet der mit der Transpiration einhergehende Kühleffekt einen wirkungsvollen Schutz vor Überhitzung. Bei guter Wasserversorgung kann die Transpiration sogar derart lebhaft verlaufen, daß die Blattemperatur unter die der umgebenden Luft sinkt. Ist die Wasserversorgung der Blätter jedoch nicht sichergestellt, so entfällt auch die Transpirationskühlung. Wie der folgende Abschnitt zeigt, ist aber gerade in Trockenperioden eine ausreichende Wasserversorgung der Straßenbäume nicht immer gewährleistet.

c) Stellung der Blätter
Die Stellung der Blätter zur Haupteinfallsrichtung der Strahlen entscheidet mit über die Höhe der Absorption. Manche Leguminosenbäume können trotz guter Wasserversorgung bei Lufttemperaturen über 35° C ihre Blattfiedern zusammenklappen und so die Strahlungsabsorption auf die Hälfte herabsetzen (LARCHER 1972).

An Sämlingen bei *Acer rubrum* nehmen die Blätter bei hohen Lichtintensitäten eine senkrechte Lage ein, und bei Beschattung stellen sie sich horizontal (GRIME, aus SPURR und BARNES 1973).

d) Unterteilung der Blattflächen
Der Energieaustausch vom Blatt zu seiner Umgebung erfolgt durch Strahlung, Transpiration und Konvektion. Die Energieabfuhr durch Konvektion ist wirksam, wenn die Blattemperatur infolge Strahlungsabsorption höher als die Lufttemperatur ansteigt. Die unmittelbar an die Blattfläche grenzenden Luftschichten erwärmen sich dann und führen beim Aufsteigen oder bei Wind die Energie mit. Je stärker das Blatt unterteilt ist, desto größer ist bei gegebener Blattmasse die Kontaktfläche mit der umgebenden Luft. So wie bei einem Konvektor-Heizkörper durch die Aufteilung in Rippenrohren ein besserer Energieaustausch mit der Raumluft erzielt wird, so dürfte auch bei einem stärker zerteilten Blatt eine wirkungsvollere Energieabfuhr gewährleistet sein. Die Überhitzungsgefahr des Blattes ist auf diese Weise gemindert, und damit wird auch ein steileres Gefälle im Dampfdruck vom Blattinneren zur Außenluft vermieden (vgl. Abschnitt 2.3.1 und Tab. 26). Die Reduktion des Dampfdruckgefälles wiederum drosselt die potentielle Transpiration. Dieser Mechanismus scheint z. B. bei der Robinie mit ihren verhältnismäßig zarten Fiederblättchen zur Stabilisierung des Wasserhaushaltes beizutragen.

2.3 Wasserhaushalt

2.3.1 Ursachen des Wassermangels

Als Folge der Überbauung des städtischen Raumes fließt ein beachtlicher Teil des Regenwassers oberflächlich ab und wird in die Regensiele geleitet. Dieser Teil kann nicht im Boden versickern und steht somit den Straßenbäumen zur Deckung ihres Wasserbedarfs nicht zur Verfügung. Laut DIN 1986 für Grundstücksentwässerungsanlagen (1974) rechnet man mit folgenden an der Oberfläche ablaufenden Mengen an Regenwasser:

Dachflächen	100%	ungepflasterte Straßen, Höfe und Promenaden	50%
Pflaster mit Fugenverguß, Schwarzdecken oder Beton	90%	Spiel- und Sportplätze	25%
Pflaster ohne Fugenverguß	85%	Vorgärten	15%
Fußwege mit Platten oder Schlacke	60%	größere Vorstadtgärten	10%
		Parks	0-5%

Zu einem geringen Teil wird der erhöhte oberflächliche Abfluß in den Städten allerdings kompensiert durch die dortige Niederschlagserhöhung um etwa 5–10% (vgl. Kapitel B).

Weiter wirkt sich die Verdichtung vieler Stadtböden ungünstig auf den Wasserhaushalt aus. Die Bodenverdichtung hat besonders einen Rückgang des Grob- und Mittelporenanteils zur Folge, so daß der Boden weniger pflanzenverfügbares Wasser speichern kann. Im Waldboden dagegen vermag ein lockerer, humoser Boden das Niederschlagswasser wie ein Schwamm aufzusaugen und zu speichern. Die Speicherung des winterlichen Niederschlages ist aber von großer Bedeutung für die Deckung des hohen Wasserbedarfs für die Transpiration im Sommer; denn, wie unter 1.5 gezeigt, transpirieren die Bäume während des Sommers in der Regel mehr Wasser als an Niederschlägen fällt. Die infolge des verminderten Porenvolumens herabgesetzte Wasserspeicherfähigkeit des Bodens wird sich bei einem kurzfristigen Überangebot an Wasser durch heftige Regenfälle und Gewitter, die in der Stadt häufiger auftreten, ungünstig auswirken. Der verdichtete Boden kann das Wasser nicht rasch genug aufnehmen und ein Teil fließt oberflächlich ab, während die oberen Bodenschichten mit Wasser gesättigt sind und damit der Luftaustausch vorübergehend behindert wird.

Die obengenannten mit Bodeneigenschaften in Verbindung stehenden Erschwernisse der Wasserversorgung sind nicht gegeben, wenn das Grundwasser so hoch steht, daß die Baumwurzeln noch den Kapillarsaum des Grundwassers erreichen. Bei Tiefwurzlern wie Platane, Robinie und Eiche ist diese Möglichkeit eher gegeben. In den meisten Städten dürfte der Grundwasserstand, u. a. bedingt durch Tiefbaumaßnahmen, jedoch so tief liegen, daß die Bäume das Grundwasser nicht oder nur wenig ausnutzen können und daher vorwiegend auf das Niederschlagswasser angewiesen sind.

Gefahr für Straßenbäume ergibt sich auch dann, wenn erreichbares Grundwasser im Zuge von Baumaßnahmen vorübergehend abgesenkt werden muß. Die Baumwurzeln dringen in das Grundwasser wegen des dort herrschenden Sauerstoffmangels im allgemeinen nicht vor. Bei einem hohen Grundwasserstand werden die Bäume also zum „flachen“ Wurzeln gezwungen. Solange der Wasserbedarf aus dem Grundwasser gedeckt werden kann, hat dieses keine nachteiligen Folgen für den Wasserhaushalt des Baumes, höchstens für seine Standfestigkeit. Wird das Grundwasser aber plötzlich abgesenkt, so können die Wurzeln nicht rasch genug nachwachsen, und Trockenschäden stellen sich bald ein.

Um beurteilen zu können, ob eine geplante Grundwasserabsenkung Schäden an den Bäumen hervorrufen wird oder nicht, sind Kenntnisse der Wurzeltiefe, des Grundwasserstandes und seiner Schwankungsamplitude vor der Absenkung erforderlich. Liegt das Grundwasser bereits vor der Absenkung so tief, daß die Baumwurzeln es weder erreichen noch von dem Kapillarsaum des Grundwassers zehren können, so ist eine Gefährdung durch Absenkung nicht gegeben. Der Grenzflurabstand des Grundwassers, oberhalb dessen noch eine Einwirkung auf die Baumvegetation möglich ist, resultiert also aus der Addition von der erreichbaren mittleren Wurzeltiefe und der für die jeweilige Bodenart charakteristischen maximalen kapillaren Aufstiegshöhe (vgl. Tab. 25, Seite 112). In Anlehnung an die in Abbildung 42 dargestellten Befunde von LEHNARDT und BRECHTEL (1980) kann davon ausgegangen werden, daß unter städtischen Bedingungen in der Regel ein Grundwasserstand von 4 m und tiefer auf den Wasserhaushalt der Bäume nicht mehr einwirkt.

Über maximale Wurzeltiefen informiert Abschnitt C 2.3.3.

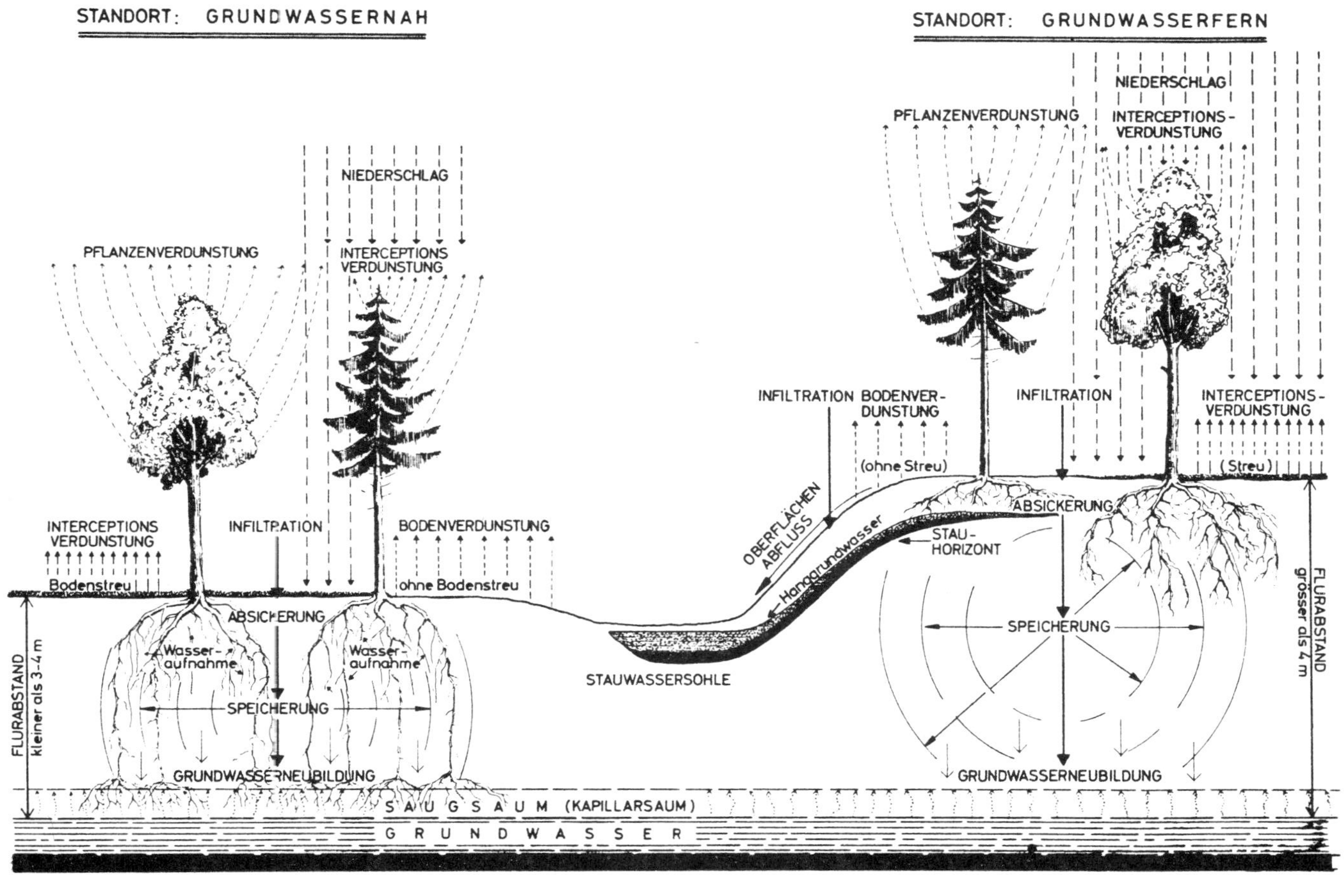

Abb. 42. Schema der hydrologischen Vorgänge innerhalb des Wasserkreislaufes in Waldbeständen. (Nach LEHNARDT und BRECHTEL 1980).

Tab. 25. Kenngrößen verschiedener Bodenarten hinsichtlich der Wasserversorgung von Pflanzen (nach RENGER und STREBEL 1976)

Bodenart	nutzbare Wassermenge bei einer mittleren Wurzeltiefe von 1m (in l/m²)	kapillare Aufstiegshöhe bei einer Aufstiegsrate von 0,2 l/m² und Tag (in dm)
Grobsand	80	7
Mittelsand	90	9
Feinsand	130	17
lehmiger Sand	160	23
sandiger Lehm	175	13
schluffiger Ton (hohe Lagerungsdichte)	150	8
toniger Schluff (Löß, mittlere Lagerungsdichte)	210	26

Die Beziehungen zwischen durchwurzelter Bodentiefe und Wasserversorgung des Baumes nach Grundwasserabsenkung sollen an folgendem Beispiel verdeutlicht werden:
Das Grundwasser möge in einem Lehmboden so hoch anstehen, daß die Wurzeln sich nur in den oberen 50 cm ausbreiten können. Ist diese 50 cm starke Bodenschicht völlig mit Wasser durchsättigt (etwa im Vorfrühling), so enthält sie etwa 35 Vol.-% Wasser; dem entspricht eine Regenmenge von 175 mm (= 175 l/m²).

Ausnutzen können die Baumwurzeln diesen Wasservorrat nur bis etwa 15 Vol.-%, d.h., 35 Vol.-%–15 Vol.-% = 20 Vol.-% stehen in einer Schichthöhe von 50 cm zur Verfügung (entsprechend 100 mm Niederschlag oder 100 l/m²). Bäume, die normalerweise gut mit Wasser versorgt sind, passen ihren Blattaufbau dieser guten Versorgung an und transpirieren relativ viel. Handelt es sich um einen einzelstehenden Baum, so dürfte die in der Vegetationsperiode transpirierte Menge in einer Größenordnung liegen, der 550 mm Niederschlag entsprechen. Wenn nach der Grundwasserabsenkung während der Vegetationsperiode etwa 300 mm Niederschlag fallen, so stehen dem Baum einschließlich der im Boden gespeicherten Menge 400 mm zur Verfügung. Die Differenz zu 550 mm muß dann durch künstliche Bewässerung ergänzt werden (150 l/m²).

Da der Baum in seinem Blattaufbau auf Grund der vorher optimalen Wasserversorgung der Trockenheit weniger gut angepaßt ist, würden nach plötzlicher Grundwasserabsenkung ohne zusätzliche Bewässerung das im Boden gespeicherte Wasser und das Niederschlagswasser zur Versorgung nicht ausreichen. Bald würden einzelne Jungwurzeln und Zweige absterben, schließlich kann Zopftrocknis auftreten. Folgeschäden stellen sich oft nach mehreren Jahren in Form von Pilzbefall ein, dem der Baum schließlich zum Opfer fallen kann.

Nach einer Absenkung des Grundwassers, das die Bäume vorher ausnutzen konnten, ist die Wasserversorgung der Bäume also um so mehr gefährdet, je höher das Grundwasser vorher anstand. Die Beeinträchtigung des Wasserhaushaltes läßt sich mildern, wenn die Grundwasserabsenkung während des Winterhalbjahres im laublosen Zustand der Bäume erfolgt. Ist eine bleibende Grundwasserabsenkung geplant, so sollte, sofern überhaupt möglich, das Absenken über einen längeren Zeitraum erfolgen (etwa 30 –50 cm je Jahr). Bei einem nicht zu dicht gelagerten und auch in tieferen Schichten noch gut durchlüfteten Boden haben die Bäume dann die Möglichkeit, mit ihren Wurzeln dem langsam sinkenden Grundwasser zu folgen, wobei jüngere Bäume sich leichter auf die veränderte Situation einstellen als alte. Maßnahmen zur Sicherung der Lebensbedingungen von Straßenbäumen nach Grundwasserabsenkung sind im Kapitel F, Seite 308 geschildert. In diesem Zusammenhang ist der Hinweis von Bedeutung, daß in Trockenjahren Bäume außerhalb der Stadt oft dort am meisten leiden, wo sie in Normaljahren gut mit Wasser versorgt sind. Ist die Wasserversorgung dagegen stets unzureichend, so sind die Bäume durch ein ausgedehntes Wurzelwerk und durch die Blattstruktur der Trockenheit besser angepaßt und leiden in Trockenjahren nicht so stark.

Der Wasserhaushalt der Straßenbäume wird nicht nur durch ungünstige Bodeneigenschaften erschwert, sondern auch durch die Klimabedingungen der Stadt. Gerade im Hochsommer herrschen in einer Stadt oft weit höhere Lufttemperaturen als in ihrer Umgebung. Wie aus Tabelle 26 hervorgeht, vermag die Luft mit steigender Temperatur mehr Wasserdampf aufzunehmen. Der größtmögliche Wasserdampfgehalt der Luft, der Sättigungsdampfdruck, beträgt bei 30°C etwa das Siebenfache des Wertes bei 0°C. Die relative Luftfeuchtigkeit, die für den Grad der Sättigung der Luft mit Wasserdampf oft angegeben wird, ist eine ökologisch wenig aussagekräftige Zahl; denn die Transpiration wird durch das Wassersättigungsdefizit der Luft angeregt. Wie Tabelle 26 zeigt, ist das Aufnahmevermögen der Luft für Wasserdampf bei 60% relativer Luftfeuchtigkeit bei 30°C etwa 3,5mal so groß wie bei 10°C. Steigende Temperaturen können unter sonst gleichen Bedingungen die Transpiration der Bäume also beträchtlich anregen. Weist das Blatt gar eine gegenüber der umgebenden Luft erhöhte Temperatur auf, so steigt der Dampfdruck im Interzellularsystem des Blattes entsprechend an, da es von wassergesättigten Zellen umgeben ist. Dadurch wird der Dampfdruckgradient zwischen dem Blattinneren und der Außenluft erhöht und in Abhängigkeit davon auch die potentielle Wasserdampfabgabe.

Tab. 26. Dampfdruck des Wassers (Millibar) bei gesättigter Luft und bei 60 % relativer Luftfeuchtigkeit sowie Gewicht von gesättigtem Wasserdampf.

Temperatur (° C)	mit Wasserdampf gesättigte Luft (mb)	(g H_2O/m^3)	60 % relative Luftfeuchtigkeit (mb)	Sättigungsdefizit (mb)
0	6,1	4,88	3,7	2,4
10	12,3	9,44	7,4	4,9
20	23,4	17,34	14,0	9,4
30	42,4	30,41	25,4	17,0
40	73,8	51,18	44,3	29,5

Eine Temperaturerhöhung wird den Wasserhaushalt der Bäume um so mehr belasten, je weniger andere verdunstende oder transpirierende Oberflächen in der Umgebung existieren und je weniger Wasserdampf durch Luftbewegungen herangeführt wird. Plätschernde Brunnen im Innenstadtbereich wirken sich während sommerlicher Hitzeperioden nicht nur wohltuend auf die Menschen aus, sondern auch auf die Bäume. Durchläuft ein Fluß oder Bach das Stadtgebiet, so erscheint es angebracht, das Ufer nicht durchgehend einzubetonieren oder gar den Bach zu verrohren, sondern in Ufernähe so viele Bäume wie möglich zu pflanzen; denn dort werden die Bäume wegen der besseren Wasserversorgung in die Lage versetzt, ihre stadthygienischen Funktionen gut zu erfüllen.

Nächtliche Abkühlung mit Taubildung kann zu einer Entlastung des angespannten Wasserhaushaltes beitragen. Da sich die Luft in der Stadt wegen der tagsüber in den Baumaterialien gespeicherten Wärmemengen oft später abkühlt als im Umland, verzögert sich entsprechend auch die Taubildung. Teilweise sinken die Lufttemperaturen im Stadtzentrum nachts so wenig ab, daß der Taupunkt nicht erreicht wird.

2.3.2 Auswirkungen des Wassermangels

Die Bedeutung der Transpiration als einer der energieabführenden Faktoren wurde bereits erwähnt (s. Abb. 38). Bei Windstille, starker Sonneneinstrahlung und Wassermangel im Boden sind bei Straßenbäumen höhere Blattemperaturen möglich. Das verstärkte Auftreten der Lindenspinnmilbe *(Eotetranychus tiliarum)* an Straßenbäumen dürfte u. a. mit höheren Blattemperaturen zusammenhängen, denn das Massenauftreten der Spinnmilben und Roten Spinnen wird durch trockene Wärme begünstigt (SCHWERDTFEGER 1970).

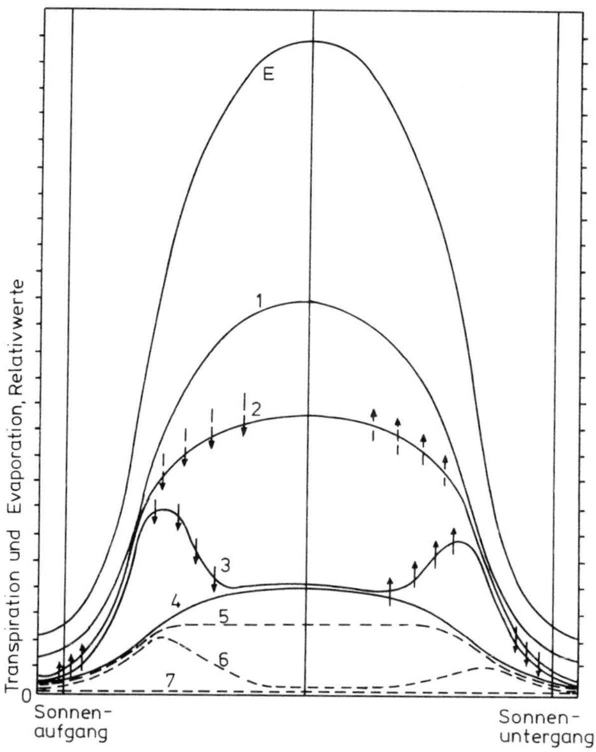

Abb. 43. Tagesgang der Transpiration in Abhängigkeit von unterschiedlicher Wasserversorgung E = Evaporation; 1 = Stomata bei guter Wasserversorgung dauernd geöffnet; 2 = Transpiration eingeschränkt; 3 = Stomata mittags ganz geschlossen; 4 = Stomata dauernd geschlossen, nur kutikuläre Transpiration; 5–7 = zunehmende Einschränkung der kutikulären Transpiration durch Entquellung der Epidermiswände. Gestrichelte Pfeile = einige Stomata schließend (Pfeile nach unten) bzw. öffnend (Pfeile nach oben); durch gezogene Pfeile = alle Stomata schließend bzw. öffnend. (Aus KREEB 1974 nach STOCKER).

Der Wassermangel wird nun besonders die Stoffproduktion der Straßenbäume beeinflussen. Wie bereits unter 1.5 geschildert, besteht ein enger Zusammenhang zwischen dem Wasserhaushalt einer Pflanze und ihrer Photosynthese, da für Kohlendioxid und Wasser die gleichen Transportwege zwischen dem Inneren des Blattes und der Außenluft bestehen. Muß die Pflanze wegen Wassermangels ihre Stomata schließen, so wird auch die CO_2-Diffusion ins Blattinnere unterbunden und damit die Photosynthese beeinträchtigt. Hinsichtlich des Transpirationsganges im Tagesverlauf in Abhängigkeit von Wasserversorgung und Transpirationsbedingungen bestehen folgende Möglichkeiten (s. Abb. 43):

1. Bei guter Wasserversorgung bleiben die Spalten dauernd geöffnet, die Transpiration verläuft proportional zur Evaporation (E)
2. Die Transpiration wird in der mittleren Tageshälfte bei stärkerer Sonneneinstrahlung und größerem Wassersättigungsdefizit der Luft eingeschränkt infolge teilweisen Spaltenschlusses
3. Der Wassernachschub vom Boden her ist derart erschwert, daß die Spalten mittags ganz geschlossen werden
4. Stärkerer Wassermangel zwingt die Pflanze, die Spalten dauernd voll geschlossen zu halten. Die Transpiration erfolgt nur durch die Kutikula proportional zur Evaporation

5. - 7. Einschränkung der kutikulären Transpiration durch zunehmende Entquellung der Außenwände des Blattes bei anhaltender Trockenheit.

Entsprechend Dauer und Intensität des Spaltenschlusses ist die Stoffproduktion vermindert. Trockenjahre können sich daher sehr negativ auf den Zuwachs der Straßenbäume auswirken. Der in Abb. 53 dargestellte Zuwachsverlauf von *Acer platanoides* weist z. B. für die Trockenjahre 1947 und 1959 deutlich verminderten Zuwachs aus.

Den Öffnungszustand der Spalten vermag die Pflanze in Abhängigkeit vom Wasserzustand ihres Gewebes zu regulieren und damit möglichen Gewebeschäden durch Wassermangel entgegenzuwirken. Die Wasserdampfabgabe durch die Kutikula ist dagegen nicht regulierbar. Rein passiv nimmt aber auch bei länger anhaltender Trockenheit die Wasserdampfabgabe durch die Kutikula ab, weil es dann zu einer Entquellung der Kutikula kommt (Abb. 43 Kurve 5–7).

Einer Störung ihrer Wasserbilanz begegnen die Bäume nicht nur mit zeitweiligem Spaltenschluß, sondern bei länger anhaltendem Wassermangel versuchen sie auch, die Wasserdampfabgabe durch Reduzierung der Blattfläche herabzusetzen. So sind von der Norm der betreffenden Art abweichende kleinere Blätter bei Straßenbäumen oft ein Symptom für erschwerte Wasserversorgung. Nach Grundwasserabsenkung, Abdecken der Bodenoberfläche oder Verdichtung des Bodens und somit schlechterer Wasserversorgung sind kleinere Blätter das erste Schadsymptom; auf stärkere Einbußen im Wasserhaushalt reagiert der Baum mit dem Verkahlen einzelner Zweige. Die bei Wassermangel verminderte Blattgröße geht in der Regel einher mit einer größeren Zahl von Spaltöffnungen je mm^2 Blattfläche. Dieses möge an zwei *Fagus-sylvatica*-'Atropunicea'-Exemplaren demonstriert werden. Die eine Blutbuche wächst vor dem Auditorium maximum der Technischen Universität Hannover. Sie steht im gepflasterten Gehwegbereich; ein Teil ihrer Wurzeln wurde bei früheren Grabearbeiten beschädigt. Die andere Blutbuche gedeiht im Park hinter dem Hauptgebäude der Technischen Universität. Die eingepflasterte Buche wies im Südteil ihrer Krone eine Spaltöffnungszahl von 515 je mm^2 Blattfläche auf und die im Park nur 323 (Die Werte für Blätter aus dem Nordteil der Krone betragen 382 bzw. 240).

Der vorzeitige Laubfall der Stadtbäume (bereits Ende September können sie weitgehend entlaubt sein) wird u.a. auch durch die angespannte Wasserversorgung verursacht; denn Wasserstress beschleunigt die Alterung der Blätter. Nach LIVNE und VAADIA (1972) wird diese vorzeitige Alterung u.a. eingeleitet durch verminderte Zufuhr von Cytokininen und durch eine Störung des Zusammenspiels von Wuchsregulatoren in den Blättern.

Verschiedene Beobachtungen weisen darauf hin, daß auch zwischen dem Ausmaß der Streusalzschäden (vgl. Abschnitt D 5) und dem Wasserhaushalt der Bäume enge Beziehungen bestehen. So fanden MEYER und HÖSTER (1980) bei *Acer pseudoplatanus* und *Tilia × vulgaris* ausgeprägtere Streusalzschäden auf Standorten mit erhöhter Transpirationsbelastung (an der Südwestseite einer Häuserzeile bzw. Baumscheibe relativ stark eingepflastert). Weiterhin treten die für Streusalzschäden charakteristischen Blattrandnekrosen in der Regel nach der ersten Hitzeperiode auf, die der Blattentfaltung folgt, nämlich im Juni, zum Teil bereits Ende Mai. Die zu hohe Chloridkonzentration im Blattgewebe (vgl. Abschnitt D 5) verhindert bei dem jetzt starken Wasserdampfsättigungsdefizit der Luft (vgl. Tab. 26) offenbar eine ausgeglichene Wasserbilanz. Auch trockene Sommer verstärken das Ausmaß der Blattnekrosen.

Wie aus den Abbildungen 51, 52 und 53 hervorgeht, verursachen Umweltschäden bei Bäumen eine verminderte Assimilatproduktion und damit reduzierte Jahrringbreiten. Schmalere Jahrringe enthalten entsprechend weniger wasserleitende Elemente. Dauern die erschwerten Umweltbedingungen über mehrere Jahre an, so resultiert daraus bei den zerstreutporigen Gehölzen (vgl. Abschnitt E 2.4.2.) ein im Vergleich zu gesunden Bäumen verminderter wasserleitender Querschnitt (HÖSTER 1979, MEYER und HÖSTER 1980). Zwar geben MACKAY und WEATHERLEY (1973) an, daß eine Durchtrennung von mehr als 50% der Wasserleitungsbahnen kein meßbares Wasserdefizit in den Blättern verursachte, aber im Verlaufe von Hitzeperioden dürfte sich im trockneren Stadtklima eine Reduktion der Wasserleitbahnen wohl doch negativ auswirken, wie auch von BREYNE (1980) vermutet wird.

Noch verhängnisvoller für den Baum dürfte sein, daß schmalere Jahrringe weniger Speichergewebe enthalten und demzufolge der nächstjährige Austrieb schwächer bleibt. Damit ist wiederum die assimilierende Blattfläche reduziert. Somit schaukeln sich umweltbedingte Schäden immer stärker auf. Auch bei einer partiellen Verbesserung der Umweltbedingungen wirken die früher erlittenen Schäden noch lange nach. Das zeigte sich bei den Straßenbäumen in Hannover, wo 1980 die Zahl der erkrankten Bäume gegenüber 1979 um etwa 25% zunahm, obwohl im relativ milden Winter 1979/80 verhältnismäßig wenig Streusalze ausgebracht wurden und obwohl der Sommer 1980 reichlich Niederschläge brachte.

Die in Abschnitt D 5.6.6 dargestellten Maßnahmen zur Minderung von Auftausalzschäden durch Mineraldüngung müssen an dieser Stelle auch unter dem Aspekt des Wasserhaushaltcs erörtert und damit relativiert werden. Die in Abschnitt D 5.6.6 vorgeschlagenen Maßnahmen werden zum Erfolg führen, sofern alle anderen Standortfaktoren, insbesondere auch die Wasserversorgung, den Bedürfnissen des Baumes einigermaßen entsprechen. Stellt aber die Wasserversorgung einen Minimumfaktor für die Entwicklung des Baumes dar und behindert darüber hinaus Einpflasterung die Ausbreitung und die Aktivität des Wurzelwerkes, so sind folgende Zusammenhänge zu bedenken: Stickstoff als „Motor des Sproßwachstums" wird zwar vermehrtes Blattwachstum und damit einen Verdünnungseffekt für die Chloridkonzentration in den Blättern induzieren, gleichzeitig wird aber das Wurzelwachstum mit dem Sproßwachstum nicht Schritt halten. Das Sproß/Wurzel-Verhältnis verschiebt sich also zugunsten des Sprosses und auf diese Weise die Relation von wasseraufnehmender Wurzeloberfläche zu wasserabgebender Blattfläche. In Hitze- und Trockenperioden wird demnach die ohnehin schon bestehende Anspannung des Wasserhaushaltes noch weiter verschärft.

2.3.3 Einrichtungen der Bäume zur Vermeidung von Wasserdefiziten

Der Wasserfaktor steht in enger Wechselwirkung mit dem Wärmehaushalt und der Stoffproduktion. Wassermangel vermag die Vitalität der Bäume erheblich zu vermindern, und daher sollte bei der Auswahl von Straßenbäumen auf Einrichtungen geachtet werden, die das Überdauern bei angespanntem Wasserhaushalt erleichtern (s. hierzu auch Kapitel E). Die wichtigsten Komponenten, die den Wasserhaushalt einer Pflanze bestimmen, sind: a) Wasseraufnahme, b) Wasserleitung von den aufnehmenden Wurzeln zu den transpirierenden Blättern und c) Wasserdampfabgabe durch die Blätter, wobei das Wasserdampfdruckdefizit der Luft die antreibende Kraft für die Transpiration darstellt (vgl. Tab. 26). Folgende morphologische und anatomische Merkmale können zur Vermeidung von Wasserdefiziten beitragen:

a) Ein ausgedehntes und besonders auch tiefreichendes Wurzelsystem.
Je größer das durchwurzelte Bodenvolumen ist, um so mehr gespeichertes Bodenwasser steht der Pflanze zur Verfügung und um so leichter können Trockenperioden überbrückt werden. Bei *Robinia pseudoacacia* wurde eine maximale Wurzeltiefe von 8–9 m festgestellt (PARKER 1968), für Apfelbäume in einem gut durchlüfteten Löß geben KRAMER und KOZLOWSKI (1979) Wurzeltiefen von über 10 m an. Zu den Tiefwurzlern gehört auch die Platane. Veränderungen von Standortbedingungen können die Ausprägung des Wurzelbildes erheblich abwandeln (vgl. hierzu Kapitel E, 2.4).

b) Wirkungsvolle Wasserleitungsbahnen im Stamm zur Versorgung der transpirierenden Krone.
Ein leistungsfähiges Wurzelsystem und genügend Bodenfeuchtigkeit sind zwar wichtige Faktoren für die Wasserversorgung der Krone, weisen die Leitungsbahnen im Stamm aber eine unzureichende Kapazität auf, so können dadurch bei starker Transpirationsbeanspruchung Versorgungsschwierigkeiten der Krone auftreten. Die Wassermenge, die pro Zeiteinheit das Leitungssystem zu durchströmen vermag, hängt u.a. ab von den Querschnittsflächen der leitenden Elemente und von dem Leitungswiderstand. Der Leitungswiderstand steht in Relation zum Filtrationswiderstand, der durch die in die Leitungsbahnen eingeschalteten Querwände bedingt ist, sowie vor allem zum Reibungswiderstand, der mit der Enge der Leitbahnen zunimmt. Bei unseren Nadelbäumen, die nur Tracheiden

besitzen, ist der Leitungswiderstand besonders hoch, bei den zerstreutporigen Laubbäumen (z.B. *Fagus, Tilia, Carpinus* und *Aesculus*) ist er geringer, und die ringporigen Gehölze mit wenigen bzw. keinen Querwänden und besonders großen Gefäßdurchmessern weisen einen besonders raschen Wasserdurchfluß in axialer Richtung auf (z.B. *Robinia, Quercus, Fraxinus, Ailanthus* und *Sophora*, vgl. Tab. 34, Seite 208).

Eine dickere Borke bzw. ein höherer Korkanteil in der Borke setzt den Verlust von Wasserdampf aus dem Stamm herab. Außerdem schützt das Korkgewebe wegen seines geringen Wärmeleitvermögens das darunterliegende lebende Gewebe vor zu hoher Erwärmung. – Wegen seiner Elastizität bietet es einen gewissen Schutz vor mechanischer Beschädigung des Stammes; denn gerade Stadtbäume sind gegenüber mechanischer Beschädigung besonders gefährdet. – Mit dickerer Borke versehen bzw. stärker verkorkt sind die Stämme vieler Eichen-Arten, der Robinie und des Korkbaumes *(Phellodendron)*. Einen dünnen Außenmantel weisen z.B. Birke, Buche und Hainbuche auf. Nach dem Verpflanzen eines Baumes ist es oft erforderlich, den Stamm vor zu großer Wasserdampfabgabe zu schützen (vgl. Abschnitt F 3.5.4).

c) Einrichtungen, die eine normale Lebenstätigkeit der Blätter bei relativ geringer Wasserdampfabgabe erlauben oder die es den Blättern ermöglichen, bei Wassermangel die Transpiration stark einzuschränken. Hierzu gehören:

1) Eine möglichst kleine Oberflächenentwicklung. Ideal in dieser Hinsicht ist die Kugelgestalt, wie sie z.B. bei Kakteen aus Trockengebieten realisiert ist. Eine Oberflächenreduzierung (günstigeres Verhältnis von Oberfläche zu Volumen) entsteht auch durch Verdickung der Blattfläche. Verhältnismäßig dicke Blätter besitzen z.B. der Ginkgobaum, viele Eichen-Arten, die Platane und der Feldahorn. Sogar innerhalb einer Baumkrone weist die Blattdicke Variationen auf in Abhängigkeit von der Stellung des Blattes in der Baumkrone. Besonders ausgeprägt sind diese Unterschiede bei den Schattbaumarten (vgl. Abb. 44), weniger deutlich bei den Lichtbaumarten wie etwa Birke mit ihrer lockeren lichtdurchlässigen Krone.

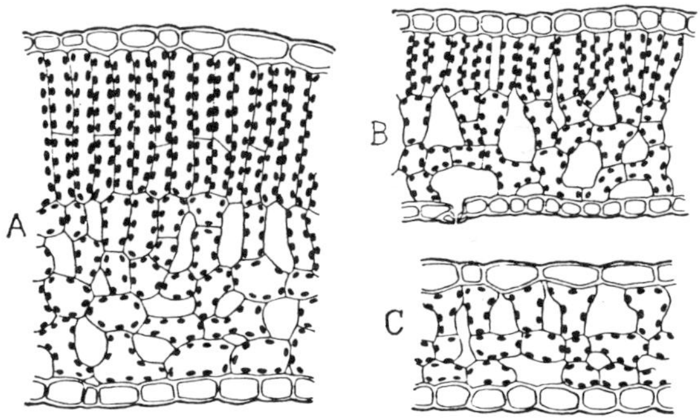

Abb. 44. Querschnitt durch ein Sonnen- (A) und Schattenblatt (C) sowie durch ein Blatt mittleren Lichtgenusses (B) von *Fagus sylvatica.* (Nach KIENITZ-GERLOFF aus v. DENFFER 1978).

2) Eine Reduktion der verdunstenden Innenflächen eines Blattes. Die an das Interzellularsystem grenzenden, in der Regel mit Wasser gesättigten Zellflächen geben Wasserdampf in das Interzellularsystem ab (vgl. Abschnitt D 1.5). Da dieses über die Spaltöffnungen mit der Außenluft in Verbindung steht, kann eine Beschränkung der inneren Oberfläche zur Herabsetzung der Transpiration beitragen. Sonnenblätter und derbe, ledrige Blätter von Pflanzen trockner Standorte sind durch eine relativ geringe innere Oberfläche gekennzeichnet, weichblättrige Arten schattiger und feuchter Standorte dagegen durch eine relativ große.

3) Dichtere Behaarung der Blattunterseite trägt zur Senkung der Transpirationsrate bei, weil durch die Haare in der Umgebung der Spaltöffnungen ein windberuhigter Raum entsteht und die Wasserdampfmoleküle daher weniger rasch durch Luftbewegungen fortgetragen werden können. Über Baumarten mit behaarten Blattunterseiten gibt Abschnitt E 2.4.3 Auskunft. Durch ein Haarkleid auf der Blattoberseite wird die Strahlungsreflexion erhöht und dem Blatt somit weniger Strahlungsenergie zugeführt. Da die Ableitung der vom Blattgewebe absorbierten Strahlungsenergie eng mit dem Wasserhaushalt gekoppelt ist (vgl. Abschnitt E 1.5), trägt eine verstärkte Strahlungsreflexion an der Blattoberseite zur Entlastung des Wasserhaushaltes bei. Pflanzen trockener Standorte weisen teilweise eine so dichte Behaarung der Blattoberseite auf, daß die Blätter grau oder gar weiß erscheinen.

4) Dickere Wände der Epidermiszellen und eine dickere Kutikula sind namentlich bei Pflanzen trockner Standorte gegeben. Die Blätter erhalten dadurch eine besondere Festigkeit. Da das dem Korkstoff (Suberin) chemisch verwandte Kutin für Wasser nur schwer durchlässig ist, wird durch eine dickere Kutikula die unkontrollierte Wasserdampfabgabe aus dem Blatt (die kutikuläre Transpiration) gedrosselt.

5) Oft werden in die Kutikula zusätzlich Wachse eingelagert. Dadurch wird die Passierbarkeit für Wasser in besonderem Maße herabgesetzt, denn Wachse reduzieren die Permeabilität für Wasser weitaus wirkungsvoller als das Kutin (SCHÖNHERR 1976). Ein vorzüglicher Verdunstungsschutz ist durch einen Wachsüberzug gegeben. Blätter mit einem derartigen Überzug erscheinen oft grau bereift und sind nur schwer benetzbar. Die Blätter von Gehölzen aus Trockengebieten enthalten teilweise bis zu 10% ihres Trockengewichtes an Wachs, so daß eine Gewinnung von hochwertigen Wachsen aus solchen Blättern lohnt. So wird z.B. das in manchen Autopoliermitteln enthaltene Carnauba-Wachs aus Blättern der in Trockengebieten Südamerikas beheimateten Wachspalme *(Copernicia cerifera)* gewonnen.

Wachsüberzüge verleihen den Blättern einen gewissen Spiegelglanz. Je mehr die Blattoberflächen glänzen, desto höher dürfte der Anteil des reflektierten Lichtes sein. Somit wirkt sich ein Wachsüberzug nicht nur positiv auf den Wasserhaushalt der Bäume aus, sondern auch auf den Strahlungshaushalt. Unter den Bäumen, die der städtischen Umwelt besser angepaßt sind, befindet sich ein auffallend hoher Anteil mit glänzenden Blattoberseiten (vgl. Abschnitt E 2.4.3).

In diesem Zusammenhang sei darauf aufmerksam gemacht, daß innerhalb einzelner Koniferen-Arten eine größere Härte gegenüber Trockenheit und Winterkälte bei den 'Glauca'-Varietäten mit ihrem Wachsüberzug gegeben ist, so etwa bei *Cedrus atlantica* 'Glauca', *Pseudotsuga menziesii* var. *glauca* und *Picea pungens* 'Glauca'.

2.4 Vitalitätsminderung durch spezielle Eingriffe des Menschen

Zusätzlich zu den in den vorhergehenden Abschnitten geschilderten Boden- und Klimabedingungen im Stadtbereich kann eine Reihe von Maßnahmen des Menschen die Lebensbedingungen der Straßenbäume verschlechtern. Besonders eingehend untersucht wurden die in den letzten Jahren oft zum Verlust von Straßenbäumen führenden Schäden durch Auftausalze und Erdgas (vgl. Kapitel D). Daneben beeinträchtigen verschiedene weitere Maßnahmen des Menschen die Vitalität der Straßenbäume.

2.4.1 Bedeckung und Überschüttung des Bodens im Wurzelbereich

Die in der Regel ungünstige Durchlüftung der Straßenböden (vgl. 2.1.3) wird zusätzlich erschwert durch Abdecken oder Überschüttung des Bodens im Wurzelbereich. Der Gasaustausch zwischen dem Boden und der freien Atmosphäre wird behindert durch einen Plattenbelag oder gar verhindert durch eine geschlossene Decke aus Beton, Asphalt oder anderen luftundurchlässigen Materialien. Gegenüber Sauerstoffmangel empfindliche Bäume wie Buchen können schon durch partielle Bedeckung ihres Wurzelbereichs zugrundegerichtet werden. An asphaltierten Parkplätzen, die an Waldrändern angelegt wurden, konnte wiederholt das Absterben angrenzender Buchen beobachtet werden.

HOFFMANN (1956) ermittelte bei Wurzelausgrabungen unterhalb einer asphaltierten Straßendecke bis über 1 m Tiefe keine Wurzeln. Die Wurzeln einer neben der Fahrbahn stehenden Linde bogen an der Fahrbahngrenze aus ihrer ursprünglichen Richtung ab. Es wird vermutet, daß die Ursache dafür in einem verminderten Gasaustausch zwischen dem Boden unter der Fahrbahndecke und der Atmosphäre besteht.

Zum Niveau-Ausgleich bei Straßen- und Wegebauten oder bei Neugestaltungen von Anlagen erfolgt gelegentlich ein Überfüllen des Wurzelbereiches der Bäume mit Boden. Durch das Gewicht des aufgefüllten Materials wird der jetzt tiefer liegende ehemalige Oberboden zusammengedrückt; weiter gelangen die Wurzeln durch die Überschüttung des Bodens in größere Tiefen. Dadurch wird der Gasaustausch zwischen Wurzeln und der freien Atmosphäre herabgesetzt; denn die Intensität des Gasaustausches hängt ab von dem Anteil des wasserfreien Porenvolumens und der Länge des Diffusionsweges sowie von dem Konzentrationsgefälle zwischen der freien Atmosphäre und den Wurzeloberflächen (GEISLER 1968). Störungen im Stoffwechsel der Wurzeln und Mykorrhizen sind die Folge (vgl. 2.1.3). Da jeder Baum ein ganz charakteristisches Wurzelwerk anlegt, das von der Baumart abhängt und das im Gleichgewicht mit den Umweltbedingungen steht (statische Belastungen, Nährsalz- und Wasserversorgung, Bodendurchlüftung u.a., vgl. 1.1.6), muß jede Überschüttung eine Störung im Wurzelwerk bewirken. Die tieferen Wurzeln sind infolge Sauerstoffmangels nicht mehr imstande, ihre Funktionen voll zu erfüllen bzw. sterben teilweise ab. Durch das Absterben eines Teiles der Wurzeln wird die Relation zwischen Wurzelmasse und Blattmasse gestört. Das bedeutet hinsichtlich des Wasserhaushaltes z. B., daß der transpirierenden Blattfläche jetzt eine geringere wasseraufnehmende Wurzeloberfläche gegenübersteht. Das Ungleichgewicht, das sich negativ auf den Wasser- und Assimilationshaushalt auswirkt, versucht die Pflanze dadurch zu bereinigen, daß im kommenden Jahr weniger und kleinere Blätter angelegt werden. Oft enthält die Krone von derart gestörten Bäumen sogar eine Reihe trockener Zweige, die dann andererseits auch als Kriterium für das Vorliegen eines Schadens dienen können (vgl. Abb. 47b, 51a, 52a, 53a, 117). Abgestorbene, tiefer liegende Wurzeln können Ausgangspunkt einer Pilzinfektion werden, die große Wurzelteile zum Vermorschen bringt, so daß die Standfestigkeit des Baumes nicht mehr gewährleistet ist. Sturm oder auch das weitere Zerstörungswerk der Pilze können dem Baum nach Jahren ein Ende bereiten zu einem Zeitpunkt, an dem die zurückliegende Bodenauffüllung oft längst vergessen ist.

Nach Bodenauffüllung paßt sich der Baum den neuen Verhältnissen nun dadurch an, daß Wurzeln in die besser mit Sauerstoff versorgten oberen Bodenschichten hineinwachsen. Bäume, die an ihrem natürlichen Standort gelegentliche Überschlickung oder Übersandung ertragen (wie Weide und Pappel) oder die zeitweiligen Wasseranstau überdauern können (wie Erle und Esche), sind weniger gefährdet durch Anschüttung als solche, die in einem lockeren, humosen Substrat gedeihen.

Wie empfindlich Bäume auf Bedeckung und Überschüttung ihres Wurzelbereiches reagieren, geht aus den Ergebnissen der Jahrringanalyse (3.3) hervor. Maßnahmen zur Verhinderung der Schäden nach Abdeckung und Überschüttung sind in Kapitel F dargestellt.

2.4.2 Aufgrabungen im Wurzelbereich

Jeder Baum benötigt einen bestimmten Wurzelraum, der in Relation zu seiner Kronengröße, zu Klimabedingungen und zur Bodengüte steht (vgl. 1.6). Beengung des Wurzelraumes oder Eingriffe in das Wurzelwerk durch Aufgrabungen zum Verlegen von Leitungen sind stets nachteilig für den Baum. Durch Reduzierung des Wurzelvolumens wird die Aufnahmekapazität des Baumes für Wasser und Nährsalze zumindestens vorübergehend gedrosselt. Außerdem können die empfindlichen Feinwurzeln an den Wänden der Gräben leicht austrocknen und absterben. Der Verlust eines Teiles der Feinwurzeln beeinträchtigt die Harmonie zwischen Blatt- und Wurzelmasse. Um das erforderliche Gleichgewicht zwischen ober- und unterirdischen Organen wiederherzustellen, werden, wie bereits erwähnt, Blattfläche und Blattmasse beim kommenden Austrieb reduziert; die Krone erscheint dann schütter.

Folgenschwer sind ebenfalls die bei Grabearbeiten und beim Aufbaggern entstehenden Schäden an den Grobwurzeln. Insbesondere zerrissene und aufgespaltene Grobwurzeln kann der Baum nicht rasch genug überwallen und verschließen, so daß solche Wurzeln längere Zeit dem Angriff pilzlicher Krankheitserreger ausgesetzt sind. Diese können größere Wurzelpartien im Laufe der Zeit zum Vermorschen bringen und somit die sturmfeste Verankerung des Baumes einschränken. Das Umfallen derart im Wurzelbereich geschädigter Bäume erfolgt oft erst nach Jahren oder Jahrzehnten. Die erforderlichen Schutzmaßnahmen bei Aufgrabungen sind im Kapitel F dargestellt.

2.4.3 Beschädigung des Stammes

Durch auffahrende Autos oder im Zuge von Baumaßnahmen kommt es immer wieder zu Verletzungen des Stammes. Die gegenüber mechanischen Einwirkungen besonders empfindliche Schicht des Stammes ist das zwischen Rinden- und Holzteil liegende Kambium. Da das Kambium aus zartwandigen Zellen besteht, kann es schon durch den Druck eines auffahrenden Autos geschädigt werden, ohne daß äußerlich Rindenverletzungen deutlich werden. Als Folge eines Kambiumschadens kann sich die Rinde lokal ablösen. Bei stärkeren Stammverletzungen wird ein Teil der Rinde oder gar des Holzes zerstört. Im Holzteil des Stammes erfolgt der Transport des Wassers von der Wurzel in die Krone, während im Rindenteil die in den Blättern gebildeten Assimilate abwärts geleitet werden. Daher beeinträchtigt eine Stammverletzung die Abwärtsleitung der Assimilate in der Regel mehr als die Wasserversorgung der Krone. Je nach Ausmaß des Rindenschadens geht die Versorgung der Wurzeln mit Kohlenhydraten und damit ihre Leistung bei der Nährsalz- und Wasseraufnahme zurück, der Neuzuwachs an Wurzeln wird gedrosselt. Gemäß Kapitel 1.1.6 hat dies im nächsten Jahr eine schwächer belaubte Krone zur Folge.

Stammverletzungen, besonders solche am Wurzelanlauf in Bodennähe, können zu Eingangspforten für holzzerstörende Pilze werden. In diesem Zusammenhang sei auf die bei älteren Bäumen leider immer noch zu beobachtenden Stammverletzungen am Wurzelanlauf durch Schrittplatten, Fundamente von Parkbänken oder Mauern hingewiesen. Die Baumaterialien widerstehen dem Dickenwachstum des Stammes und erzeugen Rindenverletzungen, von denen eine Vermorschung des Wurzelhalses durch Pilze ausgeht.

3 Merkmale und Erkennen von Baumschäden

3.1 Morphologische Veränderungen

3.1.1 Veränderungen im Kronenaufbau

Die meisten ungünstigen Umweltbedingungen, denen die Bäume in der Stadt ausgesetzt sind, reduzieren die Stoffproduktion. So induziert ein nicht ausgeglichener Wasserhaushalt – die Ursache kann z.B. Bodenabdeckung oder eine höhere Transpirationsbelastung infolge Temperaturanstieg sein – ein Verschließen der Spaltöffnungen und unterbindet dadurch die Photosynthese (vgl. Abschnitt 2.3.2). Höhere Nachttemperaturen oder kurzfristiger Hitzestreß gehen mit einer Atmungssteigerung einher und mindern so den Stoffgewinn. Luftverunreinigungen oder Blattnekrosen durch Streusalze schwächen die Funktionen des grünen Blattgewebes direkt. Mechanische Verletzungen müssen überwallt werden, womit auch ein Verbrauch an Assimilaten verbunden ist. Die städtische Umwelt bedingt also sehr häufig eine suboptimale Produktion organischer Substanz. Die Folge hiervon ist sowohl ein vermindertes Längen- als auch Dickenwachstum. Das eingeschränkte Sproßwachstum führt zu einer schütteren Krone: Blattzahl und Größe der einzelnen Blätter können reduziert, in schweren Fällen sogar einzelne Äste in der Peripherie der Krone abgestorben sein. Im Inneren einer Baumkrone gehören tote Zweige zur normalen Erscheinung, denn die periphere Entwicklung der Baumkrone führt zur Beschattung des Kroneninneren und zum Absterben der zu stark beschatteten Zweige. Tote Zweige in der Peripherie sind dagegen ein ernst zu nehmendes Symptom verminderter Vitalität. Die eingeschränkte Bildung grüner Blätter verändert das Verhältnis von Stoffproduktion zu Stoffverbrauch. Die grünen Blätter müssen ja alle nicht grünen lebenden Zellen eines Baumes (z. B. lebende Wurzelzellen, Holzparenchym und Markstrahlzellen) ernähren, und bei einem Nachlassen der Blattneubildung wird der Anteil der chlorophyllfreien Zellen nicht sogleich im selben Maße abnehmen. Das Verhältnis Assimilation zu Dissimilation verschiebt sich also zugunsten der Dissimilation. Nach WESTING (1964) beschleunigt eine relative Zunahme der Dissimilation das Altern.

Bei der gegen Ende des Lebenszyklus auftretenden Vergreisungsphase vollziehen sich ähnliche Veränderungen im Habitus der Krone wie oben geschildert: Auflichtung, einzelne tote Äste in der Peripherie und ein rascher Übergang von den dickeren Tragästen zu den dünnen jungen Zweigen mit grünen Blättern (vgl. Abb. 47a und b).

Die jungen Zweige sitzen oft bürsten- oder pinselartig auf dickeren Ästen. Die auffällige Abwandlung im Habitus der Krone läßt sich auch im Winterhalbjahr verhältnismäßig leicht nachweisen. Sofern der Blick für die artspezifische Kronenentwicklung geschärft und das Alter des betreffenden Baumes einigermaßen bekannt ist, kann das Ausmaß der Vergreisung genutzt werden zur Abschätzung umweltbedingter Baumschäden.

In diesem Zusammenhang muß auf die Intensität des Wachstums in den einzelnen Entwicklungsphasen eines Baumes eingegangen werden. In der Jugendphase steigt der pro Jahr erzielte Zuwachs rasch an und steuert einem Kulminationspunkt zu, der bei etwa 16% der erreichbaren Enddimension liegt (WECK 1955, vgl. Abb. 45). Der maximale Endwert kann dabei die Höhe oder der Durchmesser sein. Das Abklingen des Zuwachses nach der Kulmination dehnt sich über eine längere Zeitspanne aus als der rasche Anstieg in der Jugendphase, und bei etwa 90% der erreichbaren Enddimension setzt die Vergreisung ein. Wird der erreichte Gesamtzuwachs als Funktion des Alters dargestellt, so ergibt sich die in Abbildung 46 dargestellte schiefe S-Kurve.

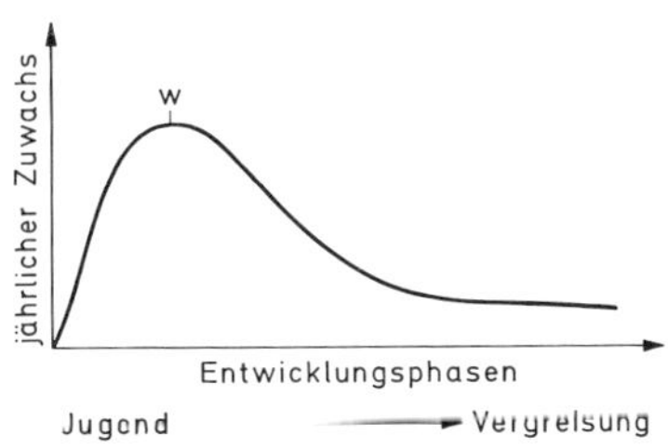

Abb. 45. Schema der Veränderung des laufenden jährlichen Zuwachses bei Bäumen in Abhängigkeit von den Entwicklungsphasen. Die Abnahme des jährlichen Zuwachses (rechts von W) beginnt, wenn etwa 16% der möglichen Enddimension erreicht ist. (In Anlehnung an WECK 1955).

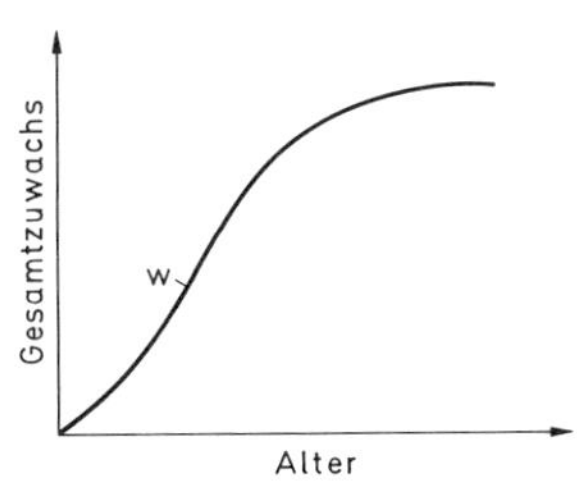

Abb. 46. Schema des Gesamtzuwachses bei Bäumen in Abhängigkeit vom Alter. Ab W läßt der jährliche Zuwachs nach (vgl. Abb. 45). (In Anlehnung an WECK 1955).

a

b

Abb. 47. „Wallensteinkiefer“ bei Kriegenbrunn (Franken), a) im Jahre 1935, b) im Jahre 1970. Durch widrige Umweltbedingungen (Bodenverdichtung, SO_2-Immission) ist der Zuwachs zurückgegangen, und das Aussehen der Kiefer hat „greisenhafte“ Züge angenommen.

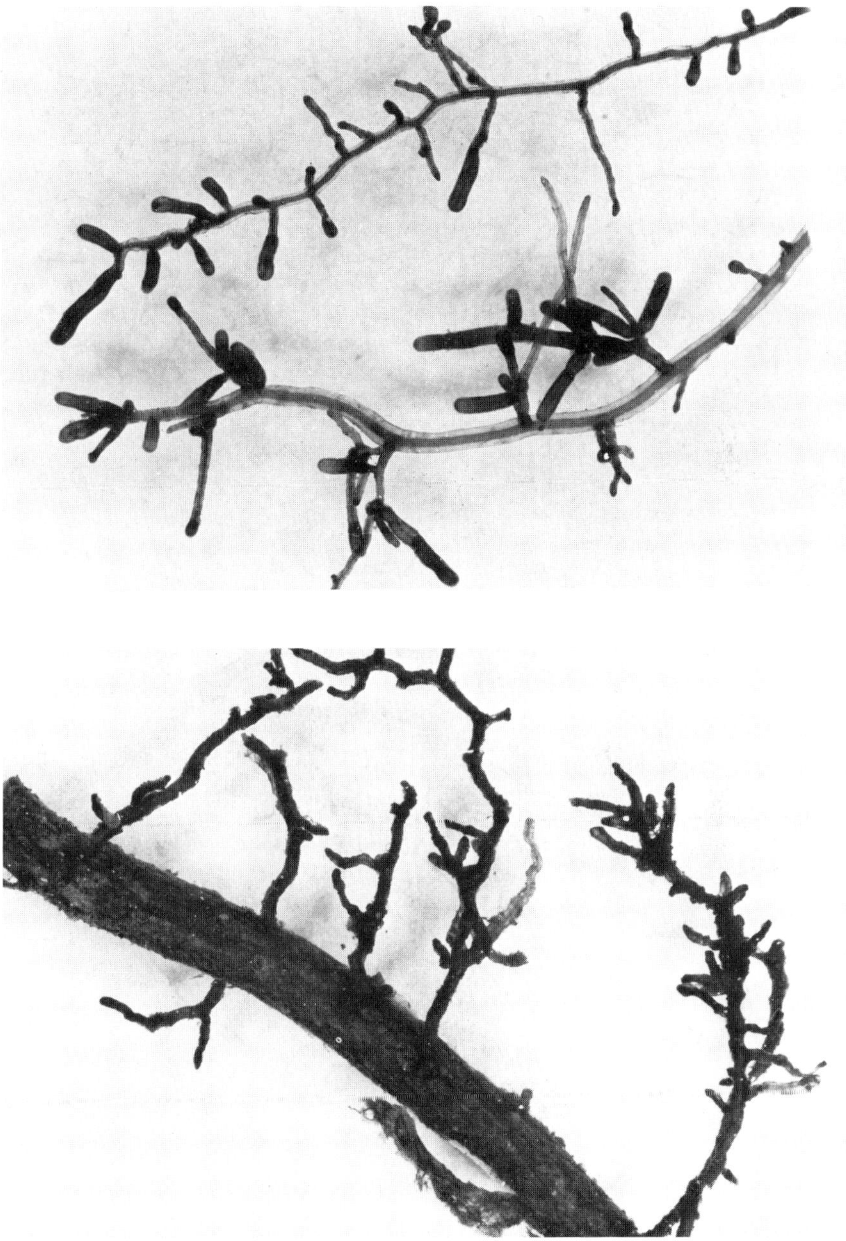

Abb. 48. Feinwurzeln von *Tilia* × *europaea* (Straßenbäume aus Hannover). Oben: Gesunde Linde mit wurstförmig angeschwollenen Wurzelenden (Mykorrhizen). Unten: Streusalzgeschädigte Linde ohne Ektomykorrhizen und ziemlich abruptem Übergang von den Feinwurzeln zu den derben Trägerwurzeln. Vergrößerung 8.

Ist der Baum in der Jugendphase erschwerten Umweltbedingungen ausgesetzt, so sind die Folgen an den Zuwachswerten und am Habitus weniger leicht zu erkennen, weil die umweltbedingte Zuwachsdepression teilweise kompensiert wird durch die noch steigende Wuchsenergie. Nach der Kulmination des laufenden Zuwachses kann das naturbedingte Nachlassen der Wuchsenergie durch hemmende Umweltbedingungen verstärkt werden, und daher sind die Auswirkungen ungünstiger Umweltverhältnisse deutlicher wahrnehmbar. Die Alterungseffekte schaukeln sich hier ganz offensichtlich auf, so daß viele Bäume in den Ballungsgebieten eine längere Periode der Vergreisung durchleiden müssen.

Bäume, die größere Enddimensionen erreichen und dazu einen längeren Zeitraum benötigen wie etwa viele Eichen, weisen auch eine entsprechend längere Jugendphase auf und damit eine längere Periode, in der sie den negativen Einflüssen des Stadtmilieus eher widerstehen können (vgl. auch Abschnitt E 2.2).

Diagnostische Merkmale für spezifische Schadursachen wie Erdgas und Auftausalz sind in Kapitel D angegeben. WENTZEL (1971) bringt eine Reihe von Beispielen für Habitus-Änderungen bei Bäumen, die durch Luftverunreinigungen geschädigt worden sind.

3.1.2 Veränderungen im Wurzelwerk

Auch am Wurzelwerk sollten Schäden so früh wie möglich erkannt und beurteilt werden können. Da zwischen Krone und Wurzelwerk enge Wechselbeziehungen bestehen (die Krone versorgt die Wurzeln z. B. mit Assimilaten, die Wurzel nimmt Nährsalze und Wasser auf, speichert organische Substanzen und synthetisiert verschiedene für die Krone wichtige Stoffe), ist zu erwarten, daß eine in der Krone sichtbare Veränderung mit Abwandlungen im Wurzelbereich gekoppelt ist. Verhältnismäßig wenige Angaben über die Auswirkungen vitalitätsmindernder Umweltfaktoren auf das Wurzelwerk von Straßenbäumen liegen vor. So fand GUTTAY (1976) an Straßenbäumen *(Acer saccharum)* in Nordamerika eine deutliche Schädigung der Endomykorrhiza durch Auftausalze, wobei die Verminderung der Endomykorrhiza in enger Beziehung zur Intensität des Kronenschadens stand. Eigene Untersuchungen an *Tilia × europaea*, die eine fakultative Ektomykorrhiza besitzt (vgl. Tab. 22), ergaben bei streusalzgeschädigten Bäumen einen sehr deutlichen Rückgang der zu Ektomykorrhizen umgewandelten Wurzeln. Diese Abnahme der Frequenz der Ektomykorrhizen kann eine direkte Folge der Einwirkung von Auftausalzen auf die Wurzel sein oder sich aus der verminderten Assimilatzufuhr zur Wurzel ergeben (vgl. auch Abschnitt C 1.3). Außer einer Schädigung der Ektomykorrhiza zeigten die Wurzeln streusalzgeschädigter Linden ähnliche Abwandlungen im Verzweigungsmodus wie die vergreisten Kronen. Der Anteil der sorptionstüchtigen Feinstwurzeln ist zurückgegangen. Von den derben Hauptwurzeln zu den letzten Wurzelverzweigungen erfolgt ein ziemlich rascher Übergang, wiederholt sitzen Büschel von Feinstwurzeln direkt an wesentlich dikkeren Hauptwurzeln (vgl. Abb. 48), was zeigt, daß die Neubildung von Saugwurzeln auf wenige Bodenbereiche beschränkt bleibt. Bevorzugt sind dieses die Grobsandlagen unter den perforierten Abdeckplatten der Baumscheiben, offenbar ist hier eine raschere Auswaschung des Streusalzes erfolgt. Ähnlich wie bei den Blättern streusalzgeschädigter Linden ist auch am Wurzelwerk die Lebensspanne der Saugwurzeln verkürzt. Zu verschiedenen Entnahmezeitpunkten während der Vegetationsperiode enthält das Wurzelwerk einige weißliche, noch in der Entwicklung befindliche Jungwurzeln, einen höheren Anteil älterer bräunlicher Wurzeln und besonders zahlreich abgestorbene und geschrumpfte Wurzeln. Teilweise sind ganze Wurzelkomplexe tot und unterschiedlich weit zersetzt. Einige der Wurzeln weisen stärkere Verkrümmungen oder Zickzack-Wuchs auf, was offenbar in Verbindung mit der Dichtlagerung oder dem hohen Kiesanteil des Bodens steht. Der Kümmerwuchs der Wurzeln und ihre mangelnde Regenerationskraft entsprechen dem Kronenabbau, und es nimmt Wunder, daß derartig nachhaltig im Wurzelwerk gestörte Linden überhaupt noch einige Jahre zu leben vermochten.

3.2 **Infrarot-Farbfotografie** (s. auch F 6.6.2)

Für die Ermittlung des Vitalitätszustandes von Straßenbäumen hat sich die Infrarot-Farbfotografie als nützlich erwiesen. Der Infrarot-Farbfilm ist wie der übliche Farbfilm aus drei Schichten aufgebaut, nur besitzt er an Stelle der blauempfindlichen Schicht eine für Infrarot sensibilisierte Schicht. Sie ist empfindlich für Strahlen bis etwa 0,9 μm. Diese drei Farbschichten (Infrarot, Grün, Rot) liefern Bilder, die für unser Auge ungewohnte, falsche Farben aufweisen. Die Vorteile eines Infrarot-Farbfilmes gegenüber herkömmlichen Colorfilmen sind:

a) Durch Ausschaltung des blauen Spektralbereiches wird eine bessere Durchdringung des Dunstes erreicht
b) Bessere Kontrastwiedergabe
c) Die spektralen Reflektionseigenschaften des Blattes wirken sich stärker aus, so daß eine deutlichere Differenzierung bei Vegetationsbildern möglich ist.

Während im Bereich des sichtbaren Lichtes eine starke Absorption durch das Blatt erfolgt, sind im anschließenden fotografisch erfaßbaren Infrarot Transmission und Reflexion sehr hoch (vgl. Abb. 49). Hat eine Pflanze einen Umweltschaden erlitten, so wirkt sich dieses meistens auch auf das Blattmesophyll aus, allein schon durch nachlassenden Turgor. Dadurch wird die Reflektion der infraroten Strahlung gemindert, und auf dem Farbfilm ergeben sich andere Töne. Gesunde beblätterte Bäume verursachen auf dem Infrarot-Farbbild rote Farbtöne mit Farbnuancen je

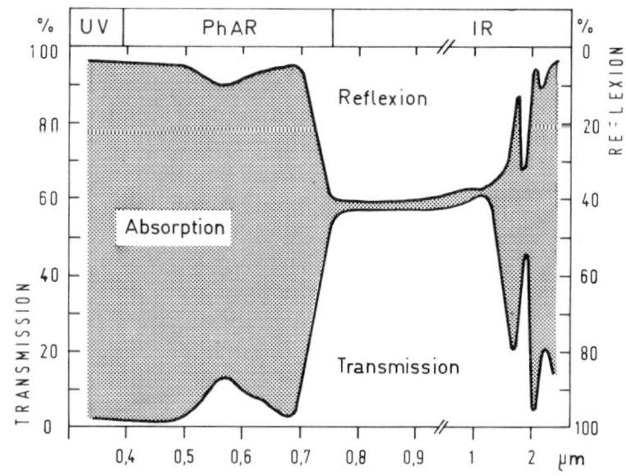

Abb. 49. Absorption, Reflexion und Transmission eines Pappelblattes bei unterschiedlichen Wellenlängen der auftreffenden Strahlung.
(Aus LARCHER 1973 nach GATES.)

nach Baumart; geschädigte Bäume erscheinen je nach Ausmaß des Schadens rosagrau, grau oder bräunlich oder auch grünlich-weiß und blattlose tote Bäume blau oder grün.

Eine exakte Analyse der Schadensursache selbst läßt das Luftbild nicht zu, sondern nur die Vitalitätsminderung kann, graduell abgestuft, erkannt werden. Das Luftbildverfahren könnte man vergleichen mit einer Fiebermessung, da auch das Fieber in der Regel keine genaue Krankheitsdiagnose zuläßt, wohl aber das Vorliegen einer Krankheit anzeigt. Die Infrarot-Farbfotographie erlaubt somit eine Inventur der geschädigten und gesunden Bäume innerhalb einer Stadt, und durch wiederholte Aufnahmen lassen sich Veränderungen im Gesundheitszustand ermitteln. Auf Grund der Infrarot-Farbbildauswertung konnten KADRO und KENNEWEG (1973) für Straßenbäume in Freiburg folgende Reihe mit zunehmender Vitalitätsminderung durch Umweltbelastungen aufstellen: *Robinia, Crataegus, Platanus, Acer, Aesculus, Tilia*. Verfahren, Möglichkeiten und Grenzen des Luftbildeinsatzes werden von KENNEWEG (1980) eingehend behandelt.

3.3 Jahrringanalyse

Die Lebensbedingungen eines Baumes spiegeln sich nicht nur im Längenwachstum der Zweige wider, sondern auch im Dickenwachstum des Stammes. Je mehr die einzelnen Standortfaktoren dem Optimum der betreffenden Baumart entsprechen, desto ausgiebiger ist die Photosynthese und desto stärker der Dickenzuwachs. In unserem Klima arbeitet das für den Dickenzuwachs maßgebende Kambium nicht kontinuierlich, sondern es beginnt im Frühjahr mit der Bildung neuer Holz- und Bastzellen; im Laufe des Sommers läßt seine Aktivität nach und erlischt schließlich ganz. Durch diese rhythmische Tätigkeit des Kambiums erweitert sich der Holzkörper alljährlich um einen Jahrring, dessen Breite vor allem abhängt von der Menge der in den Blättern gebildeten und dem Kambium zugeleiteten Assimilate. Alle Umweltschäden wirken sich früher oder später auf die Blattorgane aus und mindern die Intensität der Photosynthese und damit die Jahrringbreite. Da die Jahrringe ein bleibender Bestandteil des Baumstammes sind, lassen sich aus der Breite der Ringe früherer Jahre Aussagen herleiten über die Wachstumsbedingungen zum Zeitpunkt der Entstehung der Jahrringe. Somit stellen die Jahrringe eines Stammes Archiv und Indikator für Umweltbedingungen vergangener Zeiträume dar. Die engen Beziehungen zwischen Jahrringbreiten und Umweltbedingungen sind bei Bäumen in der Jugendphase nicht immer gegeben, so daß junge Bäume für jahrringanalytische Untersuchungen ausscheiden (vgl. Abschnitt 3.1.1.).

Werden die Jahrringbreiten der einzelnen Jahre grafisch dargestellt (in der Abszisse die Jahre und in der Ordinate im logarithmischen Maßstab die Ringbreiten), so ergeben sich Jahrringkurven, deren Abfall bzw. Anstieg eine Verschlechterung bzw. Verbesserung der Wachstumsbedingungen des betreffenden Baumes anzeigen (vgl. Abb. 50). ASLANBOGA (1976) hat im Stadtgebiet von Hannover Bäume jahrringanalytisch untersucht und konnte dabei die Auswirkung schädigender Umwelteinflüsse auf die Vitalität der Bäume nachweisen. Einige Beispiele mögen dieses verdeutlichen.

Eine auf dem Trammplatz in Hannover vor dem Rathaus stehende Platane wuchs bis zum Jahr 1960 im Rasen. Dann wurde im Zuge einer Umgestaltung des Platzes

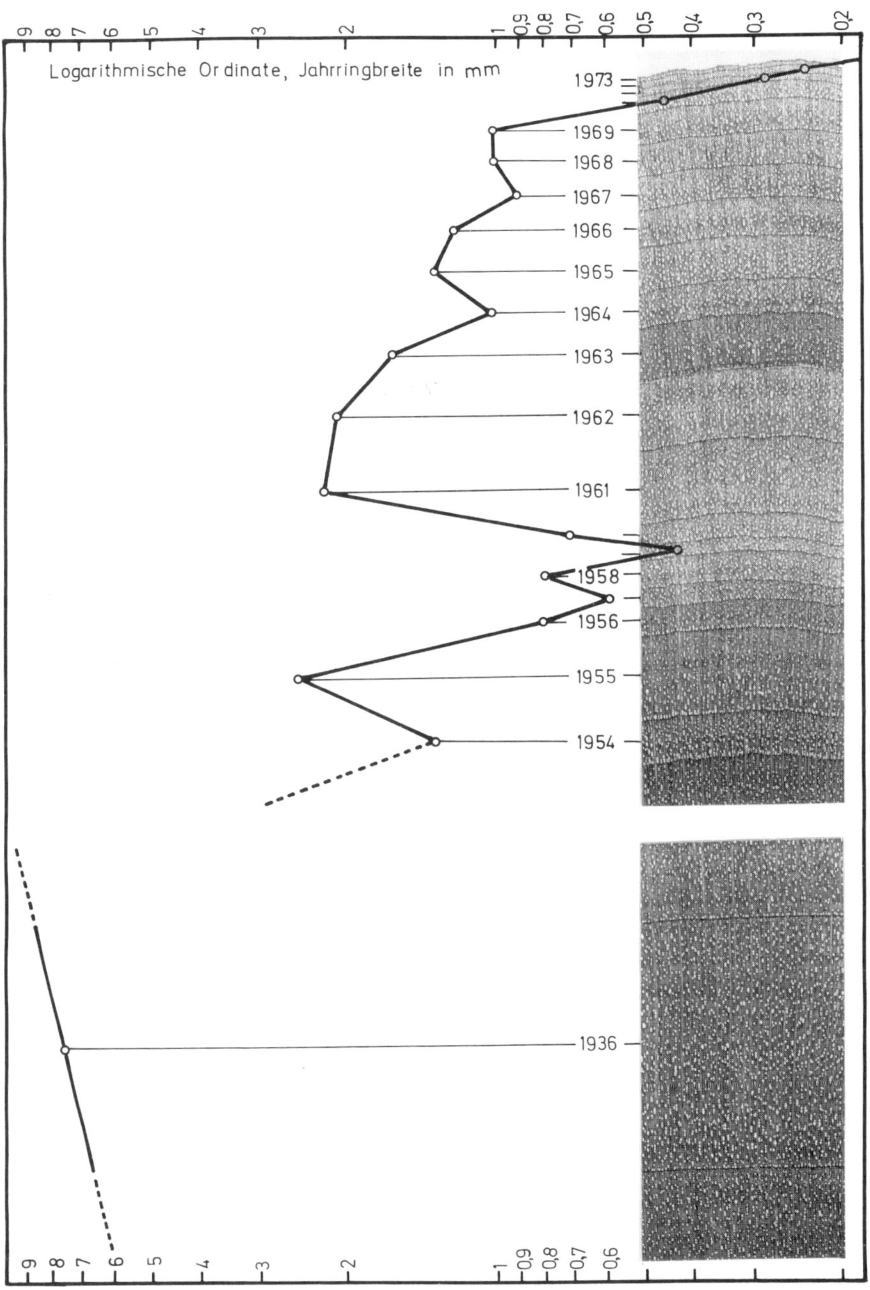

Abb. 50. Darstellung unterschiedlicher Jahrringbreiten im logarithmischen Maßstab. Querschnitt des Stammteils vom Spitzahorn 6,5 × vergrößert. (Nach ASLANBOGA 1976.)

die Bodenoberfläche im Wurzelbereich des Baumes größtenteils mit Schrittplatten belegt. Darauf begann der Baum zu kümmern. 1965 wurde die Baumscheibe erweitert; eine grundlegende Besserung seines Zustandes trat dadurch aber nicht ein (Abb. 51 a). Erst eine Ausdehnung der Baumscheibe auf etwa Kronendurchmesser führte zu einer sichtbaren Vitalitätsbesserung. Das Jahrringdiagramm (Abb. 51 b) zeigt, daß die Platane sofort und sehr empfindlich auf die Bedeckung des Wurzelbereiches reagierte. Die mittlere Jahrringbreite betrug in den 13 Jahren vor Eintritt des Schadens 4,60 mm, im gleichen Zeitraum nach dem Eingriff nur 1,10 mm, ging also auf 23,9% des ursprünglichen Wertes zurück.

Abb. 52a zeigt einen Bergahorn, der bis 1963 im Rasen stand. 1964 wurde in seinem Wurzelbereich ein Kiosk mit Außenanlagen errichtet, der Bergahorn reagierte auf die eintretende Bodenverdichtung mit einem ausgeprägten Zuwachsrückgang auf etwa ein Siebtel des ursprünglichen Wertes (Abb. 52b).

In Abb. 53a und 53b sind die Folgen der Überschüttung des durchwurzelten Bodens dargestellt. Der Platz im Eingangsbereich des Eilenriede-Stadions wurde 1965 umgestaltet und dabei zum Niveauausgleich bis zu 40 cm mit Kies aufgeschüttet. Diese Kiesaufschüttung und das wiederholte Begehen haben die Durchlüftung des von einem Spitzahorn durchwurzelten Bodens derart verschlechtert, daß ein kräftiger Zuwachsrückgang und Spitzendürre die Folge waren. Der noch nicht zu alte Spitzahorn scheint allerdings in der Lage zu sein, sich allmählich den veränderten Standortbedingungen anzupassen, denn seit 1971 steigt der Zuwachs langsam wieder an.

Die drei aufgeführten Beispiele sollen zugleich darauf hinweisen, daß Verschlechterung der Bodendurchlüftung neben allgemein beachteten Schadfaktoren wie Auftausalz und Erdgas einen ernst zu nehmenden Schadfaktor darstellt. Aus den Ergebnissen von ASLANBOGA (1976) geht hervor, daß eine Rangfolge der Schädlichkeit der einzelnen existenzbedrohenden Faktoren nicht aufgestellt werden kann; vielmehr bestimmt die Intensität des jeweiligen Schadfaktors das Ausmaß des Schadens.

Abb. 51 a) links: Durch Bedeckung des Wurzelbereichs geschädigte Platane, b) Jahrringdiagramm dieses Baumes (D 22) im Vergleich zur Jahrringkurve einer ungeschädigten Platane (V 6). (Nach ASLANBOGA 1976.)

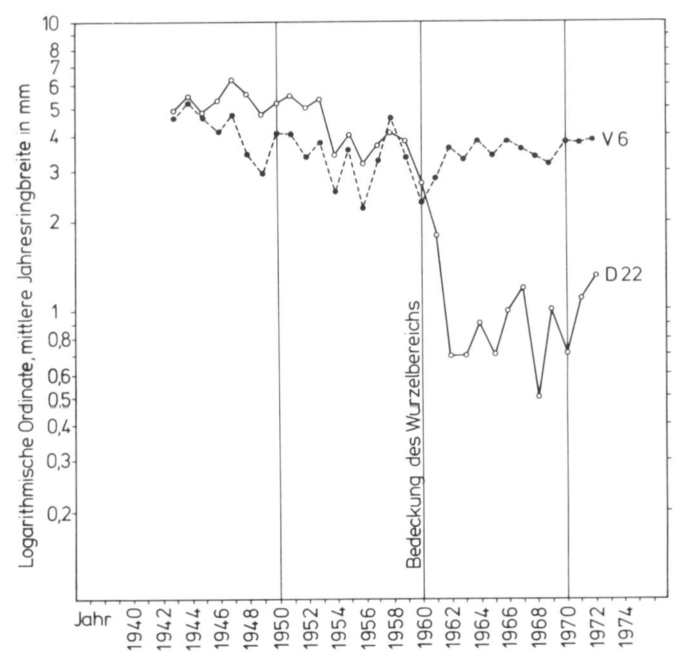

Abb. 52a) links: Bergahorn, der durch die Neugestaltung eines Grünstreifens Schaden erlitten hat, b) unten: Jahrringdiagramm dieses Baumes (D 20) im Vergleich zur Jahrringkurve eines ungeschädigten Bergahorns aus der Nachbarschaft (V 4). (Nach ASLANBOGA 1976).

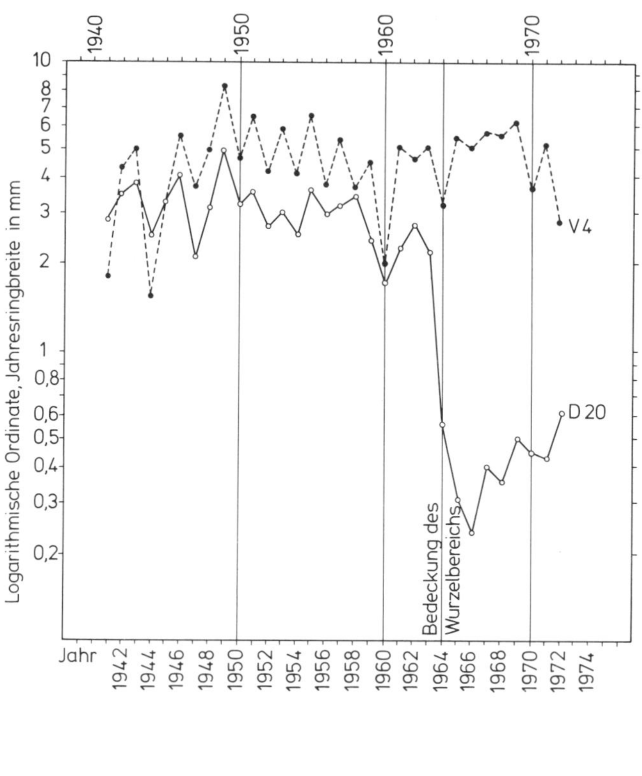

Abb. 53 a) rechts: Spitzahorn, der durch Bodenaufschüttung geschädigt wurde; Zweige in der Peripherie der Krone sind dürr, b) unten: Jahrringdiagramm dieses Baumes (Ü 29) im Vergleich zur Jahrringkurve eines ungeschädigten Spitzahorns aus der Nachbarschaft (V 9) (Nach ASLANBOGA 1976.)

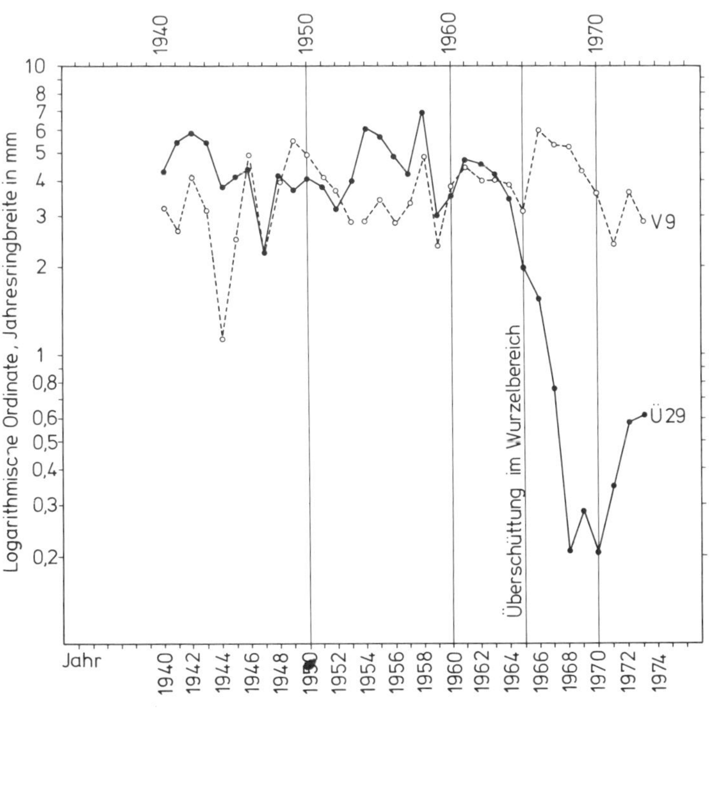

D Physiologische Schäden durch Umweltfaktoren

ULRICH RUGE

1 Einführung in die Problematik

Alle unsere Straßenbäume stammen ursprünglich aus dem Wald bzw. von der Heide. Hier standen ihnen ausreichende Mengen an Grundwasser, mineralischen und organischen Nährstoffen zur Verfügung. Der Boden war stets locker, d. h. gut durchlüftet, die Luft immer sauber und feucht, niemals extrem überhitzt. Dieselben Baumarten werden nun am Straßenrand unserer Städte unter völlig veränderten ökologischen Bedingungen kultiviert. Die Böden sind hier sehr nährstoffarm bzw. es im Laufe der Jahre geworden. Die organischen Nährstoffe wurden weitgehend abgebaut und nicht wieder ersetzt. Die Böden sind mechanisch verdichtet; daher und infolge der Asphaltierung der Straßen für den Verkehr sind sie sehr schlecht belüftet. Der Grundwasserstand wurde durch die Tiefbaumaßnahmen der Stadt so stark abgesenkt, daß die Bäume lediglich auf die relativ geringen Regenwassermengen angewiesen sind (NOSSAG 1971b), die die Blätter der Bäume gelegentlich befeuchten und danach über die viel zu klein gehaltenen Baumscheiben nur zu einem geringen Prozentsatz in den Wurzelraum eindringen können. Hinzu kommt, daß die Stadtluft relativ und absolut trocken und heiß ist und die Bäume in der Stadt isoliert gepflanzt werden, sich also nicht im gemeinsamen Verband wie im Wald vor den klimatischen Extrembedingungen schützen können.

Macht man sich diese Tatsachen deutlich, so wird klar, daß die Lebensbedingungen der Straßenbäume unserer Städte extrem schlecht sind. Mancher ökologisch interessierte Physiologe mag sich schon oft darüber gewundert haben, daß diese Bäume den Standort am Straßenrand in der Stadt unter den gegebenen Bedingungen überhaupt noch ertragen, was aufgrund unseres Lehrbuchwissens eigentlich nicht mehr möglich sein sollte.

Kommen nun zu diesen allgemeinen Bedingungen des Großstadtklimas, das viele unserer Flechten seit langem schon nicht mehr ertragen (sog. Flechtenwüsten; RUNGE 1975), noch weitere negative Faktoren wie Industrie- und Autoabgase, Auftausalze, verstärkte mechanische Beschädigungen der Baumstämme und -wurzeln hinzu, so wird zu irgendeinem Zeitpunkt die physiologische Leistungsfähigkeit der Straßenbäume überfordert. Es tritt das große Straßenbaumsterben ein, wie wir es seit der Mitte der 60er Jahre unseres Jahrhunderts in allen Großstädten der Welt erleben. Leider erst in diesem Augenblick der Katastrophe wurden die Wissenschaftler aufgerufen, die Standortbedingungen unserer Straßenbäume zu untersuchen und zu verbessern.

In diesem Kapitel sollen lediglich folgende die Entwicklung unserer Straßenbäume zusätzlich negativ beeinflussende Faktoren besprochen werden: Industrie- und Autoabgase, Stadt- und Erdgas, Auftausalze. Bei den entscheidenden Faktoren wollen wir die Schadsymptome kennenlernen und feststellen, aus welchen Gründen sie für die Bäume letal sein müssen und daraus dann die speziellen Maßnahmen zur

Rettung der Straßenbäume an ihrem neuen Standort ableiten. Bei der Erörterung der Gegenmaßnahmen müssen wir jedoch von folgenden Fakten ausgehen:

a) In der modernen Großstadt ist es unmöglich, unsere Straßenbäume völlig vor den obengenannten Schadstoffen zu schützen
b) Es ist ebenfalls praktisch unmöglich, im Kronenraum der Bäume die ökologischen Bedingungen so grundlegend zu verändern, daß wir hier Verhältnisse erhalten, die dem natürlichen Waldklima einigermaßen entsprechen
c) Es ist physiologisch ausgeschlossen, Straßenbaum-Arten bzw. -Sorten oder -Rassen neu zu züchten, die ohne Schaden die geschilderten Standortbedingungen hinnehmen. Wir können lediglich solche Rassen auswählen und empfehlen, die erfahrungsgemäß das Stadtklima insgesamt noch relativ gut ertragen (s. 5.6.6).
d) Weiter können wir versuchen, und das scheint mir die wesentlichste Maßnahme zu sein, die Standortbedingungen der Straßenbäume in ihrem Wurzelbereich wesentlich zu verbessern.

2 Industrie- und Autoabgase

2.1 Industrieabgase

Noch vor wenigen Jahren klagten die meisten Städte, vor allem im Industriegebiet, mit Recht über erhebliche Schädigungen der Straßenbäume durch Industrieabgase, besonders durch SO_2. Die Ursachen dieser Schäden konnten durch chemische Analysen auch eindeutig nachgewiesen werden (GARBER 1967). Heute und für die weitere Zukunft ergeben sich zu dieser Frage jedoch folgende Tatsachen: Aufgrund der Umweltschutzmaßnahmen der Industrie ist die Emission von sog. Industrieabgasen ganz allgemein – von einigen Unglücksfällen, die stets unvermeidbar bleiben werden, abgesehen – so weit zurückgegangen, daß die typischen Schadsymptome in letzter Zeit nur noch recht selten zu beobachten waren. Eine 1974 durchgeführte Umfrage bei allen Gartenämtern der Bundesrepublik (RUGE 1975 a) ergab dementsprechend, daß heute nur 20% der Städte geringfügige, latente Schädigungen an Straßenbäumen durch Industrieabgase meldeten. In Wirklichkeit wird jedoch der Schaden noch geringer sein, da die meisten dieser Städte angeben, Industrieabgas-Schäden würden zwar vermutet, könnten aber nicht mehr eindeutig nachgewiesen werden. Solche Angaben liegen auch von Städten vor, in denen eine derartige Industrie völlig fehlt oder bedeutungslos ist. Diese Prognose wird in der Zukunft noch günstiger werden, wenn, entsprechend dem Energieplan der Bundesrepublik, nur noch S-arme Brennstoffe in der Industrie und den Haushaltungen verwendet und die heute bereits eingeleiteten Umweltschutzmaßnahmen weiter ausgebaut werden. Außerdem kann an dieser Stelle darauf hingewiesen werden, daß wir über eine recht große Anzahl von Straßenbaumarten verfügen, die eine relativ hohe Resistenz gegenüber Industrieabgasen besitzen. Als ausreichend widerstandsfähig in diesem Sinne können wir nach den bisherigen Erfahrungen ansprechen (RUGE 1975b):

Acer campestre
Acer negundo
Acer platanoides
Acer platanoides 'Faassens Black'
Acer platanoides 'Globosum'
Acer platanoides 'Reitenbachii'
Acer platanoides 'Schwedleri'
Acer pseudoplatanus

Acer saccharinum
Aesculus × carnea 'Briotii'
Ailanthus altissima
Alnus cordata
Alnus glutinosa
Alnus incana
Amelanchier confusa
Betula pendula
Corylus colurna
Crataegus laevigata 'Paulii'
Crataegus × lavallei
Ginkgo biloba
Gleditsia triacanthos
Liriodendron tulipifera
Platanus × acerifolia (= P. × hybrida)
Populus simonii
Quercus coccinea
Quercus robur
Quercus rubra
Robinia pseudoacacia
Robinia pseudoacacia 'Bessoniana'
Robinia pseudoacacia 'Unifoliola'
Sophora japonica
Tilia × vulgaris 'Pallida'
Tilia tomentosa
Ulmus × hollandica 'Commelin'
Ulmus × hollandica 'Groeneveld'.

2.2 Autoabgase

Ebenso gefahrlos für die Straßenbäume scheinen die Autoabgase zu sein. Sie enthalten neben CO_2, O_2 und H_2O auch CO, SO_2, Aldehyde, NH_3, NO/NO_2, unvollständig verbrannte aliphatische und aromatische Kohlenwasserstoffe und verschiedene Pb-Oxide. Die Konzentration dieser Stoffe ist recht verschieden, je nachdem welche Motortypen und welche Benzine verwendet werden, ob schnell oder langsam gefahren wird, wie die Motorventile eingestellt wurden usw. Generelle Aussagen für die Zunkunft lassen sich hier aber auch aus dem Grunde nicht machen, weil wir zur Zeit nicht übersehen können, welche Erdöle und sonstigen Brennstoffe uns für die Zukunft überhaupt noch zur Verfügung stehen werden und welche Motortypen für diese Brennstoffe entwickelt werden können.

Gehen wir trotzdem – in der Annahme, daß die künftigen Autoabgase nicht umweltfeindlicher für Mensch und Vegetation sein werden – von den heutigen Abgasen aus. Das CO ist, zumindest in der in Frage kommenden Konzentration, für die Pflanze – im Gegensatz zu Mensch und Tier – unschädlich. Schäden durch SO_2 und andere Säuren aus den Autoabgasen konnten bisher nicht nachgewiesen werden (vgl. auch STEENKEN 1973 a, B) und werden in Zukunft noch mehr an Bedeutung verlieren, wenn, wie beabsichtigt, S-ärmere Treibstoffe verwendet werden.

Das Pb-Problem, wenn es ein solches bisher überhaupt für die Pflanze gab, wird sich in sich selbst auflösen, wenn nach Inkrafttreten des sog. Anti-Blei-Gesetzes Pb-Zusätze zum Benzin verboten und durch Methanol o.ä. ersetzt werden. Aber auch vordem hat es nirgends erkennbare Pb-Schäden an Pflanzen durch Autoabgase gegeben. Die von STEENKEN (1973 a) beschriebenen schwarzen Pusteln auf den Blättern, die nur durch sehr hohe Konzentrationen löslicher Pb-Salze hervorgerufen werden können, sind an Straßenbäumen niemals beobachtet worden. Das von der Pflanze aufgenommene Pb kann auch nicht wie oft fälschlich angenommen wurde, im lebenden Gewebe weit wandern, weil es hier sofort von S^{2-} und PO_4^{3-} als unlösliche Verbindung niedergeschlagen würde. Außerdem liegt das in den Autoabgasen enthaltene Pb als Pb-Oxid in einer wasserunlöslichen Form vor und kann daher für die Pflanze kaum giftig werden.

Mit dieser Feststellung soll und kann natürlich nichts über die Schädlichkeit der Autoabgase für den Menschen usw. ausgesagt werden.

Die z.Z. in den Autoabgasen enthaltenen NO/NO_2-Verbindungen sind in den im Zusammenhang mit den Autoabgasen gemessenen Konzentrationen für unsere Straßenbäume noch nicht schädlich geworden. Ob dies auch weiterhin gelten wird, bleibt aus folgenden Gründen abzuwarten. Das NO/NO_2-Gemisch wird fotochemisch mit Hilfe von Katalysatoren, die stets in der Atmosphäre enthalten sind, zu den für Mensch, Tier und Pflanze giftigen Peroxiden (Peroxialkylnitrat = PAN) aufoxidiert, die den bekannten Los-Angeles-Smog ausmachen.

Nach den Untersuchungen von STEENKEN (1973b) müssen wir jedoch feststellen, daß diese katalytische Aufoxidation der Stickoxide durch die Pb-Oxide in den Autoabgasen verhindert wird, diese Abgase also durch das Pb entgiftet werden. Anders ausgedrückt heißt das aber, daß völlig Pb-freie Benzine, wie sie mit dem Anti-Blei-Gesetz angestrebt werden, zu Abgasen verbrannt werden, die zumindest für die höheren Pflanzen giftiger sind. Wir wissen aber, daß auf das PAN besonders empfindlich reagierende Testpflanzen, z.B. besondere Formen des Tabaks, in der Nähe von Autostraßen bereits heute erheblich geschädigt werden. (RUGE, BURKHARDT 1979) In dieser Untersuchung konnte gleichzeitig bewiesen werden, daß von den Flugzeugabgasen für die höheren Pflanzen keine Gefahren ausgehen.

3 Stadt- und Erdgas

3.1 Entstandene Schäden

Seitdem den Haushaltungen usw. das sog. Stadtgas (s. Tab. 27) über unterirdisch verlegte Rohrsysteme zur Verfügung gestellt wird, sind aufgrund von undichten Stellen in den Leitungen Straßenbäume zum Absterben gebracht worden. Durch die für die damalige Zeit sehr großzügig angelegten Versuche von KNY (1871), SPÄTH und MEYER (1873), WEHMER (1900), EHRENBERG (1914) und SORAUER (1916) konnte bereits frühzeitig eindeutig nachgewiesen werden, daß das aus den Leitungen – wenn auch nur in geringer Menge – ausströmende Gas als Ursache für das meist lokal auftretende Straßenbaum-Sterben angesprochen werden muß. Allerdings wurde man sich nie vollends darüber einig, welche Komponenten im Stadtgas (CO, HCN, H_2S,Methan, Xylol, Toluol oder Äthylen) hier letal wirken.

Trotz der Giftigkeit einiger dieser Begleitstoffe im Stadtgas, die im Erdgas nicht enthalten sind, blieb der durch dieses Leuchtgas bedingte Schaden im allgemeinen gering. Man rechnete mit einem durchschnittlichen Gasverlust in den Leitungen von nur 5%. Nach der Umstellung auf Erdgas und der damit verbundenen und technisch notwendigen Verdoppelung des Gasdruckes in den Leitungen stieg der Gasverlust jedoch unverhältnismäßig stark an. So ergaben sich in verschiedenen Städten – vor allem, wenn weiterhin die alten Leitungen mit Stemmuffen verwendet wurden – Gasverluste bis zu 50%! Gleichzeitig nahm dann aber auch die Anzahl der durch Gas abgetöteten Bäume entsprechend zu.

Dazu einige Belegzahlen: In den Niederlanden stieg mit der Umstellung auf Erdgas die Sterblichkeit der jungen Bäume in Neubaugebieten mit neuen, z. T. nahtlos geschweißten Gasleitungen, um 90%, die der alten Bäume in der Altstadt mit Stemmuffen-Leitungen um 200% an. In einer norddeutschen Stadt mit etwa 20 000 Straßenbäumen gingen 1967, d. h. vor der Umstellung auf Erdgas, 5–10

Bäume aufgrund von Gasschäden ein. 1968, mit Beginn der Umstellung, stieg diese Zahl bereits auf 100, 1969 auf 1 100 je Jahr! In den Niederlanden rechnet man, daß 50–70% aller abgängigen Straßenbäume auf das Erdgas-Konto entfallen. Dabei ist zu beachten, daß die voll ausgewachsenen, d. h. städtehygienisch besonders wichtigen Bäume durch Erdgas mit einem relativen Anteil von 70% (s. o.) stärker gefährdet sind als die jüngeren (= 50%) (S.I.A.B. 1970). Man muß also von einer Erdgasgefahr sprechen, die nicht nur in einigen Städten gelegentlich auftreten kann, sondern in diesem o. ä. Umfange von 70% der Städte der BRD gemeldet wird (RUGE 1975 a).

Die Ursache für den verstärkten Gasverlust aus den Leitungen ist nun nicht allein der für das Erdgas gesteigerte Gasdruck. Wichtiger ist folgender Zusammenhang: Bei den alten Gasleitungen, bei denen erfahrungsgemäß der Erdgasverlust besonders stark ist, wurden die Muffen mit Hanf abgedichtet. Da das alte Stadtgas stets feucht war (daher der Einbau der sog. Wassersäcke in die Leitungen), waren die Hanfdichtungen stets gequollen und somit gasdicht. Das Erdgas ist dagegen absolut trocken. Die Hanfdichtungen entquellen jetzt und werden somit undicht. Nach holländischen Schätzungen rechnet man hier mit einem Gasverlust von 4 l/m^2 Rohrfläche/h.

Aus den aufgezeichneten Zusammenhängen können wir nun die allgemeine Forderung ableiten, daß die Umstellung auf Erdgas erst dann erfolgen kann und darf, wenn entweder in einem alten Gasnetz die Hanfdichtungen durch eine quellungsunempfindliche Gummi- oder Pb-Dichtung ersetzt sind oder wenn vordem an Stelle des alten Gasnetzes ein neues, nahtlos geschweißtes Rohrsystem verlegt wurde. Ein Abdrücken der alten Gasleitungen mit erhöhten Drucken vor der Umstellung auf Erdgas, also bei noch gequollenen Dichtungen, sagt über die tatsächliche Dichtigkeit der Gasleitung für Erdgas gar nichts aus.

3.2 Ursache der Schäden

Wie wir feststellen werden (3.3), sind die Absterbeerscheinungen bei allen Straßenbaumarten völlig gleich. Es ergeben sich ebenfalls keine grundsätzlichen Unterschiede im Erscheinungsbild, ob Stadt- oder Erdgas in den Wurzelbereich der Bäume eingedrungen ist, ob also die Wurzeln durch das eine oder andere Gas abgetötet werden. Die in Tab. 27 zusammengefaßten Analysen für typische Stadt- und Erdgase weisen jedoch erhebliche qualitative und quantitative Unterschiede auf.

Das Erdgas besteht also zu 81,4 Vol. % aus CH_4 und enthält weiter 3,1 Vol.% höhere Kohlenwasserstoffe. Diesem Prozentsatz von 84,5 Vol.% Kohlenwasserstoffen stehen beim Stadtgas nur 21,8 Vol.% CH_4 und weitere 3,04 Vol.% höhere Kohlenwasserstoffe gegenüber. Wenn also im Stadtgas ebenso wie im Erdgas unter den Kohlenwasserstoffen das CH_4 mengenmäßig absolut überwiegt, so ist doch beim Stadtgas sowohl mengen- wie energiemäßig der wichtigste Bestandteil das H_2 (48,8 Vol.%), das im Erdgas völlig fehlt. Im Erdgas sind weiter C_2H_4, CO, H_2S, HCN und NH_3 nicht nachweisbar. Es fehlen hier also die für Mensch und Pflanze gefährlichen Atemgifte sowie das Äthylen. Wenn trotz dieser grundsätzlichen Unterschiede die Wurzeln und damit die ganzen Straßenbäume bei beiden Gasmischungen gleichartig absterben, so können zumindest die primären Ursachen hierfür nicht die lediglich in dem Stadtgas enthaltenen Giftstoffe sein. Die

Tab. 27. Zusammensetzung von Stadt- und Erdgas (nach KRÖGER 1975)

	Stadtgas			Erdgas		
CH_4	21,8 Vol. %		24,84 Vol. %	81,4 Vol. %		84,5 Vol. %
C_2H_6	0,9	3,04 Vol. %		2,6	3,10 Vol. %	
C_nH_m	0,24			0,5		
C_2H_4	1,9			0,0		
N_2	18,2			14,1		
CO_2	3,6			0,6		
CO	4,4			0,0		
H_2	48,8			0,0		
O_2	0,1			0,0		
H_2S	1,7 mg/m³			0,0		
HCN	97,0			0,0		
NH_3	108,0			0,0		
Arbeitsdruck	80–90 mm H_2O			150–180 mm H_2O		

tatsächlichen Zusammenhänge, die zum Absterben der Straßenbäume in der Nähe von Gasleckagen führen, wurden durch die niederländische „Studiecommissie invloed aardgas op Beplantingen" (S.I.A.B., 1969–1972) unter der wissenschaftlichen Leitung von HOEKS (1972) sehr sorgfältig und ausführlich untersucht und aufgeklärt. Dazu wurde auf einem Versuchsfeld an einer Stelle in den relativ leichten Sandboden kontinuierlich Erdgas eingeleitet und dann in verschiedenen Abständen von dem Leck die Konzentrationen von Erdgas (CH_4), CO_2 und O_2 in der Bodenluft gemessen.

Diese Modellversuche führten zu dem in Abb. 54 dargestellten Ergebnis: Die Erdgaskonzentration nimmt mit steigender Entfernung vom Gasleck kontinuierlich ab. Am Ort des Gasaustritts ist die CO_2-Konzentration gegenüber dem nicht

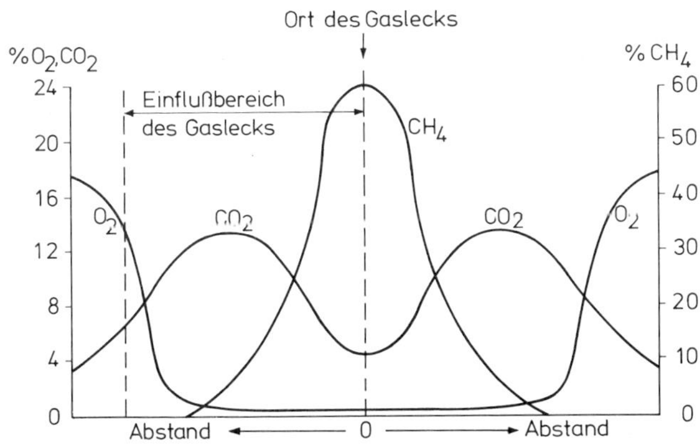

Abb. 54. Schematische Darstellung der Abhängigkeit der Konzentration für CH_4, CO_2 und O_2 im Boden vom horizontalen Abstand zum Gasleck. (Nach HOEKS 1972.)

begasten Boden zunächst noch unverändert, steigt dann aber mit zunehmender Entfernung vom Leck schnell auf einen mehrfach höheren Wert an und bleibt auch noch außerhalb der Zone, in der CH_4 nachweisbar ist, über dem Kontrollwert. Erst weit außerhalb der sog. Erdgaszone sinkt der CO_2-Wert auf den normalen Gehalt ab.

Eine völlig andere Kurve ergibt sich für die O_2-Konzentration im Boden: Am Leck ist sie äußerst niedrig und bleibt es auch so lange, wie das Erdgas im Boden noch nachweisbar ist. Erst außerhalb der Erdgaszone steigt die O_2-Konzentration schnell wieder an, während die CO_2-Konzentration gleichzeitig sinkt.

Daß sich in einem gleichmäßig strukturierten Boden, wie auf dem bezeichneten Versuchsfeld, die drei Kurven symmetrisch um das Gasleck herum aufbauen, ist einleuchtend. Ebenso selbstverständlich ist es, daß in einem nicht einheitlichen, sondern unterschiedlich strukturierten Straßenboden Abweichungen von der beschriebenen Symmetrie auftreten können. Aber auch unter diesen Bedingungen bleibt das bestehen, was soeben zu den Relationen der drei Gaskonzentrationen gesagt wurde. Die dargestellten Gradienten ändern sich nicht nur mit zunehmender horizontaler Entfernung vom Gasleck, sondern ebenfalls mit zunehmender vertikaler Entfernung von dem Begasungsort, also mit der Bodentiefe (Abb. 55).

Wie können nun die in Abb. 54 und 55 dargestellten Kurven interpretiert werden? Dazu haben wir von der Tatsache auszugehen, daß die Straßenböden nicht, wie man früher oftmals annahm, im bakteriologischen Sinne steril sind. Vielmehr finden wir hier ebensoviele Bakterien- und Pilzkeime wie in einem gesunden Ackerboden (Nossag 1971 a), wenn auch – aufgrund von O_2- und Nährstoffmangel – zum großen Teil in einem latenten Ruhestadium. Ganz allgemein finden sich in den Stadtböden Methan-oxidierende Bakterien in sehr großer Menge, die unter Energiegewinn begierig das Methan im Erd- bzw. Stadtgas über Zwischenprodukte zu CO_2 und H_2O aufoxidieren. Die Summenformel ($CH_4 + 2\ O_2 = CO_2 + 2\ H_2O$) macht deutlich, daß für den biologischen Abbau von einem Volumenteil CH_4 zwei Volumenteile O_2 verbraucht werden und daß daraus ein Volumenteil CO_2 entsteht. Wenn also an einer Stelle im Boden CH_4 austritt, so wird das in der Bodenluft enthaltene O_2 biologisch sofort verbraucht. Die O_2-Konzentration kann aber erst dann und dort wieder ansteigen, wo a) das CH_4 vollständig abgebaut ist, also außerhalb der Erdgaszone, und b) neue Luft in

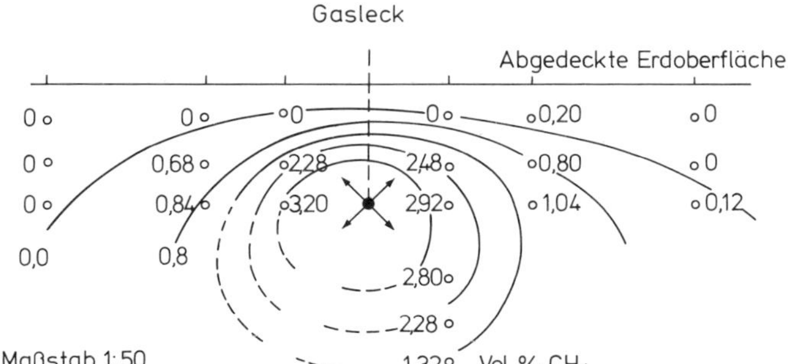

Abb. 55. Schematische Darstellung der Abhängigkeit der CH_4-Konzentration im Boden vom horizontalen und vertikalen Abstand zum Gasleck. (Nach Hoeks 1972.)

ausreichender Menge in den Boden hineindiffundieren kann. Da die Größe des Gaslecks, die Intensität des biologischen Abbaues von CH_4 und die Diffusion von O_2 in den Boden hinein sowie die Diffusion des CO_2 aus dem Boden heraus von Fall zu Fall verschieden sind, muß der Abstand vom Gasleck bis zu der Zone, in der der O_2-Gehalt im Boden wieder auf den Normalwert ansteigt, immer verschieden groß sein. Dieser Abstand kann in der Praxis durchaus 16–20 m betragen.

In Abhängigkeit von der Größe des Gaslecks und der Luftwegigkeit des betreffenden Bodens wird natürlich auch die O_2-Konzentration verschieden stark im Boden absinken. Als Erfahrungswert kann festgehalten werden, daß in der Nähe eines Gaslecks die O_2-Konzentration in der Bodenluft stets $<$12–14% ist, oft sogar auf 0–2% absinkt.

Mit dieser Feststellung haben wir nun die allgemeine Erklärung der Gasschäden gefunden:

a) Durch das Eindringen von Erd- bzw. Stadtgas in den Boden wird die natürliche Bodenluft mechanisch verdrängt, die O_2-Konzentration also erniedrigt.

b) Da die Methanbakterien das ausströmende CH_4 begierig aufnehmen und veratmen, sinkt die bereits verminderte O_2-Konzentration in der Bodenluft rapide so lange ab, bis das Methan vollständig verbraucht ist und mehr O_2 in den Boden wieder hineindiffundiert, als dort biologisch verbraucht wird.

Da nun die Wurzeln unserer Pflanzen – was leider oft übersehen wird – sehr viel O_2 benötigen (als Faustregel: das Wurzelsystem verbraucht ebensoviel O_2 wie das Sproßsystem), ersticken die Wurzeln bei einem O_2-Gehalt von $<$12–14%. Das Absterben der Straßenbäume bei Gasschäden beruht also auf einem Erstickungstod des Wurzelsystems. Danach stirbt naturgemäß die ganze Pflanze ab.

Wenn wir der Tab. 27 entnahmen, daß im Stadtgas gefährliche Atemgifte usw. enthalten sind, die im Erdgas fehlen, so ist dies für unsere Betrachtung zunächst von geringerer Bedeutung. Gewiß könnte man zugunsten des Stadtgases sagen, daß durch die Atemgifte in diesem Gas auch die Atmungsenzyme der Methan-Bakterien blockiert werden, sie also nicht soviel O_2 aus der Bodenluft verbrauchen können. Offenbar besteht jedoch beim Absinken des O_2-Partialdruckes in der Bodenluft kein Unterschied, ob dieser Boden mit Stadt- oder mit Erdgas verseucht wurde. Wir werden aber an anderer Stelle (3.6) darauf zurückkommen, daß ein mit Stadtgas behandelter Boden viel schwerer zu regenerieren ist als ein entsprechender Erdgasboden. Dementsprechend wird es noch schwerer sein, einen durch Stadtgas geschädigten Baum zu retten als einen Baum, der in der Nähe eines Erdgaslecks steht.

Nach Ableitung dieser grundsätzlichen Zusammenhänge einige speziellere, für die Praxis jedoch wichtige Fakten: Alle Stadtböden, gleichgültig, ob sie schon einmal mit Stadt- bzw. Erdgas in Berührung gekommen sind oder nicht, enthalten regelmäßig Zysten, Endo- oder Exosporen von verschiedenen Bakterien, die (in Gegenwart von O_2) Methan bzw. Äthan oder Propan oxidieren können. Gelangt nun Erdgas in den Boden, so werden zunächst die Äthan- und Propanbakterien aktiviert. Erst nachdem diese Kohlenwasserstoffe weitgehend verbraucht sind, setzt die Aktivierung und Vermehrung der Methan-Oxidierer ein. Für diese Mikroorganismen ist also eine ausgeprägte lag-Phase typisch (vgl. Abb. 57, Kurve A). Ist diese Phase überwunden, so überwiegt die Methan-Oxidation die der anderen Kohlenwasserstoffe bei weitem, dies auch aus dem Grunde, weil sowohl im Stadt- wie im Erdgas wesentlich mehr Methan als Äthan und Propan enthalten ist (Tab. 27).

Zur Methan-Oxidation sind u. a. folgende Bakterien befähigt: *Bacillus methanicus, Methanomonas methanooxydans, Methylococcus capsulatus, Methylosinus trichosporium, Pseudomonas methanica.* Der gleiche Prozeß wird aber sehr wahrscheinlich auch von bestimmten Pilzen, z. B. *Graphium*, durchgeführt.

Das Methan wird mikrobiologisch über folgende Zwischenprodukte abgebaut: Methan → Methanol → Formaldehyd → Ameisensäure → Kohlendioxid. Bei diesem Prozeß werden insgesamt je Mol $CH_4 + 2\,O_2$ = 881,74 kJ = 210,6 kcal frei (bei $C_2H_6 + 3\,1/2\,O_2$ = 1542,40 kJ = 368,4 kcal, bei $C_3H_8 + 5\,O_2$ = 2203,51 kJ = 526,3 kcal).

Da das Formaldehyd bekanntlich für alle pflanzlichen Organismen ein sehr wesentlicher biochemischer Baustein ist, wird es z. T. von den Bakterien assimiliert. In einem solchen Fall werden je Mol CH_4 nicht 2 Mol O_2 verbraucht, sondern nur 0,2–1,8 Mol. Im allgemeinen kann man wohl annehmen, daß 10% des CH_4 zur Energiegewinnung veratmet, die restlichen 90% jedoch assimiliert werden. Wenn also in einem Straßenboden ein neues Gasleck auftritt, so wird der O_2-Verbrauch und damit die CO_2-Produktion so lange relativ niedrig bleiben, solange viel organische Masse neu gebildet wird, sich also die Methanbakterien noch stark vermehren.

Die freigewordene Energie (s. oben) nützen die Bakterien natürlich vor allem für ihren Stoffwechsel (Assimilation) aus. Es besteht aber auch grundsätzlich die Möglichkeit, daß die CH_4-Bakterien weitere freie Energie dazu verwenden, um selbst elementaren N_2 zu binden. Auf jeden Fall ist es typisch und häufig bestätigt, daß in der Nähe eines Gaslecks der Gehalt an organischen N- und C-Verbindungen im Boden ansteigt. Diese Tatsache könnte man aber in der Weise erklären, daß die von den Methanbakterien assimilierten Kohlenhydrate von anaeroben N_2-bindenden Bakterien, z. B. *Clostridium*, zur N_2-Assimilation verwendet werden.

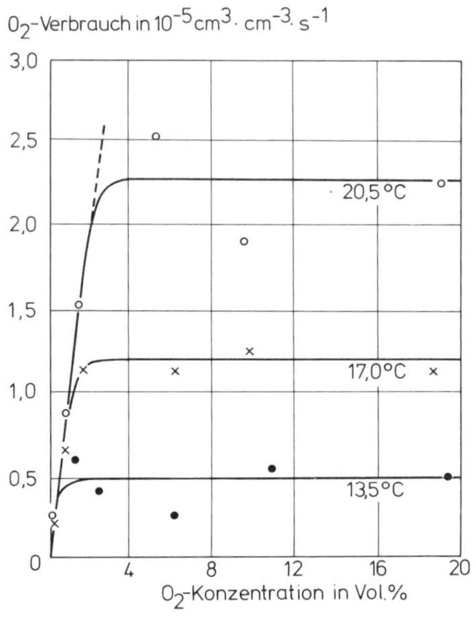

Abb. 56. O_2-Verbrauch in Abhängigkeit von der Temperatur im Boden, der etwa 2,5 Vol.-% Erdgas enthält. (Nach HOEKS 1972.)

Wichtiger für unsere Betrachtungen sind jedoch folgende Zusammenhänge: Bei den von HOEKS (1972) untersuchten Methanbakterien steigt der O_2-Verbrauch um das Vier- bis Fünffache an, wenn die Bodentemperatur von 13,5° auf 20,5° ansteigt. Die Abb. 56 macht weiter deutlich, daß der O_2-Verbrauch bei den Temperaturen von 13,5°, 17,0° und 20,5°C jeweils konstant bleibt, wenn die O_2-Konzentration im Boden >4 Vol.% ist.

Die dargestellte extrem starke Abhängigkeit des O_2-Verbrauches von der Bodentemperatur macht nun verständlich, daß ein Erdgasleck im Winter, also bei niedrigen Bodentemperaturen, für die Bäume viel harmloser ist als im Sommer, weil im Winter aus den genannten Gründen kein so extremer O_2-Mangel im Wurzelbereich auftreten kann. Gleichzeitig benötigen aber auch ruhende Baumwurzeln viel weniger O_2. Diese Zusammenhänge lassen es verständlich werden, daß Erdgasschäden sich nur während der Vegetationsperiode so katastrophal auswirken.

Wenn in einem Boden ein Gasleck aufgetreten ist, kommt es für den Gärtner darauf an, den durch die CH_4-Oxidation bewirkten O_2-Mangel im Bereich der Baumwurzeln so schnell wie nur möglich zu beheben. Dazu ist es erforderlich, zunächst das Leck abzudichten und gleichzeitig möglichst viel O_2 in den Boden zu bringen (s. auch 3.5, Absätze 2–4).

Ebenso wichtig ist es aber auch, die Aktivität der Methan-oxidierenden Bakterien so zu steigern, daß zwar die O_2-Konzentration im Boden evtl. kurzfristig noch stärker absinkt, danach aber, nach vollständigem Verbrauch von Methan, möglichst schnell wieder auf den Normalwert von 20,5 Vol.-% ansteigt. In diesem Zusammenhang ist darauf hinzuweisen, daß zumindest bei den von HOEKS (1972) untersuchten Methanbakterien der mikrobielle CH_4-Abbau lediglich im Bereich pH 5,5–8,0 möglich ist. Optimal schnell verläuft er bei pH 7,0. Daher ist es als „günstig“ zu beurteilen, daß alle Straßenböden aufgrund ihres Na^+-Gehaltes aus den Auftausalzen schwach alkalisch, zumindest niemals extrem sauer sind (vgl. 5.5). Es wird aber vermutet, daß eine biologische CH_4-Oxidation mit Hilfe von Pilzen (*Graphium*) auch in sauren Böden erfolgen kann.

Wichtiger sind für die Praxis die in Abb. 57 dargestellten Ergebnisse. Sie zeigen, daß in einem ungedüngten Boden (Kurve A) der biologische CH_4-Abbau erst ~ 40 Tage nach Beginn des Lecks maximal einsetzt. Wird jedoch der gleiche Boden mit einem Nitrat-haltigen Dünger versorgt (Kurve B), so wird die gleiche Aktivität bereits nach 14 Tagen erreicht, d. h., die lag-Phase wird hier sehr stark verkürzt. Bei dieser Düngung ist einmal die allgemeine Versorgung des Bodens mit K, Mg, Ca, S, P sowie mit den Spurenelementen Fe, Cu, Mn, Zn und B wichtig.

Bedeutungsvoller dürfte es jedoch im allgemeinen sein, daß das N in Form von Nitrat und nicht als Ammonium oder Harnstoffverbindung gegeben wird. Die Erfahrung hat jedenfalls gezeigt, daß ein entstandener Gasschaden – unter bestimmten Voraussetzungen – sehr gut nach einer Nitratdüngung, nicht aber nach einer Düngung mit Ammoniumsalzen bzw. Harnstoff, überwunden werden kann (vgl. 3.5.4; KRÖGER 1975).

In diesem Zusammenhang ist die Frage aufzuwerfen, ob der oxidative Abbau von CH_4 nur mit Hilfe von O_2 aus der Bodenluft erfolgen kann. Zur Beantwortung dieser Frage sei darauf hingewiesen, daß wir von einer Oxidation eines Stoffes nicht nur dann sprechen, wenn dieser chemische Körper O_2 aufnimmt. Allgemeiner formuliert, liegt eine Oxidation vor, wenn ein Stoff Elektronen abgibt und diese

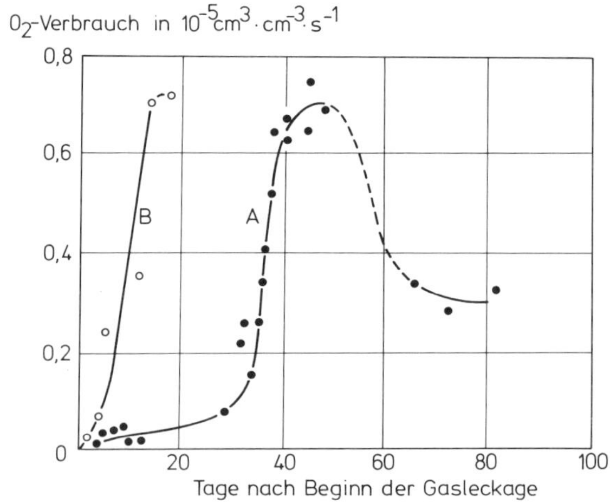

Abb. 57. Biologische Aktivität (gemessen als O_2-Verbrauch) in einem erdgasverseuchten, ungedüngten Boden (A) sowie in demselben Boden nach Düngung mit einer NO_3- und PO_4^{3-}-haltigen Nährlösung (B). (Nach HOEKS 1972.)

gleichzeitig auf einen Elektronenakzeptor übertragen werden. Der chemische Körper ist nach der Elektronenabgabe oxidiert, der Elektronenakzeptor aber gleichzeitig reduziert. Bei Anwesenheit von mehreren Elektronenakzeptoren wird zunächst derjenige reduziert, der das höchste positive Potential besitzt. Wie die folgende Aufstellung der Normalpotentiale zeigt, ist MnO_2 ein ebenso starker Elektronenakzeptor wie O_2.

Tab. 28. Normalpotentiale verschiedener Elektronenakzeptoren

Elektronenakzeptor	Normalpotential
O_2 / H_2O	E_o = +1,24 V
MnO_2 / Mn^2 +	+1,23
NO_3- / NO_2-	+0,94
Fe^{3+} / Fe^{2+}	+0,75
SO_4- / $SO_3 2-$	+0,14

Dies heißt aber, daß zur Oxidation von CH_4 anstelle von O_2 ebenso günstig MnO_2 verwendet werden kann, und zwar kann von den Organismen das MnO_2 bereits dann verwendet werden, wenn noch meßbare Mengen von O_2 im Boden enthalten sind. Erst nach vollständigem Verbrauch von O_2 und MnO_2 kann die Oxidation von CH_4 mit Hilfe von Fe^{3+}, NO_3^-, SO_4^{2-} oder auch Fettsäuren fortgeführt werden. Dies bedeutet mit anderen Worten, daß der biologische CH_4-Abbau im Boden sowohl unter aeroben wie unter anaeroben Bedingungen erfolgen kann.

3.3 Diagnostische Merkmale

Ein wesentliches diagnostisches Merkmal zur Unterscheidung von Schäden durch Auftausalz (s. 5.3) und durch Stadt- bzw. Erdgas ist, daß bei dem erstgenannten sich die Bäume über mehrere Jahre langsam zu Tode quälen, während sie bei Gasschäden in wenigen Wochen, höchstens Monaten, rettungslos abgestorben sind.

In den Frühstadien kann man hier erkennen, daß die glänzende, grüne Farbe der gesunden Blätter einen matten Grauton annimmt. Diese Blätter verlieren ihre volle Turgeszenz, hängen also wie bei einer Welke mehr oder weniger schlapp herab, werden dann insgesamt braun und fallen schließlich ab. Zu einem Wiederaustrieb innerhalb der Krone auch nur einzelner Zweige oder Äste (Junitrieb) – wie bei den salzgeschädigten Bäumen – kommt es meistens nicht mehr. Es treiben lediglich – oft auffallend viele – frische Wassertriebe aus dem Wurzelhals und dem Stamm aus. Diese Symptome gelten grundsätzlich für alle Laubholzarten, unabhängig davon, ob der Schaden durch Stadt- oder Erdgas ausgelöst wurde.

Auffallend ist weiter, daß z. T. nur einzelne Bäume (z. B. neben einer nicht intakten Gaslaterne) absterben. Oft gehen aber alle Bäume einer Baumreihe gleichzeitig ein, während die Bäume auf der anderen Straßenseite völlig gesund bleiben (Abb. 58). Hier darf man sich nicht irritieren lassen, wenn die fragliche Gasleitung näher zu den gesunden als zu den kranken Bäumen liegt. Das Gas wandert nämlich nicht immer den kürzesten Weg, wohl aber stets den Weg mit dem geringsten Widerstand im Boden, also z. B. auch unter der Asphaltdecke der Fahrbahn hindurch.

Gräbt man den Boden mit solchen absterbenden Bäumen einen bis zwei Spatenstiche tief auf, so stellt man einen widerlichen, ekelerregenden, fauligen Geruch nach Fettsäuren und organischen S-Verbindungen fest. Weiter sind die etwa fingerdicken Wurzeln durchgehend blauviolett gefärbt. Diese Färbung (Farbstoff?) verblaßt nach einigen Tagen an der Luft.

Oft kann man auf einen Gasschaden in einer völlig anderen Weise dadurch aufmerksam werden, daß sich der Boden spürbar erwärmt. In einem auf einem

Abb. 58. Typischer Erdgasschaden in einer Stadt. Die Gasleitung auf der linken Straßenseite ist undicht, alle Linden sind daher hier eingegangen. Auf der gegenüberliegenden Straßenseite sind die ebenso alten Linden völlig gesund.

Trümmergrundstück errichteten Einfamilienhaus wunderte man sich z. B., daß das Haus so fußbodenwarm (38° C) war und daß das Wasser aus der Stadtleitung nicht mit einer konstanten Temperatur von 12° C, sondern mit 30–40° C floß. Ursache: Auf dem Grundstück lag noch eine alte, defekte Gasleitung (vgl. Seite 142).

Die Verfärbung der Wurzeln und der Gestank des Bodens im Wurzelbereich sind an sich so typische Merkmale, daß sie zumindest für eine Schnelldiagnose ausreichend sein können. Ich möchte aber darauf hinweisen, daß die ersten Pflanzenphysiologen, die Gasschäden an Straßenbäumen analysierten (KNY 1871, SORAUER 1916 usw.), diese Symptome entweder nicht vermerkten oder ihnen keine Bedeutung beimaßen oder feststellten, daß Blaufärbungen von Baumwurzeln auch dann auftreten, wenn der Boden versumpft (s. unten).

Für gasgeschädigte Böden ist und war es jedoch stets typisch, daß die durch Fe^{3+} bedingte Braunfärbung der Erde in ein Grün-Blau-Grau(Schwarz) umschlägt und daß die Böden gleichzeitig strukturlos und schmierig werden.

Es wurde bereits darauf hingewiesen (3.2), daß in gasgeschädigten Böden regelmäßig die organische Masse, also der Gehalt an organisch gebundenem N und C, dadurch gesteigert wird, daß sich die Zahl der aktivierten, die Kohlenwasserstoffe abbauenden Bakterien vermehrt hat. Wenn man in einem Modellversuch auch stets einen derartigen Anstieg der biologischen Masse im Boden einwandfrei nachweisen kann, so dürfte es doch bei der praktischen Begutachtung des Gasschadens schwer sein, bei der gegebenen Heterogenität der Straßenböden in jedem Fall einen echt vergleichbaren Bezugsboden ohne Gasschaden zu finden.

Die bisher genannten Merkmale für Gasschäden sind zwar recht typisch, besitzen jedoch, wie man sich leicht überzeugen kann, keine durchschlagende Beweiskraft, z. B. vor Gericht, weder in der einen Richtung noch in der anderen. Gehen wir also von der eigentlichen Schadursache, dem Methangehalt im Boden aus. Hier müssen wir folgendes feststellen:

a) Abb. 54 zeigt, daß z. T. bereits in relativ geringer Entfernung von dem Gasleck das Methan nicht mehr festgestellt werden kann. Die für den Gasschaden verantwortliche Institution könnte dem Kläger evtl. eine derartige Stelle vorführen.
b) Kann der Boden gasanalytisch nicht an Ort und Stelle auf Methan untersucht werden, so muß die Erdprobe an eine neutrale Untersuchungsstelle verschickt werden. Ist diese Probe jedoch nicht völlig gasdicht für den Transport verpackt worden, so wird das in der Probe evtl. vorhandene Methan während der Zeit von der Probenahme bis zur Untersuchung entweder aus dem Boden abgegast oder biologisch abgebaut sein.
c) Eine Bodenprobe an eine Untersuchungsstelle mit dem Auftrag zu verschicken, im Labor den O_2-Gehalt zu bestimmen, ist natürlich sinnlos (s. oben).

Sehr begrüßenswert ist es, wenn bei der Begutachtung eines Gasschadens der O_2-Gehalt im Boden in der Weise bestimmt wird, daß mit Hilfe eines etwa 100 cm langen und 1 cm dicken Stahlrohres, das unten zugespitzt und längsseits mehrmals durchbohrt ist, aus etwa 50-80 cm Tiefe Bodenluft über eine die O_2-Konzentration anzeigende Elektrode gesaugt wird (Achtung: keine Beiluft!). Bei derartigen Messungen der O_2-Konzentration muß man sich jedoch darüber klar sein, was hier gemessen wird und was nicht. Dazu sei daran erinnert, daß jeder Boden sich aus drei Phasen zusammensetzt: Die Komponenten des mineralischen Bodens bilden die feste Phase, die hier zunächst nicht interessiert. Die Bodenlösung stellt die flüssige und die Bodenluft die gasförmige Phase dar. In dieser Gasphase wird nach der eben beschriebenen Methode die O_2-Konzentration gemessen; man ist sich aufgrund von Erfahrungstatsachen darin einig, daß bei Unterschreiten des Wertes von 12-14% O_2 die Wurzeln ersticken, also absterben. (11% O_2 ist die Grenze, die für den Menschen letal wirkt).

Die uns interessierenden biochemischen Prozesse laufen jedoch nicht in der Gasphase des Bodens ab, sondern in der Bodenlösung. Von ihr werden die Wurzeln umgeben; hier leben die Bodenbakterien; hier müssen sich also auch die Stoffe finden, die sich am Stoffwechsel der Bakterien beteiligen. Auch andere chemische Reaktionen können nur in der Lösung eingeleitet werden. Zwischen der O_2-Konzentration in der Gasphase und der in der Bodenlösung stellt sich natürlich ein Gleichgewicht ein. Da aber der Diffusionskoeffizient von O_2 im Wasser etwa 10000mal niedriger ist als in der Luft, kommt es nur dann zu diesem Gleichgewicht, wenn auf keiner Seite die O_2-Konzentration kurzfristig stark verändert wird. Wenn also in der Bodenlösung plötzlich ein starker O_2-Verbrauch einsetzt, wie z. B. bei der Methan-Oxidation durch die Bakterien, so sinkt der O_2-Gehalt hier sehr schnell auf 0% ab, während gleichzeitig in der Bodenluft durchaus noch meßbare Mengen von O_2 übrig bleiben. Zu einem derartigen Ungleichgewicht muß es hier kommen, weil das O_2 bei dem hohen Diffusionswiderstand im Wasser nicht so schnell aus der Gasphase in die Bodenlösung nachgeliefert werden kann, wie es hier verbraucht wird.

In einem solchen Fall messen wir also mit unserer Sonde an der „falschen" Stelle, d. h., die gefundenen Werte sagen nicht sehr viel über das Redox-Potential in der Bodenlösung aus, das uns allein interessiert. Mit dieser Feststellung wird aber auch erklärt, daß in Gegenwart von O_2 (in der Bodenluft!) Stoffe (in der Bodenlösung!) reduziert werden können, die nach Erkenntnissen der Chemie neben O_2 in der oxidierten Form vorliegen müßten. Aus dem Vorstehenden sollte deutlich werden, daß ein Gasschaden nicht allein mit Hilfe einer Messung der O_2-Konzentration in der Bodenluft diagnostiziert werden kann.

Das, was für eine einwandfreie Diagnose von Gasschäden nach dem oben Besprochenen notwendig ist, ist die Bestimmung der Konzentration eines in allen Bodenlösungen enthaltenen Stoffes, dessen Konzentration sich parallel zu dem O_2-Gehalt in der wäßrigen Phase im Boden verändert, aber über eine längere Zeit konstant bleibt, wenn hier keine besonderen physikalischen oder chemischen Eingriffe vorgenommen werden. Ein derartiger Stoff ist nun das reduzierte Mangan (Mn^{2+}), und zwar nicht die absolute Menge Mn^{2+}/kg Boden, sondern %-Mn^{2+} vom Gesamtmangan.

Seit langem ist bekannt, daß in einem erdgasgeschädigten Boden neben dem Fe^{3+} auch das MnO_2 reduziert wird (SCHOLLENBERGER 1930, KÜHNE und KÖSTER

Tab. 29. O_2- und Mn^{2+}-Gehalt in erdgasgeschädigten Böden (KRÖGER 1975)

Standort	O_2 Vol.-%	% Mn^{2+}, bez. auf Ges.-Mn
1	18	0,74
2	13	5,6
3	11	19,25
4	6	35,8
5	3	36,5

1967). Da das Normalpotential E_0 von O_2/H_2O ebensogroß ist wie für MnO_2/Mn^{2+} (s. Tab. 28), war anzunehmen, daß mit steigendem O_2-Verbrauch im Boden der prozentuale Anteil von Mn^{2+} hier entsprechend ansteigt. Dies ist nun durch die ausführlichen Untersuchungen von KRÖGER (1975) bewiesen, wie z. B. aus Tab. 29 hervorgeht.
In Abb. 59 wurden fünf verschiedene Böden (V1, V2, V3 = gut gedüngte humose Böden von einem Versuchsfeld, S1 und S2 = nährstoffarme Straßenböden unter einem alten Steinpflaster) 18 bzw. 8-10 Wochen lang ständig mit Erdgas begast. Die Kurven zeigen, daß alle Böden zu Versuchsbeginn kein Mn^{2+} enthalten. Danach steigt der Mn^{2+}-Gehalt zunächst langsam (bei den nährstoffarmen S-Böden mit einer ausgeprägteren lag-Phase als bei den V-Böden vom Versuchsfeld, vgl. Abb. 57), exponentiell entsprechend einer biologischen Reaktion an.

Diese Versuche wurden von KRÖGER (1975) sodann im Vergleich zum Erdgas mit Stadtgas bzw. CO_2 und H_2 wiederholt. Für die ersten Wochen der Beaufschlagung verlaufen die Kurven für Stadt- und Erdgas – in beiden Fällen mit einer deutlichen lag-Phase beginnend – parallel zueinander. Danach zeigt sich jedoch in der Erdgaskurve der für biologische Prozesse typische S-förmige Verlauf der Mn-Reduktion, während die Stadtgaskurve mehr oder weniger geradlinig und steiler ansteigt. Dieser Kurvenverlauf mag darauf beruhen, daß im Stadtgas H_2S enthalten ist, das das MnO_2 chemisch reduziert. Während also beim Erdgas nur eine biologische Reduktion eintritt, ergibt sich beim Stadtgas eine kombinierte Wirkung von chemischen und biologischen Prozessen.

Werden die Erdproben mit CO_2 bzw. H_2 entsprechend behandelt, wird kein Mn zu Mn^{2+} reduziert. Dies heißt aber, daß die Mn-Reduktion nicht darauf beruht bzw. dadurch ausgelöst wird, daß das O_2 aus dem Boden physikalisch verdrängt wird. Wird der Versuchsboden für längere Zeit mit H_2O überschichtet, so tritt wiederum eine starke Mn-Reduktion ein, weil in dem vernäßten Boden einerseits Methan (Sumpfgas) entsteht, andererseits beim anaeroben Abbau organischer Verbindungen des Bodens Thiolverbindungen und H_2S entstehen. In vernäßten Böden wird also das Mn biologisch und gleichzeitig chemisch reduziert.

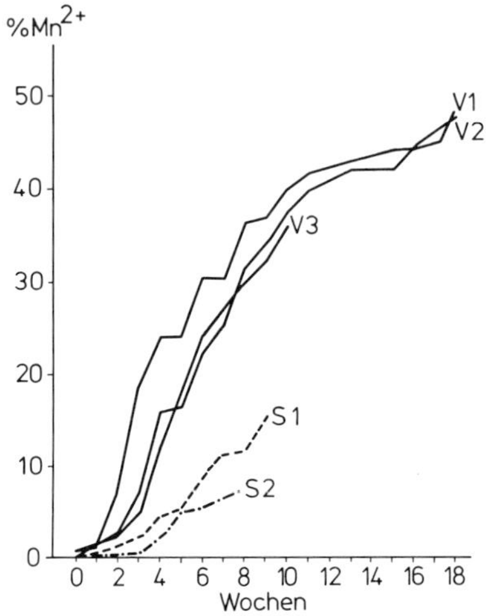

Abb. 59. Anstieg des Gehaltes an reduziertem Mangan (Mn^{2+}) nach 8–10 bzw. 18 Wochen andauernder Begasung von nährstoffreichen (V) und nährstoffarmen (S) Böden mit Erdgas. (KRÖGER 1975.)

Bei unseren bisherigen Betrachtungen waren wir von der Voraussetzung ausgegangen, daß die Methan-Oxidation im Boden – zumindest bei einer Beaufschlagung mit Erdgas – einen biologischen Vorgang darstellt, der von den Methanbakterien ausgelöst wird. Wenn wir nun zur Diagnose von Erdgasschäden aus praktischen Erwägungen heraus nicht die Reduktion von $O_2 \rightarrow H_2O$ (= O_2-Mangel in der Bodenluft) einsetzen wollen, sondern die Reduktion von $MnO_2 \rightarrow Mn^{2+}$, muß vordem erwiesen sein, daß diese Reaktion biologische Ursachen hat. Dazu wurde eine Bodenprobe vor der Erdgasbeaufschlagung mit einer 2%igen Ceresan-Lösung (= Hg-haltiges Bakterizid) behandelt. Nach der 5wöchigen Begasung dieser Probe mit Erdgas ergab sich, daß hier nur 0,53% des Gesamt-Mn zum Mn^{2+} reduziert war. In der nicht mit Ceresan behandelten Kontrolle, die jedoch in allen anderen Punkten in gleicher Weise geführt wurde, waren 5,05% des Gesamt-Mn reduziert. Auch aus anderen Versuchen kann abgeleitet werden, daß die Mn-Reduktion im Boden nach einer CH_4-Behandlung nur dann erfolgen kann, wenn aktivierte Methanbakterien zugegen sind. Mit der Bestimmung von „% Mn^{2+} vom Gesamt-Mn“ messen wir also bei Erdgasbeaufschlagung die Intensität eines biologischen Vorganges. Bei Stadtgas überwiegt nur anfangs noch der biologische Prozeß, danach kommt jedoch aufgrund des H_2S-Gehaltes in diesem Gas die chemische Mn-Reduktion hinzu (KRÖGER 1975).

Nach den vorstehenden Betrachtungen können wir also feststellen, daß ein Schaden durch Stadt- bzw. Erdgas eindeutig und reproduzierbar dann festgestellt ist, wenn sich chemisch in der Bodenprobe reduziertes Mn (Mn^{2+}) in einer Menge >0,5% vom Gesamt-Mn nachweisen läßt. Liegt der Prozentsatz Mn^{2+} über 5,0 %, so kann davon ausgegangen werden, daß in diesem Boden ein so starker Gasschaden vorliegt, der zum Absterben der Bäume usw. führen muß, weil hier der O_2-Gehalt < 12–14% ist (vgl. Tab. 29).

Bei dieser Aussage gehen wir von der Tatsache aus, daß es zu einer Mn-Reduktion nicht kommt, wenn in dem Boden das O_2 lediglich durch CO_2, H_2 oder andere Gase chemisch verdrängt wird. Zu einer Mn-Reduktion kommt es in der Praxis bei Stadtböden, d. h. z. B. unter Ausschluß von H_2S-haltigen Böden, nur dann, wenn in einen mikrobiologisch aktiven Boden Stadt- oder Erdgas eingeleitet wird oder dieser Boden für längere Zeit unter Wasser steht, so daß hier Sumpfgas (CH_4) entstehen kann. Ob eine Versumpfung an einer Straße usw. während eines gewissen Zeitraumes aufgetreten war, wird sich durch Zeugenaussagen eindeutig klären lassen. Die Entscheidung der Frage andererseits, ob der beobachtete Schaden durch Stadt- oder Erdgas verursacht wurde, ist im allgemeinen wohl uninteressant und kann in den meisten Fällen durch eine Rückfrage bei dem zuständigen Gaswerk direkt geklärt werden. Sollte trotzdem ein objektiver Beweis geführt werden müssen, so bietet sich nach KRÖGER (1975) folgende Methode an:

Die fragliche Bodenprobe mit einem bekannten Gehalt an Mn^{2+} wird in eine Röhre mit einem lichten Durchmesser von 10-15 cm gefüllt, die unten mit einer groben Siebplatte abgeschlossen ist. Durch diese Siebplatte werden nun kontinuierlich für vierzehn Tage 6 l Luft/h in den Boden gepreßt. Vier bis fünf Tage und vierzehn Tage nach Beginn der Belüftung wird wiederum der prozentuale Mn^{2+}-Gehalt bestimmt. Sinkt der Mn^{2+}-Anteil vom Gesamt-Mn innerhalb von vierzehn Tagen um 50-100% und ist bereits nach vier bis fünf Tagen eine spürbare Reoxidation des Mn^{2+} eingetreten, so lag ein Erdgasschaden vor. Bleibt dagegen die Aufoxidation in dieser Zeit wesentlich geringer, so muß mit einem langfristigen

Stadtgasschaden gerechnet werden, ebenfalls dann, wenn in den ersten vier Tagen der Belüftung praktisch keine Reoxidation eingesetzt hat (vgl. Abb. 67).

Eindeutiger lassen sich durch Stadt- bzw. Erdgas entstandene Schäden unterscheiden, wenn die Dehydrogenase-Aktivität in den Böden untersucht wird (KRÖGER 1975). Nach Beaufschlagung des Bodens mit Erdgas steigt die Aktivität dieses Enzyms sehr stark an. Bei Stadtgas wird dagegen das Enzymsystem vergiftet, und die Aktivität sinkt dann auf Null ab.

Zum Verständnis des Vorstehenden muß darauf hingewiesen werden, daß die Oxidation des Mn^{2+} (ebenso wie die vorausgegangene Mn-Reduktion) einen biologischen Vorgang darstellt, der durch ubiquitär vorkommende Fe- und Mn-Bakterien, optimal im pH-Bereich 6,0–7,5, ausgelöst wird. Wenn jedoch im Stadtgas Atmungsgifte wie CO, HCN, H_2S (und Äthylen) enthalten sind, werden nach längerer Einwirkungszeit dieser Begleitgase im Stadtgas (s. Tab. 27) die Mn-oxidierenden (wie -reduzierenden) Organismen abgetötet. Dann ist eine biologische Reoxidation vorerst nicht mehr möglich. Sie kann also nur nach Erdgaseinwirkung kurzfristig eingeleitet werden.

Wird der Boden für diesen Prozeß mit NH_4- oder Harnstoffdüngern behandelt, so ist die Reoxidation sehr stark gehemmt, weil für die biologische Assimilation dieser N-Dünger sehr viel O_2 aus dem Boden verbraucht wird. Wird dagegen mit NO_3-Düngern gearbeitet, so setzt die Reoxidation zwar zunächst langsamer ein als in den unbehandelten Böden. Die endgültigen Oxidationswerte liegen hier jedoch erheblich günstiger als in der Kontrolle (vgl. 3.5).

3.4 Bestimmung des Anteils von austauschbarem Mangan (= Mn^{2+}) am „Gesamt-Mangan" im Boden (nach SCHACHTSCHABEL 1957)

I. Probenahme
Etwa 250 g frisch ausgehobene Erde, die auf ihren Mn^{2+}-Gehalt geprüft werden soll, werden direkt nach der Entnahme in einen Kunststoffbeutel gegeben und möglichst fest verschlossen. Die Probe kann bis zu 14 Tagen im Kühlschrank gelagert werden.

II. Extraktion des „Gesamt-Mangan" (= Mn)
10 g lufttrockene, feingesiebte Erde werden in einem Erlenmeyer-Kolben mit 0,2 g Aktivkohle, 50 ml Lösung L 1b (s. unten) und 50 ml der Lösung L 2 versetzt. Der Ansatz bleibt im verschlossenen Kolben 2 Tage stehen und wird 3 mal täglich kräftig durchgeschüttelt. Anschließend wird über ein (doppeltes) Faltenfilter filtriert und im Filtrat das Mangan bestimmt (s. IV.).

III. Extraktion des austauschbaren Mangan (= Mn^{2+})
10 g lufttrockene, feingesiebte Erde werden in einem Erlenmeyer-Kolben mit etwa 0,2 g Aktivkohle und 100 ml der Lösung L 1a versetzt. Dieser Ansatz wird sogleich im verschlossenen Kolben 1 h geschüttelt und danach durch einen Faltenfilter filtriert. Für diese Mn-Bestimmung wird jedoch nur das Filtrat verwendet, das innerhalb der ersten 30 min durchgelaufen ist.

IV. Mn-Bestimmung in den Filtraten II. und III
In getrennten Analysengängen werden jeweils 10 ml der Filtrate II und III in 25-ml-Meßkolben pipettiert. (Diese Filtratmenge muß evtl. entsprechend dem Mn-Gehalt variiert werden!) Als Oxidations-Katalysator sowie zur Maskierung von Cl^- und Fe^{3+} werden 2,5 ml Lösung L 3 und als Oxidationsmittel

1 g Ammoniumperoxodisulfat [$(NH_4)_2S_2O_8$] zum Filtrat in den Meßkolben hinzugegeben. Danach werden die Lösungen in einem Wasserbad für mindestens 20 min auf 90-100° C erhitzt, bis keine Gasblasen mehr aufsteigen. Hat sich die Lösung braun gefärbt (Braunstein), so ist der Ansatz mit 5 ml Filtrat zu wiederholen.
Zur Feststellung der Blindwerte werden 10 ml der Extraktionslösungen (5 ml L 1b + 5 ml L 2 bzw. 10 ml L 1a) in gleicher Weise behandelt. Nach dem Abkühlen der Lösungen füllt man die 25-ml-Meßkolben bis zur Marke mit der Lösung L 4 auf und mißt die Extinktion gegen Wasser bei einer Schichtdicke von 1-5 cm und einer Wellenlänge von 530 nm (z. B. Zeißfilter S 53 E). Nach Abzug des jeweiligen Blindwertes entnimmt man der Eichkurve die Mn-Werte.
V. Eichkurve
In einen Meßkolben von 1000 ml gibt man 91,2 ml 0,1 N $KMnO_4$-Lösung, 30 ml H_2SO_4 (D = 1,84) und einige Tropfen einer 10%igen Natriumsulfit-Lösung (Na_2SO_3), bis die Lösung gerade entfärbt ist. Dann füllt man den Meßkolben bis zur Marke mit destilliertem Wasser auf. 1 ml dieser Lösung enthält 100 µgMn.

Zur Aufstellung der Eichkurve verwendet man 0,5 ml, 1,0 ml und 2,0 ml entsprechend 50, 100 und 200 µg Mn, die mit destilliertem Wasser auf 10 ml ergänzt und anschließend, wie unter IV, Abs. 1 beschrieben, behandelt werden. Die drei Punkte sollen auf einer Geraden liegen.

Der Wert für die Extraktion II ergibt den Wert für das „Gesamt-Mn", der Wert für die Extraktion III den für Mn^{2+}. Der von uns benötigte Wert für den prozentualen Anteil Mn^{2+} am „Gesamt-Mn" ist dann

$$\frac{100 \times \text{III}}{\text{II}}$$

VI. Benötigte Reagenzien

L 1a: N $MgSO_4$-Lösung (123,3 g $MgSO_4$ + 7 H_2O p. a./l).

L 1b: 2N $MgSO_4$-Lösung, die 8 g Natriumsulfit (Na_2SO_3) in 1 l enthält.

L 2: 0,2N H_2SO_4

L 3: Man löse 75 g Quecksilber(II)-sulfat (zur Maskierung von Cl^-) in 400 ml Salpetersäure (D = 1,4) und 200 ml Wasser, füge nach vollständiger Lösung 200 ml Phosphorsäure p. a. (D = 1,7) (zur Maskierung von Fe^{3+}) und 0,2 g Silbernitrat (Katalysator für die Oxidation $Mn^{2+} \rightarrow Mn^{7+}$) hinzu und verdünne mit Wasser zu 1 l.

L 4: Man erhitze 1000 ml Wasser mit 10 g Ammoniumperoxodisulfat [$(NH_4)_2S_2O_8$] und 10 ml N Schwefelsäure kurz zum Sieden.

3.5 Maßnahmen zur Beseitigung von Gasschäden

3.5.1 Allgemeines

Ist irgendwo innerhalb des Gasnetzes ein Leck aufgetreten und sind aus diesem Grunde Schädigungen an der Vegetation zu beobachten oder auch nur zu erwarten, so ist sofort das zuständige Gaswerk zu benachrichtigen und zu verlangen, daß das Gasleck unverzüglich abgedichtet wird. Dazu sind Aufgrabungen erforderlich (s. unten), um die schadhafte Stelle des Gasrohres freizulegen. Kapitel F zeigt, daß bei solchen Erdarbeiten die Baumwurzeln geschont werden müssen.

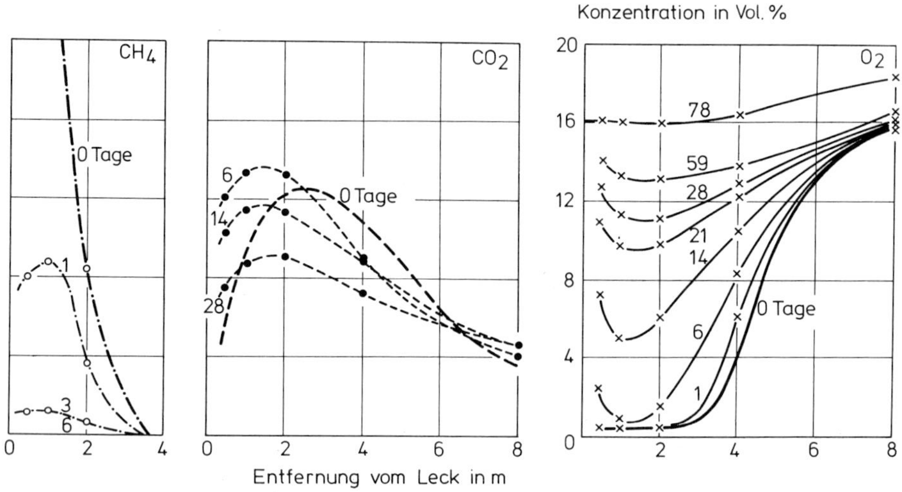

Abb. 60. Veränderung des Gehaltes der Bodenluft an CH_4, CO_2 und O_2 in verschiedener Entfernung vom Gasleck zu unterschiedlichen Zeiten (0–78 Tage) nach Abdichten des Lecks. (Nach HOEKS 1972.)

Ist das Leck vorschriftsmäßig abgedichtet, so sinkt im Boden die Methan(CH_4)-Konzentration innerhalb weniger Tage (im Modell-Versuch von HOEKS, 1972, in sechs Tagen, s. Abb. 60) auf 0 % ab. Diese Tatsache demonstriert zugleich, wie begierig das Methan als oxidierbare C-Quelle von den Bodenmikroorganismen assimiliert und veratmet wird.

Die CO_2-Konzentration im Boden erreicht ebenfalls recht schnell (in etwa 30 Tagen) wieder ihren Normalwert. In Abb. 60 wird deutlich, daß vor Beseitigung des Lecks die maximale CO_2-Konzentration erst in einer bestimmten Entfernung von der Schadstelle (2,5 m) auftritt. Nach Beseitigung des Lecks rückt die maximale CO_2-Konzentration dagegen etwa 1 m näher an das Leck heran. Diese Verschiebung der Maxima erklärt sich folgendermaßen: Solange noch CH_4 aus der Gasleitung in den Boden ausströmt, fehlt am Ort des Gasaustritts der für die CO_2-Bildung notwendige O_2. Die maximale Atmung, d. h. die maximale CO_2-Produktion, kann aber nur dort auftreten, wo für die beteiligten Mikroorganismen die optimale CH_4- und O_2-Konzentration im Boden vorliegt. Wird jedoch kein CH_4 mehr nachgeliefert, so muß sich die biologische Optimalzone in Richtung zum alten Leck verschieben.

Direkt ist nun weder die hohe CH_4- noch die CO_2-Konzentration im Boden für die Pflanzenwurzeln schädlich (CO_2 erst >6 %), wohl aber die niedrige O_2-Konzentration in der wäßrigen Phase des Bodens. Abb. 60 zeigt zunächst, daß es bei diesem Modellversuch von HOEKS (1972) in der Nähe der alten Leckage länger als 78 Tage dauert, bis zumindest in der Gasphase des Bodens wieder die Normalkonzentration für O_2 erreicht ist.

Wie in Abschnitt 3.3. jedoch erläutert, ist für die biologischen und somit biochemischen Prozesse im Boden nicht die O_2-Konzentration in der Gasphase entscheidend, sondern die – über Mn^{2+}-Konzentration gemessene – O_2-Konzentration in der Bodenlösung. Wir sahen dort weiter, daß erhebliche Diffusionswiderstände für O_2 beim Übergang von der Gasphase in die wäßrige Phase zu überwinden sind. Aus diesem Grunde können wir davon ausgehen, daß in den Modellversuchen von HOEKS (1972) frühestens drei Monate nach Abstellen des Lecks die O_2-Konzentration in der Bodenlösung ihren Normalwert wieder erreicht hat (vgl. die völlig entsprechenden Werte bei KRÖGER 1975). Es wird jedoch jedem Biologen verständlich sein, daß über eine so lange Zeit die Baumwurzeln nicht ohne O_2, d. h. unter anaeroben Bedingungen, am Leben bleiben können; unter diesen Bedingungen muß der Baum als Folge des Gasschadens absterben.

An dieser Stelle sollten wir uns jedoch deutlich machen, daß die von HOEKS (1972) und entsprechend von KRÖGER (1975) aus ihren Modellversuchen abgeleiteten Werte wesentlich günstiger liegen als die Werte, die sich für die Praxis ergeben. In den Modellversuchen wurden die relativ locker gelagerten Versuchsböden ständig durchlüftet. Eine vergleichbare O_2-Versorgung der Straßenbäume läßt sich jedoch für den genannten Zeitraum von 3 Monaten nicht realisieren. Hinzu kommt – z. B. in den Modellversuchen von HOEKS –, daß der gesamte Untersuchungsbereich (Versuchsfeld) in freiem Kontakt mit der Luft steht, während er in der Praxis zu einem sehr großen Teil mit Asphalt-, Beton- oder anderen luft- und wasserundurchlässigen Schichten abgedeckt ist, die Diffusionsfläche hier also wesentlich eingeschränkt wurde. Weiter ist der Versuchsboden von HOEKS (kalkhaltiger Dünensand) aufgrund seiner Struktur sehr gut belüftet, während er in den Stadtstraßen mechanisch verdichtet und durch die Na^+-Ioneneinwirkung aus den Auftausalzen auch noch verklebt und somit schlecht belüftet ist (vgl. 5.5).

Um die folgenden praktischen Maßnahmen besser zu verstehen, sei noch darauf hingewiesen, daß die lang andauernde O_2-Armut in der Bodenlösung nicht allein aus dem O_2-Verbrauch der Methanbakterien und den Diffusionswiderständen im Boden zu erklären ist, sondern auch aus der Tatsache, daß nach dem vollständigen CH_4-Verbrauch im Boden nun die hier stark vermehrte Biomasse – 90% des CH_4 werden zu hochmolekularen Verbindungen assimiliert und nur 10% des CH_4 zur Energiegewinnung der Bakterien veratmet; s. 3.2 – oxidativ abgebaut werden muß. Diese Tatsachen machen deutlich, daß ein gasgeschädigter Boden langfristig möglichst intensiv belüftet werden muß. Aus diesem Zusammenhang heraus soll aber auch bereits hier darauf aufmerksam gemacht werden, wie gefährlich es sein kann, unsere Straßenböden mit organischen Düngern zu versorgen.

3.5.2 Kompressormethode

Um die nach der Reparatur eines Gaslecks notwendige Aufoxidation der verschiedenen biologischen Systeme zu beschleunigen, schlagen die Niederländer (S.I.A.B. 1971, HOEKS 1972) vor, mit Hilfe eines Kompressors bei ∼5 bar (4,0 atü) für mindestens 20 min – kranzförmig um das Leck herum – Luft in den Boden zu pressen (Abb. 61). In dieser Weise ist es möglich, die O_2-Konzentration in der Bodenluft kurzfristig auf 17–20% zu steigern. Nach allen gemachten Erfahrungen (HOEKS 1972, KRÖGER 1975) sinkt jedoch die in dieser Weise nach der Reparatur des Gaslecks im Boden angehobene O_2-Konzentration sehr schnell (wenige Stunden bis Tage) wieder auf das alte Maß vor der Belüftung ab. Nach HOEKS (1972) hat z. B. ein erdgasgeschädigter Straßenboden z. Z. der Reparatur des Lecks einen O_2-Gehalt von 3,5%. Nach einer Belüftung des Bodens mit einem

Abb. 61. Einsatz eines Kompressors mit 4 Sonden zur kurzfristigen Belüftung des erdgasgeschädigten Bodens um einen Straßenbaum herum. Generell sollte diese Belüftungsmethode während der Reparaturarbeiten an der defekten Gasleitung eingesetzt werden, also solange der Straßenboden noch offen ist. (Aufnahme: VEG Gasinstitut Rijswijk.)

Kompressor über 20 min steigt die O_2-Konzentration vorübergehend auf 17,3 % an, fällt jedoch innerhalb von 5 h wieder (auf 1,3 %) ab. Oder ein anderes Beispiel aus der Praxis: In einem erdgasgeschädigten Boden liegt der O_2-Gehalt bei 2 %. Nach einer 2stündigen (!) Belüftung mit einem Kompressor steigt er auf 14 % an, fällt dann jedoch nach 2 Wochen (wahrscheinlich schon früher) wieder auf 2 % (KRÖGER 1975).

Eine kurzfristige sowie eine befristete künstliche Bodenbelüftung reichen nach allem also keineswegs aus, die beaufschlagten Böden wieder zu regenerieren. Dazu ist eine effektive Dauerbelüftung erforderlich (3.5.3).

Trotzdem sollte man auf die Möglichkeit einer Bodenbelüftung mit einem Kompressor nicht völlig verzichten, die Methode jedoch wie folgt abwandeln und einsetzen:

Während der Zeit, zu der vom Gaswerk das Leck beseitigt wird und dazu die Gasleitung mit der Schadstelle freigelegt ist, wird gleichzeitig vom Gaswerk (aus organisatorischen Gründen nicht vom Gartenamt) ein Kompressor eingesetzt, der mit vier Druckleitungen Luft in den Boden für je 20 min hineinpreßt. Die vier Injektoren sollen 2–3 m von dem Leck entfernt, kreuzweise einander gegenüber gestellt, möglichst auf die Tiefe der Gasleitung in den Boden hineingedrückt werden. Dabei sollen die Sondenspitzen deutlich zu dem Gasleck hinweisen. Nach 20 min werden die Injektoren, jeweils um 45° versetzt, für einc zweite Belüftung in den Schadboden gedrückt (RUGE 1977).

In dieser Weise soll erreicht werden, daß auf einer Kreisfläche mit 4–6 m Ø das hier im Boden enthaltene CH_4 und CO_2 möglichst vollständig in die Arbeitsgrube

gedrückt und gleichzeitig der O_2-Gehalt maximal gesteigert wird. Da zu dieser Zeit der Straßenboden in voller Tiefe geöffnet ist, ist anzunehmen, daß das Erdgas relativ leicht in die Grube gespült wird und sich hieraus sofort verflüchtigt.
Es besteht aber auch zumindest die theoretische Möglichkeit, daß das Gas von der Grube zurückgestaut und somit in einen Hauskeller gedrückt wird. Da es hierbei zu Gasexplosionen gekommen ist, müssen, solange die Kompressoren arbeiten, die in Frage kommenden Kellerfenster geöffnet sein und die Keller dürfen erst dann von den Hausbewohnern wieder betreten werden, wenn der Gasspürtrupp nachgewiesen hat, daß die Kellerräume gasfrei sind.

3.5.3 Belüftungsrohre

Mit Hilfe der unter 3.5.2 beschriebenen Kompressormethode soll lediglich während der Reparaturarbeiten an der defekten Gasleitung durch das Gaswerk das restliche CH_4 und CO_2 aus dem beaufschlagten Boden verdrängt werden. Außerdem soll der durch das Methan bewirkte anaerobe Zustand im Boden (zumindest kurzfristig) unterbrochen werden, damit die für die Reoxidation benötigten Mikroorganismen (Aerobier), die während der Beaufschlagungsdauer inaktiviert wurden, möglichst schnell reaktiviert werden können. Eine dauerhafte Verbesserung des Redoxpotentials im Boden ist jedoch, wie wir sahen, mit der beschriebenen Kompressormethode nicht zu erreichen. Hierfür sind die ursprünglich von den Niederländern entwickelten Belüftungsrohre (Abb. 62) erforderlich (S.I.A.B. 1971, Hoeks 1972).

Es sind dies (unten verschlossene) Rohre aus einem von den Bodenmikroorganismen nicht angreifbaren Kunststoff, der fest, aber nicht spröde sein soll. Die

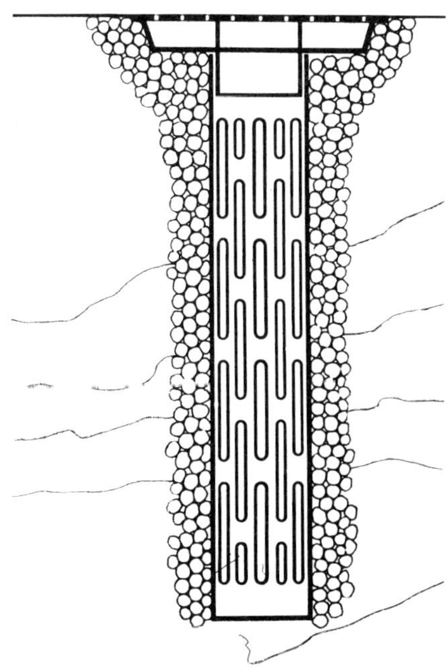

Abb. 62. Schema eines in den Straßenboden eingebauten Belüftungsrohres, das mit grobkörnigem Kies (15/30) ummantelt ist.

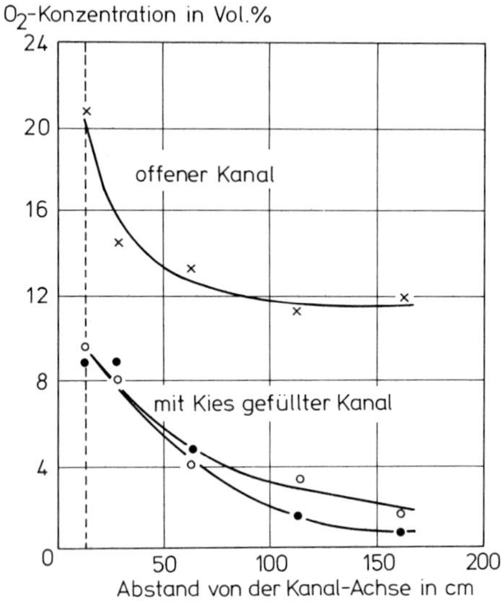

Abb. 63. O_2-Konzentration im Boden im Bereich des Belüftungsrohres, wenn das Rohr (der ‚Kanal') offen blieb bzw. mit Kies gefüllt wurde. (Nach HOEKS 1972.)

Wandungen sind in der Längsrichtung vielfach unterbrochen, so daß nach dem Einbau der Rohre in die Erde ein möglichst freier Gasaustausch zwischen Boden und Rohrinnerem erfolgen kann. (Vergl. F 6.3.1.)

Die Belüftungsrohre sollen so lang sein, daß sie nach dem Einbau bis in den unteren Bereich der Hauptwurzeln der Bäume reichen. Dafür dürfte meist eine Rohrlänge von etwa 60 cm genügen. In bestimmten Fällen (3.7) ist jedoch eine größere Rohrlänge erforderlich.

Die Belüftungsrohre werden wie folgt eingebaut:
Es wird mit einem Erdbohrer oder einer Spüllanze in den beaufschlagten Boden ein entsprechend tiefes Loch mit einem Durchmesser gebohrt, der um etwa 10–15 cm weiter ist als das Belüftungsrohr. Dieses wird nun in das Bohrloch so eingesetzt, daß nach Aufsetzen der Abschlußkappe (s. unten) diese genau mit der Straßenoberfläche abschließt. Nun werden zwischen Außenwand des Belüftungsrohrs und der umgebenden Erdwand Steine, Kies oder Schlacke einer solchen Sortierung so eingestampft, daß sie nicht durch die Längsschlitze in das Rohr hineinfallen können. Dieser Schottermantel (s. Abb. 62) ist wichtig, damit auf einer möglichst großen Oberfläche der Gasaustausch zwischen Boden und Rohr erfolgen kann.

Das Rohr bleibt innen natürlich völlig frei. Ein Versuch (S.I.A.B. 1971) ergab nämlich, daß die O_2-Konzentration im Boden innerhalb von 40 Tagen bei einem mit Kies gefüllten Rohr von 0,2% nur auf 4,2% anstieg. Blieb dagegen das Rohr frei, so war unter sonst gleichen Bedingungen der O_2-Gehalt auf 13,4% vermehrt. Eine Rohrfüllung hemmt also die O_2-Diffusion merkbar (vgl. auch Abb. 63).

Es wäre nun über die optimale Weite der Belüftungsrohre zu diskutieren. Eindeutig ist, daß mit dem Durchmesser auch der Umfang des Rohres ($\pi \times d$), also auch die Diffusionsfläche sich vergrößert. Weitlumige Rohre haben somit Vorteile gegenüber den engeren. Es ist aber darauf hinzuweisen, daß die entscheidende Diffusionsfläche nicht die Rohrwandung, sondern die Grenzfläche Straßenboden-Kiesmantel ist. Es ist also für den angestrebten Gasaustausch nicht der Rohrdurchmesser, sondern die Dicke des Kiesmantels plus Rohrdurchmesser ausschlaggebend. Weiter ist darauf hinzuweisen, daß durch die Belüftungsrohre zwar der Austausch für CH_4, CO_2 und O_2 gefördert werden soll; es darf aber nicht gleichzeitig zuviel Wasser aus dem Erdboden in die freie Atmosphäre verdunsten, zumal am Standort unserer Straßenbäume, wie wir sahen, nur in seltenen Fällen ausreichende Wassermengen den Bäumen zur Verfügung stehen. Gegen einen zu großen Rohrdurchmesser sprechen auch folgende Punkte:

a) Je weiter das aufgeschlitzte Rohr ist, desto leichter wird es – bei gleichem Abstand der Schlitze – bei Seitendruck zusammengedrückt. Damit wird jedoch nicht nur die Begründung für die große Rohrweite hinfällig. Gleichzeitig würde dieses seitliche Zusammendrücken der Rohrwände bewirken, daß der Erdboden um das eingebaute Belüftungsrohr herum nachrutscht und somit das Rohr zu einer Stolpergefahr im Fußgängerverkehr wird.

b) Je größer der Rohrdurchmesser, desto größer muß die das Rohr nach oben abdeckende Platte werden, d. h. dieser Abschlußplatte muß je cm^2 eine wesentlich größere Belastungsfähigkeit gegeben werden.

c) Es sollte aber auch daran gedacht werden, daß mit zunehmendem Rohrdurchmesser ebenfalls das Bohrloch in dem Straßenboden vergrößert werden muß. Damit steigt natürlich die Gefahr, daß beim Bohren mehr Wurzeln und evtl. auch andere Leitungen beschädigt werden. Nach allem möchte ich einen Rohrdurchmesser von 7–8 cm als optimal ansehen.

Ein weiterer Diskussionspunkt ist, wie die Belüftungsrohre am Schadort zueinander bzw. zu der (defekten) Gasleitung und den Bäumen optimal angeordnet werden sollen. Es gibt hier grundsätzlich zwei Denkmöglichkeiten, von denen die erste mehr als Vorsorgemaßnahme aufzufassen ist, während mit der zweiten ein spezieller Baum, der durch einen Gasschaden oder aus anderen Gründen geschädigt oder geschwächt wurde, mit allen heute zur Verfügung stehenden Möglichkeiten gerettet werden soll.

1. Einbauplan: Hier werden die Belüftungsrohre jeweils 1–2 m voneinander entfernt auf einer Linie parallel zur Gasleitung zwischen dieser und der Straßenbaumreihe angeordnet (Hoeks 1972, Abb. 64). Durch die Häufung der Rohre auf einer Frontlinie wird mit einer sehr hohen Wahrscheinlichkeit verhindert, daß aus einer defekten Gasleitung Erdgas bis zu den Baumwurzeln vordringt. Diese Art der Anordnung der Belüftungsrohre ist also mehr für Fälle geeignet, wo eine Gefährdung der Straßenbäume durch Erdgas befürchtet wird (s. 3.7), als für Fälle, wo ein bestehender Schaden bei einem Baum kuriert werden soll.

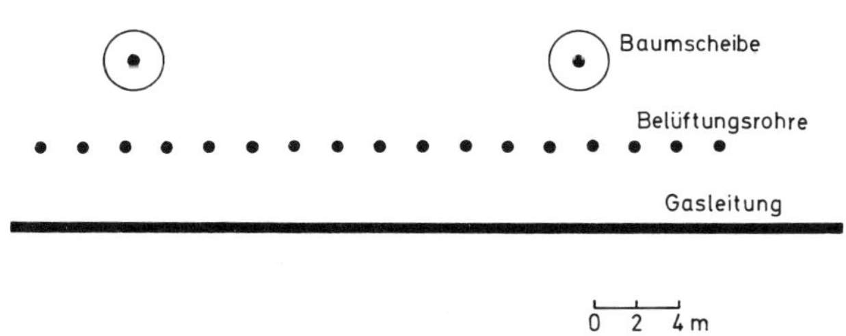

Abb. 64. Einbauplan von Belüftungsrohren als Sperre zwischen einer (defekten) Gasleitung und einer Straßenbaumreihe.

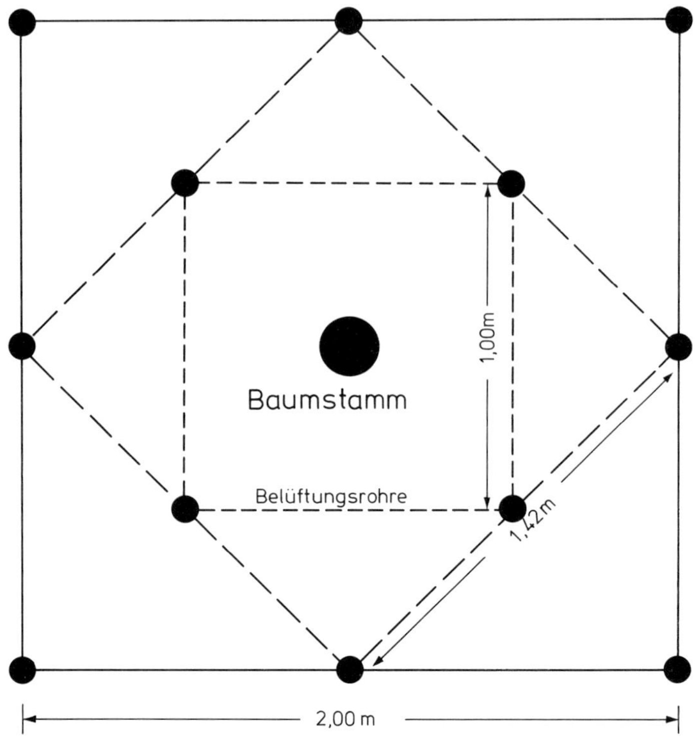

Abb. 65. Einbauplan von Belüftungsrohren um einen Baum herum zur Dauerbelüftung des Bodens.

2. Einbauplan: Bei dieser Anordnung soll allgemein für einen geschädigten Baum die an keinem Standort unserer Straßenbäume optimale Bodenbelüftung verbessert werden. Dazu werden (im Idealfall) die Rohre rings um den Baum herum gleichmäßig auf den Ecken von drei jeweils um 45° verschobenen Quadraten mit einer Kantenlänge z.B. von 1,00 m, 1,42 m und 2,00 m eingebaut (Abb. 65). Dabei soll bei kleineren Bäumen nur das innere Karree besetzt sein, während bei den älteren Bäumen entsprechend ihrem größeren Wurzelbereich das mittlere und äußere Quadrat hinzukommen und das innere fortfällt. Dies wäre die optimale Verteilung der Belüftungsrohre, bei der eine ausreichende O_2-Versorgung des Wurzelsystems selbst dann noch gewährleistet ist, wenn die Baumscheibe aus unabweisbaren Gründen im gesamten Wurzelbereich des Baumes asphaltiert oder betoniert werden muß. Über die weiteren Vorteile einer derartigen Verteilung der Belüftungsrohre zur optimalen Versorgung der Bäume mit Nährstoffen und Wasser s. 5.6, Absätze 4 und 5.

Die Belüftungsrohre sind schließlich nach oben erdbodengleich abzudecken. Diese Platten müssen die vom Tiefbauamt für die betreffende Wegestrecke geforderte Festigkeit besitzen, d. h., es sind im allgemeinen Beton- bzw. Gußeisenplatten in der Größe einzubauen, daß sie sich leicht in den Verband der anderen Wegeplatten einfügen. Die Platten sollen jedoch merklich größer sein als der

Durchmesser der Belüftungsrohre, weil diese aus verschiedensten Gründen nicht absolut genau zur Mitte der Abdeckplatte zentriert werden können.

Für den Luftaustausch zwischen Rohr und freier Atmosphäre sind die Platten durch Schlitze unterbrochen, die a) so breit sein sollen, wie es vom Tiefbauamt zugelassen wird, und b) sich nach unten konisch verbreiten müssen, damit der Straßenschmutz sie nicht so leicht zusetzt. Natürlich darf die Abdeckplatte nicht mit Erde usw. überdeckt werden, wie man es z.T. beobachten kann, da dann das ganze Belüftungssystem sinnlos wäre. Sollen Belüftungsrohre in die Fahrbahn eingebaut werden, sind durchlöcherte gußeiserne Abschlußplatten vorzusehen, wie sie (nicht durchlöchert) bei Gas- und Wasserleitungen üblich sind. Schließlich müssen die Abdeckplatten so ausgebildet sein, daß man sie leicht abheben kann, um so den Baum im Bedarfsfalle leicht mit Wasser und Düngerlösungen versorgen zu können.

Durch die Abdeckplatten wird der Luftaustausch zwischen Rohr und freier Atmosphäre erheblich gehemmt. Sie sind jedoch aus Gründen der Verkehrssicherheit auf den Bürgersteigen sowie in der Fahrbahn unumgänglich zu fordern. Werden aber Belüftungsrohre z.B. zwischen Sträuchern, d.h. außerhalb der Verkehrswege, eingebaut, sollte man auf die Abschlußplatten verzichten und die Rohre in der Weise einsetzen, daß sie 5–10 cm frei aus der Erde herausragen.

Sind die Belüftungsrohre nach vielen Jahren mit Straßenschmutz vollgesetzt, wird nach Abheben der Deckplatte das Rohr in der ganzen Tiefe mit einem passenden Erdbohrer wieder frei gebohrt.

Als Argument gegen die Belüftungsrohre könnte eingewendet werden, daß durch die geschlitzten Abdeckplatten nicht nur das Regenwasser in den Boden gelangt, sondern im Winter auch das NaCl-haltige Schmelzwasser (s. 5). Hierzu ist jedoch zu bemerken, daß dieses in geringerer Menge anfallende Wasser an der Hauptmasse der Baumwurzeln (bis 50 cm) vorbei sogleich auf eine Tiefe von 60 cm abgeleitet wird. Es bleibt also für den Straßenbaum relativ unschädlich.

Bei dem Pflanzen von Straßenbäumen werden heute gern unter den Wurzelballen geschlitzte Kunststoffrohre (8 cm ∅, Abb. 102, vergl. auch Abschnitt F 4) so eingebaut, daß zumindest ein Schlauchende aus der Erde herausragt. Mit Hilfe derartiger Schläuche sollen die Bäume, vor allem in den ersten Jahren des Anwachsens, nach Bedarf bewässert werden. Diese Maßnahme ist sicher gut und zweckmäßig. Ob jedoch, wie oft vermutet, in dieser Weise auch gleichzeitig eine ständige Belüftung der Baumwurzeln garantiert wird, möchte ich bezweifeln, solange die Längsschnitte so schmal gehalten werden. Eine Verbreitung der Spalten in der Schlauchwandung würde die Schläuche für diesen Zweck geeignet machen.

3.5.4 Nitratdüngung

Ist ein Leck in der Gasleitung vorschriftsmäßig abgedichtet und sind in diesem Zusammenhang sofort die Kompressormethode (3.5.2) sowie die Belüftungsrohre (3.5.3) eingesetzt worden, dringt verhältnismäßig viel O_2 kontinuierlich in den beaufschlagten Boden ein, so daß die vor der Beseitigung der Leckage bestehenden anaeroben Bedingungen im Straßenboden in aerobe überführt werden. Dieser Prozeß ist jedoch unbedingt erforderlich, damit eine biologische Reoxidation des in größerer Menge toxischen Mn^{2+} ermöglicht wird. Dazu ist nicht allein die

Anwesenheit von O_2 notwendig, sondern ebenfalls die Aktivierung der an sich ubiquitären Eisen- und Manganbakterien, soweit sie den anaeroben Zustand im Boden während der Beaufschlagungsphase als Sporen, Zysten usw. lebend überdauert haben. Weiter sahen wir (3.3), daß es eine relativ lange Zeit dauert, bis das O_2 aus der Bodenluft in die biologisch allein wichtige Phase der Bodenlösung vordringt, da an dieser Grenzschicht hohe Diffusionswiderstände für O_2 auftreten und weiter dieses Gas in Wasser nur schwer löslich ist. Leicht löslich sind in Wasser jedoch alle Nitrate, die im biologischen Milieu bekanntlich durchaus als O_2-Lieferanten fungieren können. (s. Tab. 28)

Aus diesem Zusammenhang heraus sind nun Modellversuche von KRÖGER (1975) wichtig. Es wurden hier Erdproben vom Versuchsfeld vor der Beaufschlagung mit äquivalenten Mengen Stickstoff gedüngt, und zwar

bei	II in Form von	Nitrophoska blau
	III	KNO_3
	IV	$(NH_4)_2SO_4$
	V	$(NH_4)NO_3$
	VI	Fresenius Harnstoff
	VII	Harnstoff $(NH_2)_2CO$
	I	ungedüngte Kontrolle.

Anschließend wurden die sieben Proben acht Wochen mit Erdgas beaufschlagt. In Abb. 66 ist der prozentuale Anteil Mn^{2+} am Gesamt-Mn (die Kontrolle = 100 gesetz) dargestellt. Es wird hier deutlich, daß bei Anwesenheit von ausreichenden Mengen an Nitrat (II, III, V) im Boden wesentlich weniger Mangan reduziert wird. Liegt dagegen das N ausschließlich als NH_4^+ oder NH_2 (IV, VI, VII) vor, wird die Mn-Reduktion deutlich gegenüber der Kontrolle gesteigert. Dieser Versuch sagt also aus, daß in einem nitrathaltigen Boden der durch das Methan ausgelöste Schaden viel geringer bleibt (s. 3.7). In einem anderen Versuch wurden je 200 g eines über vier Wochen mit Erdgas beaufschlagten Straßenbodens (Mn^{2+} = 4,49%) mit 1 g $NaNO_3$ bzw. 1 g Harnstoff vermischt und anschließend für vierzehn Tage kontinuierlich belüftet. Das Ergebnis zeigt, daß bei dem mit Harnstoff gedüngten Boden die Reoxidation des Mn^{2+} wesentlich gehemmt wird. Bei der NO_3-Düngung zeigt sich zwar anfangs gegenüber der ungedüngten Kontrolle ebenfalls eine (salzbedingte) Hemmung der Reoxidation. Bei Abschluß des Versuchs liegt in dieser Probe jedoch eine merkbar geringere Menge Mn^{2+} vor als in der Kontrolle.

Es läßt sich also mit Hilfe einer Nitratdüngung des Straßenbodens sowohl die Mn-Reduktion hemmen als auch die Mn-Reoxidation fördern. Da die gefährdeten Straßenbäume, wie wir (in 5.6.4) sehen werden, auch aus anderen Gründen vorteilhaft mit NO_3 (nicht jedoch mit NH_4^+ bzw. Harnstoff) gedüngt werden sollen, ist bei gasgeschädigten Bäumen zu empfehlen, nach Beseitigung der Leckage durch die eingebauten Belüftungsrohre Nitratvolldünger wie ‚Nitrophoska blau' in gelöster Form in den Boden zu geben. Diese Methode hat sich bei der praktischen Behandlung von erd- und stadtgasverseuchten Straßenböden zur Reoxidation von Mn^{2+} und somit zur Entgiftung der Böden bewährt (Düngemengen s. 5.6.4,).

Durch Kombination der (in 3.5, Absätze 2-4) genannten Methoden ist es in allen mir bekannt gewordenen Schadfällen möglich gewesen, zumindest innerhalb von drei Monaten den Boden so weit zu entgiften, daß erkrankte Bäume im

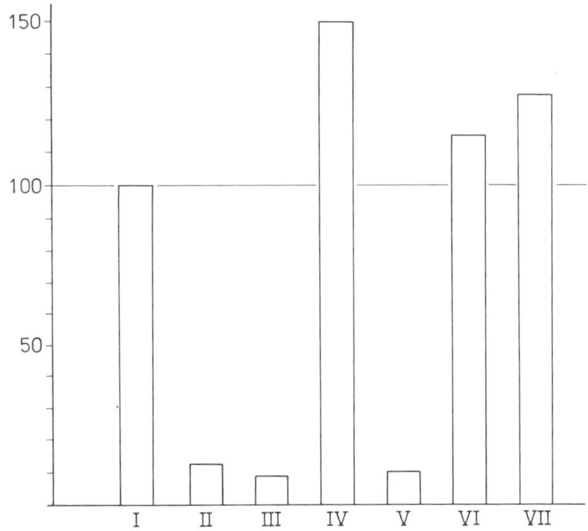

Abb. 66. Beeinflussung der Mn-Reduktion durch verschiedenartige N-Dünger. Kontrolle (I) = 100%. Siehe Text. (KRÖGER 1975.)

kommenden Jahr wieder mehr oder weniger gesund austrieben. Wird dagegen nach Beseitigung der Leckage nichts weiteres unternommen, sterben die Bäume mit einer sehr hohen Wahrscheinlichkeit ab, und Neupflanzungen sind erst nach zwei bis drei Jahren möglich.

3.5.5 Neupflanzungen nach Gasschäden

Grundsätzlich soll in einem gasgeschädigten Straßenboden erst dann eine Nachpflanzung durchgeführt werden, wenn der O_2-Gehalt des Bodens konstant $\geqq$ 16–18% und der Mn^{2+} -Gehalt $\leqq$ 1–2% bleibt. Die Chancen zum Anwachsen neuer Bäume und Sträucher können erfahrungsgemäß in keiner Weise verbessert werden, wenn die kranke Erde sofort gegen neuen gesunden Lehm- oder Kompostboden ausgewechselt wird. Auch in diesen Böden sinkt der O_2-Gehalt sehr schnell, und gleichzeitig steigt hier der Mn^{2+} -Gehalt rapide wieder an.

Ist der Baum trotz der Maßnahmen nach 3.5, Absätze 2–4, abgestorben, ist er möglichst bald zu fällen und die Wurzel zu roden. Nun wird mit einem Greifer ein neues Pflanzloch (2 x 2 x 1 m) ausgehoben (die anfallende verseuchte Erde abgefahren und flach ausgebreitet) und bis zur nächsten Pflanzzeit (möglichst Frühjahr), mindestens aber für drei Monate, mit scharfem Sand oder Kies aufgefüllt. Dieses Substrat ist so luftdurchlässig, daß der das Pflanzloch umgebende gasverseuchte Boden in der genannten Zeit voll aufoxidiert wird. Dann wird aus dem Pflanzloch der Sand herausgenommen und durch eine Sand-Kompost(-Torf)-Mischung ersetzt. Jetzt ist eine Neupflanzung von Bäumen ohne Bedenken möglich.

Werden diese Maßnahmen wie beschrieben durchgeführt, ist es nicht erforderlich, anstelle eines abgestorbenen Erdgasbaumes zunächst einen Container-Baum als Ersatz aufzustellen.

3.6 Spezielles über Schäden durch Stadtgas

Bisher wurde vorwiegend über Erdgasschäden gesprochen, und zwar aus folgenden Gründen:
Nach der allgemeinen Umstellung von Stadtgas auf Erdgas werden künftig Erdgasschäden häufiger und wichtiger sein als entsprechende Schäden durch Stadtgas. Folgerichtig hat sich in letzter Zeit die Wissenschaft fast ausschließlich mit dem Erdgas befaßt, während zum Thema Stadtgas kaum neuere Untersuchungen vorliegen. Schließlich besteht bei Erdgasschäden, wie wir sahen, durchaus die Möglichkeit, bei sofortigem Einsatz von bestimmten Maßnahmen geschädigte Bäume noch zu retten und den beaufschlagten Boden zu entseuchen. Beim Stadtgas sind die Erfolgschancen dagegen erheblich geringer.

Der Grund für das verschiedene Verhalten der beiden Gase sind die für das Stadtgas typischen Begleitstoffe wie Blausäure (HCN), Kohlenmonoxid (CO) und Schwefelwasserstoff (H_2S), die im Erdgas regelmäßig fehlen (s. Tab. 27). Die Anwesenheit von HCN, CO und H_2S im Stadtgas bedingt eine irreversible Blockierung aller schwermetallhaltigen Enzyme, also auch der Atmungsfermente der Baumwurzeln. Diese sterben somit verhältnismäßig bald ab, ebenso die Bodenbakterien. Dieser Vorgang dürfte je nach ausströmender Gasmenge usw. nach einer Beaufschlagungsdauer von ein bis zwölf Wochen abgeschlossen sein. Die Dehydrogenase-Aktivität (vgl. 3.3) konnte bereits nach einer einwöchigen Beaufschlagung mit Stadtgas nicht mehr im Boden nachgewiesen werden (KRÖGER 1975).

Dies bedeutet zunächst, daß das Methan aus dem Stadtgas nun nicht mehr biologisch abgebaut wird, d.h., die Schadzone wird bei vergleichbarer Größe der Lecks bei Stadtgas größer sein als bei Erdgas.

Eine weitere Folge ist, daß bei Stadtgasschäden die Manganreduktion (vgl. 3.3) höchstens in den ersten beiden Wochen noch biochemisch erfolgt, danach jedoch im toten Boden über das H_2S im Stadtgas chemisch fortgeführt wird. Ebenso kann die Reoxidation von Mn^{2+} hier nicht mehr biologisch, sondern nur noch chemisch erfolgen. Dies dauert jedoch wesentlich länger, wie aus Abb. 67 deutlich wird: Wird ein Boden lediglich vier Wochen lang mit Stadtgas beaufschlagt, so daß noch nicht alle Bakterien abgetötet sind, werden bei einer ständigen Belüftung des Bodens innerhalb von vierzehn Tagen etwa 80% des reduzierten Mangans reoxidiert. Dauert jedoch die Beaufschlagung mit Stadtgas zwölf Wochen an, verläuft die Reoxidation äußerst langsam. Aus dem Verlauf der Reoxidationskurve für zwölf Wochen Beaufschlagung ist weiter zu entnehmen, daß die Reoxidation nur noch über chemische Prozesse verläuft. Extrapolieren wir diese Kurve für eine Zwölf-Wochen-Stadtgas-Beaufschlagung, kommen wir erst nach etwa 100 Tagen zu dem Mn^{2+}-Wert, der nach einer gleichlangen Erdgas-Beaufschlagung (zwölf Wochen) unter sonst gleichen Bedingungen bereits nach vierzehn Tagen erreicht wird (vgl. 3.3).

Die über eine längere Zeit mit Stadtgas beaufschlagten Böden sind also nachhaltig geschädigt. Zur Entseuchung derartiger Böden sind die in 3.5.2–4 vorgesehenen Gegenmaßnahmen langfristiger und intensiver einzusetzen. Andererseits wird es kaum Zweck haben, einen über eine längere Zeit mit Stadtgas geschädigten Baum noch retten zu wollen. Soll aber in einem stadtgasgeschädigten Boden ein neuer Baum nachgepflanzt werden, so ist dringend zu empfehlen,

Abb. 67. Re-oxidation von Mn^{2+} bei Dauerbelüftung einer $MnSO_4$-Lösung sowie im Boden nach 4- und 12wöchiger Beaufschlagung mit Erdgas (oben) bzw. Stadtgas (unten). Nach KRÖGER 1975).

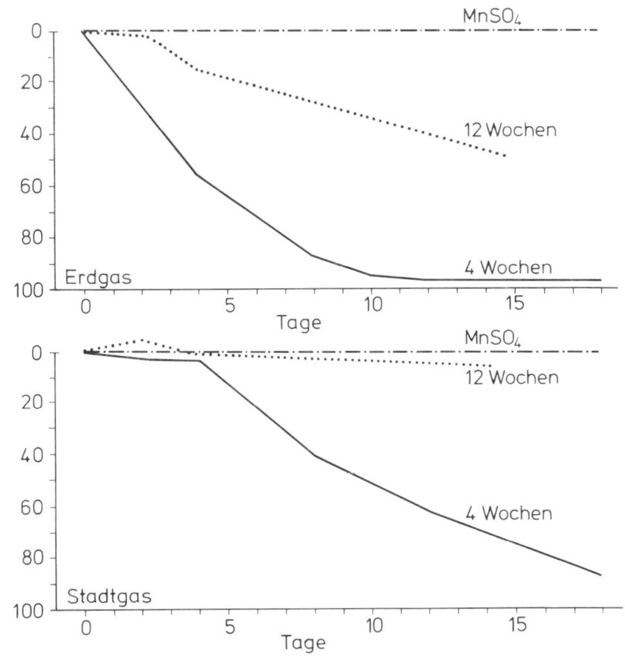

baldmöglichst ein nicht zu kleines Pflanzloch auszuheben, und dieses entsprechend 3.5.5 zunächst für sechs (!) Monate mit Sand-Kies zu verfüllen und direkt zur Pflanzung diese Mischung durch ein Kompost-Sand-Gemisch zu ersetzen.

3.7 Vorsorgemaßnahmen

Es bedarf keiner näheren Erläuterungen, daß der beste Schutz gegen Gasschäden eine neue, nahtlos geschweißte Gasleitung ist. Ebenso selbstverständlich ist es aber auch, daß trotzdem weiterhin Gas in alte Leitungen eingeleitet wird. Hier sind – wie wir sahen – allgemein besonders die Stellen gefährdet, wo zwei Rohre in den Muffen (gasdicht) zusammengefügt werden.

Sind bei einer alten Leitung einmal oder bereits mehrmals Gasschäden aufgetreten, sollte man auf Durchführung folgender Maßnahmen bestehen:

Aus dem Verlegungsplan der Gasleitung kann genau entnommen werden, wo und wie tief diese Muffen liegen, wo sich also die „schwachen" Stellen der Gasleitung befinden. Hier sollen nun Löcher in den Straßenboden gebohrt und die in Abb. 62 dargestellten Belüftungsrohre eingebaut werden. Jedoch brauchen diese Rohre nicht mit einem Kiesmantel umgeben zu sein, und die Bodenplatte unten im Rohr sollte fehlen. Dafür muß das Rohr jedoch so lang sein, daß es bis dicht an das Gasrohr reicht. In dieser Weise bewirkt man, daß sich das aus den Muffen austretende Gas nicht im Erdboden anreichert, sondern direkt in die Atmosphäre ausströmt und man das Leck schnell erkennen kann, bevor Schäden an den Straßenbäumen aufgetreten sind.

Weiter sahen wir (3.5.4), daß bei Erdgaseinwirkung sowohl die Mn-Reduktion gehemmt als auch die Mn-Reoxidation gefördert wird, wenn man den Boden ausreichend mit Nitratdüngern versorgt. Auch diese Erkenntnis sollte man als Vorsorgemaßnahme einsetzen, zumal wir (in 5.6.4) zu dem Schluß gelangen werden, daß in Zukunft eine regelmäßige Nitratdüngung der Straßenbäume durchgeführt werden muß, um sie durch eine ausgewogene Ernährung gegenüber Auftausalz- und anderen Umweltschäden toleranter zu machen.

Als Vorsorgemaßnahme in diesem Sinne kann es auch angesprochen werden, wenn Belüftungsrohre (Abb. 62) im engen Abstand auf einer Linie zwischen der Baumreihe und der Gasleitung eingebaut werden (vgl. Abb. 64).

Schließlich ist aber auch der Hinweis angebracht, daß in Zukunft Gaswerk und Gartenamt einer Stadt kooperativ zusammenarbeiten müssen. Da nun eindeutige Nachweismethoden für Erd- und Stadtgasschäden entwickelt sind (s.3.3), hat es ganz sicher keinen Sinn, die Verantwortung in langen Diskussionen abzustreiten. Dadurch wird nur die hier besonders wichtige Zeit vergeudet.

In diesem Absatz über Vorsorgemaßnahmen sollte auch die Frage erörtert werden, ob es für den Straßenbau geeignete Baumarten gibt, die (zumindest einigermaßen) tolerant sind gegenüber einer Methan-Beaufschlagung des Bodens. Nun, derartige Baumarten gibt es nicht und kann es auch nicht geben, da jede höhere Pflanze in ihrem Wurzelbereich eine erhebliche Menge an O_2 verlangt, um Nährstoffe und Wasser aus dem Boden aufnehmen zu können. Sinkt die O_2-Konzentration in der Bodenluft unter 12–14%, erstickt das Wurzelsystem und stirbt ab. Höchstens für typische Sumpfpflanzen mag eine geringere O_2-Konzentration ausreichen. Derartige Pflanzen kommen jedoch aus einleuchtenden Gründen als Straßenbäume kaum in Frage. Darüber, ob bestimmte Erlen- und Eichenarten z.B. sich mit einem geringeren O_2-Gehalt in der Bodenluft ($<$12–14% O_2) begnügen, liegen z.Z. noch keine Untersuchungen in ausreichendem Umfang vor. Es ist aber die oft geäußerte Ansicht unrichtig, daß junge Bäume einen Erd- oder Stadtgasschaden leichter ertragen als ältere Bäume der gleichen Art und Sorte.

4 Erdöl

Es kommt immer häufiger vor, daß durch Unfälle auf den verschiedenen Verkehrswegen, aber auch durch Unachtsamkeit auf Grundstücken in der Stadt große Mengen – meistens mehrere tausend Liter – Erdöl, Benzin oder Heizöl in den Boden gelangen. Es wird dann die Frage gestellt, ob nun die betroffenen Bäume so stark geschädigt wurden, daß sie sofort gefällt werden sollten, oder was zu ihrer Rettung unternommen werden kann.

Die bodenmikrobiologische Untersuchung eines Schadfalles durch STEUBING (1966) hat gezeigt, daß sich die Zahl der Bakterien (inkl. *Azotobacter*), Pilze und Algen, die typisch für einen gesunden Boden sind, zunächst stark vermindert. Danach vermehrt sich jedoch die Zahl der Kohlenwasserstoffe abbauenden Bakterien und Pilze, vor allem der Mycobakterien, auffallend stark. So sind in einem „Erdöl-Boden" nach einer bestimmten Zeit die CO_2-Produktion, die Ammonifizierung sowie die Dehydrogenase-Aktivität im Vergleich zu einem nicht belasteten Boden deutlich gesteigert, d.h., das Erdöl wird hier biologisch abgebaut und damit der Boden entseucht.

Ist ein Erdöl- oder ähnlicher Schaden bei Bäumen usw. aufgetreten, so sollen hier folgende Maßnahmen so bald wie nur irgend möglich durchgeführt werden:

a) Das noch über dem Erdboden stehende Öl wird abgepumpt oder in Eimer geschaufelt.
b) Die ölgetränkte Erde wird von Hand in der gesamten Schadzone mit Schaufeln unter sehr sorgfältiger Schonung aller Wurzeln so weit und tief (20–30 cm) wie nur möglich abgetragen und zur Deponie gefahren.
c) Von den freigelegten Wurzeln wird mit einem Wasserstrahl das Öl fortgespült. Eine stärkere Wässerung des Bodens verbietet das Grundwasserrecht, würde aber auch keine wesentliche Hilfe bringen, da das Öl nun einmal wasserunlöslich und leichter als das Wasser ist.
d) In dem freigelegten Wurzelbereich werden zehn oder mehr Belüftungsrohre (s. Abb. 62) ohne Abschlußplatte eingebaut, damit in den ölgetränkten Boden möglichst viel O_2 eindringen kann.
e) Da die Modellversuche von STEUBING (1966) zeigen, daß mit der Aktivierung der Kohlenwasserstoffe abbauenden Bakterien das Nitrat aus dem Schadboden verschwindet und wir bei Erdgasschäden die physiologische Bedeutung einer Nitratdüngung des Bodens (3.5.4) erkannten, sollte der Baum in seinem gesamten Wurzelbereich, gleichmäßig verteilt, eine ausreichende Nitratvolldüngung erhalten.
f) Nun wird das freigelegte Wurzelsystem mit Laub, Moos, Stroh oder Matten locker abgedeckt, so daß die Wurzeln und die Erde nicht austrocknen.
g) Die Baumgrube soll sechs bis zwölf Monate in der beschriebenen Weise offen liegen bleiben. Sie ist während dieser Zeit nach außen abzusperren. Ist dies z. B. aus verkehrstechnischen Gründen nicht zulässig, so wird die Grube mit Kies erdbodengleich aufgefüllt.
h) Treibt der Baum im kommenden Jahr wieder normal aus, so wird die ausgehobene Grube etagenweise – über mehrere Jahre verteilt – mit lockerer Humuserde wieder aufgefüllt.
i) Bei der nächsten Lieferung von Heizöl usw. sollte aber darauf geachtet werden, daß das Öl in die dafür vorgesehenen Tanks (im Hauskeller) fließt und nicht wieder in den Gartenboden.

5 **Auftausalze** (s. auch Kapitel E, 3.1 und F, 2.2.8)

5.1 Entstandene Schäden

Wenn über die Schäden berichtet wird, die Auftausalze am Straßenbegleitgrün in den Städten verursachen, so ist, um von Anfang an eine Polarisierung der Meinungen zu vermeiden, festzustellen, daß wir im Zeitalter der Motorisierung vorerst nicht generell und an allen Stellen auf diese Auftausalze verzichten können und bei sinnvoller Anwendung auch nicht verzichten müssen. Hier ist jedoch unbedingt Wert auf das Wort ‚sinnvoll' zu legen.

Über die Möglichkeit, Schnee und Eis auf den Fahrbahnen mit Salzen zum Schmelzen zu bringen, wird seit dem 1. Straßenwinter-Kongreß 1914 in Philadelphia aufgrund von vorliegenden Erfahrungen aus Paris, London und Liverpool diskutiert (MINSK 1970). In den USA beschränkte man sich bis 1941 aber allgemein darauf, die Straßen innerhalb und außerhalb der Städte mit einer Mischung aus Sand (oder anderen abstumpfenden Mitteln) und einem Auftausalz zu behandeln. Seit Mitte der 40er Jahre wird in allen Städten der USA als einziges Glättebekämpfungsmittel das Steinsalz (NaCl) angewendet, und zumindest seit 1959 liegen aus Städten der USA Meldungen über Baumschäden vor, die eindeutig auf die Anwendung von Auftausalzen zurückzuführen sind. Es folgten sehr viele weitere Untersuchungen zu diesem Thema an den Highways. In Deutschland wurden die Auftausalze bereits 1930 auf Landstraßen im Regierungsbezirk Wiesbaden

Tab. 30. Verbrauchte Auftausalzmengen in t (aufgrund amtlicher Angaben)

		absolut	relativ
Hamburg	1956/57	710	1
	1969/70	43 400	61
BRD gesamt	1956/57	15 000	1
	1969/70	1 600 000	107
Bundesautobahn-km	1959/60	3,72	1
	1969/70	50,20	13,5

erprobt. Aber erst Ende der 50er Jahre verdrängten diese Salze bei uns die sog. abstumpfenden Mittel auf den Fahrbahnen planmäßig (AHLBRECHT 1967, BROD u.a. 1975), wie auch die Zahlen der Tab. 30 veranschaulichen.

Entsprechende Relationen ergeben sich für unsere Nachbarländer. Den absoluten Zahlen ist jedoch hinzuzufügen, daß die Auftausalzmenge, die (von privater Hand) für die Enteisung der Bürgersteige usw. verwendet wird, hier unberechnet blieb. Nach allgemeinen Schätzungen kann man aber wohl von der Annahme ausgehen, daß bei der Einberechnung der Fußgängerwegstreuung der Salzbedarf in den Städten usw. noch um weitere 30-50% gesteigert wird. Es hat sich also in den letzten 20–25 Jahren in Mitteleuropa der Verbrauch an Auftausalzen um mehr als das Hundertfache erhöht, ohne daß irgendein Anzeichen dafür vorläge, daß sich im gleichen Zeitraum der Charakter der Winter entsprechend diesen Werten kontinuierlich verändert hätte. So lauten auch die Begründungen für den vermehrten Salzverbrauch sehr unterschiedlich. Einmal wird auf extrem kalte Winter (z.B. 1969/70) hingewiesen, zum anderen heißt es, ebenfalls überzeugend, daß milde Winter mit viel Niederschlägen und häufigem Wechsel von Frost-Tauwetter wesentlich größere Mengen an Streumitteln erfordern als strenge, trockene Winter.

Wenn der Gesamtverbrauch an Auftausalzen in der Bundesrepublik Deutschland von 1956/57 bis 1969/70 (s. Tab. 30) auch kontinuierlich von 1 auf 107 angestiegen ist, scheint in den weiteren Jahren der Auftausalzverbrauch für die Straßen der deutschen (Groß-)Städte nicht mehr wesentlich gestiegen zu sein, z.T. sich sogar verringert zu haben. Ob auch auf den Bundesautobahnen der Salzverbrauch eingeschränkt wurde, kann ich nicht beantworten, da mir das erforderliche Zahlenmaterial von der Bundesanstalt für das Straßenwesen, Köln, nicht zugänglich gemacht werden konnte.

Als Vorteil und Nutzen der Glättebekämpfung mit Auftausalzen wird von amtlicher Seite darauf hingewiesen, daß z.B. auf den deutschen Autobahnen die winterbedingten Verkehrsunfälle von 23–25% auf heute nur noch 9–10% zurückgegangen sind (Brod u.a. 1975). Dies wären überzeugende Zahlen, wenn der Rückgang der Verkehrsunfälle während des Winters ausschließlich „zu Lasten" der Auftausalze ginge. Man übersieht dann aber die Wirkung der verbesserten Auto- und Reifenkonstruktionen, der den Winterbedingungen besser angepaßten Straßenführungen der neuen Autobahnen sowie – nicht zuletzt – die Wirkung der in den letzten Jahren angeordneten Geschwindigkeitsbegrenzungen und der inzwischen wieder verbotenen Spikesreifen.

Zur Glättebekämpfung können verwendet werden:

- Vergälltes Stein- oder Siedesalz (Natriumchlorid NaCl),
- Rückstandsalze aus der Verarbeitung von Kalirohsalzen (vorwiegend NaCl mit anderen Bestandteilen),
- Kalziumchlorid ($CaCl_2$),
- Magnesiumchlorid ($MgCl_2$),
- Mischungen aus den aufgeführten Salzen,
- Techn. Harnstoff (NH_2-CO-NH_2).

In der Praxis ist jedoch allein das NaCl wichtig; hinzu kommen für spezielle Aufgaben (s. unten) $MgCl_2$ und $CaCl_2$, die jedoch mit einem Anteil von nur 1–2% an der gesamten gestreuten Auftausalz-Menge bedeutungslos bleiben, ebenfalls der Harnstoff (s. unten). Auf Start- und Landebahnen unserer Flughäfen werden z. T. auch flüssige Auftaustoffe auf Alkoholbasis (z. B. Isopropylalkohol), Glyzerine u. ä. verwendet. Diese Mittel besitzen jedoch eine geringere und weniger anhaltende Auftauwirkung als das NaCl und sind zudem wesentlich teurer und in keiner Weise umweltfreundlicher. Daher können sie auf den öffentlichen Straßen keine Anwendung finden. Die Grenzen der wirtschaftlichen Verwendung der genannten Salze liegen für

Rückstandsalz	bei etwa –6° C Lufttemperatur
Magnesiumchlorid	bei etwa –9° C Lufttemperatur
Stein- oder Siedesalz	bei etwa –10° C Lufttemperatur
Kalziumchlorid	bei etwa –20° C Lufttemperatur
Harnstoff, techn.	bei etwa –6° C Lufttemperatur

Bei der Diskussion der Schäden, die eindeutig durch die Auftausalze verursacht werden, sollen folgende Fakten hier keine Berücksichtigung finden (Brod, Preusse 1975, 1979, Brod 1979):

a) Anstieg des Cl-Gehaltes in offenen Brunnen in der Nähe von Fernstraßen
b) Anstieg des Cl-Gehaltes im Grundwasser
c) Anstieg des Cl-Gehaltes in Flüssen und Seen
d) Anstieg des Cl-Gehaltes in den Oberflächengewässern in der Nähe der Autobahnen, so daß hier bereits an vielen Stellen Vegetationsschäden, vor allem in Nadelholzbeständen, auftreten und außerdem sich Halophyten hier ansiedeln.
e) Plötzlicher Anstieg des Cl-Gehaltes in den städtischen Sielleitungen, so daß die biologische Reinigung dieser Abwässer, vor allem aber die biologischen Prozesse in den Faultürmen im Winter, häufig erhebliche Schwierigkeiten bereiten.

Wir wollen uns hier lediglich auf die Auftausalzschäden beschränken, wie sie an den Straßenbäumen der Städte auftreten. Ende der 60er Jahre wurde für das Bundesgebiet geschätzt: 90% der Bäume, die in jedem Jahr entlang der Hauptverkehrsstraßen der Städte absterben, gehen auf das Konto der Auftausalze. LEH (1971) schreibt, daß von den 200 000 Bäumen in Westberlin 10 000–12 000 Straßenbäume durch Auftausalze so stark geschädigt wurden, daß sie in ihrem Bestand gefährdet sind. Zwar stirbt ein auftausalzgeschädigter Straßenbaum nicht sofort vollständig ab, wie wir es bei den Erdgasschäden erkannten (3.2), aber ein NaCl-geschädigter Baum treibt nur noch mit wenigen kleinen Blättern aus, so daß ihm eine wesentlich verringerte städtehygienische Bedeutung zukommt und er aus dem Grunde gefällt wird. Während 29% der Städte der Bundesrepublik Schäden an Straßenbäumen aufgrund von Industrieabgasen vermuten (2.1), und 70% der Städte bedeutende Erdgasschäden (3.1) melden, gibt es in der Bundesrepublik und völlig entsprechend auch in unseren Nachbarländern keine Stadt, die sich nicht ernste Sorgen um die durch die Auftausalze bewirkten Schäden an den Straßenbäumen macht. Wenn es sich bei diesen Zahlen auch nur um Schätzwerte handelt, so bleiben sie dennoch überzeugend.

5.2 Ursachen der Schäden

Zumindest seit Mitte der 60er Jahre klagen alle Gartenämter der BRD oder, allgemeiner, alle Großstädte des Kontinents und Nordamerikas über gravierende Krankheitssymptome an Straßenbäumen, Symptome, die in dieser Form und vor allem in einem solchen Ausmaß bisher in Mitteleuropa noch nie beobachtet wurden. Da die Bäume ganzer Straßenzüge vom Frühsommer an nur noch braume, abgestorbene Blätter zeigten, sie also in einem sehr großen Umfange abzusterben drohten, sprach man in großer Sorge vom „Straßenbaumsterben", dessen Ursachen man bei uns zunächst jedoch nicht klar erkannte, obwohl zu der Zeit in den USA bereits der kausale Zusammenhang mit den Auftausalzen bewiesen war.

Da man häufig beobachten kann, daß bei Doppelbaumreihen (Abb. 69) eine Baumzeile starke Schadsymptome zeigt, die im Abstand von 5–6 m davon verlaufende Parallelreihe jedoch völlig gesund erscheint, also offenbar von der Krankheit nicht befallen ist, konnten als Ursache dieser Krankheit weder Pilze, Bakterien, Viren noch tierische Schädlinge in Frage kommen. Beim direkten Kontakt der Kronen von gesunden und kranken Bäumen hätten diese Schaderreger von einer Baumreihe zur anderen übergreifen müssen. Als Krankheitsursache scheiden aber auch Auto- und andere Abgase aus, denn es gibt keinen experimentellen Hinweis darauf, daß derartige Abgase an einer Stelle in so hoher Konzentration auftreten, daß die Bäume zum Absterben kommen, gleichzeitig jedoch diese geschädigte Baumreihe die Gaskonzentration so stark herabsetzt, daß die zweite Baumreihe in 5–6 m Abstand überhaupt nicht mehr geschädigt wird.

In der logischen Analyse des Krankheitsbildes blieb eigentlich nur die Denkmöglichkeit bestehen, daß durch den Straßenverkehr von der Fahrbahn her ein flüssiger oder fester Stoff so weit zur Seite gespritzt oder geschleudert wird, daß die erste Baumreihe dirckt an der Fahrbahn dadurch noch negativ beeinflußt wird, jedoch nicht mehr die zweite.

Aus dieser Sicht kämen z. B. die Auftausalze aus der Winterstreuung als Schadverursacher in Frage, die, wie wir sahen, seit Mitte der 60er Jahre überall in

Abb. 68. Roßkastanie an einer Straßenkreuzung durch Auftausalze stark geschädigt. Gleichaltrige, jedoch weiter von den Fahrbahnen entfernt stehende Bäume mit vollem gesundem Laub und kräftigem Zuwachs. (STACH 1969.)

Abb. 69. Doppelbaumreihe gleichaltriger Linden aus derselben Pflanzung: nahe der Fahrbahn durch Auftausalze stark geschädigte Bäume; 5 m davon entfernt völlig gesunde Linden mit kräftigem Zuwachs. (STACH 1969.)

sehr verstärktem Maße eingesetzt werden (vgl. Tab. 30), um die Gefahren der Eis- und Schneeglätte auf den Fahrbahnen sowie Gehwegen zu bekämpfen.

Gegen eine derartige Annahme sprechen scheinbar folgende Fakten:

a) Die Krankheitssymptome werden erst in den Monaten bei den Straßenbäumen deutlich, in denen die Auftausalze im Boden praktisch nicht mehr nachweisbar sind (siehe Abschnitt 5.3).
b) Die Krankheit tritt vor allem dort deutlich auf, wo die Baumscheiben fast bis an den Wurzelhals der Bäume heran mit Asphalt o. ä. wasserdicht abgeschlossen sind, also das Eindringen von Auftausalzlösungen in den Boden mit technischen Mitteln perfekt verhindert sein sollte.

Die Straßen- sowie die Gartenämter brauchten sich aber auch aus folgendem Grunde keine Sorgen wegen der wesentlich verstärkten Verwendung von Auftausalzen im Winterdienst zu machen, weil ihnen von der „Forschungsgesellschaft für das Straßenwesen", Köln, in dem „Merkblatt für Maßnahmen gegen Winterglätte auf Straßen" (1955) versichert wurde: „Bei der üblichen Verwendung von Auftausalzen sind Bäume, Sträucher, wie überhaupt der Pflanzenwuchs am Straßenrand, nicht gefährdet" (zitiert nach SAUER 1967). Erst in der Ausgabe 1973 findet sich in dem entsprechenden Merkblatt ein kurzer Abschnitt „Umweltschutz". Aber auch hier heißt es: „Aufgrund der bisher vorliegenden Versuchsergebnisse teilt die Bundesregierung nicht die Bedenken, die von verschiedenen

Seiten gegen die Verwendung des für die Verkehrssicherheit unentbehrlichen Auftausalzes erhoben werden."

Für die Richtigkeit der Annahme, die Auftausalze aus der Winterstreuung seien die Ursache der neuen Straßenbaumkrankheit, sprechen jedoch zahlreiche amerikanische Untersuchungen, die vor allem an den Highways zurück bis zum Jahre 1950 durchgeführt wurden.

Für bzw. „gegen" die Auftausalze sprechen auch die Tatsachen, daß die hier zu behandelnden Schäden nur in den stark befahrenen und daher stark bestreuten Hauptstraßen der Städte, jedoch fast niemals in den Nebenstraßen auftreten und daß sie dort viel stärker ausgeprägt sind, wo aus den verschiedenen Gründen mehrmals nacheinander Auftausalze gestreut wurden, wie an Straßenkreuzungen (Abb. 68), Fußgängerüberwegen, Auffahrten zu öffentlichen Gebäuden und Hotels, Bushaltestellen usw. Nicht zu übersehen sind aber auch die nach amtlichen Angaben berechneten Vergleichszahlen in Tab. 30. Diese Darstellung macht deutlich, aus welchem Grunde seit Mitte der 60er Jahre eine neue Straßenbaumkrankheit auftreten mußte. Für den Winter 1969/70 ergibt sich, daß in den Städten auf verkehrssicher zu haltenden Fahrbahnen durchschnittlich (!) 2,6 kg $NaCl/m^2$ gestreut wurden. (Als Vergleichswert sei gesetzt: 0,01 kg NPK-Dünger/m^2 landwirtschaftlicher Nutzfläche).

Die eigentliche Ursache des seit Mitte der 60er Jahre in allen Großstädten Europas und der USA beobachteten Straßenbaumsterbens sind also – in voller Übereinstimmung mit Untersuchungen auf amerikanischer (HANES u. a. 1969), dänischer (HVASS 1968, København 1972), deutscher (STACH 1969), englischer (DAVISON 1971), französischer (FAUCONNIER 1974), österreichischer (GLATZEL u. a. 1975), polnischer (DOBRZANSKI 1971) und schweizerischer Seite (ZULAUF 1966 a,b) – zweifelsfrei die Auftausalze bzw., exakter ausgedrückt, die z. Z. üblichen Mengen an Auftausalz, die je m^2 Fahrbahn oder Gehweg während eines Winters gestreut werden. Darüber hinaus mag man streiten, ob nach der Auftausalz-Behandlung der Straßen die beschriebenen Blattrandnekrosen ausgelöst werden durch

a) Anstieg des osmotischen Wertes in der Bodenlösung
b) Anstieg des osmotischen Wertes im Gewebesaft der Blätter
c) Veränderung der Nährstoff- und Aziditätsverhältnisse im Boden
d) Anreicherung von bestimmten, toxisch wirkenden Ionen (Na^+, Cl^-) in der Pflanze, vor allem in den Blättern.

Ohne hier auf die Zusammenhänge näher eingehen zu können, nimmt m. E. die Bedeutung der aufgezählten Faktoren für die Ausprägung der Schadsymptome in der gegebenen Reihenfolge im allgemeinen deutlich zu. Es wird aber in keinem Schadensfall einer der genannten Faktoren wirkungslos bleiben, d. h., diese Faktoren summieren bzw. potenzieren sich gegenseitig.

5.3 Diagnostische Merkmale

In der äußeren Erscheinung gleicht das durch die Auftausalze bewirkte Krankheitsbild unserer Straßenbäume durchaus einer Dürrekrankheit. Darauf weisen viele amerikanische Untersuchungen aus den Jahren 1955–1965 hin. Es ist auch kennzeichnend, daß ebenfalls in unserem Gebiet ursprünglich Krankheitserscheinungen an Straßenbäumen als Dürreschäden erklärt wurden (RHEINHEIMER 1959), wo Nachuntersuchungen später ergaben, daß das Auftausalz als die eigentliche Schadursache anzusprechen war (RUGE und STACH 1968, STACH 1969). Vgl. in diesem Zusammenhang auch ECKSTEIN, FRISSE und LIESE 1974 sowie ECKSTEIN, LIESE und PARAMESWARAN 1976. Die Untersuchungen dieser Autoren zeigen, daß auftausalzgeschädigte Bäume die gleichen veränderten Holzstrukturen und Jahresringbreiten aufweisen wie dürregeschädigte Bäume (vgl. Abb. 51–53).

Um Dürreschäden im eigentlichen Sinne kann es es sich ganz sicher in unseren Städten nicht generell handeln, weil es für die zu besprechende Krankheit typisch ist, daß sie z.B. an Straßenkreuzungen (Abb. 68), an Bushaltestellen, Fußgängerüberwegen usw. erheblich häufiger und verstärkt auftritt. Ebenso kennzeichnend ist es, daß die Krankheit bei Doppelbaumreihen (Abb. 69) stets an der Rinnsteinseite, d. h. direkt neben der Fahrbahn, viel stärker auftritt als 5 m davon entfernt auf der anderen Gehsteigseite. Diese sich immer wieder bestätigenden Tatsachen lassen sich aber nicht aus einer lokal auftretenden Dürre erklären. Gegen die Dürretheorie sprechen auch die Erfahrungen der Amerikaner, daß sich entlang ihrer Highways diese Krankheit seltener auf den (trockenen) Bergkuppen, dagegen häufiger in den (feuchten) Tälern zeigt, eine Beobachtung, die wir auch auf unseren Autobahnen oft machen können. Andererseits ist aber festzustellen, daß sich die typischen Absterbeerscheinungen in trockenen, heißen Sommern (z. B. 1975) viel deutlicher bemerkbar machen als in feuchten, nassen Jahren.

Folgende Merkmale lassen sich bei Auftausalzschäden generell herausstellen:

Im Frühjahr treiben die Blätter der erkrankten Bäume etwas verspätet und deutlich kleinflächiger aus. Die Blattfläche ist oft auffallend gekräuselt. In schweren Krankheitsfällen werden Blattspitze und Blattrand bereits ab Mai, sonst später, scharf abgegrenzt braun (Abb. 70). Das Absterben der Blätter schreitet kontinuierlich zur Blattmitte fort, so daß sich ab Juli/August das Laub einheitlich dunkelbraun verfärbt hat und die Blätter danach abfallen. In dieser Weise während des Sommers kahl gewordene Linden können in einer Vegetationsperiode sechs- bis siebenmal erneut austreiben. Entsprechend können Roßkastanien bei starken Schäden im Herbst noch einmal voll zur Blüte kommen, ohne daß sich noch ein gesundes, grünes Blatt in der Krone befindet. Typisch ist also neben dem etwas verspäteten Austrieb der wesentlich verfrühte Blattfall bei den erkrankten Bäumen. Gelegentlich kann man auch feststellen, daß nicht die gesamte Baumkrone erkrankt, sondern nur ein relativ scharf begrenzter Sektor, der dann im Zusammenhang mit einem tragenden Ast (und einer Stammwurzel) steht.

Trotz dieser schwersten Krankheitssymptome ist es für den weiteren Verlauf der Krankheit kennzeichnend, daß zwar einzelne Zweige absterben (Gipfeldürre), im allgemeinen aber der Baum im kommenden Frühjahr mit den besprochenen Symptomen wieder austreibt. Im Gegensatz zu den Gasschäden (s. 3.3) wächst ein Baum mit Auftausalzschäden von Jahr zu Jahr ständig weiter „in seinen Tod" hinein, ohne ihn jedoch vollends zu erreichen. Typisch ist es ebenfalls, daß ein einmal erkrankter Baum die beschriebenen Krankheitssymptome in kaum vermindertem Maße über viele Jahre auch dann weiter zeigt, wenn in den folgenden Wintern praktisch keine Auftausalze mehr gestreut und von den Bäumen aufgenommen wurden (vgl. 5.6.1). Ohne Vorsorge- und Rettungsmaßnahmen verliert ein erkrankter Baum als Straßenbaum seine städtehygienische Funktion, ist also wertlos und wird aus diesem Grunde als abgängig gefällt.

Abb. 70. Gesunde und auftausalzgeschädigte Blätter der Roßkastanie. (STACH 1969.)

Es ist unmöglich, aufgrund der geschilderten Symptome allein zu entscheiden, ob die Ursache der vorliegenden Krankheit die Dürre ist oder auf Auftausalze oder Kaliummangel zurückgeführt werden muß. Alle drei Ursachen bewirken einen Wassermangel, d. h. eine Verschlechterung der Hydratur in der Baumkrone, und müssen daher zwangsläufig zu denselben Krankheitserscheinungen führen.

Um die eigentliche Ursache der Krankheit zu finden, ist es notwendig, das sichtbar erkrankte Organ, d. h. die Blätter, chemisch zu analysieren. Sind die Auftausalze aus der Winterstreuung, die praktisch in allen Fällen mit NaCl oder $MgCl_2$ bzw. $CaCl_2$ (s. 5.1) erfolgt, die Ursache, muß in den erkrankten Blättern ein erhöhter Cl-Gehalt vorliegen. Die Auftausalze hier mit Hilfe der Kationen Na^+, Mg^{2+}, Ca^{2+} nachweisen zu wollen, wäre ungünstig: Einmal müßten getrennte Analysen für Na^+, Mg^{2+} und Ca^{2+} durchgeführt werden; ein Vergleich mit den entsprechenden Werten von gesunden Blättern der gleichen Baumart wäre dann wesentlich erschwert; zum anderen ist durch die Analysen vieler Autoren (z. B. HOLMES and BAKER 1966, STACH 1969, BLUM 1974, GLATZEL 1974) immer wieder bestätigt worden, daß das Natrium nicht in äquivalenten Mengen zum Cl^- (durch die Wurzel) aufgenommen und erst recht nicht zum Blatt transportiert wird. (Es wird stets weniger Na^+ aufgenommen als der nachgewiesenen Cl^--Menge entspricht.) Ergibt sich aber ein erhöhter Cl^--Gehalt in den erkrankten Blättern, so ist damit in der Regel ausreichend bewiesen, daß dieses Cl^- aus den Auftausalzen stammt. Läge nämlich ein Immissionsschaden durch Chlor- oder Salzsäuredämpfe vor, wäre ein derartiger Schaden aufgrund anderer Symptome leicht zu erkennen (GARBER 1967).

Ausdrücklich sei davor gewarnt, Auftausalzschäden aufgrund von Bodenanalysen zu diagnostizieren. Dies wäre lediglich während der Wintermonate, d. h. sogleich nach der Salzstreuung, möglich. Zu dieser Jahreszeit treten aber noch keine Schäden auf; es wird also kein Gutachten gefordert. Zudem liegen keine ausreichenden Vergleichswerte (s. unten) über den Cl^--Gehalt im Boden vor. Bis die Schäden sichtbar werden und im Streit die Ursache der Erkrankung der Bäume gesucht wird, sind meist mindestens sechs Monate vergangen. Diese Zeit reicht jedoch voll aus, um das Cl^- (wie auch das Na^+) aus dem Boden auszuwaschen (5.5).

Hierfür ein praktisches Beispiel: Es wurde im Spätherbst neben einer mächtigen Rotbuche (auf dem Nachbargrundstück!) eine Garagenauffahrt gebaut und zum Einfüttern der Wegeplatten ein Sand verwendet, der als Streusand für Gehwege vorgesehen und somit stark mit NaCl versetzt war. Als im Juli des nächsten Jahres die Buche einseitig zur Garagenauffahrt abzusterben drohte, konnten in den kranken Blättern des Baumes 3,78% Cl^- (in den gesunden Blättern 0,35% Cl^-, s. unten) nachgewiesen werden, in dem Sand zur Garagenauffahrt jedoch nur noch 0,005% Cl^- und kein Na^+ (Flammenfärbung)! Es fiel aber in der Garagenauffahrt auf, daß die im Spätherbst vergangenen Jahres eingebauten Wegeplatten nun sehr ungleichmäßig hoch und holperig lagen. Es war hier also offenbar „Füllmaterial" in den Monaten nach dem Bau verlorengegangen!

Weiter sei auf ein Versuchsergebnis von STACH (1969) hingewiesen: Es wurden am 25. 1. 1967 aus 40–60 cm Tiefe Bodenproben von Standorten eingesammelt, an denen es sowohl in der vorhergehenden als auch in der folgenden Vegetationsperiode zu schweren Auftausalzschäden an Linden und Roßkastanien gekommen war (vgl. Tab. 31). Hier wurde ein durchschnittlicher Cl^--Gehalt von 0,014% festgestellt. Dagegen wurde in den entsprechenden Kontrollböden ein durchschnittlicher Cl^--Wert von 0,010% analysiert. Aufgrund derartiger Bodenanalysen kann man also selbst während des Winters nicht in jedem Fall ausreichend genau sagen, ob an einem Standort Auftausalzschäden auftreten werden bzw. aufgetreten sind oder nicht.

Wie im Vorhergehenden auseinandergesetzt, müßte sich ein Auftausalzschaden an einem Straßenbaum dadurch kundtun, daß in den verschiedenen Organen des Baumes, vor allem aber in seinen Blättern, der Cl^--Gehalt gegenüber den bei gesunden Bäumen merkbar angestiegen ist. Aus derartigen Überlegungen heraus wurden von STACH (1969) ab September 1966 quantitative Cl^--Analysen an Blättern zunächst bei einer größeren Anzahl von Linden, Roßkastanien und Platanen durchgeführt.

Die in Tab. 31 genannten Standorte sind in folgender Weise zu charakterisieren:

Linde

Wulfsdorf:	Wenig befahrene Landstraße zum Versuchsfeld. Keine Auftausalze bisher angewendet. Linden etwa 60jährig, voll gesund.
Edmund-Siemers-Allee:	Doppelbaumreihe mit 40jährigen Linden (Abb. 69).
R (Rinnsteinseite):	Bäume zeigen sehr ausgeprägte Schadsymptome.
H (Hausseite):	Bäume erscheinen gesund, zeigen guten Zuwachs.
Jungfernstieg:	Die etwa 70 Jahre alten Linden weisen extreme Schäden auf: kleine Blätter, die sich sehr bald vom Blattrand her braun verfärben.

	Gipfeltriebe abgestorben. Mehrmaliger Blattaustrieb in einer Vegetationsperiode.
Roßkastanie	
Theodor-Heuß-Platz:	Doppelbaumreihe mit 70–80jährigen Roßkastanien.
R (Rinnsteinseite):	extreme Schäden (Abb. 68).
H (Seite zu einer großen Rasenfläche):	Bäume erscheinen mehr oder weniger gesund.
Platane	
Schillerdenkmal:	100jährige Platanen in einer großen Rasenfläche. Keine Auftausalze, Bäume völlig gesund.
Alsterglacis:	70jährige Platanen am Rinnstein einer stark befahrenen, also außerordentlich stark bestreuten Straße mit 48 000 Autos und 1100 Zügen/Tag. Bäume erscheinen völlig gesund.

Die Zahlen der Tab. 31 zeigen zunächst – besonders deutlich für die als „gesund" bezeichneten Bäume – eine stetige Steigerung des Cl^--Gehaltes vom Blattaustrieb im Frühjahr bis zum Blattfall im Herbst (vgl. auch BLUM 1974). Dieser Anstieg während der fünf Monate beträgt hier bei gesunden Linden etwa das 2fache (vgl. Abb. 71), bei gesunden Roßkastanien etwa das 1,7fache und bei den Platanen sogar das 3,5- bis 4,5fache des Anfangwertes. Bei den kranken Bäumen ist dagegen der Cl^--Anstieg während der Vegetationsperiode relativ gering.

Physiologisch wichtiger als der starke Anstieg der Cl^--Konzentration in den Blättern während der Vegetationsperiode bei den gesunden Bäumen ist jedoch die Tatsache, daß bereits zur Zeit des Blattaustriebs bei den kranken Bäumen der Cl^--Gehalt erheblich höher liegt als bei den gesunden Bäumen derselben Art von vergleichbaren Standorten (Abb. 71). Es ist weiter kennzeichnend, daß der Schädigungsgrad um so stärker ist, je höher der Cl^--Gehalt in den Blättern im Frühjahr ist (vgl. z. B. die Werte für die Linden). Diese Differenz zwischen dem

Tab. 31. Chloridgehalt in Blättern gesunder und kranker Straßenbäume (RUGE, STACH 1968)

	Gesundheitszustand der Bäume	Sept. 1966	Mai 1967	Juni 1967	Juli 1967	August 1967	Sept. 1967
Linde							
Wulfsdorf	gesund	–	0,28	0,42	0,41	0,55	0,63
E.-Siemers-Allee	H gesund	0,47	0,32	0,40	0,48	0,47	0,56
	R krank	1,33	1,42	1,37	1,30	1,33	1,42
Alter Jungfernstieg	krank	1,50	2,63	2,76	2,38	2,64	2,39
Roßkastanie							
Th.-Heuß-Platz	H gesund	0,87	0,67	0,59	0,89	1,01	1,12
	R krank	1,81	1,80	1,84	2,39	2,54	2,41
Platane							
Schillerdenkmal	gesund	–	0,16	0,19	0,30	0,38	0,55
Alsterglacis	gesund	1,42	0,31	0,39	0,67	0,99	1,44

Cl^--Gehalt gesunder und kranker Bäume im Frühjahr bzw. Frühsommer ist für unsere Diagnose sowie für die Beweisführung, daß ein Auftausalzschaden vorliegt, allein entscheidend.

Demgegenüber sagen die Herbstwerte wenig aus. Z. B. ergab sich für die „nicht belasteten" Platanen am Schillerdenkmal im Herbst ein Cl^--Gehalt von 0,55%, an dem „stark belasteten" Alsterglacis (s. oben) dagegen zur selben Zeit ein Cl^--Gehalt von 1,44%. Hier ist also zu dieser Jahreszeit die Differenz zwischen einem belasteten und einem nichtbelasteten Standort recht groß. Trotzdem blieben die Platanen an beiden Standorten auch im Herbst noch völlig gesund, weil in beiden Fällen die Blätter im Frühjahr mit einem sehr geringen Cl^--Gehalt (0,16% bzw. 0,31% Cl^-) austrieben. Über den Grad der Schädigung unserer Straßenbäume durch Auftausalze entscheidet also nicht der Cl^--Gehalt im Spätsommer bzw. Herbst, sondern der im Frühjahr und Frühsommer. Das bedeutet, daß nur die jungen Blätter gegenüber dem in großer Menge eingelagerten Cl^- empfindlich sind, nicht so sehr dagegen die alten, ausgewachsenen Blätter.

In Konsequenz dieser Tatsachen sollen die entscheidenden Cl^--Analysen spätestens im Frühsommer ausgeführt werden. Bei Herbstwerten muß dagegen berücksichtigt werden, daß a) in den zum Vergleich herangezogenen gesunden Bäumen und Blättern der Cl^--Gehalt während der Vegetationsperiode erheblich angestiegen ist (s. oben) und b) aus den Blättern der kranken Bäume zu dieser Jahreszeit, vor allem aus den abgestorbenen Blattzonen, bereits sehr viel Cl^- ausgewaschen sein kann.

Daß für derartige Analysen stets Kontrollwerte von vergleichbaren gesunden Bäumen herangezogen werden müssen, ist eine Selbstverständlichkeit.

In einem anderen Zusammenhang möchte ich noch einmal auf die Zahlen der Tab. 31 zurückgreifen:
Diesen Werten können wir für alle Monate entnehmen, daß die Cl^--Gehalte der Linden an der zum Versuchsfeld Wulfsdorf führenden Landstraße, die noch niemals mit Auftausalzen behandelt wurde, praktisch identisch sind mit denen der Linden der Edmund-Siemers-Allee, H-Reihe, obwohl die Fahrbahn dieser Straße als Fortsetzung des Alsterglacis (s. oben) durch den Verkehr gleich stark belastet, also auch gleich stark mit Auftausalzen behandelt wurde. Es kann also der Cl^--Gehalt der Blätter von Bäumen an einer stark befahrenen Straße der Stadt ebenso niedrig liegen wie der von Bäumen einer völlig unbelasteten Landstraße außerhalb der Stadt, wenn die Stadtbäume nur weit genug von der Fahrbahn (6–7 m) entfernt stehen.

Aufgrund der in Tab. 31 dargestellten Ergebnisse sowie aufgrund einer über 10jährigen Erfahrung mit vielen anderen Straßenbaumarten in verschiedenen Teilen der BRD ist generell festzustellen, daß eindeutig erkennbare, durch Auftausalze bedingte „Dürreschäden" an den Straßenbäumen usw. dann auftreten, wenn der Cl^--Gehalt der Blätter, bezogen auf ihre Trockensubstanz, im Frühjahr und Frühsommer > 1% wird (HOLMES and BAKER 1966, RUGE und STACH 1968, RUGE 1971). Bei stark geschädigten Bäumen kann er sogar auf 4–5% Cl^- ansteigen. Bei Bäumen dagegen, die nicht mit Auftausalzen belastet wurden, liegt der Cl^--Gehalt im Mai/Juni bei 0,15-0,30%. Finden wir also im Austrieb der Blätter einen Cl^--Gehalt, bezogen auf die Trockensubstanz, von > 1%, so können die bei diesen Laubbäumen auftretenden Trockenschäden eindeutig auf das Cl^-, also auf die Auftausalze aus der Winterstreuung der Fahrbahnen und Gehwege, zurückgeführt werden. Für unbelaubte Zweige des vorjährigen Austriebs (Winterruhe) können wir nach den wenigen bisher vorliegenden Werten von LEH 1975 und eigenen Messungen vorerst folgende Grenzwerte setzen: 0,04 % Cl^-(bezogen auf die Trockensubstanz) = gesund, nicht auftausalzgeschädigt; > 0,20% Cl^- = auftausalzgeschädigt.

Für die verschiedenen Nadelholzarten, die aus anderen Gründen als Straßenbäume (Ausnahme *Ginkgo*) in der Stadt nicht in Frage kommen, sind lediglich einige Erfahrungswerte als Straßenbegleitgrün der Bundesautobahnen und Bundesstraßen bekannt geworden. Danach wissen wir, daß die Cl^--Grenzwerte für die Koniferen erheblich niedriger (0,3–0,6% Cl^-, bezogen auf die Trockensubstanz) liegen als für die Laubgehölze (BEHM und KESSLER 1971, EVERS 1974). Die Nadelhölzer (Ausnahme *Ginkgo*) verhalten sich also gegenüber den chloridhaltigen Auftausalzen wesentlich empfindlicher als die Laubhölzer.

Die Cl^--Konzentrationsangaben werden - wie es in der Ernährungsphysiologie der Pflanze allgemein üblich ist - stets auf die Trockensubstanz bezogen. Dies sollte auch in Zukunft so bleiben. Trotzdem sei darauf hingewiesen, daß an sich der Bezug auf die Trockensubstanz physiologisch zumindest irreführend sein kann. Dies möge folgende Modellrechnung verdeutlichen: Wir finden bei zwei Proben, bezogen auf die Trockensubstanz, denselben Prozentgehalt Cl^- (z. B. 1,5% Cl^-). Die eine Probe enthalte nun im frisch geernteten Zustand einen hohen Gehalt an H_2O (z. B. 90% H_2O, also nur 10% Trockenmasse). Die andere Probe besitze dagegen einen relativ geringen Wassergehalt (z. B. 65% H_2O, also 35% Trockenmasse). Dann errechnet sich für die erste Probe mit der relativ geringen Trockensubstanzmenge eine Cl^--Konzentration in dem Gewebewasser von 0,1667% Cl^-, in der anderen Probe dagegen mit der relativ hohen Trockensubstanzmenge eine Cl^--Konzentration in dem Gewebesaft von 0,8077% Cl^-. Wenn wir also von der physiologisch durchaus berechtigten Annahme ausgehen, daß der Schädigungsgrad z. B. in den Blättern proportional ist der Cl^--Konzentration im Gewebesaft (vgl. CASSIDY 1966), so müßte bei gleichem Chloridgehalt, bezogen auf die Trockensubstanz, der Schädigungsgrad in einem Gewebe mit geringem Wassergehalt stärker sein als bei entsprechenden Geweben mit hohem Wassergehalt.

Der durch das Cl^- bewirkte Schädigungsgrad ist also einmal abhängig von der Cl^--Konzentration im Gewebesaft, zum anderen aber auch von der „plasmatischen Resistenz“ der Blätter der betreffenden Baumart (BIEBL 1967). Im Bezug auf den Schädigungsgrad können somit die Cl^--Werte je Trockensubstanz bzw. die Cl^--Konzentrationen im Gewebesaft nur für eine Baumart miteinander verglichen werden. Schließlich werden wir noch feststellen (5.6), daß das Ausmaß der Schädigung wesentlich durch Umweltfaktoren, wie Dürre, Bodenbelüftung, Mineralstoffernährung usw., beeinflußt wird. Das Schadbild unserer Straßenbäume wird also durch viele voneinander unabhängige Faktoren so stark beeinflußt, daß es für die praktische Begutachtung von Schadensfällen keine Vorteile bringt, wenn der Cl^--Gehalt physiologisch zwar richtiger, in der wissenschaftlichen Literatur jedoch ungebräuchlich, auf den Gewebesaft bezogen wird. Es soll also im folgenden von Auftausalz-Schäden an Laubhölzern gesprochen werden, wenn einerseits die auf Seite 171f. genannten Schadbilder vorliegen und andererseits der auf die Trockensubstanz der Blätter bezogene Chloridgehalt > 1% ist.

5.4 Methoden zur Chloridbestimmung

Soll an einem Einzelbaum bzw. an einer Baumreihe geprüft werden, ob als Schädigungsursache das Cl^- aus den Auftausalzen der vorhergehenden Winter in Erwägung gezogen werden muß, so sind möglichst bald nach dem Blattaustrieb, spätestens jedoch im Frühsommer, Blattproben von den erkrankten sowie in gleicher Menge Blattproben von vergleichbaren, jedoch gesunden Bäumen zu sammeln. Bei späteren Sammelterminen wird – wie in Tab. 31 zu sehen – der Differenzwert für den Cl^--Gehalt zwischen kranken und gesunden Bäumen geringer, da der Cl^--Gehalt in den Blättern gesunder Bäume während der Vegetationsperiode ständig bis zum Herbst ansteigt; bei den kranken Blättern kann dagegen bereits zur Zeit des Blattaustriebes ein Maximalwert für das Cl^- erreicht worden sein, der durch Auswaschungen im Regen trotz weiterer Cl^--Aufnahmen aus dem Boden mehr oder weniger konstant bleibt, d. h. nur noch vergleichsweise geringfügig ansteigt, bzw. abfällt. Bei Cl^--Analysen im Spätsommer oder Herbst müssen also die Vergleichswerte entsprechend der Tab. 31 verringert werden. Bleiben oder werden diese Differenzwerte nach derartigen Korrekturrechnungen unklar, so sollten die Blattanalysen im nächsten Frühjahr wiederholt werden.

Da der Cl^--Gehalt innerhalb einer Baumkrone keineswegs an allen Stellen gleich hoch liegen muß (vgl. S. 174), sammle man Blätter von allen Seiten des Baumes ein und untersuche eine homogenisierte Mischprobe. Dies gilt entsprechend für den Fall, daß eine geschlossene Baumreihe untersucht werden soll. Dann werden Proben von der „Rinnsteinseite" und der „Hausseite" (s. Tab. 31) gemeinsam gesammelt. Lediglich wenn begutachtet werden soll, aus welchem Grunde ein Sektor einer Baumkrone Krankheitserscheinungen zeigt, dagegen ein anderer gesund erscheint, sind entsprechende Blattmengen aus dem erkrankten Sektor einerseits und von der gesunden Seite des Baumes andererseits getrennt voneinander zu sammeln und zu analysieren.

Eine Probe sollte mindestens aus 100 g Frischsubstanz bestehen, die im Labor bei 105° C bis zur Gewichtskonstanz getrocknet und anschließend sehr fein gemahlen werden. Von diesem Pflanzenpulver werden – entsprechend der Methode von WEIHE 1963 – 5,0 g mit der gleichen Menge Cl^--freier Aktivkohle vermischt und mit 250 ml folgender Extraktionslösung in einem Erlenmeyerkolben eine halbe Stunde mechanisch geschüttelt.

Extraktionslösung: 200 g $NaNO_3$ in dest. Wasser lösen + 50 ml 0,1n HNO_3 auf 5 l dest. Wasser auffüllen.

Die Suspension wird nun über zwei harte Faltenfilter filtriert. 50 ml des klaren Filtrates werden dann mit 50 ml Methanol (reinst) + 10 Tropfen folgender Indikatorlösung versetzt.

Indikatorlösung: 0,1 g Diphenylcarbazon in 10 ml 96% Äthanol lösen. Diese Indikatorlösung hält sich nicht lange und sollte daher alle 2–3 Tage neu angesetzt werden.

Anschließend wird mit einer eingestellten 0,02 n $Hg(NO_3)_2$-Lösung (Titerwert!) bei ~ pH 3 bis blaßviolett titriert. Zur Feststellung des Blindwertes wird die Analyse mit denselben Lösungsmengen usw., jedoch ohne Pflanzensubstanz wiederholt und der Analysenwert (ml $Hg(NO_3)_2$) um diesen Blindwert vermindert. 1 ml 0,02 n $Hg(NO_3)_2$ entspricht 0,7092 mg Cl^-.

Dann ergibt folgende Rechnung: [(ml 0,02 n $Hg(NO_3)_2$ - ml Blindwert) × Titerwert × 0,7092 × 100] : 1000 mg = % Cl^--Gehalt, bezogen auf die Trockensubstanz der Blätter.

Diese Titration soll zumindest einmal wiederholt werden.

Der Cl^--Gehalt in den Blättern bzw. in den anderen Organen der Bäume (Wurzel, Stamm, Äste, Zweige) kann natürlich auch mit anderen chemisch eindeutigen und zulässigen Methoden bestimmt werden (LEH 1973, GLATZEL 1974). Es sollte jedoch stets einheitlich angegeben werden: % Cl^-, bezogen auf die Trockensubstanz.

5.5 Einfluß von Auftausalzen auf den Straßenboden

Bei den Mittelstreifen der Bundesautobahnen kann zweifelsfrei ein (erheblicher) Teil der Auftausalze durch die dünne Rinde sowie durch die Knospen der dort gepflanzten Sträucher direkt aufgenommen werden (SAUER 1967). Bei den Straßenbäumen der Stadt gelangt dagegen praktisch die gesamte aufgenommene Auftausalzmenge durch die Wurzel, also über den Boden, in die Pflanze. Es erhebt sich daher die Frage, ob diese Salze die physikalischen Eigenschaften der Straßenböden und damit indirekt die Entwicklung der Wurzeln beeinflussen.

Hier ist zunächst festzustellen, daß in einem humusarmen, nicht lehmigen Straßenboden das Cl^- nicht an Bodenkolloide gebunden, also nicht absorbiert wird. Das Cl^- bleibt also frei in der Bodenlösung und kann somit – bei intakter vertikaler Wasserführung im Boden – relativ schnell, d. h. innerhalb weniger Monate, zum großen Teil aus dem Wurzelbereich der Bäume (bis 60 cm) herausgewaschen werden (s. 5.3).

Das Na^+ aus dem als Auftausalz hauptsächlich verwendeten Steinsalz wird in Konkurrenz mit dem Ca^{2+} und Mg^{2+} nur schwach und in geringer Menge von den Tonkolloiden absorbiert. In nährstoffreichen Böden bleibt das Na^+ also ebenfalls vorwiegend in der Bodenlösung und wird gemeinsam mit dem Cl^- ausgewaschen. Ist jedoch der Boden arm an Erdalkali und fließen nach einer durch das Auftausalz bedingten Schneeschmelze große Mengen von Na^+ in den Boden, so werden die Na-Ionen oberflächlich vom Ton usw. in relativ großer Menge absorbiert. Durch das plötzliche Überangebot an Na^+ werden dann die noch am Ton absorbierten Nährstoff-Kationen in die Bodenlösung eingetauscht, d. h., der Boden verarmt weiter an Nährstoffen.

Die absorbierten Na-Ionen mit ihrem großen Hydratmantel lassen nun die Bodenkolloide verquellen, die dann dispergieren (zerfallen) und den Boden somit zum Verschlämmen bringen. In vielen bodenkundlichen Untersuchungen wurde immer wieder bestätigt, daß nach Behandlung eines Bodens mit NaCl der sog. Feinerdeanteil (< 5 Mikrometer) erheblich zunimmt. Damit verschlechtern sich aber die kapillare Leitfähigkeit und die Durchlüftung des Bodens wesentlich. Andererseits nimmt die Neigung zur Bodenvernässung sowie zum Stau des Cl^--haltigen Wassers entsprechend zu. D. h., die für unsere Straßenböden sowieso bereits kritische Bodenbelüftung wird jetzt erheblich verschlechtert, und das Cl^- verbleibt im Wurzelbereich der Straßenbäume, wird also stärker von ihnen aufgenommen.

Hinzu kommt ein weiterer Effekt: Nach Aktivierung der Baumwurzeln im Frühjahr werden im Zusammenhang mit der nun einsetzenden Nährsalzaufnahme von der Wurzel H-Ionen in den Boden ausgeschieden (Kationenaustausch), die sofort gegen die nur schwach absorbierten Na-Ionen ausgetauscht werden. Zum Ausgleich des elektrischen Potentials in der Na-angereicherten Bodenlösung entstehen hier durch Dissoziation des Wassers in äquivalenter Menge zu den Na-Ionen OH-Ionen, d. h., die Bodenlösung wird alkalisiert. In der Tat habe ich in allen Fällen, wo bei auftausalzbelasteten Straßenböden die Bodenazidität gemessen wurde, stets pH-Werte > 7, sehr oft sogar Werte bis pH 9 gefunden. Diese starke Alkalisierung der Straßenböden nach Einwirkung von Auftausalzen bedingt nun, daß viele Nährsalze, vor allem die Spurenelemente (mit Ausnahme von Mo) wasserunlöslich, d. h. pflanzenphysiologisch nicht mehr aufnehmbar werden. Die grundsätzlich bereits nährstoffarmen Straßenböden büßen also weitere Nährstoffe ein.

Zum Verständnis der anschließend zu besprechenden Maßnahmen zur Verhütung von Auftausalzschäden war dieser bodenkundliche Exkurs notwendig (KREUTZER 1974, BROD u. a. 1975, GLATZEL u. a. 1975). Er möge deutlich machen, daß von dem Auftausalz NaCl die Komponente Cl^- innerhalb der Pflanze schädlich wirkt, während die Komponente Na^+ ebenso negative Veränderungen im Boden auslöst. Um der durch die Na-Ionen bedingten Verquellung der Bodenkolloide entgegenzuwirken, ist es erforderlich, spätestens im Frühjahr vor dem Austreiben der Knospen den Straßenboden kräftig mit Kalk, Gips oder Ca-haltigen Düngemitteln (Superphosphat) zu behandeln (EVERS 1971a).

5.6 Maßnahmen zur Verhütung von Auftausalzschäden

5.6.1 Allgemeines

Wenn Auftausalzschäden an unseren Straßenbäumen aufgetreten sind, dann sollte es die zuständigen Behörden und den Praktiker vor allem interessieren, wie dieser Schaden möglichst schnell und vollständig beseitigt, die Krankheit also „ausgeheilt" werden kann. Hier ist jedoch eindeutig festzustellen, daß es z.Z. keine Möglichkeit gibt, mit physiologisch zulässigen Methoden das einmal in den Baum eingelagerte NaCl, speziell die Cl-Ionen, innerhalb kürzerer Zeit (1–2 Jahre) wieder aus der geschädigten Pflanze herauszulösen (s. auch 5.6.6).

Wir wissen zwar, daß bei jedem Regen aus einem durch Auftausalze geschädigten Baum relativ große Mengen NaCl (2,0-2,5 kg Cl^-/Jahr) ausgewaschen werden (BLUM 1974). Dieses Cl^- versickert jedoch mit dem für den Baum unbedingt notwendigen Regenwasser im Wurzelbereich und wird von dort sofort wieder aufgenommen.

Mehr Nutzen könnte der Laubfall im Spätsommer/Herbst bringen, da die abgeworfenen Blätter sehr bald durch den Wind und die Straßenreinigung fortgeschafft werden. Wenn wir in diesem Zusammenhang auch hervorgehoben haben (Tab. 31), daß sich während der Vegetationsperiode das Cl^- in den Blättern, speziell im Blattrand, stark konzentriert (Transpiration, daher hier auch die auffälligsten Schadsymptome), so mußten wir doch weiter feststellen, daß vor dem Blattfall das Cl^- weitgehend in das Parenchym der Zweige, Äste und des Stammes zurückverlagert wird. Zur kommenden Vegetationsperiode wird dann das hier zwischengelagerte Cl^- wieder mobilisiert und mit dem Transpirationsstrom in die neu austreibenden Blätter verlagert.

Nur unter Berücksichtigung dieser Tatsachen können wir verständlich machen, daß

a) der Cl^--Gehalt in den Blättern unserer Straßenbäume bereits wenige Wochen nach dem Blattaustrieb auf 4-5% ansteigt,
b) diese Cl^--Konzentrationen auch dann beim Frühjahrsaustrieb erreicht werden, wenn im vergangenen Winter kein neues Auftausalz mehr gestreut wurde und daß sich z. B. der Cl^--Gehalt in den Blättern geschädigter Roßkastanien im Laufe von 6 Jahren lediglich von 1,825% auf 1,005%, d. h. absolut nur um 0,82% verminderte (RUGE 1974).

Diese Kastanien blieben, obwohl sie in den letzten sechs Wintern nicht erneut mit Auftausalzen in Berührung gekommen waren, im Erscheinungsbild sowie per Definition (5.3) über 6 Jahre (und länger) auftausalzkrank.

Da es also z. Z. und wahrscheinlich auch in der näheren Zukunft keine Möglichkeit gibt, innerhalb weniger Jahre (s. oben) den Cl^--Gehalt in einem erkrankten Baum wesentlich zu verringern, echte Heilungsmethoden uns aus dem Grunde nicht zur Verfügung stehen können, müssen wir uns im wesentlichen mit Vorsorgemaßnahmen begnügen. Die daraus sich ergebenden Konsequenzen sollte sich aber jeder deutlich machen, der den Einsatz von Auftausalzen bedingungslos empfiehlt und anordnet.

5.6.2 Verordnungen für den Winterdienst in Städten und Gemeinden – Physiologische Begründungen

Die Grundlagen für den obengenannten Winterdienst in der BRD finden sich in dem von der „Forschungsgesellschaft für das Straßenwesen“ Köln, 1973 herausgegebenen „Merkblatt für den Winterdienst in Städten und Gemeinden“. Diesem Merkblatt kommt zwar keine Gesetzeskraft o. ä. zu; der Deutsche Städtetag empfiehlt jedoch den Gemeinden, danach zu verfahren. Daher wollen auch wir uns hier auf dieses Merkblatt stützen, zumal in der Ausgabe 1973 neben vielen technischen, uns hier nicht interessierenden Einzelheiten erstmals ein kurzes Kapitel zum Umweltschutz (S. 27/29) enthalten ist.

Befassen wir uns zunächst mit den Problemen der **Fahrbahn.** Dazu vorab einige hier wichtige Zitate aus dem Merkblatt:

S. 29: „Die Rechtsprechung hat deshalb anerkannt, daß eine Pflicht, alle Fahrbahnen öffentlicher Straßen bei Winterglätte zu bestreuen, nicht besteht.“

S. 28: „Auftausalze ersetzen die Schneeräumung nicht, sondern erleichtern sie nur, wenn bei einsetzendem Schneefall sofort gestreut und damit das Anhaften des Schnees auf der Fahrbahn verhindert wird.“

Es soll also nicht der gesamte Schnee auf den Fahrbahnen mit dem Auftausalz zum Schmelzen gebracht werden. Vielmehr soll lediglich das Eis auf dem Straßenbelag aufgetaut werden.

S. 28: „Die ausgestreute Menge (Auftausalz) in g/m^2 soll den tatsächlichen Erfordernissen entsprechen.“

D. h., für jeden Einsatz ist dem Fahrer des Streufahrzeuges vom Einsatzleiter (schriftlich) Anweisung zu geben, wieviel Auftausalz jeweils in einer bestimmten Straße zu streuen ist. Bei den modernen Streufahrzeugen, wie sie auch von dem „Merkblatt" gefordert werden, ist es mit einem Handgriff möglich, die gestreute Salzmenge vom Fahrersitz aus während der Fahrt zu verändern.

S. 28: „Im allgemeinen sind 15-25 g/m^2 Fahrbahnfläche und Streuung ausreichend. Sie soll aber in keinem Fall mehr als 40 g/m^2 zu bestreuender Fahrbahnfläche betragen."

In einer neueren Veröffentlichung der Forschungsgesellschaft (1974) werden diese Zahlen auf 10–20 g/m^2 reduziert!

Die hier gegebenen Höchstmengen wurden primär, wie deutlich festgestellt sei, nicht von „umweltverpflichteten" Biologen empfohlen, sondern von fachlich zuständigen Straßenbauingenieuren, da die hier genannten Mengen nach allen Erfahrungen voll ausreichend sind, um einmal das Räumen des Schnees zu erleichtern und zum anderen das Eis auf der Fahrbahn zu tauen. Mehr Salz kann auch nicht mehr bringen, da die Tauwirkung einer konzentrierten Lösung nicht überschritten werden kann. Die Straßenbauingenieure warnen sogar davor, die von ihnen empfohlenen Salzmengen zu überschreiten, weil dann die T-Differenz zwischen dem aufgetauten Eis auf der Fahrbahnoberfläche (0 °C) und dem gefrorenen bzw. unterkühlten Boden (z. B. −20 °C) so groß wird, daß bei dieser Temperaturspanne der Straßenbelag zerreißt. Aus diesem Grunde entstehen auch die vielen sog. Winterschäden auf den Fahrbahnen. Um es deutlich zu sagen: die sog. ‚Frostschäden' in den Fahrbahnen werden weniger durch die Frosttemperaturen bedingt als durch den übermäßig starken Aufwand an Auftausalzen! Die Höchstmengen für die Auftausalze sind also von der Technik festgelegt worden und sollten als solche in die Verordnungen der Gemeinden übernommen werden, damit sich der für den Streueinsatz zuständige Beamte in einem evtl. Streitfall auf diese Zahlen berufen und damit rechtfertigen kann. Eine entsprechende Rechtfertigung – jedoch mit umgekehrten Vorzeichen – gilt dann allerdings auch gegenüber dem Gartenamt.

Als Biologe habe ich mich seinerseits dafür eingesetzt, daß diese Werte unverändert in das obengenannte Merkblatt aufgenommen werden, weil ich glaube, daß die für die Straßenbäume zuständigen Gartenämter unter bestimmten Voraussetzungen mit diesen Zahlen noch leben können.

Diese Voraussetzungen lauten:

a) Die genannten Zahlen 15–25 g/m^2 bzw. 10–20 g/m^2 sollen für die Monate vor Weihnachten sowie für den Januar und Februar gelten. In dieser Zeit ruhen die Bäume und nehmen somit keine Salze aus dem Boden über die Wurzeln auf. Die in diesen Monaten gestreuten Auftausalzmengen können also noch durch das Schmelzwasser aus der Wurzelzone fortgeschwemmt werden, bevor sie den Baum beim Frühjahrsaustrieb schädigen. Wenn sich jedoch zum Frühjahr der Straßenboden am Tage erwärmt, werden die Wurzeln bereits aktiv, wenn die Knospen noch voll zu ruhen scheinen. Wird nun zu dieser Zeit neues Auftausalz gestreut, so werden diese Salze (aus dem nährstoffarmen Straßenboden) von den Wurzeln in voller Menge aufgenommen. Es darf zum Frühjahr also aus biologischen Gründen nur möglichst selten und wenig gestreut werden.

b) Es ist nicht die gesamte Fahrbahn von Rinnstein bis Rinnstein zu streuen. Vielmehr ist der Fahrbahnrand, auf dem die Autos parken, also ein „Streifen von mindestens 2 m Breite von der Bordsteinkante nicht mit zu streuen“ (S. 28). Einzige Ausnahme von dieser Regelung sind die Bushaltestellen.
c) „Baumscheiben und begrünte Flächen dürfen auf keinen Fall bestreut werden. Desgleichen darf salzhaltiger Schnee nicht auf Baumscheiben oder anderen unbefestigten oder begrünten Flächen abgelagert werden“ (S. 28).
d) Erst recht darf kein Auftausalz auf Baumscheiben usw. frei gelagert werden.
e) Auf Straßenkreuzungen, Fußgängerüberwegen und ähnlichen Stellen, wo in dem Einsatz bereits einmal Auftausalz verwendet wurde, ist eine zweite Streuung zu unterlassen.
f) Vorsorgliche Streuungen mit der Begründung, es könnte zu Schnee- und Eisglätte kommen, sind grundsätzlich zu verbieten.
g) Da sowieso nicht alle (Neben-)Straßen gestreut werden und die verbleibenden Hauptstraßen nicht mit einem Schlag gestreut werden können, sollten die Bus- und Pkw-Fahrer über den örtlichen Hörfunk vor zu erwartenden Verkehrsbehinderungen gewarnt werden, damit ein jeder seinen Weg zum Arbeitsplatz rechtzeitig antreten kann.
h) Ist in der Stadt Schnee gefallen und nicht sofort wieder aufgetaut, so daß er abgefahren werden muß, sollte der Schnee von der Fahrbahn sowie vom Gehsteig, solange er noch nicht mit den Auftausalzen in Berührung gekommen ist, zumindest zum Teil auf den Baumscheiben abgelagert werden. Damit wird die Wurzelzone weitgehend vor dem salzhaltigen Spritzwasser der Fahrbahn und dem Schmelzwasser der Gehsteige abgeschirmt und es steht gleichzeitig genügend Schmelzwasser zur Verfügung, um die trotz allem in die Wurzelzone der Bäume vorgedrungenen Auftausalze herauszuwaschen.

Bei der Diskussion der Frage, wie das Auftausalz von der Fahrbahn in den Baum gelangt, ergeben sich theoretisch vier Möglichkeiten, von denen drei realisiert werden können:

1. Durch vorbeifahrende Autos wird das salzhaltige Schmelzwasser bzw. der Schneematsch gegen den Baumstamm geschleudert, und das Auftausalz diffundiert dann in Lösung durch die Rinde bzw. Borke in die Leitungsbahnen und das Holzparenchym.
2. Das Spritzwasser trifft nicht den Baumstamm, sondern fällt daneben zu Boden und wird von hier aus durch die Wurzeln aufgenommen. Die Chancen zur Verwirklichung von 1 bzw. 2 lassen sich aus der Relation von Stammdurchmesser : Abstand von Baum zu Baum errechnen. D. h. die Möglichkeit 1 ist praktisch ohne Bedeutung, aber nicht auszuschließen. (Für die Autobahnen hat man errechnet, daß mit dem Spritzwasser 4,2–13,3 % des auf die Fahrbahn gestreuten Auftausalzes auf den Mittelstreifen gelangen.)
3. Das salzhaltige Schmelzwasser fließt von der Fahrbahn zum Rinnstein ab und dringt auf diesem Wege durch Risse in der Fahrbahndecke (Frostrisse, s. oben) in den Boden ein, aus dem die Straßenbäume das Auftausalz dann aufnehmen, wenn die Versickerungsstelle nicht zu weit von funktionsfähigen Wurzeln entfernt ist. Welche Bedeutung dieser Möglichkeit im Vergleich zu der unter 2 genannten zukommt, ist schwer abzuschätzen. Gering ist sie aber sicher nicht, und aus dem Grunde soll entsprechend den Empfehlungen der Forschungsge-

sellschaft 1973 entlang dem Rinnstein ein mindestens 2 m breiter Streifen nicht mit Streusalz behandelt werden.

Eine vierte Möglichkeit, daß das Schmelzwasser von der Fahrbahn in die Baumkrone geschleudert wird, ist dagegen für die Straßenbäume in den Städten unrealistisch.

Für die auf die Fahrbahn gestreuten Auftausalze ergibt sich also, daß lediglich die Menge, die von der Fahrbahn verspritzt oder durch die Fahrbahndecke in den Wurzelbereich der Bäume eingedrungen ist, die Bäume schädigt. Der größere Teil der Auftausalze dürfte jedoch wie das Regenwasser durch die Sielleitungen zu den Kläranlagen abgeleitet werden.

Ein völlig anderes Bild ergibt sich für die Streuung der **Gehwege**. Hier wird die gesamte Auftausalzmenge in den Wurzelbereich der Bäume eindringen. Eine für die Bäume unschädliche Ableitung, z.B. zu den Sielleitungen, gibt es nicht. D.h. bei gleicher Auftausalzmenge wie auf der Fahrbahn muß sich die Gehsteigstreuung für die Straßenbäume viel schädlicher auswirken. Hinzu kommt folgendes: Um den gleichen Auftaueffekt zu erhalten, müßten auch auf den Gehwegen 15–25 g/m^2 Salz genügen, das sind 3–5 Teelöffel Salz je m^2. Wer wollte aber behaupten, daß er bei Frost morgens vor Dienstbeginn auf dem Gehweg vor seinem Haus nur 3–5 gestrichene Teelöffel Salz je m^2 streut? Um eine gleichmäßige Verteilung des Salzes in dem Verantwortungsbereich des Hausbesitzers zu erzielen und um die Sicherheit zu haben, auf jeden Fall die Streupflicht voll erfüllt zu haben, wirft man 3–5 volle Hände Salz je m^2 ($\geqq$ 300 g NaCl!) in ganzer Breite des Gehweges aus. Wir erkennen also, daß durch die Fahrbahnstreuung zwar die Straßenbäume stark geschädigt werden, daß ihnen aber eine noch erheblich größere Gefahr von der Fußwegstreuung her droht, wenn hier nicht Einhalt geboten wird.

Da sich die Situation der Straßenbäume in den letzten Jahren aufgrund der übermäßigen Gehwegstreuung noch wesentlich verschlechtert hat, sind hier erheblich schärfere Maßnahmen erforderlich. Zu Hilfe kommen uns die Wegegesetze bzw. -verordnungen der Gemeinden, die meistens lediglich verlangen, daß die Gehsteige rutschfest, nicht aber eis- und schneefrei zu halten sind. Weiter ist in diesen Verordnungen die Anwendung von Auftausalzen fast regelmäßig direkt oder indirekt (nur abstumpfende Mittel zugelassen) verboten. Das Problem der Gehsteige wäre gelöst, wenn diese alten, in der Regel aber nicht außer Kraft gesetzten Verordnungen durch entsprechende Hinweise in der Presse und Kontrollen der Polizei reaktiviert würden. Alle Gehwege wären also schneefrei zu schaufeln und dann mit abstumpfenden Stoffen (z. B. scharfer Sand oder kleinkörnige, scharf gebrannte Schlacke) zu bestreuen.

Eine andere, biologisch jedoch kaum noch zu verantwortende Möglichkeit wäre, daß die Gehwege nach dem Fortschaufeln des Schnees mit einer Mischung aus 9 Teilen scharfem Sand und 1 Teil Steinsalz bestreut werden. Hier wäre allerdings die klare Forderung zu stellen, daß mit dieser Sand-Salz-Mischung lediglich der mit Betonplatten belegte Teil der Gehwege gestreut wird. Unbefestigte Teile der Gehwege und unbefestigte Gehwege insgesamt dürfen jedoch mit dieser Mischung nicht behandelt werden.

Zum Verständnis dieser Forderung ist auf folgendes hinzuweisen: Das „Merkblatt für den Winterdienst usw." empfiehlt, bei Einsatz von abstumpfenden Mitteln bis zu 300 g Sand o.ä./m^2 durch Maschinen streuen zu lassen. Da die Gehwege jedoch überwiegend von Hand gestreut werden, liegt hier erfahrungsgemäß die aufgewendete Streugutmenge bei 300–500 g/m². Enthält dieser Streusand, um ihn auch bei Frost streufähig zu halten, 10% NaCl, so werden auf den Gehwegen je m² 30–50 g NaCl gestreut, d.h. wesentlich mehr, als auf den Fahrbahnen für erforderlich angesehen wird. Aus diesem Grunde sollte in den Wegegesetzen der Gemeinden grundsätzlich für die Gehwege eine Sand-Salz-Mischung ebensowenig zugelassen werden wie reine Auftausalze. Vielmehr müssen, wie bereits in mehreren Großstädten verordnet, die Gehwege mit Schneeschiebern schneefrei gehalten und danach mit trockener, feinkörniger Schlacke rutschfest gemacht werden. Diese unterschiedliche Behandlung der Fahrbahnen und Gehsteige ist erforderlich geworden, weil die Praxis gezeigt hat, daß von den für die Gehsteige aufgewendeten Auftausalzmengen eine erheblich größere Gefahr ausgeht als von denjenigen auf den Fahrbahnen: Die von den Hauseigentümern auf den Gehwegen pro m² ausgestreute Auftausalzmenge ist nämlich i.a. mehr als 10 mal so groß wie auf der Fahrbahn. Außerdem dringt diese 100%ig in den Wurzelbereich der Bäume vor, während wir bei den Fahrbahnen davon ausgehen können, daß etwa 80 bis 90% der Salze durch die Siele abgeleitet werden. Der vom Gehweg ausgehende Schaden für die Straßenbäume wäre also pro m²: 100% von 300 g = 300 g/m², bei der Fahrbahn jedoch nur 10–20% von 30 g = 3–6 g/m²!

Daß auf den Baumscheiben kein Auftausalz (auch keine Salz-Mischung) oder salzhaltiger Schnee abgelagert werden darf, wurde bereits gesagt. Dagegen kann und soll dort der vom Gehsteig fortgeschaufelte reine Schnee zum Schutz der Bäume planmäßig gelagert werden (s.S. 183).

5.6.3 Andere Möglichkeiten zur Sicherung der Straßen und Wege

Werden auf den Fahrbahnen und Gehwegen nach einem Schneefall Räummaschinen eingesetzt, so verbleibt auf der Straße noch eine durch den Verkehr sich bald verdichtende und vereisende Schneedecke. Diese muß aus Gründen der Verkehrssicherheit beseitigt oder abgestumpft werden. Auf den Gehwegen (5.6.2) genügt erfahrungsgemäß die abstumpfende Wirkung von Schlacke, nicht dagegen auf den Fahrbahnen. Hier werden durch die Autos derartige Stoffe beiseitegeschleudert und verlieren somit zu schnell ihre Wirkung. Zudem ist der sog. Gleitbeiwert von Sand und Splitt zu gering. Hinzu kommt, daß der mit dem Tauwasser abgeschwemmte Sand die Sielleitungen der Stadt zu stark belasten und schließlich verstopfen würde.

Vorgeschlagen wurde, die Schnee- und Eisglätte der Fahrbahnen dadurch zu beseitigen, daß motorisierte Fahrzeuge eingesetzt werden, die mit einer größeren Anzahl gegen die Fahrbahn gerichteter Propanbrenner ausgerüstet sind. Es braucht nicht auf die erheblichen Schwierigkeiten hingewiesen zu werden, die beim praktischen Einsatz derartiger Hilfsmittel auftreten würden. Um aber dieses Problem im Grundsatz deutlich zu machen, möchte ich darauf hinweisen, daß es nicht genügt, mit den offenen Flammen den Schnee und das Eis aufzutauen. Vielmehr müßte die Erhitzung der Fahrbahn so stark und anhaltend sein, daß das Tauwasser restlos zum Rinnstein abfließt, die Fahrbahn also trocken wird.

Im Sinne des Umweltschutzes und der Verkehrssicherheit wäre es optimal, wenn in die Straßendecke aller Fahrbahnen der Städte (aber auch in die der Bundesstraßen und Autobahnen) eine ausreichend starke elektrische Heizung eingebaut würde. Mit dem Druck auf einen Knopf würden dann alle Straßen gleichzeitig und schnell verkehrssicher. Hier wären aber die Bau- und Betriebskosten so immens hoch, daß sich jede Diskussion derartiger Pläne verbietet. Zudem stehen die notwendigen Energiemengen nicht zur Verfügung.

Es bleiben also nur die Auftaustoffe, d. h. praktisch die Chloride von Natrium, Magnesium und Kalzium. Auf Seite 167 stellten wir fest, daß die Chloride der Erdalkali effektiver sind als die der Alkali. Sie könnten also in geringeren Mengen eingesetzt werden. Demgegenüber ist jedoch zu bemerken, daß – in molaren Mengen gerechnet – das $MgCl_2$ und $CaCl_2$ doppelt so viel von dem für das Straßenbegleitgrün vor allem schädlichen Cl^- enthalten. Dementsprechend ist durch Versuche bestätigt, daß bei gleichen Streusalzmengen die Straßenbäume durch die Chloride der Erdalkali erheblich mehr geschädigt werden als durch das NaCl. Auch ist es viel leichter, das Steinsalz (NaCl) zu lagern und zu streuen als das $CaCl_2$ und $MgCl_2$, die beide bekanntlich sehr stark hygroskopisch, d. h. wasseranziehend sind. Daher können die Erdalkalisalze nur in wasserdichten Säcken verschickt und gelagert werden. Um die Winterglätte auf den Hauptverkehrsstraßen zu bekämpfen, müssen wir also – trotz aller Bedenken – beim Steinsalz, dem NaCl bleiben.

5.6.4 Baumdüngung

Bei der Diskussion dieses Themas muß von der Tatsache ausgegangen werden, daß die Straßenbäume einer Stadt, im krassen Gegensatz zu Bäumen einer gepflegten Obstplantage, früher niemals planmäßig gedüngt wurden. Da jene Bäume aber seit Bestehen der Straße praktisch immer wieder an derselben Stelle nachgepflanzt werden, ist der Boden hier seit mehreren hundert Jahren nicht mehr ausreichend mit Nährstoffen versorgt worden, wenn wir von der in ihrer Bedeutung recht zweifelhaften Düngung durch die Hunde und den Straßenstaub absehen. Ernährungsphysiologisch negativ muß es sich für die Straßenbäume auch auswirken, daß die Decke der Fahrbahn aus straßenbautechnischen Gründen auf einer künstlich eingebrachten Schotter- und Sandschicht ruht, in der die Wurzeln der Bäume keine Nährstoffe finden, daß sofort nach dem Laubfall die Blätter in den Straßen fortgefegt oder -geweht werden und daß, bedingt durch die Auftausalze,

a) die Bodenazidität auf pH-Werte bis 8,0–9,5 absinkt, so daß viele Nährstoffe, vor allem Spurenelemente, in eine für die Pflanzen nicht verfügbare Form überführt und
b) durch das Überangebot von Na^+ andere ernährungsphysiologisch wichtige Kationen aus der Absorption gelöst und somit aus dem Boden ausgewaschen werden (vgl. 5.5).

Wenn es Ziel unserer Vorsorgemaßnahmen sein soll, die Standortresistenz der Straßenbäume dadurch zu steigern, daß die physiologisch-ökologischen Bedingungen zumindest im Wurzelraum der Bäume verbessert werden, ist hier vorrangig an eine planmäßige Düngung der Bäume zu denken. Es liegen zwar zu diesem Thema noch keine Erfahrungen auf einer ausreichend breiten Basis vor, und das Düngungsbedürfnis wird von Baumart zu Baumart, aber auch von Standort zu Standort verschieden sein, d. h. es können hier noch keine endgültigen Rezepte zur Straßenbaumdüngung genannt werden. Es sollen jedoch physiologisch begründete und durch die Praxis bestätigte Grundgedanken zu den für die Straßenbäume ernährungsphysiologisch wichtigen Kationen und Anionen besprochen werden.

Kalium

In der Pflanzenasche steht das K^+ allgemein mengenmäßig an erster Stelle. Obwohl es chemisch nicht in lebensnotwendige Assimilate eingebaut wird, also keinen Baustoff entsprechend C, N, P und S darstellt, ist es als Funktionselement für die Pflanze unentbehrlich, da es viele physiologische Prozesse, so z. B. den Quellungsgrad des Zytoplasmas, die Aktivität der Enzyme usw., maßgeblich steuert.

Im Zusammenhang mit den Straßenbäumen ist weiter darauf hinzuweisen, daß bei ausreichenden K-Mengen die Wasseraufnahme aus dem Boden einerseits erleichtert und andererseits die Wasserabgabe (Transpiration) eingeschränkt wird. Es wird also durch das K^+ der Wasserhaushalt, der bei unseren Straßenbäumen – wie wir sahen – äußerst gefährdet ist, wesentlich beeinflußt. Wie ist nun aber die K-Versorgung unserer Straßenbäume?

Nach Untersuchungen von STACH (1969) für Hamburg liegt der K-Gehalt der Straßenböden im Durchschnitt bei 0,069% (0,026–0,106%). Für landwirtschaftlich und gärtnerisch genützte Böden wird jedoch ein K-Gehalt von 0,1–1,0% gefordert. Der K-Gehalt liegt in den Straßenböden also weit unter dem Optimum. Es ist auch darauf hinzuweisen, daß die K-Aufnahme von der Wurzel sehr stark durch einen O_2-Mangel, wie wir ihn in praktisch allen Straßenböden haben, gehemmt wird. Generell ist zu sagen, daß – mit Ausnahme von Ca^{2+} – für die Entwicklung einer Pflanze nicht die Nährstoffkonzentration außerhalb der Pflanze, also die Bodenanalyse, entscheidend ist, sondern die Konzentration innerhalb der Pflanze. Diese Werte von STACH (1969) für das Lindenblatt sind in Abb. 71 dargestellt.

Die Abbildung macht zunächst deutlich, daß der K-Gehalt der Blätter vom Frühjahr zum Herbst kontinuierlich absinkt. Gehen wir von dem Grenzwert = 1% K^+, der im Jahresdurchschnitt nicht unterschritten werden darf, aus, so erkennen wir, daß dieser 1%-Wert in den Lindenblättern im Frühjahr im allgemeinen noch überschritten, vom Hochsommer an jedoch unterschritten wird. Nach diesen Ergebnissen könnte also der K-Gehalt der Blätter als noch gerade ausreichend angesprochen werden.

Hier ist jedoch auf ein weiteres Ergebnis von STACH (1969) hinzuweisen: Mit steigendem Cl^--Gehalt in den Blättern steigt hier sehr deutlich auch der K^+-Gehalt an (Korrelationskoeffizient $r = 0{,}70$). Die mit Cl^- am stärksten belasteten, also auch am stärksten geschädigten Blätter haben mithin einen durchschnittlichen K^+-Gehalt von >1%. Da hier offenbar in der Interpretation der Zusammenhänge ein Fehlschluß vorliegt, sei auf Ergebnisse von SCHINDLER (1974) an Buschbohnen und Tomaten verwiesen. Werden diese in NaCl-haltigen Böden kultiviert, so wird im Vergleich zur Kontrolle das K^+ aus den Wurzeln in die Blätter verlagert. D. h., die von STACH (1969) aufgewiesene positive Korrelation zwischen dem Cl^- - und dem K^+-Gehalt der Blätter kann aus der von SCHINDLER (1974) gefundenen K-Verlagerung von den Wurzeln in die Blätter erklärt werden. Also kann bei scheinbar ausreichender K-Versorgung der Blätter ein absoluter K-Mangel in der Wurzel bestehen, der sich dann auch für die gesamte Pflanze ergibt. Als K-Mangel der Straßenbäume könnte auch die Braunrandigkeit der Blätter und die häufig zu beobachtende Gipfeldürre der Bäume bezeichnet werden. Aus allem geht hervor, daß unsere Straßenbäume ganz allgemein K-bedürftig sind und somit durch eine Düngung ausreichend mit K^+ versorgt werden müssen.

Es sei hier noch auf einen anderen Zusammenhang hingewiesen: Bei O_2-Mangel, wie er praktisch in allen Straßenböden besteht bzw. sehr leicht auftreten kann (vgl. 3.2), wird die Aufnahme der sog. Nährstoffionen durch die Wurzeln sehr stark gehemmt. Die Aufnahme der Ballastionen, wie Na^+ und Cl^-, sinkt dagegen unter gleichen Bedingungen nicht ab, vielmehr nimmt sie meist deutlich zu. So wird bei O_2-Mangel das K/Na- sowie das PO_4/Cl-Verhältnis innerhalb der Pflanze stark verändert und somit gestört (vgl. MARSCHNER 1976).

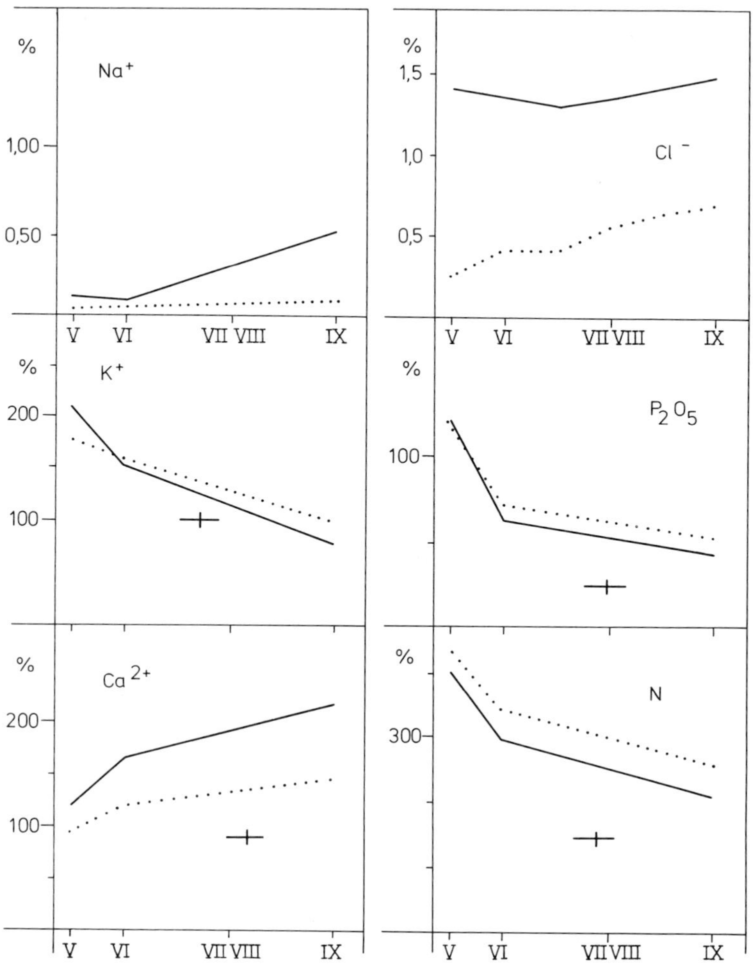

Abb. 71. Verlauf des Na^+-, K^+-, Ca^{2+}-, N-, P_2O_5- und Cl^--Gehaltes gesunder (......) und auftausalzgeschädigter (————) Linden während der Vegetationsperiode von Mai (V) bis September (IX) und die entsprechenden „Grenzwerte" nach FIEDLER (1964) einer noch ausreichenden Nährstoffversorgung für Obstbäume (—+—). (Nach STACH 1969).

Natrium

Ein hoher Gehalt an Na^+ bewirkt bekanntlich eine ungünstige Bodenstruktur (5.5). Na^+ im Überschuß kann aber auch die Aufnahme von anderen Ionen (speziell von K^+) hemmen und damit die Wasseraufnahme sowie den Wassertransport behindern. Da der Na-Gehalt in Blättern, die durch Auftausalze geschädigt sind, merkbar angestiegen ist (Abb. 71), sollte darauf geachtet werden, daß durch die Baumdüngung den Straßenbäumen kein weiteres Na^+ zugeführt wird. Das gleiche gilt natürlich auch für Cl^-.

Kalzium

Ursprünglich war ich der Auffassung, ein Aufkalken der Straßenböden sei nicht erforderlich und auch nicht anzuraten, weil wir hier im allgemeinen einen pH-Wert $> 7{,}0$ antreffen und die optimale Bodenazidität für die Straßenbäume – entsprechend ihrer Herkunft – im (schwach) sauren Bereich zu suchen ist. Diese Ansicht konnte auch mit den Analysenergebnissen von STACH (1969) gestützt werden, die zeigen, daß z. B. in der Hamburger Innenstadt die Straßenböden im Durchschnitt 0,617% Ca^{2+} (0,240–3,500% Ca^{2+}) enthalten, während für die landwirtschaftlich und gärtnerisch genutzten Erden nur 0,1–1,2% Ca^{2+} gefordert werden. Auch ist in der Blattasche von Straßenbäumen erheblich mehr Ca^{2+} enthalten, als es dem Grenzwert, der für Bäume mit 0,8% angenommen wird, entspricht (s. Abb. 71).

Trotzdem wird heute sowohl von der Praxis als auch von Bodenkundlern empfohlen, die Straßenböden, soweit sie stark mit NaCl kontaminiert wurden, zu kalken. Einmal wird aus Na-Böden erfahrungsgemäß viel Ca^{2+} ausgewaschen, zum anderen verkleben derartige Böden sehr stark und nehmen erst nach einer Kalkung die für eine ausreichende Bodenbelüftung notwendige Krümelstruktur wieder an (5.5). Schließlich kann aber auch durch eine vorsichtige Kalkung die aktuelle Bodenazidität gesteigert, also zum sauren Bereich verschoben werden, wie folgendes Beispiel zeigt: Ein mit dest. H_2O ausgeschüttelter Straßenboden hat (elektrometrisch gemessen) einen $pH_{H_2O} = 6{,}35$. Wird die gleiche Probe jedoch mit 0,1 mol $CaCl_2$ ausgeschüttelt, so finden wir einen $pH_{CaCl_2} = 5{,}25$. Man sollte also vor jeder Düngerempfehlung für Straßenböden die beiden obengenannten pH-Bestimmungen durchführen, denn für unsere Straßenbäume muß es von Vorteil sein, wenn die Böden durch Ca^{2+} aufgelockert werden und gleichzeitig die aktuelle Bodenazidität aus dem alkalischen zum neutralen oder schwach sauren Bereich verschoben wird. (Vergl. auch S. 180)

Stickstoff

Wie Abb. 71 zeigt, nimmt der N-Gehalt der Blätter vom Frühjahr zum Herbst deutlich ab und liegt bei gesunden Bäumen meist höher als bei Cl-geschädigten. Diese Differenz ist jedoch nicht signifikant, da die Einzelwerte sehr stark streuen (z. B. Roßkastanie, gesund: 4,65% = 3,76–5,54%N, geschädigt: 4,19% = 3,39–4,98% N). Der mit 1,6% N gesetzte Grenzwert wird wohl nur in extremen Fällen unterschritten. Es ist aber darauf hinzuweisen, daß nach STACH (1969) praktisch der gesamte Stickstoff der Blätter in der NH_2-Form vorliegt, d.h., daß hier NO_3^- als Reserve-N fehlt. Mit STACH (1969) kann man also sagen: „Die N-Ernährung der Straßenbäume ist allem Anschein nach noch ausreichend" (vgl. auch GLATZEL u.a. 1975). Daher hatte STACH ursprünglich auch empfohlen, die „Straßenbäume nur vorsichtig mit N zu düngen, um eine mögliche Verringerung der Resistenz gegenüber stadtklimatischen Bedingungen (Verweichlichung) zu verhindern.“

Diese Empfehlung hatte ich ursprünglich durchaus befürwortet, möchte heute jedoch aufgrund neuerer Versuche und Überlegungen meinen, daß man bei der N-Düngung der Straßenbäume unter bestimmten Bedingungen (s. unten) nicht zu „vorsichtig“ sein sollte. Einmal kann sich bei einem stärkeren Zuwachs, wie er durch eine entsprechende N-Düngung ausgelöst wird, die aufgenommene Cl^--Last auf eine größere Masse lebender Zellen verteilen, d.h., die Cl^--Konzentration je Zelle wird verringert. Andererseits wird die Cl^--Aufnahme aus dem Boden nach einer kräftigen NO_3-Düngung stark (um 30-50%) gehemmt, durch eine NH_4^+-Düngung und noch stärker durch eine Harnstoffdüngung aber erheblich gefördert (WEIGEL u.a. 1973, vgl. auch CHROMETZKA 1974). Diese Ergebnisse wurden durch eigene Ergebnisse im vollen Umfang bestätigt. Aus diesen Zusammenhängen heraus wird verständlich, daß nur bei ausreichender NO_3^--Düngung die Cl^--bedingten Schäden deutlich zurückgehen.

Auch aus einem anderen Grund darf bei Straßenbäumen der benötigte Stickstoff nur in Form von NO_3^- gegeben werden. Zur biologischen Nutzung von NH_4^+, $-NH_2$ und $-C \equiv N$ ist nämlich mehr Sauerstoff erforderlich, als im Straßenboden auf die Dauer zur Verfügung gestellt werden kann. (Vgl. in dieser Sicht auch die Ausführungen unter 3.2 zu den Erdgasschäden (CH_4) und ihre Begründung). Tatsache ist jedenfalls, daß mir keine positiv verlaufene Harnstoff-(NH_2-CO-NH_2)-Düngung bekannt geworden ist und daß Baumdünger auf Harnstoffbasis sehr schnell wieder aus dem Handel gezogen wurden. Aus diesen Gründen lehne ich es auch ab, die Fahrbahnen und Gehwege mit Harnstoff aufzutauen.

Andererseits werden organische Baumdünger mit der Begründung empfohlen, ein alter, kranker Baum müsse langsam und kontinuierlich mit N gefüttert werden. Eine derartige Begründung ist grundsätzlich richtig, doch läßt sich der langsame N-Fluß in den Baum hinein auch in anderer Weise erreichen. Und wenn Straßenbäume mit organischen Düngern behandelt werden sollen, so muß für eine sehr intensive Bodenbelüftung gesorgt werden. Bei freistehenden Parkbäumen usw. ist diese Vorsichtsmaßnahme nicht erforderlich, wenn der Boden hier optimal belüftet ist. Wir sprechen aber von den Bäumen entlang der Stadtstraßen, also in stark verdichteten und daher O_2-verarmten Böden.

Phosphat

Aufgrund seiner Untersuchungen hält STACH (1969) eine Phosphatdüngung für „empfehlenswert“ (s. Abb. 71), wä hrend GLATZEL (1975) die Phosphatversorgung aller Straßenbäume als „mangelhaft“ bezeichnet. Man sollte in diesem Zusammenhang auch darauf hinweisen, daß die mit Auftausalzen belasteten Straßenböden oft einen pH-Wert besitzen, der die Phosphate in eine für die Pflanze nichtaufnehmbare Form überführt.

Ich möchte die Phosphatdüngung der Straßenbäume aber auch aus folgenden Gründen anraten:

a) Dadurch, daß die Straßenböden über einen sehr langen Zeitraum (s. oben) nicht mit den für die Bäume lebensnotwendigen Nährstoffen versorgt wurden und anschließend eine übermäßig starke Kontamination mit NaCl erfolgte, wachsen die Straßenbäume praktisch in einer nicht ausbalancierten „Ein-Salz-Nährlösung“, die – ganz abgesehen von der Art dieses „Nährstoffes“ – für die Pflanze auf die Dauer schädlich sein muß. Versorgen wir nun diese geschädigten Pflanzen anschließend mit allen lebensnotwendigen Nährstoffen in einem pflanzenphysiologisch harmonischen, d.h. ausgeglichenen Verhältnis, so muß sich eine solche Maßnahme positiv auf die Gesundung der Straßenbäume auswirken.

b) Wir sahen, daß unsere Straßenbäume, die ja ursprünglich aus dem Wald bzw. von der Heide stammen, also auf sauren Böden beheimatet sind, nach Einführung und übermäßiger Anwendung von Auftausalzen auf Fahrbahnen und Gehwegen – neben allen anderen ökologischen Belastungen durch das Großstadtklimà – nun auch noch einen alkalischen Boden ertragen müssen (5.5). Dem Straßenboden muß daher die Alkalität genommen werden; er muß mit physiologisch sauren Düngern behandelt werden. Da Ammoniumsalze aus anderen Gründen (s. oben) nicht verwendet werden dürfen, sollten die sauren Superphosphate als Teilkomponente der Baumdünger Anwendung finden.

Spurenelemente

Ein Zusammenhang zwischen einem Spurenelementmangel und Auftausalzschäden der Straßenbäume ist m. W. allein für das Mangan (Mn) durch Untersuchungen von STACH (1969) nachgewiesen worden. Sie zeigen, daß in geschädigten Blättern der Mn-Gehalt stark vermindert ist. Dieser Mangel ist jedoch sicher nicht primär, sondern dadurch bewirkt, daß in auftausalzbeeinflußten Böden das Mn mit abnehmender Bodenazidität wasserunlöslich wird. Dann kann man aber auch voraussagen, daß sich bei den NaCl-geschädigten Straßenbäumen nicht nur für Mn ein Mangel ergibt, sondern für alle Spurenelemente, die im alkalischen Bereich für die Pflanze nicht verfügbar werden, also Fe, Cu, Zn usw. Mit diesen Stoffen sollten daher die auftausalzgeschädigten Straßenbäume behandelt werden.

Düngergabe

Einen speziellen mineralischen Dünger für Straßenbäume gibt es m. W. derzeit nicht, da die Düngererfordernisse von Ort zu Ort und auch von Straße zu Straße verschieden sind. Man kann aber - nach vorausgegangener Kalkung im Herbst - z. B. von Nitrophoska blau (N:P:K = 12:12:20) oder einem Dünger vom Typ 12:12:17 mit 2% Mg, B, Mn, Cu, Zn ausgehen. Man kann auch $CaNO_3$, KNO_3, K_2SO_4, Superphosphat und $MgSO_4$ in Wasser aufschwemmen und in den Boden geben. Wichtig ist, daß die Straßenbäume mit einem kalireichen Nitratdünger versorgt werden. Da die Dünger i. a. nicht einfach auf die freie Bodenfläche gegeben werden können und ein Einarbeiten in die Baumscheiben ebenfalls nicht möglich ist, muß mit Düngelanzen oder Bohrlöchern gearbeitet werden. Am einfachsten und billigsten ist es, die in Wasser aufgeschwemmten Düngersalze in die eingebauten Belüftungsrohre der Baumscheiben (3.5.3) zu geben. Der Dünger soll sich möglichst gleichmäßig in einer Bodentiefe von 20–50 cm verteilen können.

Die Düngung mit Ca^{2+} sollte im Herbst, die mit N, P, K im Februar/März erfolgen, also nach Abschluß der Frostperiode und somit nach Beendigung des Streuens von Auftausalzen, jedoch vor Beginn des Baumtriebs.

Die Düngermenge richtet sich u. a. nach der Größe der Bäume (Tab. 32).

Je Düngerloch kommen also 0,25 kg Düngersalz. Diese Düngermenge ist im Vergleich mit der, wie sie im Obstbau üblich ist, bewußt gering gehalten. Die

Düngung ist aber alle 3–4 Jahre zu wiederholen. Sind für die Straßenbäume spezielle Belüftungs- bzw. Bewässerungsrohre eingebaut, und wird damit die Baumdüngung wesentlich weniger arbeitsaufwendig, ist es empfehlenswert, die Bäume in jedem Frühjahr mit $^1/_3$ bis $^1/_4$ der in Tab. 32 genannten Düngermengen zu düngen, um so den Baum langsam und kontinuierlich mit den benötigten Nährstoffen zu versorgen. Aus Gründen des ständigen Personalmangels bei den Gartenämtern wird sich jedoch eine derartige jährliche Baumdüngung in der Praxis kaum durchsetzen lassen. (Beachte zur Düngermenge auch die Angaben auf S. 197).

Die genannten Düngungsmaßnahmen wirken sich in der Regel vom zweiten Jahr an in der Weise aus, daß die Baumkrone grüner und dichter belaubt ist, die Blätter also in größerer Anzahl und vor allem großflächiger ausgebildet werden und die Blattrandnekrosen sowie die Gipfeldürre verschwinden. Der Cl^--Gehalt der Blätter wird jedoch durch die Düngung nicht so schnell herabgesetzt.

Tabelle 32. Empfohlene Mineraldünger-Menge je Straßenbaum für eine Baumdüngung im 3jährigen Zyklus

Durchmesser des Baumstammes	Umfang des Baumstammes	Mineraldünger-Menge je Baum	Anzahl der Dünger-(Bohr-)Löcher je Baum
7,5 cm	25 cm	1 kg	4
15 cm	50 cm	2 kg	8
25 cm	80 cm	3 kg	12
36 cm	120 cm	4 kg	16

5.6.5 Sonstige Vorsorgemaßnahmen

Ebenfalls verbessert werden sollte die Wasserversorgung der Böden (F, 4), da die Straßenbäume in der Stadt – im Gegensatz zu ihren natürlichen Standorten – i.a. keinen Anschluß mehr an das Grundwasser finden.

Zu diesem Zweck wurden von verschiedenen Seiten Bewässerungssysteme für junge, neu verpflanzte Straßenbäume entwickelt (vergl. Abb. 101 in Abschnitt F.). Ich möchte jedoch in diesem Zusammenhang ausdrücklich darauf hinweisen, daß für einen einmal angewachsenen Straßenbaum der Bodenbelüftung eine viel größere Bedeutung zukommt, als der Bewässerung und es daher für notwendig halten, daß die eingebauten Bewässerungssysteme so entwickelt werden, daß sie gleichzeitig der Bodenbelüftung sowie der Düngung dienen können.

Beim Bewässern der Straßenbäume ist jedoch daran zu denken, daß die Böden durch das Auftausalz NaCl oft derart verschlämmt sind (5.5), daß sie praktisch wasserundurchlässig geworden sind. Hier stehen die Straßenbäume also in einem wasser- und luftundurchlässigen Boden und kümmern aus dem Grunde ebenso wie vergossene Topfpflanzen. Tatsächlich habe ich selbst in dem heißen und trokkenen Sommer 1975 niemals „pulvertrockene“ Bodenproben von erkrankten Straßenbäumen vorgelegt bekommen. Diese Vernässung ist aber ganz sicher ein Grund – neben vielen anderen – dafür, daß alle unsere Straßenbäume, auch die sog. Tiefwurzler, in den Stadtstraßen tatsächlich flach wurzeln. Hier sind also die unter 5.5 besprochenen Düngungsmaßnahmen zu berücksichtigen. Weiter muß bei der Anlage der Pflanzlöcher (Kapitel F, 3.3.3) darauf geachtet werden, daß der nach unten anschließende Boden aufgelockert wird. Ist dies geschehen, der Boden also ebenfalls in größeren Tiefen wasser- und luftdurchlässig, so werden die Baumwurzeln auch in die Tiefe wachsen, wie wir es aus verschiedenen Gründen wünschen.

Da die jungen Bäume erfahrungsgemäß besonders empfindlich auf die Auftausalze reagieren, sind für sie die Pflanzlöcher mit aller Sorgfalt anzulegen. Nur wenn ein nachgepflanzter Baum die ersten 3–4 Jahre gut überstanden hat, können wir hoffen, daß er in 30, 40, 50 Jahren die Größe erreicht, die wir fordern, damit er die städtehygienischen Aufgaben an seinem Standort erfüllt.

Auffallend gut bewährt haben sich die sog. Hochbeete für unsere Straßenbäume, bei denen die 4–6 m^2 großen Stammscheiben mit 40–50 cm hohen, 10 cm aus dem Boden herausragenden Bordsteinen nach außen abgegrenzt werden (RUGE 1971). Wenn diese Kantsteine wasserdicht gegeneinander verfugt sind, und das ist die unbedingte Forderung, kann kaum noch NaCl-haltiges Schmelzwasser in den Wurzelbereich hineinfließen. Der aufgelockerte und evtl. mit Sträuchern oder Zierpflanzen (Vgl. F, 2.3.1) bepflanzte Boden der Stammscheiben wird erfahrungsgemäß nicht betreten, also nicht wieder verdichtet. Wässern und Düngen dieser Flächen mit Mineraldüngern und Torf ist leicht möglich, und die Bäume regenerieren sehr schnell und gut (vgl. Abb. 88).

Oft treffen wir auf ältere Bäume, die durch Auftausalze so stark geschädigt sind, daß die unter 5.6.4 und 5.6.5 aufgezählten Maßnahmen nicht ausreichen, um sie zu retten. Soll ein Baum trotzdem aus bestimmten Gründen erhalten bleiben, so entschließe man sich zu einem kräftigen Rückschnitt, d.h. zu einem Auslichten der Baumkrone (F, 5.3,5.5 und 6.3.6). Gewiß sieht die Krone in den ersten Jahren nach der Operation verschandelt aus. Da der Baum mit dem Rückschnitt jedoch nicht nur Holz, sondern auch das in das Holz eingelagerte NaCI losgeworden ist (vgl. 5.6.1), regeneriert der somit entlastete Baum sehr bald mit gesunden neuen Zweigen und Blättern. Und dies dürfte im Rahmen des Umweltschutzes wichtiger sein als eine evtl. veränderte Kronenform. Allerdings bin auch ich gegen das sog. Abwerfen der Krone, möchte jedoch darauf hinweisen, daß ein richtiger Rückschnitt die einzige Möglichkeit ist, einen Baum schnell von einer großen Salzmenge zu befreien, wenn gleichzeitig die Belüftungs- und Düngungsmaßnahmen konsequent durchgeführt werden.

Bei der Neuanlage von Straßenpflanzungen versucht man weiter, die Baumreihen möglichst weit vom Fahrbahnrad entfernt zu setzen: Aus der Tab. 31 und Abb. 69 hatten wir nämlich ableiten können, daß eine direkt neben dem Straßenrand gepflanzte Baumreihe sehr stark durch die Auftausalze, die durch die Autos von der Fahrbahn auf die Baumscheiben verspritzt wurden, geschädigt werden, während eine entsprechende, aber 5 bis 6 m weiter von der Fahrbahn entfernte Baumreihe durch die Auftausalze überhaupt nicht mehr beeinflußt wird. In der planerischen Praxis bedeutet dies, daß zwischen Rinnstein und Baumreihe ein Fahrradsteig angeordnet wird, der ein Gefälle zum Rinnstein hin bekommt. Vergl. auch F. 2.2.8.

Im allgemeinen geht man von der Annahme aus, daß das auftausalzhaltige Wasser usw. durch den fließenden Verkehr von der Fahrbahn auf die Baumscheiben geschleudert wird. Da jedoch zwischen der befahrenen Fahrbahn und den Baumscheiben meist parkende Autos stehen, stellen diese einen an sich sehr wirksamen Schutzwall für die Bäume dar. Wenn trotzdem die Bäume zum Rinnstein hin durch die Auftausalze stark geschädigt sind (Abb. 69), so muß man zumindest in diesen Fällen nach anderen Wegen suchen, um zu verhindern, daß das NaCl von der Fahrbahn in den Wurzelbereich eindringt. Die intakte Fahrbahndekke ist erwiesenermaßen wasser-, also auch NaCl-undurchlässig. Es wurde jedoch darauf hingewiesen (s. 5.6.2), daß aufgrund der Unterkühlung der Fahrbahndecke sowie der Verkehrserschütterungen sich hier feine Haarrisse herausbilden, die dann das NaCl-haltige Wasser in den Unterboden eindringen lassen. Um dies zu vermeiden, sollte ein jeweils 1–1,5 m breiter Streifen der Fahrbahn entlang dem Rinnstein regelmäßig mit heißem Teer – ebenso wie ein Teerdach – gestrichen werden.

Schließlich ein letzter Hinweis, und zwar jetzt an die Streusalz-Industrie: Bisher hatten wir vorwiegend von der für die Pflanzen direkt bzw. indirekt schädlichen Konzentration der Cl^-- und Na^+-Ionen in den Auftausalzen gesprochen. Es muß hier aber betont werden, daß die Straßenbäume allein aufgrund der Tatsache geschädigt werden, daß man auf sie die Ionen nur eines einzigen Salzes einwirken läßt. Eine Mischung aus verschiedenen Salzen wäre bei gleicher Ionenkonzentration für die Straßenbäume sicher erheblich weniger giftig. Es ist daher aus pflanzenphysiologischer Sicht unverständlich, warum die Salzindustrie auf Verlangen der Gemeinden die anfallenden Rohsalze extra reinigt (verlangter Reinheitsgrad = 96%), um damit die Auftausalze für die Bäume noch unverträglicher zu machen.

5.6.6 Versuche zur Minderung entstandener Auftausalzschäden.

In den vorstehenden Abschnitten sollten die Ursachen für die wichtigsten physiologischen Umweltschäden an den Straßenbäumen klargelegt und daraus Vorsorgemaßnahmen zu ihrer Vermeidung abgeleitet werden. Es ist nun festzustellen, daß die Straßenbäume in den Städten gemäß den vordem abgeleiteten Forderungen und entsprechend ihrer städtehygienischen Bedeutung in den letzten Jahren besser als früher gepflegt werden. Sie befinden sich heute i.a. in einem erheblich besseren Gesundheitszustand und sind somit auch Umwelteinflüssen gegenüber vielleicht nicht mehr so empfindlich. Außerdem darf als Erfolg gewertet werden, daß sich die Ämter für die Straßenreinigung (‚Winterdienst‘) beim Streuen von Auftausalzen heute z.T. bemühen, die Salzmengen auf das erforderliche Minimum zu reduzieren. So scheint der durchschnittliche Verbrauch von Auftausalzen für die Fahrbahnen jetzt rückläufig zu sein oder zumindest nicht noch weiter anzusteigen (vgl. Tab. 30). Auch haben sich bereits einige Städte dafür entschieden, die Anwendung von Auftausalzen auf den Gehwegen zu verbieten. Die mehr als 10-jährige Aufklärungsarbeit beginnt also offenbar, Früchte zu tragen.

Trotzdem kann es nicht ausbleiben, daß z.B. in Katastrophenwintern wie 1978/79 die Straßenbäume durch zu hohe Auftausalzmengen sichtbar geschädigt werden. Was ist dann zu tun? Bereits an anderer Stelle wurde hervorgehoben, daß es keine Möglichkeit gibt, das einmal von einem Baum aufgenommene Cl^- mit physiologischen Mitteln aus den lebenden Zellen der Blätter und des Holzes wieder herauszulösen, bzw. in anderer Weise unschädlich zu machen.

Wenn nun nach einem derartigen Winter verhindert werden soll, daß die Straßenbäume noch schwerer erkranken, halte ich folgende Maßnahmen auch dann noch für angebracht, wenn sie z.T. an die physiologischen Grenzen, die einem Baum zugemutet werden können, vorstoßen. Im folgenden seien entsprechende Maßnahmen in der Reihenfolge ihrer Anwendung aufgezählt:

1. Die wichtigste Voraussetzung dafür, daß Straßenbäume die überhöhten Salzgaben während eines Katastrophenwinters überleben, ist die Einhaltung der in den vorstehenden Abschnitten sowie in Kapitel F angeführten ständigen Pflegemaßnahmen.
2. Die vor der Jahreswende gestreuten Auftausalzmengen sind für die Straßenbäume noch relativ ungefährlich, da sich dann die Wurzeln noch in völliger physiologischer Ruhe befinden und bis zum Frühjahrsaustrieb die Salze durch das Schmelzwasser und den Regen noch weitgehend aus dem Boden herausgewaschen werden können. Dagegen fügen im Februar-März gestreute Auftausalzmengen den Bäumen einen erheblichen Schaden zu.
3. Als Schutz vor Salzschäden aus der Spätwinterstreuung ist zu empfehlen, den neu gefallenen, also noch salzfreien Schnee von den Fahr- und Gehwegen kegelförmig bis zu 1 m Höhe auf den Baumscheiben rund um den Baumstamm herum aufzuhäufen. Damit wird zwar das Eindringen von Auftausalzen in die Wurzelzone nicht vollständig verhindert, aber doch das meiste Salz, das sonst den Baum schädigen würde, außen am Schneekegel abgefangen. Dazu ist es allerdings erforderlich, daß vor Beginn des Tauwetters die äußere Schicht des Kegels abgestoßen und in den Rinnstein verworfen wird. Ein weiterer Vorteil dieser Maßnahme liegt darin, daß durch die Kälte des Schmelzwassers (= 0° C) die Baumwurzeln länger in Ruhe gehalten werden, die befürchtete Salzaufnahme also hinausgezögert wird. Gleichzeitig waschen die relativ großen Schmelzwassermengen einen erheblichen Teil des dennoch eingedrungenen Salzes aus dem Wurzelbereich wieder heraus.

   Diese unter 3. genannten Schutzmaßnahmen sind natürlich viel zu arbeitsaufwendig, um sie durch den Winterdienst oder die Gartenämter ausführen zu können. Durch eine entsprechende Aufklärungsarbeit in der örtlichen Presse sollte es jedoch möglich sein, die umweltbewußt gewordene Bevölkerung zur Mithilfe aufzurufen.
4. Konnten auf den Baumscheiben keine ‚Schneekegel' errichtet werden, ist also das Auftausalz in voller Konzentration in den Wurzelbereich der Straßenbäume eingedrungen, könnte man, falls Belüftungssysteme o.ä. installiert wurden, versuchen, das NaCl mit Leitungswasser aus dem Boden auszuspülen. Ich muß hier jedoch eine Warnung aussprechen: Das Na^+ hat, wie wir sahen, den Boden dispergiert. Er hat seine Krümelstruktur verloren und ist somit äußerst feinkörnig geworden (s. 5.5). Gibt man nun in einen derartigen Boden auf einmal reichlich Wasser, um das Cl^- herauszuspülen, verschlämmen die feinkörnigen Bodenbestandteile, und das Pflanzloch wird so nach unten wasserdicht abgeschlossen. Damit ist aber ein Abfluß der Auftausalze sehr stark eingeschränkt bzw. unmöglich geworden.

   Möglicherweise ist eine Bodenspülung mit einer sehr stark verdünnten (0,05%igen) Lösung von $Ca(NO_3)_2$ empfehlenswerter, weil das Ca^{2+} die Na^+-Ionen verdrängt und die Krümelstruktur des Bodens wieder aufbaut. Hierzu liegen m. W. aber noch keine bodenkundlichen Untersuchungen mit ausreichender Aussagekraft vor. In diesem Zusammenhang möchte ich darauf hinweisen, daß die Gefahr einer Bodenverschlämmung natürlich auch dann besteht, wenn im Sommer die Straßenbäume gewässert werden. Ich empfehle aus diesem Grunde eine Baumwässerung im allgemeinen nur bei noch nicht angewachsenen, d.h. noch nicht ausreichend tief verwurzelten Bäumen.

5. Um das Cl^- aus dem Straßenboden zu eliminieren, wird heute auch vorgeschlagen, Ionen-Austauscher in den salzverseuchten Boden einzuarbeiten. Aber auch dieses Vorhaben scheint mir aus verschiedenen Gründen wenig praktikabel zu sein, da ein derartiger Austauscher zunächst alle Nährstoffanionen eliminieren würde und erst dann das Cl^-. Weiter dürfte es schwierig sein, den verbrauchten, also nicht mehr aktiven Austauscher im Boden gegen einen neuen auszuwechseln.
6. Da es in bestimmten Fällen mithin nicht gelingt, das Cl^- so weit aus dem Boden zu entfernen, daß dadurch der Gesundheitszustand der Bäume nicht mehr gefährdet ist, bleibt uns nur der Weg zu versuchen, die Aufnahme der Cl^--Ionen durch die Baumwurzeln physiologisch weitgehend zu hemmen. Dies ist jedoch in einem Substrat, in dem die Cl^--Ionen gegenüber den Nährstoff-Ionen mengenmäßig stark überwiegen, nur möglich, indem möglichst viele mineralische Nährstoffe, vor allem Nitrat-Ionen, in den Boden eingearbeitet werden.

Im Abschnitt 5.6.4 wurde bereits das Wesentliche über Baumdüngung im Zusammenhang mit der Verhinderung von Auftausalzschäden, speziell von Cl^--Schäden gesagt, so daß sich hier eine Wiederholung erübrigt. Zum besseren Verständnis jedoch folgende Berechnung: Sind nach einem ‚Katastrophenwinter‘ in einem nährstoffarmen Straßenboden an Anionen lediglich 100 Cl^--Ionen und praktisch keine Nährstoff-Ionen vorhanden, werden zum Frühjahrsaustrieb diese 100 Cl^--Ionen von den Baumwurzeln in Ermangelung wertvollerer Ionen voll aufgenommen, und der Baum vergiftet sich an diesen Cl^--Ionen. – Gibt man nun aber durch eine geeignete Düngung zu den schon im Boden vorhandenen 100 Cl^--Ionen eine gleich große Menge Nährstoff-Ionen (NO_3^- + SO_4^{2-} + PO_4^{3-}), wird – sogar ohne Berücksichtigung eines tatsächlich vorhandenen Wahlvermögens (Anionen-Atmung) der Baumwurzeln – die von der Pflanze aufgenommene Cl^--Menge von 100 auf 50 reduziert und bei entsprechender Steigerung der Düngergaben noch weiter herabgesetzt; der Baum kann also durch eine geeignete Düngergabe vor den giftigen Cl^--Ionen weitgehend geschützt werden.

Doch führen wir diese Rechnung noch zwei Schritte weiter: Nehmen wir an, daß in dem Boden lediglich 100 Cl^- enthalten sind und der Cl-Gehalt in den Blattzellen aus dem Grunde 2% des Trockengewichtes beträgt. Das würde bedeuten, daß die Bäume die für die Auftausalze typischen Blattrandnekrosen aufweisen (5.3.). Geben wir nun zu den 100 Cl^- 100 Nährstoff-Anionen, sinkt der Cl^--Gehalt in der Trockensubstanz – wenn wir die in früheren Jahren aufgenommenen Salzmengen vernachlässigen – rechnerisch auf 1%, in Wirklichkeit sogar noch tiefer, da sich nach der optimalen Nährstoffversorgung des gesamten Baumes der Frühjahrsaustrieb zumindest verdoppeln wird. Das bedeutet aber, daß der für eine Zelle errechnete Cl-Gehalt sich nun zumindest auf 2 Zellen verteilt. Durch den nach der Mineraldüngung erfolgten verstärkten Austrieb verdünnt sich also das aufgenommene Cl^- in unserem Rechenbeispiel sogar auf 0,5% Cl^-. Dadurch bleibt der Cl-Gehalt in den Blättern weit unter der Letalitätsgrenze von 1% Cl^-, d.h. der Baum erkrankt nicht mehr sichtbar.

Diese rechnerische Betrachtung möge zugleich deutlich machen, daß ein derartiger ‚Verdünnungseffekt‘ für die Cl^--Ionen nicht durch jede N-Düngung (NH_4,

Harnstoff usw.) bewirkt wird, sondern nur bei Anwendung einer ausgewogenen NO_3-Düngung.

Es stellt sich nun die Frage, welche Düngermengen zu verabreichen sind. In einer 1. Veröffentlichung zu dieser Frage schlug ich 1979 vor, die vollen in Tab. 32 angeführten Mengen zu nehmen. Dagegen erhoben jedoch einige Praktiker Bedenken mit der Begründung, daß der osmotische Wert der Bodenlösung (aus den Cl^-- und Na^+-Ionen aus den Auftausalzen einerseits und den Düngersalzen andererseits) so stark ansteigen würde, daß die Bäume dann aus dem Boden kein Wasser mehr aufnehmen könnten. Diesen physiologischen Bedenken möchte ich mich jedoch nicht unbedingt anschließen, da die genannten Düngermengen erfahrungsgemäß von den Bäumen gut vertragen werden und der osmotische Wert der noch im Boden verbleibenden Auftausalzmengen praktisch vernachlässigt werden kann. Da sich in den letzten Jahren jedoch der Ernährungszustand der Straßenbäume zumindest im Bereich der fortschrittlich arbeitenden Gartenämter erheblich gebessert hat, möchte ich die anzuwendenden Düngermengen wie folgt neu formulieren: Wurden die Bäume seit mehr als 3 Jahren nicht mehr mit mineralischen Düngern versorgt, bleibt es bei der Düngermenge aus Tab. 32; wurde das letzte Mal vor 2 bis 3 Jahren gedüngt, wende man nur $^2/_3$ der angegebenen Menge an; wurde aber in dem einem Katastrophenwinter vorausgegangenen Jahr voll gedüngt, sollte man nur die für eine jährliche Düngung vorgesehene Düngermenge verabfolgen, also $^1/_3$ des in Tab. 32 angegebenen Quantums. Im übrigen möchte ich darauf hinweisen, daß unsere landwirtschaftlichen Nutzpflanzen nur dann ihre Höchsternteerträge bringen, wenn nach der Düngung die Wurzelhaare vorübergehend plasmolysiert werden.

5.6.7 Gesichtspunkte zur Auswahl der Straßenbaumarten

In den vorstehenden Abschnitten des Kapitels D wurde darüber gesprochen, wie im Wurzelbereich die Standortbedingungen für den Straßenbaum verbessert werden können, damit er das Großstadtklima besser verträgt. Hierzu wurden die verschiedenen Vorschläge unterbreitet, die jedoch alle das Problem „Schädigung der Straßenbäume durch das Stadtklima im weitesten Sinne" nicht grundsätzlich beseitigen können, zumal wir keine Möglichkeit haben, die ökologischen Bedingungen innerhalb der Baumkrone zu verbessern.

Es erhebt sich nun die Gegenfrage, ob auf dem Wege der Pflanzenzüchtung eine Lösung des Problems möglich ist. Unsere Halophyten an den Meeresküsten (Typ 1) vertragen ja wesentlich höhere Konzentrationen an NaCl, wenn auch nicht diejenigen, die der Winterstreudienst auf die Fahrbahnen und Gehwege streuen möchte. Die Mangrovenpflanzen (Typ II) verfügen z. T. über physiologisch hochinteressante (Ionen-Austausch-)Mechanismen, die die Aufnahme von Cl^- durch die Wurzeln in den Sproß sehr sauber verhindern. Es gibt auch sog. absalzende Pflanzen (Typ III), die durch Drüsen auf den Blättern das zuviel aufgenommene Salz aktiv wieder ausscheiden. Doch eine Kreuzung von „Strandpflanze" (Typ I) × „Mangrovenpflanze" (Typ II) × „Steinbrech" (Typ III) ergibt noch keinen Straßenbaum, und die heute üblichen Straßenbaumarten verfügen über keine dieser Anlagen. Hinzukommt, daß man zwar von unseren Getreidearten, Zierpflanzen usw. in einem Jahr ein bis zwei Generationen heranziehen kann. Bis jedoch ein Baum Geschlechtszellen ausbildet, die nun einmal für eine Kreuzung die unbedingte Voraussetzung sind, und bis dieser Baum zeigt, daß er die für einen Straßenbaum geforderten neuen Eigenschaften besitzt, vergehen jeweils mindestens 20–30 Jahre. Bis also eine Kreuzung mit zwei bis drei Rückkreuzungen durchgeführt werden kann, sind 100 Jahre schnell vergangen. Würde der Gärtner jedoch im Vertrauen auf die Züchter so lange warten, hätte der für den Winterdienst zuständige Tiefbauer bereits so viel NaCl in den Straßenboden eingearbeitet, daß nun auch keine xeromorphen Mangrovenpflanzen und Halophyten mehr gedeihen könnten.

Auch wenn in den USA seit längerem Züchter an diesem Problem arbeiten, bleibt für den Praktiker bei uns nichts anderes übrig, als unter den heute vorhandenen Straßenbaumarten und deren Formen diejenigen herauszusuchen, welche die uns hier interessierenden Standorte noch am besten ertragen.

Derartige Positiv- und Negativlisten sind in den letzten Jahren in großer Zahl für die Stadtstraßen und Mittelstreifen der Autobahn veröffentlicht worden, jedoch oft mit derart widersprüchlichen Aussagen, daß sie nicht nur nichts aussagen, sondern irritieren. (In einer französischen, deutschen und schweizerischen Veröffentlichung aus dem Jahre 1974 werden z. B. in Tab. 2 19 Arten als „empfehlenswerte“ und in Tab. 3 17 Arten als „nicht empfehlenswerte“ Gehölzarten aufgeführt. Wer jedoch beide Tabellen liest, stellt fest, daß fünf Arten gleichzeitig in beiden Tabellen aufgeführt wurden, d. h., daß von dieser offiziellen Stelle 26,3 % bzw. 29,4 % der genannten Gehölzarten ohne jeglichen Kommentar für denselben Zweck sowohl empfohlen wie nicht empfohlen werden.)

Um von subjektiven Empfindungen frei zu sein und örtliche Gegebenheiten ausschalten zu können, wurde in einer Umfrage bei allen städtischen Gartenämtern der BRD darum gebeten, die nach den örtlichen Erfahrungen der Städte geeigneten und nicht geeigneten Straßenbaumarten zu nennen. Die aus dieser breiten Erfahrung der Praxis abgeleitete Positivliste (RUGE 1975 b) wurde von den Gartenämtern in den folgenden Jahren zu der in Kapitel F, 2.5, aufgestellten Liste weiterentwickelt.

Bei der Bearbeitung dieser Liste fielen physiologisch folgende Gesichtspunkte auf: Die als Straßenbegleitgrün empfehlenswerten Straßenbaumarten zeichnen sich durch folgende Merkmale aus:

1. Sie ertragen das volle Sonnenlicht sowie trockene und heiße Luft.
2. Sie sind ausreichend widerstandsfähig gegenüber Industrieabgasen.
3. Sie sollten auch tolerant gegenüber Auftausalzen sein. Diese Eigenschaft wurde jedoch im Gegensatz zur Industriefestigkeit bisher noch nicht ausreichend geprüft. Es scheinen sich aber folgende Korrelationen abzuzeichnen: Offenbar relativ salzfest sind u. a. die Pflanzen, die
   a) in einer Symbiose mit (N-bindenden) Mikroorganismen (z. B. Mykorrhiza) leben,
   b) tief wurzeln (hier ist der in F 7 abgeleitete Begriff der von den Baumschulen angebotenen flachwurzelnden Tiefwurzler zu beachten),
   c) Pionierholzcharakter besitzen,
   d) keine hohen Nährstoffansprüche stellen, also von leichten Böden stammen, und
   e) alkalische Böden ertragen.

E Kriterien für die Auswahl von Gehölzen

FRANZ H. MEYER

Bei der Auswahl von Straßengehölzen gilt es in erster Linie, zwei Faktorenkomplexe zu berücksichtigen, nämlich:

1. Wie lassen sich mit Bäumen bestimmte Gestaltungsideen und Zielsetzungen realisieren?
2. Welche ökologischen Bedingungen sind an dem vorgesehenen Pflanzort gegeben, und inwieweit stehen diese im Einklang mit den Ansprüchen der Baumarten?

1 Gestalterische Auswahlkriterien

Bäume bieten mit ihrer großen Mannigfaltigkeit an Formen dem Planer die Möglichkeit, für die verschiedensten Gestaltungsideen die entsprechenden Arten auszuwählen. Gerade im Straßenraum spielt die harmonische Ergänzung von Baum- und Bauform eine wichtige Rolle. Die natürliche Wuchsform der Baumkrone steht in einer wohltuenden Spannung zu den strengen geometrischen Formen der Baukörper. Je nach Größe und Form der Baukörper, Breite der Straße, Art und Lage der Straße (reines Wohngebiet, Industriegebiet, Vorstadt, City, Prachtstraße, Allee), Führung der Straße u. a. bieten sich Gehölze mit verschiedensten Formen und Größen zur Auswahl an.

Als Beispiel für Form und Größe seien nur einige Vertreter von zwei Gruppen von Bäumen angeführt, nämlich solche mit a) kleinen, z. T. kugel- oder schirmförmigen Kronen und b) schmalen Kronen mit Pyramiden- oder Säulenform. Gerade die kleinkronigen Bäume eignen sich gut für Bankbeete, die sich wegen vieler Vorteile auch in ökologischer Hinsicht immer mehr durchsetzen, insbesondere in den Fußgängerzonen, während die Säulenform mit ihrer Vertikalbetonung die horizontal betonten Flachdachbauten ergänzt.

1.1 Bäume mit Kugel- und Schirmform

Acer campestre 'Compactum'
Acer platanoides 'Globosum'
Celtis bungeana
Crataegus laevigata 'Paulii'
Fraxinus excelsior 'Globosa'
Fraxinus ornus 'Globosa'
Maclura pomifera
Prunus cerasus 'Umbraculifera'
Robinia pseudoacacia 'Bessoniana' und 'Umbraculifera'
Ulmus carpinifolia 'Umbraculifera'

1.2 Kleinkronige Bäume

Acer campestre (z. T.)
Acer ginnala (oft mehrstämmig)
Acer griseum
Alnus cordata
Amelanchier lamarckii (mehrstämmig)
Betula pendula
Betula populifolia
Corylus colurna (z. T.)
Crataegus crus-galli
Crataegus laevigata 'Paulii'
Crataegus × lavallei
Crataegus phaenopyrum
Crataegus prunifolia
Elaeagnus angustifolia
Fraxinus ornus
Malus floribunda
Malus × zumi
Prunus avium 'Plena'
Pyrus calleryana 'Bradford'
Robinia pseudoacacia 'Unifoliola'
Sorbus aria 'Magnifica'
Sorbus decora
Sorbus intermedia
Sorbus torminalis
Ulmus × hollandica 'Groeneveld'
Ulmus pumila var. *arborea*

Den kleinkronigen Bäumen gibt PIRONE (1959) für den Straßenraum nordamerikanischer Städte den Vorzug gegenüber großkronigen Bäumen. Zwar erfordern die kleinkronigen Bäume mehr Aufwand in der Jugend und geben weniger Schatten, nach PIRONE wird dieser Nachteil aber wettgemacht durch die geringeren Pflegekosten im Alter des Baumes, die verminderte Gefährdung von Passanten, Leitungen u. a. sowie die wesentlich geringeren Kosten für das Entfernen erkrankter oder abgestorbener Exemplare. Die kleinkronigen Gehölze sind auch besonders geeignet für Bankbeete im Fußgängerbereich.

1.3 Schmalkronige Bäume mit Pyramiden- oder Säulenform

Acer platanoides 'Columnare'
Acer pseudoplatanus 'Erectum'
Acer saccharinum 'Pyramidale'
Betula pendula 'Fastigiata'
Carpinus betulus 'Columnaris'
Carpinus betulus 'Fastigiata'
Crataegus phaenopyrum 'Fastigiata'
Fraxinus excelsior 'Westhofs Glorie'
Ginkgo biloba 'Fastigiata'
Koelreuteria paniculata 'Fastigiata'
Liriodendron tulipifera 'Fastigiata'
Malus tschonoskii
Platanus × acerifolia 'Pyramidalis'
Populus simonii 'Fastigiata'
Prunus sargentii 'Columnaris'
Prunus serrulata 'Amanogawa'
Pyrus calleryana 'Chanticleer'
Quercus robur 'Fastigiata'
Robinia pseudoacacia 'Pyramidalis'
Robinia pseudoacacia 'Rectissima'
Sophora japonica 'Columnaris'
Sorbus aucuparia 'Fastigiata'
Sorbus commixta 'Joseph Rock'
Sorbus × thuringiaca 'Columnaris'
Tilia × euchlora 'Redmond'

1.4 Weitere äußere Merkmale

Die Auswahl von Straßenbäumen kann auch nach anderen äußeren Merkmalen erfolgen, wie Endhöhe, Art der Verzweigung, Gestalt und Färbung der Blätter, Austrieb (Zeitpunkt, Färbung), Art sowie Beginn und Dauer der Herbstfärbung, Farbe und Zeitpunkt der Blüte, Färbung und Form der Früchte, Färbung und Aufbau der Rinde bzw. Borke. Über alle diese Merkmale finden sich in der dendrologischen Literatur und den Baumschulkatalogen genügend Angaben, so daß auf ihre Darstellung hier verzichtet werden kann.

Leider sind die Möglichkeiten, Straßenbäume nur nach äußeren Merkmalen auszuwählen, begrenzt, denn im Gegensatz zu Garten- und Parkanlagen mit ihren meist relativ günstigen Standortbedingungen sagen die Standorte im Straßenbereich den Bäumen in der Regel weniger zu. Daher sollte die Auswahl von Straßenbäumen nicht nur nach gestalterischen Gesichtspunkten erfolgen, sondern sich auch nach den standörtlichen Gegebenheiten richten. Zwar lassen sich durch Bodenverbesserung oder gar Austausch des Bodens, durch Düngung, Bewässerung und eine Reihe weiterer Pflegemaßnahmen (vgl. Kapitel F) die Lebensbedingungen für einen Straßenbaum wesentlich verbessern, aber all diese Maßnahmen zur Herrichtung optimaler Lebensbedingungen können allein schon aus Kostengründen nicht generell angewandt werden. Ein Austausch des Bodens wäre bestenfalls für kleinkronige Bäume möglich, da die Bäume an Wurzelraum etwa das 1 1/2fache des Kronenraumes benötigen. Wird bei großkronigen Bäumen das Substrat im Pflanzloch verbessert und besteht zwischen dem Bodenmaterial im Pflanzloch und der Umgebung ein größerer Qualitätsunterschied, so durchwurzeln die Bäume nur das Pflanzloch („Blumentopfeffekt“) und beginnen zu kümmern, sobald die Krone eine gewisse Größe erreicht hat und das Pflanzloch ganz durchwurzelt ist.

Andere Umweltbedingungen, wie Ungunst des Klimas, Immissionen, Bodenverdichtung und Auftausalze, lassen sich nur z. T. durch Bodenverbesserung vor der Pflanzung und durch Pflegemaßnahmen kompensieren und so die Widerstandskraft des Baumes erhöhen (s. Kapitel F). Die mit Aufbau und Gestalt der Straßenbäume beabsichtigten Gestaltungsideen werden nur dann voll zum Tragen kommen, wenn der Baum sich normal entfalten kann und nicht infolge widriger Umstände kümmert. Der Straßenbaum soll für Jahrzehnte an einer Stelle wachsen und seine Wohlfahrtswirkungen entfalten, daher darf er nicht in eine Umwelt gebracht werden, die ihm wenig zusagt. Der bei der Auswahl gemachte Fehler läßt sich später nicht wieder korrigieren.

Je schwieriger die Standortbedingungen sind, desto mehr wird die Auswahlmöglichkeit eingeengt. Angesichts des Baumsterbens in unseren Städten erhalten daher die ökologischen Auswahlkriterien ein immer größeres Gewicht gegenüber historischen und gestalterischen Argumenten.

2 Ökologische Auswahlkriterien

2.1 Heutige potentiell-natürliche Vegetation

Bei der Auswahl von Gehölzen für Pflanzmaßnahmen außerhalb der Stadt hat es sich sehr bewährt, die in der betreffenden Landschaft heimischen und den jeweiligen Standortbedingungen angepaßten Gehölze zu berücksichtigen. Hat der Mensch die Vegetation einer Landschaft durch seine Eingriffe (z. B. Acker- oder Wiesennutzung) verändert, so läßt sich durch vergleichende vegetationskundliche Untersuchungen die heutige potentiell-natürliche Vegetation (meistens eine Waldgesellschaft) ermitteln. Unter „heutiger potentiell-natürlicher Vegetation“ versteht der Pflanzensoziologe die Vegetation, die sich unmittelbar nach Aufhören des menschlichen Einflusses einstellen würde und die damit als Indikator für das Potential eines Standortes dienen kann. Die Gehölze der heutigen potentiell-natürlichen Vegetation sind dem Standort mit all seinen biotischen und abiotischen Faktoren optimal angepaßt und versprechen einen sicheren Begrünungserfolg.

Zur Auswahl von Straßenbäumen im Stadtbereich ist dieses Verfahren aus folgenden Gründen im allgemeinen jedoch wenig geeignet:

1. Die Wurzelsubstrate im Straßenbereich differieren erheblich von denen außerhalb der Stadt oder von denen in städtischen Parkanlagen; außerdem ist ein Wechsel des Substrates auf kleinster Fläche möglich.
   Am Rande salzgestreuter Straßen wurde schon wiederholt der Salzschwaden *(Puccinellia distans)* gefunden; ein Gras, das in erster Linie in den Salzmarschen der Küste auftritt, aber auch an Salzstellen der Steppengebiete. Das zeigt, wie wenig Stadtstandorte noch mit denen der umliegenden Wälder gemeinsam haben.
2. Das Stadtklima weicht von dem des Umlandes deutlich ab.
3. Vegetationsbestände, die Auskunft über das ökologische Potential im Bereich der Straßen geben könnten, fehlen in der Regel.
4. Die am natürlichen Standort gegebene Konkurrenz der Pflanzen kann im Straßenraum vernachlässigt werden, während der menschliche Einfluß zum entscheidenden biotischen Faktor wird.
5. Das Anpflanzen von Straßenbäumen dient nicht nur der Begrünung, sondern ist auch mit wesentlichen gestalterischen Gesichtspunkten verknüpft.

Daher müssen zur Auswahl von Straßenbäumen andere ökologische Auswahlkriterien herangezogen werden.

2.2 Bäume mit weiter ökologischer Amplitude

In der Forstwirtschaft gilt schon lange das „eherne Gesetz des Standörtlichen", d. h., ein Baum soll nur auf solche Standorte gepflanzt werden, denen er aufgrund seiner physiologischen und ökologischen Eigenschaften angepaßt ist, anderenfalls kümmert er oder geht zugrunde. In der Forstwirtschaft lassen sich die Beziehungen zwischen Baumwuchs und Standort allerdings viel leichter erfassen als in der Stadt mit ihren wesentlich komplexeren Bedingungen.

Hinsichtlich der Anpassung der Gehölze an bestimmte Standortbedingungen gibt es nun graduelle Unterschiede. Manche Arten stellen engumschriebene Standortansprüche, während andere sich indifferenter verhalten und z. T. sogar als boden- oder klimavag gelten. Da einerseits dem Anpflanzen von Straßenbäumen im Stadtbereich selten eine eingehende Standorterkundung vorausgeht und andererseits die Ansprüche von „Straßenbäumen" nur unvollkommen bekannt sind, ist es verständlich, daß die ökologische und physiologische Konstitution eines gepflanzten Baumes nicht immer den örtlichen Gegebenheiten voll entspricht. Gehölze mit eng umgrenzten Standortansprüchen werden daher wegen eines nicht passenden Standortes häufiger versagen als solche mit einer weiten ökologischen Amplitude. Die Fehlermöglichkeiten bei der Auswahl von Straßenbäumen sind also um so geringer, je weniger differenziert die Standortansprüche des zu pflanzenden Baumes sind. Im folgenden wird nun versucht, einige Gesichtspunkte für die Auswahl von Straßenbäumen zu erörtern, die im Zusammenhang mit der ökologischen Amplitude der einzelnen Arten stehen.

In ihrem natürlichen Verbreitungsgebiet müssen die Bäume nicht nur an Klima und Boden angepaßt sein, sondern sich auch gegen die Konkurrenz anderer im selben Areal wohnender Arten durchsetzen. Infolge der Konkurrenz gelangen Bäume aber nicht immer dort zur Herrschaft, wo ihnen die Standortbedingungen am meisten zusagen. Durch konkurrenzkräftigere Arten können sie auf weniger günstige Standorte verdrängt werden, die sie zwar noch ertragen, die ihnen aber keineswegs optimale Lebensbedingungen bieten. So wird z. B. die Kiefer (*Pinus sylvestris*) durch die stark schattende Buche (vgl. Kapitel C) in Teilen ihres Areals einerseits auf trockene Sandböden und andererseits auf nasse Moorböden verdrängt und muß mit diesen extremen, der Buche nicht mehr zusagenden Standorten vorliebnehmen. Unsere Kiefer ist also keine Trockenheit oder Nässe „liebende" Art, sondern kann diese ungünstigen Bedingungen nur ertragen (ELLENBERG 1953). Gerade derartige „verdrängte" Baumarten besitzen eine größere ökologische Amplitude, als ihr natürliches Vorkommen vermuten läßt, und sind daher vielseitig zu verwenden. So ist z. B. die Erle keineswegs eine nässeliebende Art, sondern eine Art mit großer ökologischer Amplitude, die durch die Konkurrenz stärker schattender Arten auf nasse Standorte verdrängt worden ist und diese ertragen kann. Der Landespfleger benutzt die Erle mit Erfolg zur Begrünung von Halden und Böschungen, wo ein ganz anderer Wasserhaushalt herrscht als am natürlichen Standort der Erle.

Ein Kriterium für die Auswahl von Straßenbäumen mag daher darin bestehen, verdrängten Baumarten bzw. solchen, die extreme Bedingungen zu ertragen vermögen und gleichzeitig eine große ökologische Amplitude besitzen, den Vorzug zu geben. Zu den Bäumen mit derartigen Eigenschaften gehören lichtbedürftige Pionierbaumarten und Arten des Zwischenwaldes (vgl. Kapitel C, 1.2), wie:

Acer campestre
Acer negundo (viele Varietäten)
Ailanthus altissima
Alnus glutinosa
Alnus incana
Betula papyrifera
Betula pendula
Catalpa bignonioides
Celtis occidentalis
Crataegus crus-galli
Crataegus laciniata
Crataegus phaenopyrum
Gleditsia triacanthos
Gymnocladus dioica
Maclura pomifera
Phellodendron amurense
Populus koreana
Populus simonii
Populus tremula
Populus tremuloides
Prunus nigra
Prunus pensylvanica
Quercus coccinea
Robinia pseudoacacia
Sophora japonica
Sorbus americana
Sorbus aria
Sorbus aucuparia
Sorbus intermedia

Hinsichtlich der Verwendung von Pioniergehölzen ist zu bedenken, daß es sich hierbei um lichtliebende Arten handelt. Diese reagieren auf stärkere Beleuchtungsunterschiede in ihrem Kronbereich, indem sie zum Hellen wachsen und dadurch krummschäftig werden. Die Halbschatt- und Schattbaumarten dagegen bilden auch im Dauerschatten einen geraden Stamm. Im Vollschatten an der Nordseite von Häuserfronten können unter Umständen die Lichtansprüche der Pioniergehölze nicht voll erfüllt werden, und in dem Streben nach einer besseren Stellung zum Licht wachsen sie von der Häuserfront weg und entwickeln so eine stark asymmetrische Krone oder gar einen krummen Schaft.

Auf besonders ungünstigen Standorten kann bei Pionierbäumen eine frühe Vergreisung einsetzen. Dies hängt mit ihrem spezifischen Wachstumsablauf zusammen.

Wie in Abschnitt C 3.1.1 dargelegt, weist der Wachstumsablauf der Bäume charakteristische Phasen auf. Der pro Jahr erzielte Zuwachs steigt in der Jugend rasch an, steuert einem Kulminationspunkt zu und fällt dann langsam bis zur Vergreisung wieder ab. Je rascher nun die Jugendentwicklung eines Baumes verläuft, um so früher wird die Kulmination der Zuwachswerte erreicht und um so weniger anhaltend ist der Zuwachs. Im Vergleich zu den Bäumen des Zwischen- oder gar des Schlußwaldes erreichen die Pioniergehölze die Kulmination ihrer Wuchsleistungen nach wesentlich weniger Jahren und altern auch entsprechend früher. Wie aus Kapitel C 3.1.1 hervorgeht, wird der aus Standortverschlechterungen resultierende Rückgang des Zuwachses um so deutlicher zu einer Vergreisung führen, je weiter die Lebensphase der Jugend und Kulmination bei dem betreffenden Baum zurückliegt. Da bei den Pioniergehölzen gemäß ihrer relativ geringen Lebenserwartung auch die Jugendphase in einer entsprechend kurzen Zeitspanne durchlaufen wird, kann bei ihnen wie z. B. bei manchen *Sorbus-Arten* eine Vergreisung im Stadtbereich schon nach wesentlich weniger Standjahren auftreten als bei Arten des Zwischen- oder Schlußwaldes.

2.3 Ertragen von hohen Sommertemperaturen

Im Stadtbereich gehören hohe Sommertemperaturen, verstärkt durch Reflexion von Pflaster oder Hauswänden und Wärmespeicherung von Betonmassen, zu den widrigen Umweltbedingungen, die das Leben der Bäume erschweren. Das gilt insbesondere bei Windstille. Es ist zu erwarten, daß Baumarten, die in ihrem natürlichen Areal höheren Sommertemperaturen ausgesetzt sind, die Hitzeeinwirkung im Stadtbereich besser zu ertragen vermögen als Gehölze, die aus kühleren Regionen stammen. In Südeuropa, Kleinasien, Teilen Ostasiens und Nordamerikas steigen die Sommertemperaturen höher als in unserer Heimat, und unter den dort vorkommenden Bäumen dürften Vertreter zu finden sein, die dem Wärmeklima unserer Städte besser gewachsen sind. Die Auswahl muß sich natürlich auf die Gebiete beschränken, die gleichzeitig Winterkälte aufweisen, denn Arten aus wintermilden Arealen (wie dem Mediterrangebiet) würden bei uns der Winterkälte zum Opfer fallen.

In Tab. 33 sind einige Arten aus sommerwarmen Gebieten aufgeführt, zusammen mit den Durchschnittstemperaturen des wärmsten Monats in ihrem Areal. Die meisten dieser Arten besiedeln ein großes Areal, in dem die Sommertemperaturen unterschiedlich hohe Werte erreichen. Daher wird in der Tabelle die Spanne der Durchschnittstemperaturen des wärmsten Monats im Areal der betreffenden Art angegeben.

Bäume aus Gebieten mit geringerer Sommerwärme, wie Buche, Birke, Bergahorn und Zitterpappel, dürften in Hinblick auf den Temperaturfaktor in der Stadt stärker leiden als solche aus wärmeren Regionen.

Die genannten Baumarten aus sommerwarmen Regionen sind zumindest in Teilen ihres Areals regelmäßig der Winterkälte ausgesetzt und dürften daher auch in unseren Breiten die meisten Winter überstehen. Allerdings besteht bei einigen von ihnen (*Catalpa bignonioides, Fraxinus ornus, Maclura pomifera* und besonders *Paulownia tomentosa*) die Gefahr einer Schädigung in sehr kalten Wintern.

Zum Vergleich Durchschnittstemperaturen des wärmsten Monats einiger Städte der Bundesrepublik in °C:

Kiel	16,1	Köln	18,2
Hamburg	16,9	Würzburg	18,3
München	17,0	Frankfurt	18,6
Hannover	17,2	Stuttgart	19,0
Bremen	17,3	Freiburg	19,2
Kaiserslautern	17,6		

Tab. 33. Baumarten aus Arealen mit hohen Sommertemperaturen (Temperaturangaben nach SCHENK 1939)

Baumart	Spanne der Mitteltemperaturen des wärmsten Monats in °C
Acer monspessulanum	– –
Acer negundo	17,8 - 28,2
Ailanthus altissima	21,3 - 28,8
Catalpa bignonioides	– –
Celtis occidentalis	20,1 27,1
Corylus colurna	– –
Eucommia ulmoides	25,7 - 29,7
Fraxinus americana	16,2 - 28,7
Fraxinus angustifolia	18,0 - 29,5
Fraxinus ornus	18,0 - 26,4
Fraxinus pennsylvanica	16,7 - 29,5
Fraxinus velutina	20,8 - 24,7
Gleditsia triacanthos	19,8 - 29,5
Gymnocladus dioica	18,3 - 27,3
Koelreuteria paniculata	19,2 - 28,8
Maclura pomifera	24,5 - 28,6
Morus alba	15,5 - 29,7
Paulownia tomentosa	– –
Phellodendron amurense	19,9 - 24,9
Platanus × acerifolia (= P. × hybrida)	– –
Populus koreana	19,3 - 25,9
Populus simonii	19,9 - 25,5
Quercus coccinea	18,7 - 26,9
Robinia pseudoacacia	14,5 - 27,6
Sophora japonica	19,2 - 30,2
Tilia × euchlora	– –
Tilia tomentosa	– –
Ulmus carpinifolia	– –

2.4 Ertragen von Trockenheit

Im Kapitel C wurde dargelegt, daß eine ausreichende Wasserversorgung der Straßenbäume nicht immer gewährleistet ist und daß die Transpirationsanforderungen in der Stadt wegen höherer Lufttemperaturen und geringerer Luftfeuchtigkeit zeitweilig größer sind als im Umland. Arten, die in ihrem natürlichen Wuchsgebiet entsprechend schwierige Bedingungen zu ertragen haben, dürften daher für die Straßen in der Stadt besser geeignet sein als Arten aus kühl-feuchten Gebieten. Die Anpassungen der Bäume erfolgen im Bereich der Wurzel (Wasseraufnahme), des Stammes (Wasserleitung) und der Krone (Wasserabgabe).

2.4.1 Wurzel

Ein horizontal ausgedehntes und tiefreichendes Wurzelsystem bietet Gewähr für die Wasseraufnahme aus einem möglichst großen Bodenvolumen, womit die Wasserspeicherfähigkeit des Bodens wesentlich besser genutzt wird. Gehölze mit kräftiger Wurzelentwicklung wären demnach besser für die Anpflanzung im Straßenbereich geeignet als solche mit nur schwachem Wurzelwerk. Leider sind unsere Kenntnisse über das Wurzelsystem von Bäumen, die aufgrund anderer Merkmale für Stadtstraßen in Betracht kommen, noch zu gering, um Empfehlungen für die Auswahl geben zu können. Hinzu kommt, daß die genetisch bedingte Ausdifferenzierung des Wurzelwerkes weitgehend überlagert wird durch Einflüsse der Umwelt. Die jeweils herrschenden Standortverhältnisse sind also von großer Bedeutung für die Ausprägung des Wurzelbildes. KÖSTLER et al. (1968) bringen Beispiele dafür, daß als tiefwurzelnd bekannte Baumarten wie *Pinus sylvestris* und *Quercus robur* sich ganz unterschiedlichen Bodenbedingungen anpassen und dementsprechend eine große Mannigfaltigkeit in der Wurzeltracht aufweisen können.

Hervorzuheben ist, daß Sauerstoffmangel im Boden die Bäume zu einer oberflächennahen Durchwurzelung des Bodens zwingt, während in einem lockeren, gut durchlüfteten Boden die Anlage eines tiefreichenden Wurzelsystems bei Bäumen mit entsprechender genetischer Konstitution möglich ist. In lockeren Substraten im Bereich der Steppe oder Prärie wurde bei Eiche und Robinie eine große vertikale Wurzelerstreckung gefunden (vgl. Kapitel C, 1.3 und 2.3.3). Ein tiefreichendes Wurzelsystem kommt vor bei Vertretern der Gattung *Quercus, Pinus, Carya, Juglans, Platanus, Robinia* und *Castanea* sowie bei *Acer platanoides*. Da auch Bäume, die zu tiefem Wurzeln neigen, durch ungünstige Bodenbedingungen zum Flachwurzeln gezwungen werden können, kommt den technischen Maßnahmen zur Verbesserung der Bodendurchlüftung (vgl. Kapitel F) eine besondere Bedeutung zu.

2.4.2 Stamm

Borke

Die Borke der Baumstämme enthält Korkschichten, die für Gase und Wasser weitgehend undurchlässig sind und somit einen merklichen Wasserverlust aus dem Stamminneren verhindern. Darüber hinaus zeichnen sich die toten Korkzellen der Borke durch eine schlechte Wärmeleitfähigkeit aus, so daß eine dicke Borke einen hervorragenden Schutz gewährt vor zu starker Erwärmung der empfindlichen Kambiumzellen bei Sonneneinstrahlung. Auch eine gewisse Schutzwirkung gegenüber mechanischer Beschädigung übt eine dicke Borke aus. Starke Korkbildung wäre demnach eine vorteilhafte Eigenschaft für Straßenbäume. Sie ist z. B. realisiert bei manchen Arten der Gattung *Quercus,* bei *Phellodendron amurense, Celtis occidentalis* und *Corylus colurna*.

Wasserleitungsbahnen

Das zeitweilig größere Defizit der Wasserdampfsättigung der Stadtluft regt die Straßenbäume zu stärkerer Transpiration an. Der Wasserverlust in den Blättern hat zur Folge, daß aus den Wasserleitungsbahnen des Stammes Wasser nachgesogen wird. Je höher die Wasserleitungsfähigkeit des Stammes ist, desto rascher kann das durch Transpiration abgegebene Wasser ersetzt werden. Hinsichtlich der Geschwindigkeit des Wassertransportes im Stamm der Bäume existieren beträchtliche Unterschiede, die im Zusammenhang stehen mit dem Aufbau des Xylems. Drei Gruppen lassen sich unterscheiden: Nadelhölzer, zerstreutporige sowie ringporige Laubbäume.

Die Nadelhölzer besitzen als Wasserleitungsbahnen nur Tracheiden. Diese setzen dem Wassertransport einen größeren Filtrationswiderstand entgegen und zeichnen sich durch relativ kleine Durchmesser aus. Der Wassertransport ist hier am langsamsten. Gleichzeitig ist aber wegen der Enge der Tracheiden die Gefahr einer Luftembolie, die den Wasserstrom unterbinden würde, am geringsten. Die Nadelhölzer weisen also den langsamsten und zugleich sichersten Wassertransport auf.

Bei den zerstreutporigen und ringporigen Laubbäumen treten neben Tracheiden auch Gefäße (Tracheen) auf, die durch einen größeren Durchmesser und eine raschere Wasserleitung gekennzeichnet sind. Bei manchen Bäumen, wie Eschen, Platanen, Weiden, Pappeln und vielen Leguminosen, finden sich nur Gefäße als Wasserleitungsbahnen. Aufgrund der Verteilung der Gefäße im Jahrring werden zwei Typen unterschieden, nämlich die zerstreutporigen und die ringporigen

Abb. 72. Querschnitt eines zerstreutporigen Gehölzes *(Acer platanoides)*. Die Tracheen sind annähernd gleichmäßig innerhalb der Jahresringe verteilt. Vergrößerung 10.

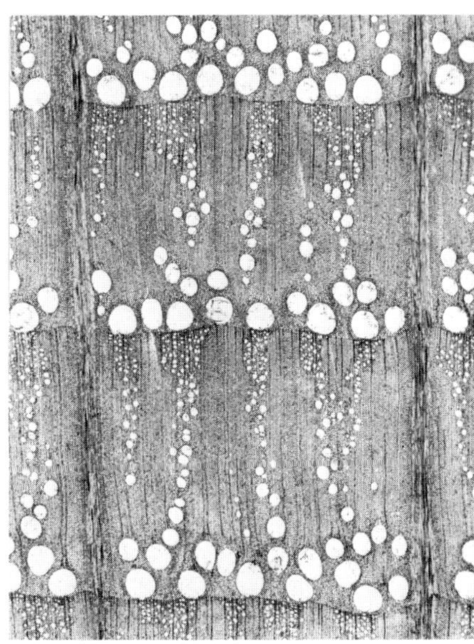

Abb. 73. Querschnitt eines ringporigen Gehölzes *(Quercus robur)*. Besonders weitlumige Tracheen sind im Frühholz der Jahresringe konzentriert. Vergrößerung 10.

Bäume. Bei den zerstreutporigen sind Gefäße von annähernd gleicher Weite im ganzen Jahrring verteilt, bei den ringporigen Laubbäumen kommen Gefäße mit sehr großem Durchmesser nur im Frühholz vor, und sie erscheinen daher ringförmig im Jahrring angeordnet (vgl. Abb. 72 und 73). Je größer der Gefäßdurchmesser ist, desto rascher kann das Wasser strömen, desto mehr besteht aber zugleich die Gefahr einer Inaktivierung der Leitbahnen durch Luftembolie. Während bei den zerstreutporigen der jüngste und einige der vorangehenden Jahrringe das Wasser leiten, bleiben bei den meisten ringporigen Bäumen die Leitungsbahnen nicht länger als eine Vegetationsperiode funktionstüchtig. Daher müssen sie vor Laubausbruch neue Gefäße anlegen. Das Ulmen- und Kastaniensterben, hervorgerufen durch Infektionen der Leitbahnen durch die Pilze *Ceratocystis ulmi* und *Endothia parasitica* zeigt, wie folgenschwer bei ringporigen Bäumen Schäden an den Wasserleitungsbahnen sind. Ringporige haben also den schnellsten, aber zugleich auch den risikoreichsten Wassertransport, die zerstreutporigen sind zwischen Nadelhölzern und ringporigen einzuordnen. Tab. 34 gibt die Daten für ei-

Tab. 34. Geschwindigkeit des Wassertransportes zur Mittagszeit in Brusthöhe (nach HUBER und SCHMIDT aus ZIMMERMANN und BROWN 1971).

	Geschwindigkeit (in m/h)	Gefäßdurchmesser (in μm)
Ringporige		
Quercus robur	43,6	200-300
Robinia pseudoacacia	28,8	160-400
Quercus rubra	27,7	250
Fraxinus excelsior	25,7	120-350
Castanea sativa	24,0	300-350
Ailanthus altissima	22,2	170-250
Carya tomentosa	19,2	180-300
Ulmus laevis	6,0	130-340
Laburnum anagyroides	3,9	60-250
Zerstreutporige		
Populus deltoides	6,25	80-120
Juglans regia	4,12	120-160
Tilia tomentosa	3,43	25-90
Liriodendron tulipifera	2,62	50-120
Acer pseudoplatanus	2,40	30-110
Magnolia acuminata	2,06	–
Alnus glutinosa	2,00	20-90
Betula pendula	1,60	30-130
Carpinus betulus	1,25	16-80
Pyrus communis	1,11	50-80
Fagus sylvatica	1,07	16-80
Aesculus hippocastanum	0,96	30-60
Nadelbäume		
Larix decidua	2,1	55
Pinus strobus	1,7	45
Picea abies	1,2	45
Tsuga canadensis	1,0	45

nige ring- sowie für zerstreutporige Laubbäume und für einige Nadelbäume wieder.

Unter den ringporigen befindet sich eine Reihe von Bäumen, die sich in der Stadt bewährt haben; sie stammen größtenteils aus wärmeren Gebieten. Ein rascherer Wassertransport dürfte sich hier als vorteilhaft erweisen, unter der Voraussetzung, daß der Wassernachschub aus dem Boden gesichert ist. In Tabelle 35 sind verschiedene Gattungen bzw. Arten aufgeführt, die zu den ringporigen gehören.

Tab. 35. Ringporige Bäume (nach SCHENCK 1939, BRAZIER und FRANKLIN 1961)

Ailanthus altissima	*Maclura pomifera*
Carya-Arten	*Morus alba*
Castanea-Arten	*Paulownia tomentosa*
Catalpa-Arten	*Phellodendron amurense*
Celtis occidentalis	*Quercus*-Arten
Fraxinus-Arten	*Robinia pseudoacacia*
Gleditsia triacanthos	*Sophora japonica*
Gymnocladus dioica	*Ulmus*-Arten
Laburnum anagyroides	*Zelkova serrata*

2.4.3 Krone

Aufbau der Krone und Blätter entscheiden sehr wesentlich über die Höhe der Wasserdampfabgabe. Bäume in Trockengebieten weisen oft eine im Vergleich zum Wurzelsystem schwächer entwickelte Krone auf. Außerdem verfügen die Blätter häufig über Einrichtungen zur Herabsetzung der Transpiration. In Kapitel C, 2.3.3 sind solche Anpassungsmerkmale an Trockenheit zusammengestellt. Einige der Anpassungseinrichtungen an Trockenheit können gleichzeitig als Schutzvorrichtung gegenüber zu starker Sonneneinstrahlung angesehen werden, so z. B. Wachs- oder Harzüberzüge, die eine spiegelnde oder glänzende Blattoberfläche bewirken, ferner auch Haare. Der Glanz der Blätter oder die hellere Farbe durch ein dichtes Haarkleid sind ein Hinweis dafür, daß ein größerer Anteil des eingestrahlten Sonnenlichtes reflektiert wird. Derartige Blätter werden gelegentlich sogar als „strahlungsfest" bezeichnet. Die glänzenden Blattoberseiten werden nicht nur die Strahlungsreflexion beeinflussen, sondern auch die Staubablagerung (vgl. Kapitel C, 2.2). In der Regel dürften die Stäube auf den glatten glänzenden Blattoberseiten weniger fest haften und durch Regen leichter abgespült werden (vgl. STEUBING und KIRSCHBAUM 1976), so daß die mit der Staubablagerung einhergehende Wärmebelastung bei glänzenden Blättern eher vermieden werden kann.

Auf den Spiegelglanz der Blattoberseite sollte bei der Auswahl von Straßenbäumen in Zukunft mehr geachtet werden. Die gegenüber den heutigen Belastungen in der Stadt wenig gefeite *Tilia* × *europaea* weist z. B. eine dumpfgrüne Blattoberseite auf und einen nur geringen Glanz. Leider wird sie heute noch viel auf für sie ungeeigneten Standorten in der Stadt verwandt, wo sie dann kümmert und die von ihr erwarteten stadthygienischen Wirkungen nur mangelhaft ausübt. Ihre ungenügende Anpassung an Wasser- und Hitzestress zeigt sich gerade an ihrem frühzeitigen Blattfall und dem oft dichten Besatz mit roter Spinne. Weiterhin leidet sie unter Streusalzeinwirkung ganz besonders. Lediglich ein Kultivar mit etwas derberen und oberseits etwas glänzenden Blättern, nämlich 'Pallida' weist einen höheren Eignungsgrad auf. Dieser Kultivar steht der *Tilia cordata* näher als der *Tilia platyphyllos.*

Die oben genannten wichtigen Auswahlkriterien (derbe Blätter und Spiegelglanz) erfüllt in hohem Maße z. B. *Ginkgo biloba.* Dieser Baum wird bei uns immer noch zu wenig angebaut, obwohl er sich in Ballungsgebieten wie den Straßenschluchten New Yorks hervorragend bewährt hat.

Glänzende Blattoberseiten und teilweise gleichzeitig auch derbere oder härtere Blätter kommen vor bei:

Acer ginnala
Acer monspessulanum
Acer platanoides
Aesculus × carnea 'Briotii'
Alnus cordata
Alnus glutinosa
Castanea sativa
Celtis occidentalis
Corylus colurna
Crataegus × lavallei
Crataegus × phaenopyrum
Eucommia ulmoides
Ginkgo biloba
Gleditsia triacanthos
Juglans nigra
Liriodendron tulipifera
Maclura pomifera
Phellodendron amurense
Platanus × acerifolia (= P. × hybrida)
Populus simonii
Prunus serotina
Pyrus calleryana
Quercus-Arten (besonders *Qu. marilandica* und *Qu. coccinea*)
Tilia × euchlora
Ulmus carpinifolia (= U. minor)
U. parvifolia
U. pumila var. *arborea.*

Dichte Behaarung tritt auf an den Unterseiten der Blätter folgender Arten:

Carya tomentosa
Catalpa bignonioides
Crataegus laciniata
Elaeagnus angustifolia
Fraxinus velutina (auch kahle Varietäten)
Juglans cinerea
Paulownia tomentosa
Phellodendron japonicum
Quercus frainetto
Sorbus aria
Sorbus intermedia
Sorbus latifolia
Sorbus torminalis
Tilia petiolaris
Tilia tomentosa.

Acer saccharinum trägt auf der Blattunterseite dicht stehende Wachsstäbchen.

Wie in Abschnitt C 2.2 gezeigt, kann eine stärkere Unterteilung der Blattfläche zur Vermeidung von Überhitzung und damit zur Stabilisierung des Wasserhaushaltes beitragen. Daher erscheinen Bäume mit Fiederblättern dem Stadtmilieu relativ gut angepaßt. Fiederblätter kommen vor bei:

Acer negundo
Ailanthus altissima
Carya-Arten
Cedrela sinensis
Euodia-Arten
Fraxinus-Arten
Gleditsia triacanthos
Gymnocladus dioica
Juglans-Arten
Koelreuteria paniculata
Phellodendron-Arten
Robinia pseudoacacia
Sophora japonia
div. *Sorbus*-Arten

2.4.4 Trockenheit ertragende Gehölze

Aufgrund der geographischen Herkunft, anatomischer und physiologischer Anpassungen ist bei folgenden Baumarten damit zu rechnen, daß sie Trockenheit relativ gut ertragen können:

Acer monspessulanum
Acer negundo
Ailanthus altissima
Betula populifolia
Catalpa bignonioides
Celtis occidentalis
Corylus colurna
Crataegus crus-galli
Crataegus laciniata
Crataegus × lavallei
Crataegus phaenopyrum
Elaeagnus angustifolia
Eucommia ulmoides
Fraxinus angustifolia
Fraxinus ornus
Fraxinus pennsylvanica
Fraxinus velutina
Gleditsia triacanthos
Koelreuteria paniculata
Maclura pomifera
Phellodendron amurense
Phellodendron lavallei
Prunus mahaleb
Prunus nigra
Pyrus calleryana
Quercus coccinea
Quercus macrocarpa
Quercus marilandica
Quercus robur
Quercus rubra
Robinia pseudoacacia
Sophora japonica
Sorbus aria
Sorbus torminalis
Tilia tomentosa
Ulmus parvifolia
Ulmus pumila var. *arborea*.

3 Widerstandsfähigkeit gegenüber spezifischen Schadeinflüssen

Entlang den Straßen leiden die Bäume nicht nur unter ungünstigen Lebensbedingungen, die von Klima und Boden ausgehen, sondern durch spezifische menschliche Eingriffe wird ihr Dasein noch zusätzlich erschwert. So sind die Bäume den im Winter ausgebrachten Auftausalzen ausgesetzt, ferner müssen sie die verschiedensten Verunreinigungen der Luft ertragen.

3.1 Auftausalze (s. auch Kapitel D, 5 und F, 2.2.8)

Gehölze sind unter natürlichen Bedingungen einer Versalzung ihres Wurzelsubstrates nur in Ausnahmefällen ausgesetzt, wie z. B. die im Küstenbereich tropischer Meere unter dem Einfluß von Ebbe und Flut gedeihende Mangrove. Die Wurzeln dieser Gehölzformation werden periodisch vom Salzwasser überschwemmt. Die der Salzeinwirkung angepaßten Gehölze der Mangrove sind aber frostempfindlich und daher für Anbauten in unseren Bereichen überhaupt nicht geeignet. Im Überflutungsbereich der Meere in der gemäßigten Zone entfalten sich keine Gehölze. Wohl aber werden weiter landeinwärts an windexponierten Stellen der Küste Gehölze gelegentlich durch den salzhaltigen Gischt beeinträchtigt. Bei zu starker Salzbesprühung sterben die Gehölze jedoch meistens ab oder werden stark geschädigt. Hinsichtlich des Ertragens der Salzbesprühungen bestehen graduelle Unterschiede (vgl. Buschbom 1973). So können *Tamarix*-Arten und *Pistacia lentiscus* im Mediterrangebiet am weitesten gegen die vom Salzgischt beeinflußte Zone vordringen; Sanddorn ist auf Küstendünen dem Salzgischt ausgesetzt.

Eine Versalzung des Wurzelraumes ist in semiariden Gebieten möglich, wo infolge der stärkeren Verdunstungskraft der Atmosphäre zeitweilig viel Wasser aus dem Boden verdunstet und dabei Salzausblühungen an der Bodenoberfläche auftreten. Auch hier ist bei stärkerer Bodenversalzung Gehölzwuchs nicht mehr möglich. Bei schwächerer Versalzung können sich jedoch einige Gehölze noch behaupten. Zu diesen zählen: *Halocnemum strobilaceum* und *Anabasis aphylla* (Zwergsträucher aus den innerasiatischen Halbwüsten), *Haloxylon ammodendron* (ein bis 6 m hoher Strauch, dessen Verbreitungsgebiet sich vom Ural bis nach Persien und Turkestan erstreckt), *Halimodendron halodendron* (eine sommergrüne, bis 2 m hohe Leguminose aus den salzigen Gebieten Sibiriens), die in Westasien beheimateten *Lycium*-Arten, *Tamarix*-Arten sowie Vertreter der Gattung *Elaeagnus* und *Hippophaë*.

Bei den entlang unseren Straßen kultivierten Bäumen bestehen Unterschiede in der Salzverträglichkeit. Nach RUGE und STACH (1968) sind tiefwurzelnde Bäume widerstandsfähiger gegenüber Auftausalzeinwirkung. Eine Liste salzverträglicher Straßengehölze enthält Kapitel F.

3.2 Luftverunreinigungen

Über die gegenüber Luftverunreinigungen hinreichend resistenten Straßenbäume wurde in Kapitel D, 2.1 berichtet; daher sei auf die dort aufgeführte Liste verwiesen.

4 Zusammenfassung der Auswahlkriterien

Aus den Erörterungen der vorhergehenden Kapitel geht hervor, daß es kein Gehölz gibt, das gegenüber all den widrigen Lebensbedingungen in der Stadt resistent ist. Zwar vermag eine bestimmte Baumart einen oder sogar einige der vielen Schadfaktoren oft besser zu ertragen als andere Baumarten. Dieser Vorteil kann aber durch Nachteile in anderen Bereichen aufgehoben werden. So sind *Acer negundo, Sophora japonica* und *Robinia pseudoacacia* den Umweltbedingungen in der Stadt zwar einigermaßen gut angepaßt, dafür neigen sie aber wegen ihres wenig festen Holzes zum Astbruch.

Die Auswahl der Straßenbäume wird auch dadurch erschwert, daß meistens nicht nur ein einziger schädigender Faktor auf den Baum einwirkt, sondern ein ganzer Komplex von Faktorengruppen, wobei das eine Mal diese Faktoren das Dasein des Baumes begrenzen, das andere Mal jene. Den idealen Straßenbaum, der bedenkenlos überall angepflanzt werden kann, gibt es also nicht. Diese Feststellung wird verständlich angesichts der Tatsache, daß die Standortbedingungen, wie sie heute im Straßenraum herrschen, oft weit abweichen von den naturgegebenen Standortansprüchen der Gehölze.

Da die Lebensbedingungen der Bäume im Straßenraum sich so wesentlich von denen ihres natürlichen Standortes unterscheiden, dürfte es auch durch langjährige Züchtung nicht gelingen, den idealen Straßenbaum zu finden. Wohl aber können wir die Situation verbessern durch Ausnutzung der Variationsbreite im ökologischen und physiologischen Verhalten der einzelnen Baumarten. Selektion und auch Kreuzungen solcher Formen, die das Stadtmilieu einigermaßen ertragen können, haben zu besser angepaßten Formen geführt. Erwähnt sei die schon oben genannte *Tilia × europaea* 'Pallida', ein Klon, der aus Kreuzungen zwischen *T. cordata* und *T. platyphyllos* ausgelesen wurde. In vielen Baumschulen, besonders in Nordamerika, Holland und Deutschland, wird an der Selektion geeigneter Straßenbäume gearbeitet.

Wichtig erscheint mir, daß den Baumschulen und Gartenämtern Kriterien zur Hand gegeben werden, nach denen selektiert werden kann. Diese Kriterien müssen schon bei jüngeren Bäumen relativ leicht erkennbar sein. Die oben dargelegten Anpassungsmerkmale wie derbere und härtere Blätter, Spiegelglanz der Blattoberseite oder Behaarung der Blattunterseite dürften neben den weiteren in Tab. 36 genannten vorteilhaften Eigenschaften für die Selektion von Bedeutung sein und gradliniger zum Ziele führen. Zu viele Umwege werden dagegen mit den Positiv- und Negativlisten eingeschlagen, die vor allem lokale Erfahrungen enthalten und weniger die allgemein gültigen Tendenzen widerspiegeln (vgl. dazu Abschnitt D 5.6.7).

Neben den ökologischen Auswahlkriterien, die sich auf Grund der Anatomie, Morphologie und Verbreitung einer Art relativ leicht ableiten lassen, müssen ökophysiologische Merkmale bei der Selektion von besser angepaßten Gehölzen noch stärker als bisher berücksichtigt werden.

Solche Merkmale sind z. B. die Höhe des Transpirationskoeffizienten (vgl. Abschnitt G 1.5), das Temperaturoptimum der Nettophotosynthese (Abschnitt C 2.2) und die Salzverträglichkeit.

Um die Auswahl von Straßenbäumen unter den in den verschiedenen Listen dieses Buches genannten Arten zu erleichtern, sind diese in Tab. 36 zusammengefaßt. Alle darin aufgenommenen Gehölze sind in mindestens zwei Listen enthalten, welche Arten mit vorteilhaften ökologischen Eigenschaften für den Stadtbereich nennen. Von Nachteil mag erscheinen, daß Tab. 36 (von zwei Ausnahmen abgesehen) nur die reinen Arten, nicht dagegen die zahlreichen Kultivare berücksichtigt. Da die Kultivare in der Regel unter der Obhut des Menschen als Solitärgehölze wachsen und daher nicht dem Konkurrenzdruck anderer Arten ausgesetzt sind, lassen sich ihre ökologischen Eigenschaften weniger gut ermitteln. In vielen Fällen dürfte das Verhalten der Kultivare dem der reinen Arten entsprechen. War das Selektionsziel die Verträglichkeit von Umweltbedingungen der Stadt, so dürften die Kultivare den reinen Arten sogar überlegen sein.

In Tab. 36 wird der Leser manche altbekannten Straßenbäume vermissen, wie etwa *Acer pseudoplatanus, Aesculus hippocastanum* und *Tilia cordata.* Diese wurden in den Tabellen mit vorteilhaften ökologischen Eigenschaften nur einmal oder gar nicht genannt. Andererseits werden Arten aufgeführt, die sich nach einer Umfrage von RUGE (1975) in den Städten keineswegs immer bewährt haben, wie etwa *Betula pendula, Populus tremula* und *Quercus robur.* Als Ursache für das teilweise Versagen dieser Arten könnten u.a. zu ungünstige Bedingungen für die Mykorrhizabildung, zu starke Einpflasterung und damit zu schlechte Wasser- und Sauerstoffversorgung in Betracht kommen.

Auffallend ist, daß von den in Tab. 36 genannten 24 gegenüber Luftverunreinigungen einigermaßen widerstandsfähigen Arten 15 eine glänzende Blattoberseite aufweisen und nur 9 eine matte. Aus dieser Tendenz sollen hier keine weitergehenden Schlüsse gezogen werden, da die Widerstandsfähigkeit gegenüber Immissionen von einer Vielzahl von Faktoren abhängt und die Art der Luftverunreinigung recht

Tab. 36. Gehölze mit vorteilhaften Eigenschaften für die städtische Umwelt

	Lichtbaum, Pionierbaum (S. 88, 89)	weite ökologische Amplitude (S. 202)	ohne Ektomykorrhiza (S. 92)	tiefreichende Wurzeln (S. 206)	ringporig (S. 209)	behaarte Blattunterseite (S. 210)	Fiederblätter (S. 210)	glänzende Blattoberseite (S. 210)	heiße Sommer ertragend (S. 205)	Trockenheit ertragend (S. 211)	Luftverunreinigungen ± ertragend (S. 135)	Bodenversalzung ± ertragend (S. 233)
Acer campestre	+	+									+	
Acer monspessulanum								+	+	+		
Acer negundo		+					+		+	+	+	
Acer platanoides				+				+			+	
Aesculus × carnea 'Briotii'								+			+	
Ailanthus altissima		+			+		+		+	+	+	+
Alnus cordata								+			+	+
Alnus glutinosa	+	+						+			+	
Alnus incana	+	+									+	
Betula papyrifera	+	+										
Betula pendula	+	+									+	+
Betula populifolia	+									+		
Carya-Arten	+			+	+		+					
Castanea sativa				+	+			+				
Catalpa bignonioides		+			+	+			+	+		
Celtis occidentalis		+	+		+			+	+	+		
Corylus colurna								+	+	+	+	
Crataegus crus-galli		+								+		
Crataegus laciniata		+				+				+		
Crataegus × lavallei								+			+	
Crataegus phaenopyrum		+						+		+		
Elaeagnus angustifolia						+				+		+
Eucommia ulmoides								+	+	+		
Fraxinus americana			+		+		+		+			
Fraxinus angustifolia			+		+		+		+	+		
Fraxinus ornus			+		+		+		+	+		
Fraxinus pennsylvanica			+		+		+		+	+		

Tab. 36. Gehölze mit vorteilhaften Eigenschaften für die städtische Umwelt (Fortsetzung)

	Lichtbaum, Pionierbaum (S. 88, 89)	weite ökologische Amplitude (S. 202)	ohne Ektomykorrhiza (S. 92)	tiefreichende Wurzeln (S. 206)	ringporig (S. 209)	behaarte Blattunterseite (S. 210)	Fiederblätter (S. 210)	glänzende Blattoberseite (S. 210)	heiße Sommer ertragend (S. 205)	Trockenheit ertragend (S. 211)	Luftverunreinigungen ± ertragend (S. 135)	Bodenversalzung ± ertragend (S. 233)
Fraxinus velutina			+		+	+	+		+	+		
Ginkgo biloba								+			+	
Gleditsia triacanthos 'Inermis'		+	+	+	+		+	+	+	+	+	+
Gymnocladus dioica		+			+		+		+			
Juglans cinerea				+		+	+					
Juglans nigra	+			+		+	+	+				
Koelreuteria paniculata							+		+	+		
Liriodendron tulipifera	+							+			+	
Maclura pomifera		+	?		+			+	+	+		
Morus alba			+		+				+			
Paulownia tomentosa			?		+	+			+			
Phellodendron amurense		+	?		+		+	+	+	+		
Platanus × acerifolia (= P. × hybrida)			+	+				+	+		+	+
Populus koreana		+							+			
Populus simonii		+						+	+		+	
Populus tremula	+	+										
Populus tremuloides	+	+										
Prunus nigra		+								+		
Prunus serotina	I							+				
Pyrus calleryana 'Bradford'	+	+						+		+	+	
Quercus coccinea		+		+	+			+	+	+	+	
Quercus palustris				+	+			+				
Quercus robur				+	+			+		+	+	+
Quercus rubra				+	+			+		+	+	
Robinia pseudoacacia	+	+	+	+	+		+		+	+	+	+
Sophora japonica		+	+		+		+		+	+	+	+
Sorbus aria	+	+				+				+		

Fortsetzung nächste Seite

Tab. 36. Gehölze mit vorteilhaften Eigenschaften für die städtische Umwelt (Fortsetzung)

	Lichtbaum, Pionierbaum (S. 88, 89)	weite ökologische Amplitude (S. 202)	ohne Ektomykorrhiza (S. 92)	tiefreichende Wurzeln (S. 206)	ringporig (S. 209)	behaarte Blattunterseite (S. 210)	Fiederblätter (S. 210)	glänzende Blattoberseite (S. 210)	heiße Sommer ertragend (S. 205)	Trockenheit ertragend (S. 211)	Luftverunreinigungen ± ertragend (S. 135)	Bodenversalzung ± ertragend (S. 233)
Sorbus aucuparia	+	+					+					
Sorbus intermedia		+				+						
Sorbus torminalis	+					+				+		
Tilia × euchlora								+	+			
Tilia × europaea 'Pallida'											+	+
Tilia tomentosa						+			+	+	+	
Ulmus carpinifolia					+			+	+			
Ulmus parvifolia					+			+		+		
Ulmus pumila var. arborea					+			+		+		+

variabel sein kann. Tab. 36 enthält auch eine Reihe von bisher als Straßenbaum nur wenig oder gar nicht genutzten Arten, die aber verschiedene Eigenschaften aufweisen, die sie für die Stadt als geeignet erscheinen lassen. Hierzu gehören z. B. *Celtis occidentalis, Fraxinus angustifolia, F. velutina, Phellodendron amurense, Pyrus calleryana* 'Bradford' und *Ulmus pumila* var. *arborea.*

Unter den für den Stadtbereich empfohlenen Arten ist ein hoher Anteil an Lichtbaumarten mit weiter ökologischer Amplitude sowie Herkunft aus sommerwarmen Gebieten. Dazu gehören *Ailanthus altissima, Corylus colurna, Fraxinus ornus, Gleditsia triacanthos, Platanus × acerifolia* und *Tilia tomentosa.*

Vorteilhafte Eigenschaften für das Dasein in der Stadt sind mit sechs und mehr Nennungen besonders häufig vertreten bei:

Ailanthus altissima
Celtis occidentalis
Fraxinus velutina
Gleditsia triacanthos
Phellodendron amurense
Platanus × acerifolia (= P. × hybrida)
Quercus coccinea
Quercus robur
Robinia pseudoacacia
Sophora japonica

F Maßnahmen zur Verbesserung der Lebensbedingungen der Stadtbäume[1]

Gregor Blauermel

1 Wuchsorte von Bäumen in der Stadt

Die Wuchsorte der Bäume in der Stadt weichen bei grundsätzlich gleichen Voraussetzungen von Boden und Klima in derselben Stadt sehr voneinander ab. In der folgenden Darstellung lassen sich drei Gruppen von Wuchsorten aufstellen: 1. An oder in Straßen, 2. Grünflächen und Gärten, 3. Parks oder Stadtwälder.

Diese Einteilung geht von der jeweiligen Größe der zusammenhängenden Fläche aus, die für Grün und damit auch für Bäume zur Verfügung steht. Je größer eine Fläche ist, um so leichter und besser können sich die Pflanzen darin ohne Hilfen ernähren, um so ausgeprägter wird das bestandseigene Klima und um so mehr treten die in den vorigen Kapiteln beschriebenen ungünstigen Einflüsse, die von dem „Lebensraum Stadt“ auf die Pflanzen einwirken, zurück.

Bäume und Sträucher werden häufig gemeinsam verwendet; vielfach ist die gemeinsame Verwendung zweckmäßig, so daß in der Abhandlung auch einige Bemerkungen zu Sträuchern zu machen sind.

1.1 Stadtwälder und Parks

Stadtwälder und Parks sind – mit Ausnahme z. B. der auf Schutt- und Müllbergen angelegten geschlossenen Pflanzungen, Haine und Freizeitanlagen – meistens alt, der Boden ist im allgemeinen ungestört oder hat sich regenerieren können, und die Flächen sind so groß, daß diese Standorte häufig als naturnahe, in einigen Fällen sogar als natürlich angesehen werden können. Hier können Bäume vielfach als Jungware oder Heister gepflanzt werden, die erforderliche Pflege kann sich oft auf Durchforstungen beschränken, besondere Maßnahmen sind nur für kleinere Baumgruppen und Einzelbäume in Parks erforderlich; ggf. sind Bodenlockerungen durchzuführen, um Verdichtungen infolge ständigen Betretens aufzuheben.

1.2 Grünflächen und Gärten

Bäumen in Grünflächen und Gärten steht im allgemeinen ein mittlerer bis ausreichender Standraum zur Verfügung. Ihre Ernährung ist befriedigend bzw.

---

[1] Hinweise und Ratschläge für dieses Kapitel erhielt ich insbesondere von den Herren Prof. Dr. U. Ruge, Hamburg, Baumchirurg M. Maurer, Röthenbach, Dr. H. O. Leh, Berlin, sowie von meinen früheren Mitarbeitern in der Abt. Gartenbau des Bauamtes Bremen-Nord, von denen besonders Ing. (grad.) N. Panten genannt sei; die kritische Durchsicht des Manuskriptes der 1. Auflage besorgten Herr Beigeordneter Dr. H. Klausch, Essen, und Herr Dr. H.-J. Liesecke, Hannover, die viele Verbesserungsvorschläge machten. Ihnen gilt mein Dank. Gregor Blauermel

kann ohne besondere Schwierigkeiten gesichert werden. Sie stehen einzeln oder in Gruppen; gegenseitiger Windschutz oder Ausbildung eines Waldmantels sind jedoch meistens nicht möglich, so daß diese Bäume häufig eine tief ansetzende Krone und gedrungenen Wuchs aufweisen, um sich so selbst zu schützen. Ihre Wurzelfläche ist jedoch vielfach, besonders auf Spielplätzen und Spielwiesen, Schulhöfen, Kindertagesstätten und anderen „benutzbaren" Grünflächen, durch häufiges Betreten verdichtet; oft werden sie selbst als Spielgerät, nämlich als Kletterbäume, benutzt. Unter Abgasen von Industrie, Heizung und Kraftfahrzeugen, dem Staub der Stadtluft und den höheren Temperaturen der Stadt sowie der geringeren Strahlung (s. 2.1.1, Seite 225) leiden Bäume auf diesen Standorten bereits erkennbar. Dazu kommt ein geringeres Wasserangebot als in freier Landschaft oder im Park, da viele Flächen entwässert werden und die in Kiespackungen verlegten Kanalisationen zusätzlich als Dränung wirken. Die Folgen sind oft kleinere und geringere Blattausbildung, schlechter Wuchs, früherer Laubfall usw. Im Gegensatz zu Stadtwäldern und geschlossenen Pflanzungen (größere Pflanzgruppen in Parks, Schutzpflanzungen u. ä.) fehlt diesen Bäumen ebenso wie den Einzelbäumen in Parks und den Straßenbäumen der Humus aus dem eigenen Laub, das nach dem Blattfall im Herbst mit viel Mühe weggeschafft wird. Dadurch verschwinden viele Nährstoffe und Spurenelemente, die im Kreislauf des natürlichen und naturnahen Bestandes den Bäumen wieder zur Verfügung stehen. Häufig stehen die Bäume in einer Grasnarbe, die ebenfalls Wasser und Nährstoffe zurückhält bzw. selbst verbraucht. Dadurch kann u. U. der Mangel für die Bäume verstärkt werden. Ein Teil der unter F 6 beschriebenen Maßnahmen kann die Lebensbedingungen der Bäume auf den genannten Standorten wesentlich verbessern.

1.3 Straßen

Baumstandorte an Stadtstraßen sind in zwei größere Gruppen zu unterteilen:

1. Standorte in breiten Grünstreifen oder in Pflanzungen, z. B. auf Böschungen, wie sie vor allem bei übergeordneten Straßen angelegt werden; sie entsprechen jedoch nur teilweise den obenerwähnten Standorten in Grünflächen, Gärten oder Parks.
   Die Einschränkung ist insbesondere für den Bodenaufbau zu machen, da
   - die Dämme der Straßen bei Hochlage im allgemeinen aus Kies oder anderen nährstoffarmen Bestandteilen aufgebaut werden und nur Oberboden wieder aufgetragen wird.
   - bei Einschnitten tiefliegender Straßen oder Straßenabschnitte der Oberboden auf wesentlich tiefer anstehende Horizonte (Schichten) aufgebracht wird, so daß die natürlichen Übergänge und Verbindungen fehlen.
   - bei Straßen in der Ebene die Böden der Seitenräume, in denen gepflanzt werden soll, durch den Baubetrieb meistens in ihrer Struktur gestört, oft sogar zerstört und vor allem verdichtet sind (Abb. 74).
2. Standorte in den verschiedenen Kategorien von Stadtstraßen, wie Wohn-, Wohnsammel-, Durchgangs-, Hauptverkehrsstraßen, Stadtplätze; mit oder ohne öffentlichen Nahverkehr, mit oder ohne Parkplätze, mit Einmündungen, Kreuzungen, Verkehrsschildern, -leiteinrichtungen, Grundstücksein- und -ausfahrten. Diese Standorte, die man den üblichen 3–5 m tiefen Vorgärten gleichsetzen darf, sind geradezu pflanzenfeindlich. Die Bedingungen, unter

Abb. 74. Aus dem Baubetrieb verdichteter Standort sowie die Rasendecke erschweren den jungen Bäumen das Fortkommen. Der Zuwachs ist relativ gering, der Baumstreifen ist mit ca. 2,0 m für Linden zu schmal.

denen Bäume in Stadtstraßen stehen – es wird hier der Ausdruck „wachsen“ bewußt vermieden – sind besonders durch die ihnen zugestandenen Wurzelflächen (=Lebensräume!) geprägt:

- Baumstreifen von 0,8 m bis zur ausreichenden Breite von 5 m, selten mehr; hierzu zählen die üblichen schmalen Vorgärten ebenfalls (Abb. 85);
- Baumscheiben von 0,5 × 0,5 m bis zu ausreichenden Größen von 3 × 3 m (Abb. 75–78);
- geteerte, gepflasterte, betonierte Flächen bis an den Wurzelhals.

Weitere Einschränkungen der Lebensräume und der Lebensmöglichkeiten erfolgen z. B. durch

- parkende Fahrzeuge auf den Baumscheiben, wodurch der Boden noch mehr verdichtet wird sowie Öl und Benzin in den Wurzelraum eindringen können
- Leitungstrassen meistens auf zwei, oft auf vier Seiten des Baumes,
- Freileitungen neben oder in der Baumkrone,
- Bauarbeiten,
- Verkehrsunfälle mit Baumschäden,
- Auftausalzverwendung im Winter.

Abb. 75. An solchen Stellen sollte man auf Baumpflanzungen verzichten; der Baum wird voraussichtlich keine 5 Jahre überstehen, da auch die anschließende gepflasterte Fläche nicht für die Wurzeln zur Verfügung steht, weil die Bordsteine auf Betonfundamenten ruhen.

Abb. 76. Auch diese Baumscheibe mit 1,0 × 1,0 m ist zu klein; die Öffnung in der Baumscheibe für den Stamm ist dagegen zu groß für einen neugepflanzten Baum.

Abb. 77. Diese Pflanzkübel aus Beton sind erheblich zu klein, insbesondere unter Berücksichtigung der verwendeten Baumart: Platane. Diese Größen können nur verantwortet werden, wenn man sich planerisch von vornherein darüber klar ist, daß nach einer gewissen Reihe von Jahren die Bäume ausgewechselt werden müssen.

Abb. 78. Die Größe der Baumscheibe in Verbindung mit der Pflasterung der Parkstände wird ausreichen, um den Baum am Leben halten zu können, wenn ihm einige weitere Hilfen gegeben werden: Bepflanzung der Baumfläche mit Bodendeckern und eine organische Düngung.

Abb. 79. Verzicht auf 1–2 Stellplätze wäre erforderlich gewesen, um Vergiftungen des Bodens durch austropfendes Öl zu vermeiden. – Befestigungen im Bereich der Wurzelfläche von Bäumen müssen auf die vorhandene Oberfläche aufgebracht werden. Hier ist deutlich zu sehen, daß der Unterbau und der Klinkerbelag in die Wurzelfläche einschneiden, um die vorher vorhandene Höhe einhalten zu können (siehe 7.3).

Alle aufgeführten Behinderungen und Einschränkungen des Lebensraumes und des Wachstums der Bäume führen dazu, daß Bäume in der Stadt nicht so groß und nicht so alt werden wie Bäume im naturgemäßen Lebensraum. Die vielfach noch vorhandenen alten, großen, oft bewunderten Bäume in unseren Städten stammen aus einer Zeit, in der es keine Asphalt- oder Betonstraßen, keine Ver- und Entsorgungsleitungen, keinen Kraftfahrzeugverkehr und keine Ölheizung gab. In den Abschnitten 6 bis 8 wird dargelegt, was getan werden kann, um die alten Bäume so lange zu erhalten, wie es ihre eigenen biologischen Voraussetzungen ermöglichen.

2 Neuanlagen

2.1 Natürliche Voraussetzungen

Bei Neuanlagen von Baumpflanzungen kann vieles getan werden, um die ungünstigen Lebensbedingungen der jungen Bäume in der Stadt so zu verbessern, daß sie zumindest eine angemessene, der Art entsprechende Größe und ein angemessenes Alter erreichen, wenn auch die uns heute bekannten Größen aus den oben angeführten Gründen wahrscheinlich nicht ganz erreicht werden.

Eine große Zahl von unveränderlichen oder nur im frühen Planungsstadium durch den Grünplaner beeinflußbaren Bedingungen erschweren die Artenauswahl und die Möglichkeiten, Straßenbäume in der Stadt zu pflanzen. Es ist deshalb unbedingt dafür zu sorgen, daß bereits im Entwurfsstadium von Bebauungsplänen und Straßenausbauplänen eine sorgfältige Abstimmung aller Beteiligten von Stadtplanung, Verkehrsplanung, Tiefbau, Leitungsverwaltungen und Grünplanern erfolgt (Abb. 80a und b).

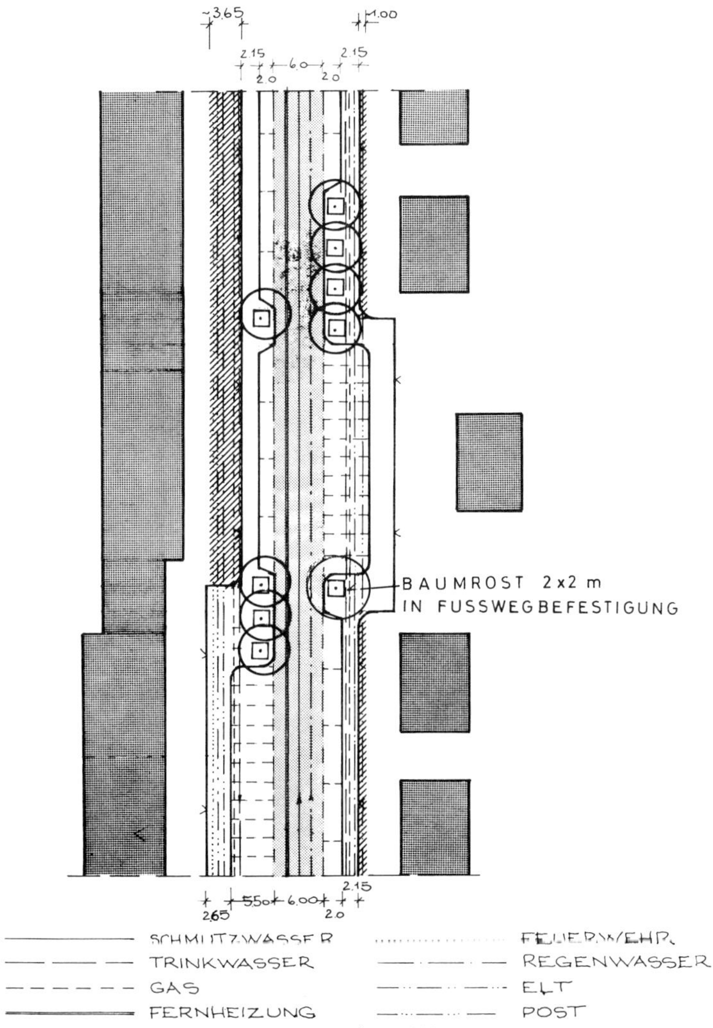

Abb. 80. a) oben b) Abbildung auf Seite 224. Sorgfältig festgelegte Leitungstrassen ermöglichen Baumpflanzungen auch in relativ schmalen Straßen. Die Trassen müssen bereits bei Aufstellung des Ausbauplanes zwischen allen beteiligten Verwaltungen festgelegt werden. Dabei ist zugunsten der Bäume ggf. von der DIN 1998 abzuweichen. In diesem Zusammenhang ist die DIN-Norm unter Berücksichtigung der Freihaltung von Baumstandorten überarbeitet worden.

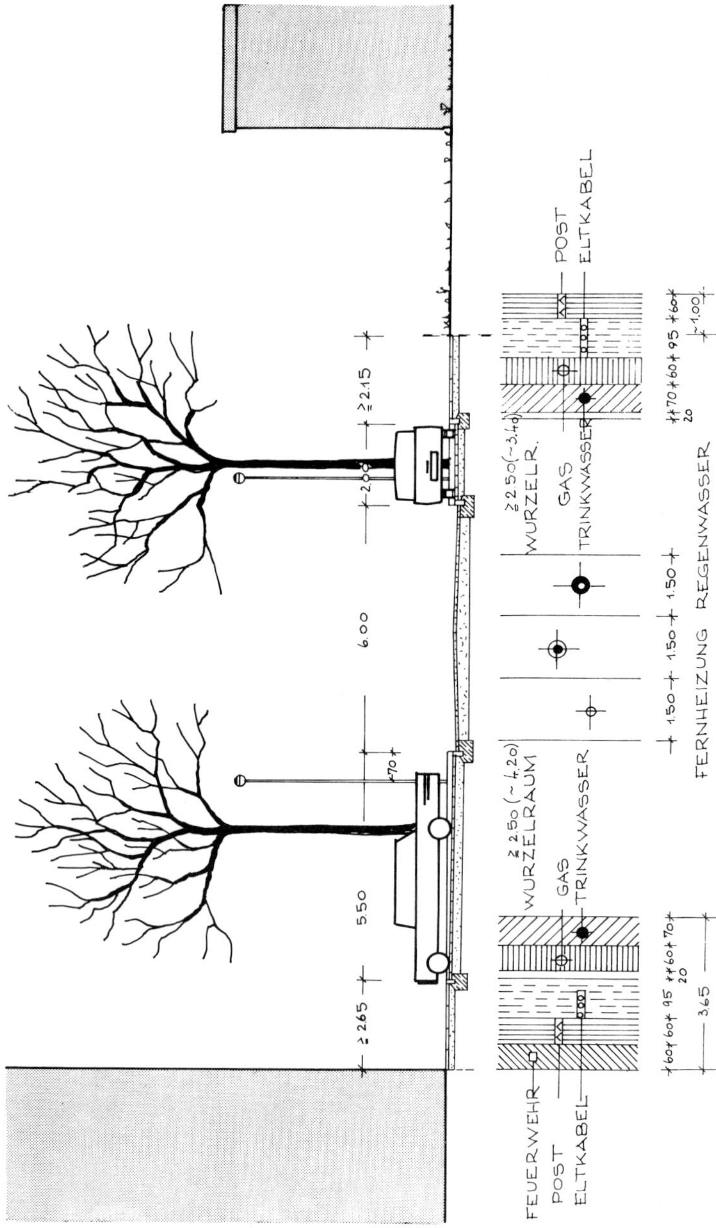
FEUERWEHR
POST
ELTKABEL
GAS
TRINKWASSER
≥ 2.50 (~4.20)
WURZELRAUM
FERNHEIZUNG
REGENWASSER
SCHMUTZWASSER
≥ 2.50 (~3.40)
WURZELR.
GAS
TRINKWASSER
POST
ELTKABEL
≥ 2.65
5.50
6.00
≥ 2.15
3.65
1.50
~1.00

2.1.1 Temperatur und Niederschlag

Das Klima ist eine der bestimmenden Voraussetzungen für die jeweils natürlich vorkommenden Arten eines Gebietes. Die Abweichungen des Stadtklimas vom Klima der freien Landschaft sind im Kapitel B ausführlich dargestellt, so daß hier einige stichwortartige Bemerkungen dazu ausreichen: Stadtklima ist wärmer und trockener als das Klima in der freien Landschaft; die Sonneneinstrahlung ist durch die Luftverschmutzung in der Stadt geringer als in der freien Landschaft; Niederschläge werden zu einem großen Teil in die Kanalisation abgeführt und können nicht versickern (durchschnittlich 60%, in Citybereichen bis 85% des Niederschlagwassers werden abgeführt); der Boden ist in Städten trockener als in freier Landschaft. Bei der Artenauswahl sind diese Gesichtspunkte zu berücksichtigen.

2.1.2 Wind

Außerhalb geschlossener Ortschaften erschwert neugepflanzten Bäumen an Straßen der durch hohe Geschwindigkeiten entstehende Fahrtwind das Anwachsen. An Stadtstraßen kann dieser Einfluß vernachlässigt werden. Hinzuweisen ist jedoch darauf, daß die überwiegend hohe Bebauung und die relativ engen Straßenschluchten in Städten die Turbulenzen erheblich verstärken; Einzelheiten sind dem Kapitel B zu entnehmen. Durch diese Turbulenzen brechen häufiger als in der freien Landschaft Äste aus oder Baumkronen ab. Das trifft vor allem zu, wenn die Bäume ohne Leittrieb gezogen sind, so daß die Krone aus mehreren gleichwertigen Ästen aufgebaut ist (Hohlkrone). Deshalb sollte an Stadtstraßen auf so windbrüchige Arten wie *Acer saccharinum, A. saccharinum* 'Wieri' und *Populus canescens* verzichtet werden. Andere in Stadtstraßen verwendbare Baumarten lassen sich ausreichend gegen Windbruch sichern; die erforderlichen Maßnahmen werden unter 5.6, 6.3.5, 6.3.6 beschrieben.

2.1.3 Boden

Eine weitere wichtige Grundlage für das natürliche Vorkommen der Pflanzenarten ist der Boden in seiner Art, Struktur, Konsistenz, seinem Nährstoffangebot, seiner Humusversorgung usw. Hierzu wird auf die Darstellung in Kapitel C sowie weitere Literatur verwiesen. Soweit es sich nicht um Parks oder größere zusammenhängende Grünflächen handelt, ist der Boden, aus dem der Baum in der Stadt sich ernähren muß, künstlich aufgebaut; außerdem sind die Böden in der Stadt auch auf den Pflanzflächen im allgemeinen durch den Baubetrieb tief verdichtet. Da also die Wuchsorte der Bäume in der Stadt, insbesondere die der Straßenbäume, weder natürlich noch naturnahe sind, benötigen die Bäume hier besondere Maßnahmen bei Pflanzung und Pflege.

In der Stadt wird der größte Teil der Wurzelfläche von Straßenbäumen meistens befestigt, so daß außer der Verdichtung die häufig sowieso sterilen angeschütteten Substrate starken Sauerstoffmangel aufweisen. Dadurch sind den Bodenbakterien die Lebensvoraussetzungen weitgehend entzogen. Sinkt jedoch der Sauerstoffgehalt des Bodens unter 15%, erleiden die Wurzeln Schäden, bei weniger als 11% sterben sie ab (RUGE 1974).

Andererseits besteht in der Stadt weit mehr als in der freien Landschaft die fachliche, technische und finanzielle Möglichkeit, die Pflanzflächen zu verbessern

oder sogar zu gesunden. Je nach Bodenart und -struktur kommen dafür in Frage:
- Einbringen von Bodenverbesserungsstoffen in die Pflanzlöcher oder die gesamte Pflanzfläche, z. B. Kompost.
- Düngung als Grün-, Mineral- oder organische Handelsdünger.
- Mechanische Lockerung und Stabilisierung mit geeigneten bodenverbessernden Stoffen (z. B. Torf oder unvergängliche Lockerungsmittel).
- Abmagerung (Durchmischung mit Sand).
- Dränung.
- Regelmäßige Bearbeitung.

Eine Verbesserung der Humusversorgung der Bäume kann vielen Schädigungen vorbeugen oder sie mildern, da humose Böden lockerer sind und durch die Tätigkeit von Würmern und Bakterien lockerer bleiben als humusfreie Böden. Außerdem sind sie erheblich besser gepuffert, so daß Auftausalzschäden sich nicht so schnell und so stark auf die Bäume auswirken wie bei ungepufferten Böden.

Da durch die weitgehend befestigten Oberflächen in der Stadt ein großer Teil des Niederschlagwassers abfließt, steht den oft kleinen Pflanzflächen häufig keine ausreichende und nicht so gleichmäßige Feuchtigkeit zur Verfügung wie in der freien Landschaft.

2.2 Technische und verkehrsbedingte Einschränkungen für Neuanlagen und Bestand

In den folgenden Ausführungen werden Anlagen im Straßenraum behandelt, die zur Ver- und Entsorgung der Bauflächen sowie für die verkehrliche Erschließung und die Verkehrssicherheit erforderlich sind. Sie gelten gleichermaßen für Neuanlagen und Bestand von Straßengrün und -bäumen, sie werden im Abschnitt 6 nicht mehr dargestellt, sofern nicht besondere Aussagen zu machen sind.

2.2.1 Lichtraumprofil

Unter Lichtraumprofil wird der lichte Raum verstanden, der für den Straßenverkehr zur Verfügung stehen muß. Er umfaßt mindestens 4,50 m Höhe über der Fahrbahn, bei übergeordneten Straßen 4,70 m; die Maße gelten 0,50 m über die Fahrbahnbegrenzung (Bordstein) hinaus. Sie müssen auch bei ausgewachsenen Bäumen dem Verkehr zur Verfügung stehen. Bei der Pflanzung von Bäumen ist die erforderliche Höhe nur bedingt zu berücksichtigen, da entsprechend dem Höhenwachstum aufgeastet werden kann. Der seitliche Abstand vom Bordstein ist entsprechend dem Dickenwachstum zu vergrößern, d. h. er muß mindestens 1 m, besser 1,50 m, betragen. (Literatur zum Thema „Lichtraumprofil": RAST-Q 1968, RAS-E 1981, RAST-K 1973. Sie werden z. Z. überarbeitet).

Sollen kleinkronige Bäume gepflanzt werden, ist zu berücksichtigen, daß kugelförmig oder breit wachsende Kronen im allgemeinen nicht aufgeastet werden können. Der Abstand der Bäume vom Bordstein ist dann so groß zu wählen, daß die ausgewachsenen Bäume nicht in das Lichtraumprofil hineinragen.

2.2.2 Sichtdreiecke

An Straßeneinmündungen sind wegen der Verkehrsübersicht Sichtdreiecke freizuhalten. Ihre Schenkellänge ist abhängig vom Straßentyp (RAS-E 1981, RAST-K

Abb. 81. Älterer Baumstreifen, der mit einem niedrigen sogenannten Rasenbordstein eingefaßt ist. Hier wird zwar bereits das Eindringen des größten Teiles von Auftausalzwasser in den Baumstreifen verhindert, doch reicht die Höhe des Bordes mit 1–3 cm nicht aus. In solchen Fällen wurde bereits die Entfernung der Bäume gefordert, weil sie angeblich die Sicht auf Fahrzeuge der bevorrechtigten Straße verhinderten. Das Foto aus der Augenhöhe des Kraftfahrers zeigt, daß die Sichtbehinderung insbesondere bei Anlage des Baumstreifens zwischen Rad- und Fußweg nicht durch Bäume, sondern nur durch parkende Fahrzeuge am Fahrbahnrand erfolgt.

1973). Man kann jedoch feststellen, daß einzelne Bäume (Abb. 81) die Sicht nicht behindern. Bei Unterpflanzung einer Baumreihe mit niedrigen Sträuchern ist im Sichtdreieck auf die Sträucher zu verzichten oder es sind Arten zu wählen, die eine Höhe von maximal 0,80 m nicht überschreiten, um dem Pkw-Fahrer die volle Übersicht zu ermöglichen.

2.2.3 Gehwegüberfahrten

Die erforderlichen Abstände der Bäume von Gehwegüberfahrten richten sich nach der Baumart und nach der Größe der Kraftfahrzeuge, die die Überfahrt benutzen:

z. B. müssen kleinkronige, breitwachsende Bäume neben von Lkw benutzten Überfahrten den Abstand des endgültigen Kronenradius erhalten; hochstämmige Bäume können mit etwa 2 m Abstand neben die Überfahrt gepflanzt werden, da sie aufgeastet werden können.

Bei durchgehenden, nur von den Überfahrten unterbrochenen Baum-(Grün-)streifen empfiehlt es sich, beidseitig neben den Überfahrten Pfähle oder Poller (ggf. auch Findlinge) anzuordnen, um das Überfahren der Ränder einzuschränken. Nachträglich eingebaute Überfahrten geben keinen Rechtsanspruch auf Beseitigung der Bäume!

2.2.4 Verkehrsleiteinrichtungen, -schilder

Bäume an Stadtstraßen müssen so gepflanzt werden, daß sie auch im ausgewachsenen Zustand nicht die Sicht auf Verkehrsschilder und Verkehrsleiteinrichtungen, z. B. Verkehrsampeln (offizieller Name: Wechsellichtzeichenanlage), verdecken.

Abb. 82. Bei rechtzeitiger Aufastung der Straßenbäume kann die Sicht auf Verkehrszeichen freigehalten und trotzdem eine gute Baumkrone erzielt werden.

Es muß mindestens die Möglichkeit bestehen, die Bäume ohne Deformierung der Krone so aufzuasten, daß die Sicht auf diese Einrichtungen frei bleibt (Abb. 82).

Umgekehrt muß natürlich bei Anordnung derartiger Einrichtungen gefordert werden, daß auf vorhandene Bäume Rücksicht genommen wird. Es darf nicht, wie häufig üblich, eine Verkehrsampel hinter einen Baum gestellt und danach die Forderung erhoben werden, den Baum zu entfernen. Die Fachleute für diese Einrichtungen haben genügend technische Möglichkeiten, solche Interessenkollisionen zu vermeiden.

2.2.5 Leitungen

Der von Versorgungs- und Entsorgungsleitungen freizuhaltende Wurzelraum für neu zu pflanzende Bäume sollte 3 × 3 m nicht unterschreiten; für kleinkronige Bäume reichen bei nährstoffreichem Substrat ggf. 2 × 2 m aus (Abb. 80a und b). Müssen diese Abstände unterschritten werden, sind für Kabel Schutzrohre vorzusehen. Am besten bewährt haben sich Plastikrohre, die bei Bedarf in schlanken Bögen um Bäume herumgeführt werden können im Gegensatz zu den starr zu verlegenden Kabelkanälen der Bundespost, die für diesen Zweck ungeeignet sind.

Die Abstände zwischen Bäumen und Entwässerungskanälen hängen von der Tiefenlage der Kanäle ab, d. h. von der Stärke der Überdeckung. Diese kann man errechnen, da die Kanalpläne immer die Sohle und den Durchmesser der Kanäle angeben. Bei einer Überdeckung > 2,50 m ist eine Baumpflanzung auf der Kanaltrasse unbedenklich; es ist jedoch dafür zu sorgen, daß die Muffenverbindungen sorgfältig abgedichtet sind, damit Wurzeln nicht in die Kanäle wachsen können. Ggf. sind die Kanäle zur statischen Absicherung zusätzlich zu ummanteln; es ist dazu mindestens das Gewicht der Bäume nach 50 Jahren zu berücksichtigen.

Fernheizleitungen können bisher aus Gründen der Wirtschaftlichkeit nicht so ausreichend isoliert werden, daß keine Wärme in den umgebenden Boden abstrahlt und negative Einflüsse auf die Bäume vermieden werden (zu früher Austrieb, zu hohe Verdunstung). Daher ist ein Abstand von mindestens 4 m einzuhalten.

Für Leitungsverlegungen in der Nähe vorhandener Bäume ist nicht der Abstand Baum – Leitungsachse maßgebend, sondern der Abstand Baum – Baugrubenrand. Er darf in der Regel 2,50 m nicht unterschreiten; dieses Maß ist auch bei jungen Bäumen einzuhalten, um bei späteren Leitungsreparaturen bzw. Aufgrabungen die Bäume nicht zu stark zu schädigen.

Muß der Abstand von 2,50 m (immer gemessen von der der Baugrube zugewandten Außenkante des Baumstammes) ausnahmsweise unterschritten werden, ist Durchbohren (Unterfahren) (Abb. 83) erforderlich. Die notwendigen Maßnahmen bei Leitungsverlegungen in der Nähe von Bäumen sind ausführlich unter 7.5 dargestellt.

Langwierige Leitungsverlegungen (Kanäle, Fernheizungen u. a.), die in der Vegetationszeit einen Zeitraum von etwa 1 Monat, außerhalb der Vegetationszeit einen Zeitraum von ca. 3–4 Monaten überschreiten, erfordern bei älteren Bäumen einen Wurzelvorhang, wenn der Baugrubenabstand geringer als ca. 3 m ist. Der Wurzelvorhang wird in Abschnitt 7.5 erläutert. Besondere Schwierigkeiten bereiten Freileitungen. Vielfach ist festzustellen, daß Bäume unmittelbar neben oder unter Freileitungen gepflanzt worden sind. Die Leitungsverwaltungen lassen später ohne Rücksicht auf den Habitus des Baumes alle Äste herausschneiden, die

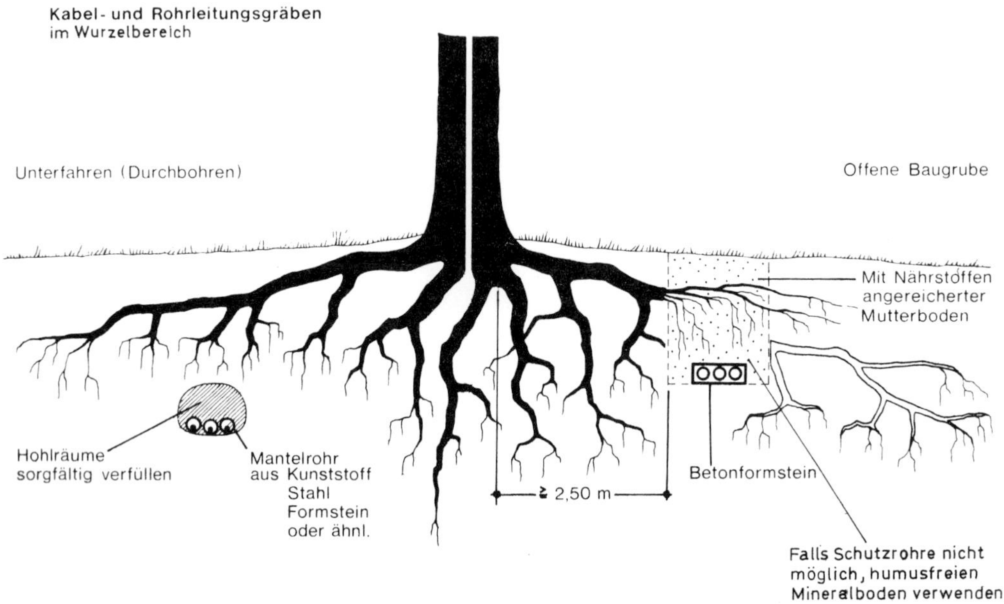

Abb. 83. Im Wurzelbereich von Bäumen ist ein Abstand der Baugrubenwand vom Baumstamm von mindestens 2,50 m einzuhalten; ist das nicht möglich, muß der Wurzelbereich unterfahren (durchbohrt) werden.

bei Wind an die Leitung schlagen könnten. In diesen Fällen muß entweder die Verkabelung der Leitung durchgesetzt, andere Möglichkeiten zur Pflanzung von Bäumen gesucht oder auf Sträucher ausgewichen werden.

Gegen neue Freileitungen neben Bäumen kann die verantwortliche Verwaltung sich mit Erfolg im Planfeststellungsverfahren wehren; bereits das Telegraphenwegegesetz von 1899 verlangt „Rücksichtnahme auf das Erhalten von Bäumen und Beschränkung bei ihrer Beseitigung für die Anlage von Freileitungen" (ANT 1972).

Neu- und Nachpflanzungen werden immer wieder erschwert durch Leitungstrassen, deren Lage nicht genau bekannt ist, so daß für das Pflanzloch teure Handschachtung erfolgen muß. Neue Systeme von Leitungs-Such-Detektoren ermöglichen sehr genaue Ortungen von Leitungen zu verhältnismäßig günstigen Kosten. Die Reparatur eines Kabelschadens ist teurer als der Preis des Detektors.

2.2.6 Leuchten

Straßenbäume sind häufig den für die Straßenbeleuchtung Verantwortlichen ein Ärgernis wegen des Schattenwurfes im belaubten Zustand. Beim Neubau von Straßen sind diese Schwierigkeiten bei rechtzeitiger Abstimmung zu vermeiden:

1. Es wird am Fahrbahnrand ein gesonderter Leuchtenstreifen ausgebaut, danach folgen Radweg, Baumstreifen, Fußweg (Abb. 84).
2. Wenn Bäume und Leuchten, wie häufig erforderlich, in demselben Streifen stehen müssen, werden die Abstände von Leuchten und Bäumen so aufeinander

abgestimmt, daß die Leuchten jeweils mitten zwischen zwei Bäumen stehen (Abb. 85).

3. Die Bäume werden in einem Rhythmus gepflanzt, bei dem die Abstände zwischen Leuchte und Baum wesentlich größer gewählt werden als die der Bäume untereinander.
4. Es werden keine Leuchtenmasten verwendet, sondern die Leuchten werden an Drähten über der Fahrbahn befestigt (Überspannung). Dabei ist nur darauf zu achten, daß die Haltedrähte nicht quer durch Baumkronen verlaufen und durch Scheuern der Äste bei Wind Schäden entstehen (Abb. 86).

In den Fällen 2 und 3 ist dafür zu sorgen, daß das Leuchtenkabel außerhalb des Baumstreifens verläuft; die einzelnen Leuchten werden dann über eine Kabelschleife elektrisch versorgt.

Der erforderliche Abstand zwischen Leuchten und Bäumen in demselben Streifen hängt ab von der verwendeten Baumart (Höhe, Breite der Krone), dem Leuchtentyp (Pilz-, Aufsatz-, Auslegerleuchte) und der Lichtpunkthöhe. Die Leuchten müssen möglichst frei die Straße ausleuchten. Bei Auslegerleuchten genügen Abstände von etwa 4 m sogar für große Bäume; bei Aufsatzleuchten reicht dieser Abstand nur, wenn klein- oder schmalkronige Bäume verwendet werden. Pilzleuchten oder ähnliche Formen müssen den Lichtpunkt unterhalb der Baumkrone haben.

Wenn Grünstreifen zwischen Fahrbahn und Fußweg breit und dicht bepflanzt sind, kann es erforderlich sein, den Fußweg gesondert auszuleuchten.

2.2.7 Einschränkung des Wurzelraumes

Den Bäumen in Stadtstraßen steht nur selten die Wurzelfläche zur Verfügung, die sie unter natürlichen oder naturnahen Bedingungen beanspruchen würden. Die Fahrbahnen sind im allgemeinen wasser- und luftundurchlässig befestigt; selten gelingt es, Baumstreifen breiter als die unbedingt erforderlichen 3 m anzulegen; in den neben den Baumstreifen verlaufenden Geh- und Radwegen liegen Leitungen; Kanäle, häufig auch Gas- und Wasserleitungen, kreuzen als Hausanschlüsse den Baumstreifen; Einzelbäume stehen oft in vollständig befestigten Flächen. Auch die Befestigung von Gehwegen mit Platten o. ä. schränkt durch weitgehenden Luftabschluß des Bodens bereits die Wurzelfläche ein.

Um den Bäumen in Stadtstraßen trotzdem einen Mindest-Lebensraum zu sichern, ist eine Reihe von Hilfen notwendig, die bereits im Planungsstadium überlegt werden müssen; sie werden im Verlauf der Abhandlung besprochen.

2.2.8 Auftausalz (s. auch D 5 und E 3.1)

Die schädigenden Wirkungen von Auftausalz auf Straßenbäume und physikalisch-chemische Hilfsmaßnahmen dagegen sind im Kapitel D ausführlich dargestellt.

Ein tiefreichendes Wurzelsystem schützt Bäume vor Schäden durch Bodenversalzung (s. 2.7). Folgende gestalterisch-bauliche Maßnahmen kommen außerdem infrage:

1. Einfassung von Baumstreifen und Baumscheiben von Einzelbäumen mit Hochborden (RUGE 1972, WICHMANN 1975), (Abb. 81, 87 und 88).
2. Ablenkung der Fußwegentwässerung vom Baumstreifen durch Quergefälle auf die dem Baumstreifen abgewandte Seite oder durch Längsgefälle; das Wasser muß dann gesondert abgeführt werden.

Abb. 84. Gutes Straßenprofil in der Reihenfolge Fahrbahn, Leuchtenstreifen, Radweg, Baumstreifen, Fußweg. Diese Bäume werden auch im ausgewachsenen Zustand die Straßenbeleuchtung nicht stören.

3. Abrücken des Baumstreifens von der Fahrbahn; der Baumstreifen wird zwischen Radweg und Fußweg angeordnet (s. 2.3.6), (Abb. 84).

Häufig wurde empfohlen, zur Verbesserung der Wasserversorgung der Straßenbäume die Straßenentwässerung in den Wurzelbereich einzuleiten. Da ein pflanzenunschädlicher, preiswerter Ersatz für das Auftausalz in naher Zukunft wohl nicht gefunden wird, ist eine solche Baumbewässerung selbstverständlich abzulehnen; etwa vorhandene Anlagen dieser Art sollten schnellstens beseitigt werden.

Sträucher im fahrbahnnahen Bereich werden zusätzlich zur Bodenversalzung durch aufsprühendes Salzwasser an den Knospen geschädigt (SAUER 1967). Bei mehrmals in einem Winter erforderlicher Salzstreuung sind sämtliche Knospen vom Salzwasser benetzt und treiben nicht mehr aus. Um die Pflanzen dagegen zu schützen, werden in einigen Städten bei Winterbeginn Schutzschürzen von 1 m Höhe aus Plastikfolie an bepflanzten Trennstreifen aufgespannt. Die Maßnahme ist relativ teuer und arbeitsaufwendig, außerdem sehen die so geschützten Trennstreifen den ganzen Winter über häßlich aus; der Erfolg rechtfertigt jedoch diese Nachteile.

Abrücken der seitlichen Pflanzstreifen von der Fahrbahn hinter den Radweg, wie oben bereits ausgeführt, reicht bei den geringen Geschwindigkeiten im Stadtverkehr im allgemeinen aus, daß Schädigungen durch salzhaltiges Spritzwasser ausbleiben oder so gering sind, daß sie vernachlässigt werden können. Voraussetzung ist jedoch, daß nicht die gegen Salz-Kontakte empfindlichsten Straucharten

Tabelle 37. Auswahl salzverträglicher Gehölze, überarbeitet nach Ruge, Leh, Sauer

Art	Relativ widerstandsfähig gegen Schäden durch Bodenversalzung	Kontakt
Acer campestre	–	(x)
Acer platanoides	–	x
Acer pseudoplatanus	–	x
Ailanthus altissima	x	?
Alnus cordata	x	?
Betula pendula⁺)	x	–
Caragana arborescens	x	x
Caragana pygmaea	x	x
Colutea arborescens	x	x
Corylus colurna	(x)	?
Elaeagnus angustifolia	x	x
Fraxinus excelsior	(x)	(x)
Gleditsia triacanthos	x	?
Hippophaë rhamnoides	x	x
Ligustrum vulgare	x	–
Lonicera tatarica	?	x
Lonicera xylosteum	?	x
Lonicera xylosteum 'Clavey's Dwarf'	?	x
Lycium barbarum	x	(x)
Platanus × hybrida⁺)	x	?
Populus balsamifera	(x)	?
Populus × berolinensis	(x)	?
Populus simonii	(x)	?
Quercus robur	x	–
Ribes alpinum	?	x
Ribes aureum	?	x
Robinia pseudoacacia	x	?
Robinia pseudoacacia 'Bessoniana'	x	?
Robina pseud. 'Unifoliola' (= R. ps. 'Monophylla')	x	?
Rosa × paulii (= R. rugosa 'Repens alba')	x	x
Rosa rugosa	x	x
Rosa rugosa 'Dagmar Hastrup'	x	x
Rosa rugosa 'Moje Hammarberg'	x	x
Sambucus nigra	x	–
Sophora japonica	x	?
Sorbus aria	(x)	–
Sorbus intermedia⁺)	(x)	–
Tamarix spec.	x	?
Tilia × vulgaris 'Pallida'	x	?
Tilia tomentosa	(x)	?
Ulmus glabra	–	x
Ulmus × hollandica	(x)	?
Ulmus minor = (U. carpinifolia)	–	x
Ulmus pumila var. *arborea*	x	?

⁺) = als Jungbaum anfälliger
x = widerstandsfähig
(x) = bedingt widerstandsfähig
– = nicht widerstandsfähig
? = bisher nicht geprüft

verwendet werden. Eine Liste relativ widerstandsfähiger Gehölze ist vom Arbeitsausschuß Landschaftsgestaltung der Forschungsgesellschaft für das Straßenwesen erarbeitet worden; sie erhebt keinen Anspruch auf Vollständigkeit (Tab. 37).

2.2.9 Grenzabstände

Frühere nachbarrechtliche Regelungen verlangten keine oder nur geringe Abstände von Grenzen für Baumpflanzungen.

Inzwischen bestehen durch die neuen Nachbarrechtsgesetze in den Bundesländern unterschiedliche Regelungen über Abstände von Bäumen zu Nachbargrenzen. Vielfach sind jedoch wegen des übergeordneten Wertes von Bäumen Baumpflanzungen an oder auf öffentlichen Grundstücken von der Einhaltung der vorgeschriebenen Grenzabstände ausgenommen (z. B. Niedersächsisches Nachbarrechtsgesetz vom 31. 3. 1967 und Nordrhein-Westfälisches Nachbarrechtsgesetz vom 15. 4. 1969). Diese Regelung ist für alle Bundesländer bei einer Novellierung der Nachbarrechtsgesetze zu empfehlen, um die vielen ungerechtfertigten Wünsche von Anliegern, die die Entfernung von Straßenbäumen verlangen, eindeutig zurückweisen zu können.

Selbst der herbstliche Laubfall wird von vielen als so starke Belästigung empfunden, daß deswegen die Beseitigung von Straßenbäumen gefordert wird. Diese Begründung ist nicht stichhaltig; zwei Urteile des Hamburger Landgerichts aus den Jahren 1962 und 1963 stellen auf der Grundlage der §§ 903, 906, 907, 1004 BGB fest, daß die vom Laubfall ausgehenden Belästigungen nicht als unzumutbare Einwirkung angesehen werden können.

Völlig unverständlich ist jedoch ein neueres Urteil des Landgerichts Wiesbaden aus dem Jahr 1978, das zwar die Entfernung von Birken aus dem Garten des Beklagten ablehnt, aber die „Verschmutzung“ der Terrasse des Klägers durch Birkenblüten und -samen für eine so wesentliche Beeinträchtigung des Klägers hält, daß der Beklagte jährlich DM 100,– an den Kläger zu zahlen habe, obwohl dieser selbst Birken in seinem Garten stehen hat. Auch dieses Urteil beruht auf den §§ 906 und 1004 BGB. Es ist höchste Zeit, daß diese §§ des BGB unter Berücksichtigung des neueren Naturschutzrechtes überarbeitet werden.

2.2.10 Beeinträchtigung der Belichtung von Gebäuden

Straßenbäume beeinträchtigen die Belichtung benachbarter Wohn- oder Bürogebäude bei falscher Artenwahl und zu geringem Abstand von den Gebäuden und untereinander oft so erheblich, daß die Anlieger daraus eine unzumutbare Benachteiligung herleiten können. Bei Altbäumen kann durch Aufasten, fachgerechtes Auslichten oder vorsichtiges Einkürzen der Baumkrone vorübergehend eine Verbesserung der Belichtung erreicht werden. Das häufig zu beobachtende Abwerfen der gesamten Baumkrone ist eine Verstümmelung, durch die die Bäume wertlos werden. Wenn diese „Radikalkur“ erforderlich sein sollte, empfiehlt es sich, die Bäume zu roden und durch schmal- oder kleinkronige Arten zu ersetzen. Für Geschäfts- und Fabrikgebäude hat die Belichtung oft keine so große Bedeutung, so daß die endgültige Größe einer Baumart sowie die Abstände von den Gebäuden nicht so entscheidend sind und kaum als Beeinträchtigung gelten können.

Da die erforderlichen Versorgungsleitungen in Städten weitgehend in den Rad- und Fußwegen verlegt werden, ergibt sich aus der Summe der Leitungstrassen die

Mindestbreite dieser Wege; sie beträgt meist 3–3,50 m. Wichtige Verkehrs- und Geschäftsstraßen mit bedeutendem Fußgängerverkehr benötigen eine Mindestbreite der Fußwege von 3 m; schließt daran in Richtung Fahrbahn ein Baumstreifen von 3 m Breite an, erhalten die Bäume einen Abstand von 4,50 m von den Grundstücksgrenzen. In Straßen ohne Vorgärten reicht dieser Abstand nur für klein- und schmalkronige Baumarten aus. Für breitkronige Bäume (Platane, Linde, Eiche u. a.) soll der Abstand Gebäude – Baum 7 m nicht unterschreiten. Nach Erreichen des arteigenen Kronendurchmessers werden bei diesen Mindestabständen von Gebäuden die Räume darin stark verdunkelt; zum Ausgleich sollte man daher in Straßen ohne Vorgärten die Abstände der Bäume untereinander vergrößern oder später jeden zweiten Baum entfernen (s. 2.2.12); denn die häufig zu hörende Empfehlung, nur klein- oder schmalkronige Bäume zu pflanzen, kann stadtgestalterisch und städtehygienisch nicht befriedigen.

2.2.11 Wurzelraum

Je nach endgültiger Größe der zu verwendenden Baumart ist ein entsprechend großer Wurzelraum freizuhalten; ist aus stadtplanerischen oder baulichen Gründen der Wurzelraum vorgegeben, muß die Auswahl der Baumart sich danach richten. Schon im Vorentwurf von Bebauungsplänen müssen Baumstandorte eingetragen werden, damit die beteiligten „Träger öffentlicher Belange“, insbesondere die Leitungsverwaltungen, diesen Platzbedarf kennen und berücksichtigen.

Als Faustregeln können folgende Mindestmaße gelten:
Baumstreifen für klein- oder schmalkronige Bäume 2,50–3 m Breite
Baumstreifen für großkronige Bäume 3,50–4,50 m Breite
Klein- oder schmalkronige Einzelbäume 2,50 × 2,50 m
Großkronige Einzelbäume 3,50 × 3,50 m
Bäume in Senkrechtparknischen: 2 Parkstände = 4,50–5 m
Bäume in Längsparknischen: 1 Parkstand je Baum, Parkstandbreite ≧ 2,50 m.

Die Maße können bei nährstoffreichen Böden, oder wenn finanziell und personell eine regelmäßige zusätzliche Versorgung der Bäume mit Nährstoffen und Wasser möglich ist, im Einzelfall um 0,50 m unterschritten werden.

In diese beim Straßenneubau freizuhaltenden Wurzelräume dürfen später bei zusätzlich erforderlichen Leitungsverlegungen oder Reparaturen erst recht keine Einbauten vorgenommen werden, da diese relativ geringen Wurzelräume in wenigen Jahren voll in Anspruch genommen sind.

Ob Straßenbäume einzeln, in kleinen Gruppen, evtl. sogar in befestigten Flächen, oder als Reihe in einem eigenen Baumstreifen ausreichenden Platz erhalten, hängt vom gestalterischen Wollen und von der Gesamtbreite der Straße, ihrer verkehrlichen und städtebaulichen Bedeutung und der Einsicht der politisch Verantwortlichen ab, für eine gesunde Durchgrünung der Stadt ausreichende Mittel aufzuwenden und die erforderlichen Flächen bereitzustellen. Der Grünplaner muß sich natürlich entsprechend einsetzen, die notwendigen Forderungen stellen und begründen. Es darf nicht vergessen werden, daß nur ein ausreichender Wurzelraum neben der Nährstoff- und Wasserversorgung eine genügende statische Verankerung des Baumes im Boden gewährleistet. Der Baumstreifen bietet den Bäumen am besten die Möglichkeit, gesund zu bleiben und groß zu werden; hier ist die Wurzelatmung am wenigsten behindert, nur so können Bäume die von ihnen erwarteten Leistungen (O_2-Freisetzung, Staubfilterung, Klimaverbesserung, stadtgestalterische Funktion) erfüllen.

2.2.12 Pflanzabstände

Bei der Wahl der Pflanzabstände der Bäume sind folgende Gesichtspunkte zu berücksichtigen:

Kronendurchmesser,
Kronenhöhe,
Wurzelsystem,
Belichtung bzw. Beschattung benachbarter Gebäude,
Straßenprofil (-breite),

Abb. 85. Der Baumstreifen von 3,0 m Breite reicht aus. Der ungünstige Standort der Bäume (0,75 m Abstand von der Teerdecke des Radweges) ist aus stadtgestalterischen Gründen gewählt worden; er wird in einigen Jahrzehnten entweder das Wurzelwachstum der Bäume zu dieser Seite hin behindern, oder die Baumwurzeln brechen die Decke des Radweges auf. Baum- und Leuchtenstandort sind bei Benutzung desselben Streifens aufeinander abgestimmt.

Verhältnis der endgültigen Baumhöhe zur Höhe benachbarter Gebäude,
erwünschter gestalterischer Eindruck,
Geschwindigkeit des Wachstums der betreffenden Baumart, d. h. Zeitraum, in der sie die gewünschte Form und Größe erreicht.

Daraus ergeben sich innerhalb von Baumreihen Abstände zwischen 6 m und 12 m, gelegentlich sogar 15 m. Für einen Zeitraum von 5–15 Jahren jedoch werden bei diesen Abständen die gestalterischen Absichten nicht erreicht werden können. Daher wurde früher mehr als heute der Abstand der Bäume untereinander auf die Hälfte verringert; bei Kronenschluß wurde dann jeder zweite Baum entfernt. Es gibt hierbei die Möglichkeit, insbesondere seit der Konstruktion großer Baumverpflanzmaschinen, nach etlichen Jahren den jeweils zweiten Baum zu verpflanzen, so daß an anderer Stelle wieder sehr kurzfristig ein fertiger Eindruck entstehen kann. Früher wurde häufig für jeden zweiten, später zu entfernenden Baum eine Pappel verwendet, die sehr preiswert in der Anschaffung ist, einen hohen Zuwachs in der Jugend hat und bei ihrer Entfernung nach einigen Jahren keinen großen Wertverlust ergibt. Diese Methode ist zwar billiger, würde aber von „der öffentlichen Meinung" heute kaum akzeptiert werden.

Für Gruppen von zwei bis vier Bäumen mit größerem Abstand bis zur nächsten Baumgruppe brauchen die Abstände des endgültigen Kronendurchmessers nicht berücksichtigt zu werden, da eine so kleine Gruppe mit ihren Kronen gut ineinanderwachsen kann und sehr ansprechende Bilder ergibt.

Abb. 86. Beleuchtung an Überspannungen führt zu den wenigsten Konflikten zwischen den beiden Forderungen nach genügender Ausleuchtung und ausreichender Begrünung der Straße.

2.2.13 Schutzeinbauten

Die Bäume müssen in Stadtstraßen gegen Schäden durch Überfahren des Wurzeltellers, salzhaltiges Tauwasser, Parken, Öl, Benzin, Betreten der Wurzelfläche geschützt werden. Das geschieht am besten, indem die Pflanzflächen durch Hochborde oder niedrige Mauern in wasserdichtem Einbau umgrenzt werden. Diese Maßnahme empfiehlt sich sowohl für Einzelbäume und Gruppen als auch für Baumstreifen. Es ist zweckmäßig, die Bodenoberfläche dann bis auf die Maueroberkante aufzuhöhen. Die Höhe der Einfassung sollte mindestens 20 cm betragen. Parken auf der Wurzelfläche wird damit wirksam, das Betreten der Wurzelfläche weitgehend verhindert. So sind Stamm und Wurzelfläche der Bäume geschützt.

Bei Einfassung der Baumstandorte durch Hochborde oder niedrige Mauern ist es möglich (Abb. 87 und 88), Baumstreifen auch unmittelbar an die Fahrbahn angrenzen zu lassen, da der Bord außerdem einen Großteil des salzhaltigen Tauwassers im Winter abhält. In diesen Fällen ist jedoch zwischen Fahrbahnkante und Hochbord ein befestigter Sicherheitsstreifen von 0,50 m erforderlich, damit die Türen haltender Fahrzeuge geöffnet werden und Passagiere aussteigen können. Dieser Streifen wird zweckmäßig aus Betonfußwegplatten hergestellt und soll Gefälle zur Fahrbahn hin erhalten, um hochspritzendes Salzwasser im Winter ablau-

Abb. 87. Schutz des gesamten Baumstreifens durch hochbordartige Betonformsteine in Stuttgart. Als Schutz wirkt dieses System am besten, doch ist es wegen der optischen Einengung des Straßenprofils stadtgestalterisch häufig problematisch.

Abb. 88. Durch Hochbord gegen salzhaltiges Tauwasser geschützter Baumstandort.

Abb. 89. Notdürftiger Schutz der Baumscheibe gegen Verdichtung durch parkende Fahrzeuge mit Hilfe von Holzpfählen.

Abb. 90. Kunststoffummantelte Metallpfähle mit Betonfundament, um parkende Fahrzeuge von der Wurzelfläche der Bäume abzuhalten.

fen zu lassen. Aus gestalterischen Gründen gewünschte Pflasterstreifen würden zuviel Salzwasser einsickern lassen.

Bepflanzte Trennstreifen sollten muldenförmig ausgebildet und nicht beetartig überwölbt werden, weil Streugut und Schmutz zur Seite geschleudert werden, so daß die anliegenden Flächen im Laufe der Jahre meist von selbst aufgehöht werden.

Bei vorhandenen älteren Bäumen kann dieser Hochbord nicht ohne weiteres nachträglich eingebaut werden, weil viele Baumarten die Überdeckung ihrer Wurzelfläche nicht vertragen. Außerdem verursacht der Einbau in den meisten Fällen eine erhebliche Wurzelschädigung.

In solchen Fällen empfiehlt es sich, die Wurzelfläche wenigstens gegen parkende Fahrzeuge durch Poller, Pfähle (Abb. 89 und 90), die sog. Baumbügel (Abb. 91) oder Stahlrohrstützen (Abb. 92) zu schützen. Auch bei Straßenneubauten ist eine dieser Schutzmaßnahmen zu verwenden, wenn der Einbau von Hochborden oder niedrigen Mauern in Einzelfällen nicht möglich ist. Autofahrer bemängeln zwar Schutzpfähle immer wieder, besonders wenn sie sich das Auto daran wegen unvorsichtiger Fahrweise beschädigt haben, sie fordern dafür gelegentlich sogar Schadensersatz. Einen solchen Prozeß hat die Stadt Krefeld 1978 gewonnen; das Gericht hat festgestellt, daß der Schutz der Bäume notwendig und allgemein üblich ist und auch nicht verlangt werden kann, daß die Pfähle auffällig farbig gekennzeichnet sein müssen.

Abb. 91. Der „Hamburger Baumbügel“, der hier jedoch zu dicht an den Baumstamm herangesetzt worden ist, kann ebenfalls wirksam die Wurzelfläche von Bäumen gegen parkende Fahrzeuge schützen.

2.3 Bedeckung im Wurzelbereich

Die Wurzelfläche von Bäumen muß gegen Verdichtung geschützt werden, um die Einsickerung des Niederschlagwassers, den Luftaustausch im Boden und damit die Wurzelatmung zu erleichtern und das Bodenleben aktiv zu halten. Ein wesentlicher Schutz sind die unter 2.2.13 erläuterten Hochborde und Bankbeete; doch reichen diese Maßnahmen nicht aus, um die Wurzelfläche insbesondere gegen Betreten zu schützen.

2.3.1 Bodenbegrünung (Unterpflanzung)

Die Bedeckung der Wurzelfläche von Bäumen durch Pflanzen ist die natürliche, sicherste und in Anlage und Pflege billigste Methode, die obengenannten Forderungen zu erfüllen. Bei richtiger Artenwahl kann die Pflege nach einigen Jahren auf ein sehr geringes Maß beschränkt werden. Je nach städtebaulicher Situation und notwendiger Verkehrsübersicht kommen folgende Möglichkeiten infrage: Rasen, Bodendecker (staudenartige und gehölzartige), niedrige, halbhohe und hohe Sträucher. In vielen Fällen wird Rasen am besten aussehen, es ist jedoch zu berücksichtigen, daß Rasen einen großen Teil der Niederschläge bindet und im allgemeinen für Bäume die ungünstigste lebende Bodendecke ist. Unter den sog. Schattholzarten wird eine Rasendecke nach etlichen Jahren außerdem sehr lückig, da für ihn mit zunehmendem Kronenwachstum der Bäume die Belichtung nicht mehr ausreicht.

Halbhohe und hohe Sträucher verkümmern ebenfalls nach etlichen Jahren unter den Baumkronen, wenn nicht besonders schattenerträgliche Straucharten ausge-

Abb. 92. Betonbaumscheiben mit Unterbau liegen auch bei Auffüllung der Hohlräume mit Kies so locker, daß sie bei Befahren durch Fahrzeuge leicht brechen. Durch ein viereckiges Stahlrohrgestell, das an die Baumscheibe angeschraubt oder in ihr verhakt wird, kann das Befahren der Baumscheibe verhindert werden; zugleich übernimmt das Gestell die Verankerung der frisch gepflanzten Bäume.

wählt wurden. Dadurch ist die Liste der verwendbaren Straucharten erheblich eingeschränkt.

Gehölz- und staudenartige Bodendecker sowie niedrige Straucharten sind in den meisten Fällen die beste Bodendecke unter Bäumen. Vielfach werden Bodendekker bis etwa 1 m Höhe gerechnet, so daß die niedrigen Straucharten in diese Gruppe einbezogen werden. Es muß aber bedacht werden, daß viele gehölzartige Bodendecker, insbesondere diejenigen über 0,50 m Höhe, eine erhebliche Wurzelkonkurrenz insbesondere für flachwurzelnde Bäume sind. Für diese ist die Verwendung krautartiger (staudenartiger) Bodendecker meistens die beste Lösung. Hier sei eine Anmerkung zum Wurzelsystem der Bäume gestattet: Die Verwendung der botanisch richtigeren Bezeichnung Tiefwurzler, Herzwurzler, Flachwurzler ist bei der Pflanzung des aus Baumschulen zur Verfügung stehenden

Pflanzgutes meistens nicht angebracht, da

a) die vegetative Vermehrung vieler Baumarten in den Baumschulen, z. B. bei Linden und Platanen, das natürliche Wurzelsystem nicht zur Ausbildung kommen läßt (Büschelwurzel),
b) das häufige Umpflanzen der jungen Gehölze in den Baumschulen auch bei aus Samen gezogenen Herz- und Tiefwurzlern die Ausbildung der tiefgehenden Wurzeln behindert oder unterdrückt.

Daher sollte man in der Praxis besser von tiefwurzelnden und flachwurzelnden Bäumen sprechen.

Staudenartige Bodendecker und sehr niedrige Gehölze haben jedoch in den ersten Jahren nach der Pflanzung den großen Nachteil, daß die dünne und noch nicht zusammengewachsene Pflanzung von vielen Menschen nicht geachtet und daher betreten wird. Es muß daher zusätzlich für einige Jahre ein niedriger Schutzzaun um die Pflanzung gezogen werden. Sträucher, die nach der Pflanzung zurückgeschnitten werden müssen, sollten in diesen Fällen erst im späten Frühjahr unmittelbar vor dem Austrieb geschnitten werden, da erfahrungsgemäß frisch austreibende Sträucher mehr geachtet werden. Das gilt insbesondere für *Rosa rugosa* und die Sorten *Rosa rugosa* 'Dagmar Hastrup' und 'Moje Hammarberg', die die besten Anwuchsergebnisse zeigen, wenn sie sehr scharf zurückgeschnitten werden. Erfolgt dieser Rückschnitt jedoch bereits im Herbst, so sind die Pflanzen für den „normalen" Fußgänger kaum sichtbar und werden rücksichtslos zertreten.

Folgende niedrige Pflanzenarten haben sich zur Unterpflanzung von Bäumen an Stadtstraßen – unter Berücksichtigung der Bodenart, der gestalterischen Ansprüche und des Pflegeaufwandes – bewährt:

Cotoneaster dammeri
Cotoneaster dammeri 'Coral Beauty'
Cotoneaster dammeri 'Skogholm'
Cotoneaster dammeri 'Sürth'
Hedera helix
Ligustrum vulgare 'Lodense'
Lonicera xylosteum 'Clavey's Dwarf'
Mahonia aquifolium 'Apollo'
Pachysandra terminalis
Ribes alpinum 'Schmidt'
Rosa rugosa
Rosa rugosa 'Dagmar Hastrup'
Rosa rugosa 'Moje Hammarberg'
Rosa rugosa 'Repens alba'
Rosa 'Swany'
Rosa virginiana
Salix purpurea 'Nana'
Salix purpurea 'Pendula'
Salix repens
Symphoricarpos × *chenaultii* 'Hancock'
Vinca minor.

2.3.2 Oberflächenbefestigung

In einigen Fällen ist eine Begrünung der Wurzelfläche unter Bäumen nicht möglich, weil die Flächen zu klein sind – das gilt besonders für Einzelbäume – oder weil, besonders in Hauptgeschäftsstraßen, der Fußgängerverkehr so stark ist, daß der Baumstreifen für den Fußgängerverkehr oder aus stadtgestalterischen Gründen für Einbauten, z. B. Schauvitrinen, genutzt werden soll. In diesen Fällen müssen die Wurzelflächen der Bäume durch andere Maßnahmen gegen Verdichtung geschützt werden, da die offene Bodenfläche in Stadtstraßen leider die ungünstigste Form geworden ist; auch eine Abdeckung mit Kies verhindert die Verdichtung der Wurzelfläche nicht (Abb. 93).

Abb. 93. Liegt ein mit Kies abgedeckter Baumstreifen unmittelbar an der Fahrbahn, so wird durch den Kies die Verdichtung des Bodens durch den Reifendruck parkender Fahrzeuge nicht verhindert. Der Schutz gegen Beparken ist hier durch die Lage des Baumstreifens zwischen Rad- und Fußweg gegeben.

In allen Fällen ist ein Minimalbereich von 2 × 2 m um die Bäume wasser- und luftdurchlässig zu befestigen, auch wenn z. B. Baumstreifen in den Fußgängerbereich durch Pflasterung oder durch Belegen mit Fußwegplatten einbezogen wurden.

Die Grünflächenämter der Städte haben für diese wasser- und luftdurchlässige Befestigung die verschiedensten Systeme entwickelt; diese sind aus den Fachzeitschriften weitgehend bekannt. Es handelt sich um Baumscheiben aus Betonfertigteilen oder aus Stahlgitterrosten, teilweise zur Stabilisierung auf Stützen aufgelegt (BLAUERMEL 1974 b). Für den Einbau eines dieser Systeme ist eine entscheidende Voraussetzung, daß der Baum etwa 10 cm unter die Unterkante dieser Abdeckungen gepflanzt wird, um einen Spielraum für das Hochwachsen der Wurzeln mit zunehmendem Alter des Baumes zu erhalten und die befestigte Fläche bei Bedarf – es ist höchstens alle 3–5 Jahre erforderlich – wieder eben zu verlegen, um Unfallgefahren auszuschließen (Abb. 94–98).

Die Öffnungen dieser Befestigungen (Schlitze) sollen mindestens 35%, möglichst 50% der Fläche betragen, da sonst der Luftaustausch nicht ausreicht (Abb. 99). Fertigteile werden zweckmäßig in Segmenten verwendet, damit bei entsprechendem Dickenwachstum des Stammes nur die inneren Segmente gegen Teile mit einer größeren Öffnung für den Baumstamm ausgetauscht werden müssen. Es ist unzweckmäßig, bereits bei der Pflanzung junger Bäume Lochdurchmesser von 0,90 m einzubauen, da die Hohlräume zu groß sind und zu

Abb. 94 a, b. Baumscheibe aus Betonfertigteilen in verzinktem Metallrahmen, der auf einem durchgehenden Fundament aufliegt. Besser wäre die Verwendung von Punktfundamenten.

Unfallgefahren führen können (Abb. 95). Eine Verbesserung der bestehenden Systeme ist durch Entwicklung von Ringen, die auf Falzen aufliegen, erreicht worden. Sie können entsprechend dem Zuwachs des Stammes einzeln herausgenommen werden (Abb. 96 und 97). – Der durch die tiefere Pflanzung des Baumes entstehende Hohlraum sowie die Schlitze der Baumscheibenabdeckungen werden zweckmäßig mit gewaschenem Sand der Körnung 1–3 mm oder gewaschenem Kies der Körnung 7–30 mm satt verfüllt, da diese Hohlräume sonst erfahrungsgemäß gern als Behälter für Straßenkehricht beim Reinigen der Straßen benutzt werden. Die in dem Kehricht enthaltenen feinen Teile führen jedoch zur Verschlämmung und damit zur Verdichtung der Oberfläche, was nicht erwünscht ist. Wenn durch das Dickenwachstum und das Hochwachsen des Wurzelhalses ein Höhenausgleich bei den Abdeckungen erforderlich wird, ist der Kies leicht herauszunehmen.

Es empfiehlt sich, nach 10–15 Jahren den Kies auszuwechseln oder ihn aus der Baumgrube herauszunehmen und kräftig durchzuspülen, damit in der Zwischenzeit angesammeltes Schlämmaterial nicht zu einer Verdichtung der darunter anstehenden Bodenoberfläche führt. Bei dieser Gelegenheit sollte die Bodenoberfläche, d.h. also die eigentliche Wurzelfläche, leicht gelockert werden.

Eine sehr preiswerte Möglichkeit, Baumscheiben wasser- und luftdurchlässig zu befestigen, ist die Verwendung von hartgebrannten Langlochklinkern, die im Bereich der Baumwurzeln ohne Verdichtung des Untergrundes auf 5–6 cm Sandbettung verlegt werden. Die Hohlräume der Klinker werden mit scharfem Mauersand verfüllt; die Klinkerfläche darf nicht gerüttelt oder gewalzt werden. Mit diesem Material und in dieser Arbeitsweise lassen sich die Lebensbedingungen älterer

Abb. 95. Erweiterung der Fußwegfläche durch Pflasterung des Baumstreifens im Sandbett. Die Bäume sind mit einer Betonbaumscheibe von 2,0 × 2,0 m aus 8 Fertigteilen auf Punktfundamenten versehen; bei zunehmendem Dickenwachstum des Baumes brauchen nur die 4 inneren Platten, die einen Lochdurchmesser von 0,50 m aufweisen, gegen 4 Platten mit einem Lochdurchmesser von 0,90 m ausgetauscht zu werden.

Abb. 96. Betonbaumscheibe mit auf Falzen liegenden Ringen, das nach Meinung d. Verf. z. Z. beste System zur Pflanzung von Bäumen in befestigten Flächen, wenn Hochborde nicht eingebaut werden können.

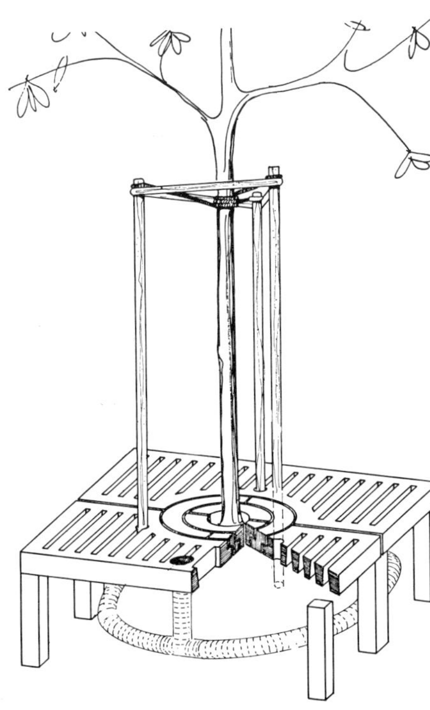

Abb. 97. Konstruktions- und Einbauzeichnung der Baumscheibe von Abb. 96.

Abb. 98. Im Sandbett verlegte Baumscheibe aus Betonfertigteilen. Größe 3,0 × 3,0 m, Einzelteile 0,25 × 0,50 m. Wenn die Gefahr besteht, daß diese Baumscheiben von Fahrzeugen überfahren werden, ist dagegen ein Schutz erforderlich, da eine Verdichtung der Wurzelfläche nur verhindert werden kann, wenn die Baumscheiben entstehenden Druck durch einen Unterbau selbst auffangen.

Bäume, die häufig aus Gedankenlosigkeit bis an den Wurzelhals eingeteert sind, preiswert verbessern (Abb. 100).

Fast gleichwertig mit der Verlegung von Lochklinkern auf der Wurzelfläche ist die Pflasterung mit Natursteinpflaster im Sandbett. Die Kantenlänge der Pflastersteine soll 10 cm nicht unterschreiten, die Fugen müssen mindestens 1 cm breit sein, damit der Luftaustausch im Boden ausreicht. Die Pflasterfläche darf ebenfalls nicht gerüttelt oder gewalzt, sondern nur von Hand leicht verdichtet (gestampft) werden (Abb. 109). Wegen der erforderlichen breiten Fugen ist die Verwendung von Betonklinkern u. ä. „Kunststeinen" unzweckmäßig.

Abb. 99. Bei diesem System reichen die Öffnungen in der Baumscheibe auf Dauer nicht aus, um den Luftaustausch im Boden ausreichend zu gewährleisten.

Abb. 100. Ein einfacher und preiswerter Schutz der Wurzelfläche ist die Verwendung von hartgebrannten Langlochklinkern. Voraussetzung für die Anwendung dieser Methode ist, daß die Flächen nicht befahren werden können.

2.4 Bäume auf Dachgärten und Tiefgaragen

Für die Pflanzung von Bäumen auf Dachgärten und den Decken von Tiefgaragen gilt eine Reihe zusätzlicher besonderer Bedingungen, wie Berücksichtigung der Auflast bei der Statik des Daches, Berücksichtigung der höheren Windgeschwindigkeiten auf Dachgärten und Beschränkung in der Artenwahl, da auf Dächern großwerdende Bäume, wie Platane, Eiche oder Linde, nicht verwendet werden können.

Im Rahmen dieser Ausführungen soll auf die besondere Form der Dachgartenbepflanzung nicht eingegangen werden; es genügt hier der Hinweis auf Speziallliteratur (GOLLWITZER und WIRSING 1971, LIESECKE 1973, LIESECKE 1975).

2.4.1 Bäume in Kübeln und Containern

Durch enge Straßenprofile, die durch Leitungen in Anspruch genommen sind, sowie durch Tiefgaragen, Fußgängertunnels, U-Bahn-Zugänge u. ä. wird die Pflanzung von Bäumen oft unmöglich gemacht, obwohl oberirdisch ausreichend Platz vorhanden ist. Für diese Fälle sowie für Fußgängerzonen werden zunehmend von der Industrie die verschiedensten Formen und Größen von Kübeln und Containern aus den unterschiedlichsten Materialien angeboten. Sorgfältige Mischung des Pflanzensubstrates, das insbesondere wasserhaltende Substanzen enthalten, aber auch durchlässig bleiben muß, sowie regelmäßige Düngung und Wässerung sind Bedingungen für den Erfolg.

Verwendbar sind in derartigen Pflanzgefäßen Großsträucher und kleinkronige Baumarten (s. auch Tab. 38); je nach Pflanzenart wird die Bepflanzung nach 10–15 Jahren erneuert werden müssen.

Der hohe finanzielle und personelle Aufwand, der auch in der physiologisch falschen Baumpflanzung begründet ist, rechtfertigt den Einsatz dieser Hilfsmittel nur an stadtgestalterisch besonders wichtigen Stellen.

2.5 Artenwahl

Aus den oben ausgeführten Beschränkungen, Einschränkungen, Wünschen und Notwendigkeiten ergibt sich die Wahl der richtigen Baumart für den betreffenden

Zweck in der zu bepflanzenden Straße. Einzelheiten dazu sind im Kapitel E ausführlich dargestellt. Zu berücksichtigen bleiben die Wahl der erwünschten Kronenform sowie das Abschätzen der endgültigen Kronengröße unter den vorgegebenen Bedingungen (Abb. 101).

Je nach Klima, Boden, Verkehrsdichte, baulicher Dichte, Luftverschmutzung usw. sind in den Grünflächen- bzw. Garten- und Friedhofsämtern der deutschen Städte die unterschiedlichsten Erfahrungen gemacht worden; Rundfragen in den Städten haben gezeigt, daß nur bei wenigen Baumarten völlige Übereinstimmung der Antworten über die Verwendbarkeit als Straßenbaum in Städten vorliegt (RUGE 1975).

Die Ständige Konferenz der Gartenbauamtsleiter beim Deutschen Städtetag hat daher am 16. 9. 1975 eine Arbeitsgruppe unter der Federführung des Verfassers beauftragt, die Baumarten zusammenzustellen, die für die Bepflanzung von Straßen und Plätzen im städtischen Bereich geeignet sind (s. Tab. 38, S. 252–265). Die Liste erhebt keinen Anspruch auf Vollständigkeit; selbstverständlich können in Einzelfällen andere Arten oder Unterformen der Arten verwendet oder empfohlene Arten nicht verwendet werden. Die örtlichen Erkenntnisse sind in jedem Fall zu berücksichtigen, sie konnten bei der erforderlichen Verallgemeinerung der Angaben in der Liste keinen Niederschlag finden. Die Liste wird regelmäßig überarbeitet, Neufassungen werden in den Fachzeitschriften veröffentlicht.

Abb. 101. Platanen in „Mini-Baumscheiben“ in einer Fußgängerzone. Um den städtebaulichen Maßstab zu erhalten, wurden die Platanen auf eine waagerechte Form geschnitten. Jährlicher hoher Arbeitsaufwand ist die Folge. Richtige Artenwahl (z. B. *Acer platanoides* 'Globosum') hätte mit verantwortbarem Aufwand gestalterisch das gleiche Ergebnis gebracht.

2.6 Pflanzgröße und Pflanzenqualität

Die Pflanzgröße der in Stadtstraßen zu verwendenden Bäume darf sich nicht nur nach den Anschaffungskosten des Einzelbaumes richten; eines der Ziele der Bepflanzung ist ja auch, möglichst bald ein fertig eingegrüntes Straßenbild vorweisen zu können. Andererseits ist für starke Pflanzgrößen der Pflanzschock meistens so groß, daß es mehrere Jahre dauert, bis die Bäume wieder ein gesundes Wachstum zeigen; in dieser Zeit haben jüngere Bäume die stärkeren oft schon überholt. Tiefwurzler haben bei Pflanzung als junger Baum außerdem den Vorteil, daß sie ihr arteigenes Wurzelsystem besser ausbilden können, da sie während der Anzucht noch nicht so oft umgepflanzt wurden; denn beim Umpflanzen werden jedesmal die tief in den Boden gehenden Wurzeln abgestochen. Ein tiefreichendes Wurzelsystem ist aber eine gute Vorbeugung z. B. gegen Auftausalzschäden. Zu schwache Stämme werden sehr leicht von Jugendlichen abgebrochen; die Bäume sollen daher bei der Pflanzung so stark sein, daß sie nicht mehr ohne Schwierigkeiten abzubrechen sind; der geringere Preis für jüngere Ware bei mehrmaliger Pflanzung wegen derartiger Beschädigungen wird nämlich höher als bei der Verwendung etwas teurerer Ware. Kleinkronige Bäume sollten mit einem Stammumfang von 12–14 cm, möglichst 14–16 cm, gepflanzt werden, mittelhohe Baumarten sollten bei der Pflanzung einen Stammumfang von 16–18 cm, möglichst 18–20 cm, aufweisen, hochwerdende Baumarten sollten Stammumfänge von 18–20 cm, möglichst 20–25 cm, haben.

Abb. 102. Eine ca. 50 Jahre alte *Quercus coccinea,* die in etwa 1,70 m Höhe vermutlich auf *Quercus rubra* veredelt wurde und nur teilweise mit der Unterlage verwachsen ist. Etwa 20 solcher Bäume stehen in der gleichen Straße. Verf. versuchte daher, durch senkrechte Schnitte im Bereich der Veredlungsstelle im Abstand von 6–10 cm durch Kallusbildung eine bessere Verbindung der beiden Baumteile zu erreichen. 2 Jahre später wurde dazwischen je ein weiterer Schnitt angebracht. Im Laufe einiger Jahre kann so den Bäumen eine erhöhte Sicherheit gegen Abbrechen gegeben werden.

Tabelle 38. Für den städtischen Bereich, besonders im Straßenraum geeignete Baumarten und -sorten, Stand 1980

Lfd. Nr.	Botanischer und deutscher Name	Wuchshöhe, Breite, Kronenform, Lichtdurchlässigkeit[1]					Verwendbarkeit im städtischen Straßenraum[2]	Bemerkungen	in Deutschland noch nicht erprobt
		große Bäume		mittelgroße Bäume		kleine Bäume			
		Höhe: > 20 m		Höhe: 10 – 20 m		Höhe: < 10 m			
		Breite: > 10 m	Breite: < 10 m	Breite: > 10 m	Breite: < 10 m	Breite: < 10 m			
1	*Acer campestre* Feldahorn			m			nicht geeignet, jedoch verwendbar für Kübel und Container	Pflanzungen m. B., nicht in befestigten Flächen verwenden	
2	*Acer platanoides* Spitzahorn	g					geeignet	Honigtauabsonderung, empfindlich gegen Bodenverdichtung, blüht früh, anfällig für starken Rotpustelbefall	
3	*Acer platanoides* 'Emerald Queen'				g		geeignet	wie Nr. 2, jedoch schmalkroniger	+
4	*Acer planatoides* 'Globosum' Kugelspitzahorn					g	geeignet, auch für Kübel und Container	Lichtraumprofil beachten	
5	*Acer pseudoplatanus* Bergahorn	g					geeignet	gebietsweise nicht geeignet, sonst wie Nr. 2, blüht später	
6	*Acer pseudoplatanus* 'Nachtegaalplein' (= Erectum')		g				geeignet	wie Nr. 5, jedoch schmalkroniger	
7	*Acer pseudoplatanus* 'Negenia'		g				bedingt geeignet	wie Nr. 4, jedoch sehr schmalkronig, regional stark anfällig für Rotpusteln	+

8	*Acer pseudoplatanus* 'Rotterdam'		g				bedingt geeignet	wie Nr. 6, Krone dichtastig, stumpfkegelig, keine Leittriebsausbildung	
9	*Acer saccharinum* Silberahorn	s					nicht geeignet	windbrüchig, kurzlebig	
10	*Acer saccharum* Zuckerahorn		g				geeignet	in N-Amerika guter Straßenbaum, windfest, gleichmäßige Krone, wird leicht mit *A. saccharinum* verwechselt	+
11	*Acer saccharum* 'Slavin's Upright'		g				geeignet	wie Nr. 10	+
12	*Acer saccharum* 'Temple's Upright'		g				bedingt geeignet	breitwüchsig, ohne Mitteltrieb, in USA als „*A. saccharinum monumentale*" im Handel	+
13	*Aesculus carnea* Rotblühende Kastanie			g			bedingt geeignet	verhältnismäßig strahlungsfest, wenig Früchte, nicht in befestigten Flächen verwenden oder große Baumscheiben vorsehen, keine Unterpflanzung	
14	*Aesculus carnea* 'Briotii'			g			bedingt geeignet	wie Nr. 13	
15	*Aesculus hippocastanum* Roßkastanie	g					nicht geeignet	strahlungs- und hitzeempfindlich, Fruchtfall, empfindlich gegen Bodenverdichtung und Salz, keine Unterpflanzung	
16	*Aesculus hippocast.* 'Baumannii' Gefülltblühende Roßkastanie	g					bedingt geeignet	wie Nr. 13, jedoch keine Früchte	

Fortsetzung nächste Seite

Tabelle 38. Für den städtischen Bereich, besonders im Straßenraum geeignete Baumarten und -sorten, Stand 1980 (Fortsetzung)

Lfd. Nr.	Botanischer und deutscher Name	Wuchshöhe, Breite, Kronenform, Lichtdurchlässigkeit[1]					Verwendbarkeit im städtischen Straßenraum[2]	Bemerkungen	in Deutschland noch nicht erprobt
		große Bäume		mittelgroße Bäume		kleine Bäume			
		Höhe: > 20 m		Höhe: 10 – 20 m		Höhe: < 10 m			
		Breite: > 10 m	Breite: < 10 m	Breite: > 10 m	Breite: < 10 m	Breite: < 10 m			
17	*Ailanthus altisssima* Götterbaum	m					geeignet	gebietsweise gute Erfolge, anspruchslos, etwas windbrüchig, gerader Leittrieb wichtig	
18	*Alnus cordata* Italienische Erle				m		geeignet	gebietsweise gute Erfolge, Pflanzung m. B.	
19	*Alnus glutinosa* Schwarzerle		m				nicht geeignet	feuchte, offene Böden fordernd, kurzlebig	
20	*Alnus incana* Grau-, Weißerle				m		nicht geeignet	gebietsweise bewährt, Flachwurzler, Wurzelausläufer	
21	*Betula pendula* Sandbirke				s		bedingt geeignet	strahlungs- und hitzeempfindlich, kurzlebig, hoher Lichtanspruch, Flachwurzler, Pflanzung m. B., nicht in befestigten Flächen verwenden	
22	*Betula papyrifera* Papierbirke				s		bedingt geeignet	straffer im Wuchs als Nr. 21, etwas strahlungsfester, sonst wie Nr. 21	
23	*Carpinus betulus* Hainbuche				m		bedingt geeignet, jedoch verwendbar für Kübel und Container	strahlungs- u. hitzeempfindlich, nicht in befestigten Flächen verwendbar, Nährstoffansprüche beachten, Krone wird schmaler bei knappem Wurzelraum, Pflanzung m. B.	

24	*Carpinus betulus* 'Fastigiata' Paramiden-Hainbuche				g		geeignet, auch für Kübel und Container	säulen- bis kegelförmige Krone, hitze- und strahlungsempfindlich, Pflanzung m. B.	
25	*Celtis australis* Zürgelbaum			m			bedingt geeignet	Stammbildung besser als Nr. 26, frostempfindlich, gerader Leittrieb wichtig, Pflanzung m. B.	
26	*Celtis occidentalis* Zürgelbaum	m					bedingt geeignet	Stamm- und Kronenbildung schwierig, bei Anzucht stäben, trockenresistent, widerstandsfähig gegen Krankheiten, Pflanzung m. B.	+
27	*Corylus colurna* Baumhasel				m		gut geeignet	Anwuchsschwierigkeiten, daher Pflanzung m. B., eßbare Früchte werden abgeschlagen (Unfallgefahr)	
28	*Crataegus crus-galli* Hahnendorn					m	geeignet, auch für Kübel und Container	gebietsweise, besonders im Weinbaugebiet, schädlingsanfällig (im Bereich des Auftretens der San-Jose-Schildlaus), besonders lange Dornen, Lichtraumprofil beachten	
29	*Crataegus laevigata* 'Paulii' *(= monogyna kermesina-plena)* Rotdorn					s	bedingt geeignet, jedoch verwendbar für Kübel und Container	wie Nr. 28, wegen Gefahr von Feuerbrand z. Zt. Anbauverbot, resistente Formen selektieren, Windwurfgefahr	
30	*Crataegus x lavallei (= carrierel)*					m	geeignet, auch für Kübel und Container	wie Nr. 28	
31	*Fagus sylvatica* Rotbuche	g					nicht geeignet	Flachwurzler, hitze- und strahlungsempfindlich, empfindlich gegen Bodenverdichtung, Nährstoffansprüche beachten, Pflanzung m. B.	

Fortsetzung nächste Seite

Tabelle 38. Für den städtischen Bereich, besonders im Straßenraum geeignete Baumarten und -sorten, Stand 1980 (Fortsetzung)

Lfd. Nr.	Botanischer und deutscher Name	Wuchshöhe, Breite, Kronenform, Lichtdurchlässigkeit[1)]					Verwendbarkeit im städtischen Straßenraum[2)]	Bemerkungen	in Deutschland noch nicht erprobt
		große Bäume		mittelgroße Bäume		kleine Bäume			
		Höhe: > 20 m		Höhe: 10 – 20 m		Höhe: < 10 m			
		Breite: > 10 m	Breite: < 10 m	Breite: > 10 m	Breite: < 10 m	Breite: < 10 m			
32	*Fraxinus exelsior* Gemeine Esche	s					geeignet	gebietsweise gute Erfolge, Wurzel des Baumes muß Wasser oder Bodenkalk erreichen können	
33	*Fraxinus excelsior* 'Diversifolia Den Bosch'				s		geeignet	wie Nr. 32	+
34	*Fraxinus exelsior* 'Eureka'	s					bedingt geeignet	weiches Holz, sonst wie Nr. 32	+
35	*Fraxinus exelsior* 'Hessei' Einblattesche				s		bedingt geeignet	weiches Holz, sonst wie Nr. 32	
36	*Fraxinus exelsior* 'Gees Ink'				s		bedingt geeignet	schmalste Form, sonst wie Nr. 32	+
37	*Fraxinus exelsior* 'Westhof's Glorie'				s		geeignet	wie Nr. 34	
38	*Fraxinus ornus* Blumenesche					m	geeignet, auch für Kübel und Container	gebietsweise gute Erfolge, nicht in befestigten Flächen verwenden, Lichtraumprofil beachten	

39	*Ginkgo biloba* Fächerbaum		m				gut geeignet	besonders hitze-, strahlungs- und krankheitsresistent, jedoch hoher Lichtanspruch, nur männliche Pflanzen verwenden, Anwuchsschwierigkeiten, daher Pflanzung m. B.	
40	*Ginkgo biloba* 'Fastigiata'			m			gut geeignet	wie Nr. 39	+
41	*Gleditsia triacanthos* Falscher Christusdorn	s					geeignet	anspruchslos, strahlungsfest, trockenresistent, Dornen auch am Stamm jüngerer Bäume, Anwuchsschwierigkeiten, daher Pflanzung m. B., jedoch Mastwuchs und Windbruchgefährdung auf nährstoffreichen Standorten, daher ggf. mit Sand abmagern	
42	*Gleditsia triacanthos inermis*	s					geeignet	wie Nr. 41, jedoch dornenfrei, als junger Baum frostempfindlich	+
43	*Gleditsia triacanthos* 'Skyline'				s		gut geeignet	schmalkronig, in USA gut bewährte Selektion	+
44	*Liriodendron tulipifera* Tulpenbaum	g					bedingt geeignet	verlangt tiefgründigen, nährstoffreichen Boden, raschwüchsig, Pflanzung im Frühjahr, m. B., sonst leicht Wurzelfäule	
45	*Liriodendron tulpifera* 'Fastigiatum'		g				bedingt geeignet	wie Nr. 44, jedoch schmalkronig	+
46	*Liquidambar styraciflua* Amberbaum	m					bedingt geeignet	möglichst auf frischen Böden, sonst anspruchslos, schöne Herbstfärbung, erste Versuche als Straßenbaum erfolgversprechend	

Fortsetzung nächste Seite

Tabelle 38. Für den städtischen Bereich, besonders im Straßenraum geeignete Baumarten und -sorten, Stand 1980 (Fortsetzung)

Lfd. Nr.	Botanischer und deutscher Name	Wuchshöhe, Breite, Kronenform, Lichtdurchlässigkeit[1]					Verwendbarkeit im städtischen Straßenraum[2]	Bemerkungen	in Deutschland noch nicht erprobt
		große Bäume		mittelgroße Bäume		kleine Bäume			
		Höhe: > 20 m		Höhe: 10 – 20 m		Höhe: < 10 m			
		Breite: > 10 m	Breite: < 10 m	Breite: > 10 m	Breite: < 10 m	Breite: < 10 m			
47	*Liquidambar styraciflua* 'Burgundi'	m					bedingt geeignet	Austrieb früher als Nr. 46, Herbstfärbung später, sonst wie Nr. 46	+
48	*Liquidambar styraciflua* 'Festival'		m				bedingt geeignet	Wuchs besonders aufrecht, Herbstfärbung besonders hell, sonst wie Nr. 46	
49	*Liquidambar styraciflua* 'Palo Alto'		m				bedingt geeignet	Herbstfärbung orangerot, alle Blätter gleichzeitig, sonst wie Nr. 46	+
50	*Platanus x acerifolia (= P. x hybrida)* Platane	g					gut geeignet	strahlungsfest, raschwüchsig, wegen Platanenkrebs auch Schnittwunden behandeln, besonders breite Krone	
51	*Platanus x acerifolia* 'Dortmund'		g				bedingt geeignet	schmalkronigste Form, Blätter erheblich größer als bei Nr. 50, daher Windbruchgefahr, sonst wie Nr. 50	
52	*Platanus x acerifolia* 'Pyramidalis'		g				gut geeignet	Krone schmaler, sonst wie Nr. 50	+
53	*Populus alba 'Nivea'* Silberpappel	m					bedingt geeignet	trockenresistent, Wurzelausläufer besonders breite Krone	

54	*Populus x berolinensis* Berliner Lorbeer-pyramidenpappel	m					bedingt geeignet	Wurzelausläufer	
55	*Populus x canescens* Graupappel	m					nicht geeignet	verlangt feuchten, tiefgründigen Boden, besonders breite Krone, kurzlebig, Wurzelausläufer	
56	*Populus simonii* Birkenpappel				m		bedingt geeignet	sehr schnellwüchsig, treibt früh aus, altert schnell, verträgt keine hohen Kältegrade	
57	*Populus tremula* Zitterpappel, Espe		s				nicht geeignet	bodenvag, Wurzelausläufer, Selektionen ohne Wurzelbrut und mit geraden Schäften erforderlich	
58	*Prunus avium* Vogelkirsche			g			nicht geeignet	kalkhaltiger Boden erforderlich, Gefahr von „Gummifluß", Fruchtfall	
59	*Prunus avium* 'Plena' Gefülltblühende Vogelkirsche				g		bedingt geeignet	kalkhaltiger Boden erforderlich, Gefahr von „Gummifluß" und vorzeitiger Alterung, keine Früchte	
60	*Prunus spec.* Japanische Kirschen in Arten und Sorten						bedingt geeignet, jedoch verwendbar für Kübel und Container	offener Boden Bedingung, Gefahr von „Gummifluß" und vorzeitiger Alterung	
61	*Pterocarya fraxinifolia* Flügelnuß			g			nicht geeignet	mehrstämmig, von unten an sehr breit wachsend, ausläuferbildend	
62	*Pterocarya rhoifolia*	g					bedingt geeignet	einstämmig, bildet keine Ausläufer, sonst wie Nr. 61	+
63	*Quercus cerris* Zerreiche	m					nicht geeignet	in trockenen, kalkreichen Lagen bedingt geeignet, Pflanzung m. B.	

Fortsetzung nächste Seite

Tabelle 38. Für den städtischen Bereich, besonders im Straßenraum geeignete Baumarten und -sorten, Stand 1980 (Fortsetzung)

Lfd. Nr.	Botanischer und deutscher Name	Wuchshöhe, Breite, Kronenform, Lichtdurchlässigkeit[1]					Verwendbarkeit im städtischen Straßenraum[2]	Bemerkungen	in Deutschland noch nicht erprobt
		große Bäume		mittelgroße Bäume		kleine Bäume			
		Höhe: > 20 m		Höhe: 10 – 20 m		Höhe: < 10 m			
		Breite: > 10 m	Breite: < 10 m	Breite: > 10 m	Breite: < 10 m	Breite: < 10 m			
64	*Quercus coccinea* Scharlacheiche	g					bedingt geeignet	verlangt tiefgründige feuchte oder kalkhaltige Böden, Pflanzung m. B.	
65	*Quercus palustris* Sumpfeiche	m					geeignet	auch auf etwas trockenen Böden gedeihend, sehr gerad-schäftig, Pflanzung m. B.	
66	*Quercus petraea* Traubeneiche	s					geeignet	gebietsweise gute Erfolge, verlangt wärmeres Klima als Nr. 67, Pflanzung m. B.	
67	*Quercus robur* Stieleiche	s					gut geeignet	Pflanzung m. B., gerader Leittrieb wichtig	
68	*Quercus robur* 'Fastigiata' Säuleneiche				m		geeignet	Wuchs kegelförmig, durch Aussaat oft nicht typisch, Pflanzung m. B.	
69	*Quercus rubra* Amerikanische Roteiche	g					bedingt geeignet	anspruchsloser als Nr. 67, großes Laub wird bei Feuchtigkeit im Herbst glitschig auf Straßen, wächst schwer an, Pflanzung m. B., schmale Formen selektieren	
70	*Robinia pseudoacacia* Robinie	s					bedingt geeignet	anspruchslos, strahlungsfest, Wurzelausläufer, treibt spät aus, im Alter Windbruchgefahr	

71	*Robinia pseudoacacia* 'Bessoniana'		s				gut geeignet	Mastwuchs auf nährstoffreichem Standort, daher ggf. mit Sand abmagern, auf armen Böden schmalkronig	
72	*Robinia pseudoacacia* 'Decaisneana' (= *Rob. ambigua)*				s		gut geeignet	Krone oval, Dornen klein oder fehlend, sonst wie Nr. 71	+
73	*Robinia pseudoacacia* 'Inermis'			s			gut geeignet	Dornen klein oder fehlend, sonst wie Nr. 71	
74	*Robinia pseudoacacia* 'Monophylla'				s		gut geeignet	wie Nr. 71, gerader Leittrieb wichtig	
75	*Robinia pseudoacacia* 'Monophylla Fastigiata'				s		gut geeignet	wie Nr. 71, jedoch besonders schmale Form	+
76	*Robinia pseudoacacia* 'Pyramidalis'		s				bedingt geeignet	wie Nr. 70, jedoch Wuchs säulenförmig, durch schwache Stammbildung sehr windbrüchig, kaum Dornen	
77	*Robinia pseudoacacia* 'Sandraudiga'				s		geeignet	geradschäftig, windfest, rosa Blüten, sonst wie Nr. 71	+
78	*Robinia pseudoacacia* 'Stricta'		s				geeignet	wie Nr. 70, jedoch etwas breiter als Nr. 76	+
79	*Robinia pseudoacacia* 'Umbraculifera' Echte Kugelakazie					m	geeignet, besonders für Kübel und Container	kleinste Form, Nr. 73 wird häufig hiermit verwechselt, Lichtraumprofil beachten, gebietsweise anfällig für Rotpusteln	
80	*Salix alba* Weißweide Silberweide	m					nicht geeignet	nur auf feuchten Böden	
81	*Salix alba* 'Liempde	m					nicht geeignet	wie Nr. 80	

Fortsetzung nächste Seite

Tabelle 38. Für den städtischen Bereich , besonders im Straßenraum, geeignete Baumarten und -sorten, Stand 1980 (Fortsetzung)

Lfd. Nr.	Botanischer und deutscher Name	Wuchshöhe, Breite, Kronenform, Lichtdurchlässigkeit[1]					Verwendbarkeit im städtischen Straßenraum[2]	Bemerkungen	in Deutschland noch nicht erprobt
		große Bäume		mittelgroße Bäume		kleine Bäume			
		Höhe: > 20 m		Höhe: 10 – 20 m		Höhe: < 10 m			
		Breite: > 10 m	Breite: < 10 m	Breite: > 10 m	Breite: < 10 m	Breite: < 10 m			
82	*Sophora japonica*	m					gut geeignet	als junger Baum und gebietsweise frostempfindlich, gerader Leittrieb nur schwer erziehbar, Selektionen erforderlich	
83	*Sophora japonica* 'Regent'	m					gut geeignet	in USA verbreitete Selektion mit besserer Stammbildung	+
84	*Sorbus americana*					m	nicht geeignet, jedoch verwendbar für Kübel und Container	Fruchtfall, langsamwüchsig, kurzlebig, gebietsweise schädlingsanfällig, Lichtraumprofil beachten	
85	Sorbus aria Mehlbeere					m	nicht geeignet	Fruchtfall, etwas unempfindlicher als Nr. 84	
86	*Sorbus aria* 'Magnifica'					m	bedingt geeignet, jedoch verwendbar für Kübel und Container	Fruchtfall, Wuchs schmaler als Nr. 85, gebietsweise schädlingsanfällig, Lichtraumprofil beachten	
87	*Sorbus aria* 'Majestica'				m		bedingt geeignet, jedoch verwendbar für Kübel und Container	Fruchtfall, Früchte und Blätter größer als bei Nr. 86, gebietsweise schädlingsanfällig, Lichtraumprofil beachten	

88	*Sorbus aucuparia* Eberesche Vogelbeere				s	s	nicht geeignet	Fruchtfall, hitze- und strahlungsempfindlich, nicht in befestigten Flächen verwendbar	
89	*Sorbus aucuparia var. edulis* Eßbare Mährische Eberesche				s	s	nicht geeignet	wie Nr. 88	
90	*Sorbus decora*					s	geeignet, besonders für Kübel und Container	Fruchtfall, gebietsweise schädlingsanfällig, Lichtraumprofil beachten	
91	*Sorbus intermedia* Oxelbeere, Schwedische Mehlbeere				g	g	geeignet, auch für Kübel und Container	gebietsweise Windwurfgefahr, sonst wie Nr. 90	
92	*Sorbus intermedia* 'Brouwers'					g	geeignet, auch für Kübel und Container	gut beurteilte Neueinführung, geradtriebiger als Nr. 91, sonst wie Nr. 90	
93	*Sorbus latifolia*			g			geeignet	wie Nr. 90	+
94	*Sorbus vilmorinii*					s	nicht geeignet, jedoch verwendbar für Kübel und Container	wie Nr. 90	
95	*Sorbus x thringiaca 'Fastigiata'*				s		bedingt geeignet	wie Nr. 90	
96	*Tilia americana* 'Dentata' amerikanische Linde	g					bedingt geeignet	Honigtauabsonderung, verlangt frische Böden, sonst schädlingsanfällig	
97	*Tilia americana* 'Fastigiata'		g				bedingt geeignet	wie Nr. 96, jedoch schmale Kegelform	

Fortsetzung nächste Seite

Tabelle 38. Für den städtischen Bereich , besonders im Straßenraum, geeignete Baumarten und -sorten, Stand 1980 (Fortsetzung)

Lfd. Nr.	Botanischer und deutscher Name	Wuchshöhe, Breite, Kronenform, Lichtdurchlässigkeit[1]					Verwendbarkeit im städtischen Straßenraum[2]	Bemerkungen	in Deutschland noch nicht erprobt
		große Bäume		mittelgroße Bäume		kleine Bäume			
		Höhe: > 20 m		Höhe: 10 – 20 m		Höhe: < 10 m			
		Breite: > 10 m	Breite: < 10 m	Breite: > 10 m	Breite: < 10 m	Breite: < 10 m			
98	*Tilia cordata* Winterlinde	g					nicht geeignet	verlangt frische, offene Böden, Honigtauabsonderung, anfällig für Rotpustelbefall	
99	*Tilia cordata* 'Glenleven'		g				geeignet	raschwüchsig, geradschäftig aus der Terminale, kleinblättrig, sonst wie Nr. 98	+
100	*Tilia cordata* 'Greenspire'		g				geeignet	wie Nr. 99, jedoch Blätter schmaler	+
101	*Tilia x euchlora* Krimlinde				g		bedingt geeignet	Honigtauabsonderung, vergreist früh, stark hängende Äste (Lichtraumprofil), nicht in befestigten Flächen verwendbar	
102	*Tilia hybrida* 'Sheridan'	g					geeignet	dunkelgrüne Belaubung, Krone pyramidal, gerade Stammbildung, anfällig für Rotpustelbefall	+
103	*Tilia tomentosa* Silberlinde	g					geeignet	braucht viel Platz, bildet Quirle, gebietsweise bedingt geeignet	

104	*Tilia tomentosa* 'Argentea'	g					geeignet	wie Nr. 103, jedoch ohne Quirle, bessere Leittrieb-bildung	+
105	*Tilia vulgaris* *(= eurapaea,* *= intermedia)* Holländische Linde	g					bedingt geeignet	verlangt frische Böden, *sonst wie Nr. 98*	
106	*Tilia vulgaris* 'Pallida' Kaiserlinde	g					gut geeignet	früher Austrieb, lange haltende Belaubung	
107	*Ulmus glabra* Bergulme	m					nicht geeignet	auch in Grünflächen wegen Ulmenkrankheit nur einzeln oder in kleinen Gruppen verwendbar	
108	*Ulmus x hollandica* 'Commelin'	m					bedingt geeignet	frische Böden verlangend, gegen Ulmenkrankheit nicht resistent	
109	*Ulmus x hollandica* 'Groenveld'				m		bedingt geeignet	wie Nr. 108	
110	*Ulmus laevis* Flatterulme	m					bedingt geeignet	soll auf feuchten Standorten resistent gegen Ulmenkrank-heit sein, Äste hängend (Lichtraumprofil)	+
111	*Ulmus pumila var. arborea* Turkestanische Ulme					m	geeignet, auch für Kübel und Container	resistent gegen Ulmen-krankheit, Lichtraumprofil beachten	+

[1]) Lichtdurchlässigkeit
s = stark lichtdurchlässig
m = mäßig lichtdurchlässig
g = gering lichtdurchlässig

[2]) Verwendbarkeit im Straßenraum
gut geeignet = fast ohne Einschränkung möglich
geeignet = nur wenigen Einschränkungen (Klima, Immissionen usw.) unterworfen
bedingt geeignet = in vielen Gebieten stark eingeschränkt (Schädlingsanfälligkeit, Windwurf-gefährdung, schwaches Wachstum, zu flaches Wurzelsystem usw.)
nicht geeignet = nur ausnahmsweise möglich

Beim Einkauf der Bäume sind die DIN 18916 und die Gütebestimmungen des Bundes deutscher Baumschulen (BdB) zu beachten. Ein wichtiges Kriterium ist die Anzucht gerader Stämme mit Leittrieb der Krone ohne Zwillenbildung; Ausnahmen sind Baumarten mit Kugelkronen oder Hängeformen. Es empfiehlt sich immer, Hochstämme nicht nur nach schriftlichen Angeboten der Baumschulen einzukaufen, sondern sie in den Baumschulen auszusuchen.

Manche Baumarten und -sorten können nur als Veredlung verwendet werden. Arten mit kugelförmiger Krone werden i. a. in entsprechender Höhe veredelt. Stammbildende Arten und Sorten müssen am Fuß veredelt sein, da sonst später Bruchgefahr besteht (Abb. 102); ausländische Ware ist häufig fehlerhaft in Höhen von ca. 1,50 m veredelt.

Bei einigen Baumarten ist ein guter Anwuchserfolg nur garantiert, wenn die Bäume mit Ballen geliefert und gepflanzt werden. Diese Arten werden von Qualitätsbaumschulen üblicherweise nur mit Ballen geliefert. Einige weitere Arten jedoch, z. B. *Corylus colurna,* werden oft ohne Ballen geliefert und versandt, obwohl sie sehr schwer anwachsen. Die Verwendung von Ballenware erhöht den Erfolg beträchtlich.

Sophora japonica friert in jungen Jahren leicht zurück, die Art sollte daher nur in Größen gepflanzt werden, in der die Frostempfindlichkeit fast überwunden ist, mindestens mit 14–16 cm Stammumfang und nur mit Ballen.

In folgenden weiteren Fällen ist die Pflanzung der Bäume mit Erdballen zu empfehlen, auch bei Verwendung von Arten, die normalerweise ohne Ballen gepflanzt werden:

a) wenn es sich um schwierige Standorte handelt,
b) wenn die Pflanzung sehr spät im Frühjahr erfolgt, die Pflanzen schon ausgetrieben haben und starkes Zurückschneiden des Pflanzgutes nicht erwünscht ist.

Die Beurteilung der Qualität von Bäumen bei Bezug aus der Baumschule darf sich nicht nur nach dem äußeren Erscheinungsbild (gerader Stamm, Leittrieb) richten; auch Größe der Wurzel und Anteil an Faserwurzeln sind wichtige Qualitätsmerkmale. Das in manchen Betrieben übliche „Unterschneiden“ von Jungpflanzen mit dem Pflug ist einem Verpflanzen nicht gleichzusetzen. Die Ausbildung der Wurzeln ist in diesen Fällen nicht so gut wie bei verpflanzten Bäumen. Ausbildung von Krone und Wurzel sind u. a. auch vom Wuchsraum, der den Bäumen in der Baumschule zur Verfügung steht, abhängig. Bei Ballenpflanzen ist darauf zu achten, daß die Ballen der Art und Größe des Baumes entsprechend genügend groß, gut durchwurzelt und fest sind.

3 Pflanzung

3.1 Lieferung und Transport

Das Pflanzgut sollte erst unmittelbar vor Beginn der Pflanzung gerodet und angeliefert werden. Leider ist das in den meisten Fällen nicht möglich. Ist eine gewisse Vorratshaltung unumgänglich, so sind die Pflanzen im Einschlag oder

Kühlhaus zu lagern. Kurzfristige Lagerung im Kühlhaus ist dem Einschlag vorzuziehen. Viele Grünflächenämter sind jedoch dazu übergegangen, den gesamten Bedarf einer Pflanzperiode auf einmal zu beschaffen und eine Vorratshaltung auf eigenem Einschlagplatz durchzuführen.

Um den Verkehr mit den Baumschulen zu erleichtern, ist zu empfehlen, auf Bestellungen, Lieferscheinen und Rechnungen die jeweils gültigen botanischen Bezeichnungen zu verwenden, Synonyme sollten vermieden werden.

Jede Pflanzenart muß in allen gelieferten Größen ein gut lesbares Etikett tragen, aus dem alle nötigen Angaben zuverlässig hervorgehen. Neben der botanischen ist in jedem Fall auch die deutsche Bezeichnung anzugeben. Diese Maßnahmen sind erforderlich, da die Grünflächenämter und die Betriebe des Garten- und Landschaftsbaues für die erforderlichen Arbeiten häufig nur angelernte Kräfte einsetzen können.

Der Bezug von Gehölzen sollte nur aus anerkannten Qualitätsbaumschulen erfolgen; es muß jedoch klargestellt werden, daß nicht jede anerkannte Qualitätsbaumschule gute Qualitäten auch von Stammbüschen und Hochstämmen erzeugen kann. Hier darf der Hinweis wiederholt werden, die Baumschulen zum Einkauf der Bäume aufzusuchen. Die Begleitpapiere der Lieferungen müssen mit dem Gütezeichen der zuständigen Baumschulverbände versehen sein.

Die Baumschule übernimmt die Garantie für eine einwandfreie Qualität und Sortenechtheit der Gehölze. Erkennbare Mängel müssen unmittelbar nach Empfang der Ware beanstandet werden. Für das Anwachsen der übernommenen Gehölze wird von der Baumschule keine Garantie geleistet ohne zusätzliche Berechnung.

Ist das Angebot knapp, bieten die Baumschulen Ersatzlieferungen in Art und Größe an. In die Leistungsverzeichnisse sollte daher aufgenommen werden, daß Ersatzlieferungen nur als Nebenangebot auf besonderem Blatt zulässig sind.

Auf dem Transport von der Baumschule zum Abnehmer sind die Pflanzen durch Austrocknung gefährdet. Transporte auf offenen Wagen sind nicht zulässig; geeignet sind geschlossene Lastwagen, Lastzüge und Eisenbahnwaggons. Auch beim Transport auf Kurzstrecken müssen die Gehölze auf offenen Wagen mit einer Plane abgedeckt werden.

Bei Frostwetter dürfen Gehölze nicht transportiert werden; ausgenommen sind Ballenpflanzen. Besteht für die Transportzeit Frostgefahr, müssen für ballenlose Pflanzen ausreichende Schutzmaßnahmen vorgesehen werden.

Gelegentlich ist es unvermeidbar, daß die Gehölze in gefrorenem Zustand beim Besteller ankommen. Sie müssen besonders sorgsam behandelt werden, das Auftauen muß so langsam wie möglich vor sich gehen. Schnelles Auftauen zerstört die Zellgewebe und vernichtet dadurch die Gehölze. Kommen verpackte Gehölze in durchgefrorenem Zustand an, so müssen sie in der Verpackung an einen frostfreien, aber kühlen Ort gebracht werden; sie werden nicht ausgepackt, sondern mit Heu oder Stroh zusätzlich abgedeckt und so langsam aufgetaut.

Sind unverpackte Gehölze eingefroren, so schützt man sie gegen Sonnenstrahlen und weiteren Frost. Die Gehölze werden in einem frostfreien Raum gestapelt und abgedeckt. Nachdem sie langsam aufgetaut wurden, sind sie bei frostfreiem Wetter und Boden einzeln einzuschlagen.

3.2 Prüfung und Abnahme der Gehölze

Die Prüfung und Abnahme der Gehölze erfolgt zweckmäßig beim Ausladen und ist durch Fachleute vorzunehmen. Bei den jungen Bäumen ist dabei besonders auf frische Schäden am Stamm und in der Krone zu achten, die beim Transport entstanden sind; Schäden in der Krone sind häufig durch das erforderliche Auslichten beim Pflanzen ausreichend zu beseitigen, wenn es sich nicht um den Leittrieb handelt. Außerdem ist auf alte Schäden am Stamm zu achten, in die häufig bereits Pilze eingedrungen sind; diese werden erkennbar an den roten Pusteln auf der Rinde und ggf. auf dem Holz; es handelt sich um die Rotpustelkrankheit, verursacht durch den Pilz *Nectria cinnabarina.* Wenn bereits mehr als etwa 30% des Stammumfanges befallen sind, ist die Ware zurückzuweisen. Bei geringerem Befall lohnt sich eine Behandlung nur mit Fungiziden, besser durch Ausschneiden der befallenen Stellen, Behandeln des freigelegten Holzes mit Fungiziden und Schließen der Wunde mit einem Wundverschlußmittel.

Je nach Lieferungsbedingungen der Baumschule bzw. Liefervertrag sind Beanstandungen der Baumschule unverzüglich mitzuteilen und entsprechender Ersatz zu fordern.

3.3 Das Pflanzen

3.3.1 Einschlag

Heister und Hochstämme ohne Ballen scheiden für eine provisorische Lagerung aus. Sie müssen sofort eingeschlagen werden, während Ballenpflanzen zwar für den Winter eingeschlagen werden müssen, für eine kurze Zeit im Herbst jedoch einfach dicht an dicht aufgestellt werden können. Der Einschlagplatz muß eine lockere Bodenstruktur haben, hochwasserfrei, nach Möglichkeit schattig und windgeschützt liegen.

Zum Einschlag werden die Gehölze dicht in einem ausreichend breiten Graben nebeneinander bis über den Wurzelhals schräg in die Erde gesetzt, dann wird lockere Erde zwischen die Wurzeln gefüllt und diese leicht angetreten. Bei starken Frösten ohne Schneedecke wird zusätzlich noch mit Stroh, Laub oder Nadelholzreisig abgedeckt. Stalldünger ist ungeeignet. Der Einschlag ist gegen Wildverbiß und Mäusefraß zu schützen.

3.3.2 Transport zur Pflanzstelle

Der Transport vom Einschlag zur Pflanzstelle gefährdet die Gehölze ebenso wie der Transport von der Baumschule zum Abnehmer. Es ist daher genauso sorgfältig darauf zu achten, daß die Wurzeln ballenloser Pflanzen mit Planen, feuchten Säcken oder Torfmull auf dem Transport abgedeckt werden, um sie vor Austrocknung durch Sonne und Wind zu schützen. Ballenpflanzen sind so zu transportieren, daß die Ballen nicht zerfallen.

3.3.3 Pflanzlöcher

Pflanzlöcher sind im allgemeinen so groß auszuheben, daß die Wurzeln bzw. die Ballen der Bäume in natürlicher Lage gut hineinpassen. Bei tieferen Pflanzlöchern ist der Oberboden gesondert zu lagern, so daß er beim Pflanzen in den Hauptwurzelbereich gebracht werden kann.

Da die Böden durch Bauarbeiten und intensive Nutzung in Stadtstraßen meistens stark verdichtet, sehr nährstoffarm und häufig von ungünstiger Konsistenz sind, müssen den Bäumen Anwuchshilfen gegeben werden. Dazu werden die Pflanzlöcher für Bäume in Stadtstraßen wesentlich größer ausgehoben, als es bei gesunden Böden erforderlich ist. Für Bäume mit einem Stammumfang ≧18 cm sollten die Pflanzlöcher 2 × 2 × 1 m groß sein; bei gesunden Böden genügt ggf. die Größe 1 × 1 × 0,60 m. Für Baumreihen haben sich, wenn Bodenverbesserung erforderlich ist, durchgehende Pflanzgräben bewährt.

Die Löcher können mit dem Spaten von Hand ausgehoben werden; um diese Arbeit zu erleichtern, kann man mit Pflanzlochbohrern den Boden vorher auflockern. Es ist auch möglich, die Pflanzlöcher durch Greifer herzustellen, wenn sichergestellt ist, daß keine Leitungen beschädigt werden. Hierfür ist in der letzten Zeit ein batteriebetriebener „Kabel- und Rohrleitung–Suchdetector“ entwickelt worden. Das Gerät ermöglicht ein sicheres Auffinden aller metallischen Kabel und Leitungen bis zu einer Tiefe von 6 m. Es hat etwa die Größe eines Kofferradios, ist fast ebenso leicht zu bedienen und kostet weniger als ein einziger Schaden z. B. an einem vielpaarigen Fernmeldekabel.

Es ist nicht zweckmäßig, die Ränder der Pflanzlöcher sauber und gerade abzustechen, wie es oft geschieht. Die Poren des anstehenden Bodens werden dabei „zugeschmiert“; dadurch verstärkt sich die „Blumentopfwirkung“ dieser Pflanzlöcher. Ein unregelmäßiger Rand ist für eine Verzahnung des Pflanzbodens mit dem anstehenden Substrat günstig; der Boden des Pflanzloches sollte deshalb ebenfalls aufgelockert werden.

3.3.4 Bodenverbesserung, Bodenaustausch

Um die Pufferung der überwiegend schlechten Böden in Stadtstraßen und das Nährstoffangebot für die jungen Bäume zu verbessern, ist in den meisten Fällen eine Verbesserung des Pflanzlochaushubes erforderlich (DIN 18915); doch muß darauf geachtet werden, daß das Nährstoffangebot für die jungen Bäume in den Pflanzlöchern nicht zu hoch wird, um sie nicht zu verwöhnen. Es empfiehlt sich deshalb, den Pflanzlochaushub zu 50% zu verwenden und mit 50% sehr humushaltigem Boden, am besten gut verrottetem Kompost, zu mischen und in das Pflanzloch einzufüllen. Die Zugabe von etwas organischem Handelsdünger (300–500 g/m^3) sowie das Bodenleben fördernden Mitteln (z. B. Alginure, Bycobact) ist angebracht.

Vielfach wird beim Bau neuer Straßen das gesamte Profil ausgeschoben und mit 50–80 cm Kies als Frostschutz aufgefüllt. Nach dem Einbau der Bordsteine wird häufig in den Pflanzflächen die Oberfläche auf 30 cm unter Fußwegoberkante hergestellt und mit Oberboden aufgefüllt. Diese dünne Oberbodenschicht mit darunter anstehenden völlig nährstofffreien Substraten reicht für die Bäume nicht aus. Es muß gefordert werden, daß nach dem Einbau der Bordsteine der Kies aus den Pflanzflächen völlig herausgenommen und diese Flächen mit leicht nährstoffhaltigem Füllboden bis 30 cm unter künftiger Oberkante aufgefüllt werden. Die letzten 30 cm sollen aus Oberboden bestehen. Von dieser Regelung sind selbstverständlich Gebiete auszunehmen, in denen Sandböden anstehen und die Wahl der zu pflanzenden Baumarten diese Bodenart berücksichtigt hat.

Ein völliger Bodenaustausch nur für das Pflanzloch führt zur „Blumentopfwirkung"; die Bäume können sich mit zunehmendem Wachstum nicht verankern und bilden eine zu kleine Wurzel aus. Nach der Durchwurzelung dieses „Blumentopfes" stockt oft auch das Kronenwachstum.

3.3.5 Pflanzzeit und Wetter

Winterkahle Laubgehölze, auch mit Ballen, werden in der Zeit der Wachstumsruhe, im allgemeinen von Anfang November bis Ende April, bei frostfreiem Wetter und Boden gepflanzt. Die Dauer der Pflanzzeit im Herbst hängt von der Witterung und den Bodenverhältnissen ab. Es besteht jedoch die Gefahr, daß die Wurzeln in dem zunächst noch lockeren Boden hochfrieren und dann vertrocknen. Alle Herbstpflanzungen sind daher im Frühjahr zu kontrollieren und die Bäume, soweit erforderlich, aufzurichten und der Boden festzutreten.

In Gebirgslagen sind Frühjahrspflanzungen vorzuziehen, weil dort Herbstpflanzungen von Schneedruck und Frosthebung mehr bedroht sind als im Flachland.

Die Frühjahrspflanzung gerät andererseits leicht in Zeitnot, da bei einem nassen oder späten Frühjahr die Pflanzarbeiten erst spät aufgenommen werden können und bei plötzlicher Frühlingswärme die Pflanzen schnell austreiben.

Für einige Baumarten ist die günstigste Pflanzzeit eingeschränkt; diese eingeschränkte Zeit sollte, wenn es organisatorisch einzurichten ist, eingehalten werden; z. B. haben Birken und Hainbuchen die besten Anwuchsergebnisse, wenn sie im Frühjahr mit schwellender Knospe, Eichen, wenn sie im Dezember oder Januar gerodet und sofort gepflanzt werden.

Frost- oder Schneewetter läßt keine Pflanzungen zu.

Trockenheit ist bei Pflanzung im Herbst wegen der meist folgenden Winterfeuchtigkeit weniger gefährlich als im Frühling. Trockener Frühjahrswind entzieht den lebenswichtigen Faserwurzeln die Feuchtigkeit. Man sollte daher bei scharfem Wind oder praller Mittagssonne die Pflanzarbeiten aussetzen und die Pause durch die notwendigen Vor- und Nacharbeiten überbrücken.

3.3.6 Wurzelschnitt

Die Wurzeln ballenloser Gehölze sind vor dem Pflanzen zu schneiden, die Schnittfläche soll nach unten weisen. Günstiger als der Schnitt mit der Schere ist der Schnitt mit einem scharfen Messer, da hierdurch Quetschungen der Zellen vermieden werden. Gebrochene und verletzte Wurzelteile sind zu entfernen; Faserwurzeln dürfen nicht abgeschnitten werden.

3.3.7 Tauchen der Wurzeln

Gehölze mit angefeuchteten Wurzeln wachsen besser an als solche mit trockenen Wurzeln. Empfehlenswert ist, die Wurzeln in eine Lösung zu tauchen, die das Feuchthalten verbessert, z. B. dünner Lehmbrei oder Alginatlösungen. Ggf. reicht jedoch auch das Eintauchen in Wasser aus. Nach dem Tauchen muß unverzüglich gepflanzt werden.

Ballenpflanzen dürfen nie mit trockenem Ballen gepflanzt werden, da die Aufnahme von Feuchtigkeit in den Ballen aus dem umgebenden Erdreich zu lange dauert; Erdballen sind daher anzufeuchten, Moorbodenballen sind so lange in Wasser zu stellen, bis sie sich vollgesaugt haben.

3.3.8 Pflanztiefe

Die Wurzeln sind in natürlicher Lage in der gleichen Tiefe, in der sie gestanden haben und die am Wurzelhals feststellbar ist, in das Pflanzloch zu bringen. Wegen der notwendigen Tiefe der Pflanzlöcher für Bäume in Stadtstraßen kann eine erhebliche Setzung des Bodens erfolgen, die zu berücksichtigen ist. Pappeln und Baumweiden sollten tiefer gepflanzt werden, als sie vorher gestanden haben. Für Bäume in befestigten Oberflächen wie Pflaster, Baumscheiben, Lochklinkern (s. 2.3.2) gilt selbstverständlich als Pflanztiefe die Oberfläche des Pflanzsubstrates und nicht die der darauf aufzubringenden Kiesfüllung.

3.3.9 Einpflanzen

Beim Einbringen in den Boden sollen die Gehölze frei im Pflanzloch gehalten werden, während das Pflanzloch mit lockerer Erde verfüllt und diese durch leichtes Schütteln der Pflanze zwischen die Wurzeln gebracht wird. Danach wird die Erde mit dem Fußballen gleichmäßig angetreten; Anstampfen mit dem Absatz ist nachteilig, weil dabei zu leicht Faserwurzeln abreißen.

Ballenpflanzen sind so tief in die Pflanzlöcher zu stellen, daß der Ballen nur dünn überdeckt wird. Ballentücher aus Kunststoff und Verdrahtungen sind aus dem Pflanzloch zu entfernen, weil die verwendeten Materialien zu langsam oder gar nicht verrotten und dadurch das Wurzel- und Stammwachstum beeinträchtigt würde; die Wurzeln wachsen zwar zunächst durch das Ballentuch durch, werden mit zunehmendem Dickenwachstum aber von ihm eingeschnürt und sterben später ab. Ballentücher aus Jute verbleiben um den Ballen, sie müssen aber am Wurzelhals aufgeknotet und flach im Pflanzloch ausgebreitet werden. Das seit Herbst 1977 lieferbare neuentwickelte Balliertuch „Konitex“ und andere Fabrikate verbinden die Vorteile von Balledur und Jute; sie können ebenfalls im Pflanzloch verbleiben. Leichte Drahtkörbe aus schnellrostendem Metall können ebenfalls im Pflanzloch um den Ballen verbleiben. Angaben über die verwendeten Materialien sind vom Lieferanten unbedingt zu verlangen.

3.3.10 Wässern

Bei längerer Trockenheit ist es auch bei Herbstpflanzung zweckmäßig, die Bäume nach dem Pflanzen zu wässern; im Frühjahr sollte grundsätzlich gewässert werden. Bei anhaltender Trockenheit muß die Wässerung wiederholt werden. Dazu werden die Baumscheiben am Rande angehäufelt, um das Abfließen des Wassers zu verhindern, sofern nicht die unter 4 beschriebenen Versorgungseinrichtungen eingebaut worden sind.

3.4 Umpflanzen großer Bäume

Wegen erforderlicher Umbauten oder um die Abstände von Bäumen untereinander zu vergrößern, ist häufig das Umpflanzen größerer Bäume erforderlich. Bis zu Stammumfängen von 80–90 cm ist die Verpflanzung problemlos, wenn die Ballen der Bäume entsprechend vorbereitet sind oder eine spezielle maschinelle Ausrüstung (Treemover o. ä.) vorhanden ist.

Der Einsatz dieser Spezial-Baumverpflanzungsmaschinen geht folgendermaßen vor sich: Zunächst sticht die Maschine das Pflanzloch aus, das etwas größer sein soll als der gewünschte Ballendurchmesser des zu verpflanzenden Baumes. Den Aushub transportiert die Maschine entweder neben den zu verpflanzenden Baum, um das entstehende Loch damit zu verfüllen, oder sie verfüllt damit gleich das Loch eines vorher umgepflanzten Baumes. Danach sticht sie den zu verpflanzenden Baum mit etwas kleinerem Ballendurchmesser als dem Durchmesser des vorher ausgestochenen Pflanzloches aus (Abb. 103), transportiert den Baum mit Ballen in das Pflanzloch (Abb. 104) und setzt ihn dort ab; der durch den größeren Pflanzlochdurchmesser verbleibende Freiraum um den Ballen wird mit einer Mischung aus Kompost und anstehendem Bodensubstrat verfüllt.

Steht die Baumverpflanzmaschine nicht zur Verfügung, müssen die Bäume, wenn sie länger als etwa 5 Jahre an ihrem Platz stehen, zum Umpflanzen sorgfältig vorbereitet werden. Bewährt hat sich folgende Lösung: Möglichst 1/2–1 Jahr vor dem Verpflanzen wird der Ballen freigegraben durch Ausheben eines Grabens von 30 cm Breite und $\geqq$ 50 cm Tiefe. Der Graben soll kegelförmig in den Boden einschneiden. Wurzeln werden glatt abgeschnitten; ist ihr Durchmesser > 2 cm, werden sie mit einem Wundverschlußmittel behandelt. Der Graben wird mit einem Gemisch aus Kompost und feuchtem Torf verfüllt; dadurch wird die Bildung neuer Faserwurzeln im Ballen erreicht. Als Faustregel kann angenommen werden, daß der Ballen den 8fachen, bei Stämmen unter 10 cm Durchmesser den 10fachen Stammdurchmesser, in 1 m Höhe gemessen, haben soll.

Zum Verpflanzen wird ein neuer Graben, vom Stamm aus gesehen an der Außenkante des vorigen, ausgehoben. Die alte Kompost-Torf-Füllung ist durchwurzelt, der Ballen ist fest. Er wird je nach Größe mit Ballentuch oder Maschendraht eingebunden, sehr große Ballen werden durch Einkübeln, Eindauben, Einkisten usw. vor dem Zerfallen geschützt. Es können auch selbstkonstruierte, in sich bewegliche Ballenkörbe aus Bandeisen (Abb. 105) um den Ballen gelegt und eine Manschette um den Stamm geschraubt werden. Durch alte Matratzen o. ä. ist der Stamm gegen Beschädigungen zu schützen. Durch Ballenkorb und Manschette wird ein Seil gezogen und an einem Kran oder Bagger befestigt, der den Baum samt Ballen aus seinem Loch heraushebt und aufrechtstehend zu seinem neuen Standort transportiert (Abb. 106). Diese Transportart ist selbstverständlich nur anwendbar bei geringen Entfernungen.

Vielfach wird auch der Stamm der zu verpflanzenden Bäume in 50–100 cm über OKT durchbohrt; durch das Bohrloch wird eine Eisenstange geführt, an deren

---

Abb. 105. Ballenkorb aus Bandeisen und Ketten zum Umpflanzen großer Bäume. Die einzelnen Glieder sind gegeneinander beweglich und herausnehmbar. Konstruktion: O. L. Oehlkers, Garten- und Friedhofsamt Hannover.

Abb. 103 und 104. Links: Die Spaten der Baumverpflanzungsmaschine werden hydraulisch in den Boden gedrückt und stechen so den Ballen heraus. Nachteil dieser Methode: Durchschnittene starke Wurzeln können nur behandelt werden, indem der Ballen am neuen Standort von Hand wieder freigegraben wird. Da das im allgemeinen wegen des hohen Aufwandes nicht durchgeführt wird, entsteht an den Wurzeln Fäulnis. Besser wäre, den Ballen 1 Jahr vor der Verpflanzung von Hand vorzubereiten. Rechts: Transport des zu verpflanzenden Baumes zum neuen Standort. Die Maschine kann die Bäume stehend oder liegend transportieren.

Abb. 106. Der Ballen einer Linde wurde von Hand freigelegt; StU 70–80 cm. Der Baum hat etwa 15 Jahre an seinem Platz gestanden und muß einer Straßenverbreiterung weichen.
Der Ballenkorb ist möglichst fest um den Ballen gelegt, eine Manschette um den Stamm ist mit dem Seil, an dem der Baum hängt, verbunden, so daß der Bagger den Baum aufrecht aus seinem Standort heraushebt.

überstehenden Enden der Baum zum Transport befestigt wird. Nach dem Umpflanzen ist das Bohrloch durch sorgfältig angepaßte Holzpfropfen und mit einem dauerelastischen Wundverschlußmittel zu verschließen (Abb. 107 und 108).

Großgehölze sollten möglichst senkrechtstehend transportiert werden, weil dadurch der Ballen auch bei Transport auf Fahrzeugen auf seiner breiteren Unterseite stehen bleibt und nicht durch seitlichen Druck belastet wird, durch den sonst viele Wurzeln im Inneren des Ballens abbrechen. Dazu muß der Transportweg wegen Oberleitungen, Brückendurchfahrten usw. sorgfältig ausgesucht werden.

Um ein befriedigendes Weiterwachsen verpflanzter großer Bäume zu erreichen, sind Sofortmaßnahmen erforderlich: sorgfältige Vorbereitung der Pflanzgrube, Bodenverbesserung, Einschlämmen, Wurzelschnitt, Auslichtung der Krone, Schutz des Stammes gegen Sonnenbestrahlung, Verdunstungsschutz sowie gute, über Jahre zu kontrollierende Verankerung.

Politisches Wunschdenken, technische und finanzielle Möglichkeiten sowie Prestiggedenken lassen heutzutage zu oft die biologischen Grenzen der Verpflanzbarkeit großer Bäume vergessen. Oft sehen die Bäume noch viele Jahre nach dem Verpflanzen krank aus oder erholen sich nie wieder, weil sie für das Verpflanzen zu groß waren oder die Baumart die Verpflanzung nicht verträgt.

3.5 Pflanzschnitt

3.5.1 Rückschnitt

Rückschnitt der oberirdischen Pflanzenteile kommt nur für Sträucher und Obstbäume in Frage; für Alleebäume und Stammbüsche ist er grundsätzlich

Abb. 107 und 108. Oben: Der Ballen ist von Hand freigelegt und an einer schweren Trägerkonstruktion befestigt, zusätzlich ist der Stamm durchbohrt, in der Bohrung steckt ein starker Bolzen, an dem ein großer Teil des Gewichts des Baumes hängt. Dadurch besteht die Gefahr, daß der Stamm längs reißt. Eine gepolsterte Manschette um den Stamm, am Tragarm der Maschine befestigt, wäre günstiger. Unten: Hier wurde der Stamm in Höhe zwischen 1,50 und 2,0 m durchbohrt, zum Transport kann jede Maschine benutzt werden. Der Bolzen verbleibt in der Bohrung und wird zur Verankerung des Baumes am neuen Standort benutzt. Die Gefahr von Fäulnis an dieser Stelle ist unvermeidbar.

abzulehnen. Ausnahmen: Bastardpappeln, Platanen und viele Robiniensorten, die nach dem Pflanzen zusätzlich zum Auslichten der Krone einen Rückschnitt der belassenen Seitentriebe benötigen, da das Breitenwachstum der Krone im Verhältnis zum Dickenwachstum des Stammes sonst überwiegt und die Krone zu schwer für den Stamm wird. Danach müssen jedoch 2–3 Jahre nach dem Pflanzen die Konkurrenztriebe ausgeschnitten werden.

3.5.2 Auslichten

Die richtige Form des Pflanzschnittes für Bäume ist das Auslichten. Dazu werden Äste bis an den Stamm entfernt oder Teile von Ästen bis an die nächste Verzweigung herausgeschnitten. Die Krone der Bäume soll dabei 1/3–1/2 ihrer Masse verlieren. Der Leittrieb wird, außer wenn er beschädigt ist, nicht geschnitten; ist bei Baumarten mit gegenständiger Knospe, z.B. *Acer, Fraxinus,* die Spitzenknospe des Leittriebes beschädigt, so muß ausnahmsweise der Leittrieb zurückgeschnitten werden bis über zwei gesunde Knospen. Eine der beiden Knospen muß dabei „geblendet“ werden, d.h. sie wird entfernt, damit die belassene Knospe die Funktion der Spitzenknospe zur Fortentwicklung des Leittriebes übernehmen kann.

Bei Bäumen mit Stammumfang ≧ 20 cm und geringem Anteil an Faserwurzeln hat sich bewährt, die Krone bis auf die einjährigen, unmittelbar vom Stamm abgehenden Triebe zu entfernen. Das Wachstum einer neuen Krone wird dadurch stark angeregt, der Verlust ist nach etwa 3 Jahren ausgeglichen. Diese Methode sollte in Stadtstraßen nicht ohne Erläuterung in der örtlichen Presse angewendet werden, da die Bürger den Sinn der Maßnahme nur schwer verstehen. Je nach Baumart ist in diesem Fall 1–3 Jahre nach der Pflanzung ein zusätzlicher Auslichtungsschnitt erforderlich.

3.5.3 Wundbehandlung

Die durch den Pflanzschnitt entstandenen Wunden an Zweigen und Wurzeln brauchen im allgemeinen nicht behandelt zu werden; dagegen sollten bei frischgepflanzten Bäumen kleinere Stammwunden, wie sie häufig beim Transport entstehen, behandelt werden, da die Überwallung wegen der Überwindung des Pflanzschocks wesentlich länger dauert als bei gut angewachsenen Bäumen; es besteht sonst die Gefahr, daß Bakterien und Pilze in diese Wunden eindringen. Die Wundränder werden glattgeschnitten und die Wunde mit einem Wundverschlußmittel verstrichen.

Wegen der Ausbreitung des „Platanenkrebses“ ist es erforderlich, bei Platanen auch kleine, durch den Pflanzschnitt entstandene Wunden mit einem Wundverschlußmittel zu verschließen.

3.5.4 Rindenschutz

Bäume über 30 cm Umfang sollten unmittelbar nach der Pflanzung einen Verdunstungsschutz erhalten; bei Stammumfang ≧ 50 cm ist dieser Verdunstungsschutz zwingend erforderlich. Besonders empfindliche Baumarten, z. B. *Fagus*, benötigen den Verdunstungsschutz bereits bei geringeren Umfängen. Folgende Methoden des Verdunstungsschutzes sind anwendbar:

a) Umwicklung von Stamm und Hauptästen mit Strohseilen,
b) Bandagen an Stamm und Hauptästen aus mindestens 10 cm breiten Jutebändern, die mit Lehm eingestrichen werden,
c) Anstrich von Stamm und Hauptästen mit Kaolinerde,
d) Anstrich von Stamm und Hauptästen mit Lac-Balsam. Dieses ist die jüngste Methode, die sich aber bereits bestens bewährt hat und am wenigsten arbeitsaufwendig ist.

3.6 Verankerung

Frisch gepflanzte Bäume müssen gepfählt oder verankert werden, damit die Wurzeln die erforderliche Ruhe erhalten. Man unterscheidet: Schrägpfähle, Senkrechtpfähle, Drahtanker, Verankerungsböcke.

3.6.1 Pfählen

Schrägpfähle und Drahtanker sind in Stadtstraßen wegen des geringen zur Verfügung stehenden Raumes nicht anwendbar. Bäume ohne Ballen werden im allgemeinen durch imprägnierte lange Baumpfähle gesichert. Für Bäume mit einem Stammumfang bis 16 cm genügt im Normalfall ein Baumpfahl (Abb. 74), für Umfänge bis 25 cm sind meistens zwei Baumpfähle erforderlich. Die Pfähle werden in die noch leere Pflanzgrube geschlagen und sollen auf der der Hauptwindrichtung zugewandten Seite stehen. Zwei Pfähle werden einander gegenüber gesetzt. Die Bäume werden mit einer, besser jedoch mit doppelter Achterschlinge gebunden.

3.6.2 Verankern

Bäume über 25 cm Stammumfang, Bäume mit Ballen sowie Bäume, die in befestigten Flächen stehen, sollten nicht durch Pfähle, sondern durch Verankerungsböcke gesichert werden. Verankerungsböcke sind drei- oder vierbeinig und bestehen aus Holz oder Metall (Abb. 85 und 92). Hölzerne Verankerungsböcke werden aus Baumpfählen an Ort und Stelle hergestellt; Stahlrohrböcke werden industriell gefertigt und mit Schrauben oder Haken an Baumscheibenabdeckungen befestigt. Sie sind zusammensteckbar und können mehrfach verwendet werden. Verankerungsböcke haben gleichzeitig den Vorzug, daß das Betreten oder Überfahren der Baumscheibe verhindert wird.

3.6.3 Binden

Baumbindungen müssen so breit sein, daß Rinde und Kambium nicht beschädigt werden. Kokosstrick wird dreimal geflochten und flach angebracht; er verrottet meistens eher, als der Baum auf die Verankerung verzichten kann. Breite Baumbindungen aus Kunststoff dürfen keine scharfen Kanten haben; sie müssen entsprechend dem Dickenwachstum des Baumstammes rechtzeitig entfernt werden.

3.7 Mulchen

Mulchdecken schützen den Boden gegen Austrocknung, bei Starkregen gegen Verschlämmung und Erosion, fördern die Gare, verdämmen den Unkrautwuchs.

Abb. 109. Frisch gepflanzter Baum in gepflasterter Baumscheibe mit Vierbockverankerung. Über Dränrohre im Wurzelbereich, die an zwei Stellen bis zur Oberkante des Pflasters hochgeführt sind, wird der Baum mit Wasser und Nährstoffen versorgt.

Verwendbar sind viele organische „Abfälle" wie Laub, langes Gras, Feuchttorf, zerspantes Astholz usw. (RAS-LG).

Einzelbäume mit offener Baumscheibe können in Stadtstraßen im allgemeinen nur mit zerspantem Astholz gemulcht werden, besonders wenn sie durch einen Hochbord eingefaßt sind; einen Teil der Aufgaben der Mulchdecke übernimmt bei befestigten Baumscheiben die Kiesfüllung. Möglich ist in Stadtstraßen das Mulchen bei unterpflanzten Baumreihen. Mulchung der Pflanzflächen ist so wertvoll, daß auf diese Maßnahme trotz des unschönen Aussehens auch in Stadtstraßen in den ersten 2 Jahren nach der Pflanzung nicht verzichtet weden sollte.

4 Einbauten zur Versorgung

Um Bäume in Stadtstraßen zusätzlich mit Wasser, Nährstoffen und Luft versorgen zu können, wird in das ausgehobene Pflanzloch nach Verfüllung auf etwa 40–50 cm unter Oberkante ein Ring oder ein Quadrat aus Dränrohren verlegt, das mit Kies der Körnung 16/32 ummantelt wird. Verwendbar sind geschlitzte oder gelochte Kunststoffrohre, zwischen den Stößen offene Tonrohre, Porositrohre. An mindestens einer Stelle muß ein Rohr senkrecht nach oben geführt werden (Abb. 109 und 119); die Abdeckung des Rohres soll mit Öffnungen versehen sein, damit Luft ungehindert über die Rohre in den Wurzelbereich eintreten kann. Bei Bedarf ist über diese Rohre eine Möglichkeit zur Bewässerung und Düngung gegeben.

Die Abdeckkappen (s. 6.3.1) für das senkrechtstehende Zuführungsrohr sollen abnehmbar sein; steht das Zuführungsrohr in begehbaren Flächen, muß sorgfältig darauf geachtet werden, daß die Abdeckung bündig in der begehbaren Fläche liegt.

Für Baumreihen kann der Einbau so erfolgen, daß mindestens einseitig im Abstand von etwa 1,50 m, möglichst jedoch beidseitig, ein durchgehender Strang der porösen Dränrohre verlegt wird. Möglichst bei jedem, mindestens jedoch bei jedem zweiten Baum, ist ein senkrecht nach oben führendes Zuführungsrohr einzubauen.

Von der Industrie werden inzwischen viele Systeme angeboten, die jedoch nur in Ausnahmefällen nachträglich, insbesondere bei älteren Bäumen, eingebaut werden können.

5 Aufbaupflege

Wegen der vielen Forderungen, die an den Baum in Stadtstraßen gestellt werden, z. B. Freihaltung des Lichtraumprofils, Vermeidung von Schattenwurf, auch in Verbindung mit der Straßenbeleuchtung, freie Sicht auf Verkehrszeichen, der verhältnismäßig hohen Kosten der Pflanzung von Bäumen in Stadtstraßen usw., können diese Bäume nicht wie in der freien Landschaft weitgehend sich selbst überlassen werden, sondern benötigen über mehrere Jahre eine sorgfältige Pflege.

5.1 Wässern

In den Abschnitten 1 und 2 ist ausgeführt, daß und warum den Bäumen in Stadtstraßen nicht genügend Wasser zur Verfügung steht. Dieser Wassermangel wird besonders spürbar in den ersten Jahren nach der Pflanzung, weil die Bäume noch nicht genügend tief verwurzelt sind. In Trockenperioden von mehreren Wochen, bei höheren Temperaturen sogar von wenigen Wochen, ist deshalb in den ersten Jahren nach der Pflanzung eine Wässerung der Bäume unbedingt vorzunehmen. Die Wassergabe je Baum soll dabei 30–50 l je Wässerung betragen. Die Wässerung muß bei anhaltender Trockenheit im Abstand von etwa zwei Wochen wiederholt werden. Bei Böden mit starker Wasserhaltekraft können die Zeiträume zwischen den Wässerungen verlängert, bei Böden mit geringer Wasserhaltekraft müssen sie verkürzt werden. Sind Bewässerungseinrichtungen gem. Abschn. 4 eingebaut, wird das Wässern erheblicher einfacher und billiger, auch im Hinblick auf den Personalaufwand.

5.2 Düngen

Ist bei der Pflanzung der Bäume eine ausreichende Bodenverbesserung durchgeführt worden, sollten die Bäume in den ersten 3–5 Jahren nach der Pflanzung nicht gedüngt werden. Sie werden dadurch angeregt, mit ihren Wurzeln aus dem eigentlichen Pflanzloch in die Umgebung einzudringen.

Sind Düngungen erforderlich, sollten Mineraldünger vermieden werden. Sinnvoll ist die Anwendung organischer Dünger mit sehr langsamer Freisetzung des Stickstoffs. Organische Dünger können jedoch nur bei ausreichender Bodendurchlüftung, z. B. wenn Baumbelüfter eingebaut sind, wirksam werden, so daß in vielen Fällen für Straßenbäume, besonders in befestigten Flächen, auf Mineraldünger ausgewichen werden muß (s. 6.3.2 und Kapitel D, 5.6.4).

5.3 Auslichten

Ein weiterer Auslichtungsschnitt ist bei jungen Bäumen im allgemeinen nicht erforderlich, es sei denn, es ist die unter 3.5.2 zuletzt genannte Methode der Entfernung des alten Kronenaufbaues angewandt worden. In diesem Fall muß die Kronenentwicklung jährlich nach dem Laubfall kontrolliert und bei Bedarf für 1–3 Jahre ein Teil der sich neu bildenden Triebe entfernt werden, um die Bildung neuer Hauptäste zu fördern und den Kronenaufbau richtig zu lenken.

Weitere Ausnahmen sind Bastardpappeln und Platanen wegen ihres üppigen Kronenwachstums, mit dem das Dickenwachstum des Stammes nicht Schritt hält, sowie Robinien in nährstoffreichen Böden. Zusammen mit ihren großen Blättern bilden sie dadurch ein so starkes Hindernis bei Sturm, daß die Kronen oder Teile davon herausbrechen. Diese Baumarten benötigen daher einen Auslichtungsschnitt, bei dem zugleich der Durchmesser der Krone etwas verringert werden soll. Die Maßnahme ist im allgemeinen jeweils im dritten und im fünften Jahr nach der Pflanzung durchzuführen.

5.4 Bodenlockerung und -säuberung

Bodenlockerung in der Wurzelfläche ist nur erforderlich, wenn die unter 4 beschriebenen Einbauten zur Versorgung der Bäume nicht erfolgt sind und die Wässerung direkt auf die Baumscheibe erfolgt oder bei Verdichtung des Bodens durch das Natrium des Auftausalzes (s. Kapitel D, 5.6.4); bei befestigten Baumscheiben mit Kiesunterbau ist selbstverständlich keine Lockerung erforderlich und möglich.

Die Säuberung der Baumscheibe von Unkraut soll in den ersten Jahren mit der Hacke erfolgen. Chemische Unkrautvernichtungsmittel hemmen oder verhindern das Anwachsen des Baumes mindestens im ersten Jahr nach der Pflanzung. Vom zweiten Jahr nach der Pflanzung ab können chemische Unkrautvernichtungsmittel angewendet werden. Es muß jedoch bedacht werden, daß diese Mittel zwar keine Dauerschäden hervorrufen, vielfach aber wuchshemmend auch für Gehölze wirken. Blattverfärbungen werden ebenfalls häufig beobachtet.

5.5 Aufasten, Nachschneiden

Junge Bäume an Straßen müssen aufgeastet werden, um das erforderliche Lichtraumprofil von 4,50 m Höhe über der Fahrbahn einzuhalten. Es ist ungünstig, mit dem Aufasten so lange zu warten, bis die Baumkronen den Fahrbahnrand erreicht haben, weil die Äste dann bereits so stark sind, daß bei ihrer Entfernung relativ große Wunden am Stamm entstehen. Das Aufasten sollte daher bereits wenige Jahre nach der Pflanzung beginnen, wenn die Äste noch dünn sind. Als Faustregel kann gelten, daß der Schnitt mit der Schere besser ist als der Schnitt mit der Säge. Beim Aufasten muß berücksichtigt werden, daß die Spitzen langer Äste tiefer hängen als ihr Ansatzpunkt am Stamm; das gilt insbesondere für den belaubten Zustand nach Regenfällen, wenn die Blätter noch naß sind. Auch für diese Situation sind die 4,50 m Lichtraumprofil freizuhalten, so daß die Bäume auf etwa 5 m aufgeastet werden müssen.

Bis auf die bereits erläuterten Ausnahmen (Bastardpappeln, Platanen, Robinien) ist ein Kronenaufbauschnitt nicht erforderlich. Bei den jährlichen Kontrollen der jungen Bäume werden lediglich trockene oder sich scheuernde Zweige entfernt. Besonderes Augenmerk ist dabei auf die Bildung von Zwieseln (Zwillen) zu richten; Bäume mit zwei oder mehreren gleichwertigen Leittrieben können zwar gestalterisch besonders schön sein, doch besteht bei ihnen in höherem Alter immer die Gefahr des Auseinanderbrechens, besonders bei Stürmen. Diese Kronenform kann daher nur in Grünflächen, Parks und Wäldern geduldet werden.

5.6 Stäben

Einige Baumarten bilden in den ersten Jahren nach der Pflanzung nur sehr schwache Fortsetzungen des Leittriebes aus, teilweise werden diese bereits vom zweiten Standjahr an durch das Gewicht der sich bildenden seitlichen Verzweigung heruntergebogen. Diese Leittriebe müssen, bis sie ausreichend gefestigt sind, gestäbt werden. Dazu werden Holzlatten oder Bambusstäbe am älteren, kräftigen Teil des Leittriebes in der Baumkrone befestigt, an diese wird der Leittrieb angebunden. Die Stäbung muß zwei bis drei Jahre erhalten bleiben und ggf. entsprechend dem Zuwachs nachgezogen werden. Saumlatten sind i. a. ungeeignet, da sie zu leicht brechen; Bambusstäbe werden von Liebhabern häufig gestohlen, um den häuslichen Gummibaum zu stäben; wobei oft rücksichtslos die Leittriebe abgebrochen werden. Daher haben die Mitarbeiter des Verfassers die Idee entwickelt, die Bambusstäbe mit grau-grüner Außenbinderfarbe zu streichen. Die Diebstähle hörten sofort auf.

5.7 Mulchen

Wenn Baumpflanzungen in Stadtstraßen gemulcht sind, ist darauf zu achten, daß die Mulchdecke im Sommer dicker als im Herbst und Winter ist. Neues Mulchmaterial soll bei Bedarf nur im Frühjahr aufgebracht werden. Die Unterpflanzungen von Baumstreifen haben sich im allgemeinen nach zwei bis drei Jahren geschlossen, so daß ein Mulchen nicht mehr erforderlich, in den meisten Fällen sogar nicht mehr möglich ist.

5.8 Schutz gegen Schädlinge und Krankheiten

Mindestens zweimal jährlich sind die jungen Bäume auf Schädlings- und Krankheitsbefall zu kontrollieren, und zwar einmal kurz nach dem Austrieb und einmal im vollbelaubten Zustand. Bekämpfungsmaßnahmen sind im allgemeinen nur bei außergewöhnlich starkem Schädlingsbefall erforderlich; am besten beugt man durch gute Ernährung der Bäume vor. Bekämpfungsmaßnahmen sollten im Benehmen mit dem zuständigen Pflanzenschutzamt durchgeführt werden.

Zunehmend werden junge *Acer* und *Tilia* im 1. und 2. Standjahr so stark von Rotpusteln befallen, daß eine gesunde Weiterentwicklung nicht mehr möglich ist oder sie sogar absterben. Die Bäume wurden vielfach bereits infiziert aus den Baumschulen geliefert; der Befall wird durch Monokulturen, Immissionen usw. gefördert. Spritzungen mit Kupferpräparaten, besonders vorbeugende, schaffen Abhilfe, sind in Stadtstraßen jedoch nur selten durchführbar. Der Bund deutscher Baumschulen hält inzwischen seine Mitglieder zur intensiven Bekämpfung an; gesunde Ware kann ohne Bedenken gepflanzt werden. Ab dem 3. Standjahr tritt die Krankheit nur noch vereinzelt auf.

5.9 Nachbinden und -pfählen

Die Baumbindungen und Verankerungen sind zweimal jährlich auf guten Sitz zu prüfen, am besten je einmal im Frühjahr und im Herbst. Gelockerte Bindungen sind nachzubinden; bei starkem Dickenwachstum müssen ggf. die Bindungen auch gelockert werden. Nach Erreichen genügender Standfestigkeit und ausreichender Stammstärke sind Verankerung und Bindung zu entfernen.

6 Bestandspflege

Auch die größeren und großen Bäume in Stadtstraßen können nach dem Erreichen des Planungszieles nicht sich selbst überlassen werden, da die auf sie zukommenden negativen Einwirkungen zu vielfältig und zu stark sind, so daß immer wieder Schäden auftreten. In Städten trägt das zuständige Grünflächenamt die Verkehrssicherungspflicht, d. h., es muß dafür sorgen, daß die Bäume immer in einem verkehrssicheren Zustand sind und nach menschlichem Ermessen keine Gefahren von ihnen für Verkehrsteilnehmer und Anlieger sowie für deren Eigentum ausgehen.

6.1 Baumkataster

Um die richtigen Maßnahmen an den Bäumen zum richtigen Zeitpunkt durchführen zu können, ist ein Baumkataster anzulegen, das bei jeder Pflanzmaßnahme in Straßen ergänzt wird. Das Kataster wird zweckmäßig straßenweise angelegt und enthält sämtliche Angaben über die in der jeweiligen Straße vorhandenen Bäume, wie Pflanzjahr, Baumart, Pflanzstärke, Art der Verankerung, Art der Baumscheibe, Einbauten zur Versorgung, Maßnahmen der Bodenverbesserung. Spätere Pflegemaßnahmen werden ebenfalls in das Kataster nachgetragen. Baumaßnahmen in der Nähe der Bäume, z. B. Leitungsverlegungen, müssen ebenfalls eingetragen werden, da sie u. U. die Ursache für später auftretende Schädigungen sein können.

6.2 Baumkontrollen

6.2.1 Kontrollgänge und Baumbuch

Bäume an Straßen und Wegen sind zweimal jährlich auf ihren Gesundheitszustand zu kontrollieren. Über die Kontrollgänge ist ein Baumbuch zu führen. Verantwortlich ist in städtischen Grünflächenämtern in der Regel der Bezirksobergärtner, der das Baumbuch dem Vorgesetzten zur Kenntnis vorzulegen hat.

Die Kontrollen sollen im unbelaubten und im belaubten Zustand durchgeführt werden, jedoch nicht erst im Juli/August. Die günstigste Zeit für die Kontrollen im belaubten Zustand ist der Zeitraum von Ende Mai bis Ende Juni.

Bei den Kontrollen sind Stamm, Krone, Wurzelhals und Wurzelfläche sorgfältig auf erkennbare Schäden abzusuchen. Zu achten ist dabei auf: Fäulnisherde, Pilzbefall, Astabbrüche, Zwillenbildung, Einhaltung des Lichtraumprofils, Sichtfreiheit auf Verkehrsschilder und Verkehrsleiteinrichtungen, Schäden an und Versackungen von Baumscheiben.

Schäden und Mängel werden in das Baumbuch eingetragen und umgehend beseitigt. Die Beseitigung der Schäden ist ebenfalls im Baumbuch zu vermerken.

Noch vor einigen Jahren haben Gerichte gelegentlich gefordert, auch gesunde Bäume bei den regelmäßigen Kontrollen anzubohren und im Wurzelhals mit spitzen Stangen nach Faulstellen zu suchen. Diese Maßnahmen sind biologisch falsch und nicht zu verantworten, da hierdurch dem Baum neue Schäden zugefügt werden, die unter ungünstigen Umständen später die Ursache für seinen endgültigen Verlust sein können. Das Anbohren der Bäume ist nur gerechtfertigt, wenn durch den äußeren Zustand innere Faulherde im Stamm vermutet werden können und nur so das Ausmaß der Faulherde festgestellt werden kann, da hiervon die Standfestigkeit der Bäume abhängt. Inzwischen haben einige Urteile anerkannt, daß das Anbohren nicht generell gefordert werden kann. Bohrlöcher sind mit einem passenden Holzpfropfen und einem dauerelastischen Wundverschlußmittel zu schließen.

Ausgefaulte Stämme ohne äußerliche Schäden sind nach sorgfältiger Übung durch Abklopfen mit einem 100 g schweren Belzeril-Hammer, der locker zwischen zwei Fingern geschwungen wird, zu erkennen. Sind Faulstellen vorhanden, so erklingt ein dunklerer Ton als bei gesundem Holz. Diese Bäume sind gegen Sturmschäden wahrscheinlich nicht anfälliger als völlig gesunde Stämme, die bei Sturm ebenso häufig abbrechen wie hohle Bäume; für die Verkehrssicherungspflichtigen, d.s. im allgemeinen die Grünflächenämter, liegt das Problem darin, im Falle eines Schadens durch hohle Bäume dieses vor Gericht beweisen zu können. Zur Beweissicherung fehlen gemeinsame Untersuchungen von „baumkundigen" Grünplanern mit Statikern.

Bis solche Untersuchungen vorliegen, muß aus Sicherheitsgründen gefällt werden, wenn stärkere Schäden nicht saniert werden können.

6.2.2 **Infrarot-Falschfarbenluftbilder** (s. auch Kapitel C, 3.2)

Infrarot-Falschfarbenluftbilder können für geübte Auswerter, besonders bei regelmäßiger Wiederholung, eine gute Hilfe sein, geschädigte Bäume und das Ausmaß der Schädigungen im gesamten Stadtgebiet schnell zu überblicken. Gesunde Bäume und Grünflächen erscheinen dabei satt rot, jedoch haben die einzelnen Baumarten geringe Farbabweichungen, so daß nur die gleiche Art untereinander verglichen werden kann. Voraussetzung für die richtige Auswertung ist daher die Kenntnis der Baumart, so daß das Baumkataster (s. 6.1) eine unabdingbare Voraussetzung zur Infrarot-Luftbildauswertung ist.

Bei leichten bis mäßigen Schädigungen, Blattnekrosen, Verfärbungen oder Blattverlusten bleiben im Luftbild die roten Farbtöne gegenüber den sichtbar werdenden Verfärbungen vorherrschend; bei stärkeren Schädigungen, ausgeprägten Blattnekrosen und Blattverlusten herrschen im Luftbild graue, bräunliche oder grünlichweiße Farbtöne gegenüber den roten vor; bei absterbenden oder abgestorbenen Bäumen sind die Luftbildfarben blaugrün.

Mit Hilfe der Erkenntnisse aus den Infrarot-Luftbildern können die örtlichen Kontrollen der Bäume gezielt durchgeführt werden. Fehlerquellen bei der Infrarot-Aufnahme müssen allerdings bekannt sein, um keine falschen Schlüsse zu ziehen (Kenneweg 1979):

a) Baumarten mit gelblichen Blättern erscheinen auf dem Luftbild als geschädigt,
b) zum Aufnahmezeitpunkt blühende Bäume erscheinen ebenfalls als geschädigt,
c) Blattnekrosen im unteren Kronenraum werden leicht übersehen, wenn die oberen Kronenteile gesund sind,
d) tote Bäume sind auf dem Luftbild oft nicht erkennbar, wenn sie in asphaltierten Straßen stehen, da ihre blaugrüne Farbe kaum Kontrast zum ebenso abgebildeten Asphalt bildet
e) Stammschäden sind nur dann erkennbar, wenn sie bereits zu Kronenschädigungen geführt haben; bei Weichholzarten also i.a. so spät, daß die Stammschäden irreparabel geworden sind.

Die Luftbilder lassen nur die Schäden selbst, nicht jedoch ihre Ursachen erkennen; diese müssen an Ort und Stelle festgestellt werden.

Der günstigste Zeitpunkt für die Infrarot-Falschfarbenluftaufnahmen ist der Juli, ggf. auch der August. Als Aufnahmemaßstab empfiehlt sich 1:5000 mit einer Brennweite von 30 cm.

Als Ergebnis ist festzustellen, daß mit Hilfe der Infrarot-Falschfarbenaufnahmen zwar interessante Erkenntnisse verhältnismäßig schnell gewonnen werden können, jedoch mit hohen Kosten. Diese Erkenntnisse reichen auch nicht aus, die Bäume rechtzeitig richtig zu behandeln und zu versorgen, so daß der Einsatz der knappen Haushaltsmittel für diese Maßnahmen richtiger ist als für die Infrarot-Aufnahmen.

6.3 Pflegemaßnahmen

6.3.1 Belüftung

Der Luftaustausch im Boden ist bei älteren Bäumen in älteren Straßen häufig nicht gewährleistet, da Plattenflächen, Teerdecken usw. vielfach bis dicht an den Stamm heranreichen. Baumscheiben aus Beton oder Stahlgitterrosten (s. Abb. 92, 94, 95 bis 97) können nur selten eingebaut werden, und zwar nur dann, wenn der Bereich um den Stamm höher gelegt werden kann, z.B. bei einem Umbau der Straße. In den meisten Fällen müssen andere Maßnahmen ergriffen werden:

a) Die undurchlässige Oberfläche muß entfernt und durch hartgebrannte Langlochklinker oder andere durchlässige Befestigungen ersetzt werden (Abb. 100). Die Größe der Klinkerfläche soll dabei 2 × 2 m, bei großen Bäumen 3 × 3 m nicht unterschreiten. Die Klinker sind auf scharfem Sand ohne Verdichtung zu verlegen, die Schlitze sind durch scharfen Sand satt zu verfüllen.
b) Je nach Größe des Baumes werden 8–16 Baumbelüftungsrohre eingebaut; diese werden mit einer geschlitzten Betonplatte abgedeckt, die die gleichen Maße hat wie die Fußwegplatten (s. D, 3.5.3). Löcher für den Einbau der Baumbelüftungsrohre werden mit dem Pflanzlochbohrer gebohrt oder mit einer Spüllanze gespült. Der Durchmesser der Löcher soll den 2,5- bis 3fachen Durchmesser der Baumbelüfter haben, damit diese genug mit Kies oder Lavalit ummantelt werden können. Die Belüftungsrohre selbst dürfen nie gefüllt werden.
c) Neuerdings gibt es sogenannte Vliesstoff-Dochte, die einfach in gebohrte Löcher eingesetzt werden; sie führen Luft und Wasser sehr schnell in den Boden. Der Einbau bei festen Straßen bzw. Parkplatzdecken ist zwar problemlos, es ist jedoch nicht zu verhindern, daß salzhaltiges Schmelzwasser in sie hineinläuft.

Dauererfahrungen mit diesen Vliesstoff-Dochten liegen noch nicht vor. So ist noch ungewiß, wieviele Jahre sie wirksam bleiben, bis sie völlig zugesetzt sind.

6.3.2 Düngung

Bei Nährstoffmangel müssen die Bäume eine zusätzliche Düngung erhalten. Wichtige Voraussetzung ist, daß die verwendeten Dünger den Stickstoffanteil sehr langsam, möglichst über mehrere Jahre verteilt, abgeben. Vielfach spricht man deswegen von einer „Baumfütterung", da „Düngung" in Gartenbau und Landwirtschaft schnellen Zuwachs und hohe Erträge erzielen soll. Es gibt speziell für Bäume entwickelte Mischdünger, z. B. „Baumfutter", das jedoch nur unter gewissen Voraussetzungen verwendet werden kann (s. 5.2 und Kapitel D, 5.6.4). Eine Düngung ist besonders in folgenden Fällen erforderlich:

a) für Bäume im Rasen, da dort das düngende Laub entfernt wird,
b) für Bäume in befestigten Flächen,
c) für Bäume auf kargen Böden,
d) für Bäume mit unzuträglicher Unterpflanzung (Wurzelkonkurrenz),
e) für Bäume, die ohne Bodenverbesserung vor zwei bis drei Jahren neu gepflanzt wurden; die Düngung ist außerhalb des Pflanzloches vorzunehmen,
f) für größere Bäume, die verpflanzt werden sollen, und zwar ein Jahr vor der Verpflanzung wegen der Durchwurzelung,
g) für Bäume, die baumchirurgisch behandelt werden sollen, möglichst ein Jahr vor, spätestens zugleich mit der Behandlung.

Grundsätzlich sind für Bäume organische Dünger zu empfehlen, jedoch mit einer Einschränkung: bei akuten Schädigungen (Wurzelverlusten) durch Baumaßnahmen o. ä. muß u. U. eine sehr schnelle Düngerwirkung erreicht werden. In diesem Fall ist zu empfehlen, leichtlösliche Mineraldünger, u. U. flüssig, an den Baum zu bringen; die Ergänzung durch organische langwirkende Dünger ist jedoch erforderlich.

Bei Bäumen mit offener Baumscheibe oder Bäumen in Unterpflanzungen kann der Dünger auf den Boden gestreut und leicht in die Oberfläche eingearbeitet werden; ebenfalls bewährt sind Löcher im Abstand von höchstens 1 m, die mit einer Brechstange 40–50 cm tief in den Boden gestoßen werden. In jedes Loch wird eine Handvoll Dünger hineingegeben, anschließend wird es mit möglichst grobem Sand oder Kies 3–10 mm verschlossen (Bodendurchlüftung), (s. 5.2). Diese Methode ist ebenfalls sehr gut anwendbar bei Bäumen in Platten- oder Klinkerflächen: In den erforderlichen Abständen wird eine Fußwegplatte oder ein Klinker herausgehoben, der Dünger in der beschriebenen Weise eingebracht und die Fläche mit der Platte wieder verschlossen.

Vielfach wird eine Flüssig-Lanzendüngung angepriesen. Bei dieser Methode werden mit Hilfe einer Spüllanze im Wurzelbereich Löcher in die Erde gespült, in die ein Mineraldünger hineingegeben wird. Das Loch wird anschließend verschlossen. Nach Durchführung der Spüllanzendüngung sind mehrfach Bäume ausgegraben und die durch zu hohen Druck verursachten Wurzelschäden untersucht worden: bei stärkeren Wurzeln platzt durch hohen Druck die Rinde ab, außerdem ist durch die Aufgrabungen nachgewiesen, daß der Dünger bei falscher Zusammensetzung sich „verklumpt" und als Steinknollen im Boden liegen bleibt, so daß er den Bäumen nicht zur Verfügung steht. Spüllanzendüngung ist daher nur zu empfehlen, wenn die Löcher mit einem Druck von maximal 3–4 atü gespült werden und nach Bodenuntersuchungen der zu verwendende Dünger für den Einzelfall festgelegt worden ist.

Sind Baumbelüftungsrohre im Wurzelbereich der Bäume eingebaut, so kann Mineraldünger in diese gegeben werden. Man braucht dazu lediglich die Abdeckplatte hochzuheben, den Dünger hineinzugeben und das Belüftungsrohr wieder mit der Abdeckplatte zu verschließen. Organische Dünger werden außerhalb der Kiesummantelung eingebracht. Anschließende Wässerung ist zwar empfehlenswert, aber nicht zwingend erforderlich.

Bäume in Betonbaumscheiben oder in Baumscheiben aus Stahlgitterrosten, deren Hohlräume mit Kies verfüllt sind, können nur mit etwas Arbeitsaufwand richtig gedüngt oder gefüttert werden: die Abdeckplatten der Baumscheiben sowie der Kies sind aus den Baumgruben herauszunehmen und der Dünger unmittelbar auf den Boden aufzubringen. Häufig ist die Düngung außerhalb der Baumscheibe zweckmäßiger und für die Wurzelbildung wertvoller.

Ist eine Humuszufuhr für die Bäume erforderlich, so können jüngere Bäume in Beton- oder Stahlgitterbaumscheiben auf die gleiche Weise mit Humus versorgt werden; ältere Bäume und solche in befestigten Flächen, die nur über Baumbelüftungsrohre versorgt werden, können keine Humusgaben aus Kompost o. ä. erhalten, hier sind Alginure – o. ä. Präparate verwendbar.

6.3.3 Bewässerung

Eine Bewässerung alter Bäume ist auch in Stadtstraßen nur selten erforderlich. Der Arbeitsaufwand wäre außerdem von den Grünflächenämtern nicht zu leisten; daß dadurch die Bäume in sehr trockenen Jahren u. U. sehr geringen Zuwachs haben und als Selbstschutz gegen Austrocknung manchmal bereits im August das Laub abwerfen, ist sicher zu verantworten. Die Wässerung alter Bäume in trockenen Sommern nach Mitte Juli kann diese Bäume sogar zum erneuten Austrieb reizen; dadurch ist die Gefahr gegeben, daß die neuen Triebe nicht ausreifen und im Winter erfrieren. Der Schaden ist dann größer als der verfrühte Laubfall. Als Ausnahme sind jedoch sehr trockene Sandböden mit tiefem Grundwasserstand, auf denen hierfür ungeeignete Baumarten verwendet wurden, sowie die Birke zu nennen; hier sind Hilfen durch Bewässerung erforderlich, um die Bäume überhaupt am Leben zu erhalten. Wassergaben unter 150–200 l je Baum im Einzelfall sind fast wirkungslos.

6.3.4 Stammaustriebe

Einige Baumarten neigen zu einer Vielzahl von Austrieben aus dem Stamm; am häufigsten ist diese Eigenart bei den *Tilia*-Arten zu beobachten. Regelmäßiges Abschneiden der Triebe verhindert den Austrieb nicht; im Laufe der Jahre entsteht an diesen Stellen eine starke Verdickung. Durch ständige starke Beschattung des Stammes wären diese Austriebe zu verhindern; die Beschattung ist jedoch bei den Straßenbäumen nicht zu erreichen.

Die Stammaustriebe kommen an älteren Bäumen in so dichten Büscheln vor, daß die Übersicht besonders bei Straßeneinmündungen nicht mehr gewährleistet ist und dadurch die Verkehrssicherheit gefährdet wird. Es ist deshalb erforderlich, diese

Stammaustriebe rechtzeitig zu entfernen, jedoch so spät, daß ein erneuter Austrieb im gleichen Jahr nicht mehr erfolgt. Der günstigste Zeitraum ist der Monat Juli.

Um die Stammaustriebe endgültig zu verhindern, sollen sie nicht abgeschnitten, sondern mit dem „Hohlbeitel" aus der Rinde herausgestochen werden. Der Hohlbeitel ist ein halbrund gebogenes Stemmeisen; zur Behandlung junger Bäume ist ein Hohlbeitel mit kleinem Durchmesser zu wählen. Die Behandlung muß mehrere Jahre hintereinander erfolgen, bis die Zahl der Austriebe aus dem Stamm nachläßt. Die durch die Behandlung entstehenden zahlreichen kleinen Wunden sollten in einer geschlossenen Fläche mit einem elastischen Wundverschlußmittel verstrichen werden (s. 6.4).

6.3.5 Behandlung von Hohlkronen und Zwieseln

Alte Straßenbäume haben vielfach Zwillings-(Zwiesel-) oder Hohlkronen, d. h., sie haben entweder keinen oder mehrere gleichwertige Leittriebe. Diese Bäume sind besonders bei Stürmen stark anfällig, da sie leicht auseinanderbrechen. Handelt es sich nur um zwei Haupttriebe, von denen einer u. U. noch etwas untergeordnet ist, so kann man den Aufbau der Krone auch bei älteren Bäumen noch korrigieren, indem dem untergeordneten Haupttrieb die Spitze an einer der darunterliegenden Verzweigungen abgeschnitten wird; bei mehr als zwei gleichwertigen Haupttrieben ist diese Maßnahme ebenso wenig anwendbar wie bei zwei völlig gleichwertigen Haupttrieben, wenn keiner der beiden eine gerade Verlängerung des Stammes bildet. In diesen Fällen sollen möglichst frühzeitig die Hauptäste durch Stahlseile

Abb. 110. Am Schnittpunkt der beiden Hauptäste ist die Quetschstelle deutlich sichtbar. Sie hat zur Fäulnis im Stamminneren geführt, so daß eine baumchirurgische Behandlung erforderlich wurde. – Die Fußwegbefestigung ist teilweise aufgenommen, um den Baum düngen zu können.

gegenseitig verankert werden (s. 8.3). Die Anker sind im Abstand von etwa fünf Jahren auf Haltbarkeit zu überprüfen.

Hohl- und Zwillingskronen mit steil aufstrebenden Hauptästen haben häufig eine sehr lange Verwachsungszone. In diesem Bereich quetscht die Rinde der Äste sich gegenseitig, es tritt aber kein echtes Zusammenwachsen ein (Abb. 110). Hierin liegt häufig die Ursache für Faulstellen in diesem Bereich, zumal in der Fortsetzung der Stammitte oft eine leichte Höhlung vorhanden ist, so daß durch die Wasseransammlungen die Entstehung von Fäulnis begünstigt wird. Hier muß für Wasserabzug gesorgt werden; die im oberen Kronenbereich erforderliche Stahlseilverankerung muß im Bereich dieser Verwachsungsstellen mit durch den Stamm gezogenen starren Gewindestäben (s. 8.4.) fortgesetzt werden, um ein Auseinanderbrechen der Krone zu verhindern.

Abb. 111. Eine sehr breite Baumkrone ist so geschickt ausgelichtet worden, daß der Habitus des Baumes voll erhalten geblieben ist. Dieser Baum hat mehr als 30% seiner Äste verloren. – Als Schutz gegen Abbrechen der breitausladenden Äste ist eine Drahtseilverankerung in mehreren Ebenen durchgeführt worden.

6.3.6 Auslichten

Wenn alte Bäume dicht an Wohn- oder Bürogebäuden stehen, so daß die Räume darin zu dunkel werden, oder die Krone durch falsche Erziehungsmaßnahmen in der Jugend zu dicht geworden ist, so daß Äste in der Baumkrone abzusterben beginnen, oder wenn die Krone zu breit geworden ist und dadurch die Gefahr besteht, daß Äste ausbrechen können, muß der Baum ausgelichtet werden (Abbildung 111).

Der Schnitt wird in einer Astgabel geführt. Der kürzere Teil des Astes soll erhalten bleiben. Mit dieser Schnittform wird erreicht, daß der Habitus des Baumes erhalten wird und die Schnittmaßnahme im Gesamtbild nicht spürbar ist.

Auch bei zu breiter Krone dürfen nicht ganze Äste herausgeschnitten werden, sondern es werden nur die längsten Fortsetzungen der Äste entfernt.

Dabei sind die Schnitte so zu führen, daß

a) die Schnittflächen schräg nach unten zeigen,
b) das Wasser nicht auf ihnen stehen bleibt,
c) ein Nebenast möglichst nach oben über der Schnittfläche weiter wächst. Durch den Saftstrom zu diesem Nebenast wird eine schnellere Wundheilung erzielt.

Bei salzgeschädigten Bäumen wird häufig empfohlen, die gesamte Krone der geschädigten Bäume abzuwerfen und aus dem Neuaustrieb eine neue Krone zu

Abb. 112. Insbesondere in Kleinstädten „zieren" gekappte Bäume das Stadtbild. Das Lichtraumprofil ist hier nur unter erheblichem erneutem Arbeitsaufwand freizuhalten. Eine gesunde entwicklungsfähige Baumkrone ist nicht mehr aufzubauen.

ziehen. Aus biologischer und grünplanerischer Sicht ist ein solches Verfahren abzulehnen (Abb. 112). Die Bäume sind dann nur noch Ruinen, sie sollten besser ganz entfernt und durch Neupflanzungen ersetzt werden. Dabei können dann die unter 2.3.13 erläuterten Schutzeinbauten vorgenommen werden, so daß die neuen Bäume besser gegen Salzschäden geschützt sind. Wenn zu erwarten ist, daß salzgeschädigte Bäume durch Entfernung eines Teiles der Krone bereits eine ausreichende Menge des gespeicherten Salzes verlieren, ist ein sehr starker Auslichtungsschnitt unter Beachtung der oben erläuterten Grundsätze durchzuführen. Dabei kann es erforderlich werden, daß selbst feine Verzweigungen entfernt werden – in diesen wird ja die größte Menge des Salzes gespeichert, so daß jedem Nebenast nur wenige der jungen Verzweigungen verbleiben. Aus schlafenden Knospen wird sehr schnell ein zusätzlicher Austrieb erfolgen, so daß nach wenigen Jahren der Habitus des Baumes wieder voll hergestellt ist.

Einige Autoren empfehlen bei Auftreten von Salzschäden umgehend eine verhältnismäßig starke Nitratdüngung. Durch das erhöhte Nährstoffangebot sollen die Bäume in die Lage versetzt werden, für sie verträgliche Salze anstelle von NaCl aufzunehmen. Das trifft jedoch nur zu, wenn die gesamte Salzkonzentration im Boden nicht bereits zu hoch ist, sonst besteht die Gefahr der „Übersalzung", die zur Plasmolyse führen kann. Die Nitratdüngung nach stärkerer Auftausalzanwendung darf daher nur nach genauer Bodenuntersuchung durchgeführt werden (s. Kap. D 5.6.6). Sicherer ist eine kräftige Wässerung der Bäume im gesamten Wurzelbereich. Starke Frühjahrsniederschläge nach dem schneereichen Winter 1978/79 in vielen Gebieten führten zu so starker Auswaschung des NaCl, daß nur geringe Salzschäden an Bäumen auftraten.

6.3.7 Schadensbehandlung

Auch kleine Schäden und Wunden an Bäumen müssen behandelt werden, da sie durch Pilze und Bakterien in Verbindung mit der Luftfeuchtigkeit zu größeren Faulstellen werden. Je früher die Behandlung erfolgt, um so geringer ist der Arbeits- und Zeitaufwand und um so leichter sind große Schäden zu verhindern.

Faulstellen

Faulstellen entstehen an unbehandelten Rindenschadstellen oder falsch abgeschnittenen Zweigen und Ästen, insbesondere wenn ein Wundverschluß unterblieben ist.

Durch die Mitarbeiter der Grünflächenämter können meist nur kleinere Schäden dieser Art behandelt werden, da zur Behandlung großer Faulstellen und Stammaushöhlungen Spezialkenntnisse erforderlich sind, für die es in Deutschland nur wenige Lehrmöglichkeiten und Ausführungsbetriebe gibt (s. Abschnitt 8).

Die Faulstellen müssen mit Stemmeisen, Hohlbeitel, Baumfräse und anderem geeigneten Werkzeug bis in das gesunde Holz völlig ausgehauen werden, da das Myzel der holzzerstörenden Pilze bereits in das noch gesund erscheinende Holz hineingewachsen ist. Oft ist es durch einen braun-schwarzen Rand erkennbar. Die Wunde ist dabei so zu formen, daß Wasser aus der Aushöhlung des Stammes abfließen kann (Abb. 110). Die Wunden werden geglättet und anschließend verschlossen (s. 6.4).

Rindenverletzungen

Rindenverletzungen entstehen überwiegend durch Verkehrsunfälle oder Unachtsamkeit bei Baumaßnahmen. Es kommt häufig vor, daß die Rinde sich nur vom Stamm gelöst hat, einige Längsrisse aufweist und noch volle Verbindung der Saftbahnen besteht. Dieser Schaden kann bis wenige Stunden nach seiner Entstehung vielfach geheilt werden, indem mit verzinkten dünnen Dachpappennägeln die Rinde wieder an den Stamm geheftet wird. Längsrisse werden dabei mit Wundverschlußmitteln verstrichen; sollte die Rinde nicht wieder anwachsen, kann die im folgenden beschriebene Maßnahme auch später durchgeführt werden. Für das Festwachsen muß mindestens ein halbes Jahr gerechnet werden.

Ist die Rinde sehr stark gebrochen oder völlig abgeplatzt, so müssen alle losen Teile der Rinde nachgeschnitten werden bis in den Bereich unverletzter festhaftender Rinde. Die dabei entstehende Wundform soll oval-lanzettlich sein (Abb. 113 und 114), um ungefähr im Saftstrom zu liegen; mit dieser Schnittform erreicht man die schnellste Überwallung der Wundränder. Die Wunde selbst wird mit einem Wundverschlußmittel verschlossen, das jedoch nicht auf das Splintholz aufgetragen werden darf; das Splintholz wird vorher abgezogen. Abgesplittertes Holz wird selbstverständlich ebenfalls mit glättenden Schnitten entfernt.

Sogenannte „blutende" Baumarten wie *Acer, Betula, Juglans,* können schon bei kleinen Wunden ausbluten. Vor Aufbringung des Wundverschlußmittels ist bei diesen Arten ein Mittel, das Bluten verhindert, z. B. „Saft-Stopp", anzuwenden.

Frostrisse

Frostrisse platzen in kalten Wintern immer wieder auf. Sie reichen meistens von der Rinde bis in das Kernholz. Bei zunehmender Erwärmung im Frühjahr schließt sich der Spalt und durch Kallus-Bildung verheilt der Riß oberflächlich. Ein Zusammenwachsen des Splint- und Kernholzes ist nicht möglich. Durch das mehrfache Aufplatzen und Wiederverheilen entsteht in der Rinde an der Stelle des Frostrisses eine wulstartige Auswölbung. Um sein Wiederaufreißen zu verhindern, werden im Abstand von etwa 40 cm in den Stamm Löcher gebohrt, bei tiefreichenden Rissen am besten zwei Reihen gegeneinander versetzt. In diese Löcher werden 12 mm starke Gewindestäbe eingeschoben und mit Vorlegscheiben und starken Muttern fest verschraubt. Vorlegscheiben und Muttern sollen zum schnellen Überwallen in das Splintholz versenkt werden. Die kleinen Bohrlöcher werden zusätzlich mit Wundverschlußmitteln verschlossen. Die Maßnahme wird durchgeführt, wenn sich der Riß nach ausreichender Erwärmung im Frühjahr wieder geschlossen hat. – Verunreinigungen von Frostrissen, z. B. durch Steinchen, Rinden- oder Zweigstücke, verhindern die völlige Schließung der Risse.

Wurzelschäden

Kleinere Wurzelschäden werden ebenso wie Rindenverletzungen glattgeschnitten, gebrochene Teile der Wurzeln werden mit einem glatten Schnitt entfernt (s. 7.5). Ist der Durchmesser der behandelten Wurzel größer als 2 cm, muß sie ebenfalls mit einem Wundverschlußmittel verstrichen werden.

„Platanenkrebs"

In vielen Städten leiden in den letzten Jahren zunehmend Platanen im 10.–30. Standjahr an einer Pilzkrankheit, die fälschlich als „Platanenkrebs" bezeichnet wird. Sie tritt an Blättern im zeitigen Frühjahr, in den Zweigen und im Stamm auf und trägt je nach Erscheinungsform die Namen Apiognomonia errabunda, Gloeosporium nervisequum, Gnomonia platani. Der Befall an Blättern und Zweigen kann durch Spritzungen mit Kupferpräparaten eingedämmt werden, die jedoch in Stadtstraßen selten möglich sind. Untersuchungen, die der Bund deutscher Baumschulen veranlaßt hat, haben gezeigt, daß fast nur *Platanus orientalis* und Sämlinge dieser Art befallen werden. Inzwischen stehen ausreichend große Bestände von *Platanus* × *hybrida* deutscher Herkunft zur Verfügung, so daß auf die Platane mit ihren guten Eigenschaften für Stadtstraßen nicht verzichtet zu werden braucht.

6.4 Wundverschluß

Um eine schnelle Verheilung aller Wunden zu erreichen, ist es erforderlich, daß mindestens die Wundränder, möglichst jedoch die gesamte Wundfläche, mit einem scharfen Messer geglättet werden (Abb. 113). Sofern wegen Faulstellen Aushauungen erforderlich waren oder durch Unfälle oder Entfernen dicker Äste größere Wunden im Holz entstanden sind, muß vor dem endgültigen Wundverschluß das blankliegende Holz mit einem pilztötenden Mittel behandelt werden. Es kommen nur pflanzenunschädliche, ölfreie Mittel in Frage, z. B. Xylamon-hell oder Sadolins. Diese Mittel dürfen nicht auf das Kambium und die Rinde aufgetragen werden, sicherheitshalber wird ein Abstand von etwa 1 cm von der Rinde eingehalten.

Zum Schluß wird die Wunde mit einem Wundverschlußmittel verstrichen. Das Wundverschlußmittel soll dauerelastisch und sicher gegen Entstehung von Haarris-

Abb. 113. Richtige Schnittführung bei Entfernung eines starken Astes ergibt eine oval-lanzettliche Wundform. Mindestens die Wundränder sind noch zu glätten, bevor der Wundverschluß aufgetragen werden kann.

sen sein, um die Wunde für viele Jahre gegen Eindringen von Feuchtigkeit, Pilzsporen und Bakterien zu schützen. Härtende Mittel sind ungeeignet. Diese Anforderungen werden nur von wenigen Wundverschlußmitteln erfüllt; am besten bewährt hat sich Lac-Balsam, das im Abstand von einigen Stunden zweimal auf die Wundfläche aufgetragen werden muß. Große Wunden werden mit Lac-Balsam-Vlies verstrichen (Abb. 114).

Versuche haben gezeigt, daß es günstiger ist, die Wunden größerer Aushauungen nicht vollständig mit Lac-Balsam oder Lac-Balsam-Vlies zu verstreichen, sondern nur wenige cm breit entlang des Wundrandes, um Kambium und Splintholz zu bedecken. So besteht die Möglichkeit, ohne großen Aufwand nach ca. 2 Jahren das blanke Holz erneut mit einem pilztötenden Mittel zu behandeln. Das ist deshalb erforderlich, weil nur selten bei der Aushauung die letzten Reste der Pilzmycele entfernt werden können (s. Abschnitt 8.1).

Nach wenigen Wochen hat sich am Rand Kallus gebildet und soweit über den Rand des Wundverschlußmittels geschoben, daß die Wunde absolut wasserdicht verschlossen ist. Beobachtungen über mehrere Jahre haben ergeben, daß in diesem Mittel bei richtiger Anwendung keine Haarrisse auftreten; mehrfach bemängeltes Abplatzen kleinerer Flächen ist auf falsches oder zu kaltes Auftragen des Mittels sowie ungenügende Aushauung (ungenügendes Entfernen kranken Holzes) zurückzuführen (Abb. 115). Mittelgroße Wunden werden am besten mit einer Mischung aus je zu Hälfte Lac-Balsam und Lac-Balsam-Vlies verstrichen.

Abb. 114. Die Wunde ist mit Lac-Balsam und Lac-Balsam-Vlies sorgfältig verschlossen, so daß Eindringen von Pilzsporen, Bakterien und Feuchtigkeit wirksam verhindert wird.

Abb. 115. Die Wunde zeigt 1 Jahr später gute Heilungsergebnisse; auch nach 5 Jahren waren im Wundverschluß noch keine Haarrisse festzustellen.

Andere Marken von Wundverschlußmitteln trocknen je nach ihrer Herstellungsgrundlage mehr oder weniger schnell aus. Sie bekommen dadurch Risse, durch die Bakterien und Pilze in das Holz eindringen können. Diese Wundverschlußmittel sind sehr häufig zu kontrollieren und nachzuarbeiten. Es erweist sich jedoch, daß das in fast keinem Fall geschieht, so daß man auf den Wundverschluß ebenso gut hätte verzichten können.

6.5 Ersatzpflanzung

Als Folge von Baumaßnahmen, Verkehrsunfällen und sonstiger schädlicher Einwirkungen, denen Bäume in der Stadt ausgesetzt sind, müssen häufig Verluste alter Bäume auch aus Baumreihen und Alleen hingenommen werden. Garten- und Landschaftsarchitekten diskutieren immer wieder darüber, ob es richtig sei, in solchen Fällen Ersatzpflanzungen mit jüngeren Bäumen vorzunehmen. Man muß jedoch davon ausgehen, daß bei der starken Verkehrs- und Umweltbelastung selbst bei jüngeren Baumreihen und Alleen ein gleichgroßer und gleichalter Bestand kaum wieder erreichbar sein wird, so daß es wohl richtig ist, auch in gleichartigen und gleichaltrigen Alleen und Baumreihen Ersatzpflanzungen vorzunehmen. Die Ersatzbäume sollen jedoch möglichst groß (Stammumfang mindestens 20–25 cm) sein und durch sorgfältige Bodenverbesserung und Humusanreicherung gefördert werden. Voraussetzung für die Ersatzpflanzung ist jedoch, daß der Abstand der benachbarten Altbäume so groß ist, daß der Jungbaum noch genügend Licht bekommt, um sich durchsetzen zu können.

Ist die lückig gewordene Baumreihe im ganzen so alt, daß auch die restlichen Bäume in absehbarer Zeit entfernt werden müssen, so ist häufig ein Wechsel der Baumart vorzuziehen. In diesem Falle ist anzustreben, daß mindestens zwei bis drei der jungen Bäume nebeneinander gepflanzt werden können; wenn sie soweit herangewachsen sind, daß sie ein einigermaßen ansprechendes Bild ergeben, muß man ggf. den Mut aufbringen, die restlichen alten Bäume zu entfernen, auch wenn es aus Sicherheitsgründen noch nicht zwingend erforderlich ist. So wird doch in angemessener Zeit wieder eine einigermaßen einheitliche Straßenbepflanzung erreicht. Wegen zu erwartender Kritik von Bürgern an einem solchen Vorgehen empfiehlt es sich, die Maßnahme in der örtlichen Presse vorzubereiten.

6.6 Auflockerung dichter Baumreihen

Baumreihen und Alleen wurden vor einigen Jahrzehnten häufig mit sehr geringem, teilweise mit weniger als 6 m Abstand gepflanzt. Das Lebensalter dieser Alleen kann oft erheblich erhöht werden, wenn rechtzeitig, d. h., solange die Kronen der Bäume noch entwicklungsfähig sind, eingegriffen wird und jeder zweite Baum aus der Reihe herausgenommen wird. Abstände von 10–15 m für großwerdende Baumarten wie *Tilia, Platanus* u. a. sind durchaus angemessen.
Ist der Stammumfang dieser Bäume kleiner als 80–90 cm, können sie vielfach noch umgepflanzt werden; die mit diesen Bäumen bepflanzte Straße bietet dann ebenfalls gleich ein fertiges Bild (s. 3.4).

6.7 Grenzüberhang

Alte Bäume, die dicht an Grundstücksgrenzen stehen, ragen mit einem Großteil ihrer Krone häufig in den Luftraum der Nachbargrundstücke. Wenn die Eigentümer dieser Grundstücke damit nicht einverstanden sind, können sie nach den Vorschriften des Bürgerlichen Gesetzbuches (BGB) die Entfernung der überragenden Zweige in angemessener Zeit verlangen; bei erfolgloser Aufforderung darf der Nachbar die Maßnahme selbst durchführen (§ 910 BGB, beschränktes Selbsthilferecht). In das Grundstück hineinwachsende Wurzeln können die Nachbarn ohne Mitteilung an den Eigentümer des Baumes abschneiden. Diese baumfeindliche Regelung des BGB erzeugt Baumruinen, in einigen Fällen kann mit dem Eingehen des Baumes gerechnet werden.

Das allgemeine Recht des BGB ist in den Stadtstaaten durch Baumschutzverordnungen, in anderen Bundesländern durch Ortssatzungen zum Schutz der Bäume auf der Grundlage neuesten Landesrechts abgewandelt. Diese Baumschutzsatzungen stellen den gesamten Baum unter Schutz; nicht nur seine Entfernung, sondern auch das Abschneiden von Ästen, die den Habitus des Baumes bestimmen, sowie Wurzelverletzungen ohne Genehmigung der zuständigen Behörde sind durch diese Verordnungen unter Strafe gestellt. Die Genehmigung wird nur erteilt, wenn es sich um eine schwere Benachteiligung des Nachbarn handelt; sie kann an Auflagen gebunden werden.

Um die aus dem Grenzüberhang sich ergebenden nachbarrechtlichen Schwierigkeiten auszuschließen, haben die meisten Bundesländer für die Pflanzung von Bäumen Vorschriften über die Abstände von den Grundstücksgrenzen in ihre Nachbarrechtsgesetze aufgenommen (s. 2.2.9). Älterer Baumbestand ist jedoch von diesen Vorschriften ausgenommen. Wegen der Bedeutung der Bäume für die Landschaft, die Stadt und das Leben haben z. B. die Länder Niedersachsen und Nordrhein-Westfalen in ihren Nachbarrechtsgesetzen die sehr gute Ausnahmeregelung getroffen, daß die Pflanzung von Bäumen an oder auf öffentlichen Grundstücken (Straßen, Gewässer usw.) nicht den Abstandsvorschriften der übrigen Paragraphen unterliegt.

Kann die Forderung des Nachbarn nach Entfernung des Grenzüberhanges nicht mit Hilfe von Baumschutzverordnungen oder Nachbarrechtsgesetzen abgewehrt werden, so dürfen die notwendigen Schnittmaßnahmen nur in der unter 6.3.6 beschriebenen Form vorgenommen werden. Es sollte auch geprüft werden, ob der betroffene Nachbar evtl. gegen Zahlung einer Entschädigung bereit ist, den Überhang des Baumes in den Luftraum seines Grundstückes zu dulden, da es sich in diesen Fällen häufig um einen enteignungsgleichen Eingriff handelt.

7 Schutz bei Baumaßnahmen

Die Forschungsgesellschaft für das Straßenwesen e. V. in Köln hat Richtlinien zum Schutz von Bäumen und Sträuchern im Bereich von Baustellen (RSBB) (zukünftig: RAS-LG Teil 4) herausgegeben; diese Richtlinien sind für den Bundesfernstraßenbau vom Bundesminister für Verkehr eingeführt. Der Deutsche Städtetag hat seinen Mitgliedsstädten die Anwendung dieser Richtlinien bei Baumaßnahmen ebenfalls empfohlen. Die Forschungsgesellschaft hat dankenswerterweise ihre Zustimmung gegeben, daß diese Richtlinien im folgenden z. T. wörtlich abgedruckt werden. Eine gekürzte Fassung dieser Richtlinien ist vom Deutschen Normenausschuß Bauwesen als DIN 18920, Schutz von Bäumen, Pflanzenbeständen und Vegetationsflächen bei Baumaßnahmen, herausgegeben worden.

Es ist immer wieder festzustellen, daß einige Jahre nach Abschluß von Bauarbeiten Bäume im Bereich der ehemaligen Baustelle absterben, obwohl sie bei der Baumaßnahme einigermaßen geschützt und erhalten worden sind. Die Ursache liegt darin, daß eine Reihe von Grundvoraussetzungen für die Erhaltung der Bäume nicht beachtet wird. Das Eingehen der Bäume wäre vermeidbar, und zwar bei Einsatz der richtigen Mittel zum richtigen Zeitpunkt mit geringen Kosten. Bäume sind Lebewesen, deren Ansprüche nicht ohne weiteres mißachtet werden dürfen; das wird bei zu vielen Planungen und Bauausführungen, manchmal absichtlich, übersehen. Die Schutzwürdigkeit der Bäume nimmt mit der Dichte der Bebauung zu, doch ist in ausgeräumten Landschaften die Erhaltung von Einzelbäumen und Baumgruppen ebenso wichtig wie in der Stadt. Das Gleichgewicht zwischen ober- und unterirdischer Baumsubstanz ist Voraussetzung für die Gesundheit und die Verankerung der Bäume im Boden und damit für ihre Standsicherheit. Es wird häufig vergessen, daß ober- und unterirdische Teile von Bäumen eine Einheit bilden und daß das Wurzelsystem der Bäume fast ebenso groß ist wie ihre Krone, in einigen Fällen sogar größer.

In gesundem, humosem, lockerem Boden bereitet die Erhaltung von Bäumen und Sträuchern keine Schwierigkeiten. Dieser Bodenzustand wird jedoch auf Baustellen, und zwar nicht nur im unmittelbaren Baubereich, stark nachteilig verändert. In einigen Fällen wird sogar der Oberboden völlig zerstört. Die Veränderung der Bodenstruktur durch Baumaßnahmen selbst ist häufig die Ursache für eine Änderung des Wasserhaushaltes des Bodens. Dadurch können die Bäume, die auf die bisher vorhandene Situation ja sehr genau eingestellt sind, entweder im Wasser ersticken oder durch Wassermangel vertrocknen. Überdekkung oder Befestigung der Wurzelflächen, zu denen man nicht nur den Kronenbereich, sondern darüber hinaus etwa 1,50 m rechnen muß, mit Platten-, Teer- oder Betondecken, führen zu Luftabschluß und damit ebenfalls zum Ersticken der Bäume.

Der größte Teil der im folgenden zu erläuternden Maßnahmen an Bäumen kann nur von Fachleuten, in etlichen Fällen sogar nur von besonders ausgebildeten Baumchirurgen, ausgeführt werden. Hierbei spielt der Kostenfaktor eine große Rolle; die billigste, wirkungsvollste und bei entsprechender Einsicht der Planer fast immer anwendbare Schutzmaßnahme ist die Einhaltung eines ausreichenden Abstandes von erhaltungswürdigen Bäumen.

Auf einen Unterschied zwischen der RSBB und der DIN 18920 sei hingewiesen: In der RSBB wird überwiegend von flachwurzelnden Bäumen gesprochen, in der DIN-Norm von Flachwurzlern. Die letztere Bezeichnung ist biologisch die richtigere, aber es ist zu berücksichtigen, daß viele Baumarten in der Baumschule vegetativ vemehrt werden und dadurch nicht mehr in der Lage sind, ihre ererbte Wurzelform auszubilden (s. 2.3.1). Die Behandlung der Bäume auf der Baustelle und Schutzmaßnahmen gegen Schäden müssen sich jedoch nach der tatsächlichen Form des Wurzelsystems und nicht nach der natürlichen Wurzelform der betreffenden Baumart richten.

7.1 Verdichtung

Alle Baustellenvorgänge führen zu einer Verdichtung des Wurzelbereiches; insbesondere tritt sie durch folgende Belastungen ein:

a) Befahren mit Fahrzeugen und Maschinen, wobei Luftreifen- und Raupenfahrzeuge im Endergebnis die gleiche Wirkung hervorrufen,
b) Einsatz von Verdichtungsgeräten,
c) Aufstellen von Maschinen,
d) ständiges Betreten der Wurzelfläche,
e) Aufstellen von Kantinen, Baubuden, Bauwagen und Aborten,
f) Lagerung von Baumaterialien u. a.

Die Wirkung der Belastung nach a) bis d) wird verstärkt auf grundwassernahen Böden, bei Niederschlägen außerdem auf vielen anderen Bodenarten (z. B. Lößß, Rendzina).

Durch die Bodenverdichtung wird je nach dem Grad der Verdichtung behindert oder verhindert:

a) der Luftaustausch im Boden und damit die Atmung der Wurzeln,
b) die Einsickerung des Niederschlagswassers, so daß die Nahrungsaufnahme erschwert wird,
c) die Entwicklung der Mikroorganismen, die die organischen Substanzen des Bodens verarbeiten und seine physikalische Struktur entscheidend beeinflussen.

Die Verdichtung führt daher im allgemeinen zu Kümmerwuchs und frühem Laubfall. Die Bäume werden auch anfälliger gegen pilzliche und tierische Schädlinge. In schweren Fällen sterben Bäume sogar binnen weniger Jahre ab.

Bodenverdichtung im Wurzelbereich von Bäumen kann nicht kurzfristig ohne neuerliche Schädigungen der Wurzeln rückgängig gemacht werden. Es muß darum alles darangesetzt werden, die Bodenverdichtungen im Bereich der Baumwurzeln überhaupt zu vermeiden. Dieses Ziel kann nur durch Einzäunung der gesamten Wurzelfläche erreicht werden. Ggf. kann die Regenerierung eines verdichteten Bodens durch leichtes Aufreißen der Oberfläche und Einsaat von Leguminosen erleichtert werden. Die endgültige Regenerierung dauert mehrere Jahre.

7.2 Staunässe

Die in Abschnitt 7.1 dargestellte Verdichtung führt besonders bei allen ton- und schluffhaltigen Böden zu Staunässe, da die Versickerung des Niederschlagwassers durch Bildung einer Verdichtungszone gehemmt wird. Solche künstlichen Staunässeböden regenerieren sich zwar mit dem Rückgang der Verdichtung, doch benötigen sie dazu viele Jahre, teilweise Jahrzehnte.

An Bäumen und Sträuchern treten auf diesen Böden die unter 7.1 genannten Schäden sowie ein regelrechtes Ertrinken ein. Neupflanzungen sind durch die Staunässe noch weitaus stärker gefährdet. Die nach der Pflanzung im oberen lockeren Mutterbodenbereich sich neu bildenden Wurzeln beginnen zu faulen, da diese Schicht nach Niederschlägen zu lange mit Wasser gesättigt bleibt. Die verdichtete Schicht wird daher von den Wurzeln häufig gar nicht erst erreicht, so daß die Gehölze sich außerdem nicht ausreichend im Untergrund verankern können.

Ist Staunässe im Wurzelbereich von Bäumen die Folge einer Verdichtung, so läßt sich bei durchlässigem Untergrund die Staunässebildung beseitigen, indem Löcher durch die verdichtete Schicht gebohrt werden, die bis in den unverdichteten sickerfähigen Untergrund reichen müssen. Die Löcher werden mit Grobkies verfüllt (Abb. 116).

7.3 Bodenauffüllung

Bei vielen Baumaßnahmen sind Bodenauffüllungen erforderlich oder erwünscht. Bodenoberfläche und Höhenlage der Wurzeln stehen jedoch in einer so engen Beziehung zueinander, daß dieses Verhältnis nicht ohne Schäden gestört werden darf; es sei an Atmung, Wasseraufnahme, Bodenleben erinnert. Die meisten Baumarten vertragen aus diesem Grunde eine Überfüllung nicht; z. B. geht die Buche bereits nach Abdecken ihres Wurzelbereiches mit einer 1–2 cm dicken Lehmschicht ein. Höhere Auffüllungen mit anderen Materialien haben die gleiche Wirkung (Abb. 117 und 118).

Baumarten der Weichholzauen und der Schluchtwälder vertragen auf ihren natürlichen Standorten eine geringe Auffüllung eher als auf anderen Standorten (z. B. Weide, Pappel, Linde, Esche). Bei höherer Auffüllung bilden sie zwar auch in der neuen Bodenoberschicht Wurzeln (Adventivwurzeln); die alten voll ausgebildeten Wurzeln ersticken jedoch nach einer gewissen Zeit und faulen. Dadurch

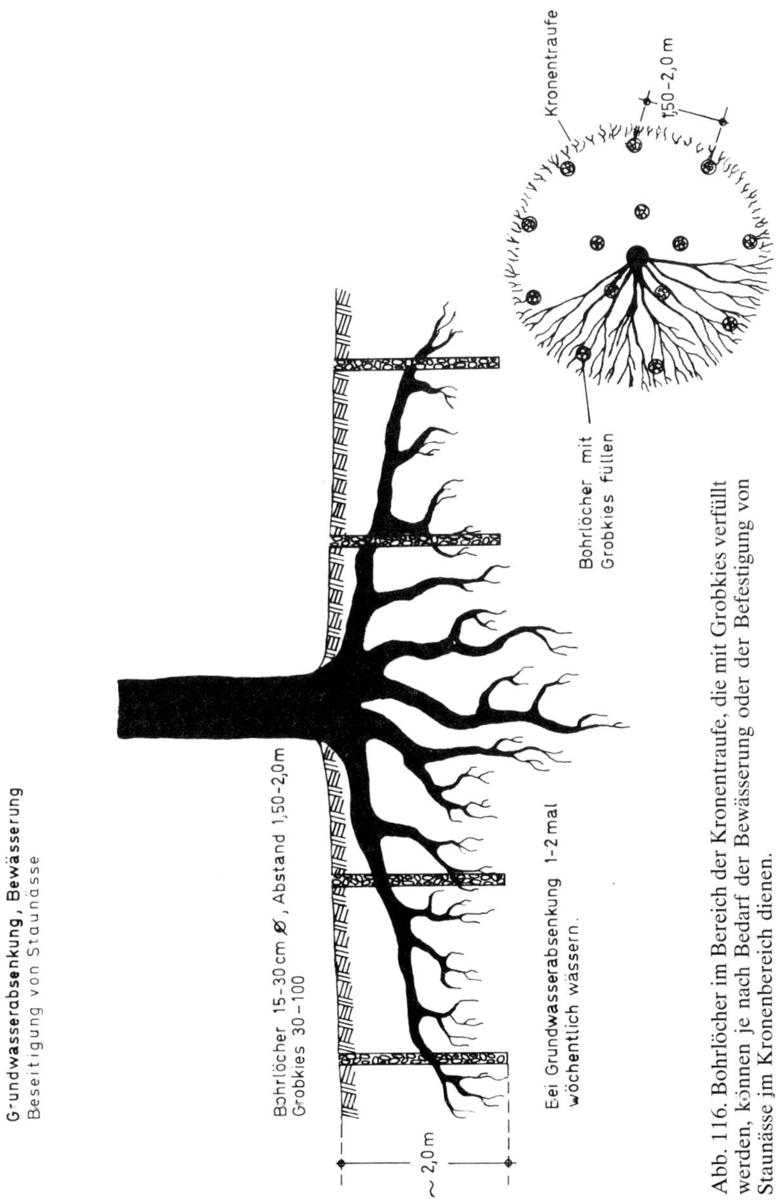

Abb. 116. Bohrlöcher im Bereich der Kronentraufe, die mit Grobkies verfüllt werden, können je nach Bedarf der Bewässerung oder der Befestigung von Staunässe im Kronenbereich dienen.

verliert der Baum seine Standfestigkeit, denn die neu gebildeten Wurzeln reichen zur Verankerung nicht aus. Dieser Vorgang zieht sich häufig über viele Jahre hin. Über die Höhe der möglichen Auffüllung ohne zusätzliche Maßnahmen kann keine Angabe in cm gemacht werden. Die zulässige Höhe hängt sehr stark vom Standort,

Abb. 117. Die Bäume sind 1 Jahr vor der Aufnahme ca. 0,50 m eingefüllt worden und zeigen bereits deutliche Absterbeerscheinungen.

dem zur Auffüllung vorgesehenen Material sowie der Baumart und dem Gesundheitszustand des Einzelbaumes ab.

Bei unvermeidlichen Auffüllungen muß der alte Wurzelhorizont durch Belüftungssektoren erhalten bleiben (Abb. 119). Die Belüftungssektoren müssen mindestens ein Drittel der Wurzelfläche umfassen. Sie können aus Ziegelbruch oder Schotter, am besten jedoch aus Grobkies, hergestellt werden; sie müssen mit Oberbodensektoren abwechseln, die die Bildung eines neuen Wurzelhorizontes fördern. Alle Materialien müssen locker aufgebracht werden. Pflanzendecken, Laub und andere organische Stoffe sind vor Beginn der Maßnahme zu entfernen, um Fäulnis unter der aufgebrachten Schicht zu vermeiden. Bei den Arbeiten darf die ursprüngliche Bodenoberschicht nicht verdichtet werden. Stark verfestigte Böden sind vorher in der Oberfläche zu lockern. Zusätzlich ist der Einbau eines dauerhaften ringförmigen Belüftungssystems aus porösen Drainrohren zu empfehlen, das durch einige senkrecht auf den Nahtstellen stehende Rohre Verbindung mit der Oberfläche erhält (Abschnitt 4). Die gleiche Maßnahme ist erforderlich, wenn im Wurzelbereich eine Befestigung der Fläche erfolgen muß; die notwendigen Schichten müssen auf die alte Oberfläche aufgebracht werden (Abb. 120). Auch Bodendeponien sind im Wurzelbereich nicht statthaft, wenn sie in der Vegetationszeit für mehrere Wochen und in der wachstumsfreien Zeit für mehr als etwa zwei Monate verbleiben müssen.

7.4 Bodenabtrag

Durch Abtrag der oberen Bodenschichten im Wurzelbereich von Bäumen wird ihnen ihre Nahrungsgrundlage entzogen. Häufig wird vergessen, daß nur die oberen 20–30 cm, in seltenen Fällen mehr, mit Humus angereichert sind und Bodenleben aufweisen. Unter gewissen Voraussetzungen genügt der Abtrag von 10 cm der oberen Bodenschicht, um Bäume verhungern zu lassen. Bei höherem Abtrag wird

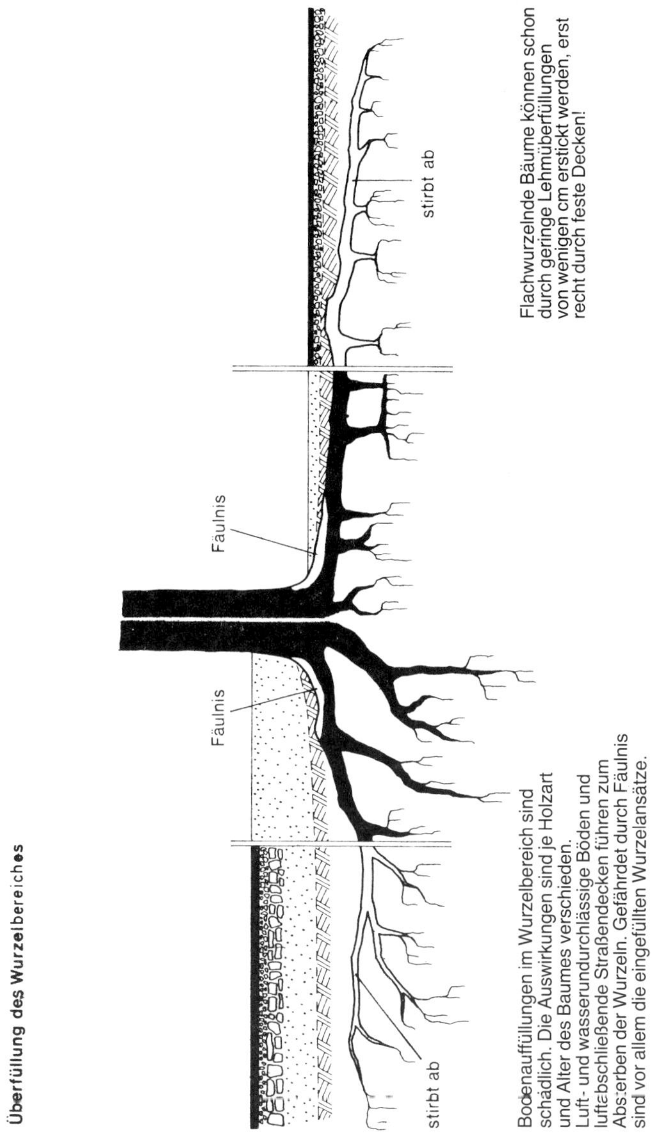

Abb. 118. Schäden an den Wurzeln von Bäumen bei Überfüllung des Wurzelbereiches.

zusätzlich die Standsicherheit der Bäume beeinträchtigt, und zwar um so mehr, je flacher das Wurzelsystem der betreffenden Bäume ausgebildet ist.

Soll eine Fläche abgetragen werden, so bleibt nur die Möglichkeit, im gesamten Kronenbereich vorhandener Bäume auf den Abtrag zu verzichten. Erst außerhalb dieses Bereiches darf die Fläche tiefergelegt werden.

Die Verringerung des Wurzelbereiches bei vorgesehenem Bodenabtrag, z. B. für Einschnitte von Straßen, ist in Einzelfällen möglich durch Ummauerung (Abb.

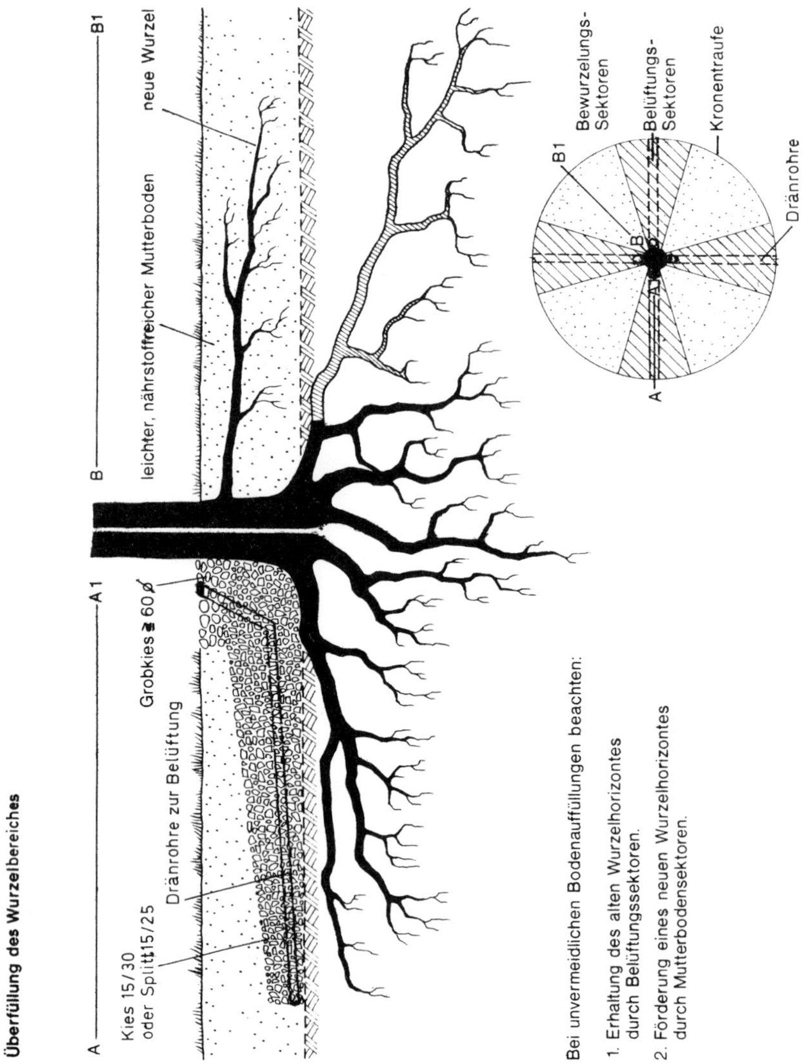

Abb. 119. Technische Schutzmaßnahmen bei Überfüllung des Wurzelbereiches mit Oberboden.

121). Es muß jedoch vorher ein Wurzelvorhang eingebaut werden, dessen technische Ausführung unter 7.5 erläutert wird.

7.5 Abgrabungen

Für eine große Zahl von Baumaßnahmen sind Abgrabungen erforderlich, z. B. Einschnitte für Straßenbauten, Gräben für Leitungen, Fundamentgräben für Stützmauern und sämtliche Baugruben.

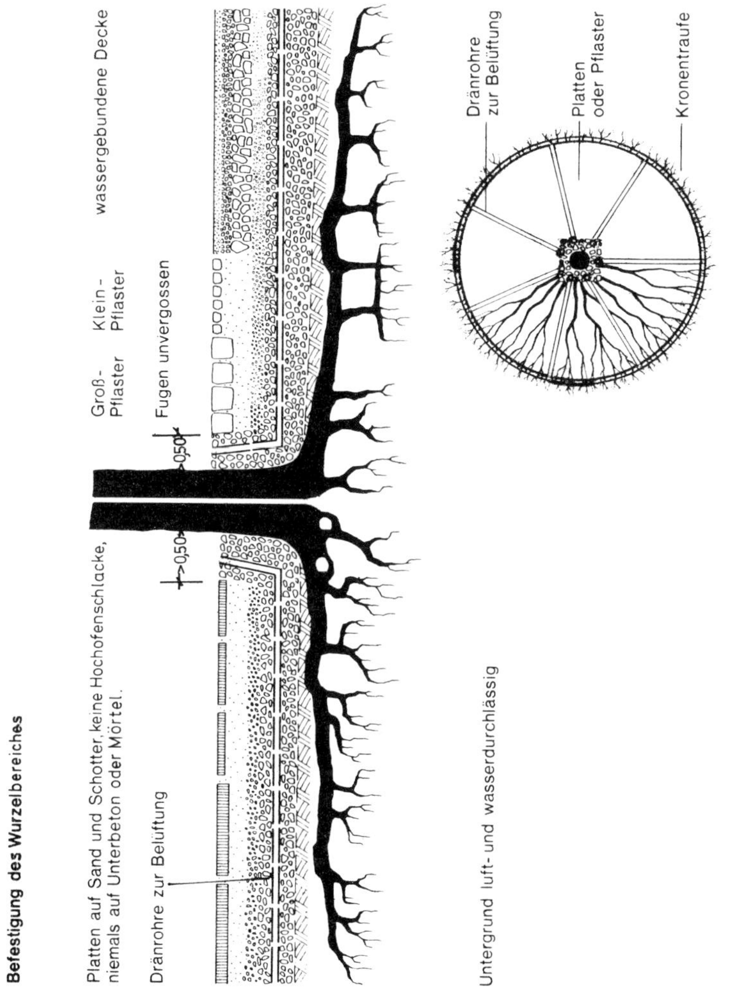

Abb. 120. Technische Schutzmaßnahmen bei Anlage von befestigten Flächen im Wurzelbereich von Bäumen.

Abgrabungen haben Einwirkungen auf Bäume, auch wenn sie eine gewisse Strecke außerhalb des unmittelbaren Wurzel- bzw. Kronenbereiches vorgenommen werden. In welcher Entfernung vom Baum eine Baugrube Einfluß auf das Leben des Baumes nimmt und wie die Abgrabung überhaupt auf die in der Nähe stehenden Bäume wirkt, hängt ab vom jeweiligen Wurzelsystem der betroffenen Bäume, der Zeitdauer und der Jahreszeit, in der die Baugrube offen ist sowie selbstverständlich von der Struktur und der Wasserkapazität des Bodens.

Grundsätzlich gilt,

a) daß tiefwurzelnde Bäume weniger gefährdet sind als flachwurzelnde,

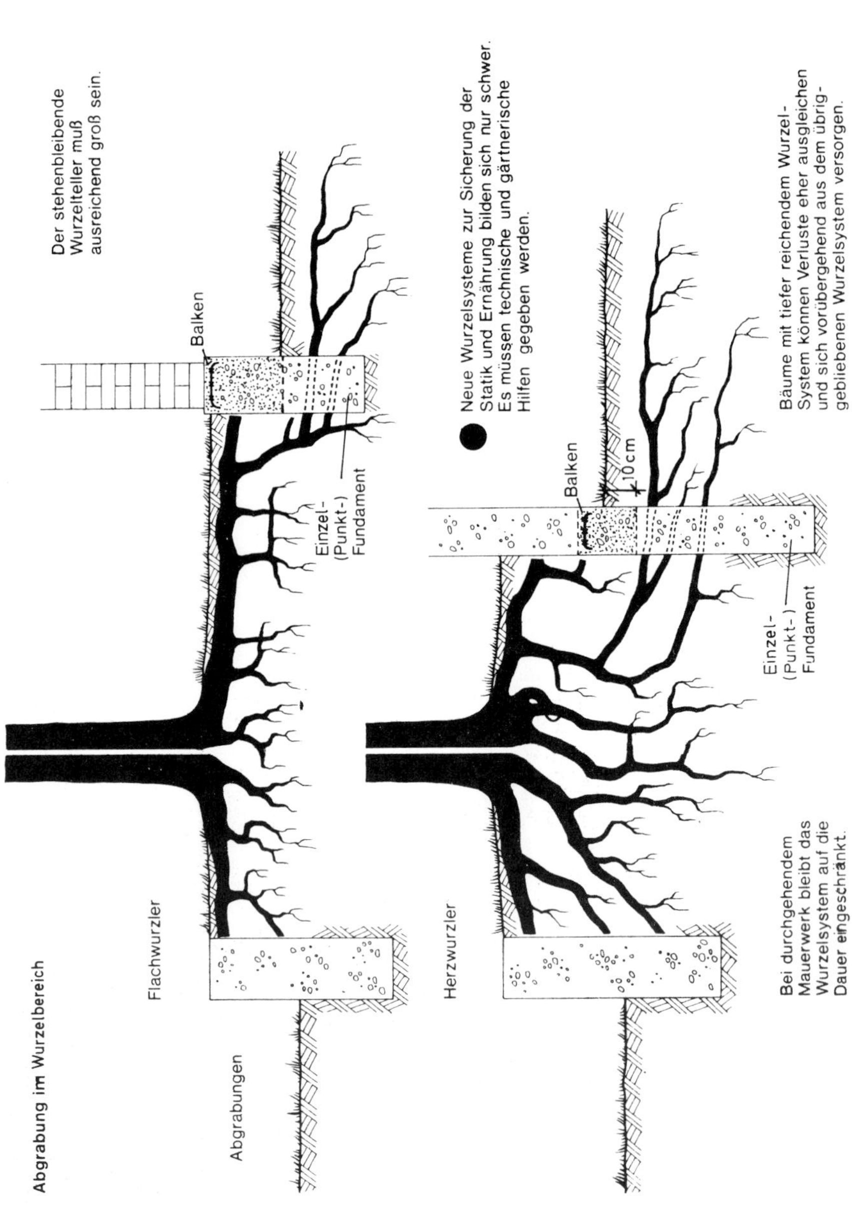

Abb. 121. Bau von Stützmauern im Wurzelbereich von Bäumen. Links fehlerhafte Ausführung, rechts richtige Ausführung, unter Beachtung der höchstens vom Baum zu verkraftenden Wurzelverluste.

b) daß der Herbst günstiger ist als der Sommer wegen dessen Trockenheit und der Winter wegen des Frostes,

c) daß eine kurze Bauzeit weniger schadet als eine lange, sofern nicht durch den Bau Wurzeln beschädigt werden.

Abgrabungen im Wurzelbereich von Bäumen dürfen am Baugrubenrand nur von Hand vorgenommen werden. Bagger und andere Maschinen reißen die Wurzeln ab und brechen sie nicht nur an der Baugrubenwand, sondern noch 0,30–0,50 m, sogar bis 0,80 m dahinter. Diese Schadstellen sind nicht sichtbar und werden darum im allgemeinen nicht behandelt. In diesen Fällen faulen die Wurzeln meist bis zum Wurzelhals am Stamm in relativ kurzer Zeit.

Ist die Baugrube längere Zeit offen, vertrocknen die Wurzeln an ihrem Rand. Nach dem Verfüllen setzt die Fäulnis auch hier ein und erstreckt sich nach einigen Jahren ebenfalls bis zum Wurzelhals. Durch diese Fäulnisherde ist die Standsicherheit der Bäume gefährdet.

Der beste und sicherste, allerdings auch teuerste und arbeitsaufwendigste Schutz von Baumwurzeln gegen Abgrabungen ist der Wurzelvorhang. Er verhindert das Austrocknen und Absterben der durch die Baugrube abgeschnittenen Wurzeln. Er sollte möglichst eine Vegetationsperiode vor Baubeginn hergestellt werden, damit er bis zum Baubeginn weitgehend durchwurzelt ist. Er wird folgendermaßen gebaut: In etwa 50 cm Abstand von der zukünftigen Baugrube wird der Boden in Handarbeit ausgehoben. Die Handschachtung muß die Sohle der zukünftigen Baugrube erreichen, jedoch sind maximal 1,50–2 m Tiefe erforderlich. Der Graben soll bis zur Außenkante der Baumkrone geführt werden. An der dem Baum zugewandten Seite dieses Grabens werden alle Wurzeln abgeschnitten, die Schnittstelle ist mit einem scharfen Messer nachzuschneiden. Die Wunden werden mit einem dauerelastischen Wundverschlußmittel verstrichen. An der der Baugrube zugewandten Seite des Grabens werden Pfähle eingeschlagen, auf diese wird ein Drahtgeflecht genagelt und an dem Draht eine Sackleinwand befestigt. Darauf wird der Graben mit einem Gemisch aus etwa 3/6 Kompost, 2/6 Sand und 1/6 feuchtem Torf verfüllt. Es empfiehlt sich, in dieses Gemisch einen geringen Anteil organischen Düngers (Baumfutter) einzuarbeiten (Abb. 122a–c).

Müssen im Wurzelbereich von Bäumen Mauern gebaut werden, so sind statt eines durchgehenden Fundamentes Stützen als Einzelfundamente zu wählen, die mit einem Betonbalken oder ähnlichem überbrückt werden. Der Abstand der Stützen voneinander soll 1,50 m nicht unterschreiten. Größere Abstände sind anzustreben. Der auf die Stützen zu legende Balken soll nicht tiefer als 10 cm in das Erdreich einschneiden, da sonst wiederum ein zu großer Teil des dahinter verbleibenden Bodens von den Wurzeln nicht erreicht werden kann bzw. die Wurzeln abgeschnitten werden (Abb. 121). Soll jedoch keine Grenz-, sondern eine Stützmauer gebaut werden, weil auf der baumabgewandten Seite eine Absenkung des Geländes erforderlich ist, so muß vorher der oben beschriebene Wurzelvorhang gebaut werden.

Wird jenseits der Mauer die Oberfläche undurchlässig befestigt, so ist der Abstand zwischen Mauer und Stamm des Baumes möglichst groß zu wählen. Das gilt bereits z. B. bei Straßenausbauten für Bordsteine, da die Betonstütze des Bordsteines so tief in den Boden einschneidet, daß die nahrungsaufnehmenden Wurzeln der Bäume bereits betroffen sind. Wird bei großen Bäumen der Abstand von 2,50 m unterschritten, so ist zusätzlich ein komplizierter baumchirurgischer Eingriff in der Baumkrone mit langjähriger Pflege erforderlich, um den Baum erhalten zu können (Abb. 123).

Für manche Leitungsverlegungen, z. B. große Kanäle und Fernheizungen, muß die Baugrube sehr lange offen sein. In diesem Falle müssen im Wurzelbereich von

Abb. 122. Bau eines Wurzelvorhanges. a) Die erforderliche Baugrube wird in Handarbeit ausgeschachtet. Die Wurzeln werden glatt abgeschnitten. b) Danach werden im Abstand von 0,50–0,70 m Holzpfähle in den Boden geschlagen und auf der dem Baum zugewandten Seite mit einer Drahtbespannung und Juteverkleidung versehen. c) Der Raum zwischen Baugrubenwand und der Jutebespannung wird danach mit einem Gemisch aus Kompost, Sand und Feuchttorf aufgefüllt unter Zugabe von etwas organischem Dünger und leicht gestampft. – Die eigentliche Baugrube muß dann vor den Holzpfählen ausgeschachtet werden.

Abb. 123. Der Wurzelvorhang der Abb. 122 konnte nur einen Abstand von ca. 1,0 m vom Stamm des Baumes erhalten, so daß eine erhebliche Auslichtung der Krone erforderlich gewesen wäre. Unglücklicherweise mußten, um den Baubetrieb überhaupt zu ermöglichen, auf der Baugrubenseite sehr hohe Baumaschinen eingesetzt werden, so daß dem Baum einseitig fast alle Äste genommen werden mußten. Daher wurde auf der Gegenseite auf einen Auslichtungsschnitt verzichtet. – Wenige Jahre nach Abschluß der Baumaßnahme hatte der Baum sich voll erholt.

Bäumen die oben beschriebenen Wurzelvorhänge gebaut werden. Für andere Leitungen brauchen die Baugruben im allgemeinen nur kurze Zeit offengehalten zu werden. Ein Wurzelvorhang ist dann nicht erforderlich. Die beste Lösung bei Abständen < 2,50 m ist das Unterfahren oder Durchbohren des Wurzelbereiches. In die Bohrung werden Mantel- oder Schutzrohre eingeführt, durch die anschließend die Leitungen hindurchgezogen werden (Abb. 83). Es empfiehlt sich, Reserverohre für weitere Leitungen vorzusehen. Die Hohlräume über den Schutzrohren sind anschließend sorgfältig zu verfüllen; das geschieht am besten durch Einschlämmen. Bei Bäumen mit Pfahlwurzeln muß ein durchbohrbarer Bereich vorsichtig von Hand gesucht werden.

Läßt sich eine offene Baugrube im Wurzelbereich nicht vermeiden, so ist ein Mindestabstand der Baugrubenwand von der Außenkante des Baumstammes von 2,50 m einzuhalten; anderenfalls ist das Durchbohren zwingend erforderlich. Im gesamten Wurzelbereich muß die Baugrubenwand von Hand geschachtet werden. Wurzeln von mehr als 2 cm Durchmesser dürfen im allgemeinen nicht abgeschnitten werden. Die Leitungen können unter den belassenen Wurzeln hindurchgeschoben werden. Auch hier sind Schutzrohre erforderlich, genügend Reserverohre sind einzubauen. Die oberen 0,40 m der Baugrube sind anschließend mit nährstoffreichem Boden (Oberboden-Kompost-Gemisch) zu verfüllen, der untere Teil wird mit dem Aushub verfüllt, der etwas mit Nährstoffen angereichert werden sollte.

Ist der Einbau von Schutzrohren bei geringeren Abständen vom Baum ausnahmsweise nicht möglich, so muß die Baugrube mit humusfreiem Mineralboden verfüllt werden, um die Wurzelbildung in diesem Bereich zu hemmen. Die Behandlung abgeschnittener Wurzeln erfolgt gemäß Abschnitt 6.4.

7.6 Grundwasserabsenkung

Viele Baumaßnahmen erfordern eine längere Grundwasserabsenkung. Einige Städte sind inzwischen dazu übergegangen, die Genehmigungen für Grundwasserabsenkungen nur auf die wachstumsfreie Zeit ab Ende September bis Mitte April, manchmal sogar nur bis Ende März, zu beschränken. Diese Einschränkung ist eine wesentliche Hilfe für den Baumbestand und sollte allgemein Schule machen.

Grundwasserabsenkungen wirken sich nur auf die Bäume aus, deren Wurzeln den Einflußbereich einschließlich der Kapillarwirkung des Grundwassers erreicht haben.

Die meisten Baumarten werden schon bei geringer Absenkung des Grundwassers zopftrocken, wenn die Dauer der Absenkung eine gewisse Zeit überschreitet. Bei tieferen Absenkungen über eine längere Zeit sterben die Bäume gänzlich ab (Abb. 124). Das vertretbare Ausmaß der Absenkung ist für die einzelnen Baumarten verschieden. Es ist u. a. abhängig

a) vom Alter des Baumes (je älter er ist, um so eher ist mit seinem Verlust zu rechnen),
b) von der Bodenart,
c) von der Höhe des Grundwasserstandes.

Schäden treten häufig schon bei einer Absenkung des Grundwassers um 50 cm auf.

Auch vorübergehende Absenkungen können zur Zopftrockenheit der Bäume führen, wenn sie in der Vegetationsperiode eine nicht genau festlegbare Zeit überschreiten. Als Erfahrungswert können etwa zwei Monate als Maximum

Abb. 124. Buchen an einem ehemaligen Feldweg, in den 2 Jahre vor der Aufnahme zur Erschließung des Geländes als Baugebiet Kanäle in einer Tiefe von ca. 4,0 m verlegt wurden. Die Bäume sterben ab.

angenommen werden. Da Bäume durch Grundwasserabsenkungen hungern, werden sie auch anfälliger gegen pilzliche und tierische Schädlinge. Das trifft vor allem zu, wenn Wunden vorhanden sind, da durch den eintretenden Hungerzustand die Wundheilung erheblich verlangsamt wird.

Gegen dauernde Grundwasserabsenkung hilft nur ständige Bewässerung. Sie wird wegen der hohen Kosten fast nie angewendet werden können, außer bei besonders wertvollen Bäumen oder Baumbeständen. Eine endgültige Abhilfe ist hier wohl nur durch Neupflanzungen möglich, die man so früh wie irgend möglich vornehmen sollte. Bei manchen Böden muß dabei auf anspruchslosere Baumarten ausgewichen werden.

Bei einer vorübergehenden Absenkung des Grundwassers lohnen sich in den meisten Fällen die Kosten für eine Bewässerung, wenn die Grundwasserabsenkung in die Vegetationsperiode hineinreichen muß. Eine bewährte Möglichkeit ist die Bohrung von Löchern im Durchmesser von 15–30 cm, die etwa 1,50 m tief in den Boden gebohrt und mit Grobkies in der Körnung von 30–100 mm verfüllt werden.

Der Abstand der Löcher im Bereich der Baumtraufe soll etwa 1,50–2 m betragen. Einige zusätzliche Löcher in Richtung zum Stamm hin sind empfehlenswert (Abb. 116). Diese Löcher werden ein- bis zweimal wöchentlich, je nach Höhe der örtlichen Niederschläge, mit Wasser gefüllt. Handelt es sich bei dem abgesenkten Grundwasser um nährstoffreiches Wasser, sind gelegentlich leichte Düngergaben mit dem Gießwasser erforderlich.

Während der Vegetationsperiode empfiehlt es sich, auch die Baumkrone zu besprühen, z.B. können Sprühdüsen in der Baumkrone angebracht werden. Die Sprühdauer beträgt mindestens 15 h wöchentlich.

Blattdüngungen oder Spritzungen der gesamten Krone und des Stammes mit verdunstungshemmenden Mitteln, z.B. mit Alginurelösungen, erhöhen die Widerstandskraft der betroffenen Bäume. Die Spritzung soll drei- bis viermal im Jahr erfolgen. Die Verdunstung wird dadurch ebenfalls erheblich herabgesetzt, so daß die Bäume mit dem geringeren Wasserangebot leichter auskommen.

Diese Maßnahmen müssen nach Einstellung der Grundwasserabsenkung noch so lange fortgesetzt werden, bis sich der Grundwasserspiegel wieder auf die Normalhöhe angehoben hat. Die Zeitdauer dieser Anhebung hängt von der Bodenart und der Tiefe der Absenkung sowie von der Höhe der örtlichen Niederschläge ab und kann nur durch Grundwassermeßpegel genau festgelegt werden.

7.7 Freistellen älterer Bäume

Durch Baumaßnahmen werden häufig die Randbäume von Baumgruppen entfernt. Die dahinter im Bestand aufgewachsenen Bäume werden durch diese Freistellung erheblich gefährdet, und zwar durch Sonnenbrand, Windbruch und Windwurf. Sonnenbrand tritt vor allem an den Süd- und Westseiten der Stämme von glattrindigen Bäumen auf. Die Rinde stirbt dabei flächenweise ab, die Bäume vertrocknen. Durch Sonnenbrand besonders gefährdet sind also Buchen und Fichten sowie Eschen im Jugendstadium. Vom Windwurf sind vor allem flachwurzelnde Bäume bedroht.

Das Freistellen sollte auf 2–5 Jahre vor Baubeginn verteilt werden, so daß die Bäume sich langsam an die neue Situation gewöhnen. Aus Finanzierungsgründen ist das leider nur in wenigen Fällen möglich, so daß andere Schutzmaßnahmen erforderlich werden. Altbekannte Methoden sind z.B.:

a) das Bestreichen der Rinde mit Lehm und anschließend das Umwickeln des Stammes mit Ballenleinen, wie es die Baumschulen verwenden; dabei ist darauf zu achten, daß nicht die neueren Materialien mit Kunststoffasern verwendet werden, da diese nicht verwittern können, so daß der Stamm des Baumes nicht wieder frei wird;
b) das Umwickeln des Stammes mit Strohseilen bis in die Krone hinein;
c) das Bestreichen der Rinde mit Kaolinerde.

Eine neuere, aber die einfachste und dauerhafteste Lösung ist das Bestreichen der Rinde mit einem dauerelastischen Wundverschlußmittel, z. B. Lac–Balsam, das als künstliche Rinde wirkt und den Stamm schützt.

7.8 Sonstige Bauschäden an Bäumen

Durch Fahrlässigkeit, unglaublicherweise manchmal sogar durch Vorsatz, werden auf Baustellen Bäume durch weitere Maßnahmen geschädigt. Folgende seien genannt:

a) Fahrzeuge und Maschinen beschädigen die Rinde am Stamm und an den Wurzeln; hieraus entstehen Fäulnisherde; Abhilfe ist nur durch Einzäunung (s. 7.1) möglich.
b) Unachtsames Auskippen von Öl, Teer, Zement, Salzen, Säureresten auf der Wurzelfläche kann zum Absterben der Bäume führen; Abhilfe ist durch 1,80 m hohe Zäune möglich.
c) Verbrennen von Abfall und die Heizung von Baubuden unter Bäumen bringt die sehr hitzeempfindliche Rinde ebenso wie Blätter und Knospen zum Absterben; der Abstand zwischen Feuerstelle und Kronentraufe muß $\geqq$ 5,0 m betragen.
d) Die Befestigung von Drahtschlingen, Ketten und Bandeisen am Stamm sowie das Einschlagen von Bauklammern, Nägeln und Krampen in Stamm und Äste führen über die Beschädigung der Rinde und des Kambiums zur Beeinträchtigung des Wasser- und Nährstofftransportes und damit zu Wachstumsstörungen der Bäume. Sie sind ebenfalls die Ursache von Fäulnis und damit oft des vorzeitigen Absterbens von Bäumen. Die Schäden werden häufig erst nach einigen Jahren sichtbar. Schädlicher noch als das Einschlagen von Nägeln in Bäume ist das Herausziehen mit Kneifzangen; dabei entstehen zusätzliche Druckstellen und die Rinde löst sich vom Stamm. In diesen Fällen ist lediglich das Abschneiden der Nägel und Krampen unmittelbar am Stamm zulässig.

7.9 Nachbehandlungen

Die meisten der erläuterten Schutzmaßnahmen erfordern über eine Reihe von Jahren eine Nachbehandlung und regelmäßige Kontrolle.

Der durch viele Maßnahmen eingetretene Wurzelverlust muß fast immer in der Krone durch fachgerechtes, sorgfältiges Auslichten ausgeglichen werden. Wenn das nicht erfolgt, können Spitzendürre, früher Laubfall und trockene Zweige auftreten; treten diese trotz aller Vorsichtsmaßnahmen auf, ist auf zusätzliche Schädigungen im Wurzelbereich zu schließen, die aufgesucht und behandelt werden müssen. Alle trockenen Äste und Zweige sind dann fachgerecht zu entfernen, ggf. ist die gesamte

Baumkrone nochmals auszulichten. Der häufig feststellbare Rückschnitt der Krone ist abzulehnen (s. 6.3.6). Alle Wunden, auch beim Nachschneiden, sind glattzuschneiden und zu verschließen. Die mit Wundverschlußmitteln behandelten Stellen sind jährlich einmal auf Haarrisse zu kontrollieren und gegebenenfalls nachzuarbeiten.

8 Baumchirurgie

Eine Reihe von umfangreichen Maßnahmen zur Sanierung und Erhaltung alter, wertvoller Bäume wird unter dem Begriff Baumchirurgie zusammengefaßt. Würden alle Bäume rechtzeitig richtig gepflegt, wären die meisten dieser arbeitsaufwendigen Maßnahmen nicht erforderlich. Da dieses Ziel bisher nicht erreicht werden konnte, kann auf die Baumchirurgie nicht verzichtet werden. Entscheidend ist die sorgfältige Auswahl hochqualifizierter Firmen, da die meisten, die sich mit solchen Arbeiten befassen, sich selbst zu Baumchirurgen ernannt haben. Eine anerkannte Ausbildung für diese Aufgabe gibt es in der Bundesrepublik leider nicht; in den USA dagegen ist eine qualifizierte Ausbildung für Baumchirurgen schon lange selbstverständlich. Für baumchirurgische Arbeiten sind genaueste Kenntnis der Bäume, ihrer Ansprüche und der Wechselbeziehung Boden – Klima – Baum sowie eine gute Beobachtungsgabe erforderlich. Der Umfang dieses Buches läßt die ausführliche Darstellung der Baumchirurgie, der ein eigenes Buch zu widmen wäre, nicht zu. Einige Maßnahmen, die zur Baumchirurgie gehören, sind bereits erläutert worden; sie werden in diesem Abschnitt nicht wieder aufgeführt (siehe 6.3.1 Belüftung, 6.3.5 Behandlung von Hohlkronen, 6.3.6 Auslichten, 6.3.7 Frostrisse und Wurzelschäden, 6.4 Wundverschluß, 7.5 Wurzelvorhang).

8.1 Aushauung

Faulstellen im Holz lebender Bäume können ohne Eingriffe nicht gestoppt werden, sie vergrößern sich ständig. Sie entstehen, wo Pilze und Bakterien durch Rindenverletzung in das Holz eindringen können. Ein großer Teil der Faulstellen in Stämmen und starken Ästen ist auf nichtbehandelte Frostrisse, Stammverletzungen durch Unfälle im Straßenverkehr, auf Baumaßnahmen oder unsachgemäß abgeschnittene Äste zurückzuführen, wenn die Wunden nicht fachgerecht verschlossen wurden. Eine der häufigsten Ursachen für Fäulnis in Bäumen ist wohl die falsche Entfernung von Ästen: Vielfach werden Aststummel stehengelassen; Gärtner lernen sogar, daß sie auf „Astring“ zu schneiden hätten, d. h., der Schnitt solle rechtwinklig zum abzuschneidenden Ast erfolgen. Ein solcher Schnitt ist falsch; es muß auf „Saftstromebene“ geschnitten werden (Abb. 125), d. h., der Schnitt muß möglichst dicht am Stamm oder Hauptast, und zwar parallel zu ihm, geführt werden. Nach oben und unten müssen die Schnittwunden spitzoval zulaufen; nur so kann der Saftstrom die Wundränder beiderseits voll umfließen, und damit ist die rascheste Wundheilung gewährleistet.

Faulstellen müssen vollständig ausgehauen werden. Das Pilzmycel ist in seiner Masse durch einen im Holz meistens erkennbaren schwärzlichen Rand gekenn-

Abb. 125. Richtige Schnittführung beim Entfernen von Ästen.

Abb. 126. Ein alter Stammschaden, zum Teil bereits überwallt, war in Fäulnis übergegangen, da die Wunde nicht richtig behandelt war. Das morsche Holz ist sorgfältig ausgehauen und das gesunde Holz mit einem pilztötenden Mittel behandelt worden.

zeichnet; einige Hyphen gehen jedoch darüber hinaus. Daraus folgt, daß Aushauungen über den erkennbaren Rand des Pilzmycels hinaus in das gesunde Holz erfolgen müssen. Die dabei entstehenden Wunden sind so anzulegen, daß Wasser, welches in das Stamminnere eindringen kann, abfließen kann (Abb. 110 und 126). Stehendes Wasser in Baumwunden ist gefährlich, da es Pilze und Bakterien begünstigt.

Weiteres Wachstum von Pilzen und Bakterien kann eingedämmt werden, wenn ausreichend Luftzufuhr möglich ist. Stehende Luft mit der im Bauminneren vorhandenen Wärme und Feuchtigkeit begünstigt Pilze und Bakterien. Durchziehen Faulherde den ganzen Stamm oder Teile davon, muß daher ggf. zusätzlich zu der Öffnung für den Wasserabfluß im unteren Stammbereich eine weitere Öffnung im oberen geschaffen werden. Dadurch wird ein Luftzug im Stamm geschaffen, wenn eine Öffnung und Aushauung des gesamten Stammes nicht möglich oder nicht zweckmäßig ist (Abb. 128 und 129).

Die Aushauungen werden geglättet, das Holz mit pilztötenden Mitteln behandelt und die Wunde verschlossen (s. 6.4).

8.2 Kronenerleichterung

Weitausladende Baumkronen sind im ozeanischen Klima besonders durch Stürme, im kontinentalen Klima durch Schnee- und Eislast gefährdet. Häufig kann man beobachten, daß gerade gesunde Äste abbrechen, von denen man es zunächst nicht vermuten konnte. Daraus darf jedoch nicht gefolgert werden, daß kranke Äste ewig halten. Gesunde Äste sind deswegen häufig vom Abbrechen bedroht, weil sie durch gute Verzweigung und große Blattmasse ein besonders großes Gewicht haben.

Auch ohne Sturmeinwirkung brechen besonders bei stark verdunstenden Baumarten im Sommer gelegentlich gesunde Äste ab, wenn plötzliche große Hitze durch „Abreißen" des Turgors zu einem Elastizitätsverlust führt. Fast immer ist festzustellen, daß für den betreffenden Standort eine falsche Artenwahl erfolgt oder innerhalb der letzten zwei Jahrzehnte der Standort ungünstig verändert worden ist.

Auslichten und Einkürzen solcher zu langen Äste werden so vorgenommen, daß der Habitus des Baumes erhalten bleibt, keine Aststummel stehen bleiben und über jedem Schnitt eine Verzweigung vorhanden ist (s. 6.3.6). Geübte Fachleute erleichtern auf diese Weise Baumkronen um mehr als 50% ihrer Masse so geschickt, daß man ohne besondere Schulung nach etwa zwei Jahren diese Operation nicht mehr bemerkt.

8.3 Kronenverankerung

Bäume mit Hohlkronen, Zwillingskronen oder breit ausladenden Kronen müssen durch Verankerung zusätzlich gegen Abbrechen der Äste oder Stämmlinge geschützt werden. Früher wurde in solchen Fällen häufig ein ringförmiges Bandeisen um die Äste oder Stämme gelegt und mit einer starren Eisenstange an Wänden oder anderen Ästen verbunden. Bei zunehmendem Dickenwachstum würgen derartige Bänder nach wenigen Jahren die Rinde und hemmen dadurch den Saftfluß. Der oberhalb dieser Sperre liegende Teil des Astes wächst schneller und wird dicker als der darunter befindliche. Zusätzlich stirbt die Rinde unter den Eisenbändern ab, so daß kein durchgehender Saftstrom mehr entsteht. In dieser Weise mißhandelte Äste oder Stämmlinge brechen ab.

In einigen Fällen ist es den Bäumen gelungen, den Eisenring zu sprengen, so daß der Saftstrom wenigstens stellenweise ohne völlige Unterbrechung wieder aufgebaut werden konnte. Die Reste derartiger Eisenbänder müssen in komplizierter baumchirurgischer Arbeit entfernt werden; durch richtig angelegte Längsschnitte, die die Kallusbildung anregen sollen, können Saftstrombrücken entwickelt werden. Mit Hilfe solcher Maßnahmen ist die Überwindung der Schäden durch die Eisenringe im Laufe einiger Jahre möglich.

Eine richtige Kronenverankerung muß den Ästen und Stämmlingen Bewegungsspielraum bei Wind für das Gewicht der Blattmasse auch im nassen Zustand geben, da starre Verankerungen zu Rissen in den Stämmen führen. Dazu werden die Äste oder Stämmlinge an der statisch richtigen Stelle durchbohrt, in die Bohrung wird ein Anker aus Rundeisen eingeführt und an der Unterseite festgeschraubt. Die Schraubmutter soll unter der Rinde liegen, die sauber ausgearbeitete Bohrung wird nach der Verschraubung mit Lac–Balsam verstrichen. Mit Hilfe von Drahtseilen, deren erforderliche Stärke berechnet werden kann, werden an diesen Rundeisenankern die Stämme gegenseitig verankert (Abb. 111). Bei besonders breiten und hohen Kronen müssen diese Verankerungen im Abstand von einigen Metern mehrmals erfolgen.

Die Verankerungen sind möglichst im Abstand von fünf, höchstens jedoch von zehn Jahren, auf richtigen Sitz und Haltbarkeit zu prüfen. Um ein Nachstellen zu erleichtern, sollten die Verankerungen mit Spannschlössern ausgestattet werden.

Abb. 127. Zur Wiederherstellung der Ringkraft sind Gewindestäbe eingezogen worden.

8.4 Stammverstärkung

8.4.1 Stabanker

Stämme von Bäumen, die zur Aushauung von Faulstellen aufgeschnitten worden sind, haben ihre „Ringkraft" verloren, so daß die Gefahr besteht, daß sie bei Stürmen abbrechen. Die Ringkraft muß also wieder geschlossen werden. Dazu werden an den statisch richtigen Stellen im Abstand von 20–40 cm (der Abstand hängt von der Wuchsform des betreffenden Baumes ab) ummantelte Gewindestäbe eingezogen, die mit Gewindemuttern unterhalb der Rinde des Baumes verschraubt werden (Abb. 127). Die Auswahl der richtigen Stellen für das Einziehen der Gewindestäbe setzt jahrelange Erfahrung voraus. Die Bohrungen für die Gewindemuttern werden mit Lac-Balsam sorgfältig verschlossen.

Stabanker im unteren Stammbereich werden von Kindern gern zum Klettern benutzt, die Stammhöhlungen dienen Kindern und Jugendlichen oft als „Kamin". Um die Bäume gegen dadurch entstehende Schäden zu schützen, hat der Verfas-

Abb. 128 und 129. Links: Verschluß tiefliegender Aushauungen im Stamm einer *Castanea sativa* durch Stahldrahtgitter der Maschenweite 10 × 10 mm vor den Stabankern (Gewindestäben). Die auf der Abb. sichtbaren Stammöffnungen sind miteinander verbunden, die Fäulnis führte im Innern auch in die Wurzel. Dieser Bereich ist daher nach erfolgter Aushauung mit Kies der Körnung 8–16 mm bis zur Bodenoberfläche gefüllt worden, um einen guten Wasserabzug zu sichern. Rechts: Der gleiche Baum um ca. 90° gedreht aufgenommen. Die fast völlige Aushauung des Stamminnern, die zum Verlust der Ringkraft und der Stammfestigkeit führt, wird durch ausreichend viele Stabanker an den statisch richtigen Stellen ausgeglichen.

ser gemeinsam mit dem Baumchirurgen MAURER einen Verschluß der Höhlungen durch handelsüblich verzinkte Stahldrahtgitter (10 × 10 mm) oder durch verzinkte Siebbleche entwickelt, die mit Aluminiumschrauben und ausreichend großen Vorlegscheiben im Holz befestigt werden (Abb. 128 und 129).

8.4.2 Plomben und Scheinplomben

Unkundige empfehlen meistens die Füllung solcher Aushauungen bzw. von hohlen Stämmen mit Beton und Mauerwerk. Diese Verfahren sind grundsätzlich falsch; unter einer solchen Füllung fault das Holz viel schneller weiter als ohne Füllung. Häufig kann man auch beobachten, daß die Bäume diese falsch angebrachten Plomben bei zunehmendem Wachstum herausdrücken; die Fäulnis darunter geht jedoch weiter. Auch die chemische Industrie hatte neue Verfahren zur Füllung von Aushauungen und hohlen Stämmen mit Polyurethan-Hartschaumstoff entwickelt. Dieser Füllstoff war vermutlich genau wie Beton zu beurteilen; außerdem konnte bisher nichts über seine statischen Eigenschaften (Wiederherstellung der Ringkraft) in Erfahrung gebracht werden. Diese Versuche sind inzwischen wohl aufgegeben worden.

In einigen wenigen Fällen ist die Anbringung einer Plombe angebracht. Diese Plomben werden segmentweise mit Zwischenlagen von Dachpappe gebaut, so daß sie in sich beweglich sind und bei den Bewegungen des Baumes durch Wind nicht brechen. Sie werden hinter das Kambium gesetzt und mit Lac-Balsam verstrichen, so daß die Ränder überwallt werden und damit nach wenigen Wochen die Höhlung wasserdicht verschlossen ist (Abb. 130).

Zur höchsten Kunst des Baumchirurgen gehört der Bau einer Scheinplombe, bei der die eigentliche Höhlung nicht ausgefüllt wird, sondern nur eine dünne Wand vor die Höhlung gesetzt wird. Scheinplomben sind ebenfalls nur in wenigen Fällen erforderlich; die beste Sanierung hohler Bäume mit innerer Fäulnis besteht im allgemeinen in einer sauberen Aushauung und Wiederherstellung der Ringkraft durch Einziehen von Gewindestäben sowie der Behandlung mit pilztötenden Mitteln und dem Wundverschluß durch Lac-Balsam, letzteres wird häufig nur auf Rinde und Splintholz aufgetragen.

8.5 Düngung

Um die Lebenskraft baumchirurgisch behandelter Bäume wieder zu stärken, ist unbedingt eine Düngung dieser Bäume erforderlich. Dafür wurde vom Baumchirurgen MICHAEL MAURER (1968) der Ausdruck „Fütterung" geprägt mit der Begründung, daß unter Düngung landwirtschaftliche und gärtnerische Ernährungshilfen zur Erzielung hoher Erträge verstanden werden, während bei Straßen- und Parkbäumen rasches Wachstum wegen der damit verbundenen Weichheit des Holzes unerwünscht ist. Daher dürfen für Bäume nur Dünger verwendet werden, deren entscheidende Eigenschaft darin besteht, daß der Stickstoff sehr langsam, über mehrere Jahre verteilt, freigesetzt wird. Vorwiegend sollten organische Dünger, z.B. Baumfutter, angewendet werden. Aus den im Kapitel D dargestellten Untersuchungen geht jedoch eindeutig hervor, daß organische Dünger bei Straßenbäumen nur angewendet werden können, wenn der Luftaustausch im Boden ausreicht, so daß genügend Sauerstoff vorhanden ist, d.h., die Bäume dürfen

Abb. 130. Plombe in der Wunde des Baumes von Abb. 127, die durch Zwischenlagen von Dachpappe leichten Bewegungen des Stammes bei Sturm folgen kann und daher nicht bricht. – Da bei der Behandlung festgestellt wurde, daß der Baum ohne Einbau von Belüftungssektoren zu hoch eingefüllt wurde, ist ein Kreis von 2,50 m Durchmesser von der ursprünglichen bis zur neuen Bodenhöhe mit Grobkies aufgefüllt worden.

nicht in befestigten Flächen stehen bzw. es müssen ausreichend Luftlöcher, z.B. Baumbelüfter, eingebaut sein.

Bei Verwendung der speziellen Baum- oder Vorratsdünger darf nicht erwartet werden, daß im nächsten Jahr die Wirkung sichtbar wird; die Bäume benötigen 2–3 Jahre, ehe sie reagieren.

Mit Erfolg ist auch versucht worden, den Bäumen eine kleine Menge schnellwirkenden Mineraldüngers in Verbindung mit einer ausreichenden Menge des Langzeitdüngers zu geben.

Die erläuterten Maßnahmen kosten Zeit und Geld, so daß häufig Fehlentscheidungen getroffen werden, z. B.:

a) Alte sanierungsfähige Bäume werden entfernt und junge Bäume gepflanzt, die jedoch viele Jahre bis zur Erfüllung ihrer Aufgaben benötigen.

b) Junge Bäume erhalten keine ausreichende Aufbaupflege, man pflanzt – vielleicht als Tätigkeitsnachweis oder zur Selbstbestätigung – nach 20–30 Jahren lieber neu.

Daß diese häufig anzutreffenden Auffassungen falsch sind, zeigt das folgende Kapitel, in dem nachgewiesen wird, wie sehr ältere gesunde Bäume „ins Geld gewachsen" sind.

G Gehölzwertermittlung

WERNER KOCH

1 Die Problematik

Gehölze und Gartenanlagen haben für die Architektur, den Schmuck und die Abschirmung von privaten und öffentlichen Grundstücken in der vergangenen Zeit immer größere Bedeutung gewonnen. Für ihre Herstellung werden oft hohe Kosten aufgewandt. Mit dieser Entwicklung erhielt auch immer mehr Bedeutung, wie bei den Gehölzen (im nichtforstlichen Bereich) in Schadenersatzfällen oder bei der Entschädigung nach Enteignungsgrundsätzen vorzugehen sei. Dabei war die bisherige Schadenersatz- und Entschädigungspraxis unbefriedigend. Die Berechnungsweisen reichten vom bloßen Holzwert (auch bei reinen Parkgehölzen) bis hin zur Substitution des Kronenvolumens durch das einer entsprechenden Zahl von Jungbäumen, ein Verfahren, durch das man rasch zu sehr hohen Werten kommt. Die Schwierigkeiten führten zur Arbeitsgruppe „Baumwertermittlung" der Ständigen Konferenz der Gartenamtsleiter beim Deutschen Städtetag (KOCH 1973 und 1979 F). Die Arbeitsgruppe, in die auch der Verfasser berufen wurde, nahm zunächst eine Bestandsaufnahme aller bekannten Vorgehensweisen einschließlich der zahlreichen „hausinternen" Verfahren vor. Insgesamt stellte sich bald heraus, daß man die Problematik nicht isoliert für ein Teilgebiet sehen konnte, man mußte eine Gesamtlösung finden. So konnten die Städte nicht nur Schadenersatz für um- oder angefahrene Park- und Straßenbäume fordern. Die Liegenschaftsämter mußten ihrerseits beim Grunderwerb auch Bäume und Gärten entschädigen. Die bei den Vermessungsämtern angesiedelte Grundstückswertermittlung und die dort eingerichteten Geschäftsstellen der Gutachterausschüsse hatten den Anteil der Gehölz- und der Gartenanlagen am Verkehrswert ganzer Grundstücke im Auge. Man war sich im klaren, daß es schon von der Glaubwürdigkeit und auch von der Praktikabilität her nur eine Berechnungsmethode geben sollte. Sie sollte der Wertermittlung von Bäumen und Gartenanlagen bei den nachfolgenden Anlässen gerecht werden:

1.1 Beschädigung eines Gehölzes, einer Garten- oder Parkanlage ohne Entzug der Grundstücksfläche – typischer „Schadenersatzfall" nicht selten auch im Zuge öffentlich-rechtlicher Maßnahmen –

1.1.1 Die Beschädigung führt zum *vollen Verlust* des Gehölzes oder eines flächigen Bestandes. Rechtlich geht es hierbei darum, ob

1.1.1.1 Schadenersatz in Höhe der Naturalrestitution zu leisten ist („wenn Art, Standort und Funktion ... Ersatz durch gleichen Baum nahelegen" (Bundesgerichtshof 1975) oder

1.1.1.2 in Höhe eines „abgestuften Wertes" sog. „Wertersatz" wenn Naturalrestitution unverhältnismäßig (dieser Sachverhalt lag dem „Kastanienbaumfall" zugrunde)

1.1.2 Die Beschädigung führt (nur) zu einer *Wertminderung* des Gehölzes oder der Gartenanlage
– Teilschaden, an Wurzeln, Stamm, Krone, wohl häufigster Schadenersatzfall –
Hier geht es um den Ersatz der Kosten schadenmindernder und -heilender Maßnahmen (Kosten und Folgekosten) und um eine mögliche, darüber hinausgehende Wertminderung des geschädigten Baumes und damit des bestandenen Grundstücks.

1.2 Das Gehölz wird samt Standfläche entzogen – typisch bei öffentlich-rechtlicher Inanspruchnahme –

1.2.1 Teilabtretung
– wohl häufigster Wertermittlungsanlaß –
Das Grundstück verliert eine Teilfläche, auf der eine abschirmende, schmückende, gestalterische Pflanzung steht. Hier geht es um den Verkehrswertanteil der Abtretungsfläche am Ganzen unter Berücksichtigung der entfallenden Funktion für das Restgrundstück (Differenzprinzip)

1.2.2 Abtretung des ganzen Grundstücks
Hier geht es um den Verkehrswertanteil einer Gartenanlage, u. U. auch eines Einzelgehölzes am globalen Grundstückswert (Verkehrswertermittlung).

2 Die rechtlichen Ausgangspunkte für die Gehölzwertermittlung

Im Gegensatz zu den bisherigen Vorgehensweisen suchte der Vorschlag des Verfassers zunächst nach rechtlichen Ansatzpunkten. Daß dies richtig war und daß die gefundenen Ausgangspunkte zutrafen, bestätigte der Bundesgerichtshof (1975), der das entwickelte und vom Deutschen Städtetag 1972 bekanntgemachte Verfahren überprüfte (dazu Koch 1973, 1974, 1975, 1978 D und 1979 B)

2.1 Gehölze als Grundstücksbestandteile

Der Bundesgerichtshof bestätigte den Ausgangspunkt für die praktische Taxation, der den „Städtetagsrichtlinien" zugrunde liegt und präzisierte:

2.1.1 Gehölze sind sog. „wesentliche Bestandteile" des Grundstücks, auf dem sie stehen (§ 94 Bürgerliches Gesetzbuch), rechtlich unselbständige Sachen (ausgenommen Baumschulware). Grundstück und Bepflanzung sind danach rechtlich ein und dieselbe Sache (so wie Grundstück und fest verbundenes Gebäude)

2.1.2 Sind bei Unfällen oder öffentlich-rechtlichen Maßnahmen Bäume oder Gartenanlagen betroffen, dann wird in das Grundstück eingegriffen. Es geht grundsätzlich nicht um die Differenz zwischen dem Wert etwa eines ausgewachsenen Baumes und dem dafür nachgepflanzten Jungbaum, sondern um die *Minderung des Grundstückwertes.*

2.1.3 Die Wertminderung kann über den Sach- (Kosten-, Zeit-)wert des Baumes gefunden werden. (Insofern ist also der Baum oder die Gartenanlage usw. Berechnungsgrundlage).

2.2 Vorgaben der beiden Rechtsgebiete

Zu den Ausgangspunkten 2.1 hatten die Überlegungen bei der Erarbeitung der Städtetagsrichtlinien geführt und zwar aus folgenden Gründen:

2.2.1 Der Verkehrswert

Bei der Frage, wie die Wertminderung eines Grundstücks ermittelt werden kann – oder, andersherum, die Werterhöhung gegenüber einem unbestandenen Grundstück- stößt man zunächst auf den *Verkehrs- oder Marktwert* als Entschädigungsmaßstab. Seine Begriffsbestimmung gibt z. B. § 142 Abs. 2 Bundesbaugesetz.

„Der Verkehrswert wird durch den Preis bestimmt, der in dem Zeitpunkt, auf den sich die Ermittlung bezieht, im gewöhnlichen Geschäftsverkehr nach den rechtlichen Gegebenheiten und tatsächlichen Eigenschaften, der sonstigen Beschaffenheit und der Lage des Grundstücks oder des sonstigen Gegenstandes der Wertermittlung ohne Rücksicht auf ungewöhnliche oder persönliche Verhältnisse zu erzielen wäre".

Der Verkehrs- oder Marktwert stellt in der Regel die untere Grenze dar sowohl bei der öffentlich-rechtlichen Entschädigung („Substanzwert") als auch im bürgerlichen Schadenersatz („Wertersatz").

2.2.2 Weitere rechtliche Gesichtspunkte

Andere Gesichtspunkte kommen hinzu. Für die Lösung des Taxationsproblems waren noch weitere Vorgaben zu beachten (Siehe Aufstellung gegenüber).

2.3 Folgerungen für die Gehölzwertermittlung

Aus den genannten rechtlichen Vorgaben wurden für die Taxation folgende Schlüsse gezogen:

2.3.1 Schadenersatz

Sofern die Herstellung des Zustandes, der ohne das Schadereignis bestünde (Naturalrestitution), nicht unverhältnismäßig teuer ist, berechnet sich die Schadenersatzforderung nach den Kosten, die entstehen, um ein etwa gleichgroßes Gehölz wieder zu pflanzen (einschließlich der Anwachspflege und des Anwachsrisikos, denn erst dann ist der o.g. Zustand hergestellt).

Ist die Naturalrestitution unverhältnismäßig, ist Wertersatz zu leisten. Dieser wird berechnet nach den Herstellungskosten des zerstörten Gehölzes bei einer dem jeweiligen Fall angemessenen, wirtschaftlich vernünftigen Herstellungsweise (nach gegenwärtigen Preisverhältnissen). Hier geht es also nicht um die Herstellung des Zustandes ohne das Schadereignis, sondern um den Zeitwert des zerstörten Baumes. *Man frägt nicht, was der Betroffene nun tut, sondern, was er verloren*

	Schadenersatz	Entschädigung
Anspruchsgrundlage	unerlaubte Handlung Vertragsverletzung	Enteignung, enteignungsgleicher Eingriff
Fragestellung	Was wäre, wie stünde der Betroffene ohne das Schadereignis? (Hypothetischer Verlauf)	Was wird oder wurde dem Betroffenen zum Eingriffszeitpunkt genommen? Hypothetische Entwicklungsmöglichkeiten ab da sollen unberücksichtigt bleiben
Entschädigungsform	Naturalrestitution (Rechtsbegriff). Wenn diese unverhältnismäßig: Wertersatz (= Verkehrs-, Zeit- oder Marktwert); bzw. der dafür jeweils erforderliche Geldbetrag	Wertausgleich in Geld, keine Naturalrestitution
Sonst. Gesichtspunkte hinsichtlich der Gehölze	Entgangener Gewinn bei Ertragskulturen, wie Gehölze zur Gewinnung von Schnittgrün oder Blütenzweigen	Konkreter Wert des Zwangsentzuges für den Betroffenen (dazu nachher 3.3.6) Bei Teilenteignung: ggf. Wertminderung des Restgrundstücks (dazu 3.3.7) Erwerbsverlust (bei Ertragskulturen wie Obstbäume, Reben usw.). Maßstab: Deckungsbeitrag
Beiden Gebieten gemeinsam	– Mitwirkendes Verschulden (z.B. unterlassene Soforthilfe nach Rindenverletzungen) – Vorteilsausgleich (nicht „neu für alt") (Berücksichtigung einer Alterswertminderung oder sonst. Wertminderungen, die schon bestanden) – Bloße Gefühls- oder Erinnerungswerte sind nicht ersatzfähig („Baum, den der Großvater gepflanzt hat")	

hat (für die gegenwärtige Situation und mit Blick in die Zukunft). Dazu eingehend Koch, 1979 E und 1981 C.

Daß hinsichtlich der Naturalrestitution eine Grenze sein *muß*, ergab sich zwingend aus der praktischen Wertermittlung. Sowohl von dem Angebot der Baumschulen als auch von der Pflanztechnik her können heute sehr große Baumstärken gepflanzt werden, die für manche Standorte bereits den Endgrößen entsprechen. Die Kosten können 15000, 20000 oder auch 30000 DM und noch weit mehr betragen. Sie sind an (ganz) besonderen Standorten gerechtfertigt, dort wird diese Herstellungsweise praktiziert. In vielen anderen Fällen wären die Kosten einer solchen Pflanzung völlig unverhältnismäßig. Es gibt niemand, der an einer unbedeutenden Stelle, z.B. einer abgelegenen Böschung, Großbäume pflanzt.

2.3.2 Enteignungsentschädigung

Hier ist grundsätzlich Wertausgleich in Geld zu leisten. Dieser Wertausgleich dürfte (vom praktischen Inhalt für die Wertermittlung her) dem *Wertersatz* entsprechen. (In beiden Fällen frägt man, was der Betroffene verloren hat).

Beim *Wertersatz* (= Substanz-, Sach- oder Zeitwert) ist wieder von den Kosten einer üblichen Herstellung auszugehen. Dies ergibt sich vor allem aus den Vorschriften für die Grundstückswertermittlung (dazu nachher 3).

2.3.3 Die Kostenwerte können für beide Rechtsgebiete Verwendung finden

Nach dem Erörterten kann bei Ziergehölzen in beiden Rechtsgebieten von den Herstellungskosten ausgegangen werden:
- Entweder von der Pflanzung eines gleichgroßen Gehölzes (bei Naturalrestitution und in der Enteignungsentschädigung dort, wo diese Größen üblich sind)
- Oder von dem zerstörten Substanz- oder Sachwert, berechnet nach der Herstellung aus einer angemessenen Pflanzgröße – zuzüglich der weiteren Herstellungskosten (bei Wertersatz bzw. Wertausgleich)

3 Die Grundstückswertermittlung und der Verkehrswert von Bäumen und Gartenanlagen

Nun ist noch darzulegen, was die Grundstückswertermittlung im einzelnen für das anstehende Problem hergibt.

In der Grundstückswertermittlung gleicht die Situation bei Bäumen und Gartenanlagen weitgehend der eines anderen wesentlichen Grundstückbestandteils, nämlich den Gebäuden. In den Kaufverträgen ist in der Regel nicht ausgewiesen, welcher Teil der Kaufsumme auf den Boden und welcher auf die Gebäude entfällt. Deshalb läßt sich aus den Kaufpreissammlungen der Wertanteil der Gebäude nicht zwingend beweisen. Aus mancherlei Gründen ist es dennoch notwendig, auch den Wert(anteil) von Gebäuden zu ermitteln. Die Wertermittlungsverordnung (1972) sieht hierfür das Vergleichs-, Ertrags- und Sachwertverfahren vor.

3.1 Das Vergleichswertverfahren

Als unmittelbarstes Verfahren gilt der Preisvergleich. Die methodischen Vorzüge des Vergleichswertverfahrens sind unbestritten. Bei bebauten Grundstücken stößt es jedoch auf große, praktische Schwierigkeiten.

Statt vieler Aussagen in der Literatur sei BRÜCKNER-CLAUSS-GLASER (1974), S. 301 zitiert: „Nur in Ausnahmefällen werden Vergleichspreise von bebauten Grundstücken für die Ermittlung des Verkehrswertes eines bebauten Grundstücks herangezogen werden können, da sie selten vergleichbar, dann also ungeeignet sind. Entweder weicht die Bebauung der Grundstücke wesentlich voneinander ab oder aber die zeitliche und räumliche Trennung läßt einen Vergleich nicht zu". Aus diesen Gründen beschränkt sich die Anwendung des Vergleichswertverfahrens weitgehend auf den Bodenwert. (Der Bodenwert ist laut Wertermittlungsverordnung stets getrennt zu ermitteln, also ohne Aufbauten, Anpflanzungen usw.). Es ist auch vom Markt her gesehen gut verständlich, daß sich z. B. in einem Gebiet ein bestimmter Bodenpreis für Bauplätze usw. herausbildet, der vergleichbar ist. Ungleich schwieriger und vielfältiger sind dagegen die Einflußgrößen bei Gebäuden, die oft auch einen recht individuellen Zuschnitt haben.

Bei den Gehölzen und Gartenanlagen ist – wie schon angeführt – die Situation ähnlich wie bei den Gebäuden. VOLLMAR (1979) führt dazu aus: „Bereitet schon, sofern Kaufpreise zur Verfügung stehen, die Ermittlung der Bezugsgröße für die Ableitung des Verkehrswertes aus dem Bauwert bei Einzelobjekten Schwierigkeiten, weil z. B. im allgemeinen der Kaufpreis nicht im Bauwert- und Bodenwertanteil aufgeschlüsselt ist, so trifft dies umso mehr zu, wenn neben baulichen Anlagen ... wertvoller Baumbestand vorhanden ist". In der Praxis jedenfalls scheidet das Vergleichswertverfahren bei *bebauten* Grundstücken hinsichtlich der Gehölze und Parkanlagen weitgehend aus.

3.2 Das Ertragswertverfahren

Unbrauchbar für das in Rede stehende Gebiet ist in der Praxis auch das Ertragswertverfahren, das bei Miet- und Renteobjekten Anwendung findet. Zwar bringen die sog. Ziergehölze einen Ertrag, der am betreffenden Standort weit bedeutsamer sein kann als derjenige der „klassischen" Ertragsgehölze. Die architektonischen, abschirmenden oder schmückenden Funktionen lassen sich aber praktikabel nicht in Mark und Pfennig ausdrücken (bis heute nur über ihre Herstellungskosten).

3.3 Das Sachwertverfahren

3.3.1 Haus mit Garten als Sachwertobjekte

Ein- und Zweifamilienhäuser gelten als ausgesprochene Sachwertobjekte. Neben einer Vielzahl, nicht objektivierbarer persönlicher Beweggründe, kommt hier zweifellos den Kosten eine besondere Bedeutung zu. Die tragenden, allgemeinen Motive dieses Marktes sind klar.

In einem Eigenheim mit Garten, einem Landhaus mit Park, will derjenige, der sich dies wirtschaftlich leisten kann, individuell wohnen. Dabei ist der gärtnerische Rahmen schon geradezu die klassische Voraussetzung für wertvolle Wohngebäude. Die Eingrünung gibt dem Ganzen Atmosphäre, sie bildet nach innen den Grundstücksraum und kann diesen Raum nach außen abschirmen. Vielen Menschen ist Entspannung und Erholung im Garten wertvoll, sei es in einer aktiven oder passiven Form. Dem gesamten Personenkreis gemeinsam ist

- daß es ihm nicht um eine (besonders gute) Verzinsung der Kosten seines Wohngrundstückes geht, also das Merkmal eines Sachwertobjektes gegeben ist und
- daß die Gestaltung in der Regel konkret auf die Bedürfnisse des Eigentümers zugeschnitten ist. Es handelt sich also um einen konkreten Wert für den jeweiligen Eigentümer

Das hier Gesagte gilt sinngemäß auch für unbebautes Gartenland.

3.3.2 Die Modifikation des Sachwertverfahrens für Gehölze

3.3.2.1 Zum Wertermittlungsgang

Der in der Wertermittlungsverordnung beschriebene Gang des Sachwertverfahrens mußte für Gehölze modifiziert werden. Der Sachwert (Substanzwert) wird dabei auf folgende Weise errechnet:
Auf der Grundlage von Normdaten werden alle Kosten (der gewählten Pflanzengröße, der Pflanzkosten, Anwachspflege- und -risikokosten) zu Preisen im Kalkulationszeitpunkt ermittelt. (Da ein vorhandenes Gehölz oder eine Gartenanlage gegenwärtige Kosten erspart. In der Verkehrswertermittlung gilt nicht der Nominalwert sondern der Realwert einer Leistung). Diese Kosten werden bis zum Zeitpunkt der etwaigen Funktionserfüllung aufgezinst und summiert. Dasselbe erfolgt mit den *Herstellungspflege*kosten (Pflege ist während der gesamten Standzeit eines Gehölzes erforderlich. Unterbleibt sie, führt dies zumeist zu Wertminderungen). Der Verzinsung des eingesetzten Kapitals (Kosten der Investition und der Herstellungspflege) soll dabei die Wertdifferenz zwischen einem Grundstück mit einem Gehölz (oder einer Gartenanlage) in der unterstellten (kleineren) Pflanzgröße und dem (größeren oder fertigen) Bewuchs ausdrücken. Diesem Vorgehen hat der Bundesgerichtshof im Kastanienbaumurteil ausdrücklich zugestimmt. Bei den Kapitalkosten handelt es sich um einen absoluten Ausgleichsbetrag, den man *insgesamt* sehen muß. Auf das Ergebnis sind ggf. Abschläge wegen Fehler und Mängel des Gehölzes, früherer Beschädigung oder Alterswertminderung zu machen (ausführlich KOCH 1978 A, S. 154f.). Schwierige finanzmathematische Überlegungen ergeben sich bei dem modifizierten Sachwertverfahren nicht. Es sind jeweils zwei einfache Multiplikationen durchzuführen (mit den Kapitalendwert- und Rentenendwertfaktoren Tab. 45 und 46 Seite 344). Wurde ein Gehölz beschädigt, dann fallen zunächst Kosten der Sofortbehandlung an. Die künftigen Folgekosten sind mit dem Kapitalbarwert- bzw. Rentenbarwertfaktor abzuzinsen (dazu Beispiele 5.3 Seite 353f., Faktoren bei KOCH (1978 A), S. 284f.

Zu einer grundsätzlichen Diskussion mit der landwirtschaftlichen Betriebslehre über das modifizierte Sachwertverfahren KOCH (1979 B) und mit verschiedenen Bundesministerien über Wertermittlungsfragen 1981 A und 1981 B sowie 1981 C G. und L.

3.3.2.2 Zur Frage der Marktüblichkeit

Der allgemeine Grundstücksmarkt benötigt für die *Mehrzahl* der Kauffälle keine Gutachten, die alle Regeln der „Kunst“ beachten (anders liegt dies bei Erbauseinandersetzungen, Beleihungen u. ä.). Der Anbieter nennt eine Verhandlungsbasis, frei nach seinen Vorstellungen; die Immobilienunternehmen machen ggf. eine Überschlagsrechnung nach den Maklermethoden. (Mehr als Information, u. U. Verhandlungsbasis wäre im freien Marktgeschehen auch ein noch so exaktes Gutachten nicht). Aus dem Angebot und der Nachfrage ergibt sich dann der Preis. Dabei bleibt dem Verhandlungsgeschick oft ein sehr weiter Spielraum. (Aus diesen Gründen lehnt die Betriebswirtschaftslehre den Wert für „jedermann“, also den sog. Verkehrswert, weitgehend ab und anerkennt nur eine Subjekt-Objekt-Beziehung).

Das Argument, eine Berechnungsmethode müsse auch vom allgemeinen Grundstücksmarkt angewandt werden, geht, jedenfalls bei Sachwertobjekten, an der Tatsache vorbei, daß mit den „amtlichen“ Verfahren dem Grundstücksmarkt nicht vor- sondern vielmehr nachgerechnet wird. Die überwiegende Zahl der Grundstücksgeschäfte und die dabei erzielten Preise kommen aufgrund von *Marktmechanismen* zustande und *weder* aufgrund von Gutachten oder Berechnungen nach der *Wertermittlungsverordnung,* noch aufgrund der *Wertermittlungsrichtlinien,* noch nach dem *modifizierten Sachwertverfahren* für Gehölze. Welcher Anbieter oder Käufer beherrscht schon diese komplizierten Verfahren? (Man ist schon froh, wenn die Fachleute richtig rechnen). Bei den vergleichenden Analysen gibt jedenfalls zu denken, daß der Verkehrswert von Einfamilienhausgrundstükken oft erheblich über dem Sachwert liegt. Die Erklärung dürfte mit in den, von den Gutachterausschüssen bisher weitgehend ignorierten Gartenanlagen liegen. Damit ist jedoch nichts gegen die Erfordernis von Gutachten gesagt. Man benötigt Gutachten – neben den erwähnten Erbauseinandersetzungen usw. – wo der Marktmechanismus zwangsweise ausgeschaltet wird, weil z. B. ein privilegierter, übermächtiger Erwerber auftritt in Gestalt eines Enteignungsberechtigten. Hier führt der Weg über Gutachten und dabei kommt man um Berechnungsmethoden wie oben erörtert, nicht herum. Dies auch dann, wenn solche Berechnungsmodelle dem Markt im allgemeinen gar nicht bekannt sind und damit auch nicht angewendet werden können, wie z. B. die sog. Verschiebetheorie der Rechtsprechung. Die Ausführlichkeit und Nachvollziehbarkeit von Enteignungsgutachten ist erforderlich, damit Betroffener wie auch Begünstigter Einzelpositionen und Ergebnis überprüfen können.

3.3.3 Zum Mehrwert infolge Parkaufwuchs und Abstufung der Gehölzwerte

Die Tatsache, daß ein Grundstück mit angelegtem Garten mehr wert ist als im rohen Zustand (auf den sich der Bodenpreis laut Wertermittlungsverordnung nach der rechtlichen Vorschrift beziehen muß) ist leicht einzusehen. Verkauft beispielsweise ein Wohnbauunternehmen Neubauten, so wird es dort, wo es die Gartenanlage bereits angelegt hat, entsprechend mehr fordern. Das Unternehmen wird zumindest die entstandenen Kosten verlangen und kann es auch begründen. Der rechnende Käufer wird dies i. d. R. auch anerkennen, denn eben diese Kosten (und außerdem die Mühe, die Wartezeit usw.) hat er dann nicht.

Im weiteren besteht ein unbestreitbarer Unterschied zwischen einem eben angelegten Garten und einem fertigen, repräsentativen Garten mit Sichtschutz und raumbildenden Gehölzen (sehr anschaulich zu beobachten in Neubaugebieten). In vielen Fällen wird man davon ausgehen können, daß ein potentieller Käuferkreis bereit sein wird, für ein Grundstück mit ansprechend angelegtem und fertig eingewachsenem Garten mehr zu bezahlen, als für ein gleiches Grundstück mit einer Neuanlage (die ihrerseits aber bereits einige 10000 DM gekostet haben kann).

Der Mehrwert wird sich zumeist nicht nach den Kosten bemessen, die entstanden wären, wenn der Garten – was möglich ist und in besonderen Fällen auch praktiziert wird – sogleich mit großen Sträuchern und Bäumen bepflanzt worden wäre. Vielfach kann man dieselben Gehölze in den Baumschulen als kleine Pflanze um wenige DM bis hin zum weitgehend fertigen Baum um vielleicht 20000 DM kaufen). Es ist in der Regel davon auszugehen, daß die Werterhöhung des fertigen Gartens über den Kosten der Neuanlage liegt, jedoch wesentlich unter den Kosten einer Herstellung in ‚Endgrößen'.

Um die Möglichkeit der Berechnung dieser Werterhöhung ging es – wie schon angedeutet – bei dem Grundsatzurteil des Bundesgerichtshofes – BGH – (1975) dem sog. Berliner Kastanienbaumfall. Die Kostenrelationen sind typisch, sie veranschaulichen das Problem sehr gut:

Die Pflanzung und Anwachspflege eines üblichen Jungbaumes kostete das Land Berlin	420 DM
Den Wert des fertigen Baumes nach einer 35-jährigen Herstellungszeit berechnete das Land Berlin nach den „Städtetagsrichtlinien" mit	3260 DM
Die Naturalrestitution hätte gekostet	16368 bis 18368 DM

In seiner Entscheidung führte der Bundesgerichtshof aus, daß bei Schadenersatz eine Naturalrestitution dort in Frage käme, wo „Art, Standort und Funktion des Baumes für einen wirtschaftlich vernünftig denkenden Menschen den Ersatz durch einen gleichartigen Baum wenigstens nahelegen würde". Andernfalls sei von einer Größe auszugehen, die diesen Rahmen berücksichtige.

Das Kämmergericht als Berufungsgericht hatte es zuvor für möglich gehalten, den Wertunterschied zu einer Anfangsgröße über die Addition der bloßen Herstellungspflegekosten auszudrücken. Der Bundesgerichtshof als Revisionsgericht kam zu dem Ergebnis, daß damit der Wertunterschied auch „nicht annähernd ausgeglichen wird". Er setzte sich mit dem modifizierten Sachwertverfahren auseinander und stellte fest „*daß im allgemeinen die Wertermittlung nach dem sog. Vergleichswertverfahren mangels vergleichbarer Objekte bei Zierpflanzen ebenso ausscheiden dürfte* wie die nach dem sog. Ertragswertverfahren". Übrig bleibe ein (modifiziertes) Sachwertverfahren, das auf dem *Herstellungswert* basiert. „Betriebswirtschaftlich unanfechtbar setzt KOCH aber auch die Verzinsung des Kapitalaufwandes ein ... (als) wirtschaftliche Berücksichtigung der Vorhaltekosten" (einer über eine längere Zeit sich hinziehenden Herstellung). Gegen die Zinskosten sei rechtlich nichts einzuwenden. Der BGH kam zu dem Ergebnis „diese Berechnungsweise ... *kann durchaus einen praktisch brauchbaren Anhalt für die Schätzung der ... Wertdifferenz zwischen dem mit dem jungen Baum und dem mit dem zerstörten Baum bewachsenen Grundstück abgeben*". Diese Feststellung hat sich in der Praxis bestätigt.

3.3.4 Anpassung des Sachwertes durch zeitgemäße Ansätze

Bei der Sachwertermittlung von *Gebäuden* sind am Schluß des Berechnungsweges ggf. noch Korrekturen z.B. wegen Überdimensionierung, übergroße Stockwerkshöhen, Funktionsverluste usw. vorzunehmen. Dies *entfällt* beim modifizierten Sachwertverfahren für *Gehölze,* weil hier bereits bei den Ausgangsdaten zeitgemäße Ansätze getroffen werden müssen.

Die Tatsache aber, daß der *Sachwert nicht unter allen Umständen auch dem Verkehrswert entsprechen muß,* besteht hier wie dort. Insofern unterliegen die Ergebnisse in der Regel derselben Prüfung und ggf. Korrektur, wie die übrigen Ergebnisse der Sachwertermittlung (die Wertermittlung von Gartenanlagen und Bäumen fällt überwiegend bei Sachwertobjekten an).

Vor allem bei großen und exklusiven (Gesamt-)Grundstücken kann es sein, daß auch der insofern angepaßte Sachwert nicht voll realisierbar ist, also der Verkehrswert noch darunter liegt und wohl auch der konkrete Wert, dazu 3.3.6 Diese Beurteilung erfordert allerdings viel Erfahrung und wird in aller Regel von einem auf diesem Gebiet spezialisierten Sachverständigen zusammen mit einem Grundstücksachverständigen (Architekten) vorzunehmen sein.

Über die Höhe der Abschläge beim Bauwert finden sich Angaben in der Literatur (GERARDY (1975) Seite 549 und andere Autoren). Bei der Prüfung, inwieweit der Sachwert dem Verkehrswert entspricht, *empfiehlt sich – wie angeführt – die Zusammenarbeit zwischen dem Gartenbausachverständigen und einem erfahrenen Grundstückssachverständigen,* der mit den speziellen Marktverhältnissen vertraut ist. Beide Sachverständige müssen als Wertermittlungsziel den Verkehrswert des gesamten Grundstücks im Auge haben. (Dazu auch KOCH 1979 D).

3.3.5 Anpassung des Sachwerts an den Verkehrswert

Hinsichtlich der Anpassung des Sachwertes an den Verkehrswert ist zu bedenken, daß der Markt keinesfalls homogen, sondern außerordentlich vielschichtig ist. Es sucht z. B. nicht „jedermann" ein einfaches Einfamilienhaus, das er im Laufe der Zeit vielleicht selbst modernisieren kann, nicht „jedermann" ein Mietshaus als Renteobjekt, nicht „jedermann" ein Landhaus mit großem Garten und auch nicht „jedermann" ein Land- oder Forstgut, sondern jeweils nur ein ganz bestimmter, mehr oder wenig großer Käuferkreis. Die Frage, ob der Sachwert im konkreten Fall auf dem Markt voll oder nicht voll realisierbar ist, muß sich selbstverständlich gerade auf den speziellen Interessentenkreis richten. Dabei kann es durchaus sein, daß zu dieser Beurteilung die Marktkenntnis eines Sachverständigen für ein bestimmtes Objekt nicht ausreicht oder daß er den speziellen Markt überhaupt nicht kennt.

Dabei braucht eine bestimmte Objektgruppe keineswegs so speziell sein wie beispielsweise der Markt für Herrensitze, Schlösser und Burgen, der durchaus besteht und offenbar auch gut funktioniert. So wird ein im städtischen Bereich tätiger Grundstückssachverständiger den Markt für landwirtschaftliche Höfe oder Grundstücke nicht kennen oder nicht so kennen, daß er dort gutachten könnte. Gleich wird es auch vielfach liegen hinsichtlich der Marktsituation für Landhausgrundstücke mit charakteristischem Bewuchs und abschirmenden Gehölzen, bei Parkgärten zur Erholung und Freizeitgestaltung in Gebieten, die meist landschaftlich reizvoll sind und auch bei Wochenendgrundstücken. Objekte dieser Art sind relativ selten, vielfach schon früher angelegt, bei Verlust nur schwer wieder zu finden, auch kaum reproduzierbar. Es ist bekannt, daß Interessenten oft lange suchen, bei Bauplätzen mit prägendem Baumbestand wird vielfach der Landschaftsarchitekt eingeschaltet.

Kennt ein Sachverständiger den speziellen Markt nicht, kann er dort nicht gutachten, es sei denn, er untersucht die Situation und arbeitet sich gründlich ein. Ohne diese Voraussetzung kann sich auch niemand ein Urteil bilden – weder über die entsprechenden Objekte, noch über Gutachten dazu und auch nicht über das methodische Vorgehen. Fehlende Sachkunde erklärt wohl manche verständnislosen Äußerungen zur Gehölzwertermittlung und deshalb stellt BRÜCKNER S. 209 fest: „Die Wertermittlung wertvoller Gartenanlagen ist grundsätzlich Angelegenheit eines Architekten für Garten- und Landschaftsgestaltung", also eines Fachmannes. Die Einarbeitung ist sicherlich auch einem für dieses Taxationsgebiet aufgeschlossenen anderen Sachverständigen möglich, wie dies die Praxis beweist.

Außer Frage steht, daß auch ein begrenzter Käuferkreis – sofern er vorhanden ist – einen Markt darstellt. Dabei kann sein, daß man bei einem besonderen Objekt länger braucht, bis man den entsprechenden Käufer gefunden hat (wie dieser seinerseits auch länger suchen muß). Ist dies so, dann kann dies aber im Entzugsfall keineswegs zu Abschlägen führen. Denn andernfalls würde der Maßstab eines Notverkaufes wie eine Zwangsversteigerung herangezogen, der anerkanntermaßen unzulässig ist. Erfordert ein Objekt einen längeren Verkaufszeitraum, kann sich dies schon deshalb nicht entschädigungsmindernd auswirken, wenn ein Betroffener überhaupt nicht verkaufen will und oft alles unternimmt, um die Inanspruchnahme abzuwenden. Dazu auch die nachstehenden Ausführungen.

3.3.6 Keine Abschläge wegen Zuschnitt auf die konkreten Bedürfnisse eines Enteignungsbetroffenen

Es kann auch nicht zu Abschlägen im Hinblick auf den Markt führen, wenn ein Enteignungsbetroffener seinen Garten für seine persönlichen Zwecke und die Bedürfnisse seiner Familie gestaltet und hergerichtet hat. Sowie vergleichsweise Einbauschränke u. ä. im Haus den Verhältnissen des Betroffenen entsprechen und entschädigungsfähig sind, so ist auch die Ausstattung und „Möblierung" des Gartens zu sehen. Hier ist zu beachten, daß im Recht der Enteignungsentschädigung zwischen dem Verkehrswert (für „jedermann" im Sinne eines bestimmten Käuferkreises) und dem Wert des Enteignungsobjektes (Gebäude oder Garten) für den von der Enteignung betroffenen Grundstückseigentümer zu unterscheiden ist.

3.3.7 Auch keine Abschläge bei dem Entzug von Teilflächen

Der – nach den Unfallschäden – weitaus *häufigste* Anlaß für Gehölzwertermittlungen im öffentlich-rechtlichen Bereich ist die zwangsweise Abtretung von Teilflächen.

Bei der Entschädigung nach Enteignungsgrundsätzen geht es also überwiegend nicht um die Wertermittlung ganzer Gartenanlagen, *sondern um Gehölzverluste infolge Ausdehnung oder Einlegung von Verkehrsflächen in die Gartenanlage von Wohngrundstücken hinein.* Bei solchen Teilabtretungen wird der Schutz- und Schmuckwert des Aufwuchses besonders deutlich. Schon auf relativ kleinen Flächen – die dabei verlorengehen – können Pflanzungen erstellt werden, die das Grundstück völlig abschirmen und nach innen eine raumbildende Wirkung haben. Der Wert des Grundstückstreifens vor oder neben dem Haus für sich allein gesehen, also unbestanden, hätte bei weitem nicht diese Bedeutung. Eine grundstücksprägende Funktion erhalten solche Flächen erst durch den Aufwuchs. Ersatzpflanzungen sind aber in der Regel nicht möglich, weil eben die Flächen dazu fehlen (insbesondere auch bei Straßenverbreiterungen!).

Hier liegt es auf der Hand, daß der Wert abschirmender und schmückender Gehölze über das Vergleichswertverfahren nicht ermittelt werden kann. Denn wenn es schon vergleichbare Kaufpreise für individuelle Wohngrundstücke kaum gibt, dann noch viel weniger von solchen mit und ohne eine derartige Teilabtretung.

Nach dem Grundsatz, daß zunächst einmal gerechnet werden sollte, was rechenbar ist, wird in der Regel eine *Bestandsaufnahme aller Substanzwerte* auf der Abtretungsfläche gefertigt (Grund und Boden, Einfriedigung, Eingänge, Aufwuchs usw.). Danach ist es wiederum Aufgabe eines *Grundstücksachverständigen* zu prüfen, ob mit der Summe der Substanzwerte die Differenz des Grundstückwertes vor und nach dem Eingriff erfaßt ist, ob sie geringer ist (was bei korrekter Anwendung der Methode gar nicht möglich ist) oder ob sie darüber liegt. Letzteres wird in aller Regel dort der Fall sein, wo sich der Charakter des Grundstücks ändert und – weil eine Verkehrsfläche bis an das Haus herangerückt ist – zum Beispiel aus einem gehobenen Wohngrundstück mit parkartigem Garten ein einfaches Wohngrundstück geworden ist. Hier ist in der Praxis zu beobachten, daß die bisherigen Bewohner des Hauses – und dies entspricht in solchen Fällen weitgehend auch der Einschätzung des Marktes – das Interesse am Objekt verlieren. Sie ziehen aus, denn das Grundstück entspricht nur noch den Ansprüchen z. B. einfacher Mietwohnungen. Hier kann es keine Abschläge vom Sachwert geben. Die Praxis zeigt, daß Teilflächen, die eine wichtige Funktion für ein Grundstück besitzen, im Grunde unentbehrlich sind. Können sie im umgekehrten Falle als Arrondierungsflächen hinzuerworben werden, so müssen nach der Lebenserfahrung in der Regel hierfür über dem allgemeinen Verkehrswert liegende Preise bezahlt werden (weshalb solche Kauffälle auch als Vergleichspreise, jedenfalls als unmittelbare, ausscheiden). Die besondere Wertschätzung wichtiger Teilflächen erstreckt sich auch auf Gehölze, die die Funktion der Teilfläche (z. B. als Eingrünung mit Abschirmwirkung) unterstützen. Insofern ist es verständlich, daß in solchen Fällen jedenfalls Abschläge zum Sachwert nicht erfolgen können.

3.3.8 Wenn bei der Wertermittlung flächiger Parkbestände die Einzelwerttabellen verwendet werden

Es liegt auf der Hand, daß die Pflanzung eines einzelnen Baumes, beispielsweise als Ersatz für einen unfallzerstörten Park- oder Straßenbaum, teuerer ist als wenn das Gehölz im Zuge einer ganzen Reihe oder der Herstellung eines Gartens gesetzt würde. Um den verschiedenen Situationen gerecht zu werden, enthält das Zahlenwerk des Verf. (1978 A) sowohl *Einzelgehölztabellen* wie auch solche für die *Herstellungskosten flächiger Bestände*. Letztere beruhen auf den statistischen Auswertungen der gärtnerischen Referate der Bauverwaltungen des Bundes, der Länder und Städte, sowie auf Erfahrungswerten des Garten- und Landschaftsbaues und der Gartenarchitekten.

Aus Gründen der Beweissicherung werden nun vielfach auch flächige Bestände im einzelnen aufgenommen und bewertet. Benützt man dabei die Werte der Einzelgehölztabellen, dann *muß zusätzlich eine Anpassung an die Kosten der flächigen*

Pflanzung erfolgen, die sich z. B. nur auf etwa 60 bis 70% der Einzelwerte belaufen können. Die sich ergebende Summe ist in diesen Fällen also um 30 bis 40% zu kürzen. Ein Beispiel wird angefügt.

Einige *Hinweise* zum Abschlag Einzelwert-Flächenwert:

Gehölzrabatte: Werden bei Privataufträgen in der Regel nicht weitergegeben. Anders bei größeren Ausschreibungsobjekten, wo sich insbesondere hohe Stückzahlen *einer* Art oder Sorte auswirken können.

Pflanzarbeit: Hier werden sich Rationalisierungseffekte vor allem auswirken und weitergegeben.

Architektenleistung: Kann zwischen 10 und 14% liegen. HOAI Honorarzone IV, mittlerer Satz.

Geländegestaltung: Die Kosten können recht erheblich sein.

Bodenverbesserung, Rasen: Kann zwischen 5 und 10 DM/m² liegen oder auch höher. Tiefenlockerung darin nicht enthalten.

Preis-Kostensteigerung der Gehölzherstellung: Untersuchungen haben ergeben, daß die Herstellungskosten privater Gehölz- und Gartenbestände in etwa über den amtlichen Index für „Wohngebäude insgesamt" fortgerechnet werden können.

Beispiel für die Ermittlung des Korrektursatzes für die Umrechnung von Einzelwerten
der Einzelwerttabellen von KOCH 1978 A, Kostenbasis Herbst 1977/Frühjahr 1978
auf Kostenwertbasis für ein architektonisch gestaltetes Gesamtgrundstück (Kosten der Herstellung flächiger Parkbestände). Basis Sommer 1980.

	Preis-/Kostenniveau Einzelwerte - Flächenpflanzung	
1	Einzelgehölzherstellung	100 Punkte
2	Flächenpflanzungen (ohne Architektenleistung) verursachen im betreffenden Fall nach der Erfahrung um etwa 30 bis 40 % geringere Kosten hier angenommen mit 40 % abzüglich	40 Punkte
3	Berichtigter Satz	60 Punkte
4	Architektenleistung sowie Geländegestaltung insgesamt berücksichtigt mit 10 % aus 60 Punkten	6 Punkte
5	Berichtigter Satz	66 Punkte
6	Preis-/Kostensteigerung derartiger landschaftlicher Objekte von 1977/78 nach Sommer 1980 etwa 20 % aus 66 Punkten gleich rund Dazu KOCH 1980 B	13 Punkte
7	Abschließender Berichtigungssatz auf die Ergebnisse nach den Einzelwerttabellen von KOCH 1978 A also $\frac{\text{Ergebnis nach Einzelgehölzen x 79 Punkte}}{\text{100 Punkte}}$	79 Punkte

4 Orientierungswerte über Herstellungskosten von Bäumen, Garten- und Parkanlagen

4.1 Zu den Ansätzen und Daten

Die Orientierungswerte (Preisstand Frühjahr 1978 einschl. MwSt.) sind dem Tabellenteil der Schrift KOCH (1978 A) entnommen. Die Daten der Tabellen wurden nach eingehender Vorbereitung in einer Fachtagung am 12./13. 9. 1977 in Stuttgart beraten (KOCH 1978 D). Die Weiterrechnung der Tabellenwerte kann in entsprechenden Fällen über den Index für Wohngebäude erfolgen (KOCH 1980C) oder auch über die gegenwärtigen Katalogwerte. Der Wertermittlungsgang selbst wurde unter 3.3.2.1 Seite 324 dargestellt.

Es ist zu beachten, daß das Herstellungsergebnis aller Tabellen ein Gehölz mit etwa ein und demselben Kronenausmaß sein kann. Die unterschiedlichen Kosten entstehen durch unterschiedliche Pflanzstärken, die nach Zweck und Funktion variieren (so stärkere Pflanzen wenn rasch eine wirkungsvolle Eingrünung, Schmuck, Raumbildung, Abschirmung, erreicht werden soll. Ferner wenn man das Durchkommen einer Pflanzung unter erschwerten Standortbedingungen möglichst sichern will). Die Kostenwerte gehen von objektiven Erfordernissen unter heutigen Verhältnissen aus und unterstellen fachlich einwandfreie Leistung und ein gutes Herstellungsergebnis. Liegt ein solches nicht vor, so sind Abschläge für Wertminderung wegen Fehler, Mängel und ggf. auch Alters zu machen. Der den Tabellen unterstellte Zinssatz liegt zwischen dem gesetzlichen Zinsfuß des BGB in Höhe von 4% und einem betriebswirtschaftlichen Zinssatz von etwa 6%. Der tatsächliche Mischzins aus Fremd- und Eigenkapital der öffentlichen Hände liegt freilich höher. Auch ist ein Zinsanspruch des Bodens während der Herstellungszeit bzw. ein Deckungsbeitragsverlust durch Verzicht einer Alternativnutzung *nicht* vorgesehen. Eine solche Berechnung der Bodennutzungskosten ist bei gärtnerischen Dauerkulturen selbstverständlich und kann im bebauten Bereich noch viel höher sein (z.B. Verzicht auf Parkplatz, gewerbliche (Sonder-)Nutzung anstatt Herstellungsfläche für öffentliches Grün).

Die Tab. 39 entspricht Tab. Nr. 9 Baumwertbuch, Tab. 40 = Nr. 11, Tab. 41 = Nr. 12, Tab. 42 = Nr. 13, Tab. 43 = Nr. 14, Tab. 44 = Nr. 20–22, Tab. 45 = Nr. 3, Tab. 46 = Nr. 4, Tab. 47 = Nr. 23 aaO. Weitere Orientierungswerte über Ziersträucher zum Schnitt, sowie Teilschäden, siehe KOCH (1978 A).

Den Tab. 39–43 ist Bodenaustausch unterstellt (bei den gegenwärtigen erschwerten Umweltbedingungen der Bäume immer mehr erforderlich). Bei Pflanzungen in Parks u.ä. ist dies z.T. nicht notwendig. Die Bäume haben dort vielfach auch mehr Entwicklungsmöglichkeit, also eine längere Herstellungsdauer. Im Ergebnis gleichen die dortigen Herstellungswerte denen der Tab. 39–43 (dazu die a-Tabellen im Baumwertbuch, S. 191–199).

Die angeführten Baumarten sind selbstverständlich nicht erschöpfend, sondern nur beispielhaft aufgeführt. Nichtgenannte Arten können entsprechend dem Ausgangswert (Pflanzenwert) eingeordnet werden.

4.2 Tabellen für Einzelgehölzherstellung

Tab. 39. Herstellungskosten für einen einfachen Baum
bei Pflanzung eines schwächeren Hochstammes ((14/16 cm Stammumfang 3 (−4) mal verpflanzt). Mit Bodenaustausch, Belüftung, wie an Straßen und in Verkehrsflächen erforderlich. Schwaches Gehölz, deshalb höheres Risiko

Baumarten wie		Kosten der Pflanzung		Nach 3 J.	Nach weiteren 10 Herst.-Jahren			Nach 20 Herstellungsjahren		
		Gehölz 14/16 3 (−4) x v. DM	zuzüglich 700 DM Pflanzkosten[1] DM	Mit Anwachspflege u. -risiko[2] DM	Spalte 4 zuzügl. Zinskosten x F 1,63 DM	Pflege und Risiko 45.−/J. x F 12,58 DM	Ergibt Herstellungswert DM	Spalte 4 zuzügl. Zinskosten x F 2,65 DM	Pflege und Risiko 45.−/J. x F 33,07 DM	Ergibt Herstellungswert DM
1		2	3	4	5	6	7	8	9	10
1	Ulme, Sommerlinde, Esche, Zitterpappel, Silberahorn, Eberesche	100,—	800,—	1210,—	1972,—	566,—	2538,—	3207,—	1488,—	4695,—
2	Bergahorn, Götterbaum, Birke m.B., Robinie, Roßkastanie	130,—	830,—	1245,—	2029,—	566,—	2595,—	3299,—	1488,—	4787,—
3	Mehlbeere, Platane, Spitzahorn, Weißdorn, Winter-, Kaiser- und Holländ. Linde, Feldahorn	145,—	845,—	1262,—	2057,—	566,—	2623,—	3344,—	1488,—	4832,—
4	Trompetenbaum, Hainbuche, Buche, Jap. Nelkenkirsche gef. blüh. Süßkirsche	160,—	860,—	1279,—	2085,—	566,—	2651,—	3389,—	1488,—	4877,—

5	Krimlinde, Silberlinde, gef. u. rotbl. Kastanie, Rob. ‚Bessoniana' Kugelahorn	200,—	900,—	1325,—	2160,—	566,—	2726,—	3511,—	1488,—	4999,—
6	Stieleiche, Roteiche, Österr. Schwarzkiefer, Baumhasel, Schnurbaum, Gleditschie, Tulpenbaum	240,—	940,—	1371,—	2235,—	566,—	2801,—	3633,—	1488,—	5121,—
7	Amberbaum	340,—	1040,—	1486,—	2422,—	566,—	2988,—	3938,—	1488,—	5426,—
8	Ginkgo	520,—	1220,—	1693,—	2760,—	566,—	3326,—	4486,—	1488,—	5974,—

1) Dazu auch Orientierungswerte Tab. 19c Seite 207 Baumwertbuch
2) 3 mal ∅ 90 DM = 270 DM (dazu Seite 185) zuzüglich 15% Risiko aus Sp. 3 und den halben Anwachspflegekosten

Tab. 40. Herstellungskosten eines Baumes
durch Pflanzung eines stärkeren Hochstammes (20/25 cm Stammumfang 4 (−5) mal verpflanzt). Mit Bodenaustausch, Belüftung usw., wie an Straßen und in Verkehrsflächen erforderlich.

Baumarten wie	Kosten der Pflanzung		Nach 3 J.	Nach weiteren 10 Herst.-Jahren			Nach 20 Herstellungsjahren		
	Gehölz 20/25 4 (−5) x v. DM	zuzüglich 700 DM Pflanzkosten[1] DM	Mit Anwachspflege u. -risiko[2] DM	Spalte 4 zuzügl. Zinskosten x F 1,63 DM	Pflege und Risiko 60.−/J. x F 12,58 DM	Ergibt Herstellungswert DM	Spalte 4 zuzügl. Zinskosten x F 2,65 DM	Pflege und Risiko 60.−/J. x F 33,07 DM	Ergibt Herstellungswert DM
1	2	3	4	5	6	7	8	9	10
1 Graupappel, Eberesche Silberweide	260,—	960,—	1443,—	2352,—	755,—	3107,—	3824,—	1984,—	5808,—
2 Ulme, holl., Esche, Zitterpappel, Sandbirke, Götterbaum, Robinie, Mehlbeere	325,—	1025,—	1513,—	2466,—	755,—	3221,—	4009,—	1984,—	5993,—
3 Feldahorn, Silberahorn, Robinie vered.	380,—	1080,—	1572,—	2562,—	755,—	3317,—	4166,—	1984,—	6150,—
4 Roßkastanie, gefülltbl. Süß- u. Nelkenkirsche, Winter/Sommerlinde	490,—	1190,—	1691,—	2756,—	755,—	3511,—	4481,—	1984,—	6465,—
5 Spitz- und Bergahorn, rotbl. + gefülltbl. Kastanie Krim-, Holländ.-, Kaiser- und Silberlinde	540,—	1240,—	1745,—	2844,—	755,—	3599,—	4624,—	1984,—	6608,—

6	Tulpenbaum, Platane, Schnurbaum, Baumhasel	580,—	1280,—	1788,—	2914,—	755,—	3669,—	4738,—	1984,—	6722,—
7	Stieleiche, Roteiche, Hainbuche	620,—	1320,—	1832,—	2986,—	755,—	3741,—	4855,—	1984,—	6839,—
8	Weißdorn, Amberbaum	700,—	1400,—	1918,—	3126,—	755,—	3881,—	5083,—	1984,—	7067,—
9	Gleditschie	840,—	1540,—	2069,—	3372,—	755,—	4127,—	5483,—	1984,—	7467,—
10	Ginkgo	1200,—	1900,—	2458,—	4007,—	755,—	4762,—	6514,—	1984,—	8498,—

[1] Dazu Orientierungswerte Tab. 19 c Seite 207 Baumwertbuch

[2] 3 mal ∅ 130 DM = 390 DM (dazu Seite 185) zuzügl. 8 % Risiko aus Sp. 3 und den halben Anwachspflegekosten

Tabelle 41. Herstellungskosten für einen wichtigen Baum
bei Pflanzung eines einfachen Solitärbaumes (1,50 – 2,00 m Kronendurchmesser, 25/30 cm Stammumfang, 4 (–5) mal verpflanzt). Mit Bodenaustausch, usw. (Nach Ansicht der Fachleute die geeignetste Größe für Straßenbäume)

Baum-arten wie	Kosten der Pflanzung		Nach 3 J.	Nach weiteren 10 Herst.-Jahren			Nach 20 Herstellungsjahren		
	Gehölz 25/30 4 (–5) x v. DM	zuzüglich 900 DM Pflanzkosten[1] DM	Mit Anwachspflege u. -risiko[2] DM	Spalte 4 zuzügl. Zinskosten x F 1,63 DM	Pflege und Risiko 60.–/J. x F 12,58 DM	Ergibt Herstellungswert DM	Spalte 4 zuzügl. Zinskosten x F 2,65 DM	Pflege und Risiko 60.–/J. x F 33,07 DM	Ergibt Herstellungswert DM
1	2	3	4	5	6	7	8	9	10
1 Pappel, Vogelkirsche Feldulme	330,—	1 230,—	1 796,—	2 927,—	755,—	3 682,—	4 759,—	1 984,—	6 743,—
2 Esche, Erle, Silberweide, Weißbirke, Feldahorn, Götterbaum	450,—	1 350,—	1 926,—	3 139,—	755,—	3 894,—	5 104,—	1 984,—	7 088,—
3 Eberesche, Silberahorn	520,—	1 420,—	2 002,—	3 263,—	755,—	4 018,—	5 305,—	1 984,—	7 289,—
4 Roßkastanie, Jap. Nelkenkirsche + gef. bl. Kirsche	730,—	1 630,—	2 228,—	3 632,—	755,—	4 387,—	5 904,—	1 984,—	7 888,—
5 Winter/Sommerlinde, Serb. Fichte, Tulpenbaum	840,—	1 740,—	2 347,—	3 826,—	755,—	4 581,—	6 220,—	1 984,—	8 204,—
6 Hainbuche, Robinie, Blaue Atlaszeder, Amberbaum, Schnurbaum, Berg- u. Spitzahorn	960,—	1 860,—	2 477,—	4 038,—	755,—	4 793,—	6 564,—	1 984,—	8 548,—

7	Baumhasel, Krimlinde, Stieleiche, Robinie 'Monophylla', Holländ. Linde, Kaiserlinde, Gleditschie	1080,—	1980,—	2606,—	4248,—	755,—	5003,—	6906,—	1984,—	8890,—
8	Österr. Schwarzkiefer, Platane, rot- und gefülltbl. Kastanie	1200,—	2100,—	2736,—	4460,—	755,—	5215,—	7250,—	1984,—	9234,—
9	Roteiche	1350,—	2250,—	2898,—	4724,—	755,—	5479,—	7680,—	1984,—	9664,—

[1] Dazu Orientierungswerte Tab. 19 c Seite 207 Baumwertbuch
[2] 3 mal ∅ 150 DM = 450 DM (dazu Seite 185) zuzüglich. 8 % Risiko aus Sp. 3 und den halben Anwachspflegekosten

Tabelle 42. Herstellungskosten für einen wichtigen Baum
bei Pflanzung eines stärkeren Solitärbaumes, (2,00 – 3,00 m Kronendurchmesser, 30/35 cm Stammumfang (4) 5 und 6 mal verpflanzt). Mit Bodenaustausch, Belüftung usw., wie an Straßen und im Verkehrsraum erforderlich.

Baumarten wie	Kosten der Pflanzung		Nach 3 J.	Nach weiteren 10 Herst.-Jahren			Nach 20 Herstellungsjahren		
	Gehölz 30 35 St. U. DM	zuzüglich 1200 DM Pflanzkosten[1] DM	Mit Anwachspflege u. -risiko[2] DM	Spalte 4 zuzügl. Zinskosten x F 1,63 DM	Pflege und Risiko 60.–/J. x F 12,58 DM	Ergibt Herstellungswert DM	Spalte 4 zuzügl. Zinskosten x F 2,65 DM	Pflege und Risiko 60.–/J. x F 33,07 DM	Ergibt Herstellungswert DM
1	2	3	4	5	6	7	8	9	10
1 Erle	570,—	1770,—	2474,—	4033,—	755,—	4788,—	6556,—	1984,—	8540,—
2 Eberesche, Esche, Birke	750,—	1950,—	2668,—	4349,—	755,—	5104,—	7070,—	1984,—	9054,—
3 Götterbaum, Ulmen	1000,—	2200,—	2938,—	4789,—	755,—	5544,—	7786,—	1984,—	9770,—
4 Tulpenbaum, Winter/Sommerlinde, Hainbuche	1100,—	2300,—	3046,—	4965,—	755,—	5720,—	8072,—	1984,—	10056,—
5 Mehlbeere, Holländ. Linde o.B., Kaiserlinde	1300,—	2500,—	3262,—	5317,—	755,—	6072,—	8644,—	1984,—	10628,—
6 Amberbaum, Kastanie, Gleditschie	1500,—	2700,—	3478,—	5669,—	755,—	6424,—	9217,—	1984,—	11201,—
7 Buche, Baumhasel, Gem. Kiefer, Krimlinde, Silberlinde, Stieleiche	1700,—	2900,—	3694,—	6021,—	755,—	6776,—	9789,—	1984,—	11773,—

8	Blaue Atlaszeder, Schnurbaum, Österr. Schwarzkiefer	2000,—	3200,—	4018,—	6549,—	755,—	7304,—	10648,—	1984,—	12632,—
9	Roteiche, Ginkgo	2350,—	3550,—	4396,—	7165,—	755,—	7920,—	11649,—	1984,—	13633,—
10	Platane	2800,—	4000,—	4882,—	7958,—	755,—	8713,—	12937,—	1984,—	14921,—

[1] Dazu auch Orientierungswerte Tab. 19c Seite 207 Baumwertbuch
[2] 3 mal ∅ 180 DM = 540 DM (dazu Seite 185) zuzüglich. 8 % Risiko aus Sp. 3 und den halben Anwachspflegekosten

Tabelle 43. Herstellungskosten für einen bedeutenden Baum bei Pflanzung eines starken Solitärbaumes, (3,00 – 4,00 m Kronendurchmesser, 35/40 cm Stammumfang, 5 und 6 mal verpflanzt). Mit Bodenaustausch, Belüftung usw.

Baum-arten wie	Pflanzung		Nach 3 J.	Nach weiteren 10 Herst.-J.			Nach 15 Herstellungsjahren			Nach 20 Herstellungsjahren		
	Gehölz 3 – 4 m Kr. ∅ 35/40 DM	zuzügl. 1800,– Pflanzkosten[1) DM	Mit Anwachspflege und -risiko[2) DM	Spalte 4 zuzügl. Zinskosten x F 1,63 DM	Pflege und Risiko 80.–/J. x F 12,58 DM	Ergibt Herstellungswert DM	Spalte 4 zuzügl. Zinskosten x F 2,08 DM	Pflege und Risiko 80,–/J. x F 21,58 DM	Ergibt Herstellungswert DM	Spalte 4 zuzügl. Zinskosten x F 2,65 DM	Pflege und Risiko 80,–/J. x F 33,09 DM	Ergibt Herstellungswert DM
1	2	3	4	5	6	7	8	9	10	11	12	13
1 Erle, Silberweide, Birke, Pappel	1000,–	2800,–	3555,–	5795,–	1006,–	6801,–	7394,–	1726,–	9120,–	9421,–	2647,–	12068,–
2 Esche, Götterbaum, Ulmen holl.	1200,–	3000,–	3765,–	6137,–	1006,–	7143,–	7831,–	1726,–	9557,–	9977,–	2647,–	12624,–
3 Eberesche, So'linde Mehlbeere, Tulpenbaum, Silberahorn, Winterlinde	1600,–	3400,–	4185,–	6822,–	1006,–	7828,–	8705,–	1726,–	10431,–	11090,–	2647,–	13737,–
4 Amberbaum, Serb. Fichte, Roßkastanie, Robinie	2000,–	3800,–	4605,–	7506,–	1006,–	8512,–	9578,–	1726,–	11304,–	12203,–	2647,–	14850,–
5 Feldahorn, Holländ. Linde, Hainbuche, Baumhasel	2500,–	4300,–	5130,–	8362,–	1006,–	9368,–	10670,–	1726,–	12396,–	13395,–	2647,–	16242,–
6 Krimlinde, Silberlinde, Rotbuche	2800,–	4600,–	5445,–	8875,–	1006,–	9881,–	11326,–	1726,–	13052,–	14429,–	2647,–	17076,–

7	Stieleiche, Rot- u. gef. bl. Kastanie	3100,–	4900,–	5760,–	9389,–	1006,–	10395,–	11981,–	1726,–	13707,–	15264,–	2647,–	17911,–
8	Ginkgo, Platane, Waldkiefer, Blaue Atlaszeder	3500,–	5300,–	6180,–	10073,–	1006,–	11079,–	12854,–	1726,–	14580,–	16377,–	2647,–	19024,–
9	Berg-/Spitzahorn	3800,–	5600,–	6495,–	10587,–	1006,–	11593,–	13510,–	1726,–	15236,–	17212,–	2647,–	19859,–
10	Österr. Schwarzk.	4000,–	5800,–	6705,–	10929,–	1006,–	11935,–	13946,–	1726,–	15672,–	17768,–	2647,–	20415,–
11	Roteiche	4300,–	6100,–	7020,–	11443,–	1006,–	12449,–	14602,–	1726,–	16328,–	18603,–	2647,–	21250,–

[1] Einschl. Transportkoster u. Leistungen nach DIN 18916 Ziff. 5 und 7 (s. S. 207 Baumwertbuch).

[2] 3 mal ∅ 200 DM = 600 DM (dazu S. 185) zuzügl. 5 % Risiko aus Sp. 3 und den halben Anwachspflegekosten.

4.3 Tabelle für flächige Herstellung

Tabelle 44. Herstellungskosten flächiger Pflanzungen in durchschnittlichen m^2-Werten

		Kosten der Pflanzung einschl. Vorbereitung	Nach 3 Jahren mit Anwachspflege und -risiko	Wenn eine weitere Herstellung erforderlich	
				Nach weiteren 5 Jahren	Nach 10 Jahren
	1	2	3	4	5
1	Waldparkartige Pflanzungen [1)] einfache, forstartige Herstellung Schutz- und Abpflanzungen, Autobahnpflanzungen, freie Landschaft. In diesem Rahmen liegen auch gut ausgestattete Freizeitgärten [2)]	etwa 5–10 DM/m^2	[3)] 11–14 DM	15–19 DM	[4)] 25–28 DM
2	wie vor, jedoch besser [1) 5)] z. B. Straßenbegleitgrün im städt. Bereich, Lärmschutzwallpflanzungen und vergleichbare Bestände zu Schutz und Abschirmung. Wertvolle Freizeitgärten [2)]	etwa 15–20 DM/m^2	21–28 DM	32–47 DM	47–71 DM
3	Gestaltete, parkartige Gartenanlagen [6)] Einfachere Herstellung [2)]	etwa 25 DM/m^2	35 DM	62 DM	[7)] 95 DM
4	Mittlere Herstellung [2)]	etwa 35 DM	49 DM	80 DM	118 DM

5	Wertvolle Gehölze [2)] (z. B. hoher Anteil Koniferen, Rhododendron usw.)	etwa 50 DM	70 DM	107 DM	152 DM

[1)] Bezogen auf die gehölzbestandene Fläche. Abgeleitet aus Tab. 20 a und 20 b Baumwertbuch, S. 208/209

[2)] In der Regel auf die Gesamtfläche bezogen

[3)] Bei Zeile 1 = 4 Anwachsjahre

[4)] Bei Tabelle 20 b = 15 Herst.-Jahre, hier 13 Jahre

[5)] Abgeleitet aus Tab. 21 Baumwertbuch, S. 210 (dort 10, hier insges. 13 Herstellungsjahre)

[6)] Nach Tab. 22 Baumwertbuch, S. 211. Die Anwachspflege- und -risikokosten sind mit 40 % des Ausgangswertes, Sp. 2, die jährl. Herstellungspflegekosten sind mit 3.– DM/m^2 angesetzt

[7)] Die Ergebnisse Zeile 2–5 können auch verwendet werden, wenn aus einfacheren Pflanzweisen (als nach Sp. 2) nach einer längeren Herstellungszeit (u. U. mehreren Jahrzehnten) entsprechend wertvolle Parkbestände herangezogen werden.

4.4 Zinsfaktoren für individuelle Herstellungskostenberechnungen

Tabelle 45. Aufzinsung zurückliegender Pflanzkosten auf den Herstellungs- bzw. Wertermittlungszeitpunkt
(Dekursive Aufzinsungsfaktoren) Tabelle Spitzer I

Für 1 DM beträgt der Endwert mit 5% Zinseszinsen nach ... Jahren

Jahre	DM	Jahre	DM	Jahre	DM
1	1,05	10	1,63	22	2,93
2	1,10	11	1,71	24	3,23
3	1,16	12	1,80	25	3,39
4	1,22	13	1,89	28	3,92
5	1,28	14	1,98	30	4,32
6	1,34	15	2,08	35	5,52
7	1,40	16	2,18	40	7,04
8	1,48	18	2,41	45	8,99
9	1,55	20	2,65	50	11,47

Tabelle 46. Berechnung der bis zum Herstellungs- bzw. Wertermittlungszeitpunkt aufgelaufenen Pflegekosten (nachschüssige Rentenendwertfaktoren, aus Tab. Spitzer III abzuleiten.)

Jährliche Pflegekosten von 1 DM wachsen bei 5% Zinsen nach ... Jahren

Jahre	DM	Jahre	DM	Jahre	DM
2	2,05	11	14,21	24	44,50
3	3,15	12	15,92	25	47,73
4	4,31	13	17,71	28	58,40
5	5,53	14	19,60	30	66,44
6	6,80	15	21,58	35	90,31
7	8,14	16	23,66	40	120,77
8	9,55	18	28,13	45	159,70
9	11,03	20	33,07	50	209,34
10	12,58	22	38,51		

4.5 Wertminderungstabelle (S. 345).

Tabelle 47. Anhaltspunkte zur Bestimmung einer Wertminderung
(sowohl vorhandener Mängel und Schäden, als auch durch Unfall verursachte Beschädigungen)
Ausgangspunkt ist eine einwandfreie, gelungene Herstellung, so wie dies für die jeweilige Funktion erwartet werden kann. Treffen mehrere Wertminderungskriterien der Spalten 1 bis 4 zu, so wird in der Regel wenigstens der höhere Vomhundertsatz der darunter liegenden Zeile anzuwenden sein. Bei der Berechnung von Unfallschäden ist zunächst der Wert des unbeschädigten Gehölzes unter Beachtung der Spalten 1 – 4 zu berechnen und ggf. die Alterswertminderung abzuziehen, erst dann ist die Schadenshöhe nach Spalte 6 zu ermitteln.

	Das zu taxierende Gehölz ist nach folgenden Gesichtspunkten zu prüfen					
	Art- und Standortwahl	Abstände	Wachstum	Pflege	Wertminderung	Bei Unfallschäden an Wurzeln, Stamm oder Krone ergibt sich jeweils die Wertminderung Spalte 5, wenn:
1		2	3	4	5	6
1	einwandfrei, gelungen	ausreichend	wüchsig	gut	Gelungene Herstellung: voller Wert	
2	keine sehr wesentliche Beanstandung	zu gering	mittelwüchsig	leichter Pflegerückstand, leichte Erziehungsfehler	10 – 20 %	leichtere Schäden, bis ca. 15 % des Ganzen zerstört, durch Pflege weitgehend regulierbar
3	wesentliche Fehler	zu gering	weniger wüchsig	wesentlicher Pflegerückstand, Erziehungsfehler	30 – 40 %	schwerer regulierbare Schäden, 20 – 25 % des Ganzen zerstört
4	gröbere Fehler	viel zu gering	schwachwüchsig	noch ausgeprägter wie Zeile 3	50 %	schwere Schäden, 30 % des Ganzen
5	grob fehlerhaft	sehr stark beengt	sehr schwachwüchsig	schwerer Pflegerückstand und Erziehungsfehler	60 – 70 %	sehr schwere Schäden, 35 – 40 % des Ganzen
6	(fast) funktionslos	völlig unzulänglich	kraftlos	wie oben, jedoch wenig oder keine Chancen	80 – 100 %	schwerste Schäden, über 40 % des Ganzen

Die Wertminderung kann u. U. auch vereinfachend dadurch berücksichtigt werden, indem man nur den Wert eines angemessenen schwächeren Gehölzes berechnet.

4.6 Alterswertminderung

Die WertV schreibt dann den Abzug der Wertminderung wegen Alters vor, die sich nach der Restlebensdauer (Restnutzungsdauer) richtet. Sie folgt damit einer betriebswirtschaftlichen Selbstverständlichkeit. Auch die bereits erwähnte Substanz- oder Sachwertermittlung von Dauerkulturen kennt die Altersabschreibung: Nach völlig abgeschlossener Herstellung wird der aufgelaufene Substanzwert im Verhältnis zur Nutzungsdauer der Gehölze abgeschrieben.

Bei den Ziergehölzen kostet die Vornahme einer Abschreibung wegen Alters einige Überwindung, weil der Baum seine volle Eigenart und Schönheit eigentlich erst im Alter entfaltet. Andererseits ist das Erfordernis verständlich, weil eben die Lebenserwartung immer geringer wird und die vom Gehölz ausgehenden Gefahren zunehmen. Von der Systematik des Sachwertverfahrens her ist die Alterswertminderung jedenfalls nicht zu umgehen. Man muß jedoch eine Besonderheit beachten.

Die in die Berechnung der Ziergehölze eingehende Herstellungszeit wird in der Regel verkürzt angenommen, um auch den allmählich einsetzenden und immer größer werdenden Nutzen der Gehölze zu berücksichtigen. (Man könnte dies gleichsam als Versuch ansehen, die reine Herstellungszeit vereinfachend auf volle Jahre zusammenzuziehen.

Läßt man nun die reine Herstellungszeit enden, dann kann nicht unmittelbar anschließend die Abschreibung zu laufen beginnen. Es muß vielmehr noch ein Zeitraum zugeschlagen werden, der es dem Gehölz gestattet, seine volle, für den jeweiligen Zweck erwünschte Ausdehnung zu erreichen. Dieser Zeitraum wird vielfach mit etwa 20% der biologischen Gesamtlebenserwartung am jeweiligen Standort angemessen berücksichtigt sein.

Beispiel

Linde (Straßenbaum)	
Reine Herstellungszeit	20 Jahre
zuzügl. 20% der biolog. Gesamtlebenserwartung – Straße! (rund 100 Jahre)	20 Jahre
Nach Erreichen der erwünschten Ausdehnung läuft dann die Alterswertminderung etwa ab	40 Jahren

Im Sinne der Alterswertminderung ist die 40jährige Linde im Jahr „eins", da sie erst jetzt völlig hergestellt ist.

Bei freiem Stand wie in Parks kann eine Linde aber ohne weiteres z.B. auch 400 Jahre alt werden (es gibt ja auch 1 000jährige Linden). Bei entsprechend größerem Standraum ist dann von einer längeren Herstellungszeit auszugehen. Der 20%–Zuschlag vor allem schiebt aber den Beginn der Abschreibungszeit wesentlich hinaus, so daß sich ein völlig anderes Bild ergibt als im obigen Beispiel.

Dem natürlichen Wertverlauf eines gesunden und kräftigen Gehölzes entspricht am ehesten eine progressive Abschreibungsweise (Kurve). Die Wertminderung ist also zunächst nur schwach und allmählich, gegen Ende der Lebensdauer, immer stärker. Dies berücksichtigt z.B. die ROSS'sche Tabelle und, mehr noch, die

Parabeltabelle. Bei mäßig gesunden Gehölzen ist die geradlinige Abschreibung am zutreffendsten. (Dazu die Abschreibungstabellen Nrn. 21, 32 und 33 Baumwertbuch, zu den Auswirkungen auch das Beispiel dort).

5 Die Berechnung von Teilschäden

5.1 Grundsätzliches zu den Teilschäden

Um Schäden und Eingriffe in das Lebewesen Baum beurteilen zu können, muß man von den darin ablaufenden, biologischen Vorgängen ausgehen. Anhand dieser Zusammenhänge sind die Auswirkungen von Schäden zu prüfen und zu entscheiden, ob es überhaupt sinnvoll ist, ein geschädigtes Gehölz zu belassen. Kann dies bejaht werden, sind die schadensmindernden Maßnahmen einerseits und dann die verbleibende Wertminderung andererseits zu bestimmen.

Die biologischen Abläufe sind wissenschaftlich erforscht, sie werden in dem vorliegenden Werk erläutert. Wird nun beim Baum in einen der Lebenskreise eingegriffen (Wurzelbereich – Stamm – Krone), dann hat dies zwangsläufig Folgen für den Baum als Ganzes. Steht ein Baum auf günstigstem, voll zusagendem Platz und sind alle sonstigen Bedingungen optimal, ist er am ehesten in der Lage, Eingriffe zu überwinden. Bei Bäumen in der Stadt und an Straßen allgemein sind aber gerade derartige günstige Standortbedingungen nur ganz selten. Es ist deshalb grundsätzlich davon auszugehen, daß Stadtbäume auf jeden Gehölzteil und dessen Funktion in vollem Umfang angewiesen sind:

a) Das gesamte Wurzelwerk, das unter den wenig günstigen, „naturfernen" Bedingungen ausgebildet werden konnte;
b) die gesamte Innenrinde (Bast) mit den Siebröhren zur Ableitung der Assimilate und den Splintholzmantel zum Wassertransport nach oben und nicht zuletzt die Rinde, die zum Schutz der beiden Systeme unentbehrlich ist sowie
c) die gesamte Krone als Assimilationsorgan.

Zweifellos gibt es geringfügige Wunden, die zwar ordnungsgemäß behandelt werden müssen, auf das Wachstum selbst jedoch keinen spürbaren Einfluß haben. Diese Grenze liegt aber aus den genannten Gründen zumeist sehr nieder (bei wenigen Zentimetern).

Im einzelnen ist bei Eingriffen mit den nachstehend angedeuteten Folgen zu rechnen.

5.1.1 Schäden im Wurzelbereich

Einbußen im Wurzelbereich schränken die Wasser-, Stickstoff- und Mineralsalzversorgung (Nährstoffe) der Krone ein. Um das Gleichgewicht der Wasseraufnahme durch die Wurzeln und der Wasserabgabe durch die Blätter wieder herzustellen, muß der Baum seine verdunstende Blattfläche verringern.

Derartige Vorgänge werden z.T. nicht sofort am ganzen Baum sichtbar. Es kann sein, daß nur einzelne Zweige und Äste trockengestellt werden. Dies liegt daran, daß einzelne Hauptwurzeln oder Wurzelgruppen vorzugsweise bestimmte Kronenteile versorgen. Solche zugeordneten Partien sterben dann zuerst ab.

Als Sekundärschäden ist dann mit dem Befall holzzerstörender Pilze am geschädigten Wurzelwerk zu rechnen und damit mit dem Verlust der Standfestigkeit (Haftungsfrage!). Außerdem ist der geschwächte Baum insgesamt durch Schädlinge und Krankheiten weit mehr gefährdet als ein gesunder.

5.1.2 Verluste im Kronenbereich

Verluste im Kronenbereich schränken die für den Baum lebensnotwendige Assimilation und damit die Versorgung mit Traubenzucker bzw. Stärke (aus Kohlendioxyd) ein. Bestimmte Wurzelpartien sterben ab oder sind mit den genannten Kohlehydraten unterversorgt. Je nach Ausmaß des Schadens geht die Leistung der Wurzeln bei der Nährsalz- und Wasseraufnahme zurück, die Wurzelneubildung wird gedrosselt. Das Fehlen von Reservestoffen hat Auswirkungen beim Frühjahrsaustrieb.

Neben der bei Kronenverlusten ins Auge fallenden Beeinträchtigung der gestalterischen und/oder abschirmenden Funktion entsteht also eine Schwächung des Baumes. Diese begünstigt Krankheits- und Schädlingsbefall. Unbehandelte Bruchstellen werden außerdem von holzzerstörenden Pilzen befallen. Dadurch entstehen neue Bruch- und Gefahrenstellen.

5.1.3 Stammschädigungen

Wegen der Transportfunktion wirken Stammschäden – neben der statischen Beeinträchtigung – im Ergebnis wie Kronen- oder Wurzelschäden. Gegenüber mechanischen Einwirkungen besonders empfindlich ist das zwischen Rinden- und Holzteil liegende Kambium. Es besteht, wie angeführt, aus zartwandigen Zellen. Deshalb kann es bereits durch den Druck eines auffahrenden Autos geschädigt werden, ohne daß äußerliche Rindenverletzungen sichtbar werden. Als Folge eines Kambiumschadens kann sich die Rinde lokal ablösen. Auch dies kann erst im Lauf der Zeit sichtbar werden. Bei stärkeren Stammverletzungen wird ein Teil der Rinde zerstört, der Holzkörper liegt frei und ist holzzerstörenden Pilzen und der Zernagung durch holzbrütende Insekten ausgesetzt. Besonders gefährlich sind in dieser Hinsicht Verletzungen am Stammfuß, die in die Bodenzone reichen („Gefahrenbäume", Haftungsfrage!). Im Holzteil (Splintholzmantel) erfolgt der Transport des Wassers und der darin gelösten Nährstoffe von der Wurzel zur Krone. Im Rindenteil (Bast) werden die in den Blättern gebildeten Assimilate abwärts geleitet. Eine Stammverletzung wird also zunächst das Letztere unterbinden, im weiteren auch den Wassertransport.

5.2 Entschädigungsberechnung

5.2.1 Zum Vorgehen

Die Wertminderung infolge Beschädigung wird in der Regel in einem Vomhundertsatz des unbeschädigten Gehölzes ausgedrückt. Die Sätze sind so angelegt, daß sich bei einer 50prozentigen Beschädigung eines Baumteiles – Wurzelbereich, Stamm, Krone – ein Nullwert, also Totalschaden, ergibt.

Mit den Sätzen sollen pauschal die besonderen, zur Überwindung bzw. Minderung des Schadens notwendigen Maßnahmen abgegolten werden und dann die vorübergehende oder dauernde Wertminderung des Gehölzes. Der Schaden ist nach objektiven Gesichtspunkten festzustellen. In der Verwendung des Schadensbetrages ist der Geschädigte rechtlich frei. Werden jedoch die objektiv notwendigen Maßnahmen nicht durchgeführt, muß der Eigentümer bzw. Verantwortliche alle nachteiligen Folgen einschließlich des Haftungsrisikos in Kauf nehmen.

5.2.2 Pauschale Entschädigungssätze

Die Kosten und Folgekosten sowie eine darüber hinaus entstehende Wertminderung infolge Verletzung des Stammes usw. werden in der Praxis weitgehend nach der nachstehend wiedergegebenen Tabelle 24a des Baumwertbuches (4. Auflage) berechnet. Diese geht davon aus, daß die Ausdehnung der Verletzung in der Längsrichtung des Stammes für die Ausheilung des Schadens und die Lebenserwartung des Baumes von geringerer Bedeutung ist. Als entscheidendes Merkmal für das Ausmaß des Schadens soll aber die Breite der Verletzung gemessen und ihr Verhältnis zum Stammumfang festgestellt werden. Der Entschädigungsbetrag wird dann vereinfacht in folgender Weise ermittelt (siehe auch Baumwertbuch Tab. 23 Spalte 6).

Tabelle 48. Pauschale Entschädigungssätze für Teilschäden

	Verletzung in v. H. des Stammumfanges	ergibt Schaden in v. H. des Baumwertes einschl. Wundpflege usw.	
1	bis zu 20 v. H.	bis	20 v. H.
2	bis zu 25 v. H.	mindestens	25 v. H.
3	bis zu 30 v. H.	mindestens	35 v. H.
4	bis zu 35 v. H.	mindestens	50 v. H.
5	bis zu 40 v. H.	mindestens	70 v. H.
6	bis zu 45 v. H.	mindestens	90 v. H.
7	ab 50 v. H.	voll zu entschädigen	

Die pauschalen, allgemein verwendeten Entschädigungssätze bieten für die Vielzahl der Baumbeschädigungen eine sehr praktikable Hilfe und wurden z. B. auch einem Urteil des Kammergerichtes (1978) zugrunde gelegt. Die Sätze bedürfen bei ihrer unmittelbaren Anwendung sicher einer sorgfältigen Abwägung. In entsprechenden Fällen können und müssen sie aber aufgeschlüsselt werden.

5.2.3 Aufschlüsselung der Wertminderungsbeträge bei Stammschäden

Dazu Koch 1978 B und 1979 A, zur Aufschlüsselung von Wurzelschäden Koch 1981 E S. 263–362.

5.2.3.1 Kosten und Folgekosten

Auf Verlangen der Versicherungsunternehmen oder der Gerichte müssen die (sehr handlichen) pauschalen Wertminderungssätze nach der Tab. 47 aufgeschlüsselt und begründet werden können. Es können folgende Fälle unterschieden werden:

Fall 1
Stammverletzungen, bei denen die Rindenwunden i. d. R. in einer überschaubaren Zeit völlig zuheilen:

a) *Sofortmaßnahmen:*
Kosten der Wundbehandlung und evtl. unterstützende Sofortmaßnahmen wie Düngen und Wässern.
b) Fortlaufende Maßnahmen:
Jährliches Kontrollieren und Nachbehandeln bis zum voraussichtlichen Schließen der Wunde. Evtl. weitere zusätzliche unterstützende Pflegemaßnahmen.
c) *Risiko:*
Die höhere Gefährdung und das Risiko, das trotz Maßnahmen a) und b) solange besteht, bis der Schutz der Rinde wieder hergestellt ist (dazu auch Fall 2 b) und c). (Gleichsam „Merkantiler Minderwert“)

Dabei ist es allerdings nicht völlig auszuschließen, daß sich Pilzinfektionen selbst unter der wieder geschlossenen Rinde noch weiter verbreiten und den Holzkörper zerstören (Baumwertbuch, S. 168). Es handelt sich also geradezu um ein Paradebeispiel für die Gefahr eines „verborgenen Mangels“, der sich u. U. eines Tages im Umstürzen oder Auseinanderbrechen eines Gehölzes äußern kann und damit ein Haftungsrisiko beinhaltet (zu der besonderen Gefahr hinsichtlich des Wurzelwerkes) (KOCH 1978 C).

Fall 2
Größere Rindenwunden, die sich nicht mehr schließen werden, also während der gesamten Standzeit verbleiben:

a) *Sofortmaßnahmen:*
Kosten der Maßnahmen wie Fall 1 a). Hinzu kommen ergänzende Maßnahmen wie ausgleichender Kronenschnitt im Bereich der Schädigung.
b) *Fortlaufende Maßnahmen*
aa) *Kontrolle und Nachbehandlung*
Kosten der Maßnahmen nach Fall 1 b), jedoch auf die gesamte Standzeit berechnet. Die durchschnittlichen jährlichen Kosten zusätzlicher Pflegemaßnahmen werden als dauernde Mehraufwendungen kapitalisiert. Also keine Aufzinsung wie bei der Gehölzherstellung, wo man von zurückliegenden Leistungen ausgeht. Künftig jährlich anfallende Kosten müssen, wenn sie in *einem* Kapitalbetrag entschädigt werden, abgezinst werden (dazu Abzinsungstabelle Nr. 53 KOCH 1978 A)
bb) *Zusätzliche Pflegemaßnahmen*
Der geschädigte Baum, der zur vollen Versorgung grundsätzlich die gesamte Kambiumschicht rund um den Stamm benötigt, ist bleibend geschwächt (vor allem unter den erschwerten Standortbedingungen in der Stadt). Er bleibt anfälliger gegen Krankheiten, Trockenheit, Salzimmissionen, Hitzestrahlung u. a. m. *Evtl. weitere Schäden, auch geringfügigeren Umfanges, wiegen viel schwerer als bei einem ungeschädigten Gehölz.*
Ein schwerer stammgeschädigtes Gehölz bedarf neben der laufenden Kontrolle und Wundversorgung vermehrter Pflege (Wässern, Düngung, Schädlingsbekämpfung usw.) während der gesamten Standzeit.

c) *Risiko*
Allgemeines Risiko infolge der Verletzung und Schwächung der Wuchskraft; Anfälligkeit gegen Krankheiten usw. Dieses Risiko verbleibt trotz der Maßnahmen a) und b). Evtl. weitere Schäden, auch geringfügigeren Umfanges, wiegen viel schwerer als bei einem ungeschädigten Gehölz).

d) Verkürzte Lebenserwartung
Ein Baum mit schwererem Rindenschaden wird in der Regel die sonst gegebene, volle Standzeit nicht erreichen.
Je nach Schwere des Falles ist von einer Verkürzung der Nutzungsdauer von etwa 10–30 v.H. auszugehen. Unter entsprechenden Bedingungen muß das Gehölz auch noch wesentlich früher entfernt werden.
Die Kosten der Nachpflanzung fallen also früher an. Entschädigt wird der „Zwischenzins" (rechtlicher Entschädigungsbegriff), d.h. die Bankzinsen für das vorzeitig erforderliche Kapital für die Nachpflanzung (dazu z.B. KREFT in WM 77, Sonderbeilage 2, 24). Die Entschädigungssumme wird jedoch erst nach Ablauf der verkürzten Standzeit benötigt. Sie ist also ihrerseits auf den Barwert abzuzinsen (dazu Erläuterung und Modellrechnung 5.3.2).

Zusammenfassung:
Die Kosten und Folgekosten, wie sie aus fachlicher Sicht und nach aller Lebenserfahrung anfallen, also

a) Sofortige Behandlungskosten
b) Diskontierte zukünftige Kosten:
  aa) zusätzliche Pflege- und Überwachungskosten
  bb) verbleibendes Risiko
  cc) zusätzliche Kosten, die durch eine nun früher anfallende Ersatzinvestition (Nachpflanzung) entstehen, stellen die untere Grenze des Schadens dar, der durch eine Teilbeschädigung erfolgt. Weitere Gesichtspunkte können hinzu kommen (dazu 5.2.3.2).
  Für den Ersatz künftiger Kosten in Form eines Kapitalbetrages dürfte es im übrigen keine praktikable Alternative geben. Das fortwährende Geltendmachen der jährlich anfallenden Kosten dürfte schon wegen der damit verbundenen Ausuferung an Verwaltungsaufwand nicht diskutabel sein.

5.2.3.2 Wertminderungen, die über die Behandlungskosten hinausgehen

5.2.3.2.1 Verluste im Umfang und im Erscheinungsbild

Zu den Kosten und Folgekosten eines Unfallschadens können noch hinzutreten

5.2.3.2.1.1 Kroneneinbußen

einschließlich des fachlichen Ausgleichschnitts – Anpassungsmaßnahme – bei schwereren Stammschäden. Bei Bäumen mit wichtiger Funktion kann auch ein größerer Rindenschaden einen gestalterischen Verlust bedeuten.

5.2.3.2.1.2 Wachstumsverluste

Schwachwüchsigkeit, Zuwachsverlust, schüttere Krone, Schädlingsbefall als Sekundärschaden – soweit durch unterstützende und vorsorgliche Maßnahmen nicht auszugleichen.

5.2.3.2.1.3 Wenn die Beschädigung – wider Erwarten – zum Absterben, also zum Totalschaden führt (z. B.: Umfang der Druckschäden ist größer als zunächst sichtbar, deshalb Ablösung größerer Rindenpartien und/oder Schäden im Wurzelbereich durch den Anprall am Stamm).

5.2.3.2.2 Allgemeine Abneigung gegen „Gefahrenbäume"

Ein durchschnittlicher Grundstückseigentümer oder -käufer wird – jedenfalls bei einer größeren Stammverletzung – vielfach sehr befremdet sein

- Er befürchtet Haftungsereignisse.
- Er scheut die Last, den geschädigten Baum ständig termingerecht und fachlich überprüfen und behandeln zu lassen.
- Der weitere Schadenverlauf ist von ihm nicht oder kaum zu übersehen.

Das Vorhandensein eines stärker geschädigten Gehölzes kann einen Käufer eher abschrecken. Ein solcher, tatsächlicher oder vermeintlicher Gefahrenbaum wird den Grundstückswert in vielen Fällen vermindern, also einen negativen Wert darstellen.

Nach der Erfahrung wird der gewöhnliche Grundstücksverkehr ein Grundstück mit einem schwer stammgeschädigten – wenn auch augenblicklich versorgten – Baum jedenfalls geringer bewerten als vor dem Schaden, so daß ein Vermögensschaden über die Kosten und Folgekosten hinaus eintritt (KOCH 1978 A S. 72f. „Ergebnisse der Marktbeobachtung").

5.2.3.2.3 Die Wertminderung eines Privatgehölzes bzw. -grundstücks gibt auch einen Anhalt für Bäume auf öffentlichen Flächen

Der BGH hat im Kastanienbaumurteil auf die Kosten hingewiesen, die den öffentlichen Händen bei Erfüllung ihrer Aufgabe entstehen und ferner auf die Tatsache, daß sie „so wie ein privater Eigentümer durch Zerstörung oder Beschädigung eines auf ihrem Grundstück wachsenden Baumes in der Substanz ihres Eigentums geschädigt (werden)"... Deswegen wird die Bewertung des auf einem entsprechenden Privatgrundstück entstandenen Schadens auch ein Anhalt für die Berechnung des Schadens sein können, der auf einem öffentlichen Grundstück entsteht" (Bundesgerichtshof 1975, S. 1047 (1049); KOCH 1978 A S. 50f.). Der BGH will ganz offensichtlich die öffentliche Hand nicht schlechter stellen, auch wenn öffentliche Flächen in der Regel nicht Gegenstand des allgemeinen Grundstücksverkehrs sind.

Diese Tatsache besagt nun tatsächlich auch nicht, daß eine derartige Wertminderung nicht real eintritt. Es gibt zahlreiche Fälle, in denen der Wert auch von Straßenbäumen festgestellt und entschädigt wird.

5.3 Beispielsberechnungen

5.3.1 Beispiel für Schaden-Fall 1

Kastanie, 40jährig, Wert nach Tab. 41 Zeile 4 Sp. 10 = 7888 DM Stammwunde, deren Schließung in etwa 6–8 Jahren zu erwarten sei.

a)	*Kosten der Wundbehandlung*			
	Anfahrt des Baumpflegers,			
	Abgrenzung der gesamten Wundfläche (einschl. Abprellungen!)			
	Behandlung der Wunde.* Imprägnieren der Wundfläche			
	5 Facharbeitsstunden zu 50,– DM			250,– DM
	Material- und Fahrzeugkosten			100,– DM
	Unterstützende Maßnahme (Tiefendüngung usw.)			500,– DM
b)	*Kosten der Kontrollen und ggf. Nachbehandlung*			
	(zusätzlich zur laufenden Pflege)			
	1 Facharbeitsstunde/Jahr	50,– DM		
	Material und Fahrzeug	20,– DM	70,– DM	
	Für 7 Jahre 70 DM × F 5,79			
	(Rentenbarwert bei 5% Tab. 52 Baumwertbuch)			405,– DM
c)	Trotz a) und b) bestehendes Risiko			
	5% aus Baumwert			
	Tab. 41 Zeile 4 Sp. 10 = 7888,– DM			394,– DM
				1649,– DM

Die Schadenssumme macht etwa 21% eines Baumwertes von 7888 DM aus: Tab. 47 Zeile 2 Sp. 5 od. Tab. 48 Zeile 1, ist anwendbar.

Hinsichtlich der Kosten der Arbeitserledigung (Lohnkosten und Arbeitshilfsmittel) wird grundsätzlich von Kosten und Leistungen des Garten- und Landschaftsbaues auszugehen sein.

Etwas anderes kann auch nicht gelten, wenn eine Verwaltung Arbeiten ausnahmsweise mit behördeneigenen Kräften durchführt. Nach allgemeiner, unbestrittener Auffassung ist es ausgeschlossen, daß Behörden im ganzen gesehen kostengünstiger arbeiten als die freien Unternehmen.

Völlig unrealistisch sind diesbezüglich viele behördeninterne Verrechnungssätze. Diese gehen zumeist vom Tariflohn aus, während betriebswirtschaftlich korrekt von den Kosten einer geleisteten Stunde auszugehen ist. Dazu muß man die bezahlten Feiertage, die betrieblichen Ausfalltage, die Lohnfortzahlung, Urlaubstage und Lohnausgleich von den bezahlten Stunden abziehen. Außerdem sind die gesetzlichen und tariflichen Sozialaufwendungen, sowie die Gemein- und Verwaltungskosten zu berücksichtigen. Wird dies getan, so ist auf die Tariflohne der öffentlichen Dienste ein Zuschlag von mindestens 150 bis 200 Prozent zu machen.

* Ausschälen der Wunde, Entfernen des zerfetzten und gelockerten Kambiums bis in den Bereich unverletzter Fortsetzung.

5.3.2 Beispiel für Schaden-Fall 2

Gehölz wie Fall 1
schwerwiegender Stammschaden auf Dauer (z. B. 35–40% des Stammumfanges beschädigt)

a) Sofortmaßnahmen:
Anfahrt des Arbeitstrupps (2–3 Mann)
Abgrenzung der Wundfläche und Behandlung wie Beispiel 1

	9 Stunden	
Ergänzende Maßnahmen: Ausgleichender Kronenschnitt im Bereich der Schädigung, Schnittgut entfernen	16 Stunden	
Tiefenvorratsdüngung	5 Stunden	
	30 Stunden	
	zu 50,– DM	1500,– DM
Fahrzeug und Materialkosten		300,– DM

b) Fortlaufende Wundbehandlung und unterstützende zusätzliche Pflegemaßnahmen während der Reststandzeit (Wässern, Düngen, Schädlingsbekämpfung, bei den schwierigen Standortbedingungen in der Stadt unerläßlich). Jährliche Mehrkosten von ∅ 90 DM, Rentenbarwert bei 5% für Reststandzeit von 60 ./. 20 Lebensjahren = 40 Jahre
90,– DM × F 17,16 ergibt Rentenbarwert (bei 5%) 1544,– DM

c) *Risiko*
Allgemeines Risiko infolge der Verletzung
und Schwächung der Wuchskraft, Anfälligkeit gegen Krankheiten usw. Dieses Risiko verbleibt trotz der Maßnahmen a) und b) während der verkürzt angenommenen Lebenserwartung von noch 40 Standjahren
10% aus dem Gehölzwert von 7888,– DM, aufger. 789,– DM

d) *Verkürzung der Lebenserwartung*
Es sei zu erwarten, daß die Kastanie nach der Verletzung nicht 100 Jahre, sondern nur noch 80 Jahre alt wird (Alter ab Pflanzung am endgültigen Standort). Der Baum sei mit 40 Jahren völlig hergestellt – Herstellungsberechnung 20 Jahre zuzüglich etwa 20% der biol. Gesamtlebenserwartung, ergibt 40 Jahre –. Ab da beginnt die Alterswertminderung zu laufen).
Schadensberechnung
Die Kosten der Nachpflanzung in Höhe von 2228,– DM (Tab. 41 Zeile 4 Spalte 4) fallen 20 Jahre früher an. Entschädigt wird der „Zwischenzins" (rechtlicher Entschädigungsbegriff), d. h. die Bankzinsen für das vorzeitig erforderliche Kapital für die Nachpflanzung. Die Aufnahme des o. g. Betrages von 2228,– DM verursacht bei einem Soll-Zinssatz von 9% jährliche Bankzinsen

$$\text{von } \frac{2228 \times 9}{100} = 200{,}52 \text{ DM}$$

Diese Zinskosten werden nun kapitalisiert. Der Jahresbetrag von 200,52 DM wird dabei nicht mit 20, also der Anzahl der Jahre, vervielfacht, sondern mit 12,46 dem Barwertfaktor einer nachschüssigen Rente bei 5% Habenzins (dazu Tab. 52 Baumwertbuch). Dies ergibt dann 2498,48 DM. (Unter Einbeziehung der Zinsen können aus diesem Kapitalbetrag 20 Jahre lang 200,52 DM entnommen werden. Danach ist der Kapitalbetrag aufgebraucht). Die Summe von 2498,48 DM muß nun aber ihrerseits erst bei der vorzeitigen Nachpflanzung in 40 Jahren zur Verfügung stehen (Alter bei Schadereignis 40 Jahre, Lebenserwartung verkürzt von 100 auf 80 Jahre). Sie ist deshalb heute nur mit dem Betrag zu entschädigen, der mit Zins und Zinseszins in 40 Jahren auf 2498,48 DM anwächst. Bei einem Zinssatz von 5% wäre dies:

2498,48 DM × F 0,1420 = aufger.	*355 DM*

(Kapitalbarwert bei 5%, Baumwertbuch, Tabelle 53)

e) *Wertminderung*
über die Kosten und Folgekosten a) bis d)
hinaus: Kronenverlust

Wert der Kastanie *vor* der Beschädigung nach Tab. 41 Zeile 4 Spalte 10		7888,– DM
Verlust an Kronenvolumen	25%	
infolge Regenerationsschnitt zur Herstellung des biologischen Gleichgewichtes		
Wertminderung nach Tab. 48 = 25% aus 7888,– DM		1972,– DM

Zusammenstellung Fall 2

a) Sofortmaßnahmen	1500,– DM
	300,– DM
b) Laufende Mehrkosten	1544,– DM
c) Risiko	789,– DM
d) Verkürzte Lebensdauer	355,– DM
e) Kronenverlust	1972,– DM
	6460,– DM

oder rund 82% des Baumwertes von 7888,– DM.
Würde Tab. 47 Zeile 6 Sp. 5 oder Tab.48 Zeile 5/6 entsprechen.

Eine Übersicht der Rechtsprechung zu Teilschäden und Anmerkungen dazu gibt der Verf. (1979 C), Anmerkung zu einem Urteil des Kammergerichtes (1978 C).

Bildquellen

(soweit nicht in den Abbildungsunterschriften angegeben)

Abb. 48 Mitt. Dt. Dendrol. Ges. 64 (1972)
Abb. 72 und 73 H. R. Höster, Hannover
Abb. 80a und 80b nach K. Boie
Abb. 83, 116, 118, 119, 120, 121 aus „Richtlinien zum Schutz von Bäumen und Sträuchern im Bereich von Baustellen"
Abb. 88 U. Ruge, Hamburg
Abb. 91 H. Wawrik, Mannheim
Abb. 97 aus Produktinformationen der Fa. Hegmann u. Schott, Emmerich
Abb. 125 nach J. Kühl, Landschaftsverband Rheinland, Köln
Die übrigen Abbildungen von den einzelnen Verfassern der Kapitel.

Literaturverzeichnis

A Städtische Baumpflanzungen in früherer Zeit

ALPHAND, J. Ch. A.: Les Promenades de Paris. Bd. 1–3, Rothschild, Paris 1867–1872.

BARTH, J.: Stadtplätze. Berlin und seine Bauten. XI. Gartenwesen. Ernst & Sohn, Berlin, München, Düsseldorf 1972.

BAUMEISTER, R.: Stadterweiterungen in technischer, baupolizeilicher und wirtschaftlicher Beziehung. Ernst & Korn, Berlin 1876.

BEISSNER, L. nach J. NANOT bearb.: Der Straßen-Gärtner. Parey, Berlin 1887.

BLAUERMEL, G.: Rechtsgrundlagen zum Schutz von Bäumen. Gartenamt **24**, 555, 1975.

BRAUN, G., und HOGENBERG, F.: Civitates orbis terrarum. Liber 1–6, Köln 1572–1618.

BRENDEL, K.: Die Straße Unter den Linden. Diss. TU Berlin 1949.

BRETEZ, L.: Plan de Paris. Paris 1740.

D'ARGENVILLE (DEZALLIER D'ARGENVILLE), A. J.: La Théorie et la Pratique du Jardinage. 2ième éd., Mariette, Paris 1715.

ECKERT, H.: Alleen, Elemente der neuzeitlichen Stadt. Koldewey-Gesellschaft, Ber. über die 30. Tagung 1978, 107–110.

ENNEN, E.: Gesammelte Abhandlungen zum europäischen Städtewesen ... L. Röhrscheid, Bonn 1977, 256.

FINK, E.: Der Baum im Straßenbild der Stadt. Gartenamt **2**, 68–73, 1953.

FINK, E.: Die Baumallee, ihre Entwicklung und Bedeutung in der Gartenkunst. Gartenamt **4**, 47–49, 1955.

FINTELMANN, L.: Über Baumpflanzungen in den Städten, deren Bedeutung, Gedeihen, Pflege und Schutz. Kern, Breslau 1877.

FONTANE, TH.: Wanderungen durch die Mark Brandenburg. 4, Spreeland. Nymphenburger Verlagshandlung, München 1960.

GENZMER, F.: Die städtischen Straßen. Bergstraesser, Stuttgart 1897.

GENZMER, F.: Die Gestaltung des Straßen- und Platzraumes. Städtebaul. Vorträge **2**, 42–45, 1909.

GIEDION, S.: Raum, Zeit, Architektur. Maier, Ravensburg 1965.

GIENAPP, E.: Von der Verpflanzungspraxis großer Allee- und Straßenbäume. Städtebau **11**, 33, 1914.

GOECKE, TH.: Die Gartenkunst im Städtebau. Gartenkunst **10**, 89, 109, 1908.

GOTHEIN, M. L.: Geschichte der Gartenkunst. 2. Aufl., Diederichs, Jena 1926.

GRIMAL, P.: Les Jardins Romains. 2ième éd., Presses Univ. de France, Paris 1969.

HAMPEL, C.: Stadtbäume. Parey, Berlin 1893.

HAMPEL, C.: Gärtnerische Schmuckplätze in Städten, ihre Anlage, Bepflanzung und Pflege. Parey, Berlin 1897.

HEICKE, C.: Die Baumpflanzungen in Straßen der Städte. Neumann, Neudamm 1896.

HEILIGENTHAL, R.: Deutscher Städtebau. Winter, Heidelberg 1921.

HENNEBO, D.: Geschichte des Stadtgrüns. Patzer, Berlin, Hannover 1970.

HENNEBO, D.: Vom grünen Ringe der Großstädte ... Gartenamt **28**, 423–433, 1979.

HENRICI, K.: Beiträge zur praktischen Ästhetik im Städtebau. Callwey, München 1897.

HEYER, H.-R.: Historische Gärten der Schweiz, Benteli, Bern 1980.

HINZ, G.: Peter Josef Lenné und seine bedeutendsten Schöpfungen in Berlin und Potsdam. Deutscher Kunstverlag, Berlin 1937.

HIRSCHFELD, C. C. L.: Theorie der Gartenkunst. 5 Bde., Weidmanns Erben & Reich, Leipzig 1779–1785.

HOELTJE, G.: Georg Ludwig Friedrich Laves. Steinbock, Hannover 1964.
HOFFMANN, A.: Hygienische und soziale Betätigung deutscher Städte auf den Gebieten des Gartenbaus. Bagel, Düsseldorf 1904.
HOFFMANN, A.: Der Straßenbaum in der Großstadt unter besonderer Berücksichtigung der Berliner Verhältnisse. Diss. Humboldt–Univ., Berlin 1954.
HOFFMANN, A.: Baumsorten für Stadtstraßen. Gartenamt **8**, 23–27, 1959.
HÜBNER, O.: Der Straßenbaum in der Stadt und auf dem Lande. Berlin 1914.
JAENICKE, F.: Über städtische Straßenpflanzung. Gartenwelt **3**, 331–333, 1898/99.
JÄGER, H.: Die Verwendung der Pflanzen in der Gartenkunst. Scheube, Gotha 1858.
JÖRN, J.: Stadtgrün im antiken Griechenland. In: HENNEBO: Geschichte des Stadtgrüns. Patzer, Berlin, Hannover 1970.
KAMMEYER, H. F.: Dresdener Straßenbäume. Gartenamt **3**, 166–168, 1954.
KELLER, H.: Die Entwicklung des öffentlichen Grüns in Bremen. Diss. TH Hannover 1958.
KRAUSE, H.: Pflanzungen an Straßen. Berlin und seine Bauten. XI. Gartenwesen. Ernst & Sohn, Berlin, München, Düsseldorf 1972.
KÜHN, R.: Die Straßenbäume. Patzer, Hannover, Berlin 1961.
LANGE, W.: Gärtnerische Schmuckmittel im Städtebau. Städtbaul. Vorträge **4**, (4), 1913.
LAUGIER: Versuch über die Baukunst. Frankfurt und Leipzig 1756.
LEDOUX, CL.-N.: L'Architecture. Auteur, Paris 1804.
LIEBE, G.: Die öffentlichen Gärten und die Geselligkeit der Deutschen in älterer Zeit. Arch. Kulturgesch. **10**, 283 ff, 1912.
MEYER, F. A.: Baumpflanzungen und Gartenanlagen in den Städten. Dt. Vjschr. öff. Gesundheitspflege **23**, 179–190, 1891.
MILIZIA, F.: Grundsätze der bürgerlichen Baukunst. Aus dem Italien. übers. nach d. neuesten Ausgabe d. Urschrift von C. L. STIEGLITZ. 2. T., Schwickert, Leipzig 1824.
MÜLLER, W.: Die heilige Stadt. Kohlhammer, Stuttgart 1961.
OTT, B.: Zur Platzgestaltung im 19. Jahrhundert in Deutschland. Diss. Univ. Freiburg 1966.
PETZOLD, E.: Die Anpflanzung und Behandlung von Alleebäumen. Wiegandt, Hempel & Parey, Berlin 1878.
PETZOLD, E.: Die Landschaftsgärtnerei. 2. Aufl., Haessel, Leipzig 1888.
PÜCKLER-MUSKAU, H. v.: Andeutungen über Landschaftsgärtnerei. Hallberger'sche Verlagshandlung Stuttgart 1834.
RICHTER, G.: Entstehung und Entwicklung des öffentlichen Grüns in Hannover. Diss. TU Hannover 1969.
ROCHAN, F.: Berliner Straßenbäume. Gartenflora **60**, 337–339, 1911.
RÖNNEBECK, TH.: Stadterweiterung und Verkehr im 19. Jahrhundert. Krämer, Stuttgart, Bern 1971.
SCHMIDT, F.A.: Über Erholungsstätten im Freien. Körper Geist, Z. Turnen, Bewegungsspiel **12**, 289 ff. 1905.
SCHRÖDER, K.: Baumpflanzungen und Städtebau. Die Gartenkunst **15**, 105–110, 1913.
SITTE, C.: Der Städtebau nach seinen künstlerischen Grundlagen. 4. Aufl, Graeser, Wien 1909. Darin Anhang: Großstadtgrün.
SPECKLE, D.: Architectura von Vestungen. Zetzner, Straßburg 1608.
STÜBBEN, J.: Über die Anlage öffentlicher Plätze. Dt. Bauz. **11**, 404 ff, 1877.
STÜBBEN, J.: Der Städtebau. Handbuch der Architektur, 4. T. 9. Halbbd., Bergsträsser, Darmstadt 1890.
THIEM, G.: Der Alleebaum in den Straßen der Stadt und auf dem Lande – kurze Anleitung zur Pflanzung und Pflege der Alleebäume. Ulmer, Stuttgart 1906.
Verein Deutscher Gartenkünstler: Allgemeine Regeln für die Anpflanzung und Unterhaltung von Bäumen in Städten, nebst einem Verzeichnis der für Straßenpflanzungen verwendbaren Baumarten. Berlin 1901.
WANETSCHEK, M.: Die Grünanlagen in der Stadtplanung Münchens von 1790–1860. Neue Schriftenr. Stadtarchiv München, H. 35, 1971.

WILLEBRAND, J. P.: Grundriß einer schönen Stadt. Bohn, Hamburg und Hilscher, Leipzig 1775.
WUTTKE, R.: Die Deutschen Städte. Bd. 2. Brandstetter, Leipzig 1904.
ZUCKER, P.: Town and Square. The M.I.T. Press, Cambridge/Mass. and London 1970.

B Umweltökologische Aspekte städtischer Siedlungsräume

APEL, D.: Kraftverkehr und Umweltqualität von Stadtstraßen. Schr. R. Verband Kommunalwiss. **40**, 1973.
BARTHOLOMÉ, E.: Umweltfreundliche Technologien. In: Reinhaltung der Luft, Umwelt Aktuell **4**, 1973.
BRAHE, P.: Zur Bepflanzung von Parkplätzen in städtischen Bereichen. Ökologische Voraussetzungen und Auswirkungen sowie planerische Anwendung. Diss. T. H. Aachen, 1975.
Bundesministerium für Raumordnung, Bauwesen und Städtebau (Hrsg.): Raumordnung und Umweltschutz. Entschließung der Ministerkonferenz für Raumordnung, Denkschr. Hauptausschuß, Bonn 1972.
CHANGNON, S. A.: Recent studies of urban effects on precipitation in the United States. In: Urban Climates. Techn. Note **108,** 325–338, Geneva 1970.
DAVENPORT, A. G.: The relationship of windstructure to windloading. In: Wind effects on buildings and structures. Proc. conf. Teddington, June 1963, Vol. 1, Nat. Phys. Lab., H. M. Stat. Off. London 1963.
DRYHAUPT, F. J.: Luftreinhaltung als Faktor der Stadt- und Regionalplanung. Umweltschutz **1**, 1971.
FINSINGER, O.: Schutzmaßnahmen gegen Straßenlärm. Straßen- Tiefbau (6), 404–415, 1972.
FLEMMING, G.: In welchem Fall können Waldstreifen die Rauchgaskonzentration vermindern? Luft- Kältetechn. (6), 255–258, 1967.
FLOHN, H.: Produzieren wir unser eigenes Klima? Meteor. Rundschau 23 (6), 161–164, 1970.
GARNETT, A., und BACH, W.: An estimate of the ratio of artificial heat generation to natural radiation heat in Sheffield. Monthly Weather Rev. 93 (6), World Meteor. Org., Geneva 1970.
GEIGER, R.: Das Klima der bodennahen Luftschicht. Vieweg, Braunschweig 1962.
GEORGII, H. W.: The Effects of Air Pollution in Urban Climates. Urban Climates, Techn. Note **108**, 214–237, Geneva 1970.
GEORGII, H. W., BUSCH, E., und WEBER, F.: Untersuchungen über die zeitliche und räumliche Verteilung der Immissionskonzentration des Kohlenmonoxid in Frankfurt/M. Ber. Inst. Meteor. Geophys. Univ. Frankfurt/M. **11**, 1967.
GRANDJEAN, E., und GILGEN, A.: Umwelthygiene in der Raumplanung. Ott-Verlag, Thun–München 1973.
GUTHOF, O., und GABLESKE, R.: Der Kölner Verkehrslärm. Mskr. 1967.
HAMMEL, P.: Unsere Zukunft, die Stadt. T.-B. 59, Suhrkamp, Frankfurt 1972.
HANSEN, P.: Zur Sache, Themen Parlamentarischer Beratung, Lärmbekämpfung. Bundes-Immissionsschutzgesetz – Umweltschutz III, 22–26, 1973.
HERLYN, U.: Innenstadt und Erneuerung. Schr.-R. Bundesminister. Städtebau Wohnungswesen, Braunschweig 1972.
KESSLER, A.: Über den Tagesgang von Oberflächentemperaturen in der Bonner Innenstadt an einem sommerlichen Strahlungstag. Erdk. **15**, 13–20, 1971.
KRATZER, P. A.: Das Stadtklima. Vieweg, Braunschweig 1956.
KRAUSE, M., MENNE, H., und NIEWÖHNER, R.: Bestandsaufnahme und Prognose der Siedlungsflächen in der Bundesrepublik Deutschland bis zum Jahre 1985. Inst. Städtebau, Siedlungswesen Kulturtechn. Univ. Bonn 1972.
LUDWIG, F. L.: Urban temperature fields. Urban Climates, Techn. Note **108**, 80–90, Geneva 1970.

MALKOWSKI, G.: Analyse des Stadteinflusses auf die Niederschlagstätigkeit nach mehrjährigen Wetterradarbeobachtungen in Berlin. Wetter Leben (6), 147–153, 1964.

MANIER, G.: Ausbreitungsbedingungen und Wetter. Meteo, Probe-H. Met. Ges. S. 7, 1969.

MIESS, M.: Meteorologische Meßergebnisse und Wärmehaushaltsuntersuchungen an drei unterschiedlichen Standorten in Nordwestdeutschland. Ber. Meteor. Inst. T. H. Hannover 1968.

MIESS, M.: Klimaökologische Aspekte der Stadtentwicklung. Gartenamt (3), 1–6, 1972a.

MIESS, M.: Industrieemissionen als Planungsproblem. Garten Landschaft, Werkbl. 2, 1972b.

MIESS, M.: Planungsrelevante und kausalanalytische Aspekte der Stadtklimatologie. Landschaft Stadt (1), 9–16, 1974.

MIESS, M.: Die Stadt in der Ökokrise. Garten Landschaft (11), 689–697, 1975.

MÜLLER, W.: Städtebau – Technische Grundlagen. Teubner, Stuttgart 1974.

ORSKI, K. G.: Vehicle free Zones in City-Centers. Road Res., Proc. Sympos. Techn. road traffic. OECD-Bericht 68–78, Paris 1973.

PLATE, E.: Berücksichtigung von Windströmungen in der Bauleitplanung. In: Seminarber. Rahmenthema „Umweltschutz", Inst. Städtebau Landesplan. 201–229, Karlsruhe 1972.

ROTSCHUH, B.: Die Sicherung des Raumbedarfs für den Straßenverkehr. Straßenbau -Verkehrstechn. (66), 1–75, Hrsg. Bundesminister Verkehr, Bonn 1968.

SCHREIBER, L.: Lärmschutz im Städtebau, Schalltechnische Grundlagen – Städtebauliche Schutzmaßnahmen. Bau-Verlag, Wiesbaden 1971.

SCHUPP, G.: Bautechnische Maßnahmen zum Schutz von Straßenlärm. In: Lärmminderung, Umwelt Aktuell **5**, 1973.

SCHWEGLER, H.: Das Problem der Luftverschmutzung. Selbstverlag Landeshauptstadt München, München 1963.

STUMMER, G.: Klimatische Untersuchungen in Frankfurt/M. und seinen Vororten. Diss. Univ. Frankfurt, Verlag Friltsch, Würzburg 1938.

TAMMS, F., und WORTMANN, W.: Städtebau, Umweltgestaltung, Erfahrungen und Gedanken. Habel, Darmstadt 1973.

ULRICH, B.: Chemische Wechselwirkungen zwischen Waldökosystemen und ihrer Umwelt. Forstarch. (3), 41–43, 1972.

WILMERS, F.: Temperaturstudien in Gartenhöfen. Gartenamt (12), 2–6, 1972.

C. Lebensbedingungen der Straßenbäume

ASLANBOĞA, I.: Jahrringanalytische Untersuchungen an umweltgeschädigten Bäumen im Stadtbereich von Hannover. Diss. Techn. Univers. Hannover 1976.

BREYNE, A.: Holzbiologische Untersuchungen über Entwicklung und Zustand von Straßenbäumen in Hamburg. Diplomarbeit, Hamburg 1980.

BONNER, J., and A. W. GALSTON: Principles of Plant Physiology. Freeman and Comp., San Francisco 1952.

CRAWFORD, R. M. M.: Physiologische Ökologie: Ein Vergleich der Anpassung von Pflanzen und Tieren an sauerstoffarme Umgebung. Flora **161**, 209–223, 1972.

DENFFER, D. VON, F. EHRENDORFER, K. MÄGDEFRAU und H. ZIEGLER: Lehrbuch der Botanik, 31. Aufl., G. Fischer, Stuttgart und New York 1978.

Deutscher Normenausschuß: Abwasser-Normen. DIN T.-B. 13. Beuth-Vertrieb, Berlin, Köln, Frankfurt (M) 1974.

ELLENBERG, H.: Vegetation Mitteleuropas mit den Alpen. In: WALTER, H.: Einführung in die Phytologie, Bd. IV, 2. Ulmer, Stuttgart 1963.

ELLER, B. M.: Straßenstaub heizt Pflanzen auf. Umschau **74**, 283–284, 1974.

ESCHRICH, W.: Warum fallen die Blätter von den Bäumen? Mitt. Dt. Dendrol. Ges. **65**, 53–63, 1972.

GEIGER, R.: Das Klima der bodennahen Luftschicht, 3. Aufl. Vieweg, Braunschweig 1950.

GEISLER, G.: Über den Einfluß von Unterbodenverdichtungen auf den Luft- und Wasserhaushalt des Bodens und das Wurzelwachstum. Landwirtsch. Forsch., So.-H. **22**, 61–69, 1968.

GERTIS, K., und U. WOLFSEHER: Veränderung der Landschaftstemperatur durch Bebauung. Inst. Bauphysik Fraunhofer-Ges., Mitt. **15**, 1–2, Stuttgart 1976.

GUTTAY, A. J. R.: Impact of deicing salts upon the endomycorrhizae of roadside sugar maples. Soil Sci. Soc. Am. J. **40**, 952–954, 1976.

HARTGE, K. H.: Einführung in die Bodenphysik, Enke, Stuttgart 1978.

HEDVARD, T.: Saltskader på vejtraeer. Hrsg. Stadt Kopenhagen, 1972.

HOFFMANN, A.: Zur Ökologie des Straßenbaumes in den Städten. Gartenamt **6**, 14–17, 1956.

HÖSTER, H. R.: Jahrringe als Indikatoren für Umweltbelastungen. Verh. Ges. Ökologie **7**, 337–342, 1979.

KADRO, A., und H. KENNEWEG: „Das Baumsterben" auf dem Farb-Infrarotluftbild. Gartenamt **22**, 149–157, 1973.

KARTUSCH, B.: Die photosynthetische Leistung zweier Laubbaumarten (*Acer platanoides* L. und *Platanus acerifolia* Willd.) im großstädtischen Biotop. Flora **170**, 114–126, 1980.

KENNEWEG, H.: Luftbildinterpretation und die Bestimmung von Belastung und Schäden in vitalitätsgeminderten Wald- und Baumbeständen. Schr. Forstl. Fak. Univ. Göttingen, Bd. 62, 223 S., 1980.

KRAMER, P. J., and Th. T. KOZLOWSKI: Physiology of Trees. Mc Graw-Hill Book Comp., New York, Toronto, London 1960.

KRAMER, P. J. and Th. T. KOZLOWSKI: Physiology of Woody Plants. Academic Press, New York, San Francisco, London 1979.

KRATZER, P. A.: Das Stadtklima, 2. Aufl. Vieweg, Braunschweig 1956.

KREEB, K.: Ökophysiologie der Pflanzen. G. Fischer, Stuttgart 1974.

LARCHER, W.: Ökologie der Pflanzen. UTB Nr. 232, Ulmer, Stuttgart 1973.

LEH, H. O.: Untersuchungen über die Auswirkungen der Anwendung von Natriumchlorid als Auftaumittel auf die Straßenbäume in Berlin. Nachrichtenbl. Dt. Pflanzenschutzdienst **25**, 163–170, 1973.

LEHNARDT, F., und H.-M. BRECHTEL: Durchwurzelungs- und Schöpftiefen von Waldbeständen verschiedener Baumarten und Altersklassen bei unterschiedlichen Standortverhältnissen. I. Allg. Forst- und Jagdztg. **151**, 120–127, 1980.

LEVITT, J.: Responses of Plants to Environmental Stresses. Acad. Press, New York and London 1972.

LIESECKE, H.-J.: Untersuchungen über das Auftreten mechanischer Unterbodenverdichtungen in Grünflächen. Landschaft Stadt, Beiheft **4**, 1970.

LIVNE, A. and Y. VAADIA: Water deficits and hormone relations. In: Kozlowski, T. T., Water Deficits and Plant Growth, Vol. III. 255–275. Academic Press, New York and London 1972.

LOBANOW, N. W.: Mykotrophie der Holzpflanzen. VEB Dt. Vlg. Wiss., Berlin 1960.

LUTZ, H.-J.: Soil conditions of picnic grounds in public forest parks. J. Forestry **43**, 121–127, 1945.

LYR, H.: Über die Abnahme der Mykorrhiza- und Knöllchenfrequenz mit zunehmender Bodentiefe. In: RAWALD, W. u. H. LYR, Mykorrhiza, p. 303–313. VEB G. Fischer, Jena 1963.

LYR, H., H. POLSTER und H.-J. FIEDLER: Gehölzphysiologie. VEB G. Fischer, Jena 1967.

MACKAY, J. F. G., and P. E. WEATHERLEY: The effects of transverse cuts through the stems of transpiring woody plants on water transport and stress in the leaves. J. Exp. Bot. **24**, 15–28, 1973.

MEYER, F. H.: Die Entwicklung von Buchenjungpflanzen in unterschiedlichem Bodenmilieu. Ber. Dt. Bot. Ges. **74**, 292–299, 1961.

MEYER, F. H.: Distribution of Ectomycorrhizae in Native and Man-Made Forests. In: KOZLOWSKI, T. T.: Ectomycorrhizae, p. 79–105. Acad. Press, New York and London 1973.
MEYER, F. H., und D. GÖTTSCHE: Distribution of root tips and tender roots of beech. In: ELLENBERG, H.: Ecological Studies, Vol. 2, p. 48–52, Springer, Berlin, Heidelberg, New York 1971.
MEYER, F. H., und H. R. HÖSTER: Streusalzschäden an Bäumen in Hannover als Folge des Winters 1978/79. Das Gartenamt **29**, 165–175, 1980.
MOHR, H.: Lehrbuch der Pflanzenphysiologie. Springer, Berlin, Heidelberg, New York 1969.
MÖRDER, S.: Lebensbedingungen der Straßenbäume im städtischen Bereich. Unveröff. Manuskript, Hannover 1972.
NOSSAG, J.: Untersuchungen über die Präsenz und Aktivität von Mikroorganismen in den Straßenböden der Hamburger Innenstadt. Zbl. Bakt. Abt. 2, **126**, 313–344, 1971.
PARKER, J.: Drought-Resistance Mechanisms. In: T. T. Kozlowski, Water Deficits and Plant Growth, Vol. 1, p. 195–234. Acad. Press, New York and London 1968.
RENGER, M., und O. STREBEL: Der Einfluß des Grundwassers auf die Wasserversorgung der Pflanzen. Kali-Briefe **13**, Fachgebiet 7, 1976.
RENGER, M., und O. STREBEL: Bodenwasserhaushalt, Evapotranspiration und Pflanzenertrag. Mitt. Dtsch. Bodenkdl. Ges. **29**, 67–78, 1979.
ROGERS, W. S. and G. C. HEAD: Factors affecting the distribution and growth of roots of perennial woody species. In: Whittington, W. J., Root Growth, 280–295. Butterworth, London 1969.
RUGE, U., und W. STACH: Über die Schädigung von Straßenbäumen durch Auftausalze. Angew. Bot. **42**, 69–77, 1968.
SCHEFFER, F., und P. SCHACHTSCHABEL: Lehrbuch der Bodenkunde, 9. Aufl. Enke, Stuttgart 1976.
SCHIECHTL, H. M.: Physiognomie der Waldgrenze. Mitt. Forstl. Bundes-Vers.-Anst. Wien **75**, 5–55, 1967.
SCHÖNHERR, J.: Water permeability of isolated cuticular membranes: The effect of cuticular waxes on diffusion of water. Planta **131**, 159–164, 1976.
SCHULZE, R.: Strahlenklima der Erde. Steinkopff, Darmstadt 1970.
SCHWEERS, W., und F. H. MEYER: Einfluß der Mykorrhiza auf den Transport von Assimilaten in die Wurzel. Ber. Dt. Bot. Ges. **83**, 109–119, 1970.
SCHWERDTFEGER, F.: Waldkrankheiten, 3. Aufl. Parey, Hamburg und Berlin 1970.
SPERBER, H., und W. KAUSCH: Phänologische Beobachtungen an der Roßkastanie (Aesculus hippocastanum L.) in Bonn. Gartenamt **24**, 131–138, 1975.
SPURR, S. H., and B. V. BARNES: Forest Ecology. Ronald Press Comp., New York 1973.
SUKOPP, H., W. KUNICK, M. RUNGE und F. ZACHARIAS: Ökologische Charakteristik von Großstädten, dargestellt am Beispiel Berlins. Verh. Ges. Ökol., Saarbrücken 1973, 383–403, 1974.
TROLL, W.: Allgemeine Botanik, 4. Aufl. Enke, Stuttgart 1973.
WALTER, H.: Einführung in die Phytologie, Bd. III, 1 Standortslehre. Ulmer, Stuttgart 1960.
WECK, J.: Forstliche Zuwachs- und Ertragskunde. Neumann, Radebeul und Berlin 1955.
WENTZEL, K. F.: Habitus-Änderung der Waldbäume durch Luftverunreinigung. Forstarch. **42**, 165–172, 1971.
WESTING, A. H.: The Longevity and Aging of Trees. Gerontologist **4**, 10–15, 1964.

D Physiologische Schäden durch Umweltfaktoren

Es kann hier nur ein Teil der wichtigen Fachliteratur aufgeführt werden. Die zitierten Arbeiten führen jedoch zu den weiteren einschlägigen Werken.

AHLBRECHT, H.: Die Entwicklung des Winterdienstes auf den Bundesfernstraßen von 1956–1966. Straßen-Tiefbau **21**, 67–84, 1967.

BEHM, R., und W. KESSLER: Schäden an Fichten und Kiefern infolge der Winterbehandlung von Straßen mit Chloridlösung. Nachrichtenbl. Pflanzenschutzdienst DDR **25**, 211–216, 1971.

BIEBL, R.: Protoplasmatische Ökologie. Naturwiss. Rdsch. **20**, 248–252, 1967.

BLUM, W. E.: Salzaufnahme durch die Wurzeln und ihre Auswirkung. Eur. J. For. Path. **4**, 41–44, 1974.

BROD, H. G., und H.-U. PREUSSE: Einfluß von Auftausalzen auf Boden, Wasser und Vegetation. I. Allgemeine Grundlagen und Beeinflussung des Bodens. Rasen-Turf-Gazon 21–27 und 46–54, 1975.

BROD, H. G.: Auswirkungen von Auftausalzen auf Oberflächen- und Grundwasser entlang der Bundesautobahnen. Z. f. Vegetationstechnik **2**, 93–107, 145–159, 1979.

BROD, H. G., und H. U. PREUSSE: Wirkung von Auftausalzen auf Straßenrandzonen. Z. f. Vegetationstechnik **2**, 34–37, 1979.

CASSIDY, N. G.: A rational method for recording and comparing concentrations of plant constituents that are water soluble, with particular reference to chloride and potassium. Plant Soil **25**, 372–384, 1966.

CHROMETZKA, P.: Salztoleranz, Ursachen und praktische Möglichkeiten zu deren Steigerung. Eur. J. For. Path. **4**, 50–52, 1974.

DAVISON, A. W.: The effects of De-Icing Salt on Roadside Verges. J. appl. Ecol. **8**, 555–561, 1971.

DOBRZANSKI, B., Z. CZERWINSKI, S. BOREK, M. KEPKA and T. MAJSTERKIEWICZ: Effect of chemical compounds applied for snow removal on soil salinization of Warsaw city greens. Rocz. Gleboznawcze **22**, 1, 1971 (Warszawa).

ECKSTEIN, D., E. FRISSE und W. LIESE: Holzanatomische Untersuchungen an umweltgeschädigten Straßenbäumen der Hamburger Innenstadt. Eur. J. For. Path. **4**, 232–244, 1974.

ECKSTEIN, D., D. LIESE and N. PARAMESWARAN: On the Structural Changes in Wood and Bark of a Salt-damaged Horsechestnut Tree. Holzforsch. **30**, 173–178, 1976.

EHRENBERG, P.: Zur Gasvergiftung von Straßenbäumen. Z. Pflanzenkrankh. **24**, 33–40, 1914.

EVERS, F. H.: Schäden an Beständen durch Auftausalze. All. Forstz. **26**, 90, 1971.

EVERS, F. H.: Fernwirkung abgeschwemmter Auftausalze im Innern von Waldbeständen. Eur. J. For. Path. **4**, 445–448, 1974.

FAUCONNIER, J. M.: Problèmes posés par les plantations routières: Incidences des Fondants Chimiques et Rôle particulier du Sodium. Diss. Univ. Orléans, 1974.

FIEDLER, W.: Blattanalyse im Obstbau. Dt. Akad. Landwirtsch.-Wiss. Berlin, Jb. 1964.

Forschungsgesellschaft f. d. Straßenwesen e. V., Köln: Merkblatt für den Winterdienst in Städten und Gemeinden. Ausgabe 1973.

Forschungsgesellschaft f. d. Straßenwesen e. V., Köln: Einwirkung der Auftaumittel auf Gehölze. Ber. Kommission VII, Schr.-R. 8. Straße Verkehr Nr. 9, 439–449 und Nr. 10, 485–497, 1974.

GARBER, K.: Luftverunreinigung und ihre Wirkungen. Bornträger, Berlin 1967.

GLATZEL, G.: Analytische Methoden zum Nachweis der Schädigung an Pflanzen durch Auftausalze. Eur. J. For. Path. **4**, 52–53, 1974.

GLATZEL, G., und A. KRAPFENBAUER: Streusalzschäden am Baumbestand der Straßen in Wien. Inst. Forstl. Standortsforsch. Hochschule Bodenkultur, Wien 1975.

HANES, R. E., L. W. ZELAZNY and R. E. BLASER: Effects of De-icing salts on water quality and biota. Appendix D: Effects of salts on Plant biota. Nat. Coop. Highway Res. Progr. Rep. **91**, 47–65, 1970.

HOEKS, J.: Effect of leaking natural gas on soil and vegetation in urban areas. Diss. Wageningen 1972.

HOLMES, F. W., and J. H. BAKER: Salt injury of trees. II. Sodium and chlorid in roadside sugar maples in Massachusetts. Phytopath. **56**, 633–636, 1966.

HVASS, N.: Saltet of vejtraeerne (Salt injury to roadside trees). Horticult. **22**, 187–196, 1968.

KNY, L.: Einfluß des Leuchtgases auf die Baumvegetation. Bot. Ztg. **29**, 852–854 und 867–869, 1871.

København Stadsgartnerens Kontor: Saltskader på veytraeer (1972).

KREUTZER, K.: Bodenkundliche Aspekte der Streusalzanwendung. Eur. J. Path. **4**, 39–41, 1974.

KRÖGER, K. H.: Beeinflussung der biologischen Aktivität im Boden durch Erd- und Stadtgas. Zbl. Bakteriol. II **130**, 251–284, 1975.

KÜHNE, H., und P. KÖSTER: Erdgasschäden an Straßenbäumen. Nachrichtenbl. Dt. Pflanzenschutzdienst **19**, 121–122, 1967.

LEH, H.-O.: Schäden an Straßenbäumen durch Auftausalze. Gesunde Pflanzen **23**, H. 11, 1971.

LEH, H.-O.: Untersuchungen über die Auswirkungen der Anwendung von Natriumchlorid als Auftaumittel auf die Straßenbäume in Berlin. Nachrichtenbl. Dt. Pflanzenschutzdienst **25**, 163–170, 1973.

LEH H.-O.: Die Gefährdung der Straßenbäume durch Auftausalz. Deutsche Baumschule Nr. 10, 1975.

MARSCHNER, H.: Einfluß der Sauerstoff-Versorgung der Wurzeln auf Mineralstoffaufnahme und Pflanzenwachstum. Kali-Briefe. Fachgebiet 2, 1976.

MEYER, F. H., und H. R. HÖSTER: Streusalzschäden an Bäumen in Hannover als Folge des Winters 1978/79. Das Gartenamt **29**, 165–175, 1980.

MINSK, D. L.: A short history of man's attempt to move through snow. Highway Res. Board, Spec. Rep. **115**, 78–86, 1970.

NOSSAG, J.: Untersuchungen über die Präsenz und Aktivität von Mikroorganismen in den Straßenböden der Hamburger Innenstadt. Zbl. Bakteriol. II **126**, 313–345, 1971 a.

NOSSAG, J.: Untersuchungen über den Wassergehalt in den Straßenböden der Hamburger Innenstadt. Angew. Bot. **45**, 191–200, 1971 b.

RHEINHEIMER, G.: Beobachtungen über Trocken- und Hitzeschäden im Sommer 1959 an den wichtigsten Wald- und Straßenbäumen in der Umgebung von Hamburg. Forst-Holzwirt **14**, Nr. 23, 1–6, 1959.

RUGE, U., und W. STACH: Über die Schädigung von Straßenbäumen durch Auftausalze. Angew. Bot. **42**, 69–77, 1968.

RUGE, U.: Verteilung des osmotischen Wertes und des Chlorids in streusalzgeschädigten Roßkastanienblättern. Angew. Bot. **48**, 257–265, 1974.

RUGE, U.: Erfahrungen mit dem öffentlichen Grün in Städten. Gartenamt **24**, 93–96, 1975 a.

RUGE, U.: Erfahrungen mit Straßenbaumarten in Städten. Gartenamt **24**, 127–131, 1975 b.

RUGE, U.: Erdgasschäden bei Straßenbäumen. Neue Landsch. 5/77, 276–278 (1977).

RUGE, U.: Nachwirkung der Winterstreuung ‚Januar 1979' auf die Straßenbäume und mögliche Gegenmaßnahmen. Gartenamt **28**. 131–132, 1979.

RUGE, U., und H. J. BURKHARDT: Sind in der Nähe eines Flughafens sowie in den Einflugschneisen Vegetationsschäden zu erwarten? Angew. Bot. **53**. 183–194, 1979.

RUNGE, F.: Flechtenverbreitung und Luftverunreinigung im Stadtinnern Münsters. Natur Heimat **35**, 14–16, 1975.

SAUER, G.: Über Schäden an der Bepflanzung der Bundesfernstraßen durch Auftausalze. Nachrichtenbl. Dt. Pflanzenschutzdienst **19**, 81–87, 1967.

SCHACHTSCHABEL, P.: Die Bestimmung des Manganversorgungsgrades von Böden und seine Beziehung zum Auftreten der Dörrfleckenkrankheit bei Hafer. Z. Pflanzenernähr., Düng., Bodenkde. **78**, 147–167, 1957.

SCHOLLENBERGER, C. J.: Effect of leaking natural gas upon the soil. Soil Sci. **29**, 261–266, 1930.

SCHINDLER, E.: Experimentelle Untersuchungen zur Steigerung der Salztoleranz von Nutzpflanzen durch Chlorcholinchlorid (CCC). Diss. Hamburg 1974.

S. I. A. B. (Studiecommissie invloed aardgas op Beplantingen): Methoden ter verbetering van de samenstelling van de Bodemlucht bij straatbomen. 3. Rapport 1969.

S. I. A. B.: Voorkoming en bestrijding van aardgasschade an beplantingen. 4. Rapport 1970.

S. I. A. B.: Vebetering van de bodemventilatie bij straatbomen. 5. Rapport 1971.

S. I. A. B.: De mikrobiologische activiteit in de bodem rondom een aardgaslek. 6. Rapport 1972 a.

S. I. A. B.: De groei van planten in „gasgrond". 7. Rapport 1972 b.

SORAUER, P.: Untersuchungen über Leuchtgasschädigungen. Z. Pflanzenkrankh. **26**, 129–183, 1916.

SPÄTH, und MEYER,: Beobachtungen über den Einfluß des Leuchtgases auf die Vegetation von Bäumen. Landw. Versuchsstat. **16**, 336–341, 1873.

STACH, W.: Untersuchung über die Auswirkung der Winterstreuung und anderer ernährungsphysiologischer Faktoren auf die Straßenbäume der Hamburger Innenstadt. Diss. Hamburg 1969.

STEENKEN, F.: Benebelungsversuche von Nutzpflanzen mit Bleisalzen aus Autoabgasen. Z. Pflanzenkrankh. (Pflanzenpath.) Pflanzenschutz **80**, 346–358, 1973 a.

STEENKEN, F.: Begasungen von Nutzpflanzen mit bleihaltigen und bleifreien Autoabgasen. Z. Pflanzenkrankh. (Pflanzenpath.) Pflanzenschutz **80**, 513–527, 1973 b.

STEUBING, L.: Untersuchungen über die Veränderungen der Mikroflora eines Waldbodens durch eingedrungenes Heizöl. Angew. Bot. **40**, 275–286, 1967.

Umweltbundesamt, Berichte 1/81, Streusalzbericht 1. Erich Schmidt Verlag, Berlin 1981.

WEHMER, C.: Über einen Fall intensiver Schädigung einer Allee durch ausströmendes Leuchtgas. Z. Pflanzenkrankh. **10**, 267–269, 1900.

WEIGEL jr., R. C., J. A. SCHILLINGER, R. A. MCCAW, H. G. GAUCH and E. HSIAO: Nutrient-Nitrate Levels and the Accumulation of Chloride in Leaves of Snap Beans and Roots of Soybeans. Crop. Sci. **13**, 411–412, 1973.

WEIHE, K. von: Beiträge zur Ökologie der mittel- und westeuropäischen Salzwiesenvegetation (Gezeitenküsten) I. Methodik, Standorte und vergleichende morphologische Analyse (SO-Nordsee, SW-Frankreich). Beitr. Biol. Pflanzen **39**, 189–237, 1963.

ZULAUF, R.: Pflanzenschäden durch Streusalzverwendung im Winterdienst. Straße Verkehr **52**, 519–526, 1966 a.

ZULAUF, R: Die Pflanzen und ihre Salztoleranzstufen. Straße Verkehr **52**, 601–605, 1966 b.

E Kriterien für die Auswahl von Gehölzen

BRAZIER, J. D., and G. L. FRANKLIN: Identification of Hardwoods. Forest Prod. Res. Bull. **46**, Stat. Office, London 1961.

BUSCHBOM, U.: Salzschäden an Holzgewächsen. Mitt. Dt. Dendrol. Ges. **66**, 133–151, 1973.

COLVIN, B.: Trees for Town and Country, 4. ed., Lund Humphries, London 1972.

ELLENBERG, H.: Physiologisches und ökologisches Verhalten derselben Pflanzenarten. Ber. Dt. Bot. Ges. **65**, 351–362, 1953.

KÖSTLER, J. N., E. BRÜCKNER und H. BIBELRIETHER: Die Wurzeln der Waldbäume. Parey, Hamburg und Berlin 1968.

KÜHN, R.: Die Straßenbäume. Patzer, Hannover, Berlin, Sarstedt 1961.

MEYER, F. H.: Gehölze in städtischer Umwelt. Mitt. Dt. Dendrol. Ges. **66**, 105–131, 1973.

OEHMICHEN, F.: Erfahrungen mit Straßenbaumarten in nordamerikanischen Städten. Gartenamt **24**, 103–106, 1975.
PIRONE, P. P.: Tree Maintenance, 3. ed. Oxford Univ. Press, New York 1959.
RUGE, U.: Erfahrungen mit Straßenbaumarten in Städten. Gartenamt **24**, 1–5, 1975.
RUGE, U., und W. STACH: Über die Schädigung von Straßenbäumen durch Auftausalze. Angew. Bot. **42**, 69–77, 1968.
SCHENCK, C. A.: Fremdländische Wald- und Parkbäume. 3 Bde. Parey, Berlin 1939.
STEUBING, L., und U. KIRSCHBAUM: Immissionsbelastung der Straßenrandvegetation. Natur Landschaft **51**, 239–244, 1976.
ZIMMERMANN, M. H., and C. L. BROWN: Trees, Structure and Function. Springer, Berlin, Heidelberg, New York 1971.
ZION, R. L.: Trees for Architecture and the Landscape. Reinhold Book Corp. New York, Amsterdam, London 1968.

F. Maßnahmen zur Verbesserung der Lebensbedingungen der Stadtbäume

Amtsgericht Krefeld: Urteil zu Baumschutzpfählen. Az. 8 C 321/78
ANT, H.: Daten zur Geschichte des Naturschutzes. Jb. Naturschutz Landschaftspflege Bd. 21, Bonn-Bad Godesberg 1972.
A + S Spezial-Detektoren-Information, Düsseldorf 1979.
BE.: Gegen bauseitige Pflanzenlieferung. Gartenamt **23**, (7), 440–442, 1974.
BEITZ, E.: Gehölze für Dach- und Terrassengärten. Gartenamt **22**, (6), 333–334, 1973.
BERNATZKY, A.: Baum und Mensch. Kramer, Frankfurt/M. 1973.
BERNATZKY, A.: Bäume in der Stadt. Garten Landschaft. **84**, (10–12), 543–546, 638–641, 700–706, 1974.
BLAUERMEL, G.: Verkehrsgrün, Planung und Verwirklichung. Gartenamt **15**, (4), 158–161, 1966.
BLAUERMEL, G.: Bäume an Ortsstraßen – bei richtiger Planung. Gartenamt **15**, (7), 327–332, 1966.
BLAUERMEL, G.: Verkehrsgrün in Hannover, Voraussetzungen, Erfahrungen, Verwirklichung. Neue Landschaft **11**, (8), 435–443, 1966 c.
BLAUERMEL, G.: Schutzmaßnahmen für Gehölze im Bereich von Baustellen. Gartenamt **19**, (5), 219–232, 1970.
BLAUERMEL, G.: Für bauseitige Pflanzenlieferung. Gartenamt **23**, (9), 534, 1974 a.
BLAUERMEL, G.: Baumscheiben an Gehwegen. Gartenamt **23**, (11), 649, 1974 b.
BLAUERMEL, G.: Schutz von Bäumen bei Baumaßnahmen und Rechtsgrundlagen für Schutzvorschriften. Vortr. XVIII. BDLA-Seminar. Callwey, München 1975.
BLUM, W. E.: Salzaufnahme durch die Wurzeln und ihre Auswirkungen. Eur. J. Forest Pathol., Vol. 4, (1), 41–44, Parey, Hamburg 1974.
BOIE, K.: Planung und Ausbau von Wohnstraßen. Gartenamt **17**, (11), 345–350, 1968.
DIN 18915, Landschaftsbau – Bodenarbeiten für vegetationstechnische Zwecke. Beuth-Vertrieb, Köln 1973.
DIN 18916, Landschaftsbau – Pflanzen und Pflanzarbeiten. Beuth-Vertrieb, Köln 1973.
DIN 18920, Schutz von Bäumen, Pflanzenbeständen und Vegetationsflächen bei Baumaßnahmen. Beuth-Vertrieb, Köln 1973.
DUHME, F.: Straßenbäume im innerstädtischen Bereich. Gartenamt **18**, (9), 415–419, 1969.
GOLLWITZER, G., und WIRSING, W.: Dachflächen bewohnt, belebt, bepflanzt. Callwey, München 1971.
HEGMANN und SCHOTT: Produktinformationen, Emmerich 1979.
KADRO, A., und KENNEWEG, H.: „Das Baumsterben“ auf dem Farb-Infrarotluftbild. Gartenamt **22**, (3), 149–157, 1973.

KENNEWEG, H.: Luftbildauswertung von Stadtbaumbeständen – Möglichkeit und Grenzen –. Mitt. Dtsch. Dendrol. Ges. **71**, 159–192 (1979).

Landgericht Hamburg: Urteile betr. Schutz von Bäumen. Az. 17 S 11 a/63 und 18 S 77/62.

Landgericht Wiesbaden: Urteil betr. Belästigung durch Birkensamen. Az 15 421/77

LEH, H. O.: Schäden an Straßenbäumen durch Einwirkung von Auftausalzen. Forsch.-Vorh. Inst. nichtparasitäre Pflanzenkrankh. Biolog. Bundesanstalt, Berlin-Dahlem. Manuskript, 1973 a.

LEH, H. O.: Untersuchungen über die Auswirkungen der Anwendung von Natriumchlorid als Auftaumittel auf die Straßenbäume in Berlin. Nachrichtenbl. Dt. Pflanzenschutzdienst. **25**, (11), 163–170, 1973 b.

LIESECKE, H. J.: Dach- und Terrassengärten. Gartenamt **22,** (6), 321–332, 1973.

LIESECKE, H. J.: Böden und Substrate für die Begrünung von extremen Standorten in innerstädtischen Bereichen. Vortr. XVIII. BDLA-Seminar. Callwey, München 1975.

MAURER, M.: Persönliche Mitteilung, 1968, 1971, 1972.

MIESS, M.: Spezifische Wärme und raum-zeitliche Verteilung der Wärmekapazität an drei edaphisch unterschiedlichen Standorten. Ber. Naturhist. Ges. **115**, 47–59, 1971.

MIESS, M.: Planungsrelevante und kausalanalytische Aspekte der Stadtklimatologie. Landschaft Stadt **6**, (1), 9–16, 1974.

MÜLLER, H.-B.: Bäume an Ortsstraßen im Widerstreit der Interessen. Gartenamt **15**, (1), 4–7, 1966.

RAL-Q: Richtlinien für die Anlage von Landstraßen. Teil I, Querschnitte, Ausg. 1974. Hrsg. Forsch.-Ges. Straßenwesen, Köln.

RAR: Richtlinien für Anlagen des ruhenden Verkehrs, Ausg. 1975. Hrsg. Forsch.-Ges. Straßenwesen, Köln.

RAS-LG: Richtlinien für Landschaftsgestaltung an Straßen. Teil 1 und 2 Ausg. 1981. Hrsg. Forsch.-Ges. Straßenwesen.

RAS-E: Richtlinien für die Anlage von Straßen – Erschließung. Ausg. 1981. Hrsg. Forsch.-Ges. Straßenwesen, Köln.

RAST-K: Richtlinien für die Anlage von Stadtstraßen – Knotenpunkte, Abschn. 1, Plangleiche Knotenpunkte, Ausg. 1973. Hrsg. Forsch.-Ges. Straßenwesen, Köln.

RAST-Q: Richtlinien für die Anlage von Stadtstraßen – Querschnittsgestaltung, Ausg. 1968. Hrsg. Forsch.-Ges. Straßenwesen, Köln.

Richtlinien für Straßenbepflanzung in bebauten Gebieten, Ausg. 1975. Hrsgb. Forsch.-Ges. Straßenwesen, Köln.

RSBB: Richtlinien zum Schutz von Bäumen und Sträuchern im Bereich von Baustellen, Ausg. 1973. Hrsg. Forsch.-Ges. Straßenwesen, Köln.

RUGE, U.: Ursachen der Schädigung des Straßenbegleitgrüns in Städten und an Autobahnen. Eur. J. Forest Pathol., Vol. 4, (1), 41–44, Parey, Hamburg 1974.

RUGE, U.: Erkennen und Verhindern von Auftausalzschäden an Straßenbäumen der Großstädte. Nachrichtenbl. Dt. Pflanzenschutzdienst. **23**, (9), 133–137, 1971.

RUGE, U.: Ursache des Straßenbaumsterbens und mögliche Gegenmaßnahmen. Garten Landschaft **81**, (10), 456–458, 1972.

RUGE, U.: Erfahrungen mit Straßenbaumarten in Städten. Gartenamt **24**, (3), 127–131, 1975.

SAUER, G.: Über Schäden an der Bepflanzung der Bundesfernstraßen durch Auftausalze. Nachrichtenbl. Dt. Pflanzenschutzdienst. **19**, 81–87, 1967.

Ständige Konferenz der Gartenbauamtsleiter beim Dt. Städtetag: Beurteilung von Baumarten für die Verwendung im Städtischen Straßenraum. Gartenamt **29**, (7), 479–485, 1980.

WAWRIK, H.: Straßenbäume und Pflege von Gehölzen. Gartenamt **22,** (3), 160–166, 1973.

WICHMANN, H.: Sicherung von Bäumen durch Hochbeete. Garten Landschaft **85,** (11), 713–714, 1975.

WIEPKING, H. FR.: Umgang mit Bäumen. BLV-Verlagsgesellschaft, München, Basel, Wien 1963.

G. Gehölzwertermittlung

AUST, M. und R. JACOBS: Die Enteignungsentschädigung W. de Gruyter, Berlin, 1978

BRÜCKNER, O., F. CLAUSS und H. GLASER: Grundstücks- und Gebäudewerte, 3. Aufl. Neue Wirtschaftsbriefe, Herne – Berlin, 1974.

BRÜGELMANN, H. u. a.: Kommentar zum BBauG. Kohlhammer, Stuttgart – Berlin – Köln – Mainz Stand 35. Lfg. Juli 1980.

Bundesgerichtshof Urteil vom 13. Mai 1975 – VI ZR 85/74 (Kastanienbaumurteil). Veröffentlicht in: N. Jur. Wochenschr. 1975, S. 2061f.; Monatsschrift Deut. Recht 1976, S. 36f.; Versich-Recht 1975, S. 1047f. mit Anm. v. Koch in Versich-Recht 1975, S. 1102; Agrarrecht 1975, S. 350f. mit Anm. v. Koch in Agrarrecht 1976, S. 66f.

Bundesminister für Raumordnung, Bauwesen und Städtebau: Richtlinien für die Ermittlung des Verkehrswertes von Grundstücken, (Wertermittlungsrichtlinien 1976 – WertR 76) i.d.F. vom 31. Mai 1976 (Beilage zum Bundesanzeiger Nr. 146 vom 6.8.76).

BÜCHS, H.: Grunderwerb und Entschädigung beim Straßenbau. Boorberg, Stuttgart, 1980, 2. Auflage

Forschungsgesellschaft für das Straßenwesen: Richtlinien zum Schutz von Bäumen und Sträuchern im Bereich von Baustellen (RSBB). Selbstverlag Köln 1973.

Forschungsgesellschaft für das Straßenwesen: Richtlinien für Straßenbepflanzung in bebauten Gebieten, Köln 1975.

GELZER, K. und F. BUSSE: Der Umfang des Entschädigungsanspruchs aus Enteignung und enteignungsgleichem Eingriff. NJW-Schriftenreihe 2. C. H. Beck, München, 1980, 2. Auflage

GERARDY, T.: Praxis der Grundstücksbewertung. Moderne Industrie, München, 2. Aufl., 1975.

Kammergericht, Urteil vom 2. 10. 1978 – 22 U 1867/78 (Schadenersatzanspruch wegen Verminderung des Grundstückwertes infolge deutlicher Verkürzung der Lebenserwartung eines Straßenbaumes nach Beschädigung) Veröffentlicht: N. Jur. Wochenschr. 1979, S. 1167; Versicherungsrecht 1979, S. 36 mit Anm. von Koch in Versich.recht 1979, 330f.

KOCH, W.: Wertabschätzung und Entschädigung im Gartenbau, Ulmer, Stuttgart 1967.

KOCH, W.: Zum Problem des Schadenersatzes für Zier- und Nutzpflanzen. Z. Versicherungsrecht **20** (1 A) 16–18, 1969.

KOCH, W.: Schadenersatzwerte für Straßen- und Parkbäume. Z. Versicherungsrecht **21** (33 A) 789–792, 1970.

KOCH, W.: Die Wertermittlung von Bäumen nach dem Sachwertverfahren. Z. Allg. Vermessungsnachrichten **79** (6) 229–232, 1972.

KOCH, W.: Hinweise zur Baumwertermittlung nach dem Sachwertverfahren. Das Gartenamt **21** (11) 622–627, 1972.

KOCH, W.: Hinweise zur Schadenersatzberechnung von Bäumen. Z. Versicherungsrecht **24** (1 A) 10–14, 1973.

KOCH, W.: Verbesserte Gehölzwerttabellen. Z. Versicherungsrecht **25** (45 A) 1154–1160, 1974.

KOCH, W.: Schadensberechnung für Gehölze. Z. Das Gartenamt **25** (1) 58–62, 1976.

KOCH, W.: Die Wertermittlung von Gehölzen, die nicht der Holzerzeugung dienen. Z. Der öffentlich bestellte und vereidigte Sachverständige, **2** (11) 310–315, 1976.

KOCH, W.: Zum Schadenersatzanspruch bei Zerstörung eines Baumes. Z. Agrarrecht **6** (12) 345–346, 1976.

KOCH, W.: Verkehrs- und Schadenersatzwerte von Bäumen, Sträuchern, Hecken, Obstgehölzen und Reben nach dem Sachwertverfahren (Baumwertheft). 4. Auflage, Pflug und Feder, Bonn, 1978 A

KOCH, W.: Zur Schadensberechnung bei Teilbeschädigung von Gehölzen. Z. Das Gartenamt **27** (4) 213–219, 1978 B

KOCH, W.: Anmerkung zum Urteil des Kammergerichtes vom 21. 6. 1977 (9 U 253/77). Z.

Versicherungsrecht **29** (36) 871, 872, 1978 C
KOCH, W.: Sachstandsbericht zum modifizierten Sachwertverfahren für Gehölze. Z. Das Gartenamt **27** (11) 733–735, 1978 D
KOCH, W.: Schadenersatz bei Teilbeschädigung von Bäumen. Z. Versicherungsrecht **30** (1) 16–19, 1979 A
KOCH, W.: Keine Alternativen für die Wertermittlung von Ziergehölzen. Z. Agrarrecht **9** (2) 36–38, 1979 B
KOCH, W.: Drei grundsätzliche Urteile zur Wertermittlung bzw. Schadenersatz von Gehölzen. Z. Das Gartenamt **28** (4) 235, 236, 1979 C
KOCH, W.: Wertermittlung und Schadenersatz für Gehölze (Bericht über das 3. Bad Godesberger Gehölzseminar). Z. Das Gartenamt **28** (7) 458–460, 1979 D
KOCH, W.: Anmerkung zum Urteil des Hanseatischen Oberlandesgerichtes Hamburg vom 6. 12. 78 (AZ.: 5 U 237/77). Z. Monatsschrift für Deutsches Recht **33** (10) 842, 843, 1979 E
KOCH, W.: Schadenersatz und Entschädigung für Gehölze und Gartenanlagen. Z. Neue Juristische Wochenschrift **32** (51) 2601–2603, 1979 F
KOCH, W.: Interessantes drittes Godesberger Gehölzseminar. Z. Deutscher Gartenbau **34** (22) 1000–1002, 1980 A
KOCH, W.: „Methode Koch" auch in Schweden. Z. Das Gartenamt **29** (6) 481, 1980 B
KOCH, W.: Preisindex für Gartenanlagen und Gehölze. Die Möglichkeiten der Weiterrechnung von Kostenwerten für Gehölzherstellung. Z. Neue Landschaft **25** (12) 820, 822, 1980 C
KOCH, W.: Aktuelle Fragen zur Gehölzwertermittlung. Z. Zeitschrift für das gesamte Sachverständigenwesen 1981 A
KOCH, W.: Verkehrswert von Grundstücken mit Parkaufwuchs. Z. Zeitschrift für das gesamte Sachverständigenwesen **2** (2) 26–30, 1981 B
KOCH, W.: Aktuelles zur Gehölzwertermittlung. Z. Das Gartenamt **30** (3) 194–199, 1981 C
KOCH, W.: Gehölzgutachtensammlung, Bd. I, 3. Aufl., Selbstverlag, 1981 D
KOCH, W.: Gehölzgutachtensammlung, Bd. II, 2. Aufl., Selbstverlag, 1981 E
KOCH, W.: Gehölzgutachtensammlung, Bd. III, Selbstverlag, 1981 F
KOCH, W.: Gehölzgutachtensammlung Bd. IV, Selbstverlag, 1981 G
KOCH, W.: Die Entschädigung von Dauerkulturen in der Praxis. Z. Agrarrecht **11** (6) 156–162, 1981 H
KOCH, W.: Entschädigung für Bäume und Gartenanlagen als Grundstücksbestandteile. Z. Versicherungsrecht **32** (21 A) 505–511, 1981 I
KOCH, W.: Gehölzwertermittlungen nach Baumschutzsatzung. Z. Das Gartenamt **30** (9) 667–669, 1981 J
KOCH, W.: Die Wertermittlung von Obstbäumen mit gestalterischen Funktionen. Z. Obst und Garten **100** (10) 446, 447, 1981 K
KOCH, W.: Zur Berechnung der Entschädigung für Gartenanlagen und Bäume als Grundstücksbestandteile. Z. Vermessungswesen und Raumordnung **43** (7/8) 401–425, 431–437, 1981 L
KÖSTLER, N., E. BRÜCKNER und H. BIBELRIETHER: Die Wurzeln der Waldbäume. Parey, Hamburg – Berlin, 1968.
MARSCHALL, E.: Bundesfernstraßengesetz, 3. Auflage, Heymanns, Köln – Berlin – Bonn – München, 4. Aufl., 1977.
PALANDT, O. u.a.: Bürgerliches Gesetzbuch, 40. Aufl., C. H. Beck, München, 1981.
RÖSSLER, R. und J. LANGNER: Schätzung und Ermittlung von Grundstückswerten, 3. Auflage, Luchterhand, Neuwied-Darmstadt, 1975.
SÄLZER, E.: Städtebaulicher Schallschutz, Bauverlag, Wiesbaden-Berlin 1975. Verordnung über Grundsätze für die Ermittlung des Verkehrswertes von Grundstücken (Wertermittlungsverordnung – WertV) vom 15. August 1972. Bundesgesetzbl. I, S. 1416.

WAWRIK, H.: Straßenbäume und Pflege von Gehölzen. Gartenamt **22** (3) 160–166, 1973.
VOLLMAR: Gerichtsgutachten (unveröffentlicht), 1979.
WICHMANN, H.: Sicherung von Bäumen durch Hochbeete. Garten und Landschaft **85** (11), 713–714, 1975.
WIEPKING, H. FR.: Umgang mit Bäumen. BLV, München, Basel, Wien, 1963.

Verzeichnis der Pflanzen- und Tiernamen

Synonyme sind kursiv gedruckt.

Sachregister